Uni-Taschenbücher 1708

UTB FÜR WISSEN SCHAFT

Eine Arbeitsgemeinschaft der Verlage

Wilhelm Fink Verlag München
Gustav Fischer Verlag Jena und Stuttgart
Francke Verlag Tübingen und Basel
Paul Haupt Verlag Bern · Stuttgart · Wien
Hüthig Verlagsgemeinschaft
Decker & Müller GmbH Heidelberg
Leske Verlag + Budrich GmbH Opladen
J. C. B. Mohr (Paul Siebeck) Tübingen
Quelle & Meyer Heidelberg · Wiesbaden
Ernst Reinhardt Verlag München und Basel
F. K. Schattauer Verlag Stuttgart · New York
Ferdinand Schöningh Verlag Paderborn · München · Wien · Zürich
Eugen Ulmer Verlag Stuttgart
Vandenhoeck & Ruprecht in Göttingen und Zürich

Entscheidungen des Bundesverfassungsgerichts

Studienauswahl 1

Herausgegeben von
Dieter Grimm und Paul Kirchhof,

bearbeitet von Michael Eichberger

J.C.B. Mohr (Paul Siebeck) Tübingen

Professor Dr. DIETER GRIMM, Universitätsprofessor für öffentliches Recht an der Universität Bielefeld; seit 1987 Bundesverfassungsrichter.

Professor Dr. PAUL KIRCHHOF, Universitätsprofessor für öffentliches Recht an der Universität Heidelberg; seit 1987 Bundesverfassungsrichter.

Dr. MICHAEL EICHBERGER, Richter am Verwaltungsgerichtshof Baden-Württemberg.

Zitiervorschlag für die Studienauswahl: BVerfGA Nr.

Die Deutsche Bibliothek – CIP-Einheitsaufnahme

Deutschland / Bundesverfassungsgericht
Entscheidungen des Bundesverfassungsgerichts : Studienauswahl / hrsg. von Dieter Grimm und Paul Kirchhof. Bearb. von Michael Eichberger. – Tübingen : Mohr
NE: Grimm, Dieter [Hrsg.]; Eichberger, Michael [Bearb.]

1 (1993)
(UTB für Wissenschaft : Uni-Taschenbücher ; 1708)
ISBN 3-8252-1708-6 brosch. (UTB)
ISBN 3-16-145833-8 brosch. (Mohr)
NE: UTB für Wissenschaft / Uni-Taschenbücher

Satz: Computersatz Staiger, Pfäffingen; Druck: Presse-Druck, Augsburg.
Einbandgestaltung: Alfred Krugmann, Stuttgart.

ISBN 3-8252-1708-6 UTB Bestellnummer

Inhalt

1. Band

2. Band

Vorwort

Die von den Mitgliedern des Bundesverfassungsgerichts herausgegebene Sammlung der Entscheidungen des Bundesverfassungsgerichts hat mittlerweile einen Umfang von 87 Bänden angenommen. Insbesondere für die Studierenden der Rechtswissenschaft – aber nicht nur für sie – wird es immer schwieriger, sich einen Überblick über die Rechtsprechung des Gerichts zu verschaffen. Der Verein der Richter des Bundesverfassungsgerichts ist deshalb mit dem Verlag J.C.B. Mohr (Paul Siebeck) übereingekommen, eine Studienausgabe zu veröffentlichen, die die insbesondere auch unter dem Gesichtspunkt ihrer fortdauernden Bedeutung wichtigsten Entscheidungen enthält. Den Herren Kollegen Prof. Dr. Dieter Grimm und Prof. Dr. Paul Kirchhof ist dafür zu danken, daß sie die Mühe der Herausgeberschaft auf sich genommen haben. Der Verein dankt ferner Herrn Richter am Verwaltungsgerichtshof Dr. Michael Eichberger für die Last der redaktionellen Bearbeitung sowie Herrn cand. iur. Malte Graßhof für die Anfertigung des Stichwortverzeichnisses.

Prof. Dr. Hans H. Klein

Einführung

Die Auswahl von Entscheidungen des Bundesverfassungsgerichts ist vor allem für die Zwecke des juristischen Unterrichts zusammengestellt worden. Sie enthält die Fälle, die in der Ausbildung erfahrungsgemäß die größte Rolle spielen und zum notwendigen Wissenbestand des Juristen gehören. Überdies ist der Versuch gemacht worden, für alle zentralen Regelungen oder Regelungskomplexe des Grundgesetzes die wichtigsten Entscheidungen mitzuteilen. Die Auswahl war nicht leicht, wenn die Sammlung auf einem vertretbaren Umfang gehalten werden sollte. Einige Entscheidungen sind diesem Interesse nur mit Bedauern geopfert worden.

Den Herausgebern war daran gelegen, die Entscheidungsbegründungen möglichst vollständig wiederzugeben. Die Sammlung soll einer Beschränkung auf pures Ergebniswissen nicht Vorschub leisten. Nur bei vollständiger Lektüre der Gründe kann die Entwicklung eines Ergebnisses aus dem Verfassungstext verfolgt werden und eine kritische Auseinandersetzung mit den Entscheidungen stattfinden. Entfallen sind jedoch solche Begründungsteile, die nicht das Thema betreffen, deretwegen die Entscheidung in die Sammlung aufgenommen wurde, oder den in der Begründung entwickelten Maßstab lediglich auf den Einzelfall anwenden. Auch abweichende Meinungen sind nur dort abgedruckt, wo sie erfahrungsgemäß als Gegenposition zur herrschenden Meinung oder wegen ihrer Bedeutung für die spätere Rechtsprechung im Unterricht eine besonders große Rolle spielen. Kürzungen sind stets kenntlich gemacht. Den Vergleich mit dem vollständigen Text sowie das Zitieren nach der – inzwischen 87 Bände umfassenden – Sammlung erleichtern Randnummern, die auf die Seitenzahlen dieser Sammlung verweisen. Ein senkrechter Strich im Text kennzeichnet den jeweiligen Seitenübergang in der Sammlung.

Dagegen erscheint der Sachverhalt samt den Ausführungen der Verfahrensbeteiligten und Äußerungsberechtigten nur in einer äußerst knappen Zusammenfassung. Das war angesichts des verfügbaren Raumes unvermeidlich, ist aber gleichwohl bedauerlich, weil Gerichtsentscheidungen, selbst wenn sie später regelähnliche Wirkung entfalten, fallbezogene Ergebnisse entwickeln, die auch von den vorgetragenen Argumenten leben. Die Lektüre des Auszugs kann daher den vollständigen Text nicht ersetzen.

Die Auswahl berücksichtigt die Entscheidungen bis Band 85; spätere Entscheidungen konnten nur ausnahmsweise aufgenommen werden. Es ist daran gedacht, diese Sammlung im Laufe der Zeit zu erneuern und so den Studenten die Rechtsprechung des Bundesverfassungsgerichts jeweils auf aktuellem Stand in überschaubarem – und erlernbarem – Umfang anzubieten. Die Auswahl mag auf diese Weise zugleich als Anregung für eine Begrenzung des Prüfungsstoffs dienen.

Die Herausgeber sind für Hinweise zur Verbesserung der Sammlung dankbar.

Karlsruhe, im August 1993

Dieter Grimm
Paul Kirchhof

1 Art. 3 Abs. 1 GG (Wahlrecht)

Mehrheits- und Verhältniswahlrecht – Erfolgs- und Zählwert der Stimmen – formale Gleichheit im Wahlrecht – Zulässigkeit der Differenzierung beim Erfolgswert der Stimmen aus zwingendem Grund – Funktionsfähigkeit des Parlaments als zwingender Grund – Sperrklausel und Splitterparteien

BVerfGE 1, 208–261 – SSW I (7,5 %-Sperrklausel) –[1]

1.–8. … 209

9. Der Grundsatz der Wahlrechtsgleichheit verlangt bei der Mehrheitswahl nur gleichen Zählwert, bei der Verhältniswahl und bei Misch-Wahlsystemen für den Verhältnisausgleich auch gleichen Erfolgswert der Stimmen.

10. a) Ausnahmen von der Gleichheit des Erfolgswertes sind aus besonderen zwingenden Gründen zulässig.

b) Als ein besonderer zwingender Grund ist die mit dem Auf|kommen von Splitterparteien verbundene staatspolitische Gefahr für die Demokratie anzusehen. 210

c) Splitterparteien sind solche mit geringfügiger Stimmenzahl und ohne örtlichen Schwerpunkt.

d) Für die Ausschaltung von Parteien, die für die Demokratie gefährlich sind, ist nur das Verfahren nach Art. 21 Abs. 2 GG gegeben.

11. a) In der Regel können Wahlgesetze nicht verworfen werden, wenn sie das Quorum nicht über 5 % ansetzen. Es müßten besondere Umstände des Einzelfalles vorliegen, die ein solches Quorum unzulässig machen würden.

b) Es müssen ganz besondere, zwingende Gründe gegeben sein, um eine Erhöhung des Quorums über den gemeindeutschen Satz von 5 % zu rechtfertigen.

12. Die Bedenken gegen die Zulässigkeit eines über 5 v.H. hinausgehenden Quorums werden durch die alternativ aufgestellte Vorausset-

---

[1] Weitere Entscheidungen zur Wahlrechtsgleichheit finden sich unter anderem in: BVerfGE 3, 383 – Unterschriftenquoren; 4, 31 – SSW II (5 %-Sperrklausel); 5, 77 – bundesweite 5 %-Sperrklausel; 6, 84 – 5 %-Sperrklausel und Direktmandatsklausel; 7, 63 – System der sog. starren Liste; 16, 130 – Wahlkreiseinteilung; eine Zusammenfassung der Rechtsprechung des Bundesverfassungsgerichts zur Sperrklausel bei Wahlen enthält BVerfGE 51, 222 – Europawahl 1978; zur neuesten Entscheidung betreffend die Zulässigkeit einer Sperrklausel bei der ersten gesamtdeutschen Wahl s. BVerfGE 82, 322 – Wahlvertrag (BVerfGA Nr. 84).

zung für eine Teilnahme am Verhältnisausgleich – Gewinnung eines Sitzes in der Mehrheitswahl – dann nicht ausgeräumt, wenn bei den besonderen Verhältnissen von vornherein damit gerechnet werden muß, daß es einer Partei durch Zusammenwirken der übrigen Parteien unmöglich gemacht wird, diese Voraussetzung zu erfüllen.

Sachverhalt: *Gegenstand der abstrakten Normenkontrolle war eine Bestimmung des Schleswig-Holsteinischen Landtagswahlgesetzes aus dem Jahre 1951. Das Wahlrecht zum Landtag des Landes Schleswig-Holstein nach diesem Gesetz verband Elemente der Mehrheitswahl mit solchen der Verhältniswahl. Ein Teil der Abgeordneten wurde mit relativer Mehrheit in Wahlkreisen gewählt, weitere Sitze wurden nach Grundsätzen der Verhältniswahl auf Landeslisten verteilt (Verhältnisausgleich). Der angegriffenen Wahlrechtsbestimmung zufolge wurden nur solche Parteien mit ihrer Landesliste zum Verhältnisausgleich zugelassen, die entweder mindestens in einem Wahlkreis ein Direktmandat errungen oder 7,5 % der im Lande abgegebenen Stimmen erreicht hatten. Nach dem Landtagswahlgesetz von 1950 lag die Sperrklausel noch bei 5 % der abgegebenen Stimmen.*

Der Südschleswigsche Wählerverband (SSW), die politische Vertretung der dänischen Minderheit, hatte bei der letzten Landtagswahl (1950) 5,5 % der Stimmen und zwei Direktmandate errungen.

Der SSW und zwei seiner Parteimitglieder machten in dem Verfassungsstreit im Ergebnis mit Erfolg eine gezielte Beeinträchtigung ihrer Wahlchancen durch die Erhöhung der Sperrklausel geltend.

Aus den Gründen:

241 Die Frage der Gültigkeit des § 3 Abs. 1 LWG spitzt sich also dahin zu, ob der Grundsatz der *Gleichheit der Wahl* verletzt ist: …

242 2. Das Schleswig-Holsteinische Landtagswahlrecht geht von der Mehrheitswahl im Wahlkreis aus, setzt aber dahinter den Vollproporz in der radikalen Form, daß die im ganzen Land abgegebenen Stimmen zugrunde gelegt werden und nach dem d'Hondt'schen System der verhältnismäßige Anteil der Parteien an den Sitzen bestimmt wird. Zur Förderung der Persönlichkeitswahl behalten die Parteien allerdings etwaige Mehrsitze, die sie in direkter Wahl erlangt haben.

An diesem Verhältnisausgleich sollen nur die Parteien teilnehmen,
243 für die mindestens in einem Wahlkreis ein Bewerber | gewählt worden ist, oder die insgesamt mindestens 7,5 % der im Land abgegebenen gültigen Stimmen erzielt haben. Es werden also nicht alle Parteien am Verhältnisausgleich beteiligt, sondern es werden Unterscheidungen gemacht. Es fragt sich, ob diese Unterscheidungen mit dem Grundsatz der gleichen Wahl vereinbar sind.

3. In Ablehnung gewisser früherer Gestaltungen des Wahlrechts proklamierte der Aufruf der Volksbeauftragten vom 12. November 1918 (RGBl. S. 1303) für alle Wahlen zu öffentlichen Körperschaften das »gleiche, geheime, direkte, allgemeine Wahlrecht auf Grund des proportionalen Wahlsystems«. Diese Grundsätze für die Gestaltung des Wahlrechts sind in die Weimarer Reichsverfassung, bindend für Reich und Länder, übergegangen. Der Begriff der Gleichheit der Wahl in der Weimarer Verfassung hat durch Rechtsprechung und Literatur eine verschiedene Auslegung gefunden (vgl. näher darüber Jacobi, Die verfassungsmäßigen Wahlrechtsgrundsätze als Gegenstand richterlicher Entscheidung, Festschrift f. Richard Schmidt, 1932, S. 59 ff., bes. S. 64 f.).

Einige (darunter noch heute das OVG Lüneburg aaO) haften an der Situation des Jahres 1918, sehen in den damals proklamierten Wahlrechtsgrundsätzen nur die Ablehnung der früheren Wahlrechtsgestaltungen und beschränken die Bedeutung der Wahlgleichheit dahin, daß den Wählern kein verschieden starker Einfluß auf das Wahlergebnis eingeräumt werden darf aus Gründen, die in der *Person des einzelnen Wählers* liegen. Diese enge Auslegung war schon zur Zeit der Weimarer Reichsverfassung umstritten, und der Reichsstaatsgerichtshof zum Beispiel ist ihr nicht gefolgt. Angesichts der erhöhten Bedeutung, die dem allgemeinen Gleichheitssatz als einem von der Verfassung anerkannten überpositiven Rechtsgrundsatz zukommt (Art. 1 Abs. 2 und 3 in Verbindung mit Art. 3 GG) erscheint es heute erst recht unzulässig, einen solchen Grundsatz nur im Zusammenhang der geschichtlichen Abfolge von Wahl|rechtsgestaltungen zu 244
sehen. Er kann seinen Sinn vielmehr nur aus einer Einbettung in das Gesamtgefüge der verfassungsmäßigen Ordnung empfangen.

4. Diese Auslegungsfrage wird bedeutsam für die Verhältniswahl. Die ursprünglich auf die Mehrheitswahl abgestellten Wahlrechtsgrundsätze erhalten notwendig eine abgewandelte Bedeutung im Verhältniswahlsystem.

Bei der *Mehrheitswahl* kommt es nur darauf an, daß nicht aus Gründen, die in der Person des einzelnen Wählers liegen, die Wähler einen verschieden starken Einfluß auf das Wahlergebnis haben. Hier geht es um den *Zählwert* der Stimmen. Nach dem System dieser Wahl kann es keinen gleichen Erfolgswert für alle Stimmen geben, gleichgültig für welche politische Richtung sie abgegeben werden, weil nur die Stimmen zum Erfolg führen, die für den siegreichen Kandidaten als Person abgegeben werden. Wer gewählt ist, ergibt sich daraus, welcher Kandidat in dem Wahlkreis die meisten Stimmen auf sich vereinigt hat. Die Stimmen der Wähler, die nicht diesen Kandidaten gewählt haben, fallen aus.

Die *Verhältniswahl* braucht Listen von Kandidaten, die von Wählergruppen (politischen Parteien) aufgestellt werden. Hier stimmt der Wähler, auch formal vom Stimmzettel aus betrachtet, für eine politische Richtung. Das Ziel der Verhältniswahl in radikaler Ausprägung ist, daß das Parlament ein getreues Spiegelbild der politischen Gruppierung der Wählerschaft sein soll, daß also jede politische Richtung in der Stärke im Parlament vertreten sein soll, die dem Gesamtanteil der für sie im Staat abgegebenen Stimmen entspricht. Hier müssen also zwischen die Zählung der Stimmen der einzelnen Wähler und die Bestimmung der gewählten Kandidaten rechnerische Operationen eingeschaltet werden, auf deren verschiedene Arten hier nicht einzugehen ist.

Dieses System führt notwendig dazu, den Zählwert der Stimmen
245 der Wähler von ihrem *Erfolgswert* zu unterscheiden, | insbesondere, wenn es um das Problem der Reststimmenverwertung geht, d.h. der Stimmen, die in den gegenüber den Einzelwahlkreisen der Mehrheitswahl stark vergrößerten Wahlkreisen nicht zum Zuge gekommen sind, weil sie den Wahlquotienten (Stimmteiler) nicht oder nicht mehr erreichen. Hier entsteht ein besonderes Problem der Gleichheit der Wahl, bezogen auf den Erfolgswert der Stimmen.

5. Geht man von dem Grundgedanken der Verhältniswahl aus und verbindet ihn mit dem Grundsatz der demokratischen Gleichheit aller Staatsbürger, so ist evident, daß dem Grundsatz der Gleichheit der Wahl *bei der Verhältniswahl* nicht schon dann genügt ist, wenn jede Stimme den gleichen Zählwert hat.

Der Reichsstaatsgerichtshof hat diesen Gedanken in der Entscheidung über das preußische Wahlgesetz vom 17. Februar 1930 (StGH 12/28, RGZ 128 Anh. S. 8 = Lammers-Simons Bd. IV, S. 136 f.) so formuliert: »Diese Gleichheit beschränkt sich nicht auf den Zählwert der Stimmen. Es genügt nicht, daß jeder Wähler eine Stimme und nur eine Stimme abgibt. Eine volle Gleichheit des Wahlrechts ist vielmehr nur dann gegeben, wenn alle Stimmen auch die gleiche Kraft haben. Daß der Verfassungsgesetzgeber bei dem von ihm vorgeschriebenen gleichen Wahlrecht an eine Gleichheit in diesem Sinne gedacht hat, ergibt sich aus der Bedeutung des Wahlrechts für den demokratischen Staat in Verbindung mit dem Umstand, daß sich die Verfassung gerade deshalb für die Verhältniswahl entschieden hat, um die gleiche Behandlung aller Wähler sicherzustellen. In der Reichsverfassung ist klar zum Ausdruck gelangt, daß die Gleichheit aller Staatsbürger den Grundzug der neuen Staatsordnung bildet. Vornehmlich bei den Handlungen, in denen sich die Staatsgewalt des Volkes (Art. 1 RVerf.) betätigt, insbesondere bei den Wahlen, muß deshalb die Gleichheit aller Deutschen so weit durchgeführt werden, als das Wahlsystem es zuläßt.« |

Während der frühere Bayerische Staatsgerichtshof dem Grundsatz 246
der gleichen Wahl nur eine sehr eingeschränkte Bedeutung beimaß (Entscheidung vom 12. Februar 1930 – StGH 5/29, Lammers-Simons Bd. III, S. 122), hat sich der heutige Bayerische Verfassungsgerichtshof der weiten Auslegung des Grundsatzes der gleichen Wahl im Verhältniswahlsystem angeschlossen (vgl. Entscheidungen vom 10. Juni 1949 – Vf 52-VII-47 – VGHE n.F. Bd. 2 Teil II, S. 45 ff.; 12. Oktober 1950 – Vf 79-VII-50 – VGHE n.F. Bd. 3 Teil II, S. 115 ff.; 18. März 1952 – Vf 25-VII-52, noch nicht veröffentlicht[1]). Das Bundesverfassungsgericht ist, ebenso wie der Bayerische Verfassungsgerichtshof der Auffassung, daß der Grundsatz des gleichen Wahlrechts verlangt, »daß jeder nach den allgemeinen Vorschriften Wahlberechtigte seine Stimme wie jeder andere Wahlberechtigte abgeben darf, und daß diese gültig abgegebene Stimme ebenso mitbewertet wird wie die anderen Stimmen; alle Wähler sollen mit der Stimme, die sie abgeben, den gleichen Einfluß auf das Wahlergebnis haben« (Entscheidung vom 18. März 1952). Inwieweit dieser Grundsatz Ausnahmen zuläßt, ist eine besondere Frage.

6. Weder das Grundgesetz noch die Landessatzung für Schleswig-Holstein schreiben die Verhältniswahl vor. Der Landtag von Schleswig-Holstein hätte das reine Mehrheitswahlrecht einführen können. Daraus ergibt sich aber nicht, daß bei der Kombination des Mehrheitswahlrechtes mit Elementen der Verhältniswahl der Verhältnisausgleich beliebig gestaltet werden könnte. Es wäre sachwidrig, eine ungleichmäßige Verwertung der Stimmen im Verhältnisausgleich damit zu rechtfertigen, daß die Parteien bei der Mehrheitswahl noch ganz anders benachteiligt würden. Innerhalb jedes Abschnittes der Wahl muß Folgerichtigkeit herrschen. *Wenn* die Entscheidung für einen zusätzlichen Verhältnisausgleich fällt, muß in diesem Teil des Wahlverfahrens auch die Wahlgleichheit in ihrer spezifischen
Ausprägung für die | Verhältniswahl beachtet werden. Das muß erst 247
recht gelten für ein Wahlsystem wie das in Schleswig-Holstein eingeführte, das letzten Endes auf eine rein verhältnismäßige Verteilung

[1] Jetzt im Bayer. GVBl. 1952, S. 155.

der Mandate nach dem Wahlergebnis im ganzen Land mit bloß zusätzlicher Prämie aus der Mehrheitswahl hinausläuft.

7. Gelegentlich wird die Gleichheit der Wahl in Gegensatz zu dem allgemeinen Satz von der Gleichheit vor dem Gesetz gestellt. Während letzterer Wertungen zulasse, handele es sich bei der Wahlgleichheit um eine absolute, mathematische Gleichheit.

Die Struktur der Gleichheit bei der Gestaltung des Wahlrechts ergibt sich aber gerade aus der richtigen Anwendung des allgemeinen Satzes von der Gleichheit vor dem Gesetz auf die Wahlrechtsgleichheit.

Das Gericht hat in seinem Urteil vom 23. Oktober 1951 – 2 BvG 1/51 – im Einklang mit der überwiegend im Schrifttum vertretenen Lehre ausgeführt: »Der Gleichheitssatz ist verletzt, wenn sich ein vernünftiger, sich aus der Natur der Sache ergebender oder sonstwie sachlich einleuchtender Grund für die gesetzliche Differenzierung oder Gleichbehandlung nicht finden läßt, kurz, wenn die Bestimmung als willkürlich bezeichnet werden muß.« Gerade in Anwendung dieser Regel ergibt sich, daß es angesichts der in der demokratischen Grundordnung verankerten unbedingten Gleichheit aller Staatsbürger bei der Teilnahme an der Staatswillensbildung gar keine Wertungen geben kann, die es zulassen würden, beim *Zählwert* der Stimmen zu differenzieren (vgl. Heller, Die Gleichheit in der Verhältniswahl, 1929, S. 23 f.).

Im zweiten Stadium der Verhältniswahl hingegen, wo es um den *Erfolgswert* der Stimmen geht, sind Differenzierungen nicht ausgeschlossen. Hier treten sich zwei Prinzipien gegenüber, die in einem gewissen Spannungsverhältnis stehen. Die Wahl soll den Staat mit handlungsfähigen Organen versehen, d.h. mit einem Parlament, das
248 nach seinen Mehrheitsverhält|nissen fähig ist, eine Regierung zu bilden und sachliche gesetzgeberische Arbeit zu leisten. Von diesem Standpunkt aus hängt die Richtigkeit eines Wahlsystems nicht davon ab, daß es jedem einzelnen Menschen im Staatsleben den gleichen Einfluß verschafft. Es gibt Wahlverfahren, wie die Mehrheitswahl, die als unbedingt demokratisch angesehen werden, bei denen die politischen Anschauungen großer Teile des Volkes im Parlament unvertreten bleiben oder nicht ihrer Stärke gemäß vertreten sind.

Der Vorzug der Verhältniswahl wird nun gerade darin gesehen, daß sie den Anteil an den Sitzen im Parlament in möglichst genaue Übereinstimmung mit dem Stimmenanteil der verschiedenen politischen Richtungen im Lande bringt. Hier wird es also als eine Forderung der Gerechtigkeit angesehen, daß jede Stimme grundsätzlich den gleichen Erfolgswert hat. Ein Gesetzgeber, der sich für dieses System entscheidet, und sei es auch nur zusätzlich zur Mehrheitswahl, akzeptiert damit diese Gerechtigkeitsforderung und stellt sein Gesetz unter dieses Maß.

Die Verhältniswahl begünstigt das Aufkommen von kleinen Parteien, die in einer Mehrheitswahl nicht die geringste Aussicht auf Erfolg haben würden. Das kann zu Störungen des Verfassungslebens führen. Es kann dahin kommen, daß die gesetzgebenden Körperschaften keine großen Parteien mehr aufweisen, sondern in eine Unzahl kleinerer Gruppen zerfallen und damit funktionsunfähig werden, insbesondere nicht in der Lage sind, eine politisch aktionsfähige Regierung zu schaffen (vgl. Braunias, Das Parlamentarische Wahlrecht, Bd. II, 1932, S. 247 ff.).

Diese staatspolitische Gefahr ist ein zureichender, aus der Natur der Sache sich ergebender Grund für eine differenzierende Behandlung der politischen Parteien bei der Zuteilung von Sitzen in der Verhältniswahl. Es bleibt aber zu beachten, daß es sich dabei um eine Ausnahme von dem Grundsatz handelt, daß jede Wählerstimme den gleichen Erfolgswert haben | muß. Solche Ausnahmen können nur in 249
Grenzen zugelassen werden. Mit Recht verlangt der Bayerische Verfassungsgerichtshof in seinem noch nicht veröffentlichten[1] Urteil vom 18. März 1952 – Vf 25–VII–52 – über das Bayerische Gemeindewahlrecht für eine solche Ausnahme einen »zwingenden Grund«.

8. Der Grad der zulässigen Differenzierung bestimmt sich nach den Wertungen, die im Rechtsbewußtsein der konkreten Rechtsgemeinschaft lebendig sind. Nun wird in der Wahlrechtsliteratur durchweg die Gefahr der Parteizersplitterung als ausreichendes Motiv erachtet, um den Proporzgedanken zu modifizieren und politische, gegen die Splitterparteien gerichtete Wahlrechtsbestimmungen zuzulassen. Auch benachteiligen die meisten europäischen Verhältniswahlrechte die Splitterparteien; sie betrachten also deren Bekämpfung als rechtlich erlaubt und nicht willkürlich (vgl. die Angaben bei Braunias, aaO, S. 247 ff.; ferner Heller, aaO, und Leibholz, JW 1929, 3042 ff.).

Vor allem zeigt ein Überblick über die gegenwärtigen deutschen Wahlgesetze, daß die Bekämpfung der Splitterparteien allgemein für zulässig gehalten wird. Aus der Erkenntnis, daß es sich um eine schwerwiegende Ausnahme von einer Regel handelt, haben einige Länder diese Sperrklauseln in die Verfassung selbst aufgenommen

---

[1] Vgl. jetzt Bayer. GVBl. 1952, S. 155.

(vgl. dazu Bayer. VerfGH, Entscheidung vom 12. Oktober 1950 – Vf 79-VII-50 – VGHE n.F. Bd. 3 Teil II, S. 127). [*Wird ausgeführt.*]

252 9. Grundsätzlich ist eine Modifikation der Gleichheit in der Verhältniswahl unter dem Gesichtswinkel einer Bekämpfung der Splitterparteien gerechtfertigt. Der Gesetzgeber versucht gerade durch diese Differenzierung, dem staatspolitischen Element bei der Wahl, das auch Bestandteil des zu ordnenden Lebensverhältnisses ist, Rechnung zu tragen. Um Art und Ausmaß dieser Begrenzung zu bestimmen, bedarf es aber noch genauerer Herausarbeitung des Wesens der Splitterparteien und der Gründe ihrer Benachteiligung.

Der Begriff der Splitterpartei ist zunächst rein zahlenmäßig bestimmt, abgehoben auf die kleine Zahl der für sie abgegebenen Stimmen. Damit ist aber das Wesen der Splitterparteien noch nicht erschöpft. Aus der vorhergehenden Epoche des Mehrheitswahlrechts wirkt der Gedanke nach, daß eine Partei, die in einem lokal abgegrenzten Wahlgebiet stark vertreten ist, repräsentationswürdiger ist als eine Partei, die ihre verstreuten Stimmen aus dem ganzen Lande zusammentragen muß. So muß zu der kleinen Stimmenzahl hinzukommen, daß die Partei keinen örtlichen Schwerpunkt hat und ihre Stimmen aus verschiedenen Teilen des Wahlgebietes gewinnt, weil sich ihre Anhängerschaft quer durch das ganze Land schichtet (vgl. Braunias, aaO, S. 248). …

256 12. Ein Überblick über die Wahlgesetze ergibt, daß die Bekämpfung der Splitterparteien durch die Gestaltung des Wahlverfahrens allgemein für zulässig gehalten wird. In fast allen deutschen Wahlgesetzen kommt darüber hinaus die Rechtsüberzeugung zum Ausdruck, daß dies auch in der Weise erfolgen kann, daß aus staatspolitischen Gründen die Zuteilung von Mandaten an die Erreichung eines Mindest-Hundertsatzes der Stimmen im ganzen Lande gebunden wird. Bei der Einführung solcher Sperrklauseln und bei der Bestimmung der Höhe des Quorums hat der Gesetzgeber Spielraum für freie Entscheidung. Das Bundesverfassungsgericht hat aber über die Einhaltung der rechtlichen Grenzen, die der Modifikation des Gleichheitssatzes in der Gestaltung des Wahlrechts gezogen sind, zu wachen. Für diese Prüfung ergibt die aus den Wahlgesetzen abzulesende allgemeine Rechtsüberzeugung im gegenwärtigen Zeitpunkt zwei Grundsätze:

a) In der Regel können Wahlgesetze nicht verworfen werden, wenn sie das Quorum nicht über 5 % ansetzen. Es müßten besondere Umstände des Einzelfalles vorliegen, die ein solches Quorum unzulässig machen würden.

b) Es müssen ganz besondere, zwingende Gründe gegeben sein, um eine Erhöhung des Quorums über den gemeindeutschen Satz von 5 % zu rechtfertigen.

13. Obwohl § 3 Abs. 1 des Schleswig-Holsteinischen Landeswahlgesetzes das Quorum von 7,5 % nur als alternative Voraussetzung für die Teilnahme am Verhältnisausgleich neben dem in direkter Wahl errungenen Mandat vorsieht, muß doch zunächst diese Voraussetzung isoliert betrachtet werden.

Die oben geforderten, besonders zwingenden Gründe, die es rechtfertigen würden, über das Regel-Quorum von 5 % hinauszugehen, liegen in Schleswig-Holstein nicht vor. In dem Wahlgesetz 1950 hatte der Schleswig-Holsteinische Landtag bereits Sicherungen gegen die Splitterparteien eingebaut, und er hatte sich damals wie die übrigen
Landtage dahin entschieden, | daß ein Quorum von 5 % den von den 257
Splitterparteien drohenden Gefahren genügend begegnet. Die politische Entwicklung in Schleswig-Holstein von 1950 auf 1951 ergibt keinen Anhaltspunkt dafür, daß diese Entscheidung geändert werden mußte. Die Vertreter der Antragsgegner haben in der mündlichen Verhandlung darauf hingewiesen, daß die Klausel nicht nur der Bekämpfung von »flukturierenden« und »sporadischen«, sondern auch von »krankhaften« Gruppen dienen sollte. Die Bekämpfung »krankhafter« Parteien bedeutet in diesem Zusammenhang aber ein sachfremdes Motiv. Dafür steht nur das Verfahren nach Art. 21 Abs. 2 GG zur Verfügung. Überdies lassen sich Krankheiten des Volkskörpers nicht mit wahltechnischen Mitteln bekämpfen.

Es ist insbesondere nicht einzusehen, inwiefern der Wegfall des Verbots der Verbindung von Wahlvorschlägen und des Zwanges zur Einreichung von Wahlvorschlägen in allen Wahlkreisen zwingend eine andere prozentuale Bestimmung der Splitterparteien erfordert hätte, die von der bisherigen und auch von den übrigen deutschen Ländern für ausreichend gehaltenen Regel abweicht. …

2 Art. 9 Abs. 2; Art. 21 Abs. 1 Satz 2 und 3, Abs. 2; Art. 38 GG

Stellung der Parteien im Grundgesetz – Gründungsfreiheit und Verfassungsbindung der Parteien – Begriff der freiheitlichen demokratischen Grundordnung – Elemente der Verfassungswidrigkeit einer Partei – Folgen für deren Mandatsträger

BVerfGE 2, 1–79 – *SRP-Urteil*[1]

1 **1. Das Bundesverfassungsgericht ist nicht ohne weiteres schon deshalb unvorschriftsmäßig besetzt, weil für einen ausgeschiedenen Richter nicht innerhalb der in § 5 Abs. 3 BVerfGG vorgesehenen Frist ein Nachfolger gewählt wird. [*nur LS*]**

2. Freiheitliche demokratische Grundordnung im Sinne des Art. 21 Abs. 2 GG ist eine Ordnung, die unter Ausschluß jeglicher Gewalt- und Willkürherrschaft eine rechtsstaatliche Herrschaftsordnung auf der Grundlage der Selbstbestimmung des Volkes nach dem Willen der jeweiligen Mehrheit und der Freiheit und Gleichheit darstellt. Zu den grundlegenden Prinzipien dieser Ordnung sind mindestens zu rechnen: die Achtung vor den im Grundgesetz konkretisierten Menschenrechten, vor allem vor dem Recht der Persönlichkeit auf Leben und freie Entfaltung, die Volkssouveränität, die Gewaltenteilung, die Verantwortlichkeit der Regierung, die Gesetzmäßigkeit der Verwaltung, die Unabhängigkeit der Gerichte, das Mehrparteienprinzip und die Chancengleichheit für alle politischen Parteien mit dem Recht auf verfassungsmäßige Bildung und Ausübung einer Opposition.

3. Art. 21 Abs. 2 GG ist für politische Parteien uneingeschränkt lex specialis gegenüber Art. 9 Abs. 2 GG.

4. Art. 21 Abs. 1 Satz 1 und 2 und Abs. 2 GG ist unmittelbar anwendbares Recht. Das gilt auch für Abs. 1 Satz 3 dieser Vorschrift insoweit, als er es verbietet, daß eine Partei sich in grundsätzlicher Abweichung von demokratischen Prinzipien organisiert.

5. Erreicht die Abkehr von demokratischen Organisationsgrundsätzen in der inneren Ordnung einer Partei einen solchen Grad, daß sie nur als Ausdruck einer grundsätzlich demokratiefeindlichen Haltung erklärbar ist, dann kann, namentlich wenn auch andere Umstände diese Einstellung der Partei bestätigen, der Tatbestand des Art. 21 Abs. 2 GG erfüllt sein.

6. Wird die Auflösung einer Partei in das freie Belieben einer autoritären Spitze aus wenigen Funktionären gestellt, so ist eine dahingehende Satzungsbestimmung oder eine einzelne Ermächtigung wegen Verstoßes gegen die zwingende Vorschrift des Art. 21 Abs. 1 Satz 3 GG nichtig.

---

[1] Das bisher einzige weitere Parteiverbotsverfahren vor dem Bundesverfassungsgericht betraf die Kommunistische Partei Deutschlands (KPD) – BVerfGE 5, 85 –, in dem das Gericht die Rechtsprechung aus dem SRP-Urteil bestätigte und vertiefte.

7. Mit der Feststellung der Verfassungswidrigkeit einer Partei fallen die | Bundestags- und Landtags- (Bürgschafts-)mandate der Abgeordneten dieser Partei fort. 2

Urteil des Ersten Senats vom 23. Oktober 1952 – 1 BvB 1/51 –

Sachverhalt: *Die Sozialistische Reichspartei (SRP) wurde 1949 gegründet. Sie ging aus der Deutschen Rechtspartei hervor, aus der sie anfangs ihre Mitglieder zum großen Teil gewann. Bei Wahlen zu verschiedenen Landtagen und bei Nachwahlen zum Deutschen Bundestag erzielte die SRP zunächst beträchtliche Erfolge; im Bundestag war sie mit zwei Abgeordneten vertreten.*

Die politische Tätigkeit der SRP stand von vornherein im Bund wie in den Ländern im Gegensatz zur Regierungspolitik. Die Angriffe der Partei richteten sich in steigendem Maße nicht nur gegen die konkreten politischen Zielsetzungen der Regierung, sondern gegen die Form der politischen Willensbildung in der Bundesrepublik schlechthin. Die Bundesregierung gewann im Verlauf der Auseinandersetzungen die Überzeugung, daß die SRP die verfassungsrechtliche Ordnung der Bundesrepublik bekämpfe. Im November 1951 beantragte sie beim Bundesverfassungsgericht das Verbot der SRP nach Art. 21 Abs. 2 GG. Nach eingehender Beweiserhebung in einer mehrtägigen mündlichen Verhandlung sprach das Bundesverfassungsgericht antragsgemäß das Verbot der SRP aus.

Aus den Gründen:

E. 10

Bevor die Frage der Verfassungswidrigkeit der SRP im einzelnen geprüft wird, erscheint es angezeigt, zu umreißen, welche Stellung das Grundgesetz zu den politischen Parteien allgemein einnimmt.

Die deutschen Verfassungen der Zeit nach dem Ersten Weltkriege erwähnten die politischen Parteien kaum, obwohl schon damals – nach der Einführung des parlamentarischen Regierungssystems und des Verhältniswahlrechts – das demokratische Verfassungsleben weitgehend von ihnen bestimmt war. Die Gründe hierfür sind vielfältig, gehen aber letztlich auf die demokratische Ideologie zurück. Sie wehrte sich dagegen, zwischen der freien Einzelpersönlichkeit und dem Willen des Gesamtvolkes, der aus der Summe der einzelnen Willen zusammengesetzt und durch Abgeordnete als »Vertreter des ganzen Volkes« im Parlament repräsentiert gedacht war, Gruppen anzuerkennen, die den Prozeß der politischen Willensbildung denaturieren könnten.

Das Grundgesetz verläßt diesen Standpunkt und trägt der politischen Wirklichkeit Rechnung, indem es die Parteien als Träger der politischen Willensbildung des Volkes – wenn auch nicht als einzige – ausdrücklich anerkennt.

Der Versuch, das Parteiwesen verfassungsrechtlich zu regeln, hat sich mit einer zweifachen Problematik auseinanderzusetzen. Die erste hängt mit dem theoretischen Grundsatz der Demokratie zusammen, jedwede politische Richtung – das hieße folgerichtig auch eine
11 der Demokratie feindliche – sich in Parteien | manifestieren zu lassen. Die zweite ist in einem auf der parlamentarischen Ebene wirksamen besonderen Spannungsverhältnis angelegt: der Abgeordnete ist freier Vertreter des Gesamtvolkes und zugleich einem konkreten Parteiprogramm verpflichtet. Näherer Betrachtung bedarf an dieser Stelle zunächst das erste Problem.

In einem liberalen demokratischen Staate, wie er der deutschen Verfassungsgeschichte entspricht, ist dem einzelnen Bürger die Freiheit der politischen Meinung und die Freiheit des Zusammenschlusses auch zu Vereinigungen politischer Art als Grundrecht gewährleistet. Auf der anderen Seite liegt es im Wesen jeder Demokratie, daß die vom Volke ausgehende Staatsgewalt in Wahlen und Abstimmungen ausgeübt wird. Dieser Volkswille kann jedoch wiederum in der Wirklichkeit des modernen demokratischen großen Staates nur in den Parteien als politischen Handlungseinheiten erscheinen. Beide Grundgedanken führen zu der grundsätzlicher Folgerung, daß der Bildung und Betätigung politischer Parteien keine Schranken gesetzt werden dürfen.

Der deutsche Verfassungsgesetzgeber stand vor der Frage, ob er diese Folgerungen rein durchführen könne oder ob er nicht vielmehr, belehrt durch die Erfahrungen der jüngsten Vergangenheit, hier gewisse Grenzen ziehen müsse. Er hatte zu erwägen, ob nicht die absolute Freiheit auf der Grundlage jedweder politischen Idee Parteien zu bilden, an der Anerkennung der tragenden Grundsätze jeder Demokratie ihre Schranken finden müsse und ob nicht Parteien, die mit den formalen Mitteln der Demokratie diese selbst beseitigen wollen, aus dem politischen Leben ausgeschaltet werden müßten. Dabei war die Gefahr zu bedenken, die darin liegt, daß die Regierung auf diese Art unbequeme Oppositionsparteien zu beseitigen versucht sein könnte.

Das Grundgesetz hat in Art. 21 versucht, dieser Problematik Herr zu werden. Es stellt auf der einen Seite den Grundsatz auf, daß die Gründung der Parteien frei ist. Auf der anderen Seite sieht es die
12 Möglichkeit vor, die Tätigkeit »verfassungswidriger« | Parteien zu

verhindern. Um die Gefahr eines Mißbrauchs dieser Möglichkeit zu bannen, überträgt es die Entscheidung über die Frage der Verfassungswidrigkeit dem Bundesverfassungsgericht und bemüht sich, die Voraussetzungen für eine solche Feststellung tatbestandsmäßig nach Möglichkeit zu bestimmen.

Den Grundgedanken, auf denen diese Regelung beruht, sind zugleich wichtige Hinweise für die Auslegung des Art. 21 GG im einzelnen zu entnehmen. Dies gilt vor allem für die nähere Bestimmung des Begriffs der »freiheitlichen demokratischen Grundordnung«. Die besondere Bedeutung der Parteien im demokratischen Staat rechtfertigt ihre Ausschaltung aus dem politischen Leben nicht schon dann, wenn sie einzelne Vorschriften, ja selbst ganze Institutionen der Verfassung mit legalen Mitteln bekämpfen, sondern erst dann, wenn sie oberste Grundwerte des freiheitlichen demokratischen Verfassungsstaates erschüttern wollen. Diese Grundwerte bilden die freiheitliche demokratische Grundordnung, die das Grundgesetz innerhalb der staatlichen Gesamtordnung – der »verfassungsmäßigen Ordnung« – als fundamental ansieht. Dieser Grundordnung liegt letztlich nach der im Grundgesetz getroffenen verfassungspolitischen Entscheidung die Vorstellung zugrunde, daß der Mensch in der Schöpfungsordnung einen eigenen selbständigen Wert besitzt und Freiheit und Gleichheit dauernde Grundwerte der staatlichen Einheit sind. Daher ist die Grundordnung eine wertgebundene Ordnung. Sie ist das Gegenteil des totalen Staates, der als ausschließliche Herrschaftsmacht Menschenwürde, Freiheit und Gleichheit ablehnt. Die Vorstellung des Vertreters der SRP, es könne verschiedene freiheitliche demokratische Grundordnungen geben, ist falsch. Sie beruht auf einer Verwechslung des Begriffs der freiheitlichen demokratischen Grundordnung mit den Formen, in denen sie im demokratischen Staat Gestalt annehmen kann.

So läßt sich die freiheitliche demokratische Grundordnung als eine Ordnung bestimmen, die unter Ausschluß jeglicher Gewalt- und Willkürherrschaft eine rechtsstaatliche Herrschaftsordnung auf der
Grundlage der Selbstbestimmung des Volkes nach dem | Willen der 13
jeweiligen Mehrheit und der Freiheit und Gleichheit darstellt. Zu den grundlegenden Prinzipien dieser Ordnung sind mindestens zu rechnen: die Achtung vor den im Grundgesetz konkretisierten Menschenrechten, vor allem vor dem Recht der Persönlichkeit auf Leben und freie Entfaltung, die Volkssouveränität, die Gewaltenteilung, die Verantwortlichkeit der Regierung, die Gesetzmäßigkeit der Verwaltung, die Unabhängigkeit der Gerichte, das Mehrparteienprinzip und die

Chancengleichheit für alle politischen Parteien mit dem Recht auf verfassungsmäßige Bildung und Ausübung einer Opposition.

Damit ist auch das Entscheidende über das Verhältnis von Art. 21 zu Art. 9 Abs. 2 GG gesagt. Begrifflich gehören auch die Parteien zu den »Vereinigungen« im Sinne des Art. 9 Abs. 2 GG (vgl. auch § 90 a Abs. 3 StGB). Damit würden sie unter den dort bezeichneten Voraussetzungen ohne weiteres verboten sein und somit dem Zugriff der Exekutive schlechthin unterliegen. Dabei würden im einzelnen schwierige Auslegungsfragen entstehen, namentlich wenn man den in Art. 9 Abs. 2 GG verwandten Begriff der »verfassungsmäßigen Ordnung« dem Begriff der »freiheitlichen demokratischen Grundordnung« gegenüberstellte und ihr Verhältnis zueinander nur aus dem Wortlaut mit Mitteln der Logik zu bestimmen versuchte. Eine befriedigende Lösung kann nur aus den oben entwickelten grundsätzlichen Erwägungen gewonnen werden. Ist nämlich eine Vereinigung eine politische Partei, so hat sie – eben wegen der den Parteien und nur ihnen eingeräumten Sonderstellung – Anspruch auf die Privilegierung nach Art. 21 Abs. 2 GG. Diese Vorschrift ist also für die politischen Parteien uneingeschränkt lex specialis gegenüber Art. 9 Abs. 2 GG. Diese Bestimmung bleibt im Bereich des Politischen nur auf Gruppen anwendbar, die sich nicht als politische Parteien organisiert haben oder betätigen, oder auf Nebenorganisationen von Parteien.

Art. 21 GG ist mit Ausnahme des Abs. 1 Satz 4 unmittelbar anwend-
14 bares Recht, obwohl Abs. 3 eine nähere Regelung durch | Bundesgeset-
ze vorsieht. Dies ist für Abs. 2 offensichtlich, zumal durch das Gesetz über das Bundesverfassungsgericht die nähere Regelung schon getroffen ist. Die aktuelle Geltung der beiden ersten Sätze des Art. 21 Abs. 1 GG ist wegen ihrer schon oben gekennzeichneten grundsätzlichen Bedeutung ebenso offensichtlich. Abs. 1 Satz 3 mag zwar in dem vorgesehenen Parteiengesetz eine nähere Ausgestaltung erfahren. Unmittelbar anwendbar ist er jedenfalls insoweit, als er es verbietet, daß eine Partei sich in grundsätzlicher Abweichung von demokratischen Prinzipien organisiert. Die Frage aber, ob ein Verstoß gegen diese Bestimmung eine Partei verfassungswidrig im Sinne des Art. 21 Abs. 2 GG macht, ist damit nicht entschieden. Ihre Beantwortung ergibt sich aus der Erwägung, daß eine Partei nur dann aus dem politischen Leben ausgeschaltet werden darf, wenn sie die obersten Grundsätze der freiheitlichen Demokratie ablehnt. Entspricht die innere Ordnung einer Partei demokratischen Grundsätzen nicht, so wird im allgemeinen der Schluß naheliegen, daß die Partei die Strukturprinzipien, die sie bei sich selbst verwirklicht hat, auch im Staate durchsetzen, damit also einen der wesentlich-

sten Bestandteile der freiheitlichen demokratischen Grundordnung, nämlich die Bildung des Staatswillens als Ergebnis des freien politischen Kräftespiels, zugunsten eines autoritäten Systems beseitigen will. Ob dieser Schluß berechtigt ist, muß im Einzelfall geprüft werden. Erreicht die Abkehr von demokratischen Organisationsgrundsätzen einen solchen Grad, daß sie nur als Ausdruck einer grundsätzlich demokratiefeindlichen Haltung erklärbar ist, so kann, namentlich wenn auch andere Umstände diese Einstellung der Partei bestätigen, der Tatbestand des Art. 21 Abs. 2 GG erfüllt sein. Die gleichsam »abstrakte« Feststellung einer demokratischen Grundsätzen nicht entsprechenden inneren Ordnung würde für sich allein jedoch nicht genügen. ...

[*Im geschichtlichen Rückblick auf die sogn. Rechtsparteien, zu denen es die SRP zählt, führt das Bundesverfassungsgericht u.a. aus:*]

Das von der NSDAP geschaffene System läßt sich zusammenfas- 19
send so charakterisieren: Es ist gekennzeichnet durch die Lehre vom totalen Staat, die Rassendoktrin und den hierarchischen Aufbau: Führer und Gefolgschaft. Instrument der völkischen, auf Schlagworten von Blut, Boden und Ehre beruhenden Weltanschauung und »Garant des Staates« ist ausschließlich die NSDAP. Die *eine* Partei formt und überwacht den seiner Freiheit beraubten Staatsbürger in einem ausgeklügelten politischen System von Blöcken und Zellen. Sie anerkennt und vollzieht den Vorrang der »völkischen Lebensgesetze« nach den Grundsätzen: »Recht ist, was dem Volke nützt; Unrecht, was ihm schadet« und »Du bist nichts, Dein Volk ist alles«. Ausgang und Ziel dieses Systems ist nicht mehr die an der Gerechtigkeit orientierte Rechtsidee, sondern die zum Gesetz erhobene Willkür des Führers. Als Träger und Vollstrecker seines Willens erscheint vornehmlich das Staatssicherheitshauptamt (Geheime Staatspolizei) mit seinem Apparat von Konzentrations- und Vernichtungslagern. Mit dieser ausschließlichen Anerkennung der Macht werden Gültigkeit und Unverbrüchlichkeit der Rechtsordnung aufgehoben. Rechtlosigkeit und Willkür, Schändung der Menschenwürde, Mißachtung der völkerrechtlichen Verträge und
der | Lebensrechte freier Völker schaffen eine Herrschaft der Furcht 20
und des Schreckens. Volksgemeinschaft, Treue, Heldentum und Freiheitsbewußtsein, Ehrlichkeit und Anständigkeit sind in diesem doppelsinnigen System nur Vokabeln ohne Wahrheitsgehalt.

Über die Entwicklung der Rechtsparteien im ganzen läßt sich zusammenfassend sagen, daß sie anfänglich dem Staate mehr mit theoretisch-prinzipieller als eigentlich umstürzlerischer Opposition entgegentreten, daß ihre Haltung dann immer radikaler wird und daß unter ihren verschiedenen Richtungen die radikalste siegt und unter rücksichtsloser Durchsetzung auch ihrer extremsten Ziele die Katastrophe des Staates herbeiführt. …

[*Der Überprüfung der Organisation der SRP stellt das Bundesverfassungsgericht folgende Grundsätze voran:*]

40 Der personellen Zusammensetzung der Partei entspricht es, daß auch ihr Organisationsbild dem der NSDAP ähnelt, schon ihre innere Ordnung nicht demokratischen Grundsätzen folgt (Art. 21 Abs. 1 Satz 3 GG). Diese demokratischen Grundsätze im einzelnen zu entwickeln, wird Aufgabe des Parteiengesetzes sein. Hier genügt es festzustellen, daß der Aufbau der Partei von unten nach oben erfolgen muß, die Mitglieder also nicht von der Willensbildung ausgeschlossen sein dürfen, und daß die grundsätzliche Gleichwertigkeit der Mitglieder sowie die Freiheit von Eintritt und Ausscheiden gewährleistet sein muß. Auch würde es – abgesehen von den strafrechtlichen Folgen – demokratischen Grundsätzen widersprechen, den Parteiführern unbedingten Gehorsam zu versprechen oder ein solches Versprechen abzuverlangen. [*Wird im Hinblick auf die SRP ausgeführt.*]

68 Die Beweisaufnahme führt in ihrem Ergebnis zu folgenden Feststellungen:

1. Die SRP als politische Partei mißachtet, wie das Verhalten ihrer Anhänger ausweist, die wesentlichen Menschenrechte, besonders die Würde des Menschen, das Recht der Persönlichkeit auf freie Entfaltung und den Grundsatz der Gleichheit vor dem Gesetz. Vor allem die von ihr betriebene Wiederbelebung des Antisemitismus belegt das nachdrücklich.

2. Die SRP bekämpft die demokratischen Parteien der Bundesrepublik in einer Weise, die erkennen läßt, daß sie nicht nur in legitimer Art ihr eigenes Programm gegenüber konkurrierenden Parteien in ein helles Licht rücken will, sondern in ihren politischen Zielen darauf
69 ausgeht, die anderen Parteien aus dem | politischen Leben auszuschalten. Sie bekämpft also nicht eine jeweils andere Partei, sondern das für die freiheitliche Demokratie wesentliche Mehrparteienprinzip.

3. Die innere Organisation der SRP wird durch folgende Umstände charakterisiert. Sie ist von oben nach unten im Geiste des Führerprinzips aufgebaut, das hier durch ein streng durchgeführtes Bestätigungs- und Berufungssystem gekennzeichnet ist. Der Eintritt in die Partei ist nicht frei, sondern kann willkürlich verweigert werden. Der Ausschluß aus der Partei kann nach der Satzung durch autoritäre Auf-

lösung ganzer Gebietsverbände geschehen; darüber hinaus wird er gegen Einzelne willkürlich und ohne ordnungsmäßiges Verfahren praktiziert.

4. Die SRP ist in ihrem Programm, ihrer Vorstellungswelt und ihrem Gesamtstil der früheren NSDAP wesensverwandt. Das Programm enthält die gleichen verwaschenen Versprechungen und vermeidet ein Bekenntnis zur Demokratie. In ihrer Vorstellungswelt, wie sie sich aus Äußerungen führender Funktionäre erkennen läßt, kehren der verstiegen mythisierte Reichsgedanke, das überhebliche Sendungsbewußtsein und das Ziel wieder, einen »Großraum« unter deutscher Hegemonie zu schaffen. Der Gesamtstil zeigt im Großen und bis ins kleinste, ja sogar physiognomische Züge Übereinstimmungen mit dem der NSDAP. Dies erweist sich vornehmlich im Auftreten von Nebenorganisationen, in System und Mitteln der Propaganda, im Kult mit sogenannten Blutzeugen, in der Wiederbelebung der Dolchstoßlüge, in der Vergiftung des politischen Lebens durch systematische Herabsetzung der Regierungsorgane und ihrer Träger, in der selbstgefälligen Übernahme der Rolle der Staatsfeindes, in der Mißachtung der staatlichen Symbole und schließlich der staatlichen Rechtsordnung überhaupt.

Daß die SRP sich selbst als Nachfolgeorganisation der NSDAP fühlt, zeigt sich in der personellen Zusammensetzung der Führungsschicht, die überwiegend aus ehemaligen Nationalsozialisten besteht, in der Bemühung der Partei, frühere Nationalsozialisten als Parteimitglieder zu gewinnen – nicht obwohl, son|dern weil sie National- 70
sozialisten waren – und in der unverhohlenen Glorifizierung Hitlers.

5. Dieser festgestellte Sachverhalt erfüllt den Tatbestand des Art. 21 Abs. 2 GG.

Das bedarf für die Mißachtung der Menschenrechte und den Kampf gegen das Mehrparteienprinzip keiner weiteren Ausführung (vgl. oben zu E).

Es gilt aber auch für die Wesensverwandtschaft der SRP mit der NSDAP in Programm, Vorstellungswelt und Gesamtstil. Daß die ehemalige NSDAP nach ihrer Entwicklung, wie sie heute rückschauend überblickt werden kann, als in der Gegenwart existierende Partei nach Art. 21 Abs. 2 GG verfassungswidrig wäre, unterliegt keinem Zweifel; die Erfahrungen gerade mit dieser Partei sind der unmittelbare Anlaß für die Schaffung des Art. 21 Abs. 2 GG gewesen. Mag auch der SRP die Übereinstimmung mit den Zielen und Methoden der NSDAP nicht in allen Einzelheiten nachzuweisen sein, so gebietet doch der auch im Bereich des Politischen gültige

Schluß von der Form auf den Inhalt die Folgerung: eine Partei, die einer eindeutig verfassungswidrigen politischen Bewegung der Vergangenheit in ihrer Vorstellungswelt und in allen wesentlichen Formen der Äußerung wesensverwandt ist, wird auch, sofern sie weiterwirken kann, die gleichen oder doch gleichartige Inhalte zu verwirklichen suchen.

In der Zusammenschau mit dieser Verwandtschaft von SRP und früherer NSDAP gewinnt schließlich auch die innere Ordnung der SRP, deren Widerspruch zu demokratischen Grundsätzen die Beweisaufnahme ergeben hat, rechtliches Gewicht im Rahmen des Art. 21 Abs. 2 GG. Denn so gesehen ist der Schluß unabweislich, daß diese *innere* Ordnung nur ein Abbild dessen ist, was der SRP als System einer von ihr erstrebten künftigen *staatlichen* Ordnung vor Augen steht.

Mit alledem ist erwiesen, daß die SRP, und zwar seit dem Beginn
71 ihres Wirkens, darauf ausgeht, die freiheitliche demo|kratische Grundordnung zu beeinträchtigen und schließlich zu beseitigen....

72 2. Stellt das Bundesverfassungsgericht die Verfassungswidrigkeit einer politischen Partei fest, so wird die Prüfung der Frage unabweislich, ob die Abgeordneten dieser Partei in den gesetzgebenden Körperschaften ihre Mandate behalten können. Das Bundesverfassungsgericht ist zu der Überzeugung gelangt, daß diese Frage verneint werden muß. Dafür sind folgende Erwägungen bestimmend:

Das Grundgesetz trägt, wie schon ausgeführt, der politischen Wirklichkeit insofern Rechnung, als es ausdrücklich anerkennt, daß die Parteien bei der politischen Willensbildung des Volkes mitwirken. Damit wird auch in der Verfassung selbst, nämlich in Art. 21 und 38 GG, das besondere Spannungsverhältnis erkennbar, das in der Doppelstellung des Abgeordneten als Vertreters des gesamten Volkes und zugleich als Exponenten einer konkreten Parteiorganisation liegt. Diese beiden Vorschriften lassen sich theoretisch schwer in Einklang bringen: auf der einen Seite erscheinen die Parteien als hauptsächliche Träger der politischen Willensbildung des Volkes, auf der anderen Seite soll aber der Abgeordnete, der doch in aller Regel über eine Partei sein Mandat erhält, als Vertreter des Gesamtvolkes und nicht als Repräsentant seiner Partei gesehen werden. Der Gegensatz verliert freilich an theoretischer Schärfe, wenn man sich vergegenwärtigt, daß es sich bei Art. 38 GG um einen Satz aus dem gesicherten ideologischen Bestand des Verfassungsrechts der liberalen Demokratie handelt, den der Verfassungsgeber als herkömmlich und daher unbedenklich übernommen hat, ohne daß ihm dabei die prinzipielle Un-

vereinbarkeit mit Art. 21 GG voll deutlich geworden wäre. Immerhin hat sich die Auslegung mit der in diesen positiven Normen des Grundgesetzes in Erscheinung tretenden Spannungslage auseinanderzusetzen. Die Lösung kann nur so erfolgen, daß ermittelt wird, welches Prin|zip bei der Entscheidung einer konkreten verfassungs- 73
rechtlichen Frage jeweils das höhere Gewicht hat.

Im Anschluß an die Ausführungen unter E läßt sich die Bedeutung des Art. 21 GG dahin zusammenfassen: Absatz 1 dieser Bestimmung erkennt an, daß die Parteien an der politischen Willensbildung des Volkes mitwirken, und hebt sie damit aus dem Bereich des Politisch-Soziologischen in den Rang einer verfassungsrechtlichen Institution. An dieser »Inkorporation« der Parteien in das Verfassungsgefüge können politisch sinnvoll nur die Parteien teilhaben, die auf dem Boden der freiheitlichen demokratischen Grundordnung stehen. Dies wird durch Absatz 2 bestätigt. Er hat die Bedeutung, die Feststellung zu ermöglichen, daß eine bestimmte Partei nicht an der politischen Willensbildung des Volkes teilnehmen darf, weil sie die freiheitliche demokratische Grundordnung bekämpft. Lediglich aus rechtsstaatlichen Erwägungen ist bestimmt, daß die Feststellung der Verfassungswidrigkeit mit rechtlicher Wirkung nicht von jedermann, auch nicht von Regierung und Verwaltung, und nicht in jedem Verfahren getroffen werden kann, sondern nur durch ein Urteil des Bundesverfassungsgerichts in einem der Erforschung der materiellen Wahrheit dienenden Verfahren.

Mit dem Urteil des Bundesverfassungsgerichts in einem Verfahren nach Art. 21 Abs. 2 GG steht fest, daß die Partei – von Anfang an oder von dem im Urteil bezeichneten Zeitpunkt ab – wegen des mit den demokratischen Grundprinzipien in Widerspruch stehenden Inhalts ihrer politischen Vorstellungswelt die Voraussetzungen für die Mitwirkung bei der politischen Willensbildung des Volkes nicht erfüllt hat. Ist dem aber so, dann kann sich die Wirkung des Urteils nicht in der Auflösung des organisatorischen Apparates erschöpfen, der zur Durchsetzung dieser Vorstellungen geschaffen worden ist; vielmehr ist es der Sinn des verfassungsgerichtlichen Spruches, diese Ideen selbst aus dem Prozeß der politischen Willensbildung auszuscheiden. Dieses Ziel würde nicht erreicht werden, wenn es den wesentlichsten Exponenten der Partei, den Abgeordneten, weiterhin möglich bliebe, | die Ideen ihrer Partei an der Stätte, wo die echten 74
politischen Entscheidungen fallen, zu vertreten und bei Abstimmungen zur Geltung zu bringen. Der recht verstandene Sinn des Art. 21 GG führt also notwendig zu dem Schluß, daß die Mandate der Abge-

ordneten einer verfassungswidrigen Partei mit der Verkündigung des Urteils in dem später zu behandelnden Umfang erlöschen. Der Mandatsverlust ergibt sich derart zwingend aus der Feststellung der Verfassungswidrigkeit der Partei, daß er als deren unmittelbare gesetzliche Folge angesehen werden muß, ohne daß es, wie in § 46 Abs. 3 BVerfGG für die Auflösung einer Partei geschehen, einer ausdrücklichen Ermächtigung des Gesetzgebers zu einem entsprechenden rechtsgestaltenden Ausspruch bedurfte.

Mit dieser Auslegung des Art. 21 GG verliert Art. 38 GG nicht seine eigene Bedeutung. Richtig verstanden bestätigt er vielmehr diese Auslegung insofern, als der Abgeordnete einer verfassungswidrigen Partei nicht »Vertreter des ganzen Volkes« sein kann. Soweit Art. 38 GG ein Verbot des imperativen Mandats enthält, bleibt er erheblich für die rechtliche Beurteilung von Tatbeständen wie Ausschluß und Übertritt eines Abgeordneten zu einer anderen Partei, Blankoverzichtserklärungen, Rücktrittsreverse und Abmachungen über die Ausübung des Mandats.

Die Wähler der ausgeschiedenen Abgeordneten sind durch den Mandatsverlust nicht beschwert, da das Verlangen, durch den Abgeordneten einer verfassungswidrigen Partei vertreten zu sein, selbst verfassungswidrig wäre. …

76 Der Mandatsverlust beschränkt sich auf die Abgeordneten im Bundestag und in den Landtagen (Bürgerschaften), da die politische Willensbildung des Volkes im eigentlichen Sinn sich nur hier vollzieht. Bei den Gebietskörperschaften, insbesondere den Gemeinden, kann das Ausscheiden der Mitglieder einer verfassungswidrigen Partei aus Vertretungskörpern und Wahlämtern als unmittelbare Folge aus Art. 21 GG nicht hergeleitet werden, weil auf der Ebene der Gebietskörperschaften nicht eigentlich politische Entscheidungen fallen, die Gebietskörperschaften vielmehr in erster Linie Träger von Verwaltungsaufgaben sind. Welche Maßnahmen hier auf Grund der Entscheidung des Bundesverfassungsgerichts zu treffen sind, richtet sich nach dem jeweils für die Gebietskörperschaften geltenden oder, mit Rücksicht auf die in dieser Entscheidung entwickelten Grundsätze, künftig zu setzenden Recht. …

3 Art. 2 Abs. 1, Art. 11 Abs. 1, Art. 93 Abs. 1 Nr. 4a GG; § 90 BVerfGG

Schutzbereich des Rechts auf Freizügigkeit – Grundrechtsschutz der allgemeinen Handlungsfreiheit im umfassenden Sinne – »verfassungsmäßige Ordnung« i.S.d. Art. 2 Abs. 1 – Rüge der formellen Verfassungswidrigkeit einer freiheitsbeschränkenden Norm mit der Verfassungsbeschwerde

BVerfGE 6, 32–45 – Elfes[1]

1. Art. 11 GG betrifft nicht die Ausreisefreiheit. 32

2. Die Ausreisefreiheit ist als Ausfluß der allgemeinen Handlungsfreiheit durch Art. 2 Abs. 1 GG innerhalb der Schranken der verfassungsmäßigen Ordnung gewährleistet.

3. Verfassungsmäßige Ordnung im Sinne des Art. 2 Abs. 1 GG ist die verfassungsmäßige Rechtsordnung, d.h. die Gesamtheit der Normen, die formell und materiell der Verfassung gemäß sind.

4. Jedermann kann im Wege der Verfassungsbeschwerde geltend machen, eine seine Handlungsfreiheit beschränkende Rechtsnorm gehöre nicht zur verfassungsmäßigen Ordnung.

Urteil des Ersten Senats vom 16. Januar 1957 – 1 BvR 253/56 –

Sachverhalt: *Der Beschwerdeführer war seit den 30er Jahren als Kommunal- und Landespolitiker in Nordrhein-Westfalen tätig. Zu Beginn der 50er Jahre wirkte er an führender Stelle im »Bund der Deutschen«, einer politischen Partei, die die Wiedervereinigungs- und Wehrpolitik der Bundesregierung bekämpfte. Im Sinne der Zielsetzung dieser Partei äußerte sich der Beschwerdeführer mehrfach öffentlich im In- und Ausland.*

Als der Beschwerdeführer die Verlängerung seines Reisepasses beantragte, wurde sie ihm unter Berufung auf eine Bestimmung des Paßgesetzes verweigert, die die Versagung des Passes bei Gefährdung der Sicherheit oder erheblicher Belange der Bundesrepublik Deutschland oder eines deutschen Landes verlangte. Der vom Beschwerdeführer dagegen beschrittene Verwaltungsrechtsweg blieb ohne Erfolg. Auch die gegen die letztinstanzliche Entscheidung des Bundesverwaltungsgerichts erhobene Verfassungsbeschwerde wurde zurückgewiesen.

---

[1] Das BVerfG versteht Art. 2 Abs. 1 seither in st. Rspr. als grundrechtliche Gewährleistung der allgemeinen Handlungsfreiheit im umfassenden Sinne; so jüngst vor allem BVerfGE 80, 137 — Reiten im Walde — BVerfGA Nr. 75.

Aus den Gründen:

34 Art. 11 Abs. 1 GG gewährleistet die Freizügigkeit »im ganzen Bundesgebiet«. Schon dieser Wortlaut spricht nicht dafür, daß auch ein Grundrecht auf freie Ausreise *aus* dem Bundesgebiet gewährt werden sollte. Auch die Entstehungsgeschichte der Vorschrift gibt dafür keinen Anhalt. Im Parlamentarischen Rat wurde die Frage erörtert (und schließlich verneint), ob man die Auswanderungsfreiheit in den Grundrechtskatalog aufnehmen solle (5. Sitzung des Ausschusses für
35 Grundsatzfragen am | 29. September 1948, Kurzprot. S. 3); über die Ausreisefreiheit wurde nicht gesprochen.

Das Grundrecht der Freizügigkeit darf nur unter bestimmten in Art. 11 Abs. 2 GG einzeln aufgeführten Voraussetzungen gesetzlich eingeschränkt werden. Bei der Formulierung der Einschränkungstatbestände hat der Grundgesetzgeber offensichtlich an Beschränkungen der innerstaatlichen Freizügigkeit gedacht; die herkömmlichen und sachgerechten Beschränkungen der Ausreisefreiheit sind nicht erwähnt. Die Ausreise aus dem Staatsgebiet kann in vielen Ländern – auch in freiheitlichen Demokratien – seit langem mittels der Paßversagung aus Gründen der Staatssicherheit beschränkt werden. In Deutschland gelten entsprechende Vorschriften ununterbrochen seit dem Ersten Weltkrieg; sie sind im wesentlichen unverändert in das Paßgesetz von 1952 übernommen worden. Es ist nicht anzunehmen, daß der Grundgesetzgeber, wenn er in Art. 11 GG ein Grundrecht der Ausreisefreiheit hätte gewähren wollen, den wichtigen und seit langem bestehenden Einschränkungsgrund der Staatssicherheit übersehen haben sollte. Näher liegt die Annahme, daß er die Ausreisefreiheit in Art. 11 Abs. 1 GG nicht garantieren wollte. Davon ist auch der Gesetzgeber des Paßgesetzes offensichtlich ausgegangen; denn er hat weder die Paßversagungsgründe inhaltlich auf Art. 11 Abs. 2 GG abgestimmt noch im Hinblick auf Art. 19 Abs. 1 Satz 2 GG erwogen, im Paßgesetz das Grundrecht der Freizügigkeit als eingeschränktes Grundrecht zu nennen. Auch bei den wiederholten Aussprachen über die Lockerung oder Aufhebung des Paßzwanges, die im Bundestag aus Anlaß entsprechender Empfehlungen des Europarates stattgefunden haben (BT II/1953, 18. und 137. Sitzung, Sten.Ber. S. 659 f., 7112 f., 7115 f.; BT II/1953 Drucks. 198, 499, 2011, 2044, 2516) ist von keiner Seite ein Zusammenhang dieser Frage mit dem Grundrecht der Freizügigkeit hergestellt worden.

Bei dieser Sachlage kann sich das Bundesverfassungsgericht nicht davon überzeugen, daß es aus Gründen der Systematik geboten sei –

wie es im Schrifttum vertreten wird –, das Recht auf | freie Ausreise 36
in die in Art. 11 GG garantierte Freizügigkeit einzubeziehen. Dennoch entbehrt die Ausreisefreiheit als Ausfluß der allgemeinen Handlungsfreiheit nicht eines angemessenen grundrechtlichen Schutzes (Art. 2 Abs. 1 GG).

2. Das Bundesverfassungsgericht hat in seinem Urteil vom 20. Juli 1954 (BVerfGE 4, 7 [15f.]) offengelassen, ob unter den Begriff der freien Entfaltung der Persönlichkeit die menschliche Handlungsfreiheit im weitesten Sinne zu verstehen sei oder ob Art. 2 Abs. 1 GG sich auf den Schutz eines Mindestmaßes dieser Handlungsfreiheit beschränke, ohne das der Mensch seine Wesensanlage als geistig-sittliche Person überhaupt nicht entfalten kann.

a) Das Grundgesetz kann mit der »freien Entfaltung der Persönlichkeit« nicht nur die Entfaltung innerhalb jenes Kernbereichs der Persönlichkeit gemeint haben, der das Wesen des Menschen als geistig-sittliche Person ausmacht; denn es wäre nicht verständlich, wie die Entfaltung innerhalb dieses Kernbereichs gegen das Sittengesetz, die Rechte anderer oder sogar gegen die verfassungsmäßige Ordnung einer freiheitlichen Demokratie sollte verstoßen können. Gerade diese, dem Individuum als Mitglied der Gemeinschaft auferlegten Beschränkungen zeigen vielmehr, daß das Grundgesetz in Art. 2 Abs. 1 GG die Handlungsfreiheit im umfassenden Sinne meint.

Allerdings war die feierliche Formulierung des Art. 2 Abs. 1 GG der Anlaß, ihn besonders im Lichte des Art. 1 GG zu sehen und daraus abzuleiten, daß er mit dazu bestimmt sei, das Menschenbild des Grundgesetzes zu prägen. Damit ist jedoch nichts anderes gesagt, als daß Art. 1 GG in der Tat zu den tragenden Konstitutionsprinzipien gehört, die – wie alle Bestimmungen des Grundgesetzes – auch Art. 2 Abs. 1 GG beherrschen. Rechtlich gesehen ist er ein selbständiges Grundrecht, das die allgemeine menschliche Handlungsfreiheit gewährleistet. Es waren nicht rechtliche Erwägungen, sondern sprachliche Gründe, die den Gesetzgeber bewogen haben, die ursprüngliche Fassung »Jeder kann tun und lassen was er will« durch die jetzige
Fas|sung zu ersetzen (vgl. v. Mangoldt, Parlamentarischer Rat, 42. 37
Sitzung des Hauptausschusses, S. 533). Offenbar hat zu der Theorie, daß Art. 2 Abs. 1 GG nur einen Kernbereich der Persönlichkeit habe schützen wollen, der Umstand beigetragen, daß im zweiten Halbsatz als Schranke, die dem Bürger für die Entfaltung seiner Persönlichkeit gezogen ist, auch die verfassungsmäßige Ordnung genannt wird. In dem Bestreben, diesen Begriff, der auch an anderer Stelle des Grundgesetzes vorkommt, überall in derselben Weise auszulegen, gelangte

man schließlich dazu, in der verfassungsmäßigen Ordnung einen gegenüber der verfassungsmäßigen Rechtsordnung engeren Begriff zu erblicken; dadurch sah man sich zu dem Rückschluß gezwungen, es sollte dann auch nur ein Kernbereich der Persönlichkeit, nicht aber die Handlungsfreiheit des Menschen verfassungsrechtlich geschützt werden.

Neben der allgemeinen Handlungsfreiheit, die Art. 2 Abs. 1 GG gewährleistet, hat das Grundgesetz die Freiheit menschlicher Betätigung für bestimmte Lebensbereiche, die nach den geschichtlichen Erfahrungen dem Zugriff der öffentlichen Gewalt besonders ausgesetzt sind, durch besondere Grundrechtsbestimmungen geschützt; bei ihnen hat die Verfassung durch abgestufte Gesetzesvorbehalte abgegrenzt, in welchem Umfang in den jeweiligen Grundrechtsbereich eingegriffen werden kann. Soweit nicht solche besonderen Lebensbereiche grundrechtlich geschützt sind, kann sich der Einzelne bei Eingriffen der öffentlichen Gewalt in seine Freiheit auf Art. 2 Abs. 1 GG berufen. Hier bedurfte es eines Gesetzesvorbehalts nicht, weil sich aus der Beschränkung der freien Entfaltung der Persönlichkeit durch die verfassungsmäßige Ordnung der Umfang staatlicher Eingriffsmöglichkeiten ohne weiteres ergibt.

b) Wird, wie unter 2 a) gezeigt, in Art. 2 Abs. 1 GG mit der freien Entfaltung der Persönlichkeit die allgemeine Handlungsfreiheit gewährleistet, die – soweit sie nicht Rechte anderer verletzt oder gegen das Sittengesetz verstößt – nur an die verfassungsmäßige Ordnung
38 gebunden ist, so kann unter diesem Be|griff nur die allgemeine Rechtsordnung verstanden werden, die die materiellen und formellen Normen der Verfassung zu beachten hat, also eine verfassungsmäßige Rechtsordnung sein muß. In diesem Sinne bezeichnet auch das Oberverwaltungsgericht Münster im Ausgangsverfahren die verfassungsmäßige Ordnung als die »der Verfassung gemäße«, die »gemäß der Verfassung aufgebaute und im Rahmen der Verfassung sich haltende Rechtsordnung«.

Dieses Ergebnis kann nicht mit dem Hinweis darauf entkräftet werden, daß »verfassungsmäßige Ordnung« in anderen Bestimmungen des Grundgesetzes unzweifelhaft etwas anderes bedeute, der Begriff aber überall denselben Inhalt haben müsse. Die Auslegung hängt vielmehr von der Funktion ab, die der Begriff innerhalb der jeweiligen Norm zu erfüllen hat. Die Analyse der gesetzlichen Tatbestände, in denen der Begriff vorkommt, ergibt, daß er stets einen Kreis von Normen umschreibt, an die der jeweilige Normadressat gebunden sein soll. Daraus erhellt ohne weiteres, daß der

Umfang des jeweils die verfassungsmäßige Ordnung darstellenden Normenkomplexes, dem diese Bindungswirkung zukommt, nicht für jeden der – unter sich ganz ungleichartigen – Normadressaten der gleiche sein kann. Während also z.B. sicherlich der Gesetzgeber an die Verfassung schlechthin gebunden ist (Art. 20 Abs. 3 GG), kann es in anderem Zusammenhang – z.B. in Art. 9 GG, § 90 a StGB – geboten sein, den Begriff »verfassungsmäßige Ordnung« auf gewisse elementare Grundsätze der Verfassung zu beschränken (vgl. BGHSt. 7, 222 [227] 9, 285 [286]); der Bürger aber wird in seiner allgemeinen Handlungsfreiheit legitim eingeschränkt nicht nur durch die Verfassung oder gar nur durch »elementare Verfassungsgrundsätze«, sondern durch jede formell und materiell verfassungsmäßige Rechtsnorm.

Das wird auch durch die Entstehungsgeschichte des Art. 2 Abs. 1 GG bestätigt. Bei seiner Formulierung ging der Grundsatzausschuß des Parlamentarischen Rates von Art. 2 des Herrenchiemsee-Entwurfs aus, der in Absatz 2 eindeutig aussprach: | »Jedermann hat 39
die Freiheit, innerhalb der Schranken der Rechtsordnung und der guten Sitten alles zu tun, was anderen nicht schadet.« Im Laufe der Erörterungen wurde, um Zweifel zu vermeiden, in Anlehnung an die hessische Verfassung der Begriff der »verfassungsmäßigen Ordnung« eingeführt (JbÖffR, NF Bd. 1 S. 55). Das ergab schließlich eine Fassung, in der beide Begriffe nebeneinander erscheinen. So lagen dem Hauptausschuß zur 2. Lesung die bisherige Fassung des Hauptausschusses (a) und eine Fassung des Redaktionsausschusses (b) vor, die folgendermaßen lauteten (Drucks. Parlamentarischer Rat 1.49–543):

Art. 2[1])

a) »(1) Jeder hat das Recht auf Leben und körperliche Unversehrtheit, auf persönliche Freiheit und Sicherheit[2]).

(2) Jeder hat das Recht auf die freie Entfaltung seiner Persönlichkeit[3]), soweit er nicht die Rechte anderer verletzt und nicht gegen die verfassungsmäßige Ordnung oder das Sittengesetz verstößt.

(3) In dieses Rechte kann nur auf Grund der Rechtsordnung eingegriffen werden«[4]).

b) »(1) Jedermann hat die Freiheit, zu tun und zu lassen, was die Rechte anderer nicht verletzt und nicht gegen die verfassungsmäßige Ordnung oder das Sittengesetz verstößt.

(2) Jedermann hat das Recht auf Leben und körperliche Unversehrtheit. In dieses Recht kann nur auf Grund eines *Gesetzes* eingegriffen werden.«

Dazu bemerkte der Redaktionsausschuß in einer (im JbÖffR, NF Bd. 1 S. 62 unvollständig wiedergegebenen) »Anmerkung«:

»1) Nach Auffassung des Allgemeinen Redaktionsausschusses sollte in Art. 2 zunächst die allgemeine Handlungsfreiheit garantiert werden.

2) Unklar ist, welchen Inhalt das Recht auf Sicherheit haben soll, von dem Abs. 1 der Fassung des H.-A. spricht. Es kann doch nur ein Ausfluß der persönlichen Freiheit sein.

3) Die freie Entfaltung der Persönlichkeit ist ein Vorgang, der sich im wesentlichen außerhalb der staatlichen Ordnung vollzieht.

4) Abs. 3 der Fassung des H.-A. ermöglicht einen Eingriff auf Grund der Rechtsordnung nicht nur bei dem in Abs. 1, sondern | auch bei dem in Abs. 2 geregelten Recht. Bei dem in Abs. 2 geregelten Recht auf freie Entfaltung der Persönlichkeit ist in diesem Absatz aber selbst bereits die Grenze dieses Rechts durch den zweiten Halbsatz gezogen. Abs. 3 müßte deshalb als zweiter Satz dem Abs. 1 zugefügt werden. Im übrigen werden die in Abs. 2 behandelten Rechte durch die gewählte Fassung schlechthin unter einen allgemeinen Gesetzesvorbehalt im weitesten Sinne gestellt. In diese Rechte kann daher auf Grund einer jeden Norm, z.B. auch auf Grund eines sich bildenden polizeilichen Gewohnheitsrechtes eingegriffen werden.«

Der Parlamentarische Rat hat in der 2. Lesung am 6. Mai 1949 den Art. 2 GG in der Fassung des Redaktionsausschusses angenommen, soweit es sich um den Gesetzesvorbehalt handelt. Daraus ergibt sich, daß auch er sich die Auffassung zu eigen gemacht hat, hier solle die Handlungsfreiheit unter Vorbehalt jedes verfassungsmäßigen Gesetzes garantiert werden.

c) In der Literatur wird häufig der Einwand erhoben, bei dieser Auffassung werde das Grundrecht des Art. 2 Abs. 1 GG »leerlaufen«, da es unter den allgemeinen Gesetzesvorbehalt gestellt werde. Dabei wird jedoch übersehen, daß die Gesetzgebungsgewalt nach dem Grundgesetz stärkeren Beschränkungen unterliegt als unter der Geltung der Reichsverfassung von 1919. Damals waren nicht nur zahlreiche Grundrechte durch den allgemeinen Gesetzesvorbehalt, dem jedes verfassungsmäßig erlassene Gesetz entsprach, tatsächlich »leerlaufend«; der Gesetzgeber konnte durch ein mit der verfassungsändernden Mehrheit erlassenes Gesetz auch im Einzelfall eine ihm entgegenstehende verfassungsrechtliche Schranke jederzeit überwinden. Demgegenüber hat das Grundgesetz eine wertgebundene Ordnung aufgerichtet, die die öffentliche Gewalt begrenzt. Durch diese Ordnung soll die Eigenständigkeit, die Selbstverantwortlichkeit

und die Würde des Menschen in der staatlichen Gemeinschaft gesichert werden (BVerfGE 2, 1 [12 f.][1]; 5, 85 [204 ff.]). Die obersten Prinzipien dieser Wertordnung sind gegen Verfassungsänderungen geschützt (Art. 1, 20, 79 Abs. 3 GG). Verfassungsdurchbrechungen
sind ausgeschlossen; die Verfassungsgerichts | barkeit überwacht die 41
Bindung des Gesetzgebers an die Maßstäbe der Verfassung. Gesetze sind nicht schon dann »verfassungsmäßig«, wenn sie formell ordnungsmäßig ergangen sind. Sie müssen auch materiell in Einklang mit den obersten Grundwerten der freiheitlichen demokratischen Grundordnung als der verfassungsrechtlichen Wertordnung stehen, aber auch den ungeschriebenen elementaren Verfassungsgrundsätzen und den Grundentscheidungen des Grundgesetzes entsprechen, vornehmlich dem Grundsatz der Rechtsstaatlichkeit und dem Sozialstaatsprinzip. Vor allem dürfen die Gesetze daher die Würde des Menschen nicht verletzen, die im Grundgesetz der oberste Wert ist, aber auch die geistige, politische und wirtschaftliche Freiheit des Menschen nicht so einschränken, daß sie in ihrem Wesensgehalt angetastet würde (Art. 19 Abs. 2, Art. 1 Abs. 3, Art. 2 Abs. 1 GG). Hieraus ergibt sich, daß dem einzelnen Bürger eine Sphäre privater Lebensgestaltung verfassungskräftig vorbehalten ist, also ein letzter unantastbarer Bereich menschlicher Freiheit besteht, der der Einwirkung der gesamten öffentlichen Gewalt entzogen ist. Ein Gesetz, das in ihn eingreifen würde, könnte nie Bestandteil der »verfassungsmäßigen Ordnung« sein; es müßte durch das Bundesverfassungsgericht für nichtig erklärt werden.

Aus dem Gesagten ergibt sich, daß eine Rechtsnorm, nur wenn sie allen diesen Anforderungen entspricht, aber auch immer dann zum Bestandteil der »verfassungsmäßigen Ordnung« wird und somit den Bereich der allgemeinen Handlungsfähigkeit des Bürgers wirksam beschränkt. Verfahrensrechtlich bedeutet das: Jedermann kann im Wege der Verfassungsbeschwerde geltend machen, ein seine Handlungsfreiheit beschränkendes Gesetz gehöre nicht zur verfassungsmäßigen Ordnung, weil es (formell oder inhaltlich) gegen einzelne Verfassungsbestimmungen oder allgemeine Verfassungsgrundsätze verstoße; deshalb werde sein Grundrecht aus Art. 2 Abs. 1 GG verletzt.

3. Gehört die Ausreisefreiheit auch nicht zu der durch Art. 11 Abs.
1 GG geschützten innerdeutschen Freizügigkeit, so ist sie | doch als 42
Ausfluß der allgemeinen Handlungsfreiheit durch Art. 2 Abs. 1 GG

[1] BVerfGA Nr. 2.

innerhalb der Schranken der verfassungsmäßigen Ordnung = verfassungsmäßigen Rechtsordnung gewährleistet. …

4 Art. 3 Abs. 2, Art. 6 Abs. 1, Art. 100 Abs. 1 GG

Konkrete Normenkontrolle und vorkonstitutionelles Recht – Art. 6 Abs. 1 als Grundrecht, Institutsgarantie und wertentscheidende Grundsatznorm – Förderungspflicht und Beeinträchtigungsverbot des Staates für Ehe und Familie – Lenkungszweck (Edukationseffekt) von Steuern

BVerfGE 6, 55–84 – Steuersplitting

55 **1. …**

2. Die Befugnis und Verpflichtung zur Vorlage an das Bundesverfassungsgericht gemäß Art. 100 Abs. 1 GG bezieht sich auf alle Spruchstellen, die sachlich unabhängig, in einem formell gültigen Gesetz mit den Aufgaben eines Gerichtes betraut und als Gerichte bezeichnet sind. [*nur LS*]

3. Die unverändert gebliebene Norm eines nach Verkündigung des Grundgesetzes im übrigen geänderten Gesetzes kann dann nicht als vorkonstitutionelles Recht im Sinne der Entscheidung vom 24. Februar 1953 (BVerfGE 2, 124 [128 ff.]) angesehen werden, wenn ein an das Grundgesetz gebundener Gesetzgeber auch jene Bestimmung in seinen Willen aufgenommen hat.

4. Das Ermessen des Gesetzgebers wird auch durch Grundsatznormen begrenzt, in denen für bestimmte Bereiche der Rechts- und Sozialordnung Wertentscheidungen des Verfassungsgebers ausgedrückt sind. Wird die Unvereinbarkeit einer gesetzlichen Bestimmung mit einer solchen speziellen Grundsatznorm festgestellt, ist für eine verfassungsrechtliche Prüfung derselben Vorschrift unter dem Gesichtspunkt des allgemeinen Gleichheitssatzes (Art. 3 Abs. 1 GG) kein Raum mehr.

5. Art. 6 Abs. 1 GG ist nicht nur ein »klassisches Grundrecht« zum Schutze der spezifischen Privatsphäre von Ehe und Familie sowie Institutsgarantie, sondern darüber hinaus zugleich eine Grundsatznorm, das heißt eine verbindliche Wertentscheidung für den gesamten Bereich des Ehe und Familie betreffenden privaten und öffentlichen Rechts.

Er ist mindestens insoweit den Gesetzgeber aktuell bindendes Verfassungsrecht, als er eine Beeinträchtigung von Ehe und Familie durch

störende Eingriffe des Staates selbst verbietet. Die Schlechterstellung des Ehegatten durch die Zusammenveranlagung zur Einkommensteuer – § 26 des Einkommensteuergesetzes in der Fassung | vom 17. Januar 1952 – EStG 1951 – (BGBl. I S. 33) – stellt einen solchen störenden Eingriff dar: 56

6. Zur Gleichberechtigung der Frau gehört, daß sie die Möglichkeit hat, mit gleichen rechtlichen Chancen marktwirtschaftliches Einkommen zu erzielen wie jeder männliche Staatsbürger.

Beschluß des Ersten Senats vom 17. Januar 1957 – 1 BvL 4/54 –

Sachverhalt: *Gegenstand der konkreten Normenkontrolle war § 26 EStG 1951, der abweichend vom Grundsatz der Individualbesteuerung das Einkommen von Ehegatten durch bloße Zusammenrechnung der Einkünfte beider Ehegatten zusammen veranlagte. Ausgenommen hiervon waren nach § 43 EStDV 1951 lediglich Einkünfte aus nichtselbständiger Arbeit der Ehefrau in einem dem Ehemann fremden Betrieb. Da die Einkommensteuer nach einem progressiv gestalteten Tarif bemessen wurde, hatte die Zusammenveranlagung eine Schlechterstellung der Ehegatten gegenüber einer getrennten Individualbesteuerung zur Folge.*

§ 26 EStG 1951, der wörtlich mit der ursprünglichen Bestimmung aus dem Einkommensteuergesetz von 1939 übereinstimmte, lautete:

Haushaltsbesteuerung: Ehegatten

(1) Ehegatten werden zusammen veranlagt, solange beide unbeschränkt steuerpflichtig sind und nicht dauernd getrennt leben. Diese Voraussetzungen müssen im Veranlagungszeitraum mindestens vier Monate bestanden haben.

(2) Bei der Zusammenveranlagung sind Einkünfte der Ehegatten zusammenzurechnen.

Auf die Vorlage des FG München stellte das Bundesverfassungsgericht die Nichtigkeit des § 26 EStG fest.

Aus den Gründen:

[*Zur Zulässigkeit der Normenkontrolle:*]

2. Es handelt sich bei der zur Nachprüfung gestellten Vorschrift nicht um vorkonstitutionelles Recht im Sinne der Entscheidung vom 24. Februar 1953 (BVerfGE 2, 124 [128 ff.]); sie unterliegt also der Prüfung durch das Bundesverfassungsgericht. Obwohl § 26 EStG in dem Wortlaut, wie er hier am Grundgesetz gemessen werden soll, bereits seit 1939 geltendes Recht ist, stellt er doch kein vorkonstitutionelles Recht dar, weil der Bundesgesetzgeber die Frage der Beibehaltung einer Zusammenveranlagung von Ehegatten im Zusammenhang 64

mit der Beratung von Einkommensteuer-Änderungsgesetzen wiederholt erörtert und bejaht hat.

§ 26 EStG ist zwar seit dem Einkommensteuergesetz vom 16. Oktober 1934 (RGBl. I S. 1005) inhaltlich, seit 1939 (Bekanntmachung der neuen Fassung des Einkommensteuergesetzes vom 27. Februar 1939 – RGBl. I S. 297 –) auch seinem Wortlaut nach bis zu dem Veranlagungsjahr 1951 unverändert geblieben; doch ist das Einkommensteuergesetz im übrigen vielfach geändert worden, für das Veranlagungsjahr 1951 durch das Gesetz zur Änderung und Vereinfachung des Einkommensteuergesetzes und des Körperschaftsteuergesetzes (ESt- und KSt-Änderungsgesetz 1951) vom 27. Juni 1951 (BGBl. I S. 411). |

65 Auf die Normen eines solchen, nach Verkündung des Grundgesetzes geänderten Gesetzes können die in der Entscheidung vom 24. Februar 1953 entwickelten Grundsätze nicht ohne weiteres angewandt werden. Die Verneinung einer Prüfungszuständigkeit des Bundesverfassungsgerichts für vorkonstitutionelle Normen liegt in seiner Aufgabe begründet, »zu verhüten, daß jedes einzelne Gericht sich über den Willen des Bundes- oder Landesgesetzgebers hinwegsetze, indem es die von ihnen beschlossenen Gesetze nicht anwendet, weil sie nach Auffassung des Gerichts gegen das Grundgesetz oder die bundesstaatliche Rangordnung von Bundes- und Landesrecht verstoßen« (BVerfGE 2, 124 [129]). Dieser Gedanke rechtfertigt es jedenfalls dann nicht, die unverändert gebliebenen Bestimmungen eines nach Verkündigung des Grundgesetzes im übrigen geänderten Gesetzes als vorkonstitutionelles Recht zu behandeln, wenn der an das Grundgesetz gebundene Gesetzgeber, hier der Bundesgesetzgeber, auch jene Bestimmungen in seinen Willen aufgenommen hat. Ob das der Fall ist, muß jeweils ermittelt werden. …

[*Zur Begründetheit:*]

66 Die Ansicht des Finanzgerichts München, daß § 26 EStG 1951 mit dem Grundgesetz unvereinbar sei, ist begründet.

I. Gegenstand der verfassungsrechtlichen Prüfung ist nicht die Frage, ob abstrakt die Zusammenveranlagung mehrerer Personen überhaupt oder die der Ehegatten im besonderen mit dem Grundgesetz vereinbar ist; sondern es handelt sich darum, ob die Zusammen-
67 veranlagung von Ehegatten im Rahmen des Einkom|mensteuergesetzes 1951, das auf der *progressiven* Besteuerung des *einzelnen* Steuerpflichtigen beruht, verfassungswidrig ist. Es könnte verfassungs-

rechtlich unbedenklich sein, der Besteuerung statt des Einkommens einer einzelnen Person die Summe der Einkünfte mehrerer, in Haushaltsgemeinschaft lebender Personen zugrunde zu legen, sei es, daß man überhaupt das Prinzip der Haushaltsbesteuerung wählt, sei es, daß man – bei Aufrechterhaltung des Grundsatzes der Individualbesteuerung – einen Proportionaltarif einführt. Hier ist entscheidend die Tatsache, daß Ehegatten durch die Zusammenveranlagung angesichts des auf die Leistungsfähigkeit des Einzelnen hin angelegten progressiven Steuertarifs im wirtschaftlichen Ergebnis schlechter gestellt werden als andere Personen …

II. Eine solche, an die Eheschließung anknüpfende steuerliche Mehrbelastung der Ehegatten, wie sie auch § 26 EStG 1951 herbeiführt, ist mit Art. 6 Abs. 1 GG unvereinbar. … 70

2. Art. 6 Abs. 1 GG ist eine wertentscheidende Grundsatznorm. Er stellt Ehe und Familie als die Keimzelle jeder menschlichen Gemeinschaft, deren Bedeutung mit keiner anderen menschlichen Bindung verglichen werden kann, unter den besonderen Schutz der staatlichen Ordnung. 71

Es handelt sich dabei zunächst um eine Bestimmung im Sinne der klassischen Grundrechte, die angesichts der Erfahrungen in der Zeit der nationalsozialistischen Herrschaft dem Schutz der spezifischen Privatsphäre von Ehe und Familie vor äußerem Zwang durch den Staat dienen soll. In Abkehr von der Allstaatlichkeit des Nationalsozialismus bekennt sich das Grundgesetz auch für diesen Lebensbereich zur Eigenständigkeit und Selbstverantwortlichkeit des Menschen. |

Unbestritten umschließt das verfassungsrechtliche Bekenntnis zu Ehe und Familie zugleich die Gewährleistung beider Lebensordnungen, enthält also eine sogenannte Instituts- oder Einrichtungsgarantie. In dieser Eigenschaft sichert er Ehe und Familie lediglich in ihrer wesentlichen Struktur, so daß insoweit seine juristische Wirkungskraft in der Rechtswirklichkeit nur darin besteht, einen Normenkern des Ehe- und Familienrechts verfassungsrechtlich zu gewährleisten. 72

Die rechtliche Wirkung des Art. 6 Abs. 1 GG erschöpft sich jedoch nicht in diesen Funktionen. Wie eine ganze Reihe von Verfassungsnormen – insbesondere solche, die das Verhältnis des Bürgers zum Staat bestimmen oder das Gemeinschaftsleben regeln – erfüllt Art. 6 Abs. 1 GG mehrere Funktionen, die miteinander verbunden sind und ineinander übergehen. Aufgabe der Verfassungsrechtsprechung ist es, die verschiedenen Funktionen einer Verfassungsnorm, insbesondere eines Grundrechts, zu erschließen. Dabei ist derjenigen Auslegung der Vorzug zu geben, »die die juristische Wirkungskraft der betreffenden Norm am stärksten entfaltet« (Thoma).

Eine Interpretation von Art. 6 Abs. 1 GG nach diesem Prinzip zeigt, daß er nicht nur ein Bekenntnis enthält und als Institutsgarantie wirkt, sondern darüber hinaus zugleich eine Grundsatznorm darstellt, das heißt eine verbindliche Wertentscheidung für den gesamten Bereich des Ehe und Familie betreffenden privaten und öffentlichen Rechts.

Art. 6 Abs. 1 GG gebietet nach seinem Wortlaut schlechthin den besonderen Schutz von Ehe und Familie durch die staatliche Ordnung. Schon diese weite Formulierung kennzeichnet die Bestimmung eindeutig – auch – als Grundsatznorm für das gesamte, Ehe und Familie betreffende Recht. Nur diese Deutung wird auch dem leitenden Prinzip des sozialen Rechtsstaats und der Einordnung der Norm in den Grundrechtsteil der Verfassung gerecht.

Der über die Institutsgarantie hinausreichende Sinngehalt des
73 Art. 6 Abs. 1 GG wird durch die Entstehungsgeschichte bestä|tigt. Er übernimmt im wesentlichen den Inhalt der Absätze 1 und 2 des Art. 119 WRV:

> »Die Ehe steht als Grundlage des Familienlebens und der Erhaltung und Vermehrung der Nation unter dem besonderen Schutz der Verfassung. Sie beruht auf der Gleichberechtigung der beiden Geschlechter.
>
> Die Reinerhaltung, Gesundung und soziale Förderung der Familie ist Aufgabe des Staats und der Gemeinden. Kinderreiche Familien haben Anspruch auf ausgleichende Fürsorge.«

In dieser breiteren Fassung bezieht sich die Schutzbestimmung ausdrücklich auch auf das übrige, Ehe und Familie betreffende private und öffentliche Recht.

Trotz der gegenüber Art. 119 WRV kürzeren Formulierung in Art. 6 Abs. 1 GG spricht nichts dafür, daß der Grundgesetzgeber den Wirkungsbereich der Schutznorm im Gegensatz zu der Weimarer Reichsverfassung auf die das Institut formenden Normen des Ehe- und Familienrechts beschränken wollte: In dem Herrenchiemsee-Entwurf war keine dem Art. 119 WRV entsprechende Bestimmung vorgesehen. Gleich der erste formulierte Vorschlag, der von Abgeordneten der CDU-Fraktion gemacht wurde, faßte die Schutzbestimmung für Ehe und Familie in einem Satz zusammen:

> »Die Ehe als die rechtmäßige Form der dauernden Lebensgemeinschaft von Mann und Frau und die aus ihr wachsende Familie sowie die aus

der Ehe und der Zugehörigkeit zur Familie fließenden Rechte und Pflichten stehen unter dem besonderen Schutz der Verfassung.«

(24. Sitzung des Grundsatzausschusses, StenProt. S. 34).

Der Vorschlag wurde zunächst damit begründet, daß diese Fassung inhaltlich dem Entwurf der Menschenrechtskonvention der Vereinten Nationen entspreche, wonach die Familie das natürliche und fundamentale Element der Gesellschaft ist und Recht auf Schutz hat (vgl. JÖR NF Bd. 1, S. 93 Anm. 2). Im Laufe der Beratungen wies die CDU-Fraktion wiederholt darauf hin, daß der Schutz von Ehe und Familie auch schon in der Weimarer Reichsverfassung bestanden
habe. Niemals ist in den | wiederholten Erörterungen darüber ge- 74
sprochen worden, daß die verfassungsrechtliche Gewährleistung sich nur auf einen Normenkern des Ehe- und Familienrechts beziehen, also weniger besagen solle als die Parallelbestimmung der Weimarer Reichsverfassung.

Die Auffassung des Bundesministers der Finanzen, Art. 6 Abs. 1 GG könne deshalb keine objektiv-rechtliche Bedeutung für das Steuerrecht haben, weil er im wesentlichen eine Institutsgarantie darstelle und darüber hinaus nur Programmsatzcharakter habe, findet keine Rechtfertigung in einer Stellungnahme des Allgemeinen Redaktionsausschusses des Parlamentarischen Rates, auf die der Bundesminister der Finanzen sich bezogen hat. Es handelt sich um eine Anmerkung zu dem damaligen Artikel 7a (in der Fassung der 1. Lesung des Hauptausschusses), der folgenden Wortlaut hatte:

»(1) Die Ehe als die rechtmäßige Form der fortdauernden Lebensgemeinschaft von Man und Frau und die mit ihr gegebene Familie sowie die aus der Ehe und der Zugehörigkeit zur Familie erwachsenden Rechte und Pflichten stehen unter dem besonderen Schutz der Verfassung.

(2) Jede Mutter hat gleichen Anspruch auf den Schutz und die Fürsorge der Gemeinschaft.

(3) Den unehelichen Kindern sind durch die Gesetzgebung die gleichen Bedingungen für ihre leibliche, seelische und gesellschaftliche Entwicklung zu schaffen, wie den ehelichen Kindern.« (PR Drucks. Nr. 340).

Die »Anmerkung« des Allgemeinen Redaktionsausschusses, wie sie in PR Drucks. Nr. 370 vom 13. Dezember 1948 veröffentlicht wurde, lautet:

»*Anmerkung zu Art. 7 a:*

Wenn Ehe und Familie unter den Schutz der staatlichen Ordnung gestellt werden, so sind damit zugleich die aus ihnen fließenden Rechte unter deren Schutz gestellt. Im übrigen bedarf es keines Hinweises auf die rechtmäßige Form der fortdauernden Lebensgemeinschaft von Mann und Frau, wenn die Ehe als solche unter den besonderen Schutz des Staates gestellt wird. *Dieser Artikel hat nur programmatische Be-*
75 *deutung.*[*] Er stellt grundsätzlich | nur Richtlinien für den Gesetzgeber auf und hat darüber hinaus nur den Charakter einer Auslegungsvorschrift für die rechtsanwendenden Instanzen. Damit wird der Grundsatz durchbrochen, in den Grundrechtsteil nur unmittelbar geltendes Recht aufzunehmen.«

Die Anmerkung wurde jedoch berichtigt (PR Drucks. Nr. 394 vom 18. Dezember 1948, S. 3) und ist mit dem berichtigten Wortlaut in der gedruckten Fassung der Entwürfe des Grundgesetzes (Formulierungen der Fachausschüsse, des Allgemeinen Redaktionsausschusses, des Hauptausschusses und des Plenums: S. 87) wiedergegeben worden. Der entscheidende Satz lautet dort:

»Artikel 7 a *Absatz 3* hat nur programmatische Bedeutung.«[*]

Die Bedenken des Allgemeinen Redaktionsausschusses bezogen sich also – entgegen der Auffassung des Bundesfinanzministers – gerade nicht auf den hier allein interessierenden Absatz 1 (die Ausführungen in JÖR NF Bd. 1, S. 97 f., sind unzutreffend).

Der Bundesminister der Finanzen hat sich weiterhin zur Begründung seiner Auffassung auf Ausführungen des Abgeordneten Dr. Greve im Hauptausschuß des Parlamentarischen Rates (Prot. S. 554) bezogen. Abgesehen davon, daß die Meinung einer einzelnen, an der Gesetzgebung beteiligten Person über Sinn und Bedeutung einer Norm für ihre Auslegung nicht maßgebend sein kann (BVerfGE 1, 299 [312]), zeigt die nur beiläufige Bemerkung des Abgeordneten zu einer dem Art. 6 Abs. 1 GG im wesentlichen entsprechenden Bestimmung des Entwurfs, daß er zwar an der rechtlichen Tragweite dieser Vorschrift Zweifel hatte, ohne sich jedoch schon eine feste Meinung gebildet zu haben.

Die Entstehungsgeschichte des Art. 6 Abs. 1 GG ergibt also, daß der Wirkungsbereich der Schutzvorschrift für Ehe und Familie nach dem Willen des Verfassungsgebers gegenüber der entsprechenden
76 Bestimmung der Weimarer Reichsverfassung nicht | eingeschränkt werden sollte, und bestätigt damit die aus der Textinterpretation erschlossene Funktion der Bestimmung als wertentscheidende Grundsatznorm.

---

*) Hervorhebung vom Gericht.

3. Aus dieser Funktion des Art. 6 Abs. 1 GG als einer wertentscheidenden Grundsatznorm ergeben sich die rechtlichen Grenzen für die Freiheit des gesetzgeberischen Ermessens.

Wie jede Verfassungsnorm ist Art. 6 Abs. 1 GG nur insoweit den Gesetzgeber aktuell bindendes Recht, als seine Fassung bestimmt genug ist, eine Norm niederen Ranges daran zu messen. Hier ergibt sich das Maß der Bestimmtheit aus dem Begriff des »Schützens«; er bedeutet seinem Wortsinn nach die Förderung des Schutzgutes, die Abwehr von Störungen oder Schädigungen und vor allem den Verzicht des Staates auf eigene störende Eingriffe. Der in Art. 6 Abs. 1 GG statuierte besondere Schutz der staatlichen Ordnung für Ehe und Familie umschließt hiernach zweierlei: *positiv* die Aufgabe für den Staat, Ehe und Familie nicht nur vor Beeinträchtigungen durch andere Kräfte zu bewahren, sondern auch durch geeignete Maßnahmen zu fördern, *negativ* das Verbot für den Staat selbst, die Ehe zu schädigen oder sonst zu beeinträchtigen. Es kann dahingestellt bleiben, ob auch bei Erfüllung der positiven Schutzfunktion des Art. 6 Abs. 1 GG Fälle denkbar sind, in denen seine Fassung bestimmt genug ist, um eine Norm niederen Ranges daran zu messen. Jedenfalls verbietet er mit Bestimmtheit – negativ – eine Beeinträchtigung von Ehe und Familie durch störende Eingriffe des Staates selbst, ist also insoweit aktuelles Verfassungsrecht.

Selbstverständlich verbietet Art. 6 Abs. 1 GG auch in der Funktion als Grundsatznorm nicht, an den Tatbestand der Eheschließung Rechtsfolgen mit gewissen wirtschaftlichen Auswirkungen zu knüpfen, wie der Bundesminister der Finanzen befürchtet. Einmal steht Art. 6 Abs. 1 GG nicht einer Begünstigung, sondern nur einer Benachteiligung von Verheirateten entgegen: Die Einführung begünstigender steuerrechtlicher Vorschriften (z.B. des »splitting«) wäre daher unter diesem Gesichtspunkt | 77 verfassungsrechtlich unbedenklich. Weiterhin liegt auf der Hand, daß die Ehe Anknüpfungspunkt für wirtschaftliche Rechtsfolgen sein kann, soweit das der Natur des geregelten Lebensgebietes entspricht. Das gilt insbesondere für die Beziehungen der Familienangehörigen untereinander und für die darreichende Verwaltung, soweit der soziale Rechtsstaat die früheren Fürsorgepflichten der Großfamilie oder die Unterhaltspflichten eines Verstorbenen oder Leistungsunfähigen übernimmt.

Ferner kann aus Art. 6 Abs. 1 GG nicht die Folgerung gezogen werden, daß solche Vorschriften mit der Verfassung unvereinbar sind, die nur in bestimmten Fällen die unbeabsichtigte Nebenfolge haben, sich als Beschwer der Ehe auszuwirken.

4. Für die verfassungsrechtliche Beurteilung des § 26 EStG 1951 ist jedenfalls die Wirkung des Art. 6 Abs. 1 GG als aktuelle Schutznorm maßgebend; denn die Zusammenveranlagung von Ehegatten zur Einkommensteuer durchbricht den Grundsatz der Individualbesteuerung, und zwar zum Nachteil der im Ehestand Lebenden, stellt also einen störenden Eingriff in die Ehe dar. …

80 Dem Ziel, »die Ehefrau ins Haus zurückzuführen«, dem sogenann-
81 ten Edukationseffekt, soll die Zusammenveranlagung da|durch dienen, daß die damit verknüpfte erhöhte steuerliche Belastung die Ehefrau von der Berufstätigkeit zurückhält (vgl. z.B. Denkschrift des Bundesministers der Finanzen, S. 14). An sich bestehen keine verfassungsrechtlichen Bedenken, mit einer Steuer außer der Erzielung von Einkünften auch andere Zwecke mit zu verfolgen. Das gilt jedoch nur mit der Einschränkung, daß diese Nebenzwecke selbst verfassungsrechtlich neutral sind und mit verfassungsrechtlich unbedenklichen Steuern verfolgt werden. Im Fall der Zusammenveranlagung von Ehegatten aber wird der Edukationseffekt einmal zur Rechtfertigung einer schon aus anderem Grunde verfassungswidrigen Bestimmung herangezogen. Zum anderen betrifft der Erziehungszweck selbst ein Gebiet, das bereits durch verfassungsgesetzliche Entscheidung umgrenzt ist, auf dem also der einfache Gesetzgeber nicht mehr völlig frei Wertentscheidungen treffen kann: Das ergibt sich sowohl aus Art. 6 Abs. 1 GG selbst wie auch aus Art. 3 Abs. 2 und 3 GG.

Wie bereits oben dargelegt, ist Art. 6 Abs. 1 GG im Sinne der klassischen Grundrechte ein Bekenntnis zur Freiheit der spezifischen Privatsphäre für Ehe und Familie; es entspricht damit einer Leitidee unserer Verfassung, nämlich der grundsätzlichen Begrenztheit aller öffentlichen Gewalt in ihrer Einwirkungsmöglichkeit auf das freie Individuum. Aus diesem Gedanken folgt allgemein die Anerkennung einer Sphäre privater Lebensgestaltung, die staatlicher Einwirkung entzogen ist (BVerfGE 5, 85 [200, 204]); das Urteil v. 16. Januar 1957 – 1 BvR 252/56 –[1]). Zu dem Gehalt solcher privaten Entscheidungsfreiheit der Ehegatten gehört auch die Entscheidung darüber, ob eine Ehefrau sich ausschließlich dem Haushalt widmet, ob sie dem Manne im Beruf hilft oder ob sie eigenes marktwirtschaftliches Einkommen erwirbt. Das zur Rechtfertigung der Zusammenveranlagung angeführte Ziel, die erwerbstätige Ehefrau »ins Haus zurückzuführen«, entspricht einer bestimmten Vorstellung von der besten Art der |
82 Ehegestaltung. Das Gebot des Schutzes von Ehe und Familie in Art. 6

[1] BVerfGE 6, 32 [41] – BVerfGA Nr. 3.

Abs. 1 GG aber bezieht sich auf jede Ehe und Familie, die den heute in der Bundesrepublik gesetzlich normierten bürgerlich-rechtlichen Instituten Ehe und Familie entspricht, überläßt also die Gestaltung der Privatsphäre in diesem Rahmen den Ehegatten selbst. Der Gesetzgeber dürfte daher eine bestimmte Gestaltung der privaten Sphäre der Ehe nicht unmittelbar erzwingen. Ist aber ein solcher unmittelbarer Zwang verfassungswidrig, so kann dasselbe Ziel auch nicht geeignet sein, eine Maßnahme zu legitimieren, die, wie die Zusammenveranlagung, mittelbar diesem Ziel dienen soll.

Die Untauglichkeit des sogenannten Edukationseffektes zur Rechtfertigung der Zusammenveranlagung folgt ebenso aus dem Grundsatz der Gleichberechtigung der Geschlechter (Art. 3 Abs. 2 und 3 GG). Das Grundgesetz geht davon aus, daß die Gleichberechtigung mit dem Schutz von Ehe und Familie vereinbar ist (vgl. BVerfGE 3, 225 [241]), so daß auch die Gesetzgebung nicht von einem Widerspruch beider Prinzipien ausgehen darf. Zur Gleichberechtigung der Frau gehört aber, daß sie die Möglichkeit hat, mit gleichen rechtlichen Chancen marktwirtschaftliches Einkommen zu erzielen wie jeder männliche Staatsbürger. Die erwerbswirtschaftliche Tätigkeit der Frau von vornherein als ehezerstörend zu werten, widerspricht nicht nur dem Grundsatz, sondern auch dem Wortlaut des Art. 3 Abs. 2 GG. Die Zweckrichtung des Gesetzes, die Ehefrau von marktwirtschaftlicher Tätigkeit zurückzuhalten, ist ungeeignet, die Zusammenveranlagung zu rechtfertigen. …

5 Art. 5 Abs. 1 Satz 2, Abs. 2, Art. 93 Abs. 1 Nr. 4a GG; § 90 BVerfGG

Grundrechte als staatsgerichtete subjektive Abwehrrechte – Grundrechte als objektive Wertordnung – sogenannte Drittwirkung der Grundrechte im Privatrecht (Ausstrahlung auf das einfache Recht) – Bedeutung der Meinungsäußerungsfreiheit – Werturteil als Schutzobjekt – Begriff der allgemeinen Gesetze i.S.d. Art. 5 Abs. 2 – Wechselwirkungslehre – Abwägungserfordernis im Einzelfall – Prüfungsbefugnis des Bundesverfassungsgerichts bei Verfassungsbeschwerde gegen Zivilurteil

BVerfGE 7, 198–230 – Lüth

1. Die Grundrechte sind in erster Linie Abwehrrechte des Bürgers gegen den Staat; in den Grundrechtsbestimmungen des Grundgesetzes 198

verkörpert sich aber auch eine objektive Wertordnung, die als verfassungsrechtliche Grundentscheidung für alle Bereiche des Rechts gilt.

2. Im bürgerlichen Recht entfaltet sich der Rechtsgehalt der Grundrechte unmittelbar durch die privatrechtlichen Vorschriften. Er ergreift vor allem Bestimmungen zwingenden Charakters und ist für den Richter besonders realisierbar durch die Generalklauseln.

3. Der Zivilrichter kann durch sein Urteil Grundrechte verletzen (§ 90 BVerfGG), wenn er die Einwirkung der Grundrechte auf das bürgerliche Recht verkennt. Das Bundesverfassungsgericht prüft zivilgerichtliche Urteile nur auf solche Verletzungen von Grundrechten, nicht allgemein auf Rechtsfehler nach.

4. Auch zivilrechtliche Vorschriften können »allgemeine Gesetze« im Sinne des Art. 5 Abs. 2 GG sein und so das Grundrecht auf Freiheit der Meinungsäußerung beschränken.

5. Die »allgemeinen Gesetze« müssen im Lichte der besonderen Bedeutung des Grundrechts der freien Meinungsäußerung für den freiheitlichen demokratischen Staat ausgelegt werden.

6. Das Grundrecht des Art. 5 GG schützt nicht nur das Äußern einer Meinung als solches, sondern auch das geistige Wirken durch die Meinungsäußerung.

7. Eine Meinungsäußerung, die eine Aufforderung zum Boykott enthält, verstößt nicht notwendig gegen die guten Sitten im Sinne des § 826 BGB; sie kann bei Abwägung aller Umstände des Falles durch die Freiheit der Meinungsäußerung verfassungsrechtlich gerechtfertigt sein. |

199 Urteil des Ersten Senats vom 15. Januar 1958 – 1 BvR 400/51 –

Sachverhalt: *Der Beschwerdeführer, damals Vorsitzender des Hamburger Presseamts, wandte sich im Jahre 1950 mehrfach öffentlich gegen Veit Harlan, den Regisseur des antisemitischen Propagandafilms »Jud Süß«, und forderte Verleiher, Kinobesitzer und das Publikum auf, dessen neuen Film »Unsterbliche Geliebte« zu boykottieren. Auf die Klage zweier Filmgesellschaften (Produzentin und Verleiherin) verurteilte das Landgericht den Beschwerdeführer gestützt auf § 826 BGB wegen sittenwidriger Aufforderung zum Boykott dazu, künftig solche Boykottaufrufe bei Vermeidung einer Geld- oder Haftstrafe zu unterlassen. Der Beschwerdeführer legte gegen dieses Urteil Berufung zum Oberlandesgericht ein und erhob zugleich Verfassungsbeschwerde, die Erfolg hatte.*

Aus den Gründen:

1. Das Urteil des Landgerichts, ein Akt der öffentlichen Ge | walt in 203
der besonderen Erscheinungsform der *rechtsprechenden* Gewalt, kann *durch seinen Inhalt* ein Grundrecht des Beschwerdeführers nur verletzen, wenn dieses Grundrecht bei der Urteilsfindung zu beachten war.

Das Urteil untersagt dem Beschwerdeführer Äußerungen, durch die er andere dahin beeinflussen könnte, sich seiner Auffassung über das Wiederauftreten Harlans anzuschließen und ihr Verhalten gegenüber den von ihm gestalteten Filmen entsprechend einzurichten. Das bedeutet objektiv eine Beschränkung des Beschwerdeführers in der freien Äußerung seiner Meinung. Das Landgericht begründet seinen Ausspruch damit, daß es die Äußerungen des Beschwerdeführers als eine unerlaubte Handlung nach § 826 BGB gegenüber den Klägerinnen betrachtet und diesen daher auf Grund
der Vorschriften des bürgerlichen | Rechts einen Anspruch auf Un- 204
terlassung der Äußerungen zuerkennt. So führt der vom Landgericht angenommene bürgerlich-rechtliche Anspruch der Klägerinnen durch das Urteil des Gerichts zu einem die Meinungsfreiheit des Beschwerdeführers beschränkenden Ausspruch der öffentlichen Gewalt. Dieser kann das Grundrecht des Beschwerdeführers aus Art. 5 Abs. 1 Satz 1 GG nur verletzen, wenn die angewendeten Vorschriften des bürgerlichen Rechts durch die Grundrechtsnorm inhaltlich so beeinflußt werden, daß sie das Urteil nicht mehr tragen.

Die grundsätzliche Frage, ob Grundrechtsnormen auf das bürgerliche Recht einwirken und wie diese Wirkung im einzelnen gedacht werden müsse, ist umstritten (über den Stand der Meinungen siehe neuestens Laufke in der Festschrift für Heinrich Lehmann, 1956, Band I S. 145 ff., und Dürig in der Festschrift für Nawiasky, 1956, S. 157 ff.). Die äußersten Positionen in diesem Streit liegen einerseits in der These, daß die Grundrechte ausschließlich gegen den Staat gerichtet seien, andererseits in der Auffassung, daß die Grundrechte oder doch einige und jedenfalls die wichtigsten von ihnen auch im Privatrechtsverkehr gegen jedermann gälten. Die bisherige Rechtsprechung des Bundesverfassungsgerichts kann weder für die eine noch für die andere dieser extremen Auffassungen in Anspruch genommen werden; die Folgerungen, die das Bundesarbeitsgericht in seinem Urteil vom 10. Mai 1957 – NJW 1957, S. 1688 – aus den Entscheidungen des Bundesverfassungsgerichts vom 17. und 23. Januar 1957 (BVerfGE 6, 55[1] und 6, 84) in dieser Hinsicht zieht, gehen zu weit. Auch jetzt besteht kein Anlaß, die Streitfrage der sogenannten »Drittwirkung« der Grundrechte in vollem Umfang zu erörtern. Zur Gewinnung eines sachgerechten Ergebnisses genügt folgendes:

Ohne Zweifel sind die Grundrechte in erster Linie dazu bestimmt, die Freiheitssphäre des einzelnen vor Eingriffen der öffentlichen Gewalt zu sichern; sie sind Abwehrrechte des Bürgers gegen den Staat. Das ergibt sich aus der geistesgeschichtlichen Entwicklung der
205 Grundrechtsidee wie aus den geschichtlichen | Vorgängen, die zur Aufnahme von Grundrechten in die Verfassungen der einzelnen Staaten geführt haben. Diesen Sinn haben auch die Grundrechte des Grundgesetzes, das mit der Voranstellung des Grundrechtsabschnitts den Vorrang des Menschen und seiner Würde gegenüber der Macht des Staates betonen wollte. Dem entspricht es, daß der Gesetzgeber den besonderen Rechtsbehelf zur Wahrung dieser Rechte, die Verfassungsbeschwerde, nur gegen Akte der öffentlichen Gewalt gewährt hat.

Ebenso richtig ist aber, daß das Grundgesetz, das keine wertneutrale Ordnung sein will (BVerfGE 2, 1 [2][2]; 5, 85 [134 ff., 197 ff.]; 6, 32 [40 f.][3]), in seinem Grundrechtsabschnitt auch eine objektive Wertordnung aufgerichtet hat und daß gerade hierin eine prinzipielle Verstärkung der Geltungskraft der Grundrechte zum Ausdruck kommt (Klein-v. Mangoldt, Das Bonner Grundgesetz, Vorbem. B III 4 vor Art. 1 S. 93). Dieses Wertsystem, das seinen Mittelpunkt in der innerhalb der sozialen Gemeinschaft sich frei entfaltenden menschlichen Persönlichkeit und ihrer Würde findet, muß als verfassungsrechtliche Grundentscheidung für alle Bereiche des Rechts gelten; Gesetzgebung, Verwaltung und Rechtsprechung empfangen von ihm Richtlinien und Impulse. So beeinflußt es selbstverständlich auch das bürgerliche Recht; keine bürgerlich-rechtliche Vorschrift darf in Widerspruch zu ihm stehen, jede muß in seinem Geiste ausgelegt werden.

Der Rechtsgehalt der Grundrechte als objektiver Normen entfaltet sich im Privatrecht durch das Medium der dieses Rechtsgebiet unmittelbar beherrschenden Vorschriften. Wie neues Recht im Einklang mit dem grundrechtlichen Wertsystem stehen muß, so wird bestehendes älteres Recht inhaltlich auf dieses Wertsystem ausgerichtet; von ihm her fließt ihm ein spezifisch verfassungsrechtlicher Gehalt zu,

---

1 BVerfGA Nr. 4.
2 BVerfGA Nr. 2
3 BVerfGA Nr. 3

der fortan seine Auslegung bestimmt. Ein Streit zwischen Privaten
über Rechte und Pflichten aus solchen grundrechtlich beeinflußten
Verhaltensnormen des bürgerlichen Rechts bleibt materiell und pro-
zessual ein bürgerlicher Rechtsstreit. Ausgelegt und angewendet wird
bürgerliches | Recht, wenn auch seine Auslegung dem öffentlichen 206
Recht, der Verfassung, zu folgen hat.

Der Einfluß grundrechtlicher Wertmaßstäbe wird sich vor allem
bei denjenigen Vorschriften des Privatrechts geltend machen, die
zwingendes Recht enthalten und so einen Teil des ordre public – im
weiten Sinne – bilden, d.h. der Prinzipien, die aus Gründen des ge-
meinen Wohls auch für die Gestaltung der Rechtsbeziehungen zwi-
schen den einzelnen verbindlich sein sollen und deshalb der Herr-
schaft des Privatwillens entzogen sind. Diese Bestimmungen haben
nach ihrem Zweck eine nahe Verwandtschaft mit dem öffentlichen
Recht, dem sie sich ergänzend anfügen. Das muß sie in besonderem
Maße dem Einfluß des Verfassungsrechts aussetzen. Der Rechtspre-
chung bieten sich zur Realisierung dieses Einflusses vor allem die
»Generalklauseln«, die, wie § 826 BGB, zur Beurteilung menschli-
chen Verhaltens auf außer-zivilrechtliche, ja zunächst überhaupt au-
ßerrechtliche Maßstäbe, wie die »guten Sitten«, verweisen. Denn bei
der Entscheidung darüber, was diese sozialen Gebote jeweils im Ein-
zelfall fordern, muß in erster Linie von der Gesamtheit der Wertvor-
stellungen ausgegangen werden, die das Volk in einem bestimmten
Zeitpunkt seiner geistig-kulturellen Entwicklung erreicht und in sei-
ner Verfassung fixiert hat. Deshalb sind mit Recht die Generalklau-
seln als die »Einbruchstellen« der Grundrechte in das bürgerliche
Recht bezeichnet worden (Dürig in Neumann-Nipperdey-Scheuner,
Die Grundrechte, Band II S. 525).

Der Richter hat kraft Verfassungsgebots zu prüfen, ob die von ihm
anzuwendenden materiellen zivilrechtlichen Vorschriften in der be-
schriebenen Weise grundrechtlich beeinflußt sind; trifft das zu, dann
hat er bei Auslegung und Anwendung dieser Vorschriften die sich
hieraus ergebende Modifikation des Privatrechts zu beachten. Dies
ist der Sinn der Bindung auch des Zivilrichters an die Grundrechte
(Art. 1 Abs. 3 GG). Verfehlt er diese Maßstäbe und beruht sein Urteil
auf der Außerachtlassung dieses verfassungsrechtlichen Einflusses
auf die zivilrechtlichen Normen, so verstößt er nicht nur gegen objek-
tives Verfassungsrecht, in|dem er den Gehalt der Grundrechtsnorm 207
(als objektiver Norm) verkennt, er verletzt vielmehr als Träger öf-
fentlicher Gewalt durch sein Urteil das Grundrecht, auf dessen Be-
achtung auch durch die rechtsprechende Gewalt der Bürger einen

verfassungsrechtlichen Anspruch hat. Gegen ein solches Urteil kann – unbeschadet der Bekämpfung des Rechtsfehlers im bürgerlichrechtlichen Instanzenzug – das Bundesverfassungsgericht im Wege der Verfassungsbeschwerde angerufen werden.

Das Verfassungsgericht hat zu prüfen, ob das ordentliche Gericht die Reichweite und Wirkkraft der Grundrechte im Gebiet des bürgerlichen Rechts zutreffend beurteilt hat. Daraus ergibt sich aber zugleich die Begrenzung der Nachprüfung: es ist nicht Sache des Verfassungsgerichts, Urteile des Zivilrichters in vollem Umfange auf Rechtsfehler zu prüfen; das Verfassungsgericht hat lediglich die bezeichnete »Ausstrahlungswirkung« der Grundrechte auf das bürgerliche Recht zu beurteilen und den Wertgehalt des Verfassungsrechtssatzes auch hier zur Geltung zu bringen. Sinn des Instituts der Verfassungsbeschwerde ist es, daß *alle* Akte der gesetzgebenden, vollziehenden und richterlichen Gewalt auf ihre »Grundrechtsmäßigkeit« nachprüfbar sein sollen (§ 90 BVerfGG). Sowenig das Bundesverfassungsgericht berufen ist, als Revisions- oder gar »Superrevisions«-Instanz gegenüber den Zivilgerichten tätig zu werden, sowenig darf es von der Nachprüfung solcher Urteile allgemein absehen und an einer in ihnen etwa zutage tretenden Verkennung grundrechtlicher Normen und Maßstäbe vorübergehen.

2. Die Problematik des Verhältnisses der Grundrechte zum Privatrecht scheint im Falle des Grundrechts der freien Meinungsäußerung (Art. 5 GG) anders gelagert zu sein. Dieses Grundrecht ist – wie schon in der Weimarer Verfassung (Art. 118) – vom Grundgesetz nur in den Schranken der »allgemeinen Gesetze« gewährleistet (Art. 5 Abs. 2). Ohne daß zunächst untersucht wird, welche Gesetze »allgemeine« Gesetze in diesem Sinne sind, ließe sich die Auffassung vertreten, hier habe die Verfassung selbst durch die Verweisung auf die
208 Schranke der allge|meinen Gesetze den Geltungsanspruch des Grundrechts von vornherein auf den Bereich beschränkt, den ihm die Gerichte durch ihre Auslegung dieser Gesetze noch belassen. Das Ergebnis dieser Auslegung müsse, soweit es eine Beschränkung des Grundrechts darstelle, hingenommen werden und könne deshalb niemals als eine »Verletzung« des Grundrechts angesehen werden.

Dies ist indessen nicht der Sinn der Verweisung auf die »allgemeinen Gesetze«. Das Grundrecht auf freie Meinungsäußerung ist als unmittelbarster Ausdruck der menschlichen Persönlichkeit in der Gesellschaft eines der vornehmsten Menschenrechte überhaupt (un des droits le plus précieux de l'homme nach Artikel 11 der Erklärung der Menschen- und Bürgerrechte von 1789). Für eine freiheitlich-demokratische Staatsordnung ist es schlechthin konstituierend, denn es ermöglicht erst die ständige geistige Auseinandersetzung, den Kampf der Meinungen, der ihr Lebenselement ist (BVerfGE 5, 85 [205]). Es ist in gewissem Sinn die Grundlage jeder Freiheit überhaupt, »the matrix, the indispensable condition of nearly every other form of freedom« (Cardozo).

Aus dieser grundlegenden Bedeutung der Meinungsäußerungsfreiheit für den freiheitlich-demokratischen Staat ergibt sich, daß es vom Standpunkt dieses Verfassungssystems aus nicht folgerichtig wäre, die sachliche Reichweite gerade dieses Grundrechts jeder Relativierung durch einfaches Gesetz (und damit zwangsläufig durch die Rechtsprechung der die Gesetze auslegenden Gerichte) zu überlassen. Es gilt vielmehr im Prinzip auch hier, was oben allgemein über das Verhältnis der Grundrechte zur Privatrechtsordnung ausgeführt wurde; die allgemeinen Gesetze müssen in ihrer das Grundrecht beschränkenden Wirkung ihrerseits im Lichte der Bedeutung dieses Grundrechts gesehen und so interpretiert werden, daß der besondere Wertgehalt dieses Rechts, der in der freiheitlichen Demokratie zu einer grundsätzlichen Vermutung für die Freiheit der Rede in allen Bereichen, namentlich aber im öffentlichen Leben, führen muß, auf jeden Fall gewahrt bleibt. Die gegenseitige Beziehung zwischen
Grund|recht und »allgemeinem Gesetz« ist also nicht als einseitige 209
Beschränkung der Geltungskraft des Grundrechts durch die »allgemeinen Gesetze« aufzufassen; es findet vielmehr eine Wechselwirkung in dem Sinne statt, daß die »allgemeinen Gesetze« zwar dem Wortlaut nach dem Grundrecht Schranken setzen, ihrerseits aber aus der Erkenntnis der wertsetzenden Bedeutung dieses Grundrechts im freiheitlichen demokratischen Staat ausgelegt und so in ihrer das Grundrecht begrenzenden Wirkung selbst wieder eingeschränkt werden müssen.

Das Bundesverfassungsgericht, das durch das Rechtsinstitut der Verfassungsbeschwerde zur Wahrung der Grundrechte letztlich berufen ist, muß demgemäß auch hier die rechtliche Möglichkeit besitzen, die Rechtsprechung der Gerichte dort zu kontrollieren, wo sie in Anwendung eines allgemeinen Gesetzes den grundrechtlich bestimmten Raum betreten und damit möglicherweise den Geltungsanspruch des Grundrechts im Einzelfall unzulässig beschränken. Es muß zu seiner Kompetenz gehören, den spezifischen Wert, der sich in diesem Grundrecht für die freiheitliche Demokratie verkörpert, *allen* Organen der öffentlichen Gewalt, also auch den Zivilgerichten, gegenüber zur Geltung zu bringen und den verfassungsrechtlich gewollten Ausgleich zwischen den sich gegenseitig widerstreitenden, hemmenden und beschränkenden Tendenzen des Grundrechts und der »allgemeinen Gesetze« herzustellen.

3. Der Begriff des »allgemeinen« Gesetzes war von Anfang an umstritten. Es mag dahinstehen, ob der Begriff nur infolge eines Redaktionsversehens in den Artikel 118 der Reichsverfassung von 1919 gelangt ist (siehe dazu Häntzschel im Handbuch des deutschen Staatsrechts, 1932, Band II S. 658). Jedenfalls ist er bereits während der Geltungsdauer dieser Verfassung dahin ausgelegt worden, daß darunter alle Gesetze zu verstehen sind, die »nicht eine Meinung als solche verbieten, die sich nicht gegen die Äußerung der Meinung als solche richten«, die vielmehr »dem Schutze eines schlechthin, ohne Rücksicht auf eine bestimmte Meinung, zu schützenden Rechtsguts
210 dienen«, dem Schutze eines | Gemeinschaftswerts, der gegenüber der Betätigung der Meinungsfreiheit den Vorrang hat (vgl. die Zusammenstellung der inhaltlich übereinstimmenden Formulierungen bei Klein-v. Mangoldt, aaO, S. 250 f. sowie Veröffentl. der Vereinigung der Deutschen Staatsrechtslehrer, Heft 4, 1928, S. 6 ff., bes. S. 18 ff., 51 ff.). Dem stimmen auch die Ausleger des Grundgesetzes zu (vgl. etwa Ridder in Neumann-Nipperdey-Scheuner, Die Grundrechte, Band II S. 282: »Gesetze, die nicht die rein geistige Wirkung der reinen Meinungsäußerung inhibieren«).

Wird der Begriff »allgemeine Gesetze« so verstanden, dann ergibt sich zusammenfassend als Sinn des Grundrechtsschutzes:

Die Auffassung, daß nur das Äußern einer Meinung grundrechtlich geschützt sei, nicht die darin liegende oder damit bezweckte Wirkung auf andere, ist abzulehnen. Der Sinn einer *Meinungs*äußerung ist es gerade, »geistige Wirkung auf die Umwelt« ausgehen zu lassen, »meinungsbildend und überzeugend auf die Gesamtheit zu wirken« (Häntzschel, HdbDStR II, S. 655). Deshalb sind Werturteile, die immer eine geistige Wirkung erzielen, nämlich andere überzeugen wollen, vom Grundrecht des Art. 5 Abs. 1 GG geschützt; ja der Schutz des Grundrechts bezieht sich in erster Linie auf die im Werturteil zum Ausdruck kommende eigene Stellungnahme des Redenden, durch die er auf andere wirken will. Eine Trennung zwischen (geschützter) Äußerung und (nicht geschützter) Wirkung der Äußerung wäre sinnwidrig.

Die – so verstandene – Meinungsäußerung ist als solche, d.h. in ihrer rein geistigen Wirkung, frei; wenn aber durch sie ein gesetzlich geschütztes Rechtsgut eines anderen beeinträchtigt wird, dessen Schutz gegenüber der Meinungsfreiheit den Vorrang verdient, so wird dieser Eingriff nicht dadurch erlaubt, daß er mittels einer Mei-

nungsäußerung begangen wird. Es wird deshalb eine »Güterabwägung« erforderlich: Das Recht zur Meinungsäußerung muß zurücktreten, wenn schutzwürdige Interessen eines anderen von höherem Rang durch die Betätigung der Meinungsfreiheit verletzt würden. Ob solche überwiegenden | Interessen anderer vorliegen, ist auf Grund 211
aller Umstände des Falles zu ermitteln.

4. Von dieser Auffassung aus bestehen keine Bedenken dagegen, auch Normen des bürgerlichen Rechts als »allgemeine Gesetze« im Sinne des Art. 5 Abs. 2 GG anzuerkennen. Wenn das bisher in der Literatur im allgemeinen nicht geschehen ist (worauf auch Klein-v. Mangoldt, aaO, S. 251, hinweist), so kommt darin nur zum Ausdruck, daß man die Grundrechte lediglich in ihrer Wirkung zwischen Bürger und Staat gesehen hat, so daß folgerichtig als einschränkende allgemeine Gesetze nur solche in Betracht kamen, die staatliches Handeln gegenüber dem einzelnen regeln, also Gesetze öffentlich-rechtlichen Charakters. Wenn aber das Grundrecht der freien Meinungsäußerung auch in den Privatrechtsverkehr hineinwirkt und sein Gewicht sich hier zugunsten der Zulässigkeit einer Meinungsäußerung auch dem einzelnen Mitbürger gegenüber geltend macht, so muß auf der anderen Seite auch die das Grundrecht unter Umständen beschränkende Gegenwirkung einer privatrechtlichen Norm, soweit sie höhere Rechtsgüter zu schützen bestimmt ist, beachtet werden. Es wäre nicht einzusehen, warum zivilrechtliche Vorschriften, die die Ehre oder andere wesentliche Güter der menschlichen Persönlichkeit schützen, nicht ausreichen sollten, um der Ausübung des Grundrechts der freien Meinungsäußerung Schranken zu setzen, auch ohne daß zu dem gleichen Zweck Strafvorschriften erlassen werden.

Der Beschwerdeführer befürchtet, daß durch Beschränkung der Redefreiheit einem einzelnen gegenüber die Gefahr heraufgeführt werden könnte, der Bürger werde in der Möglichkeit, durch seine Meinung in der Öffentlichkeit zu wirken, allzusehr beengt und die unerläßliche Freiheit der öffentlichen Erörterung gemeinschaftswichtiger Fragen sei nicht mehr gewährleistet. Diese Gefahr besteht in der Tat (vgl. dazu Ernst Helle, Der Schutz der persönlichen Ehre und des wirtschaftlichen Rufes im Privatrecht, 1957, S. 65, 83–85, 153). Um ihr zu begegnen, ist es aber nicht erforderlich, das bürgerliche Recht aus der Reihe der allgemeinen | Gesetze schlechthin auszuscheiden. 212
Es muß nur auch hier der freiheitliche Gehalt des Grundrechts entschieden festgehalten werden. Es wird vor allem dort in die Waagschale fallen müssen, wo von dem Grundrecht nicht zum Zwecke privater Auseinandersetzungen Gebrauch gemacht wird, der Redende

vielmehr in erster Linie zur Bildung der öffentlichen Meinung beitragen will, so daß die etwaige Wirkung seiner Äußerung auf den privaten Rechtskreis eines anderen zwar eine unvermeidliche Folge, aber nicht das eigentliche Ziel der Äußerung darstellt. Gerade hier wird das Verhältnis von Zweck und Mittel bedeutsam. Der Schutz des privaten Rechtsguts kann und muß um so mehr zurücktreten, je mehr es sich nicht um eine unmittelbar gegen dieses Rechtsgut gerichtete Äußerung im privaten, namentlich im wirtschaftlichen Verkehr und in Verfolgung eigennütziger Ziele, sondern um einen Beitrag zum geistigen Meinungskampf in einer die Öffentlichkeit wesentlich berührenden Frage durch einen dazu Legitimierten handelt; hier spricht die Vermutung für die Zulässigkeit der freien Rede.

Es ergibt sich also: Auch Urteile des Zivilrichters, die auf Grund »allgemeiner Gesetze« bürgerlich-rechtlicher Art im Ergebnis zu einer Beschränkung der Meinungsfreiheit gelangen, können das Grundrecht aus Art. 5 Abs. 1 Satz 1 GG verletzen. Auch der Zivilrichter hat jeweils die Bedeutung des Grundrechts gegenüber dem Wert des im »allgemeinen Gesetz« geschützten Rechtsguts für den durch die Äußerung angeblich Verletzten abzuwägen. Die Entscheidung kann nur aus einer Gesamtanschauung des Einzelfalles unter Beachtung aller wesentlichen Umstände getroffen werden. Eine unrichtige Abwägung kann das Grundrecht verletzen und so die Verfassungsbeschwerde zum Bundesverfassungsgericht begründen.

[*Das Bundesverfassungsgericht prüft im folgenden anhand dieses Maßstabes das landgerichtliche Urteil. Es schließt sodann:*]

230 Das Bundesverfassungsgericht ist auf Grund dieser Erwägung zu der Überzeugung gelangt, daß das Landgericht bei seiner Beurteilung des Verhaltens des Beschwerdeführers die besondere Bedeutung verkannt hat, die dem Grundrecht auf freie Meinungsäußerung auch dort zukommt, wo es mit privaten Interessen anderer in Konflikt tritt. Das Urteil des Landgerichts beruht auf diesem Verfehlen grundrechtlicher Maßstäbe und verletzt so das Grundrecht des Beschwerdeführers aus Art. 5 Abs. 1 Satz 1 GG. Es ist deshalb aufzuheben.

6 Art. 12 Abs. 1, Art. 93 Abs. 1 Nr. 4a GG; § 90 BVerfGG

Grundrechtscharakter der Berufsfreiheit in Art. 12 Abs. 1 – Verhältnis zu öffentlichem Dienst und staatlich gebundenen Berufen – wirtschaftspolitische Neutralität des Grundgesetzes – Art. 12 Abs. 1 als einheitliches Grundrecht für Berufsausübung und Berufswahl – »Stufenlehre«:

gestufte Regelungsbefugnisse des Gesetzgebers bei Berufsausübungsregelungen sowie subjektiven und objektiven Berufswahlbeschränkungen – Gebot des geringsten Eingriffs, keine Wahlfreiheit des Gesetzgebers – volle Überprüfungsbefugnis des Bundesverfassungsgerichts – Einheit von Bundes- und Landesrecht bei Grundrechtseingriff

BVerfGE 7, 377–444 – Apothekenurteil

1. In Art. 12 Abs. 1 GG wird nicht die Gewerbefreiheit als objektives 377
Prinzip der Gesellschafts- und Wirtschaftsordnung proklamiert, sondern dem Einzelnen das Grundrecht gewährleistet, jede erlaubte Tätigkeit als Beruf zu ergreifen, auch wenn sie nicht einem traditionell oder rechtlich fixierten »Berufsbild« entspricht.

2. Der Begriff »Beruf« in Art. 12 Abs. 1 GG umfaßt grundsätzlich auch Berufe, die Tätigkeiten zum Inhalt haben, welche dem Staate vorbehalten sind sowie »staatlich gebundene« Berufe. Doch gibt und ermöglicht für Berufe, die »öffentlicher Dienst« sind, Art. 33 GG in weitem Umfang Sonderregelungen.

3. Wenn eine Tätigkeit in selbständiger und in unselbständiger Form ausgeübt werden kann und beide Formen der Ausübung eigenes soziales Gewicht haben, so ist auch die Wahl der einen oder anderen Form der Berufstätigkeit und der Übergang von der einen zur anderen eine Berufswahl im Sinne des Art. 12 Abs. 1 GG.

4. Inhalt und Umfang der Regelungsfreiheit des Gesetzgebers nach Art. 12 Abs. 1 Satz 2 GG lassen sich schon durch eine Auslegung, die dem Sinn des Grundrechts und seiner Bedeutung im sozialen Leben Rechnung trägt, weitgehend sachgemäß bestimmen; es bedarf dann nicht des Rückgriffs auf die Schranke des Wesensgehalts (Art. 19 Abs. 2 GG). |

5. Die Regelungsbefugnis nach Art. 12 Abs. 1 Satz 2 GG erstreckt 378
sich auf Berufsausübung und Berufswahl, aber nicht auf beide in gleicher Intensität. Sie ist um der Berufsausübung willen gegeben und darf nur unter diesem Blickpunkt allenfalls auch in die Freiheit der Berufswahl eingreifen. Inhaltlich ist sie um so freier, je mehr sie reine Ausübungsregelung ist, um so enger begrenzt, je mehr sie auch die Berufswahl berührt.

6. Das Grundrecht soll die Freiheit des Individuums schützen, der Regelungsvorbehalt ausreichenden Schutz der Gemeinschaftsinteressen sicherstellen. Aus der Notwendigkeit, beiden Forderungen gerecht zu werden, ergibt sich für das Eingreifen des Gesetzgebers ein Gebot der Differenzierung etwa nach folgenden Grundsätzen:

a) Die Freiheit der Berufsausübung kann beschränkt werden, soweit vernünftige Erwägungen des Gemeinwohls es zweckmäßig erscheinen lassen; der Grundrechtsschutz beschränkt sich auf die Abwehr in sich verfassungswidriger, weil etwa übermäßig belastender und nicht zumutbarer Auflagen.

b) Die Freiheit der Berufswahl darf nur eingeschränkt werden, soweit der Schutz besonders wichtiger Gemeinschaftsgüter es zwingend erfordert. Ist ein solcher Eingriff unumgänglich, so muß der Gesetzgeber stets diejenige Form des Eingriffs wählen, die das Grundrecht am wenigsten beschränkt.

c) Wird in die Freiheit der Berufswahl durch Aufstellung bestimmter Voraussetzungen für die Aufnahme des Berufs eingegriffen, so ist zwischen subjektiven und objektiven Voraussetzungen zu unterscheiden: für die subjektiven Voraussetzungen (insbesondere Vor- und Ausbildung) gilt das Prinzip der Verhältnismäßigkeit in dem Sinn, daß sie zu dem angestrebten Zweck der ordnungsmäßigen Erfüllung der Berufstätigkeit nicht außer Verhältnis stehen dürfen. An den Nachweis der Notwendigkeit objektiver Zulassungsvoraussetzungen sind besonders strenge Anforderungen zu stellen; im allgemeinen wird nur die Abwehr nachweisbarer oder höchstwahrscheinlicher schwerer Gefahren für ein überragend wichtiges Gemeinschaftsgut diese Maßnahmen rechtfertigen können.

d) Regelungen nach Art. 12 Abs. 1 Satz 2 GG müssen stets auf der »Stufe« vorgenommen werden, die den geringsten Eingriff in die Frei-
379 **heit der Berufswahl mit sich bringt; die nächste »Stufe« | darf der Gesetzgeber erst dann betreten, wenn mit hoher Wahrscheinlichkeit dargetan werden kann, daß die befürchteten Gefahren mit (verfassungsmäßigen) Mitteln der vorausgehenden »Stufe« nicht wirksam bekämpft werden können.**

7. Das Bundesverfassungsgericht hat zu prüfen, ob der Gesetzgeber die sich hiernach ergebenden Beschränkungen seiner Regelungsbefugnis beachtet hat; wenn die freie Berufswahl durch objektive Zulassungsvoraussetzungen eingeschränkt wird, kann es auch prüfen, ob gerade dieser Eingriff zum Schutz eines überragenden Gemeinschaftsguts zwingend geboten ist.

8. Auf dem Gebiete des Apothekenrechts entspricht der Verfassungslage gegenwärtig allein die Niederlassungsfreiheit, verstanden als das Fehlen objektiver Beschränkung der Zulassung.

Urteil des Ersten Senats vom 11. Juni 1958 – 1 BvR 596/56 –

Sachverhalt: *Der Beschwerdeführer war ein seit 1940 approbierter Apotheker, der 1956 die Erteilung einer Betriebserlaubnis zur Eröffnung einer Apotheke in der oberbayerischen Gemeinde Traunreut begehrte. Der Antrag wurde auf der Grundlage des Bayerischen Apothekengesetzes abgelehnt, das in seiner damaligen Fassung eine Erlaubnispflicht für den Betrieb einer Apotheke vorsah. Voraussetzung für die Erteilung der Betriebserlaubnis war in jedem Fall, daß der Bewerber approbiert, Deutscher im Sinne des Art. 116 GG, bereits eine gewisse Zeit als approbierter Apotheker tätig gewesen und persönlich zuverlässig und geeignet sein mußte. Darüber hinaus machte Art. 3 Abs. 1 ApothekenG die Erteilung der Betriebserlaubnis davon abhängig, daß*

»a) die Errichtung der Apotheke zur Sicherung der Versorgung der Bevölkerung mit Arzneimitteln im öffentlichen Interesse liegt und

b) anzunehmen ist, daß ihre wirtschaftliche Grundlage gesichert ist und durch sie die wirtschaftliche Grundlage der benachbarten Apotheke nicht soweit beeinträchtigt wird, daß die Voraussetzungen für den ordnungsgemäßen Apothekenbetrieb nicht mehr gewährleistet sind.«

Die Ablehnung der Betriebserlaubnis wurde von der Behörde damit begründet, daß die in der Gemeinde bereits vorhandene Apotheke zur Versorgung der dortigen Bevölkerung völlig genüge. Die Errichtung der beantragten Apotheke liege daher nicht im öffentlichen Interesse (Art. 3 Abs. 1 Buchst. a) ApothekenG). Außerdem wäre die wirtschaftliche Grundlage der neuen Apotheke nicht gesichert und die der vorhandenen würde zudem gefährdet (Art. 3 Abs. 1 Buchst. b) ApothekenG).

Die gegen die ablehnenden Behördenbescheide und mittelbar gegen Art. 3 Abs. 1 BayApothekenG gerichtete Verfassungsbeschwerde hatte Erfolg.

Aus den Gründen:

Die Frage, ob Art. 3 Abs. 1 ApothekenG mit Art. 12 Abs. 1 GG vereinbar ist, setzt einige grundsätzliche Überlegungen über die Bedeutung dieser Verfassungsbestimmung voraus. 397

1. Art. 12 Abs. 1 schützt die Freiheit des Bürgers in einem für die moderne arbeitsteilige Gesellschaft besonders wichtigen Bereich; er gewährleistet dem Einzelnen das Recht, jede Tätigkeit, für die er sich geeignet glaubt, als »Beruf« zu ergreifen, d.h. zur Grundlage seiner Lebensführung zu machen. Es handelt sich um ein Grundrecht, nicht – wie etwa in Art. 151 Abs. 3 WV – um die Proklamierung der »Gewerbefreiheit« als eines objektiven Prinzips der Gesellschafts- und Wirtschaftsordnung. Verbürgt ist dem Einzelnen mehr als die Freiheit selbständiger Ausübung eines Gewerbes. Wohl zielt das Grundrecht auf den Schutz der – wirtschaftlich sinnvollen – Arbeit, aber es sieht sie als »Beruf«, d.h. in ihrer Beziehung zur Persönlichkeit des Men-

schen im ganzen, die sich erst darin voll ausformt und vollendet, daß der Einzelne sich einer Tätigkeit widmet, die für ihn Lebensaufgabe und Lebensgrundlage ist und durch die er zugleich seinen Beitrag zur gesellschaftlichen Gesamtleistung erbringt. Das Grundrecht gewinnt so Bedeutung für alle sozialen Schichten; die Arbeit als »Beruf« hat für alle gleichen Wert und gleiche Würde.

2. Aus dieser Sicht des Grundrechts ist der Begriff »Beruf« weit auszulegen. Er umfaßt nicht nur alle Berufe, die sich in bestimmten, traditionell oder sogar rechtlich fixierten »Berufsbildern« darstellen, sondern auch die vom Einzelnen frei gewählten untypischen (erlaubten) Betätigungen, aus denen sich dann wieder neue, feste Berufsbilder ergeben mögen (grundsätzlich ebenso BVerwGE 2, 89 [92]; 4, 250 [254 f.]).

Auch Berufe, die Tätigkeiten zum Inhalt haben, welche nach heutigen Vorstellungen der organisierten Gemeinschaft, in erster Linie dem Staate, vorbehalten bleiben müssen, sind in Art. 12 Abs. 1 jedenfalls in dem Sinn gemeint, daß auch sie vom Einzelnen als Beruf frei
398 gewählt werden können und daß keinem | ihre Wahl aufgezwungen oder verboten werden darf. Es liegt kein Grund vor anzunehmen, daß das Grundrecht »seinem Wesen nach« für solche Berufe nicht gelte, wie das Bundesverwaltungsgericht meint (BVerwGE 2, 85 [86]; 4, 250 [254]). Doch gibt und ermöglicht für alle Berufe, die »öffentlicher Dienst« sind, Art. 33 GG weithin Sonderregelungen. Sie ergeben sich aus der Natur der Sache: die Zahl der Arbeitsplätze (und damit im Grenzfall unter Umständen die tatsächliche Unmöglichkeit der Wahl des Berufs für den Einzelnen) wird hier allein von der Organisationsgewalt (im weitesten Sinne) der jeweils zuständigen öffentlich-rechtlichen Körperschaft bestimmt. Das hiernach mögliche Maß an Freiheit der Berufswahl für den Einzelnen wird durch den gleichen Zugang aller zu allen öffentlichen Ämtern bei gleicher Eignung (Art. 33 Abs. 2 GG) gewährleistet.

»Staatlich gebundene« Berufe sind in mannigfaltiger Gestalt möglich und wirklich. Sie fallen ebenfalls unter Art. 12 Abs. 1. Die Frage, an welchem Punkt zwischen »freiem« Beruf mit gewissen öffentlich-rechtlichen Auflagen und Berufen mit völliger Einbeziehung in die unmittelbare Staatsorganisation solche Berufe ihren Platz erhalten sollen, hängt von Eigenart und Gewicht der hier zu erfüllenden öffentlichen Aufgaben ab. Je näher ein Beruf durch öffentlich-rechtliche Bindungen und Auflagen an den »öffentlichen Dienst« herangeführt wird, umso stärker können Sonderregelungen in Anlehnung an Art. 33 GG die Wirkung des Grundrechts aus Art. 12 Abs. 1 tatsächlich zurückdrängen. Die Gestaltungsmöglichkeiten des Gesetzgebers brauchen hier nicht näher untersucht zu werden, da die bayerische Regelung – in Übereinstimmung mit den allgemeinen deutschen Apothekenverhältnissen (vgl. BVerfGE 5, 25) – trotz gewisser öffentlich-rechtlicher Bindungen sich ihrer Struktur nach als eine gewerberechtliche darstellt.

Art. 12 Abs. 1 unterscheidet nicht zwischen dem selbständig und dem unselbständig ausgeübten Beruf; auch abhängige Arbeit kann als Beruf gewählt werden und wird es in der modernen Gesellschaft tatsächlich immer mehr. Wenn eine Tätigkeit in selb|ständiger und in 399
unselbständiger Form ausgeübt werden kann und beide Formen der Ausübung eigenes soziales Gewicht haben, so ist auch die Wahl der einen oder der anderen Form der Berufstätigkeit und der Übergang von der einen zur anderen eine Berufswahl im Sinne des Art. 12 Abs. 1 GG. Das trifft beim Apothekerberuf zu: Der selbständige Apotheker betreibt ein Unternehmen, das die Grundlage seiner wirtschaftlichen Existenz ist, der unselbständige Apotheker steht im Dienste eines solchen Unternehmens; es bestehen nach allgemeiner Anschauung wie nach dem Urteil der Berufszugehörigen selbst verschiedene »Berufe« innerhalb des einen Standes der »Apotheker«; die Zugehörigkeit zum einen ist nicht nur Vorbereitungs- und Durchgangsstadium für den Eintritt in den andern. Dem Bundesverwaltungsgericht (BVerwGE 4, 167 [170]) ist deshalb im Ergebnis darin zuzustimmen, daß der Übergang von der Tätigkeit eines angestellten zur Tätigkeit eines selbständigen Apothekers ein Akt der Berufswahl ist, der dem Schutz des Art. 12 Abs. 1 Satz 1 GG untersteht.

3. Aus der dargelegten allgemeinen Bedeutung des Art. 12 Abs. 1 lassen sich die entscheidenden Gesichtspunkte für Inhalt und Umfang der Regelungsbefugnis des einfachen Gesetzgebers nach Art. 12 Abs. 1 Satz 2 gewinnen.

a) Wenn in Art. 12 Abs. 1 nur das Prinzip der Gewerbefreiheit verfassungsmäßig festgelegt wäre, so hätte es nahe gelegen, dieses Prinzip lediglich im Rahmen eines allgemeinen Gesetzesvorbehalts zu verwirklichen, Gewerbefreiheit – wie in der Weimarer Verfassung – »nach Maßgabe des Gesetzes« zu gewährleisten. Der Gesetzgeber würde zwar auch dann an das Prinzip gebunden sein, könnte aber im Rahmen seiner allgemeinen Wirtschaftspolitik die ihm sachgemäß und erwünscht erscheinenden Ausnahmen vorsehen. Angesichts der komplizierten modernen Wirtschaftsverhältnisse würde sich dabei vermutlich die schon seit langem wirksame Tendenz zur Einschränkung des aus der frühliberalen Zeit stammenden Prinzips *vollständi-*

ger Gewerbefreiheit verstärkt geltend machen. Dem könnte verfassungsrechtlich nicht entgegengetreten werden. |

400 Viel enger wird der Ermessensbereich des Gesetzgebers, wenn von der Einsicht ausgegangen wird, daß es sich hier um ein echtes Grundrecht des einzelnen Bürgers handelt, um ein Grundrecht zudem, das seiner Idee nach mit der Entfaltung der menschlichen Persönlichkeit eng zusammenhängt und das eben deshalb auch praktisch von größter Bedeutung für die gesamte Lebensgestaltung jedes Einzelnen ist – im Gegensatz zu den Grundrechten, die nur der Abwehr gelegentlicher Einzeleingriffe der öffentlichen Gewalt dienen. Der wirksame Schutz dieses Grundrechts verlangt, gesetzlichen Eingriffen hier grundsätzlich enge Grenzen zu ziehen.

Freilich ist festzuhalten, daß das gesetzgeberische Ermessen nur aus Gründen des Grundrechtsschutzes eingeengt werden darf. Das Grundgesetz ist wirtschaftspolitisch in dem Sinn neutral, daß der Gesetzgeber jede ihm sachgemäß erscheinende Wirtschaftspolitik verfolgen darf, sofern er dabei das Grundgesetz, insbesondere die Grundrechte, beachtet (BVerfGE 4, 7 [17 f.]). Ein auf Grund des Art. 12 Abs. 1 Satz 2 erlassenes Gesetz kann also nicht deshalb verfassungsrechtlich beanstandet werden, weil es etwa der sonstigen staatlichen Wirtschaftspolitik widerspricht oder weil es mit einer bestimmten dieser allgemeinen Wirtschaftspolitik etwa zugrunde liegenden volkswirtschaftlichen Lehrmeinung nicht im Einklang steht; noch weniger selbstverständlich deshalb, weil die in dem Gesetz zutage tretende wirtschaftspolitische Auffassung vom Richter nicht gebilligt wird.

Grenzen für den Gesetzgeber können sich nur dort ergeben, wo sie ihr auf Grund des – richtig ausgelegten – Grundrechts gezogen werden müssen. Die praktische Schwierigkeit liegt darin, das grundsätzlich freie wirtschaftspolitische, sozialpolitische und berufspolitische Ermessen, das dem Gesetzgeber gewahrt bleiben muß, mit dem Freiheitsschutz, auf den der einzelne Bürger gerade auch dem Gesetzgeber gegenüber einen verfassungsrechtlichen Anspruch hat, zu vereinen.

b) Beurteilt man die Eingriffsmöglichkeiten des Gesetzgebers in
401 den grundrechtlich geschützten Bereich von der Verfassungs|bestimmung selbst her, so könnte der Wortlaut des Art. 12 Abs. 1 darauf hindeuten, daß Eingriffe nur bei der Berufs*ausübung* zulässig sein sollten, während die Berufs*wahl* der gesetzlichen Regelung schlechthin entzogen wäre. Das kann indessen nicht der Sinn der Bestimmung sein. Denn die Begriffe »Wahl« und »Ausübung« des Berufes lassen sich nicht so trennen, daß jeder von ihnen nur eine bestimmte

zeitliche Phase des Berufslebens bezeichnete, die sich mit der andern nicht überschnitte; namentlich stellt die Aufnahme der Berufstätigkeit sowohl den Anfang der Berufs*ausübung* dar wie die gerade hierin – und häufig *nur* hierin – sich äußernde Betätigung der Berufs*wahl*; ebenso sind der in der laufenden Berufsausübung sich ausdrükkende Wille zur Beibehaltung des Berufs und schließlich die freiwillige Beendigung der Berufsausübung im Grunde zugleich Akte der Berufswahl. Die beiden Begriffe erfassen den einheitlichen Komplex »berufliche Betätigung« von verschiedenen Blickpunkten her (ähnlich Klein-v. Mangoldt Anm. IV 2 [S. 370 ff.]) zu Art. 12 im Anschluß an Uber, Freiheit des Berufs, Hamburg 1952).

So kann eine Auslegung, die dem Gesetzgeber *jeden* Eingriff in die Freiheit der Berufswahl schlechthin verwehren wollte, nicht richtig sein; sie würde der Lebenswirklichkeit nicht entsprechen und deshalb auch rechtlich nicht zu einleuchtenden Ergebnissen führen. Eine primär als Berufs*ausübungs*regelung sich darstellende gesetzliche Vorschrift ist vielmehr grundsätzlich auch dann zulässig, wenn sie mittelbar auf die Freiheit der Berufswahl zurückwirkt. Das geschieht vor allem dann, wenn Voraussetzungen für die Berufsaufnahme, also den Beginn der Berufsausübung, festgelegt werden, mit anderen Worten, wenn der Beginn der Berufsausübung von einer Zulassung abhängig gemacht wird. Daß das Grundgesetz Zulassungsregelungen nicht schlechthin hat ausschließen wollen, beweist Art. 74 Nr. 19, der eine Kompetenz zur Gesetzgebung für die »Zulassung« zu bestimmten Berufen begründet. Auch die Entstehungsgeschichte zeigt, daß man eine Ermächtigung zu Beschränkungen der Zulassung zwar grundsätzlich vermeiden, andererseits aber die zahlreichen be|stehenden Zulassungsbeschränkungen 402
nicht allgemein für unzulässig erklären wollte (Abg. v. Mangoldt in der 5. und 23. Sitzung des Ausschusses für Grundsatzfragen am 29. September und 19. November 1948). Der Grundgesetzgeber ist hierbei allerdings nicht zu voller sachlicher und begrifflicher Klärung der Probleme gelangt; er hat schließlich eine Formulierung gewählt, die sich an die aus dem Gewerberecht geläufige Scheidung zwischen »Wahl« und »Ausübung« des Gewerbes anschloß, und im übrigen die weitere Regelung bewußt »weitgehend« dem Gesetz überlassen (vgl. Jahrb. d. öff. Rechts n.F. Bd. 1 S. 134, 136).

Daß die Regelungsbefugnis nach Art. 12 Abs. 1 Satz 2 GG sich im vorstehend entwickelten Sinne auf Berufsausübung und Berufswahl bezieht, wird in Rechtsprechung und Schrifttum überwiegend angenommen (vgl. etwa Hamel DVBl. 1958 S. 37 und die dort angegebenen Belege); namentlich vertreten sowohl der Bundesgerichtshof wie das Bundesverwaltungsgericht die Auffassung, daß der Gesetzgeber die Aufnahme gewisser Berufe von einer Erlaubnis, der »Zulassung«, und diese von der Erfüllung bestimmter Voraussetzungen abhängig machen könne (s. etwa BVerwGE 4, 167 [169]; 4, 250 [255]; BGH in den Vorlagegutachten BGHSt. 4, 385 [391]); 7, 394 [399]).

So ist Art. 12 Abs. 1 ein einheitliches Grundrecht (der »Berufsfreiheit«) jedenfalls in dem Sinn, daß der Regelungsvorbehalt des Satzes 2 sich »dem Grunde nach« sowohl auf die Berufsausübung wie auf die Berufswahl erstreckt. Das heißt jedoch nicht, daß die Befugnisse des Gesetzgebers hinsichtlich jeder dieser »Phasen« der Berufstätigkeit inhaltlich gleich weit gehen. Denn es bleibt stets der im Wortlaut des Art. 12 Abs. 1 deutlich zum Ausdruck kommende Wille der Verfassung zu beachten, daß die Berufswahl »frei« sein soll, die Berufsausübung geregelt werden darf. Dem entspricht nur eine Auslegung, die annimmt, daß die Regelungsbefugnis die beiden »Phasen« nicht in gleicher sachlicher Intensität erfaßt, daß der Gesetzgeber vielmehr um so stärker beschränkt ist, je mehr er in die Freiheit der Berufswahl eingreift. Diese Auslegung entspricht auch den Grundauffassungen
403 der | Verfassung und dem von ihr vorausgesetzten Menschenbild (BVerfGE 2, 1 [12][1]; 4, 7 [15 f.]; 6, 32 [40][2]). Die Berufswahl soll ein Akt der Selbstbestimmung, des freien Willensentschlusses des Einzelnen, sein; sie muß von Eingriffen der öffentlichen Gewalt möglichst unberührt bleiben. Durch die Berufsausübung greift der Einzelne unmittelbar in das soziale Leben ein; hier können ihm im Interesse der andern und der Gesamtheit Beschränkungen auferlegt werden.

Zusammenfassend ergibt sich: Die Regelungsbefugnis erstreckt sich auf Berufsausübung und Berufswahl. Sie ist aber um der Berufs*ausübung* willen gegeben und darf nur unter diesem Blickpunkt allenfalls auch in die Freiheit der Berufs*wahl* eingreifen. Inhaltlich ist sie um so freier, je mehr sie reine Ausübungsregelung ist, um so enger begrenzt, je mehr sie auch die Berufswahl berührt.

c) Was den Inhalt der so allgemein in ihrer Reichweite bestimmten Regelungsbefugnis im einzelnen anlangt, so ist zunächst der Sinn des Begriffs »regeln«, insbesondere im Hinblick auf die Freiheit der Berufswahl, zu klären. Er kann nicht bedeuten, daß der Gesetzgeber im ganzen einen weiteren Ermessensspielraum habe als beim sonstigen allgemeinen Gesetzesvorbehalt, daß er das ganze Gebiet des Berufsrechts umfassender ordnen, den Inhalt des Grundrechts erst konstitutiv bestimmen

---

[1] BVerfGA Nr. 2.
[2] BVerfGA Nr. 3.

dürfe (so Scheuner, Handwerksordnung und Berufsfreiheit [Sonderdruck aus »Deutsches Handwerksblatt«], 1956, etwa S. 21, 27 f., 31, und Ipsen, Apothekenerrichtung und Art. 12 GG, 1957, S. 41 f.). Bei solcher Auffassung würde das Grundrecht entwertet, indem sein Gehalt ganz dem Ermessen des Gesetzgebers überantwortet würde, der doch seinerseits an das Grundrecht gebunden ist (Art. 1 Abs. 3 GG). Das würde der Bedeutung gerade dieses Grundrechts nicht entsprechen, sich kaum mit der besonderen (pleonastischen) Betonung der »freien« Berufswahl in Art. 12 Abs. 1 vertragen und überdies mit der Gesamttendenz des Grundrechtsabschnitts in Widerspruch stehen, der, wie das Bundesverfassungsgericht in der Entscheidung vom 16. Januar 1957 (BVerfGE 6, 32 [40 f.])[1] dargelegt hat, »leerlaufende« Grundrechte im frü | heren Sinne nicht mehr kennt. Es gilt vielmehr auch hier der in der 404
Entscheidung vom 15. Januar 1958 (BVerfGE 7, 198 [208 f.])[2] entwikkelte Grundsatz, daß der Gesetzgeber, wenn er sich in dem grundrechtsgeschützten Raum bewegt, die Bedeutung des Grundrechts in der sozialen Ordnung zum Ausgangspunkt seiner Regelung nehmen muß. Nicht er bestimmt frei den Inhalt des Grundrechts, sondern umgekehrt kann sich aus dem Gehalt des Grundrechts eine inhaltliche Begrenzung seines Gesetzgebungsermessens ergeben. Auch in Art. 12 Abs. 1 liegt eine klare materielle Wertentscheidung des Grundgesetzes für einen konkreten wichtigen Lebensbereich vor; der Gesetzgeber ist deshalb hier nicht so frei wie etwa bei der Anwendung des allgemeinen Gleichheitssatzes, der einen allgemein für die öffentliche Gewalt geltenden Rechtsgrundsatz darstellt, dessen konkreten Gehalt der Gesetzgeber erst für bestimmte Lebensverhältnisse unter Berücksichtigung der für sie jeweils geltenden Gerechtigkeitsgesichtspunkte zu bestimmen hat.

Andererseits bedeutet »regeln« nicht, daß der Gesetzgeber das Grundrecht in keiner Hinsicht einschränken dürfe. An sich enthält jede Regelung auch das Sichtbarmachen von Grenzen. Doch deutet der Ausdruck »regeln«, den der Grundgesetzgeber hier offenbar bewußt statt des in den Grundrechtsbestimmungen sonst üblichen »beschränken« oder »einschränken« gebraucht, darauf hin, daß eher an eine nähere Bestimmung der Grenzen von innen her, d.h. der im Wesen des Grundrechts selbst angelegten Grenzen, gedacht ist als an Beschränkungen, durch die der Gesetzgeber über den sachlichen Gehalt des Grundrechts selbst verfügen, nämlich seinen natürlichen, sich aus rationaler Sinnerschließung ergebenden Geltungsbereich von außen her einengen würde.

---

[1] BVerfGA Nr. 3.
[2] BVerfGA Nr. 5.

d) Das Grundrecht soll die Freiheit des Individuums schützen, der Regelungsvorbehalt ausreichenden Schutz der Gemeinschaftsinteressen sicherstellen. Der Freiheitsanspruch des Einzelnen wirkt, wie gezeigt wurde, um so stärker, je mehr sein Recht auf freie Berufswahl in Frage steht; der Gemeinschaftsschutz wird um so dringlicher, je grö-
405 ßer die Nachteile und Gefahren sind, die | aus gänzlich freier Berufswahl der Gemeinschaft erwachsen könnten. Sucht man beiden – im sozialen Rechtsstaat gleichermaßen legitimen – Forderungen in möglichst wirksamer Weise gerecht zu werden, so kann die Lösung nur jeweils in sorgfältiger Abwägung der Bedeutung der einander gegenüberstehenden und möglicherweise einander geradezu widerstreitenden Interessen gefunden werden. Wird dabei festgehalten, daß nach der Gesamtauffassung des Grundgesetzes die freie menschliche Persönlichkeit der oberste Wert ist, daß ihr somit auch bei der Berufswahl die größtmögliche Freiheit gewahrt bleiben muß, so ergibt sich, daß diese Freiheit nur so weit eingeschränkt werden darf, als es zum gemeinen Wohl unerläßlich ist.

Für das Eingreifen des Gesetzgebers besteht darnach von Verfassungs wegen ein Gebot der Differenzierung, deren Prinzipien zusammenfassend etwa wie folgt umschrieben werden können:

Die Freiheit der Berufs*ausübung* kann im Wege der »Regelung« beschränkt werden, soweit vernünftige Erwägungen des Gemeinwohls es zweckmäßig erscheinen lassen. Die Freiheit der Berufs*wahl* darf dagegen nur eingeschränkt werden, soweit der Schutz besonders wichtiger (»überragender«) Gemeinschaftsgüter es zwingend erfordert, d.h.: soweit der Schutz von Gütern in Frage steht, denen bei sorgfältiger Abwägung der Vorrang vor dem Freiheitsanspruch des Einzelnen eingeräumt werden muß *und* sowie dieser Schutz nicht auf andere Weise, nämlich mit Mitteln, die die Berufswahl nicht oder weniger einschränken, gesichert werden kann. Erweist sich ein Eingriff in die Freiheit der Berufswahl als unumgänglich, so muß der Gesetzgeber stets die Form des Eingriffs wählen, die das Grundrecht am wenigsten beschränkt.

Für den Umfang der Regelungsbefugnis ergeben sich so gewissermaßen mehrere »Stufen«:

Am freiesten ist der Gesetzgeber, wenn er eine *reine* Ausübungsregelung trifft, die auf die Freiheit der Berufswahl nicht zurückwirkt, vielmehr nur bestimmt, in welcher Art und Weise die Berufsangehö-
406 rigen ihre Berufstätigkeit im einzelnen zu ge | stalten haben. Hier können in weitem Maße Gesichtspunkte der Zweckmäßigkeit zur Geltung kommen; nach ihnen ist zu bemessen, welche Auflagen den

Berufsangehörigen gemacht werden müssen, um Nachteile und Gefahren für die Allgemeinheit abzuwehren. Auch der Gedanke der Förderung eines Berufes und damit der Erzielung einer höheren sozialen Gesamtleistung seiner Angehörigen kann schon gewisse die Freiheit der Berufsausübung einengende Vorschriften rechtfertigen. Der Grundrechtsschutz beschränkt sich insoweit auf die Abwehr in sich verfassungswidriger, weil etwa übermäßig belastender und nicht zumutbarer gesetzlicher Auflagen; von diesen Ausnahmen abgesehen, trifft die hier in Frage stehende Beeinträchtigung der Berufsfreiheit den Grundrechtsträger nicht allzu empfindlich, da er bereits im Beruf steht und die Befugnis, ihn auszuüben, nicht berührt wird.

Eine Regelung dagegen, die schon die Aufnahme der Berufstätigkeit von der Erfüllung bestimmter Voraussetzungen abhängig macht und die damit die Freiheit der Berufswahl berührt, ist nur gerechtfertigt, soweit dadurch ein überragendes Gemeinschaftsgut, das der Freiheit des Einzelnen vorgeht, geschützt werden soll. Dabei besteht offensichtlich ein – auch in Rechtsprechung und Schrifttum seit langem hervorgehobener (vgl. Scheuner, aaO S. 25 und die von ihm angeführten Belege) – bedeutsamer Unterschied je nachdem, ob es sich um »subjektive« Voraussetzungen, vor allem solche der Vor- und Ausbildung, handelt oder um objektive Bedingungen der Zulassung, die mit der persönlichen Qualifikation des Berufsanwärters nichts zu tun haben und auf die er keinen Einfluß nehmen kann.

Die Regelung subjektiver Voraussetzungen der Berufsaufnahme ist ein Teil der rechtlichen Ordnung eines Berufsbildes; sie gibt den Zugang zum Beruf nur den in bestimmter – und zwar meist formaler – Weise qualifizierten Bewerbern frei. Eine solche Beschränkung legitimiert sich aus der Sache heraus; sie beruht darauf, wie viele Berufe bestimmte, nur durch theoretische und praktische Schulung erwerbbare technische Kenntnisse und Fer|tigkeiten (im weiteren Sinn) erfordern und daß 407
die Ausübung dieser Berufe ohne solche Kenntnisse entweder unmöglich oder unsachgemäß wäre oder aber Schäden, ja Gefahren für die Allgemeinheit mit sich bringen würde. Der Gesetzgeber konkretisiert und »formalisiert« nur dieses sich aus einem vorgegebenen Lebensverhältnis ergebende Erfordernis; dem Einzelnen wird in Gestalt einer vorgeschriebenen formalen Ausbildung nur etwas zugemutet, was er grundsätzlich der Sache nach ohnehin auf sich nehmen müßte, wenn er den Beruf ordnungsgemäß ausüben will. Diese Freiheitsbeschränkung erweist sich so als das adäquate Mittel zur Verhütung möglicher Nachteile und Gefahren; sie ist auch deshalb nicht unbillig, weil sie für alle Berufsanwärter gleich und ihnen im voraus bekannt ist, so daß der Ein-

zelne schon vor der Berufswahl beurteilen kann, ob es ihm möglich sein werde, die geforderten Voraussetzungen zu erfüllen. Hier gilt das Prinzip der Verhältnismäßigkeit in dem Sinne, daß die vorgeschriebenen subjektiven Voraussetzungen zu dem angestrebten Zweck der ordnungsmäßigen Erfüllung der Berufstätigkeit nicht außer Verhältnis stehen dürfen.

Anders liegt es bei der Aufstellung objektiver Bedingungen für die Berufszulassung. Ihre Erfüllung ist dem Einfluß des Einzelnen schlechthin entzogen. Dem Sinn des Grundrechts wirken sie strikt entgegen, denn sogar derjenige, der durch Erfüllung aller von ihm geforderten Voraussetzungen die Wahl des Berufes bereits real vollzogen hat und hat vollziehen dürfen, kann trotzdem von der Zulassung zum Beruf ausgeschlossen bleiben. Diese Freiheitsbeschränkung ist um so gewichtiger und wird demgemäß auch um so schwerer empfunden, je länger und je fachlich spezialisierter die Vor- und Ausbildung war, je eindeutiger also mit der Wahl dieser Ausbildung zugleich dieser konkrete Beruf gewählt wurde. Da zudem zunächst nicht einsichtig ist, welche unmittelbaren Nachteile für die Allgemeinheit die Ausübung eines Berufs durch einen fachlich und moralisch qualifizierten Bewerber mit sich bringen soll, wird häufig der Wirkungszusammenhang zwischen
408 dieser Beschränkung der freien Berufswahl und dem | erstrebten Erfolg nicht einleuchtend dargetan werden können. Die Gefahr des Eindringens sachfremder Motive ist daher besonders groß; vor allem liegt die Vermutung nahe, die Beschränkung des Zugangs zum Beruf solle dem Konkurrenzschutz der bereits im Beruf Tätigen dienen – ein Motiv, das nach allgemeiner Meinung niemals einen Eingriff in das Recht der freien Berufswahl rechtfertigen könnte. Durch die Wahl dieses gröbsten und radikalsten Mittels der Absperrung fachlich und moralisch (präsumtiv) voll geeigneter Bewerber vom Berufe kann so – abgesehen von dem möglichen Konflikt mit dem Prinzip der Gleichheit – der Freiheitsanspruch des Einzelnen in besonders empfindlicher Weise verletzt werden. Daraus ist abzuleiten, daß an den Nachweis der Notwendigkeit einer solchen Freiheitsbeschränkung besonders strenge Anforderungen zu stellen sind; im allgemeinen wird nur die Abwehr nachweisbarer oder höchstwahrscheinlicher schwerer Gefahren für ein überragend wichtiges Gemeinschaftsgut diesen Eingriff in die freie Berufswahl legitimieren können; der Zweck der Förderung sonstiger Gemeinschaftsinteressen, die Sorge für das soziale Prestige eines Berufs durch Beschränkung der Zahl seiner Angehörigen reicht nicht aus, auch wenn solche Ziele im übrigen gesetzgeberische Maßnahmen rechtfertigen würden.

Der Gesetzgeber muß Regelungen nach Art. 12 Abs. 1 Satz 2 jeweils auf der »Stufe« vornehmen, die den geringsten Eingriff in die Freiheit der Berufswahl mit sich bringt, und darf die nächste »Stufe« erst dann betreten, wenn mit hoher Wahrscheinlichkeit dargetan werden kann, daß die befürchteten Gefahren mit (verfassungsmäßigen) Mitteln der vorausgehenden »Stufe« nicht wirksam bekämpft werden können.

4. Auch der Bundesgerichtshof und das Bundesverwaltungsgericht wollen dem Gesetzgeber Grenzen für die Statuierung objektiver Zulassungsvoraussetzungen ziehen; sie entnehmen sie jedoch ausschließlich der Vorschrift des Art. 19 Abs. 2 GG, in deren Auslegung sie allerdings nicht übereinstimmen (vgl. Hamel DVBl. 1958 S. 37
[38] und die dort angeführten Entschei|dungen). Von dem hier ein- 409
genommenen Standpunkt aus kann dahingestellt bleiben, ob aus dem Verbot der Antastung des Wesensgehalts der Grundrechte sich weitere Grenzen für den Regelungsgesetzgeber des Art. 12 Abs. 1 Satz 2 ergeben würden und wie sie im einzelnen zu ziehen wären. Denn die vorstehenden Darlegungen haben ergeben, daß bereits eine dem Sinn des Grundrechts und seiner Bedeutung im Rahmen des sozialen Lebens Rechnung tragende Auslegung zu einer sachgemäßen Begrenzung der Regelungsbefugnis des Gesetzgebers führt.

5. Die sich aus der Rücksicht auf das Grundrecht ergebenden Beschränkungen der Regelungsbefugnis sind materielle Verfassungsgebote, die sich in erster Linie an den Gesetzgeber selbst richten. Ihre Einhaltung ist aber vom Bundesverfassungsgericht zu überwachen. Wenn eine Einschränkung der freien Berufswahl auf der »letzten Stufe« (der objektiven Zulassungsvoraussetzungen) in Frage steht, hat das Bundesverfassungsgericht deshalb zunächst zu prüfen, ob ein überragendes Gemeinschaftsgut gefährdet ist und ob die gesetzliche Regelung der Abwehr dieser Gefahr überhaupt dienen kann. Es muß aber ferner auch prüfen, ob gerade dieser Eingriff zum Schutz jenes Gutes zwingend geboten ist, mit anderen Worten, ob der Gesetzgeber diesen Schutz nicht mit Regelungen auf einer vorausgehenden Stufe hätte durchführen können.

Gegen die Prüfung in der zuletzt genannten Richtung ist eingewandt worden, daß sie über die Kompetenz eines Gerichts hinausgehe: ein Gericht könne nicht beurteilen, ob eine bestimmte gesetzgeberische Maßnahme geboten sei, weil es nicht wissen könne, ob es andere gleich wirksame Mittel gebe und ob sie für den Gesetzgeber realisierbar seien; das lasse sich nur übersehen, wenn man die gesamten zu ordnenden Lebensverhältnisse, aber auch die politischen Mög-

lichkeiten der Gesetzgebung kenne. Diese Auffassung, die vor allem aus praktischen Erwägungen der Prüfungsbefugnis des Bundesverfassungsgerichts enge Grenzen ziehen möchte, wird gelegentlich theoretisch mit dem Hinweis unterbaut, daß das Gericht durch Inan-
410 spruchnahme einer so weit | gehenden Prüfungsbefugnis in die Sphäre des Gesetzgebers übergreifen und damit einen Verstoß gegen das Prinzip der Gewaltenteilung begehen würde.

Das Bundesverfassungsgericht kann dieser Ansicht nicht zustimmen.

Dem Gericht ist der Schutz der Grundrechte gegenüber dem Gesetzgeber übertragen. Wenn sich aus der Auslegung eines Grundrechts Grenzen für den Gesetzgeber ergeben, muß das Gericht ihre Einhaltung überwachen können; es darf sich dieser Aufgabe nicht entziehen, wenn anders es nicht die Grundrechte praktisch zum guten Teil entwerten und seiner ihm vom Grundgesetz zugewiesenen Funktion ihren eigentlichen Sinn nehmen will.

Die in diesem Zusammenhang oft aufgestellte Forderung, zwischen mehreren gleichgeeigneten Mitteln müsse der Gesetzgeber frei wählen können, würde das besondere hier in Frage stehende Problem verfehlen. Sie hat den (normalen) Fall eines Grundrechts im Auge, das in sich keine abgestuften Schutzbereiche enthält (wie etwa in BVerfGE 2, 266). Hier ist der Gesetzgeber allerdings in der Wahl zwischen mehreren gleichgeeigneten gesetzlichen Maßnahmen – innerhalb bestimmter Grenzen – frei, weil sie alle dasselbe Grundrecht in seinem einheitlichen, nicht in sich gestuften Gehalt treffen. Wenn es sich aber um ein Grundrecht handelt, das in sich Bereiche schwächeren und stärkeren Freiheitsschutzes enthält, dann muß jedenfalls verfassungsgerichtlich nachprüfbar sein, ob die Voraussetzungen für eine Regelung auf der Stufe vorliegen, wo die Freiheit am stärksten geschützt ist; mit anderen Worten, es muß geprüft werden können, ob gesetzliche Maßnahmen auf den vorausliegenden Stufen nicht ausgereicht hätten, ob also der tatsächliche Eingriff »zwingend geboten« war. Wollte man dem Gesetzgeber auch die freie Wahl zwischen »gleichgeeigneten Mitteln« lassen, die verschiedenen Stufen angehören, so könnte das praktisch dazu führen, daß gerade die das Grundrecht am stärksten beschränkenden Eingriffe, die wegen ihrer drasti-
411 schen Wirkung zur Erreichung des erstrebten Zie | les besonders geeignet sind, am häufigsten gewählt würden und dann ungeprüft hingenommen werden müßten. Ein wirksamer Schutz gerade des Freiheitsbereiches, den Art. 12 Abs. 1 GG am nachhaltigsten schützen will, wäre dann nicht mehr gewährleistet …

Haben mithin schon bisher die Gerichte es als rechtlich geboten und tatsächlich möglich erkannt, zum Schutz der Freiheit des Bürgers Gesetze unter gewissen Voraussetzungen auf ihre Notwendigkeit zu prüfen, so kann eine solche Prüfung dem Bundesverfassungsgericht noch weniger entzogen sein; denn ihm ist – vor allem durch das Institut der Verfassungsbeschwerde – der Schutz der Grundrechte gerade gegenüber dem Gesetzgeber anvertraut, und es ist kraft seiner allgemeinen Stellung als Verfassungsorgan und Gericht für verfassungsrechtliche Fragen dem Vorwurf unberechtigten Eingriffs in die Gesetzgebungssphäre weit weniger ausgesetzt als die anderen Gerichte. 413

[*Das Bundesverfassungsgericht wendet diese Maßstäbe im folgenden auf Art. 3 Abs. 1 des BayApothekenG an, wobei es davon ausgeht, daß die Vorschrift den Sinn und Zweck verfolgt, den Apothekerstand gesund zu erhalten und damit zugleich der Volksgesundheit zu dienen. Hierbei stellt das Gericht sodann fest, daß der Gesetzgeber mildere Eingriffsmöglichkeiten auf der Ebene der Berufsausübung zur Abwehr der sich aus der Arzneimittelherstellung und dem Arzneimittelverkehr möglicherweise ergebenden Gefahren noch nicht genutzt hat. Abschließend heißt es dazu:*]

4. Die vorstehenden Hinweise auf mögliche gesetzgeberische Maßnahmen haben nicht den Sinn, daß das Bundesverfassungsgericht dem Gesetzgeber allgemeine legislative Empfehlungen geben möchte; das ist nicht seine Aufgabe. Nur um seiner Verpflichtung zum möglichst wirksamen Grundrechtsschutz gerecht zu werden, mußte das Gericht aussprechen, daß eine Einschränkung des Grundrechts der freien Berufswahl in dem engsten Schutzbereich erst erwogen werden darf, wenn die dadurch abzuwendenden Gefahren nicht schon durch andere, vernünftigerweise in Betracht kommende und nicht oder nicht in gleichem Maße grundrechtsbeschränkende gesetzliche Regelungen verhütet oder vermindert werden können. Dies auszusprechen, erschien um so notwendiger, als es in der deutschen Tradition liegt (vgl. dazu Urdang-Dieckmann, aaO S. 63 f.), auf dem Gebiete des Apothekenrechts das Radikalmittel der Zulassungsbeschränkung anzuwenden, während sich nunmehr, wie gezeigt, aus Art. 12 Abs. 1 GG die Notwendigkeit zur vorherigen Ausschöpfung anderer gesetzlicher Möglichkeiten ergibt. 442

Selbstverständlich ist es Sache des Gesetzgebers, ob er die angedeuteten Maßnahmen ergreifen will, welche er auswählt und in welcher Reihenfolge er sie verwirklicht. Das Gericht hat sich darauf beschränkt, solche Maßnahmen zu nennen, die sich bereits in der öffentlichen Diskussion (mindestens in sachverständigen Kreisen) befinden, deren Ausführung sogar zum Teil bereits in Angriff genommen worden ist, jedenfalls bei Abwägung der Gesamtlage möglich erscheint. |

443 Freilich könnte dabei, weil die Gesetzgebungskompetenz auf diesem Gebiet zum Teil bei den Ländern, zum Teil konkurrierend bei Bund und Ländern liegen mag, der bayerische Gesetzgeber sich nicht etwa darauf berufen, daß die hier angedeuteten Möglichkeiten wirksame Abhilfe nur gewähren könnten, wenn der Bund von seiner Gesetzgebungskompetenz Gebrauch mache, daß aber mangels einer solchen Bundesinitiative der Landesgesetzgeber genötigt sei, in den Bereich des Grundrechts tiefer einzugreifen. Ein solcher Hinweis wäre gegenüber dem Grundrecht der Berufsfreiheit nicht zulässig. Art. 12 Abs. 1 GG unterscheidet hinsichtlich der gesetzlichen Regelung der Berufsausübung nicht zwischen Bundes- und Landesrecht. Das einheitlich geltende bundesverfassungsrechtliche Grundrecht ist gegenüber der Gesetzgebung des Bundes wie der Länder gleichermaßen geschützt. Bund und Länder dürfen intensivere Eingriffe in das Grundrecht nicht dadurch ermöglichen, daß sie sich auf das Fehlen ihrer Kompetenz zur einen oder anderen Maßnahme berufen. Vielmehr muß, wenn es um den Grundrechtsschutz des Staatsbürgers geht, der ja sowohl dem Bundesrecht wie dem Landesrecht untersteht, der Gesetzgeber in Bund und Ländern sich als Einheit behandeln lassen. …

7 Art. 3 Abs. 1, Art. 33 Abs. 5, Art. 93 Abs. 1 Nr. 4a GG; § 90 Abs. 1 BVerfGG

Art. 33 Abs. 5 GG als grundrechtsgleiches Individualrecht – kein Schutz wohlerworbener Rechte der Beamten durch Art. 33 Abs. 5 GG – amtsangemessene Alimentation – Grundsatz gesetzlicher Besoldungsregelung – Berücksichtigung und Beachtung hergebrachter Grundsätze des Berufsbeamtentums – bloße Feststellung der Verfassungsrechtsverletzung durch ein Besoldungsgesetz

BVerfGE 8, 1–28 – Teuerungszulage

1 **1. Es gibt keinen »hergebrachten Grundsatz« im Sinne von Art. 33 Abs. 5 GG, der dem Beamten den einmal erworbenen Anspruch auf eine summenmäßig bestimmte Besoldung gewährleistet.**

2. Es ist ein »hergebrachter Grundsatz« im Sinne des Art. 33 Abs. 5 GG, daß den Beamten nach ihrem Dienstrang, nach der mit ihrem Amt verbundenen Verantwortung und nach Maßgabe der Bedeutung des Berufsbeamtentums für die Allgemeinheit entsprechend der Entwicklung der allgemeinen wirtschaftlichen und finanziellen Verhältnisse und des allgemeinen Lebensstandards ein angemessener Lebensunterhalt zu gewähren ist. Diesen Grundsatz hat der Gesetzgeber zu beachten.

Art. 33 Abs. 5 GG gibt dem Beamten insoweit ein grundrechtsähnliches Individualrecht, dessen Verletzung nach § 90 Abs. 1 BVerfGG mit der Verfassungsbeschwerde gerügt werden kann.

3. Im Verfahren der Verfassungsbeschwerde darf das Bundesverfassungsgericht ein Besoldungsgesetz, das wegen einer Veränderung der Lebensverhältnisse den Erfordernissen eines angemessenen Unterhalts nicht mehr entspricht und deshalb mit Art. 33 Abs. 5 GG nicht mehr vereinbar ist, nicht für nichtig erklären. Es ist vielmehr auf die Feststellung beschränkt, daß der Gesetzgeber durch Unterlassen einer Besoldungsänderung das in Art. 33 Abs. 5 GG enthaltene Recht des Beamten verletzt habe.

Beschluß des Ersten Senats vom 11. Juni 1958 – 1 BvR 1/52, 46/52 –

Sachverhalt: *Durch Gesetz zur Änderung und Ergänzung des Besoldungsrechts von 1951 (ÄndG) wurde den Beamten und Richtern ab 1. Oktober 1951 zum Ausgleich des Anstiegs der Lebenshaltungskosten eine Teuerungszulage von 20 % ihres Grundgehalts gewährt. Entsprechend wurden bei den Versorgungsempfängern durch § 6 ÄndG die der Berechnung der ruhegehaltfähigen Dienstbezüge zugrundeliegenden Grundgehälter erhöht. Von diesen Besoldungs- und Versorgungsverbesserungen ausgenommen war aus haushaltspolitischen Gründen lediglich die Gruppe der Ruhegehaltsempfänger nach dem Gesetz zur Regelung der Rechtsverhältnisse der unter Art. 131 GG fallenden Personen (sog. G 131). Sie kamen erst ab 1. April 1952 durch ein Zweites Änderungsgesetz in den Genuß der Teuerungszulage.*

Ein ehemaliger Berufsoffizier und ein früherer Bürgermeister erhoben mit Erfolg Verfassungsbeschwerde unmittelbar gegen § 6 ÄndG.

Aus den Gründen:

Die Verfassungsbeschwerden sind zulässig. 9

I.

Beide Beschwerdeführer haben hinreichend deutlich die Möglichkeit einer Verletzung ihrer Grundrechte aus Art. 3 GG vorgetragen (BVerfGE 6, 132 [134]). Freilich können sie mit dieser Begründung nur entweder die Feststellung der Nichtigkeit der ganzen Norm verlangen – in diesem Falle würden sie nur die Beseitigung der gesetzlichen Regelung, nicht aber ihre eigene Berücksichtigung erwirken
10 können – oder wenigstens die Fest | stellung, der Gesetzgeber habe durch Unterlassen – Nichtberücksichtigung der Beschwerdeführer – Grundrechte verletzt.

In beiden Fällen würde eine ausschließlich auf Art. 3 GG gestützte Entscheidung des Bundesverfassungsgerichts dem Gesetzgeber die Möglichkeit offenlassen, die Gleichheit dadurch wieder herzustellen, daß er von jeder begünstigenden Regelung – im vorliegenden Falle also von jeder Erhöhung der Gehälter und Pensionen – absieht. Zwar betrifft das hier angegriffene Gesetz einen in der Vergangenheit, nämlich am 31. März 1952 abgeschlossenen Tatbestand. Man könnte daher aus § 79 Abs. 2 Satz 4 BVerfGG folgern, der Gesetzgeber würde nach Feststellung eines Verstoßes gegen Art. 3 GG in jedem Falle verpflichtet sein, die bisherige Regelung unverändert auch auf die Ruhegehaltsempfänger nach dem G 131 zu erstrecken; denn die unter Verletzung des Gleichheitssatzes begünstigten Beamten und Versorgungsempfänger wären nach § 79 Abs. 2 Satz 4 BVerfGG nicht verpflichtet, ihre für die Zeit vom 1. Oktober 1951 bis 31. März 1952 erhaltenen höheren Bezüge zu erstatten. Eine solche Folgerung wäre jedoch nicht ohne weiteres zwingend: Denn es kann im Einzelfall zweifelhaft sein, ob nicht eine *unter Verstoß gegen Art. 3 GG* vom Gesetzgeber gewährte Vergünstigung innerhalb gewisser Grenzen auf Grund neuer gesetzlicher Regelung ganz oder teilweise rückgängig gemacht werden könnte, falls sich aus zwingenden Gründen für die zurückliegende Zeit der Grundsatz der Gleichheit nicht auf andere Weise herstellen ließe. Diese Frage kann immer nur nach Lage des jeweiligen Falles und erst dann entschieden werden, wenn der Gesetzgeber nach einer auf Art. 3 GG gestützten Entscheidung des Bundesverfassungsgerichts neue gesetzliche Maßnahmen zur Wiederherstellung der Gleichheit trifft.

II.

Eine nähere Prüfung des Gedankenganges der Verfassungsbeschwerden ergibt jedoch: Die Beschwerdeführer erstreben höhere Bezüge nicht für den Fall, daß die Besoldungsänderung zu | gunsten der übri- 11
gen Beamten und Versorgungsempfänger beibehalten wird; sie wollen vielmehr vor allem geltend machen, daß ihre eigene Versorgung seit dem 1. Oktober 1951 nicht mehr der Verpflichtung des Staates zu einer angemessenen Alimentation entsprochen habe. Mit dieser Begründung wollen die Beschwerdeführer nicht eine schematisch gleiche Erstreckung der sonstigen Besoldungsregelung auf sich erwirken, sondern – unabhängig von dem ÄnderungsG – ein eigenes Recht auf angemessenen Unterhalt gegenüber dem Staat geltend machen. Ein solches Recht könnte sich möglicherweise aus Art. 33 Abs. 5 GG ergeben, auf den sich der Beschwerdeführer zu 1 auch ausdrücklich beruft. Hier wird etwas grundsätzlich anderes begehrt als bloße Gleichbehandlung. Es bedarf daher einer besonderen Prüfung, ob die Verfassungsbeschwerden auch mit einem solchen andersartigen Ziele zulässig sind.

Das Bundesverfassungsgericht hat die Frage, ob § 90 Abs. 1 BVerfGG eine unmittelbar auf Art. 33 Abs. 5 GG gestützte Verfassungsbeschwerde eines Beamten zuläßt, bisher offen gelassen[1] (BVerfGE 3, 58 ff. [136]). Sie ist – in dem hier maßgeblichen Umfange – zu bejahen.

Nach § 90 Abs. 1 BVerfGG kann eine Verfassungsbeschwerde auch darauf gestützt werden, daß der Beschwerdeführer durch die öffentliche Gewalt »in einem seiner in Artikel 33, 38, 101, 103 und 104 des Grundgesetzes enthaltenen Rechte« verletzt worden sei. In Übereinstimmung mit dem Beschluß des Zweiten Senats vom 14. Mai 1957 (BVerfGE 6, 445 [448]) ist anzunehmen, daß »die Anführung der Art. 38 und 33 in § 90 BVerfGG diese Artikel nicht in ihrem ganzen Umfang« meint, »sondern nur soweit sie in ähnlicher Weise wie die übrigen Artikel des Grundgesetzes, in die sie hier eingereiht sind, Individualrechte garantieren«. Es kommt mithin darauf an, ob Beamte (und Versorgungsempfänger) grundrechtsähnliche Individualrechte aus Art. 33 Abs. 5 GG herleiten können.

1. Das Bundesverfassungsgericht hält an seiner grundsätzlichen Entscheidung fest, daß Art. 33 Abs. 5 GG »nicht, wie Art. | 129 WRV, 12

---

[1] Vgl. dazu die im Jahre 1969 in Art. 93 GG aufgenommene Nr. 4a, wodurch diese Frage allerdings auch nicht entschieden wurde.

die wohlerworbenen Rechte unter Verfassungsschutz« stellt (BVerfGE 3, 58 ff. [137]), daß »seit der Beseitigung der Verfassungskraft des Art. 129 WRV wohlerworbene Rechte als solche nicht verfassungsmäßig, insbesondere nicht durch Art. 33 Abs. 5 GG geschützt sind« (aaO S. 160). Die Entstehungsgeschichte des Art. 33 Abs. 5 GG zeigt deutlich, daß das Grundgesetz – im Gegensatz zu Art. 129 WRV – nicht vom Schutz *subjektiver Rechte der Beamten,* sondern von der Erhaltung der *Einrichtung eines Berufsbeamtentums* im Interesse der Allgemeinheit ausgeht (BVerfGE 3, 58 ff. [137]). Es wollte also keineswegs alle einem Beamten einmal vom Gesetzgeber verliehenen Rechte unter Verfassungsschutz stellen. Daher würde es dem Sinn und Zweck des Art. 33 Abs. 5 GG widersprechen, wenn man annehmen wollte, der Schutz der wohlerworbenen Rechte als solcher sei selbst ein hergebrachter *Grundsatz des Berufsbeamtentums* und daher nach Art. 33 Abs. 5 GG »zu berücksichtigen«. Eine solche Auslegung würde den sich aus der Entstehungsgeschichte ergebenden Grundgedanken des Art. 33 Abs. 5 GG verfälschen.

Aber auch der Auslegungsstreit um Begriff, Inhalt und Umfang der sogenannten wohlerworbenen Rechte, der während der ganzen Geltungsdauer der Weimarer Verfassung angehalten hat, schließt die Annahme aus, das Grundgesetz habe einen Grundsatz des »Schutzes wohlerworbener Rechte« allgemein zur Grundlage für die Gestaltung des öffentlichen Dienstes machen wollen. Hinsichtlich der vermögensrechtlichen Ansprüche der Beamten hat sich freilich das Reichsgericht – nach anfänglichen erheblichen Zweifeln: RGZ 108, 314 [316]; 109, 117 [121); 114, 220 [228]; 120, 374 [394]; 125, 369 [370] – schließlich der Auffassung angeschlossen, Art. 129 Abs. 1 Satz 3 WRV garantiere den Anspruch der Beamten auf Fortgewährung der Bezüge in der einmal auf Grund der Besoldungsgesetzgebung erworbenen Höhe, also einen summenmäßig fest begrenzten Anspruch (besonders RGZ 134,1 [12]; 141, 342 [347]; 143,77 [80]). Es hat jedoch stets Änderungsvorbehalte in einfachen Reichsgesetzen als rechtswirksam anerkannt. Vor allem aber läßt die Besoldungsgesetzgebung,
13 also | das für die »wohlerworbenen Rechte« der Beamten praktisch bedeutsamste Gesetzgebungsgebiet, erkennen, daß die Sicherung eines Rechtsanspruchs des einzelnen Beamten auf ein summenmäßig fest begrenztes Gehalt weder vor noch während der Geltung der Weimarer Verfassung maßgeblicher Grundsatz für die Regelung der besoldungsrechtlichen Verhältnisse »des Berufsbeamtentums« gewesen ist.

Mit der Annahme, der Beamte habe ein wohlerworbenes Recht auf einen summenmäßig fest begrenzten Geldanspruch, wurde offenbar

bezweckt, der Gehaltsforderung einen absoluten eigentumsähnlichen Schutz zu gewährleisten. Dabei wurde jedoch nicht berücksichtigt, daß eine Eigentumsgarantie dem Wesen öffentlich-rechtlicher Geldforderungen, die auf einer Fürsorgepflicht des Gemeinwesens beruhen, in der Regel nicht gerecht werden kann. Einerseits hat die Inflation nach dem Ersten Weltkrieg gezeigt, daß summenmäßig fest begrenzte »wohlerworbene Vermögensrechte der Beamten in Zeiten der Geldentwertung wenig praktische Bedeutung haben« (RGZ 125, 369 ff. [371]). Andererseits erwies es sich in Zeiten der Währungsreform und Deflation, daß summenmäßig unveränderliche vermögensrechtliche Ansprüche der Beamten mit den Interessen der Allgemeinheit und der Institution eines staatsverbundenen Berufsbeamtentums unvereinbar sind. Unter der Weimarer Verfassung hat daher der Gesetzgeber – und zwar im übereinstimmenden Interesse von Staat und Berufsbeamtentum – einen anderen Grundsatz befolgt, indem er je nach Lage der Währungs- und Wirtschaftsverhältnisse die Beamtengehälter erhöht oder herabgesetzt hat. Es ist in diesem Zusammenhang nicht erforderlich, näher darauf einzugehen, welche Rechtsgestaltungen der Gesetzgeber hier im einzelnen angewandt hat und ob alle seine Maßnahmen den damaligen verfassungsrechtlichen Bestimmungen genügten. Entscheidend ist allein, daß ein Grundsatz, der Gesetzgeber habe ein Recht des Beamten auf eine summenmäßig bestimmte Gehaltsforderung zu beachten, weder befolgt wurde, noch daß seine Beachtung vom Gesetzgeber beabsichtigt war. Der in der
Weimarer Verfassung | vorgesehene Schutz derartiger wohlerworbe- 14
ner Rechte als solcher ist also kein hergebrachter Grundsatz im Sinne des Art. 33 Abs. 5 GG.

2. Dagegen zeigt die Entwicklung schon in der Zeit der konstitutionellen Monarchie und während der Geltung der Weimarer Verfassung, daß der Gesetzgeber sich bei der Besoldungsregelung von dem *Grundsatz* hat leiten lassen, den Beamten nach ihrem Dienstrang, nach der mit ihrem Amt verbundenen Verantwortung und nach Maßgabe der Bedeutung des Berufsbeamtentums für die Allgemeinheit entsprechend der Entwicklung der allgemeinen wirtschaftlichen und finanziellen Verhältnisse und des allgemeinen Lebensstandards einen angemessenen Lebensunterhalt, den man früher auch als standesgemäßen Unterhalt bezeichnet hat, zu gewähren. Dieser Grundsatz lag sowohl den Besoldungs*kürzungen* als auch den Besoldungs*erhöhungen* zugrunde. Unter der Weimarer Verfassung beachteten die Gerichte ihn besonders dann, wenn sie Besoldungsänderungen daraufhin prüften, ob eine an sich zulässige Kürzung noch innerhalb der Gren-

zen eines angemessenen Unterhalts liege. Bei Besoldungsverbesserungen zeigte sich die Beachtung dieses Grundsatzes gerade darin, daß sie in der Regel den Zweck verfolgten, die ursprüngliche gesetzliche Besoldung veränderten Wirtschafts- und Lebensumständen anzupassen, um das Sinken des Lebensstandards der Beamten unter das Maß des Angemessenen abzuwenden oder wieder zu beseitigen. Das gilt bereits für die Gewährung von Teuerungszulagen im Jahre 1907 wie für das erste Reichsbesoldungsgesetz vom 15. Juli 1909 (RGBl. S. 573; vgl. Völter, »Die Deutsche Beamtenbesoldung« in der von Wilhelm Gerloff herausgegebenen Schrift »Die Beamtenbesoldung im modernen Staat«, 1932, S. 12/13). Derselbe Grundsatz liegt den während des Ersten Weltkriegs gewährten Kriegs-Teuerungszulagen zugrunde; vor allem aber zeigt er sich in dem Auf und Ab der Besoldungsregelung während der Inflation, nach der Währungsreform, bei der Besoldungsneuordnung im Jahre 1927 und schließlich während
15 der Deflation in den Jahren 1930 bis 1933. Ob der | Gesetzgeber in allen diesen Fällen wirklich noch einen angemessenen Lebensstandard der Beamten gesichert hat, bleibe dahingestellt. Wesentlich ist allein, daß ein solcher Grundsatz bestand und seine Beachtung in der Regel auch beabsichtigt war.

3. Der Grundsatz, daß der Staat verpflichtet sei, seinen Beamten den angemessenen Unterhalt zu gewähren, wurde durch einen weiteren Grundsatz ergänzt: der Staat, der als Dienstherr befugt war, die Beamtenbezüge einseitig zu bestimmen, hatte sie – jedenfalls seit der Reichsgründung – grundsätzlich generell festzulegen (vgl. hier Völter aaO, S. 1 ff. [11 ff.]). Das Grundgehalt der planmäßigen Reichsbeamten wurde anfänglich im Haushaltsplan geregelt, während für die Diäten der außerplanmäßigen Beamten Verordnungen des Reichskanzlers, für die Aufrückungsbeträge innerhalb der einzelnen Gruppen sowie für die Berechnung des Besoldungsdienstalters Verwaltungsvorschriften maßgebend waren. Die mit der jährlichen Beschlußfassung über den Haushaltsplan notwendig verbundene Unsicherheit in der Beamtenbesoldung wurde für das Reich erstmals durch das Besoldungsgesetz vom 15. Juli 1909 (RGBl. S. 573) beseitigt, das nicht nur die Grundgehälter in ihrem Anfangs- und Endbetrag, sondern auch die Aufrückungsstufen und -fristen sowie das Wohnungsgeld regelte. Seitdem verblieb es bei der *gesetzlichen* Besoldungsregelung.

Der Beamte hatte also Besoldungsansprüche nur nach Maßgabe der Gesetze; das wurde in § 36 Abs. 1 der Reichshaushaltsordnung ausdrücklich festgelegt (vgl. jetzt auch § 83 Abs. 1 BBG und § 50

BRRG). Soweit den Beamten für vermögensrechtliche Ansprüche der Rechtsweg offenstand, konnte er sie nur auf Grund dieser Gesetze geltend machen. Eine Befugnis des Richters, vermeintlich unzulängliche Gehälter im Einzelfalle zu erhöhen, wurde stets, auch während der Geltung der Weimarer Verfassung, insbesondere auch während der Inflation, verneint (vgl. RGZ 113,78 [81, 82]; RGZ 134,1 [22]; Bruns, »Das Prinzip verfassungsrechtlicher Sicherung der Beamtenrechte«, 1955, S. 111; Schwalb, DJZ 1932, 1024 [1026 und 1028];
Obergericht | Danzig in RuPrVBl. 1929, S. 112 [113]; OLG Dresden 16
DRiZ 1931, S. 401 ff.; Lewin, DRiZ 1932, 11 [13]). Eine solche Befugnis hätte offensichtlich nicht nur dem Grundsatz *genereller* Gehaltsregelung widersprochen; sie hätte vor allem einen Eingriff der richterlichen in die gesetzgebende Gewalt und in das gesetzgeberische Ermessen bedeutet. Unter der Weimarer Verfassung konnten daher die Gerichte den Gesetzgeber nicht verpflichten, eine im Laufe der Zeit unzulänglich gewordene Beamtenbesoldung zu erhöhen; sie konnten jedoch gesetzliche Besoldungs*kürzungen* daraufhin überprüfen, ob sie mit der verfassungsrechtlichen Pflicht, den angemessenen Unterhalt zu gewähren, noch vereinbar seien; sie haben diese Prüfung sogar vorgenommen, wenn die Kürzung in die Form einer Gehaltssteuer gekleidet war (RFH 27, 321 [323]; 28, 208).

4. Der sich aus der geschichtlichen Entwicklung vor und während der Geltung der Weimarer Verfassung ergebende Grundsatz, daß der Staat den Beamten einen angemessenen Unterhalt zu gewähren habe, ist als »hergebrachter Grundsatz des Berufsbeamtentums« bei der Regelung des öffentlichen Dienstes zu »berücksichtigen« (vgl. dazu BVerfGE 3, 58 ff. [137]). Das Grundgesetz beläßt in Art. 33 Abs. 5 GG dem Bundesgesetzgeber grundsätzlich einen weiten Ermessensspielraum, um die Beamtengesetzgebung den Erfordernissen des freiheitlichen demokratischen Staates und seiner fortschrittlichen Entwicklung anpassen zu können. Andererseits gewährt es nicht etwa völlige Regelungsfreiheit. Der einzelne hergebrachte Grundsatz ist vielmehr in seiner Bedeutung für die Institution des Berufsbeamtentums in der freiheitlichen rechts- und sozialstaatlichen Demokratie zu würdigen; davon hängt ab, in welcher Weise und in welchem Ausmaß er zu beachten ist. Das Berufsbeamtentum kann die ihm hier zufallende Funktion, eine stabile Verwaltung zu sichern und damit einen ausgleichenden Faktor gegenüber den das Staatsleben gestaltenden politischen Kräften zu bilden, nur erfüllen, wenn es rechtlich und wirtschaftlich gesichert ist (BVerfGE 7, 155 [162/163]). Deshalb ist die
Folgerung unabweisbar, daß die Sicherung eines an | gemessenen Le- 17

bensunterhalts als ein besonders wesentlicher »hergebrachter Grundsatz« anzusehen ist, zu dessen *Beachtung* der Gesetzgeber verpflichtet ist.

5. Mit der unmittelbaren objektiven Gewährleistung des angemessenen Lebensunterhalts gibt Art. 33 Abs. 5 GG zugleich aber auch dem einzlenen Beamten ein grundrechtsähnliches Individualrecht gegenüber dem Staat. Das muß vor allem aus der Eigenart des beamtenrechtlichen Rechtsverhältnisses gefolgert werden: Der Beamte steht dem Staat als seinem Dienstherrn gegenüber, aber dieser Dienstherr ist in seiner Stellung als Gesetzgeber zugleich für die Regelung des Rechtsverhältnisses, die Verteilung der gegenseitigen Rechte und Pflichten allein zuständig und verantwortlich. Der einzelne Beamte hat keine eigenen rechtlichen Möglichkeiten, auf die nähere Ausgestaltung seines Rechtsverhältnisses, insbesondere auf die Höhe seines Gehalts, einzuwirken; ebensowenig ist er nach hergebrachten Grundsätzen befugt, zur Förderung gemeinsamer Berufsinteressen kollektive wirtschaftliche Kampfmaßnahmen zu ergreifen. Er ist auf die Regelung angewiesen, die sein Dienstherr als Gesetzgeber getroffen hat. Wenn daher das Grundgesetz in Art. 33 Abs. 5 GG *unmittelbar* die Gewähr dafür bieten will, daß die beamtenrechtliche Gesetzgebung bestimmten eng begrenzten verfassungsrechtlichen Mindestanforderungen entspricht, dann liegt die Annahme nahe, daß den hauptsächlich und unmittelbar Betroffenen ein entsprechendes Individualrecht eingeräumt werden soll, damit sie insoweit in Übereinstimmung mit den rechts- und sozialstaatlichen Grundprinzipien ihre verfassungsmäßige Stellung auch rechtlich wahren können (vgl. auch BVerfGE 6, 386 [387/388]). Diese Annahme wird durch einen Blick auf die tatsächliche Entwicklung unterstützt, die seit der Zeit der konstitutionellen Monarchie konsequent dahin gegangen ist, den individuellen Rechtsschutz der Beamten gerade hinsichtlich ihrer vermögensrechtlichen Stellung zu erweitern. Berücksichtigt man die allgemein auf Verstärkung des Rechtsschutzes des einzelnen gerichtete Tendenz des
18 Grundgesetzes, so muß man zu dem Ergebnis kommen, daß | Art. 33 Abs. 5 GG dem Beamten ein der verfassungsmäßigen Verbürgung entsprechendes Individualrecht gewährt. Auch dieses Recht ist gemeint, wenn § 90 Abs. 1 BVerfGG die Verfassungsbeschwerde mit der Rüge einer Verletzung des Art. 33 GG zuläßt.

6. Soll mit einer auf Art. 33 Abs. 5 GG gestützten Verfassungsbeschwerde die Verletzung des Rechts auf den angemessenen Lebensunterhalt geltend gemacht werden, so ist sie vornehmlich nach zwei Richtungen hin möglich.

a) Da der vermögensrechtliche Anspruch des Beamten auf die gesetzliche Besoldung sich darauf erstreckt, daß die Gehaltsregelung der verfassungsmäßigen Ordnung entspricht (Art. 20 Abs. 3 GG), kann der Beamte, der eine Gehaltskürzung für verfassungswidrig hält, das zuständige Gericht (vgl. § 172 BGB) anrufen. Tritt es seiner Rechtsauffassung bei, so hat es nach Art. 100 Abs. 1 GG die Entscheidung des Bundesverfassungsgerichts einzuholen; hält es dagegen die Kürzung und die mit ihr verbundene Aufhebung oder Änderung der bisherigen Besoldungsregelung für verfassungsmäßig, so steht dem Beamten nach Art. 33 Abs. 5 GG der Weg der Verfassungsbeschwerde – grundsätzlich nach Erschöpfung des Rechtsweges – offen.

b) Ist dagegen der Beamte – ohne daß eine Besoldungskürzung erfolgt wäre – der Auffassung, daß die bisherige Besoldungsregelung infolge einer Änderung der Verhältnisse nicht mehr dem in Art. 33 Abs. 5 GG gewährleisteten Mindestrecht entspreche, also eine Gesetzesänderung verfassungsrechtlich geboten sei, so kann er zwar – wie sich auch aus den Ausführungen unter B II 3 ergibt – nicht die für seinen Besoldungsanspruch zuständigen Gerichte anrufen. Dem würde der hergebrachte Grundsatz, daß die Beamtengehälter generell durch Gesetz zu regeln sind (Art. 33 Abs. 5 GG), und die Stellung der Gerichte im Rahmen des Grundgesetzes entgegenstehen (Art. 20 Abs. 3 GG). Sie können dem einzelnen Beamten nicht ein gesetzlich nicht geregeltes Gehalt zusprechen. Wohl aber eröffnet § 90 Abs. 1 BVerfGG dem Beam|ten den Weg einer Verfassungsbeschwerde ge- 19
genüber dem Gesetzgeber (BVerfGE 6, 257 ff.).

aa) Auch das Bundesverfassungsgericht ist freilich nicht befugt, Beamtengehälter außerhalb der generellen gesetzlichen Regelung für den Einzelfall festzulegen (Art. 33 Abs. 5 GG). Es könnte als Gericht auch nicht anläßlich einer Einzelbeschwerde von sich aus anstelle des Gesetzgebers bestimmen, welche generelle Regelung erforderlich sei (Art. 20 Abs. 3 GG). Wohl aber kann das Bundesverfassungsgericht darüber entscheiden, ob eine bestehende gesetzliche Regelung noch den Mindesterfordernissen des Art. 33 Abs. 5 GG entspricht. Bei Prüfung dieser Frage hat es selbstverständlich das gesetzgeberische Ermessen zu beachten und alle verfassungsmäßig zulässigen Erwägungen zu berücksichtigen, die den Gesetzgeber etwa von einer Änderung der Besoldungsgesetzgebung abgehalten haben könnten. Nur dann, wenn für ein Festhalten an der bisherigen Regelung schlechthin keine verfassungsmäßige Grundlage mehr gegeben ist, wenn also die aus dem Grundgesetz folgende Notwendigkeit einer Gesetzesänderung sich mit der für eine richterliche Entscheidung erforderlichen Eindeutigkeit ergibt, kann das Bundesverfassungsgericht einen Verstoß der bisherigen Regelung gegen Art. 33 Abs. 5 GG feststellen.

bb) Für den Inhalt einer solchen Entscheidung ergibt sich jedoch aus dem hergebrachten Grundsatz, daß die Gehälter generell durch Gesetz zu regeln sind, eine bedeutsame Schranke: Grundsätzlich ist ein gegen die Verfassung verstoßendes Gesetz für nichtig zu erklären. Bei einem Besoldungsgesetz, das infolge einer Änderung der Verhältnisse nicht mehr den Mindestanforderungen eines angemessenen Unterhalts entspricht, würde aber eine solche Entscheidung des Bundesverfassungsgerichts einen Zustand herbeiführen, welcher der verfassungsmäßigen Ordnung noch weniger entsprechen würde; denn Art. 33 Abs. 5 GG verlangt, daß generelle gesetzliche Besoldungsregelungen überhaupt vorhanden sind. Wegen des Zusammenhangs der beiden verfassungsrechtlichen Grundsätze – Garantie eines angemesse-
20 nen Le|bensunterhalts und generelle gesetzliche Besoldungsregelung – darf daher das Bundesverfassungsgericht unzulänglich gewordene Besoldungsgesetze nicht für nichtig erklären; es ist in derartigen Fällen auf die Feststellung beschränkt, daß der Bundesgesetzgeber durch das Unterlassen einer Besoldungs*änderung* das in Art. 33 Abs. 5 GG enthaltene Recht verletzt habe. Eine solche Entscheidung, die das unzureichende bisherige Besoldungsgesetz zunächst bestehen läßt, ist jedoch nicht ohne praktische Bedeutung; denn sie verpflichtet den Gesetzgeber verfassungsrechtlich zu entsprechendem Handeln (BVerfGE 6, 257 ff. [265/266]). …

[*Zur Begründetheit:*]

22 1. Wie oben ausgeführt, räumt Art. 33 Abs. 5 GG dem Gesetzgeber in der Frage, welcher Lebensunterhalt angemessen sei, ein weitgehendes Ermessen ein (vgl. auch das Urteil des Zweiten Senats des Bundesverfassungsgerichts vom 1. Dezember 1954 – BVerfGE 4, 115 ff. [135/136] –). Er darf nicht nur Besoldungen, die sich im Laufe einer rückläufigen Wirtschaftsentwicklung als zu hoch erweisen und daher
23 über die Grenze des angemessenen | Unterhalts hinausgehen, entsprechend kürzen, sondern er hat auch hinsichtlich der oberen und unteren Grenze der Angemessenheit einen weiten Beurteilungsspielraum. Das Bundesverfassungsgericht wird daher in zweifelhaften Fällen nur schwer einen Verstoß gegen Art. 33 Abs. 5 GG mit der für eine richterliche Entscheidung erforderlichen Eindeutigkeit feststellen können.

2. Im vorliegenden Falle bestehen jedoch solche Zweifel nicht.

…

Das Bundesverfassungsgericht kann deshalb eindeutig feststellen, daß die Höhe der Versorgung für die Ruhegehaltsempfänger nach dem G 131 am 1. Oktober 1951 nicht mehr die sich aus Art. 33 Abs. 5 GG ergebende Mindestgrenze des angemessenen Unterhalts erreichte. Daraus folgt, daß der Gesetzgeber die in Art. 33 Abs. 5 GG enthaltenen Rechte der Beschwerdeführer verletzt hat, indem er es unterließ, sie im Zusammenhang mit dem ÄnderungsG angemessen zu berücksichtigen. 28

Da eine verfassungsmäßige Regelung der Versorgung dem Bundesgesetzgeber vorbehalten ist, wird er nunmehr auch für die Ruhegehaltsempfänger nach dem G 131 eine dem Art. 33 Abs. 5 GG entsprechende Regelung für die Zeit vom 1. Oktober 1951 bis 31. März 1952 zu treffen haben.

8 Art. 3 Abs. 1, Art. 21 Abs. 1 GG

Verfassungsrechtliche Zulässigkeit einer allgemeinen Staatsfinanzierung der Parteien – Grundsatz der Chancengleichheit der Parteien: Wettbewerb um Spenden – streng formales Gleichbehandlungsgebot – Ungleichheit als praktische Auswirkung einer formal gleichen Regelung – Gebot der Wettbewerbsneutralität staatlicher Finanzierungsmaßnahmen – Recht des Bürgers auf gleiche Teilhabe am politischen Willensbildungsprozeß und steuerliche Begünstigung von Parteispenden

BVerfGE 8, 51–71 – Parteienfinanzierung I (1958)[1]

1. … 51

2. Auch ein Gesetz, das in seinem Wortlaut eine ungleiche Behandlung vermeidet und seinen Geltungsbereich abstrakt-allgemein umschreibt, widerspricht dem Gleichheitssatz dann, wenn sich aus seiner praktischen Auswirkung eine offenbare Ungleichheit ergibt und diese ungleiche Auswirkung gerade auf die rechtliche Gestaltung zurückzuführen ist. Nicht die äußere Form, sondern der materiell-rechtliche Gehalt ist entscheidend.

3. Der Gesetzgeber ist nicht verpflichtet, bestehende faktische, auf der unterschiedlichen soziologischen Struktur der politischen Parteien

---

[1] Dem hier wiedergegebenen 1. Parteienfinanzierungsurteil folgten fünf weitere: BVerfGE 20, 56; 24, 300; 52, 63; 74, 40 und 85, 264 (BVerfGA Nr. 96).

beruhende Verschiedenheiten der Wettbewerbschancen auszugleichen. Aber er darf nicht ohne zwingenden Grund eine Regelung treffen, die eine schon bestehende faktische Ungleichheit der Wettbewerbschancen der Parteien verschärft.

4. Eine durch ein Gesetz geschaffene unterschiedliche steuerliche Behandlung der Einflußnahme des Bürgers auf die politische Willensbildung je nach der Höhe des Einkommens durch Gewährung von Steuervorteilen für Spenden an politische Parteien verträgt sich nicht mit dem Grundsatz der formalen Gleichheit, der die Ausübung politischer Rechte in der freien Demokratie beherrscht.

Urteil des Zweiten Senats vom 24. Juni 1958 – 2 BvF 1/57 –

Sachverhalt: *Gegenstand der abstrakten Normenkontrolle (Art. 93 Abs. 1 Nr. 2 GG) waren u.a. § 10b EStG i.d.F. vom 21. Dezember 1954 (BGBl. I S. 441) sowie § 11 Ziff. 5 KStG i.d.F. vom 21. Dezember 1954 (BGBl. I S. 467). Die genannten Bestimmungen erlaubten natürlichen und juristischen Personen, Spenden an politische Parteien bis zur Höhe von insgesamt 5 v.H. ihrer Einkünfte oder 2 v.T. der Summe der gesamten Umsätze und der im Kalenderjahr aufgewendeten Löhne und Gehälter bei der Ermittlung des zu versteuernden Einkommens abzuziehen. Durch § 49 der damals gültigen Einkommensteuer-Durchführungsverordnung (EStDV 1955) und § 26 der Körperschaftsteuer-Durchführungsverordnung (KStDV 1955) wurden die Voraussetzungen für die Abzugsfähigkeit dieser Sonderausgaben näher bestimmt.*

Das Bundesverfassungsgericht erklärte die angegriffenen Vorschriften für nichtig.

Aus den Gründen:

62 Indem der Bundesgesetzgeber Spenden an politische Parteien für abzugsfähig erklärt, verzichtet er auf den Teil der Einkommen- bzw. Körperschaftsteuer, der an sich auf diese Beträge entfallen würde. Dieser Verzicht wirkt sich zugunsten der politischen Parteien aus. Die Anerkennung der Parteispenden als abzugsfähige Ausgaben bedeutet also, daß der Staat mittelbar in Höhe des ihm verlorengehenden Steueranteils an der Finanzierung der politischen Parteien teilnimmt. |

63 Wenn der Gesetzgeber von seinen Kompetenzen Gebrauch macht, ist er an übergreifende Verfassungsprinzipien gebunden. Die angegriffene Regelung würde daher mit dem Grundgesetz nicht vereinbar sein, wenn das Grundgesetz, wie der Antragsteller behauptet, jede

unmittelbare oder mittelbare finanzielle Förderung der politischen Parteien von Staats wegen verböte. Dies aber ist nicht der Fall.

Nach Art. 21 Abs. 1 Satz 1 GG wirken die Parteien bei der politischen Willensbildung des Volkes mit. Sie tun dies besonders durch Beteiligung an den Wahlen. Das geltende Wahlrecht setzt politische Parteien für die Vorbereitung und Durchführung der Wahlen voraus. Die Parteien sind also vor allem Wahlvorbereitungsorganisationen und auch ihre Geldmittel dienen in erster Linie der Wahlvorbereitung. Wegen der zentralen Stellung, die die politischen Parteien im gesamten Verfassungsleben heute einnehmen und die in den Wahlen besonders sichtbar wird, hat das Bundesverfassungsgericht ihnen organschaftliche Funktionen im inneren Bereich des Verfassungslebens zuerkannt und ihnen für die Geltendmachung ihrer Rechte im Wahlverfahren den Weg des Organstreits eröffnet (BVerfGE 4, 27 [30]). Da die Abhaltung von Wahlen eine öffentliche Aufgabe ist und den Parteien bei der Durchführung dieser öffentlichen Aufgabe von Verfassungs wegen eine entscheidende Rolle zukommt, muß es auch zulässig sein, nicht nur für die Wahlen selbst, sondern auch für die die Wahlen tragenden politischen Parteien finanzielle Mittel von Staats wegen zur Verfügung zu stellen.[1]

III.

§ 10 b EStG, § 11 Ziff. 5 KStG, § 49 Ziff. 1 und 2 EStDV und § 26 Ziff. 1 und 2 KStDV verletzen jedoch das Grundrecht der politischen Parteien auf Chancengleichheit.

1. Dieses Grundrecht ist vom Bundesverfassungsgericht aus Art. 21 Abs. 1 GG zunächst für den Wahlvorgang selbst entwickelt worden: Die bei der Verhältniswahl für die verschiedenen | Parteien ab- 64
gegebenen Stimmen müssen für den Wahlerfolg grundsätzlich das gleiche Gewicht haben (BVerfGE 1, 208 [242, 255];[2] 6, 84 [90]). Die

---

[1] Das Bundesverfassungsgericht hat in dem 2. Parteienfinanzierungsurteil (BVerfGE 20, 56) unter Abweichung von der hier wiedergegebenen Entscheidung eine allgemeine Staatsfinanzierung der Parteien für verfassungswidrig erklärt und lediglich eine angemessene Erstattung der notwendigen Kosten eines Wahlkampfs für zulässig gehalten. Im 6. Parteienfinanzierungsurteil vom 9. April 1992 (BVerfGA Nr. 96) entschied das Gericht, daß eine staatliche Teilfinanzierung der Parteien unter bestimmten Voraussetzungen mit dem Grundsatz der Staatsfreiheit der Parteien vereinbar ist.

[2] BVerfGA Nr. 1.

Geltung des Grundrechts der Chancengleichheit ist ausgedehnt worden auf die Wahlvorbereitungen (Zulassung von Wahlvorschlägen, Unterschriftenquorum; vgl. BVerfGE 3, 19 [26]; 3, 383 [393]; 4, 375 [387]). Das Grundrecht der Chancengleichheit gilt auch für die zur Wahlvorbereitung in der Massendemokratie unerläßliche Wahlpropaganda, soweit sie durch Maßnahmen der öffentlichen Gewalt beeinflußt wird (gleicher Zugang zum Rundfunk: BVerfGE 7, 99 [107]), und schließlich auch für den Wettbewerb zwischen den Parteien um die Erlangung von Spenden (BVerfGE 6, 273 [280]).

2. Die angegriffenen Bestimmungen haben zum Inhalt, daß *jeder Steuerpflichtige,* der zur Einkommen- oder Körperschaftsteuer herangezogen wird, bis zu einem bestimmten Betrag Spenden an *jede politische Partei* mit der gleichen Rechtsfolge der Absetzbarkeit bei der Ermittlung seines steuerpflichtigen Einkommens geben darf. Die gesetzliche Regelung gibt also jeder politischen Partei dem Wortlaut nach die gleichen Chancen für die Erlangung von Spenden.

Aber auch ein Gesetz, das in seinem Wortlaut eine ungleiche Behandlung vermeidet und seinen Geltungsanspruch abstrakt-allgemein umschreibt, widerspricht dem Gleichheitssatz dann, wenn sich aus seiner praktischen Auswirkung eine offenbare Ungleichheit ergibt und diese ungleiche Auswirkung gerade auf die rechtliche Gestaltung zurückzuführen ist. Nicht die äußere Form, sondern der materiellrechtliche Gehalt ist entscheidend (vgl. Leibholz, Die Gleichheit vor dem Gesetz und das Bonner Grundgesetz, DVBl. 1951, S. 193 [195 r]; derselbe, Die Gleichheit vor dem Gesetz, AöR N.F. 12 [1927], S. 1 f., 15, 16).

3. Greift der Gesetzgeber durch eine positive Regelung auch nur mittelbar in den Bereich der politischen Willensbildung in einer Weise ein, daß dadurch die Chancengleichheit der politischen Parteien
65 berührt werden kann, so muß er beachten, daß sei|nem Ermessen in diesem Bereich besonders enge Grenzen gezogen sind. Grundsätzlich müssen alle Parteien formal gleich behandelt werden. Dieser Grundsatz verbiete jede unterschiedliche Behandlung der Parteien, die nicht durch einen besonderen »zwingenden Grund« gerechtfertigt ist. Das ergibt sich aus der demokratisch-egalitären Grundlage unserer Verfassungsordnung (vgl. zur Chancengleichheit der politischen Parteien BVerfGE 1, 208 ff. [255];[1] 4, 375 ff. [382]; 6, 84 [94]; 6, 273 [280]).

Angesichts der großen finanziellen Aufwendungen, die ein moderner Wahlkampf erfordert, sind heute alle politischen Parteien auf

---

[1] BVerfGA Nr. 1.

Spenden angewiesen; keine kann ihren gesamten Finanzbedarf einschließlich der Kosten für die Wahlpropaganda allein aus Mitgliederbeiträgen decken. Im demokratischen Mehrparteienstaat sind alle politischen Parteien in gleicher Weise dazu berufen, an der politischen Willensbildung des Volkes mitzuwirken, sei es auf seiten der Regierung, sei es auf seiten der Opposition. Der Staat ist zwar nicht verpflichtet, durch gesetzliche Bestimmungen dafür zu sorgen, daß der Geldbedarf der politischen Parteien befriedigt wird. Wenn aber der Gesetzgeber eine irgendwie geartete Regelung trifft, die die Finanzierung der politischen Parteien fördern soll, muß sie verfassungskonform sein und darf insbesondere nicht das Grundrecht der Parteien auf Chancengleichheit verletzen. Wenn der Staat gesetzgeberische Maßnahmen trifft, die der Finanzierung der politischen Parteien dienen – entweder indem er Spenden an sie steuerlich begünstigt, also gegenüber den Spendern auf Steuern verzichtet, oder indem er unmittelbar Steuermittel für die Aufgaben der Parteien zur Verfügung stellt –, so darf die Regelung nicht dazu führen, daß eine bestimmte Partei oder Parteiengruppe vor anderen Parteien begünstigt wird.

Da der Steuersatz bei der Einkommensteuer mit der Höhe des steuerpflichtigen Einkommens steigt, und zwar bis zu 53 v.H., und da der Körperschaftsteuersatz grundsätzlich 45 v.H. beträgt, wirkt die Möglichkeit, Spenden an eine politische Partei bei der Ermittlung des steuerpflichtigen Einkommens abzuziehen, als | Anreiz zum Spenden 66
in erster Linie auf die Einkommensteuerpflichtigen mit großen Einkommen und auf die Körperschaftsteuerpflichtigen. Sie sind aufgrund der Neuregelung in der Lage, ihre Spende gegenüber früher unter gewissen Voraussetzungen sogar zu verdoppeln, ohne dafür aus eigenen Mitteln einen höheren Betrag aufwenden zu müssen als bisher. Für die nur lohnsteuerpflichtigen Bezieher kleiner Einkommen dagegen bietet die steuerliche Absetzbarkeit der Spende an eine politische Partei keinerlei erhöhten Anreiz, da die ihnen finanziell mögliche Spende meist so gering sein wird, daß dadurch der ohnehin für Sonderausgaben in den Tarif eingearbeitete Pauschbetrag nicht überschritten wird.

Geldspenden an eine politische Partei werden nach der allgemeinen Lebenserfahrung aus einer bestimmten Interessenlage heraus gegeben; die politische Spende hat in der Regel politisch oder ökonomisch finalen Charakter im Gegensatz zu der Spende für mildtätige, religiöse oder wissenschaftliche Zwecke, die meist um der Sache willen aus Liberalität und ohne die Erwartung eines besonderen Vorteils für den Spender gegeben wird. Es wird also der grundsätzlichen Ten-

denz nach jeder Spender nur der Partei Geld geben, von der er nach Programm und bisheriger Tätigkeit in Parlament und Regierung annimmt, daß ihre Politik seinen besonderen Interessen entspricht. Dieser Umstand kann freilich nur dann von Bedeutung sein, wenn die politischen Parteien sich in ihren Zielen und in den Mitteln zu deren Verwirklichung so deutlich voneinander unterscheiden und gruppieren, daß der Spender, wenn er seine Interessen wahren will, sich für die eine (oder die einen) und gegen die andere (oder die anderen) entscheiden muß. Tatsächlich bestehen in der Bundesrepublik zwischen bestimmten Parteien solche Gegensätze; sie beruhen auf einer historisch begründeten verschiedenen Auffassung des Verhältnisses von Individuum, Staat und Gesellschaft. Daher müssen die umstrittenen Bestimmungen zur Folge haben, daß diejenigen Parteien, deren Programm und Tätigkeit kapitalkräftige Kreise ansprechen, stärker be-
67 günstigt werden. Gewiß ist der Gesetzgeber | nicht verpflichtet, bestehende faktische, auf der unterschiedlichen soziologischen Struktur der Parteien beruhende Verschiedenheiten der Wettbewerbschancen auszugleichen. Aber er darf nicht ohne zwingenden Grund eine Regelung treffen, die eine schon bestehende faktische Ungleichheit der Wettbewerbschancen der Parteien verschärft. Das vorliegende Gesetz ist aber so angelegt, daß der Beitrag, den der Staat durch Verzicht auf Steuern leistet, das Gewicht bestimmter politischer Parteien im Willensbildungsprozeß verstärkt. Diese Verschärfung der Unterschiede hat zwar die faktische Ungleichheit, die schon vor der gesetzlichen Regelung bestanden hat, zur Voraussetzung, sie beruht aber ausschließlich auf eben dieser gesetzlichen Regelung. Die als Folge der gesetzlichen Regelung eintretende Differenzierung des politischen Gewichts der Parteien enthält einen Verstoß gegen das formale Prinzip der Chancengleichheit, weil sie nach einem Kriterium erfolgt, das in diesem Bereich offenbar sachfremd ist. Denn das Gesetz wirkt sich, obwohl es seinem Wortlaut nach alle politischen Parteien gleich behandelt, dahin aus, daß bestimmte Parteien vor anderen durch die Möglichkeit begünstigt werden, große Spenden zu erlangen und damit ihr Gewicht im politischen Konkurrenzkampf ohne sachlich zu rechtfertigenden Grund zu verstärken.[1]

4. Dieses Ergebnis kann nicht mit dem Einwand in Frage gestellt werden, daß der Grundsatz der Chancengleichheit folgerichtig auch auf Spenden an mildtätige oder wissenschaftliche Einrichtungen, Kir-

---

[1] Bestätigung dieser Rechtsprechung in BVerfGE 52, 63 [88 ff.] – Parteienfinanzierung IV und BVerfGE 73, 40 [88 ff.] – Parteienfinanzierung V.

chen usw. Anwendung finden müsse. Dieser Schluß ist nicht zwin-
gend. Die Tätigkeit der politischen Parteien vollzieht sich im Bereich
der politischen Willensbildung. Dem Ergebnis dieser Willensbildung,
der Mehrheitsentscheidung, sind *alle* unterworfen, auch diejenigen,
die nicht die Parteien der Mehrheit unterstützt haben. Deshalb ist hier
hinsichtlich der Chancengleichheit ein besonders strenger Maßstab
anzulegen. Andererseits kann etwa das Mitglied einer Religionsge-
meinschaft, die nur geringe Spenden erhält, nicht in die Gefahr kom-
men, in den Einflußbereich einer Religionsgemeinschaft zu geraten,
der Spenden in größerem Ausmaß zufließen. Dort wo es sich nicht
um | politische Willensbildung oder Ausübung politischer Macht, 68
sondern um ein Tätigwerden gesellschaftlicher Mächte und Institu-
tionen handelt, hat der Satz von der Chancengleichheit, wie er sich
im Bereich der politischen Willensbildung für die Parteien entwickelt
hat, keine Geltung. Infolgedessen kann eine als Folge der steuerli-
chen Bestimmung möglicherweise eintretende unterschiedliche Be-
günstigung von solchen Institutionen nicht gegen die Verfassung ver-
stoßen.

IV.

Die zur Prüfung gestellten Vorschriften des Einkommensteuergesetzes, des Körperschaftsteuergesetzes und der beiden Durchführungsverordnungen verletzen aber auch das Grundrecht des Bürgers auf Gleichheit.

1. Der Bürger, der einer politischen Partei Geld spendet, bekennt sich damit in der Regel zu den Zielen dieser Partei, ähnlich wie wenn er ihr seine Wahlstimme geben würde. Er macht von seinem Recht auf Teilhabe an der politischen Willensbildung Gebrauch. Dieses Recht äußert sich in der lebendigen Demokratie nicht nur in der Stimmabgabe bei den Wahlen, sondern auch in der Einflußnahme auf den ständigen Prozeß der politischen Meinungsbildung. Aus diesem Grunde ist der Gleichheitssatz nicht nur im Bereich des Wahlrechts im engeren Sinne, sondern auch in diesem Vorfeld der politischen Willensbildung streng formal zu verstehen. Der Gesetzgeber braucht zwar nicht faktisch vorhandene, unterschiedliche Möglichkeiten der Einflußnahme auf diesen Prozeß auszugleichen. Wenn er aber gesetzliche Bestimmungen erläßt, die dem Einzelnen besondere Möglichkeiten für eine solche Einflußnahme eröffnen, so darf dadurch nicht eine Differenzierung eintreten, die zu einer Privilegierung finanziell leistungsfähiger Bürger führt.

2. Im Gegensatz hierzu würde im Bereich des Steuerrechts eine
formale Gleichbehandlung von Reich und Arm durch Anwendung
desselben Steuersatzes dem Gleichheitssatz widersprechen. Hier ver-
69 langt die Gerechtigkeit, daß im Sinne der verhältnismä | ßigen
Gleichheit der wirtschaftlich Leistungsfähigere einen höheren Pro-
zentsatz seines Einkommens als Steuer zu zahlen hat als der wirt-
schaftlich Schwächere (vgl. schon Art. 134 WRV).

3. Die durch das Grundgesetz errichtete demokratische Ordnung trägt insoweit einen formalen Charakter, als sie unbeschadet der bestehenden sozialen Unterschiede im Bereich der politischen Willensbildung alle Staatsbürger grundsätzlich absolut gleich bewertet. Eine Durchbrechnung dieses Grundsatzes ist nur aus zwingenden Gründen zulässig; so hat z.B. das Gericht die 5 v.H.-Klausel im Wahlrecht zur Sicherung einer funktionsfähigen Regierung für zulässig erachtet.

Der Grundsatz der progressiven Besteuerung führt nun aber dazu, daß diejenigen Bürger, die durch Parteispenden von ihrem demokratischen Recht auf Teilhabe an der staatlichen Willensbildung Gebrauch machen, als Steuerzahler einen unterschiedlichen materiellen Vorteil erlangen. Da dem Geld bei den Wahlvorbereitungen eine bedeutende Rolle zukommt, und da eine Partei, die über große Geldmittel verfügt, unter Umständen eine wirksamere Propaganda entfalten kann als eine Partei mit geringeren finanziellen Mitteln, kann der Spender mit hohem Einkommen seiner politischen Meinung zu einer größeren Werbekraft verhelfen und damit seinem politischen Einfluß eine größere Wirkung verschaffen als der Spender mit kleinem Einkommen. Da bei Spenden an politische Parteien der Bezieher eines großen Einkommens einen absolut und relativ höheren Betrag an Steuern erspart als der Bezieher eines kleinen Einkommens, wird die politische Meinung des ersten sozusagen prämiiert. Eine solche, durch ein Gesetz geschaffene unterschiedliche steuerliche Behandlung der Einflußnahme auf die politische Willensbildung je nach der Höhe des Einkommens verträgt sich aber nicht mit dem Grundsatz der formalen Gleichheit, der die Ausübung politischer Rechte in der freien Demokratie beherrscht. …[1]

---

[1] Bestätigung dieser Rechtsprechung in BVerfGE 24, 300 [358 f.] – Parteienfinanzierung III; BVerfGE 52, 63 [88 f.] – Parteienfinanzierung IV; BVerfGE 73, 40 [72 f.] – Parteienfinanzierung V; BVerfGE 85, 264 – Parteienfinanzierung VI (BVerfGA Nr. 96).

9 Art. 5, 20 Abs. 1 (Demokratieprinzip), Abs. 2, Art. 21 Abs. 1, Art. 50, 73 Nr. 1 GG

Bedeutung einer gesetzlichen Volksbefragung – politische Willensbildung des Volkes im Unterschied zur Mitwirkung des Volkes an der Staatswillensbildung – Kompetenz des Bundes im Verteidigungswesen – »Bundesratsprinzip« in Art. 50 – zur Weisungsfreiheit der Bundesratsmitglieder

BVerfGE 8, 104–122 – Volksbefragung

1. Das Normenkontrollverfahren dient nicht nur der Prüfung, ob der normative Gehalt eines Gesetzes inhaltlich mit einer Norm des Grundgesetzes vereinbar ist; es umfaßt vielmehr auch Meinungsverschiedenheiten »über die *förmliche* ... Vereinbarkeit« des Gesetzes mit dem Grundgesetz, damit also auch die Frage nach der Kompetenz des Landes zum Erlaß eines Gesetzes. [*nur LS*] 104

2. Die Freiheit der Bildung der öffentlichen Meinung ist durch Art. 5 GG mitgarantiert.

3. Öffentliche Meinung und politische Willensbildung des Volkes kann nicht identifiziert werden mit staatlicher Willensbildung, d.h. mit der Äußerung der Meinung oder des Willens eines Staatsorgans in amtlicher Form.

4. Verfassungsorgane handeln organschaftlich, d.h. sie üben Staatsgewalt aus, nicht nur wenn sie rechtsverbindliche Akte setzen, sondern auch wenn sie von Befugnissen Gebrauch machen, die nicht unmittelbar verbindliche Wirkungen hervorrufen.

5. Die Volksbefragungsgesetze von Hamburg und Bremen eröffnen dem Staatsvolk eine Mitwirkung an der Staatswillensbildung; die Abstimmung der Bürger stellt sich essentiell als Teilhabe an der Staatsgewalt, als ein Stück Ausübung von Staatsgewalt im status activus dar. In dieser Eigenschaft macht der Bürger nicht von seinen gegen den Staat gerichteten Grundrechten der freien Meinungsäußerung oder des Petitionsrechts Gebrauch.

6. Während die im gesellschaftlich-politischen Raum erfolgende Bildung der öffentlichen Meinung und die Vorformung der politischen Willensbildung des Volkes sich ungewollt und durch alle verfassungsrechtlich begrenzten Kompetenzräume hindurch unter Mitbeteiligung aller lebendigen Kräfte nach dem Maße ihres tatsächlichen Gewichtes und Einflusses vollziehen, ist das Tätigwerden des Volkes als Staatsorgan – gleichgültig in welcher Form und mit welcher Wirkung es ge-

schieht – im freiheitlich-demokratischen Rechtsstaat durch Kompetenznormen verfassungsrechtlich begrenzt.

7. Die Zuständigkeit der Bundesorgane zur ausschließlichen eigenverantwortlichen Bewältigung einer Sachaufgabe wird nicht erst
105 **dann | von den Ländern beeinträchtigt, wenn sie ein Stück dieser Aufgabe dem Bund dadurch entziehen, daß sie selbst es sachlich regeln, sondern schon dann, wenn sie die Bundesorgane durch den in einer von ihnen angeordneten amtlichen Volksbefragung liegenden politischen Druck zwingen wollen, die von ihnen getroffenen Sachentscheidungen zu ändern.**

8. Eine »Instruktion« der Mitglieder der Landesregierung im Bundesrat durch das Landesvolk, auch eine bloß rechtlich unverbindliche in der Weise, daß sich die Vertreter im Bundesrat daran orientieren und sie zur Richtschnur ihres Handelns im Bundesrat machen, ist nach der Struktur des Bundesrats ausgeschlossen.

Urteil des Zweiten Senats vom 30. Juli 1958 – 2 BvF 3, 6/58 –

Sachverhalt: *Nachdem die Opposition im Jahre 1958 im Deutschen Bundestag mit ihren gegen die militärpolitische Konzeption der Bundesregierung, insbesondere gegen die Ausrüstung der Bundeswehr mit Atomwaffen und die Lagerung solcher Waffen im Bundesgebiet, gerichteten Anträgen keinen Erfolg gehabt hatte und auch mit dem Entwurf eines Volksbefragungsgesetzes hierzu gescheitert war, erließen Hamburg und Bremen Volksbefragungsgesetze, nach denen die Wahlberechtigten in einer Volksbefragung Fragen nach ihrer Einstellung zur Bewaffnung der deutschen Streitkräfte mit Atomwaffen, zur Lagerung solcher Waffen auf bundesrepublikanischem Gebiet und zur Errichtung von Abschußbasen für Atomraketen auf dem Gebiet der Bundesrepublik Deutschland beantworten sollten.*

Auf die von der Bundesregierung gegen beide Gesetze eingeleiteten abstrakten Normenkontrollverfahren nach Art. 93 Abs. 1 Nr. 2 GG wurden beide Gesetze vom Bundesverfassungsgericht für nichtig erklärt.

Aus den Gründen:

[*Das Bundesverfassungsgericht stellt zunächst fest, daß es sich bei den Volksbefragungsgesetzen weder um Statistikgesetze noch um eine bloße demoskopische Umfrage handelt und führt dann zur Bedeutung dieser Gesetze weiter aus:*]

112 4. In der modernen Demokratie spielt die öffentliche Meinung eine entscheidende Rolle. Der Freiheit der Bildung dieser öffentlichen Meinung kommt eine so große Bedeutung zu, daß sie mit Fug als

durch Art. 5 GG mitgarantiert angesehen wird (vgl. Ridder in Neu-
mann/Nipperdey/Scheuner, Die Grundrechte, Bd. 2, S. 249 ff., 265,
285 ff.). Das Grundgesetz selbst geht als selbstverständlich von der
in der Demokratie bestehenden Notwen | digkeit einer »politischen 113
Willensbildung des Volkes« aus, wenn es in Art. 21 GG von den Par-
teien sagt, daß sie daran mitwirken. Die in der »öffentlichen Mei-
nung« zum Ausdruck kommenden Tendenzen und Stellungnahmen
zu politischen Fragen mag man als »Vorformung der politischen Wil-
lensbildung des Volkes« bezeichnen. Öffentliche Meinungsbildung
und Vorformung der politischen Willensbildung des Volkes erfahren
aber keine Schmälerung und keine Minderung ihrer Bedeutung und
ihres Gewichts in der Demokratie, wenn sie ihrem Wesen entspre-
chend als eine Erscheinung des gesellschaftlich-politischen und nicht
des staatsorganschaftlichen Bereichs begriffen werden. In sie gehen
ein – ohne daß damit eine erschöpfende Darstellung des Integrations-
prozesses gegeben würde, der zur öffentlichen Meinung und politi-
schen Willensbildung des Volkes führt – die vielfältigen, sich mögli-
cherweise widersprechenden, ergänzenden, gegenseitig beeinflussen-
den Wertungen, Auffassungen und Äußerungen des Einzelnen, der
Gruppen, der politischen Parteien, Verbände und sonstigen gesell-
schaftlichen Gebilde, die ihrerseits von einer Vielzahl von (politisch
relevanten) Tatsachen, zu denen auch Entscheidungen des Staates
und Äußerungen und Maßnahmen staatlicher Organe gehören, beein-
flußt sind. Öffentliche Meinung und politische Willensbildung des
Volkes kann aber nicht identifiziert werden mit staatlicher Willensbil-
dung, d.h. der Äußerung der Meinung oder des Willens eines Staats-
organs in amtlicher Form. Auch das Grundgesetz geht von dieser Un-
terscheidung aus: Einerseits handelt Art. 21 Abs. 1 GG von der politi-
schen Willensbildung des Volkes, andererseits handelt Art. 20 Abs. 2
GG von der Bildung des Staatswillens, und zwar von der Ausübung
der vom Volk ausgehenden und unter Umständen auch vom Volk
selbst als Staatsorgan wahrgenommenen Staatsgewalt. Die entschei-
dende Frage ist also nicht, ob das Ergebnis der in den beiden Geset-
zen angeordneten Volksbefragungen einen Faktor im Prozeß der Bil-
dung der öffentlichen Meinung oder der politischen Willensbildung
des Volkes darstellt – eine Frage, die natürlich zu bejahen ist –, son-
dern die, ob sich die Volksbe | fragung darin erschöpft, und noch ge- 114
nauer die, ob sie eine Veranstaltung des gesellschaftlich-politischen
oder des staatsorganschaftlichen Bereichs ist oder – anders ausge-
drückt – in welcher Eigenschaft der Befragte angesprochen und zur
Beantwortung aufgerufen wird. In diesem Zusammenhang ist ent-

scheidend, daß die Länder Hamburg und Bremen als Gliedstaaten der Bundesrepublik auf Grund einer gesetzlichen Regelung die Befragung durchführen, daß die wahlberechtigten Bürger, also das Staatsvolk, sich genau so wie bei verbindlichen Volksabstimmungen, Volksbegehren und Volksentscheiden äußern sollen. Der Aktivbürger soll in derselben Weise und nach denselben Regeln wie bei Wahlen zum Parlament und bei Volksabstimmungen von seinem Stimmrecht Gebrauch machen. Seine Betätigung soll sich unter demselben Schutz vollziehen, den die Rechtsordnung für Wahlen und Abstimmungen des Volkes (vgl. § 108 d StGB) geschaffen hat: Die Stimmabgabe erfolgt geheim; die Bestimmungen des V. Abschnitts des Strafgesetzbuchs über »Verbrechen und Vergehen in Beziehung auf die Ausübung staatsbürgerlicher Rechte« sollen nach übereinstimmender Auffassung aller Verfahrensbeteiligten Anwendung finden. Die angegriffenen Gesetze schaffen also die Rechtsgrundlage für eine Betätigung des Bürgers im status activus, für eine Teilnahme des Bürgers als Glied des Staatsvolkes bei der Ausübung von Staatsgewalt; nach den Gesetzen soll das Volk als Verfassungsorgan des demokratischen Staates an der Bildung des Staatswesens teilhaben. Daß es daran nicht in einer rechtsverbindlich »entscheidenden« Weise teilhat, spricht nicht gegen die dargelegte Qualifikation der Volksbefragung. Verfassungsorgane handeln organschaftlich, d.h. sie üben Staatsgewalt aus, nicht nur wenn sie rechtsverbindliche Akte setzen, sondern auch, wenn sie von Befugnissen Gebrauch machen, die nicht unmittelbar verbindliche Wirkungen hervorrufen: so z.B. wenn der Bundespräsident dem Bundestag den Bundeskanzler vorschlägt (Art. 63 GG), wenn Bundestag oder Bundesrat eine Maßnahme der Bundesregierung billigt oder mißbilligt, wenn das Volk in den Gebietsteilen
115 nach | Art. 29 GG abstimmt, wenn ein Land nach Art. 32 Abs. 2 GG zu einem völkerrechtlichen Vertrag des Bundes gehört wird, wenn die Präsidenten des Bundestages und des Bundesrates vom Bundespräsidenten vor der Verkündigung des Verteidigungsfalles nach Art. 59a Abs. 2 Satz 2 GG angehört werden, wenn der Bundesrat zu den Gesetzesvorlagen der Bundesregierung nach Art. 76 Abs. 2 GG Stellung nimmt. Bei dieser Rechtslage ist es nicht möglich, allein das Verfassungsorgan Staatsvolk an der Staatswillensbildung nur dann als beteiligt anzusehen, wenn seiner Äußerung rechtlich verbindliche Wirkung, »entscheidende« Bedeutung zukommt. Demnach eröffnen die beiden Gesetze – ob zulässigerweise oder unzulässigerweise ist hier noch ohne Belang – dem Staatsvolk eine Mitwirkung an der Staatswillensbildung; die Abstimmung der Bürger stellt sich essentiell als

Teilhabe an der Staatsgewalt, als ein Stück Ausübung von Staatsgewalt im status activus dar. In dieser Eigenschaft macht der Bürger nicht von seinen gegen den Staat gerichteten Grundrechten der freien Meinungsäußerung oder des Petitionsrechts Gebrauch. Im übrigen kann auch schon deshalb keine Rede davon sein, daß die Volksbefragung dem Bürger nur die Möglichkeit verschaffe, von diesen beiden Grundrechten sachgemäß Gebrauch zu machen, weil sowohl die Äußerung einer Meinung als auch die Einreichung einer Petition nicht durch geheime Stimmabgabe erfolgen kann.

III.

Während die im gesellschaftlich-politischen Raum erfolgende Bildung der öffentlichen Meinung und die Vorformung der politischen Willensbildung des Volkes sich ungeregelt und durch alle verfassungsrechtlich begrenzten Kompetenzräume hindurch unter Mitbeteiligung aller lebendigen Kräfte nach dem Maße ihres tatsächlichen Gewichts und Einflusses vollziehen, ist das Tätigwerden als Staatsorgan – gleichgültig in welcher Form und mit welcher Wirkung es geschieht – im freiheitlich-demokrati | schen Rechtsstaat durch Kompe- 116
tenznormen verfassungsrechtlich begrenzt.

Im Bundesstaat ist die Staatsgewalt der Länder und damit der Kompetenzbereich, in dem überhaupt das Staatsorgan Landesvolk tätig werden darf, durch die Verfassung des Gesamtstaates begrenzt. Die Volksbefragungsgesetze von Hamburg und Bremen überschreiten die verfassungsrechtlichen Grenzen, die das Grundgesetz den Ländern zieht:

1. Angelegenheiten der Verteidigung gehören zur ausschließlichen Kompetenz des Bundes; das folgt für den Bereich der Gesetzgebung aus Art. 73 Nr. 1 GG, für den Bereich der Exekutive (einschließlich der Regierung) aus Art. 65a, 87a, 87b GG (Art. 87b Abs. 2 GG enthält nur für den Bereich des Wehrersatzwesens und des Schutzes der Zivilbevölkerung die Möglichkeit einer beschränkten Beteiligung der Länder). Für die Gesamtaufgabe »Verteidigungswesen«, soweit es sich um die Bundeswehr und ihre Ausrüstung handelt, ist also uneingeschränkt und allein der Bund zuständig. Inwieweit für »auswärtige Angelegenheiten« im Hinblick auf Art. 32 Abs. 2, 3 GG die ausschließliche Zuständigkeit des Bundes gegenüber der Rechtslage im Bereich des Verteidigungswesens eine Modifikation erleidet, kann hier dahinstehen.

Nun ist gewiß richtig, daß weder die beiden Gesetze noch das sich an der Abstimmung beteiligende Staatsvolk von Hamburg und Bremen in der Weise in jene ausschließliche Bundeskompetenz eingreifen, daß unmittelbar eine Angelegenheit der Verteidigung – etwa der Ausrüstung der Bundeswehr – gestaltet oder sachlich geregelt würde. Darauf kommt es aber nicht entscheidend an. Entscheidend ist der eindeutig erkennbare Zweck, den Gesetz und Volksabstimmung in Hamburg und Bremen verfolgen: Die Bundesregierung hat sich auf dem Gebiet des Verteidigungswesens, insbesondere hinsichtlich der Ausrüstung der Bundeswehr, für eine bestimmte Politik entschieden und dafür die Zustimmung des Bundestags gefunden. Die Opposition im Bundestag hält diese politische Entscheidung für falsch und be-
117 kämpft | sie leidenschaftlich. Sie vermag sich im Bundestag nicht durchzusetzen, glaubt aber sicher zu sein, daß ihre Auffassung von der Mehrheit des Volkes geteilt wird. Sie hofft, der von einer ihren Erwartungen entsprechenden Volksbefragung ausgehende politische Druck werde so stark sein, daß die Bundesregierung gezwungen wird, ihre politische Entscheidung aufzugeben und den Wünschen der Opposition zu entsprechen. Das kommt in den Ausführungen der Sprecher der Sozialdemokratischen Fraktion im Bundestag (vgl. Abg. Dr. Karl Schmid in der 23. Sitzung des Deutschen Bundestags vom 18. April 1958, StenProt.. S. 1222, Abg. Dr. Heinemann in der 26. Sitzung des Deutschen Bundestags vom 25. April 1958, StenProt. S. 1477 und 1479, Abg. Dr. Arndt in der 26. Sitzung des Deutschen Bundestags vom 25. April 1958, StenProt. S. 1495 B, und insbesondere Abg. Metzger in der 31. Sitzung des Deutschen Bundestags vom 13. Juni 1958, StenProt. S. 1700 C) unzweideutig zum Ausdruck. Dasselbe gilt auch für die Volksbefragung in Hamburg und Bremen. Das ergibt sich aus den Ausführungen des Ersten Bürgermeisters der Freien und Hansestadt Hamburg auf der Großkundgebung vor dem Hamburger Rathaus am 17. April 1958 und aus dem inneren Zusammenhang, in dem die Volksbefragungsaktion in Hamburg und Bremen zu den Anstrengungen der Sozialdemokratischen Partei im Bunde steht; daran vermag auch § 1 des bremischen Gesetzes nichts zu ändern. Das klare Ziel der Volksbefragungsaktion der Länder – die zuständigen Verfassungsorgane des Bundes zu zwingen, eine von ihnen für richtig gehaltene und getroffene Entscheidung im Bereich des Verteidigungswesens zu ändern – stellt aber einen von den Ländern her versuchten Eingriff in die ausschließliche Zuständigkeit des Bundes dar; die Zuständigkeit der Bundesorgane zur ausschließlich eigenverantwortlichen Bewältigung einer Sachaufgabe wird nicht erst

dann von den Ländern beeinträchtigt, wenn sie ein Stück dieser Aufgabe dem Bund dadurch entziehen, daß sie selbst es sachlich regeln, sondern schon dann, wenn sie die Bundesorgane durch den in einer von ihnen angeordneten amtlichen Volksbefragung lie|genden poli- 118
tischen Druck zwingen wollen, die von ihnen getroffenen Sachentscheidungen zu ändern, also einen Landesstaatswillen bilden wollen, um ihn dem verfassungsmäßig gebildeten Bundesstaatswillens entgegenzusetzen.

2. Dieses Ergebnis wird bestätigt, wenn man die Frage nach der Gesetzgebungskompetenz für Volksbefragungsgesetze untersucht. Wie ausgeführt, nimmt das Volk bei einer nur konsultativen Volksbefragung an der Ausbildung von Staatsgewalt teil, wie es dies auch bei Wahlen und Volksabstimmungen tut. Über die Zuständigkeit des Bundes und der Länder zum Erlaß von Wahlgesetzen und Abstimmungsgesetzen enthält der allgemeine Zuständigkeitskatalog des Grundgesetzes (Art. 73–75 GG) keine Vorschrift. Gleichwohl ist bis zu diesem Rechtsstreit noch niemals ernsthaft bezweifelt worden, daß weder der Bund Wahlgesetze für die Wahlen zu den Landesparlamenten noch ein Land ein Wahlgesetz für eine Wahl zum Bundestag erlassen könnte und daß ein Land ein Volksbegehren oder einen Volksentscheid über einen Gegenstand der ausschließlichen Zuständigkeit des Bundes nicht zulassen dürfte. Ebensowenig könnte der Bund, wenn das Grundgesetz überhaupt eine Volksbefragung zulassen sollte, durch Gesetz eine Volksbefragung über eine Frage anordnen, die eine Materie der ausschließlichen Landeszuständigkeit betrifft, oder umgekehrt ein Land eine Volksbefragung über einen Gegenstand der ausschließlichen Bundeszuständigkeit anordnen. Maßnahme- und Verfahrengesetze von der Art des hamburgischen und bremischen Volksbefragungsgesetzes erhalten ihre verfassungsrechtliche Qualifikation erst aus dem Sachbereich, auf den sie sich beziehen; insofern gehören sie nicht zu einem selbständigen Gegenstand im Sinne der Kompetenzverteilung, die das Grundgesetz für den Bereich der Gesetzgebung getroffen hat. Es handelt sich nicht um ein Gesetz über Volksbefragungen, sondern um die Anordnung einer konkreten Volksbefragung, so daß es darauf ankommt, ob der Gegenstand der Volksbefragung zur Zuständigkeit des Landes gehört. Es gilt in dieser Beziehung das gleiche, was das Grundgesetz ausdrücklich über die Zuständig|keit zur Gesetzgebung für den Fall von Ge- 119
setzen über Statistik bestimmt hat: Auch ein Gesetz über Statistik gewinnt seinen Sinn erst im Zusammenhang mit dem Gegenstand der Statistik; es kann der Bewältigung einer Bundesaufgabe oder der Be-

wältigung einer Landesaufgabe, in diesem Sinne Bundeszwecken oder Landeszwecken dienen; je nachdem ist zum Erlaß eines Gesetzes über Statistik entweder ausschließlich der Bund zuständig oder sind die Länder zuständig (vgl. Art. 73 Nr. 11 GG). In ähnlicher Weise ist die Kompetenz des Bundes zur konkurrierenden Gesetzgebung auf dem Gebiet der Enteignung nach Art. 74 Nr. 14 GG beschränkt; er besitzt sie nur, »soweit sie (die Enteignung) auf den Sachgebieten der Art. 73 und 74 in Betracht kommt«.

3. Die beiden Gesetze können nicht damit gerechtfertigt werden, daß, wie es die Begründung zum hamburgischen Gesetz andeutet und das bremische Gesetz in § 1 ausdrücklich ausspricht, die Volksbefragung der Orientierung der Mitglieder der Landesregierung im Bundesrat dienen soll. Damit werden die Gesetze nicht zu Gesetzen über eine Volksbefragung »für Landeszwecke«, zu deren Erlaß das Land in Analogie der oben erwähnten Kompetenzverteilung für Gesetze über die Statistik befugt wäre. Es liegt auf der Hand, daß Art. 73 Nr. 11 GG seinen Sinn verlöre, wenn der Umstand, daß eine Angelegenheit Gegenstand der Beratung und Erörterung im Bundesrat sein könnte, ausreichen würde, die zum Zwecke der Materialbeschaffung für die Mitglieder der Landesregierung vom Land für erforderlich gehaltene Statistik als eine »Statistik für Landeszwecke« zu werten und die Zuständigkeit des Landes zum Erlaß eines entsprechenden Gesetzes über die Statistik zu begründen. Da der Bundesrat als Bundesverfassungsorgan in allen Gebieten der ausschließlichen Bundeszuständigkeit Gelegenheit hat, zu Worte zu kommen, bliebe bei solcher Auslegung für eine ausschließliche Zuständigkeit des Bundes zur Gesetzgebung über die Statistik für Bundeszwecke überhaupt kein Raum mehr. Entsprechendes muß dann aber auch für die Begrenzung
120 der Landes | zuständigkeit zum Erlaß von Gesetzen über eine Volksbefragung »für Landeszwecke« gelten.

Unabhängig davon gilt folgendes: Der Bundesrat ist ein Verfassungsorgan des Bundes. Dieses kollegiale Organ »besteht« aus Mitgliedern der Landesregierung (Art. 51 Abs. 1 GG); es wird nicht »aus den Ländern gebildet«; Art. 50 GG umschreibt nur zutreffend die Funktion dieses Bundesverfassungsorgans, wenn es dort heißt: »Durch den Bundesrat wirken die Länder bei der Gesetzgebung und Verwaltung des Bundes mit«. Diese Mitwirkung wird aber kraft der Entscheidung der Bundesverfassung nur durch die Mitglieder der Landesregierungen vermittelt. Die Rechtsstellung der Mitglieder des kollegialen Organs »Bundesrat« gründet im Grundgesetz. Dieses hat das vor allem auf dem Gedanken der Repräsentanz des Landesstaats-

volks beruhende Senatsprinzip gerade nicht verwirklicht, sondern sich für das Bundesratsprinzip entschieden, d.h. für eine Vertretung der Landesregierungen in diesem föderativen Bundesorgan. Im Parlamentarischen Rat haben auch Anhänger des sogenannten Bundesratsprinzips die Auffassung vertreten, daß die Mitglieder dieses Bundesverfassungsorgans weisungsfrei sein sollten (vgl. Nachweis bei Scupin in Bonner Kommentar Anm. 5 zu Art. 51 S. 5). Die Staatspraxis leitet aus dem Recht der Landesregierung, ihre Vertreter im Bundesrat zu bestellen und abzuberufen, ein Recht der Landesregierung zu Weisungen an ihre Mitglieder im Bundesrat ab. Das besagt jedoch noch nichts dafür, daß das Landesparlament oder gar das Landesvolk zu einem Hineinwirken in die Entscheidungen des Bundesrats befugt seien. Wenn die Landesregierung über »Weisungen« an ihre Mitglieder, die die Landesregierung im Bundesrat vertreten, Einfluß auf die Staatswillensbildung im Bund nehmen kann, so handelt es sich jedenfalls nicht um ein Übergreifen in die Wahrnehmung von Kompetenzen des Bundes, um die Bildung von Landesstaatswillen an Stelle von Bundesstaatswillen, sondern um das Tätigwerden eines Landesorgans, das durch die eigenartige Struktur des Bundesrats von Bundesverfassungs wegen berufen ist, mittelbar an | der Bil- 121
dung des Bundeswillens selbst mitzuwirken. Soweit das Landesparlament – auch wegen der Haltung der Landesregierung im Bundesrat – die Landesregierung oder ein Mitglied der Landesregierung nach Landesverfassungsrecht zur Rechenschaft ziehen kann, ist dies in der parlamentarischen Verantwortlichkeit der Regierung gegenüber dem Parlament begründet; das Parlament befaßt sich also hier mit der von ihm abhängigen Regierung, nicht mit Bundesangelegenheiten; seine Maßnahmen können unter dem Gesichtspunkt der bundesstaatlichen Ordnung nicht als ein Hinübergreifen in Zuständigkeiten des Bundes qualifiziert werden. Aus dieser Überlegung folgt aber zugleich, daß sie keine Begründung für eine konsultative Volksbefragung im Land abgeben kann. Eine »Instruktion« der Mitglieder der Landesregierung im Bundesrat durch das Landesvolk, auch eine bloß rechtlich unverbindliche in der Weise, daß sich die Vertreter im Bundesrat daran orientieren und sie zur Richtschnur ihres Handelns im Bundesrat machen, ist nach der Struktur des Bundesrats ausgeschlossen. Eine vom Land zu diesem Zweck angeordnete Volksbefragung widerspricht dem Grundgesetz.

10 Art. 2 Abs. 1, Art. 9, 19 Abs. 1 Satz 2, Abs. 4 GG

Allgemeine Handlungsfreiheit auf wirtschaftlichem Gebiet – Grundrechtsschutz für Handelsgesellschaften – Zulässigkeit öffentlich-rechtlicher Zwangsverbände – Art. 9 Abs. 1 und private Vereinigungsfreiheit – gesetzgeberisches Ermessen bei Gründung öffentlich-rechtlicher Verbände – Einzelfallgesetz-Maßnahmegesetz

BVerfGE 10, 89–118 – Erftverband[1]

89 **1. Handelsgesellschaften können sich auf die allgemeine Handlungsfreiheit (Art. 2 Abs. 1 GG) berufen, auch wenn sie keine juristischen Personen sind.**

2. …

3. Art. 9 GG hindert nicht die Zwangseingliederung in öffentlich-rechtliche Verbände. Sie ist aber nur zulässig im Rahmen der verfassungsmäßigen Ordnung des Art. 2 Abs. 1 GG

Urteil des Ersten Senats vom 29. Juli 1959 – 1 BvR 394/58 –

Sachverhalt: *Zur Regelung der durch den Tagebau im rheinischen Braunkohlerevier belasteten Wasserwirtschaft errichtete das Land Nordrhein-Westfalen im Jahre 1958 durch Gesetz eine Körperschaft des öffentlichen Rechts mit dem Namen »Großer Erftverband«. Dem Verband waren zur Erledigung seiner Aufgaben hoheitliche Befugnisse übertragen. Mitglieder des Erftverbands waren kraft Gesetzes unter anderem die Eigentümer der im Verbandsgebiet gelegenen Braunkohlenbergwerke und Elektrizitätswerke ab einer bestimmten Größenordnung, Industriebetriebe mit großem Wasserbedarf, größere Wasserkraftanlagen sowie verschiedene Landkreise und Städte.*

Der Verband hatte das Recht der Selbstverwaltung und autonome Satzungsgewalt; er unterlag der Staatsaufsicht und finanzierte sich aus (Zwangs-) Beiträgen seiner Mitglieder.

Die unmittelbar gegen das Gesetz erhobene Verfassungsbeschwerde der Eigentümer der im Verbandsgebiet betriebenen Braunkohlenbergwerke wurde vom Bundesverfassungsgericht zurückgewiesen.

---

[1] Bestätigung der hier begründeten Rechtsprechung zu den verfassungsrechtlichen Voraussetzungen für die Errichtung von öffentlichen Verbänden mit Zwangsmitgliedschaft unter anderem in BVerfGE 38, 281; 67, 26; 78, 320 – in der zuletzt genannten Entscheidung auch zu der Frage, ob aus den Grundrechten ein Anspruch auf Unterlassen einer bestimmten Verwendung der Beiträge folgt.

Aus den Gründen:

Die Beschwerdeführer haben u.a. Rügen erhoben, die nicht unmittelbar besondere Grundrechte betreffen. Diese Rügen können nur auf dem Wege über Art. 2 Abs. 1 GG berücksichtigt werden; denn jedermann kann mit einer Verfassungsbeschwerde gegen ein seine Handlungsfreiheit beschränkendes Gesetz geltend machen, dieses Gesetz gehöre nicht zur verfassungsmäßigen Ordnung, weil es in formeller oder materieller Hinsicht nicht mit dem Grundgesetz vereinbar sei (BVerfGE 6, 32 [41][1]; 6, 389 [433]; 7, 111 [119]; 9, 3 [11 f.]; 9, 83 [88]). 99

Die Beschwerdeführer können sich auf Art. 2 Abs. 1 GG berufen, obwohl sie keine natürlichen Personen sind. Das Grundrecht gewährleistet auch die allgemeine Handlungsfreiheit auf wirtschaftlichem Gebiet (BVerfGE 8, 274 [328]; 9, 3 [11]). Sie steht auch Handelsgesellschaften zu, und zwar auch solchen, die keine juristischen Personen sind, denn diese sind gerade dazu geschaffen, einer durch wirtschaftliche Interessen verbundenen Personenmehrheit eine einheitliche Willensbildung und Willensverwirklichung zu ermöglichen.

Die Beschwerdeführer können also mit der Verfassungsbeschwerde geltend machen, das Gesetz greife in die ihnen durch Art. 2 Abs. 1 GG gewährleistete wirtschaftliche Freiheit in verfassungsrechtlich nicht legitimer Weise ein und gehöre daher nicht zur verfassungsmäßigen Ordnung. Der Angriff ist freilich nicht schon deshalb begründet, weil das Gesetz Art. 2 Abs. 1 GG nicht als eingeschränktes Grundrecht aufführt. Denn Art. 19 Abs. 1 Satz 2 GG bezieht sich nicht auf die allgemeine Handlungsfreiheit; sie ist von vornherein nur unter dem Vorbehalt der verfassungsmäßigen Ordnung gewährleistet (vgl. BVerfGE 6, 32 [37]). …

Der zentrale Angriff der Beschwerdeführer richtet sich gegen ihre Zwangseingliederung in den Erftverband auf Grund des Gesetzes: Als Mitglieder dieses Verbandes seien sie der autonomen Verbandsgewalt unterworfen; ihre Handlungs- und Dispositionsfreiheit sei dadurch in verfassungswidriger Weise eingeschränkt. Damit ist die Frage nach den verfassungsrechtlichen Schranken einer Zwangsmitgliedschaft in einem öffentlich-rechtlichen Verband gestellt. Sie läßt sich nicht aus Art. 9 GG beantworten, denn diese Bestimmung garantiert lediglich die Freiheit, privatrechtliche Vereinigungen zu gründen, ihnen beizutreten oder fernzubleiben. Wohl aber zeigt Art. 2 102

---

[1] BVerfGA Nr. 3.

Abs. 1 GG, daß eine solche Zwangsmitgliedschaft nur im Rahmen der verfassungsmäßigen Ordnung möglich ist. Danach dürfen öffentlich-rechtliche Verbände nur gegründet werden, um *legitime* öffentliche Aufgaben wahrnehmen zu lassen. Doch ist es Sache des gesetzgeberischen Ermessens, zu entscheiden, welche dieser Aufgaben der Staat nicht durch seine Behörden, sondern durch eigens gegründete öffentlich-rechtliche Anstalten oder Körperschaften erfüllt. Das Bundesverfassungsgericht kann hierbei nur nachprüfen, ob der Gesetzgeber die Grenzen seines Ermessens beachtet hat. Ob die Wahl der Organisationsform zweckmäßig oder notwendig war, hat das Bundesverfassungsgericht also nicht zu prüfen.

Der Gesetzgeber darf bei der Ausgestaltung eines öffentlich-rechtlichen Verbandes dessen Organisation und die Rechtsstellung seiner Mitglieder entsprechend der Besonderheit der zu ordnenden Lebens- und Wirtschaftsverhältnisse und der von ihm abzuschätzenden Gemein-
103 gefahr regeln. Besonderheiten der berg | baulichen und wasserwirtschaftlichen Verhältnisse, auch wenn sie nur in einem begrenzten Gebiet vorliegen, können Abweichungen vom allgemeinen Wasser- und Bergrecht im Interesse der Wasserwirtschaft und des Bergbaues rechtfertigen. Sie können auch einen Zusammenschluß legitimieren, in dem Mitglieder mit verschiedenen Interessen vereinigt werden, es sei denn, daß ersichtlich ein wirklicher Ausgleich der Interessen auf diesem Wege nicht erreicht werden kann. Dabei dürfen allerdings schutzwürdige Interessen der Verbandsmitglieder nicht willkürlich vernachlässigt werden, das Ermessen der Verbandsorgane muß hinreichend begrenzt und seine Ausübung der richterlichen Nachprüfung zugänglich sein.

Eine Prüfung des Gesetzes an Hand dieser Maßstäbe ergibt keine verfassungsrechtlichen Bedenken. Soweit es vom allgemeinen Wasser- und Bergrecht abweicht und die Rechtsstellung der Verbandsmitglieder in anderer Weise ordnet als es herkömmlich ist, schafft es kein Ausnahmerecht.

1. Offensichtlich ist die Regelung der Wasserwirtschaft im Erftgebiet eine legitime öffentliche Aufgabe. In der Art, wie der Gesetzgeber sie gelöst hat, liegt keine Willkür.

a) Das gilt zunächst für die Notwendigkeit einer gesetzlichen Regelung überhaupt. Die Beschwerdeführer geben zu, daß das Ausmaß der dem Wasserhaushalt des Erftgebietes aus der Grundwasserabsenkung durch den Braunkohlenbergbau drohenden Gefahren von den Sachverständigen verschieden beurteilt wird. Dann aber ist es Aufgabe der Staatsorgane, Maßnahmen zu treffen, die auch bei ungünstiger Entwicklung die durch den Bergbau bedrohte Wasserversorgung des

Gebietes sicherstellen; entsprechende Überlegungen sind schon seit
langem bei den zuständigen Behörden angestellt worden. Da die Ge-
fahren noch nicht vollständig überschaubar sind, mag eine gewisse
Elastizität der in Aussicht genommenen Maßnahmen geboten sein,
weil nach rechtsstaatlichen Grundsätzen Zweck und Mittel in einem
vernünftigen Verhältnis zueinander stehen müssen. Die Frage, ob der
Gesetzgeber überhaupt tätig werden durfte, wird dadurch | aber 104
nicht berührt. Wenn Landtag und Regierung auf Grund ihrer staatspo-
litischen Verantwortung bei dieser Sachlage ein Gesetz für notwendig
hielten, ist das verfassungsrechtlich nicht zu beanstanden. …

b) Zu Unrecht beanstanden die Beschwerdeführer die Wahl der
Verbandsform.

Wie bereits dargelegt, ist die Art und Weise der organisatorischen
Bewältigung öffentlicher Aufgaben Sache des gesetzgeberischen Er-
messens. In einem Staat, der den Gedanken der Selbstverwaltung be-
jaht und in seiner Gesetzgebung weitgehend verwirklicht, kann die
Wahl der Organisationsform einer Körperschaft nicht schon als sol-
che verfassungswidrig sein. Zudem ist gerade die Erfüllung wasser-
wirtschaftlicher Aufgaben durch öffentlich-rechtliche Verbände her-
kömmlich und hat sich bewährt. Sie hat für die Betroffenen den Vor-
teil, daß sie unmittelbar gestaltend an der Erfüllung der sie besonders
berührenden öffentlichen Aufgaben mitwirken und ihren Einfluß
schon im Stadium der Willensbildung des Verbandes geltend machen
können; sie sind also nicht darauf beschränkt, bereits gefaßte Be-
schlüsse gerichtlich nachprüfen zu lassen.

c) Die Beschwerdeführer werfen der Regierung vor, sie habe den
Weg der Gesetzgebung nur beschritten, weil bei einer Verbands-
gründung durch Sondergesetz der Rechtsschutz geringer sei als bei
einer Gründung durch Exekutivakt nach der Wasserverbandsverord-
nung. Solche Erwägungen haben in der Tat eine Rolle gespielt.
Nachdem der Braunkohlenbergbau aber bereits 1955 dazu überge-
gangen war, im Erftgebiet Wasser in größtem Umfang abzupumpen,
ohne daß es gelungen wäre, einen Wasser | verband zu gründen, wa- 105
ren Überlegungen, wie man die Gründung beschleunigen könne,
sachgerecht und nicht willkürlich. Das deutsche Verfassungsrecht
gebietet auch nicht, die Form hoheitlicher Maßnahmen so zu wäh-
len, daß der Einzelne dagegen einen möglichst umfassenden Rechts-
schutz hat. Ein solches Gebot folgt insbesondere nicht aus Art. 19
Abs. 4 GG. War der Staat berechtigt, einen Verband durch ein Son-
dergesetz zu gründen, so muß in Kauf genommen werden, daß eine
etwaige Möglichkeit, den Gründungsakt selbst auf dem Rechtswege

anzugreifen, entfällt. Das Argument verliert überdies an Gewicht, da das Gesetz mit der Verfassungsbeschwerde unmittelbar angegriffen werden kann. …

107 3. Unbegründet ist der Einwand der Beschwerdeführer, das Gesetz stelle sie unter materielles Ausnahmerecht und sei ein unzulässiges Individualgesetz und Maßnahmegesetz.

Im Erftgebiet herrschen wegen der Entwicklung des dortigen Braunkohlenbergbaues besondere wasserwirtschaftliche Verhältnisse. Die Sonderbehandlung dieses Gebietes rechtfertigt sich aus der überragenden Bedeutung des Wasserhaushalts für die Allgemeinheit unter den besonderen regionalen Gegebenheiten. Nur wenn dargetan wäre, daß in anderen Landesteilen dem Wasserhaushalt in gleichem Umfange Gefahren drohten wie im Erftgebiet und zu ihrer Bewältigung weniger einschneidende Mittel eingesetzt würden, könnte die Frage einer Verletzung des Gleichheitssatzes aufgeworfen werden. Das aber behaupten auch die Beschwerdeführer nicht. |

108 Zu Unrecht meinen sie, es handele sich um ein unzulässiges Individualgesetz. Das Gesetz knüpft an den Lebensvorgang der Kohlegewinnung und der dazu erforderlichen Eingriffe in den Wasserbestand des Erftgebietes an. Der Kreis der Betroffenen ergibt sich hieraus. Alle jetzigen und künftigen Bergbautreibenden im Erftgebiet werden dem Gesetz unterstellt. Daß es sich zur Zeit nur um einige bestimmte Unternehmen handelt, ändert nichts an dem generellen Charakter des Gesetzes.

»Maßnahmegesetze« sind als solche weder unzulässig noch unterliegen sie einer strengeren verfassungsrechtlichen Prüfung als andere Gesetze (BVerfGE 4, 7 [18 f.]).

11 Art. 4 Abs. 3 GG

Gewissensentscheidung im Sinne des Art. 4 Abs. 3 GG – absolute und situationsbedingte Kriegsdienstverweigerung

BVerfGE 12, 45–62 – Kriegsdienstverweigerung[1]

45 **1. …**

2. »Gewissensentscheidung« im Sinne des Art. 4 Abs. 3 GG ist jede ernste sittliche, d.h. an den Kategorien von »Gut« und »Böse« orientierte Entscheidung, die der einzelne in einer bestimmten Lage als für

[1] Weitere Grundsatzentscheidungen zu Art. 4 Abs. 3 GG sowie zu Art. 12a GG sind: BVerfGE 48, 127 – Wehrpflichtnovelle – und BVerfGE 69, 1 – KDVNG (BVerfGA Nr. 61).

sich bindend und unbedingt verpflichtend innerlich erfährt, so daß er gegen sie nicht ohne ernste Gewissensnot handeln könnte.

3. Art. 4 Abs. 3 GG will diejenigen schützen, die den Kriegsdienst mit der Waffe schlechthin verweigern. Das sind nicht nur die grundsätzlichen (dogmatischen) Pazifisten, sondern auch diejenigen, die Kriegsdienst hier und jetzt allgemein ablehnen, die Motive hierzu aber der historisch-politischen Situation entnehmen. Nicht | geschützt ist 46
in Art. 4 Abs. 3 GG die »situationsbedingte« Kriegsdienstverweigerung, bei der die Teilnahme an einem bestimmten Krieg, an Kriegen bestimmter Art, unter bestimmten Bedingungen oder mit bestimmten Waffen verweigert wird.

4. § 25 WehrpflG ist mit dem Grundgesetz nur vereinbar, wenn er in dem unter 3) bezeichneten Sinne ausgelegt wird.

Beschluß des Ersten Senats vom 20. Dezember 1960
– 1 BvL 21/60 –

Sachverhalt: *Gegenstand des Normenkontrollverfahrens war § 25 des Wehrpflichtgesetzes vom 21. Juli 1956 (BGBl. I S. 651)[1], der lautete:*

> *Wer sich aus Gewissensgründen der Beteiligung an jeder Waffenanwendung zwischen den Staaten widersetzt und deshalb den Kriegsdienst mit der Waffe verweigert, hat statt des Wehrdienstes einen zivilen Ersatzdienst außerhalb der Bundeswehr zu leisten. Er kann auf seinen Antrag zum waffenlosen Dienst in der Bundeswehr herangezogen werden.*

Diese Vorschrift wurde vom Schleswig-Holsteinischen Verwaltungsgericht gemäß Art. 100 Abs. 1 GG vorgelegt. Das Gericht hielt § 25 WehrpflG für unvereinbar mit dem Art. 4 Abs. 3 GG, weil die Bestimmung situationsbedingte Gewissensentscheidungen nicht decke.

Das Bundesverfassungsgericht stellte die Vereinbarkeit des § 25 WehrpflG mit dem Grundgesetz fest.

Aus den Gründen:

Der Auffassung des vorlegenden Gerichts, daß § 25 Satz 1 WehrpflG 53
mit Art. 4 Abs. 3 GG nicht vereinbar sei, kann nicht zugestimmt werden.

1. Ein Grundrecht kann, soweit die Verfassung dies nicht zuläßt, durch einfaches Gesetz in seinem sachlichen Gehalt nicht eingeschränkt werden; denn die Grundrechte sind unmittelbar geltendes

---

[1] Im wesentlichen gleichlautend statt des mittlerweile aufgehobenen § 25 WehrpflG nunmehr § 1 KDVG in der Fassung des KDVNG vom 28. Februar 1983 (BGBl. I S. 203).

Recht, das auch den Gesetzgeber bindet. Soweit sich durch Auslegung die sachliche Reichweite eines Grundrechts unmittelbar erschließen läßt, bleibt kein Raum für eine konstitutive Regelung durch den einfachen Gesetzgeber. Eine authentische Interpretation der Verfassung ist ihm verwehrt. Versucht ein Gesetz, den Gehalt des Grundrechts mit eigenen Worten verdeutlichend zu umschreiben, so geschieht das auf die Gefahr, daß dieser Interpretationszweck mit der Verfassung in Widerspruch gerät (vgl. auch BVerfGE 7, 377 [403 f.]).[1] Diese Grundsätze gelten auch, wenn der Gesetzgeber in einer Grundrechtsnorm ermächtigt ist, »das Nähere« zu regeln, wie weit auch immer im übrigen der Umfang dieser Befugnis im Einzelfall erstreckt werden muß.

2. Art. 4 Abs. 3 GG gewährt ein Grundrecht; es handelt sich nicht bloß um einen »Grundsatz«, der erst der Aktualisierung durch den Gesetzgeber bedürfte. Dem Staatsbürger ist unmittelbar in der Verfassung das Recht gewährleistet, aus Gewissensgründen den Kriegsdienst mit der Waffe zu verweigern (so die Formulierung in Art. 12 Abs. 2 Satz 2 GG).[2] Den Sinngehalt der Begriffe »Gewissen« und »Kriegsdienst mit der Waffe« und damit den wesentlichen rechtlichen Inhalt der Verfassungsnorm kann der Richter durch Auslegung ermitteln.

3.a) Das Grundgesetz sieht die freie menschliche Persönlichkeit
54 und ihre Würde als höchsten Rechtswert an. So hat es folgerecht | in
Art. 4 Abs. 1 die Freiheit des Gewissens und seiner Entscheidungen, in denen sich die autonome sittliche Persönlichkeit unmittelbar ausspricht, als »unverletzlich« anerkannt.

Auf diesem Grundsatz beruht auch Art. 4 Abs. 3 GG. Er hat die Gewissensfreiheit des Art. 4 Abs. 1 GG nicht nur zur allgemeinen (ideologischen) Voraussetzung. Er nimmt den Begriff des freien Gewissens wieder auf, erhebt ihn also zum eigenen normativen Bestandteil; er garantiert selbst die Freiheit einer Gewissensentscheidung gegen den Kriegsdienst mit der Waffe und verspricht, sie zu achten. In der Konfliktlage zwischen der Gemeinschaft, die hier mit einer besonders ernsten Forderung an ihre Bürger herantritt, und dem Einzelnen, der nur seinem Gewissen folgen will, räumt die Verfassungsnorm dem Schutz des freien Einzelgewissens in bemerkenswert weit-

---

1 BVerfGA Nr. 6.

2 Geändert durch Gesetz vom 14. Juni 1968 (BGBl. I S. 709), vgl. jetzt Art. 12a Abs. 2 GG.

gehender Weise den Vorrang ein. Das ist einem Staate angemessen, der eine Gemeinschaft freier Menschen sein will und gerade in der Möglichkeit freier Selbstbestimmung des Einzelnen einen gemeinschaftsbildenden Wert erkennt.

b) »Gewissen« wird in Art. 4 GG – das zeigt auch die Entstehungsgeschichte (vgl. JbÖffR, N.F. Bd. 1 S. 73 ff.) – im Sinne des allgemeinen Sprachgebrauchs verstanden. Das Verfassungsrecht geht davon aus, daß die Grundlagen des politischen Zusammenlebens einheitlich für alle Staatsbürger zu bestimmen sind. Verfassungsbegriffe sind daher für alle Bekenntnisse und Weltanschauungen gleich zu interpretieren. Die Aufgabe der Verfassungsorgane ist es, die Einheitlichkeit der Rechtsordnung für alle Staatsbürger zu gewährleisten. »Gewissen« im Sinne des allgemeinen Sprachgebrauchs und somit auch im Sinne des Art. 4 Abs. 3 GG ist als ein (wie immer begründbares, jedenfalls aber) real erfahrbares seelisches Phänomen zu verstehen, dessen Forderungen, Mahnungen und Warnungen für den Menschen unmittelbar evidente Gebote unbedingten Sollens sind. Derselben Auffassung war offenbar der Gesetzgeber, der es in § 25 WehrpflG nicht für erforderlich gehalten hat, den Begriff des Gewissens (»aus Gewissensgründen«) näher zu erläutern. Bei der Auslegung | der Bestimmungen bedarf es deshalb keiner Auseinanderset- 55
zung mit theologischen und philosophischen Lehren über Begriff, Wesen, Ursprung des Gewissens; sie überschritte die Kompetenz des Richters und wäre auch rechtlich unergiebig, weil über viele der hier auftretenden Probleme in den zuständigen Disziplinen tiefgehende Meinungsverschiedenheiten bestehen.

Eine Gewissensentscheidung wird – das folgt aus ihrem Wesen – stets angesichts einer bestimmten Lage getroffen, in der es innerlich unabweisbar wird, sich zu entscheiden; der Ruf des Gewissens wird dem Einzelnen vernehmbar als eine sittliche und unbedingt verbindliche Entscheidung über das ihm gebotene Verhalten. In diesem Sinn ist die Gewissensentscheidung, wesenhaft und immer »situationsbezogen«; daß sie zugleich »normbezogen« sein kann, etwa wenn es sich um die Bewährung einer grundsätzlichen weltanschaulichen Überzeugung oder Glaubenshaltung handelt, wird damit nicht geleugnet, denn dabei geht es um die besondere Frage, welche Maßstäbe und Einflüsse auf das Zustandekommen der Entscheidung (bewußt oder unbewußt) einwirken.

Als eine Gewissensentscheidung ist somit jede ernste sittliche, d.h. an den Kategorien von »Gut« und »Böse« orientierte Entscheidung anzusehen, die der Einzelne in einer bestimmten Lage als für sich bindend und unbedingt verpflichtend innerlich erfährt, so daß er gegen sie nicht ohne ernste Gewissensnot handeln könnte.

c) Die Anwendung der Verfassungsnorm im Einzelfall darf dem Phänomen »Gewissen« nur so weit nachgehen, als sie mit den ihr zu Gebote stehenden Erkenntnismitteln zu prüfen hat, ob, was sich nach außen als Gewissensentscheidung kundgibt, wirklich den Charakter eines unabweisbaren, den Ernst eines die ganze Persönlichkeit ergreifenden sittlichen Gebots, einer inneren Warnung vor dem Bösen und eines unmittelbaren Anrufs zum Guten, trägt. Praktische Schwierigkeiten bei der Beurteilung solcher Sachverhalte müssen in Kauf genommen werden; sie liegen in der Natur der Sache, sind übrigens –
56 wie die bisherigen Erfah|rungen zeigen – nicht unüberwindlich. Die richterlicher Prüfungsbefugnis geht jedenfalls nicht so weit, daß die – einmal als solche erkannte – Gewissensentscheidung in irgendeinem Sinn, etwa als »irrig«, »falsch«, »richtig«, bewertet werden dürfte. Die Frage, wie es zu der Gewissensentscheidung gekommen ist, d.h. vor allem, welche geistigen Einflüsse auf das Gewissen gewirkt haben, ist nur zulässig, soweit davon die Feststellung abhängt, ob wirklich eine »Gewissens«-Entscheidung vorliegt.

4. Art. 4 Abs. 3 GG erkennt nur eine Gewissensentscheidung an, die den »Kriegsdienst mit der Waffe« ablehnt.

a) Es ist bezweifelt worden, ob angesichts dieses Wortlauts der Dienst mit der Waffe im Frieden, die Ausbildung mit der Waffe, verweigert werden dürfe. Die Frage ist zu bejahen. Man mag das bei Schaffung der Bestimmung im Parlamentarischen Rat noch nicht im einzelnen bedacht haben. In Art. 12 Abs. 2 Satz 2 GG[1] aber, der – bereits im Blick auf die Einführung der allgemeinen Wehrpflicht – durch das Gesetz vom 19. März 1956 – BGBl. I S. 111 – eingefügt worden ist, schließt der Begriff »Kriegsdienst mit der Waffe« auch den Friedenswehrdienst mit ein, da der Ersatzdienst zu dessen Einführung der Gesetzgeber dort ermächtigt wird, gerade auch an die Stelle des Wehrdienstes im Frieden treten sollte. Hiermit wird aber auch Art. 4 Abs. 3 GG dahin verdeutlicht, daß er jedenfalls nunmehr – d.h. nach Einführung der allgemeinen Wehrpflicht – das Recht umfaßt, den Dienst mit der Waffe schon im Frieden zu verweigern. Das ist auch sinnvoll – nicht nur, weil der Staat kein Interesse daran haben kann, Wehrpflichtig mit der Waffe auszubilden, die im Kriegsfall die Waffenführung verweigern werden, sondern auch vom Standpunkt

---

[1] Siehe oben Fußnote 2 auf Seite 96.

des Einzelnen aus, dem eine Ausbildung nicht aufgezwungen werden darf, die einzig den Zweck hat, ihn zu einer Betätigung vorzubereiten, die er aus Gewissensgründen ablehnt.

b) Die Entscheidung muß sich ihrem Inhalt nach gegen den Waffendienst schlechthin richten; sie ist insoweit eine generelle, »absolute« Entscheidung. Gemeint ist das Gewissensverbot, Waffen, gleich-
viel welcher Art, zu führen; das Gewissen verbietet | ein Tun, das un- 57
mittelbar darauf gerichtet ist, mit – den jeweils zu Verwendung kommenden – Waffen Menschen im Kriege zu töten. Nur in der Vorstellung, dies tun zu müssen, liegt nach dem Grundgesetz für den Einzelnen die schwere innere Belastung, die es rechtfertigt, seine ablehnende Gewissensentscheidung anzuerkennen, obwohl sie zur Verweigerung einer in Verfassung und Gesetz allgemein auferlegten staatsbürgerlichen Pflicht führt und damit – wenigstens vordergründig – zu den Interessen des Staates in Widerstreit tritt.

c) Hieraus ergibt sich, daß derjenige das Grundrecht nicht in Anspruch nehmen kann, der geltend macht, sein Gewissen verbiete ihm nicht den Kriegsdienst mit der Waffe schlechthin, sondern lediglich die Teilnahme an bestimmten Kriegen, etwa am Kriege gegen bestimmte Gegner, unter bestimmten Bedingungen, in bestimmten historischen Situationen, mit bestimmten Waffen. Dabei ist es gleichgültig, ob er eine solche Erklärung schon bei der Einberufung zum Friedenswehrdienst allgemein für den Fall abgibt, daß er je zur Teilnehme an Kriegen solcher Art gezwungen werden sollte, oder ob er erst im Kriegsfall den Dienst mit der Waffe aus diesem Grunde verweigert.

In allen diesen Fällen mögen ernste Gewissensbedenken den Wehrpflichtigen zu seiner Haltung bestimmen. Seine Gewissensentscheidung richtet sich aber nicht eigentlich gegen »den Kriegsdienst mit der Waffe«, sondern gegen die Entschließung der Staatsgewalt, die bewaffnete Macht überhaupt oder mit bestimmten Mitteln zu einem konkreten politischen oder militärischen Zwecke einzusetzen. Da er nicht das Töten im Kriege schlechthin, sondern nur das Töten dieses Gegners, in diesem Kriege oder mit diesen Waffen ablehnt, fehlt auch der innere Grund, der es nach dem oben Gesagten erst verfassungsrechtlich rechtfertigt, ihn von der Pflicht zum Waffendienst zu befreien.

Ob darüber hinaus selbst jemand, der an sich zur Kriegsdienstverweigerung berechtigt erscheint, durch überragende Treuepflichten in
außerordentlicher Lage gehindert sein kann, das | Grundrecht geltend 58
zu machen, braucht hier nicht geprüft zu werden. …

60 Wer den Kriegsdienst mit der Waffe schlechthin verweigert, kann dies tun, weil er grundsätzlicher (»dogmatischer«) Pazifist ist, dem sein Gewissen notwendig die Teilnahme an jedem Krieg verbietet, da er eben den Krieg selbst unbedingt und in jeder historischen Situation verwirft; er kann es aber auch heute und hier allgemein ablehnen, Kriegsdienst mit der Waffe zu leisten, weil ihn Erlebnisse oder Überlegungen dazu bestimmen, die nur für die augenblickliche historisch-politische Situation Gültigkeit besitzen, ohne daß sie notwendig zu jeder Zeit und für jeden Krieg gelten müßten. Nicht der Inhalt, das unmittelbare Ziel seiner Weigerung, sondern seine Motive sind »situationsbedingt«. Beide Gruppen von Kriegsdienstverweigerern sind, wie oben (unter 5) dargelegt, durch Art. 4 Abs. 3 GG geschützt. Der Wortlaut des § 25 WehrpflG scheint dagegen nur die erstgenannte Gruppe, die grundsätzlichen Pazifisten, zu umfassen. Die nähere Prüfung ergibt jedoch, daß diese Deutung nicht zwingend, vielmehr – anders als beim Regierungsentwurf – eine Auslegung möglich ist, bei der ein Widerspruch zu Art. 4 Abs. 3 GG nicht besteht.

Die Worte »Wer sich ... der Beteiligung an jeder Waffenanwendung zwischen den Staaten widersetzt« fordern offenbar nur, daß der Kriegsdienstverweigerer seine eigene Beteiligung an jedem (gleichviel mit welchen Waffen auszufechtenden) Krieg zwischen der Bundesrepublik Deutschland und irgendeinem anderen Staat ablehne. Es ist nicht anzunehmen, daß ihm eine Gewissensentscheidung darüber abverlangt werden solle, ob er sich an einer kriegerischen Auseinandersetzung zwischen irgendwelchen Staaten zu irgendeiner Zeit be-
61 teiligen dürfe oder gar ob andere dies | tun sollten. Dem absoluten Pazifisten wird die Bejahung dieser Frage leichtfallen, da sie eine selbstverständliche Folge seiner allgemeinen Anschauungen ist. Bei den übrigen wäre das Gewissen aber überfordert, da es nicht wohl über das Verhalten in einer Situation urteilen kann, deren Eintreten ganz unwahrscheinlich, wenn nicht praktisch unmöglich ist. Gemeint sein kann vielmehr nur ein Krieg, in den die Bundesrepublik Deutschland hineingezogen werden könnte, an dem der Wehrpflichtige mithin nach menschlichem Ermessen teilzunehmen gezwungen sein würde.

Bei dieser Auslegung scheint es allerdings, als erhielte der erste Teil des Satzes (»Wer sich ... widersetzt«) im wesentlichen denselben Sinn wie der zweite (»[wer] ... den Kriegsdienst mit der Waffe verweigert«), zu dem er doch durch die Worte »und deshalb« in ein motivierendes Verhältnis gebracht ist. Diese scheinbare Ungereimtheit läßt sich aber vermeiden, wenn der erste Satzteil auf den inneren

Vorgang, die Gewissenserwägungen bis zum Entschluß des Sich-Widersetzens, bezogen wird, der zweite Satzteil dagegen lediglich auf das äußere Verhalten, das durch jenen Gewissensvorgang motiviert wird, nämlich die Erklärung gegenüber der Behörde, daß der Kriegsdienst mit der Waffe verweigert werde.

Da bei dieser Interpretation der § 25 WehrpflG ein Widerspruch zu Art. 4 Abs. 3 GG nicht mehr festgestellt werden kann, ist von ihr auszugehen (BVerfGE 2, 266 [282]), ohne daß es darauf ankommt, ob dem subjektiven Willen des Gesetzgebers die oben angedeutete, das Grundrecht weiter einschränkende und deshalb verfassungswidrige Auslegung eher entsprochen hätte (BVerfGE 9, 194 [200]). Diese Auslegung – und nur sie – ermöglicht also auch dem vorlegenden Gericht eine Anwendung des § 25 WehrpflG, die in Einklang mit dem Grundgesetz steht.

12 Art. 5 Abs. 1 Satz 2 2. Halbsatz, Art. 20 Abs. 1 (Gebot bundesfreundlichen Verhaltens), Art. 30, 73 Nr. 7, Art. 87 Abs. 1 GG

Bundesgesetzgebungskompetenz nur für den sendetechnischen Bereich in Post- und Fernmeldewesen – Gesetzgebungskompetenz des Bundes als äußerste Grenze seiner Verwaltungsbefugnisse – Veranstaltung von Rundfunksendungen als öffentliche Aufgabe – öffentliche Verwaltung in privater Form – gesetzesakzessorische und gesetzesfreie Verwaltung und Art. 30 GG – Kompetenz aus der Natur der Sache – Pflicht zu bundesfreundlichem Verhalten, Bundestreue – Rundfunk als Medium und Faktor der Meinungsbildung – institutionelle Freiheitsgarantie des Rundfunks – Sondersituation des Rundfunks (Unterschiede zur Presse) – Vereinbarkeit des Rundfunkveranstaltungsmonopols mit Art. 5 GG – Gebot organisatorischer Vorkehrungen für eine plurale Rundfunkgestaltung – Staatsfreiheit des Rundfunks

BVerfGE 12, 205–264 – 1. Rundfunkurteil[1]

1. Auch »Vertragsgesetze« zu Staatsverträgen zwischen den Ländern unterliegen der verfassungsgerichtlichen Prüfung im Normenkontrollverfahren. 205

[1] Das Bundesverfassungsgericht hat seine Rechtsprechung zur Rundfunkfreiheit vertieft und fortentwickelt in bisher fünf weiteren sogenannten Rundfunkurteilen: BVerfGE 31, 314; 57, 295 (BVerfGA Nr. 52); 73, 118; 74, 297 und 83, 238 (BVerfGA Nr. 88).

2. Ein Organ des Bundes hat Landesrecht auch dann im Sinne von § 76 Nr. 2 BVerfGG »nicht angewendet«, wenn es dieses Recht »nicht beachtet« hat.

3. a) Das Post- und Fernmeldewesen im Sinne von Art. 73 Nr. 7 GG umfaßt – wenn man vom Empfang der Rundfunksendungen absieht – nur den sendetechnischen Bereich des Rundfunks unter Ausschluß der sogenannten Studiotechnik.

b) Art. 73 Nr. 7 GG gibt dem Bund nicht die Befugnis, die Organisation der Veranstaltung und die der Veranstalter von Rundfunksendungen zu regeln.

4. Die Gesetzgebungskompetenz des Bundes für das Fernmeldewesen (Art. 73 Nr. 7 GG) läßt auch Regelungen zu, die dem Bund das ausschließliche Recht vorbehalten, Funkanlagen für Zwecke des Rundfunks zu errichten und zu betreiben.

5. Nach der Systematik des Grundgesetzes bezeichnet die Gesetzgebungskompetenz des Bundes die äußerste Grenze für seine Verwaltungsbefugnis. »Bundespost« in Art. 87 Abs. 1 GG kann daher nicht mehr umfassen als »Post- und Fernmeldewesen« in Art. 73 Nr. 7 GG.

6. Die Bundespost ist gehalten, bei Verleihungen zur Errichtung oder zum Betrieb von Rundfunksendeanlagen (§ 2 FAG) und beim Abschluß von Verträgen über die Benutzung solcher Anlagen ausschließlich sendetechnische Gesichtspunkte zu berücksichtigen. »Auflagen«, die diesen Bereich verlassen, sind unzulässig. |

206 **7. a) Die Veranstaltung von Rundfunksendungen ist nach der deutschen Rechtsentwicklung eine öffentliche Aufgabe. Wenn sich der Staat mit dieser Aufgabe in irgendeiner Form befaßt (auch dann, wenn er sich privatrechtlicher Formen bedient), wird sie zu einer »staatlichen Aufgabe« im Sinne von Art. 30 GG.**

b) Die Veranstaltung von Rundfunksendungen durch den Bund kann nach Art. 30 in Verbindung mit Art. 83 ff. GG nicht damit gerechtfertigt werden, daß die Veranstaltung von Rundfunksendungen eine »überregionale« Aufgabe sei, oder daß das Grundgesetz die Veranstaltung solcher Sendungen durch den Bund zugelassen habe, die der nationalen Repräsentation nach innen und der Pflege »kontinuitätsbewahrender Tradition« dienen sollen. Der Bund hat hierfür keine Kompetenz aus der Natur der Sache.

8. a) Art. 30 GG gilt sowohl für die gesetzesakzessorische wie für die »gesetzesfreie« Erfüllung öffentlicher Aufgaben.

b) Der VIII. Abschnitt des Grundgesetzes trifft sowohl für die ge-

setzesakzessorische wie für die »gesetzesfreie« Verwaltung »andere Regelungen« im Sinne von Art. 30 GG.

9. Auch das procedere und der Stil der Verhandlungen, die zwischen dem Bund und seinen Gliedern und zwischen den Ländern im Verfassungsleben erforderlich werden, stehen unter dem Gebot bundesfreundlichen Verhaltens.

10. Art. 5 GG fordert Gesetze, durch die die Veranstalter von Rundfunkdarbietungen so organisiert werden, daß alle in Betracht kommenden Kräfte in ihren Organen Einfluß haben und im Gesamtprogramm zu Wort kommen können, und die für den Inhalt des Gesamtprogramms Leitgrundsätze verbindlich machen, die ein Mindestmaß von inhaltlicher Ausgewogenheit, Sachlichkeit und gegenseitiger Achtung gewährleisten.

Urteil des Zweiten Senats vom 28. Februar 1961 auf Grund der mündlichen Verhandlung vom 28., 29. und 30. November 1960 – 2 BvG 1, 2/60 –

Sachverhalt: *Das Bundesverfassungsgericht hat mit dem Urteil über eine abstrakte Normenkontrolle und einen Bund-Länder-Streit entschieden; beide Verfahren hatten Teile der damaligen Rundfunkordnung zum Gegenstand. Das Normenkontrollverfahren betraf das Zustimmungsgesetz der Hamburgischen Bürgerschaft zu § 3 des Staatsvertrages über den NDR vom 16. Februar 1955. Diese Vorschrift bestimmte in Niedersachsen, Schleswig-Holstein und Hamburg für den NDR ein Monopol an den Veranstaltungen von Rundfunksendungen und zugleich ein Monopol zur Errichtung und zum Betrieb von Sendeanlagen.*

In dem Bund-Länder-Streit wandten sich mehrere Länder dagegen, daß die Bundesregierung am 25. Juli 1960 eine Deutschland-Fernsehen-GmbH gegründet hatte, die ein zweites bundesweites Fernsehprogramm veranstalten sollte. Nachdem Gespräche zwischen Bund und Ländern über ein gemeinsames Vorgehen zur Veranstaltung eines zweiten Fernsehprogramms – neben dem von der »Arbeitsgemeinschaft der öffentlich-rechtlichen Rundfunkanstalten der Bundesrepublik Deutschland (ARD)« veranstalteten ersten Programm – zu keinem konkreten Erfolg geführt hatten (siehe im einzelnen dazu S. 256 ff. der Entscheidungsgründe), gründete die Bundesregierung die Deutschland-Fernsehen-GmbH.

Deren Geschäftsanteile waren, nachdem Teile von ihnen ergebnislos den Ländern angeboten worden waren, im alleinigen Besitz des Bundes. Die Satzung sah ein Beitrittsrecht für die Länder durch Verwaltungsabkommen vor.

Das Bundesverfassungsgericht erklärte § 3 des Staatsvertrages für nichtig, soweit er ein sendetechnisches Monopol des NDR vorsah und stellte die Verfassungswidrigkeit der Gründung der Deutschland-Fernsehen-GmbH fest.

Aus den Gründen:

225 1. Die Auslegung, die die Bundesregierung Art. 73 Nr. 7 GG gibt, ist unrichtig. Das »Post- und Fernmeldewesen« umfaßt nur den sendetechnischen Bereich des Rundfunks unter Ausschluß der sogenannten Studiotechnik, nicht aber den Rundfunk als Ganzes. Art. 73 Nr. 7 GG gibt dem Bund insbesondere nicht die Befugnis, die Organisation der Veranstaltung und die innere Organisation der Veranstalter von Rundfunksendungen zu regeln oder Vorschriften in bezug auf die Sendungen zu erlassen. Die von Art. 5 GG geforderte gesetzliche Normierung der in ihm zur Sicherung der Rundfunkfreiheit enthaltenen Leitgrundsätze, und zwar sowohl in materiellrechtlicher als auch in organisatorischer Hinsicht (siehe unten E III)[1], fällt in die Gesetzgebungskompetenz der Länder, in die des Bundes allenfalls, soweit er ausnahmsweise die Befugnis zur Veranstaltung von Rundfunksendungen besonderer Art haben sollte (siehe unten III 2[2] und E I 5[3]). |

226 2. a) Nach Art. 73 Nr. 7 GG hat der Bund die ausschließliche Gesetzgebungskompetenz für das »Post- und Fernmeldewesen«. Der Rundfunk könnte nur dem Fernmeldewesen im Sinne dieser Vorschrift zugerechnet werden. Die Fassung des Art. 73 Nr. 7 GG geht auf ältere Formulierungen zurück, die der Post zusätzlich zu ihren überkommenen Aufgaben das Telegraphenwesen zuwiesen (vgl. §§ 41 ff. der Reichsverfassung von 1849; Art. 4 Nr. 10 der Verfassung des Norddeutschen Bundes von 1867 und der Reichsverfassung von 1871; Art. 6 Nr. 7 WRV). Mit »Postwesen« sind also in Art. 73 Nr. 7 GG die »herkömmlichen« Dienstzweige der Post im Gegensatz zum »neuen« Aufgabenbereich »Fernmeldewesen« gemeint. Beide gehören zur »Bundespost« im Sinne von Art. 87 Abs. 1 GG.

b) Der Rundfunk (hier und im folgenden: Hörrundfunk *und* Fernsehrundfunk) bedient sich zur drahtlosen Übermittlung des Programms elektrischer Wellen, die durch Sender ausgestrahlt werden. Diese Rundfunksender sind Funkanlagen und damit Fernmeldeanlagen (§ 1 Abs. 1 FAG); sie gehören zum Fernmeldewesen im Sinne von Art. 73 Nr. 7 GG.

Bei einer dem natürlichen Wortverständnis und dem allgemeinen Sprachgebrauch folgenden Auslegung gehören zum Fernmeldewesen

---

[1] S. 259 ff. [der amtlichen Sammlung].
[2] S. 241 [der amtlichen Sammlung].
[3] S. 250 [der amtlichen Sammlung].

nur die technischen Vorgänge des Sendens der Rundfunkdarbietungen. Fernmeldewesen ist ein technischer, am Vorgang der Übermittlung von Signalen orientierter Begriff. ...

c) Umfaßt das Fernmeldewesen nach allgemeinem Sprachgebrauch nur die der Übermittlung von Signalen dienenden funktechnischen Vorgänge, so ergibt sich, daß die sogenannte Studiotechnik nicht zum Fernmeldewesen gehört. Das *Fern*meldewesen beginnt erst mit der Übermittlung der sendefertigen Ton- und Bildsignale vom Rundfunkstudio zu einem oder mehreren Sendern (Übermittlung durch Leitungen oder durch Funk); es umfaßt sodann die Ausstrahlung der Sendung und die sich etwa daran anschließenden technischen Vorgänge bis zum Empfang der Sendung. ... 227

3. Auch aus dem Zusammenhang von Art. 73 Nr. 7 GG mit anderen Vorschriften des Grundgesetzes ergibt sich, daß zum Fernmeldewesen nur die Sendetechnik des Rundfunks gehört. 228

a) Art. 5 Abs. 1 Satz 2 GG kennt den Ausdruck »Rundfunk« und meint damit den Rundfunk als Institution. Das schließt zwar nicht aus, daß andere Bestimmungen des Grundgesetzes Teilbereiche des Rundfunks unter anderen, sachnäheren Bezeichnungen regeln. Die Erwähnung des »Rundfunks« in Art. 5 Abs. 1 Satz 2 GG verbietet es aber anzunehmen, der Ausdruck Fernmeldewesen umfasse den Rundfunk als Ganzes. Können mit Fernmeldewesen nur Teilbereiche des Rundfunks gemeint sein, so kann es sich dabei nur um die Bereiche handeln, die der Übermittlung von Darbietungen dienen, also um die Sendetechnik.

Als Massenkommunikationsmittel gehört der Rundfunk in die Nachbarschaft von Presse und Film. Art. 5 Abs. 1 Satz 2 GG nennt alle drei Massenmedien in einem Satz. Eine Gesetzgebungskompetenz des Bundes ist ausdrücklich nur für die allgemeinen Rechtsverhältnisse der Presse und des Films vorgesehen (Art. 75 Nr. 2 GG). Der Rundfunk ist in Art. 75 Nr. 2 GG nicht genannt. Eine den Zusammenhang der Vorschriften des Grundgesetzes beachtende Auslegung kann nicht annehmen, daß dem Bund für den Rundfunk als Ganzes ausschließliche Gesetzgebungsbefugnisse zustehen, während er über die allgemeinen Rechtsverhältnisse der Presse und des Films nur Rahmenvorschriften erlassen darf.

b) Das Grundgesetz geht bei der Ordnung der Gesetzgebungskompetenzen von Bund und Ländern vom Grundsatz der Länderkompetenz aus (BVerfGE 10, 89 [101][1]). Der Bund hat Gesetzgebungsbe-

---

[1] BVerfGA Nr. 10.

fugnisse nur, soweit das Grundgesetz sie ihm verleiht (Art. 70 Abs. 1 GG). In der Regel können daher Gesetzgebungsbefugnisse des Bundes nur auf eine ausdrückliche Verleihung durch das Grundgesetz gestützt werden. Bei Zweifeln über die Zuständigkeit des Bundes spricht keine Vermutung zugunsten einer Bundeskompetenz. Die Sy-
229 stematik des Grundge | setzes fordert vielmehr eine strikte Interpretation der Art. 73 ff. GG.

Es kommt hinzu, daß der Rundfunk jedenfalls *auch* ein kulturelles Phänomen ist. Soweit kulturelle Angelegenheiten überhaupt staatlich verwaltet und geregelt werden können (vgl. BVerfGE 10, 20 [36 f.]), fallen sie aber nach der Grundentscheidung des Grundgesetzes (Art. 30, 70 ff. und Art. 83 ff. GG) in den Bereich der Länder (vgl. BVerfGE 6, 309 [354]), soweit nicht besondere Bestimmungen des Grundgesetzes Begrenzungen oder Ausnahmen zugunsten des Bundes vorsehen. Diese Grundentscheidung der Verfassung, die nicht zuletzt eine Entscheidung zugunsten des föderalistischen Staatsaufbaus im Interesse einer wirksamen Teilung der Gewalten ist, verbietet es gerade im Bereich kultureller Angelegenheiten, ohne eine hinreichend deutliche grundgesetzliche Ausnahmeregelung anzunehmen, der Bund sei zuständig. Daran fehlt es aber.

c) Art. 87 Abs. 1 GG bestimmt, daß die Bundespost in bundeseigener Verwaltung geführt wird. Hieraus können keine Schlüsse auf den Umfang der Gesetzgebungskompetenz des Bundes gezogen werden. Es entspricht einem Grundsatz des deutschen Verfassungsrechts, daß die Bundeskompetenzen zur Gesetzgebung weiter reichen als die zur Verwaltung (vgl. Scheuner, Gutachten, S. 48). Nach der Systematik des Grundgesetzes bezeichnet die Gesetzgebungskompetenz des Bundes die äußerste Grenze für seine Verwaltungsbefugnisse (vgl. Krüger, Der Rundfunk im Verfassungsgefüge und in der Verwaltungsordnung von Bund und Ländern, 1960, S. 78, und Zeidler, DVBl. 1960, 573 [579 f.]). Das heißt aber, daß die Verwaltungskompetenzen den Gesetzgebungsbefugnissen des Bundes folgen und nicht umgekehrt die Gesetzgebungs- den Verwaltungsbefugnissen. Aus angeblichen Befugnissen der Bundespost nach Art. 87 Abs. 1 GG können also keine Schlüsse auf den Umfang der Gesetzgebungskompetenz des Bundes gezogen werden. …

III. 240

Die Einräumung des ausschließlichen Rechts zur Veranstaltung von Rundfunksendungen an den Norddeutschen Rundfunk steht nicht in Widerspruch zu Gesetzgebungsbefugnissen des Bundes für den Rundfunk, die sich aus anderen grundgesetzlichen Vorschriften als Art. 73 Nr. 7 GG ergeben mögen.

1. Als Vorschriften dieser Art kommen z.B. in Betracht Art. 21 Abs. 3 GG (Parteienrecht), Art. 73 Nr. 1 GG (Verteidigung und
Schutz der Zivilbevölkerung), Art. 73 Nr. 9 GG (Urheberrecht), 241
Art. 73 Nr. 10 GG (u.a. internationale Verbrechensbekämpfung) sowie Art. 74 Nr. 21 (u.a. Hochsee-, Küsten- und Binnenschiffahrt, Wasserstraßen, Wetterdienst) und Art. 74 Nr. 22 GG (Straßenverkehr). Diese Kompetenzen des Bundes erlauben jedoch lediglich, Teilaspekte des Programms (insbesondere die Zuteilung von Sendezeiten an politische Parteien und die Durchgabe bestimmter Meldungen) oder einzelne Rechtsfragen des Rundfunks (etwa urheberrechtlicher Art) zu regeln. Weitere Kompetenzen des Bundes mögen sich kraft Sachzusammenhang aus seinen Zuständigkeiten z.B. für Verteidigung, Zollwesen und Angelegenheiten des Bundeskriminalamtes herleiten lassen. Alle diese Bundeskompetenzen ergeben jedoch – auch zusammengefaßt – noch keine Gesetzgebungsbefugnisse zur Regelung der Veranstaltung von Rundfunksendungen. Sie lassen also das landesgesetzlich vorgesehene Monopol des Norddeutschen Rundfunks unberührt, unbeschadet seiner Verpflichtung, bundesgesetzliche Einzelregelungen zu beachten. Dabei kann außer acht gelassen werden, inwieweit es sich bei diesen Gesetzgebungsbefugnisen des Bundes um ausschließliche Kompetenzen handelt, und inwieweit der Bund im Bereich der konkurrierenden Gesetzgebung von seinen Kompetenzen Gebrauch gemacht hat. …

VI. 243

Das hamburgische Gesetz, betreffend den Staatsvertrag über den Norddeutschen Rundfunk, ist also, soweit es sich auf § 3 Abs. 1 des Staatsvertrags bezieht, mit dem Grundgesetz nur insoweit unvereinbar und daher nichtig, als es dem Norddeutschen Rundfunk das ausschließliche Recht vorbehält, sendetechnische Anlagen des Hörrundfunks und des Fernsehfunks zu errichten und zu betreiben.

Im übrigen ist das Gesetz, soweit es sich auf § 3 Abs. 1 des Staatsvertrags bezieht, mit dem Grundgesetz vereinbar.

E.–I.

Der Bund hat durch Gründung der Deutschland-Fernsehen-GmbH gegen Art. 30 i.V.m. Art. 83 ff. GG verstoßen. Die Veranstaltung von Rundfunksendungen ist nach der deutschen Rechtsentwicklung eine öffentliche Aufgabe. Wenn sich der Staat mit dieser Aufgabe in irgendeiner Form befaßt, wird sie zu einer »staatlichen Aufgabe«, deren Erfüllung nach Art. 30 GG Sache der Länder ist, soweit das Grundgesetz keine andere Regelung getroffen oder zugelassen hat. Für die Veranstaltung von Rundfunksendungen hat das Grundgesetz keine andere Regelung zugunsten des Bundes getroffen oder zugelassen (siehe aber unten 5).[1] |

244 1. a) Es kann dahingestellt bleiben, ob die für die bundesstaatliche Struktur unserer Verfassungsordnung grundlegende Vorschrift des Art. 30 GG jede staatliche Tätigkeit schlechthin erfaßt. Jedenfalls fällt unter diese Kompetenznorm diejenige Betätigung des Staates, die der Erfüllung öffentlicher Aufgaben dient, und zwar ohne Rücksicht darauf, ob Mittel des öffentlichen oder des privaten Rechts verwendet werden. Eine andere Auslegung würde, zumal angesichts des zunehmenden Umfangs der nichteingreifenden Verwaltung, dem Sinn des Art. 30 GG nicht gerecht werden. Sie würde auch der Entstehungsgeschichte der Vorschrift widersprechen.

Vgl. JöR 1 (1951) S. 295 ff., sowie die Äußerungen des Abgeordneten Dr. Laforet, Parl.Rat, Ausschuß für Zuständigkeitsabgrenzung, Wortprotokoll über die 5. Sitzung am 29. September 1948, S. 124, 127 f., 135 und die Ausführungen des Abgeordneten Dr. Hoch, ebenda, S. 129, 138 und 145; vgl. auch Parl.Rat, Verhandlungen des Hauptausschusses, 48. Sitzung am 9. Februar 1949, S. 626.

b) Die Veranstaltung von Rundfunksendungen gehört in Deutschland seit 1926 herkömmlich zu den Aufgaben der öffentlichen Verwaltung. [*Wird ausgeführt.*]

246 c) Zusammenfassend ist festzustellen, daß der Rundfunk in Deutschland zu einer öffentlichen Einrichtung geworden ist und in öffentlicher Verantwortung steht. Wenn sich der Staat mit dem Rund-

---

[1] S. 250 f. [der amtlichen Sammlung].

funk in irgendeiner Form befaßt, so nimmt er damit eine Aufgabe der öffentlichen Verwaltung wahr …

Entgegen der Ansicht der Bundesregierung wird also die Veranstaltung von Rundfunksendungen als Aufgabe der öffentlichen Verwaltung von der Kompetenzabgrenzung zwischen Bund und Ländern (Art. 30 GG) erfaßt, und zwar auch dann, wenn sich der Staat, wie er es hier getan hat, privatrechtlicher Formen bedient.

2. Die Bundesregierung meint, die Erfüllung von Aufgaben der öffentlichen Verwaltung mit privatrechtlichen Mitteln werde nur dann von Art. 30 GG erfaßt, wenn es um die Ausführung von Gesetzen gehe. Da die Gründung der Deutschland-Fernsehen-GmbH nicht Gesetzesausführung sei, greife Art. 30 GG nicht ein.

Art. 30 GG gilt aber sowohl für die gesetzesakzessorische wie für die »gesetzesfreie« Erfüllung öffentlicher Aufgaben. Das ergibt sich zwingend aus dem Verhältnis von Art. 30 GG zum VIII. Abschnitt des Grundgesetzes (Art. 83 bis 91 GG) und daraus, daß dieser Abschnitt von der Bundesverwaltung auch insofern handelt, als sie gesetzesfreie Verwaltung ist.

Die Art. 83 bis 86 GG handeln wegen der dem deutschen Bundesstaatsrecht eigentümlichen Trennung der Kompetenz zum Er- |
laß und zur Ausführung der Bundesgesetze von der Ausführung der 247
Bundesgesetze. Die Gegenüberstellung von »Ausführung der Bundesgesetze« und »die Bundesverwaltung« in der Überschrift des VIII. Abschnitts wäre jedoch unverständlich, wenn auch die folgenden Artikel lediglich die gesetzesakzessorische Verwaltung erfassen würden. Die in den Art. 87 bis 90 GG und besonders in Art. 87 Abs. 1 GG angeführten Sachbereiche bundeseigener Verwaltung werden zu einem nicht unerheblichen Teil »gesetzesfrei« verwaltet. Das gilt für den Auswärtigen Dienst, die Bundesbahn und die Bundespost nicht weniger als für die Verwaltung der Bundesautobahnen, der Bundesstraßen und der Bundeswasserstraßen. Die Art. 87 Abs. 1, 89 und 90 GG beschränken sich nicht darauf, dem Bund außer der Kompetenz zur Gesetzesausführung die Befugnis zuzusprechen, einen bundeseigenen Verwaltungsunterbau zu unterhalten (vgl. insbesondere Art. 89 Abs. 2 Satz 2 und Art. 87 b Abs. 1 Satz 2 GG, in denen *Aufgaben* der Bundesverwaltung näher umschrieben werden). Die Art. 83 ff. GG regeln also auch die nicht-gesetzesausführende Bundesverwaltung.

Ebenso Laforet, DÖV 1949, 221 ff.; Nawiasky, Die Grundgedanken des Grundgesetzes 1950, S. 122; Peters, Festgabe für Erich Kaufmann, 1950, S. 281 (290); Hans Schneider, Gutachten, S. 18 f.

und S. 36; anderer Ansicht Köttgen, JöR 3 (1954), S. 67 (73, 78 und 80).

Handelt aber der VIII. Abschnitt des Grundgesetzes auch von der gesetzesfreien Bundesverwaltung, so folgt daraus – was die Bundesregierung nicht verkennt –, daß der Grundsatz des Art. 30 GG auch für diese Verwaltung gilt. Die Gründung der Deutschland-Fernsehen-GmbH ist also nach Art. 30 GG zu beurteilen, obwohl sie nicht in Ausführung eines Gesetzes vorgenommen wurde.

3. Die Bundesregierung meint, das Prinzip des Art. 30 GG – die grundsätzliche Zuständigkeit der Länder – werde im VIII. Abschnitt des Grundgesetzes nur in Art. 83 GG und dort nur für die gesetzesausführende Verwaltung wiederholt; das rechtfertige den Schluß, der Vorrang der Länder (Art. 30 GG) gelte nicht für die gesetzesfreie Ver-
248 waltung. Für diese Verwaltung habe der | VIII. Abschnitt des Grundgesetzes generell eine »andere Regelung« im Sinne von Art. 30 GG getroffen.

Man kann aber für das Verhältnis des VIII. Abschnitts des Grundgesetzes zu Art. 30 GG nicht allein von Art. 83 GG ausgehen. Dieser Abschnitt regelt nicht nur die gesetzesakzessorische, sondern, wie dargelegt, auch die gesetzesfreie Bundesverwaltung. Auch für sie trifft er im einzelnen »andere Regelungen«, von denen in Art. 30 GG die Rede ist. Der VIII. Abschnitt trifft also nicht generell für die gesetzesfreie Verwaltung eine »andere Regelung« dahin, daß sie von dem in Art. 30 GG statuierten Vorrang der Länder ausgenommen ist.

4. a) Die Worte »Post- und Fernmeldewesen« in Art. 73 Nr. 7 GG und »Bundespost« in Art. 87 Abs. 1 GG bezeichnen dieselben Sachbereiche (siehe oben D II 3 c).[1] Nach Art. 73 Nr. 7 GG kann der Bund Errichtung und technischen Betrieb von Rundfunksendeanlagen regeln (siehe oben D II 2[2], 3, 4, 6, 7 und 8). Dementsprechend kann die Bundespost nach Art. 87 Abs. 1 GG solche Anlagen auch selbst errichten und betreiben. Der Bund hat also durch den Bau posteigener Sender, die zur Ausstrahlung eines zweiten Fernsehprogramms dienen sollen (siehe oben A III 1),[3] nicht gegen Art. 30 i.V.m. Art. 83 ff. GG verstoßen.

b) Die Veranstaltung von Rundfunksendungen gehört dagegen nicht zum »Post- und Fernmeldewesen« im Sinne von Art. 73 Nr. 7

---

[1] S. 229 f. [der amtlichen Sammlung].
[2] S. 226 ff. [der amtlichen Sammlung].
[3] S. 212 f. [der amtlichen Sammlung].

GG (siehe oben D II).[1] Für sie hat das Grundgesetz durch Art. 87 Abs. 1 GG, nach dem die »Bundespost« in bundeseigener Verwaltung geführt wird, keine »andere Regelung« im Sinne von Art. 30 GG getroffen. Die Gründung der Deutschland-Fernsehen-GmbH ist deshalb weder unmittelbar noch kraft Sachzusammenhangs (vgl. oben D II 6)[2] durch Art. 87 Abs. 1 GG gedeckt.

c) Die Kompetenz zur Regelung des Post- und Fernmeldewesens umfaßt nicht die Befugnis, die Leitgrundsätze gesetzlich zu normieren, die durch Art. 5 GG in materiell-rechtlicher und | organisatori- 249
scher Hinsicht für die Veranstaltung und die Veranstalter von Rundfunksendungen gefordert oder zugelassen werden (siehe oben D II,[3] insbesondere 3,[4] 5 und 6, sowie D III).[5] Daraus folgt, daß der Bund Verleihungen nach § 2 FAG und Verträge über die Benutzung von bundes(post-)eigenen Rundfunkanlagen nicht von »Auflagen« abhängig machen darf, die über den Bereich sendetechnischer Angelegenheiten hinausgehen.

Weiterreichende Verwaltungskompetenzen stehen dem Bund entgegen der Auffassung der Bundesregierung auch wegen Art. 1 Abs. 3 GG nicht zu. Diese Vorschrift ist ebensowenig wie Art. 5 GG eine Kompetenznorm. Zur Wahrung der Grundrechte sind Bund und Länder nach Maßgabe ihrer durch das Grundgesetz abgegrenzten Zuständigkeiten berufen. Zur Gewährleistung der »Rundfunkfreiheit« sind die Länder zuständig. Der Bund ist insofern auf die Einwirkungsmöglichkeiten beschränkt, die das Grundgesetz ihm für den Fall zuerkennt, daß ein Land das Grundgesetz außer acht läßt.

d) Die Gesetzgebungs- und Verwaltungskompetenz für die Veranstaltung von Rundfunksendungen steht also den Ländern zu. Die zur Ausstrahlung der Programme notwendigen sendetechnischen Anlagen unterliegen der Gesetzgebungskompetenz des Bundes (siehe aber oben D II 6[6] und 7). Der Bund verfügt nach Art 87 Abs. 1 GG auch über entsprechende Verwaltungsbefugnisse und ist insbesondere für die Zuteilung der Wellenbereiche an die Sender zuständig; er darf diese Zuteilung und den Abschluß von Verträgen über die Benutzung von bundeseigenen Sendeanlagen aber nur unter sendetechnischen

---

[1] S. 225 ff. [der amtlichen Sammlung].
[2] S. 237 ff. [der amtlichen Sammlung].
[3] S. 225 ff. [der amtlichen Sammlung].
[4] S. 228 ff. [der amtlichen Sammlung].
[5] S. 240 ff. [der amtlichen Sammlung].
[6] S. 237 ff. und 239 f. [der amtlichen Sammlung].

Gesichtspunkten vornehmen. Für die danach notwendige Zusammenarbeit von Bund und Ländern muß für beide Seiten der Grundsatz bundesfreundlichen Verhaltens maßgebend sein. Das gilt auch für den Bereich der sogenannten »Leitungstechnik«.

Mit dem Grundsatz bundesfreundlichen Verhaltens (vgl. unten II)[1]
250 wäre es nicht vereinbar, wenn der Bund den bestehenden | Rundfunkanstalten die von ihnen benutzten Wellenbereiche entziehen und sie bei der Verteilung der jetzt oder künftig zur Verfügung stehenden Frequenzen nicht gebührend nach Maßgabe der landesgesetzlichen Regelungen über die Veranstalter von Rundfunksendungen berücksichtigen würde. Gleiches würde gelten, wenn der Bund von seinen Verwaltungsbefugnissen unter Berufung auf das Funkregal in einer Weise Gebrauch machen würde, die darauf hinausliefe, diesen Anstalten das Verfügungsrecht über die in ihrem Eigentum stehenden und von ihnen betriebenen Sendeanlagen zu entziehen.

5. Die Gründung der Deutschland-Fernsehen-GmbH ist nicht deshalb mit Art. 30 und Art. 83 ff. GG vereinbar, weil das Grundgesetz in Art. 87 Abs. 1 GG Verwaltungskompetenzen des Bundes für auswärtige Angelegenheiten und gesamtdeutsche Fragen vorgesehen oder zugelassen hat.

Es kann offenbleiben, in welchem Umfang dem Bund unter diesem Gesichtspunkt Verwaltungskompetenzen für die Veranstaltung von Rundfunksendungen zustehen. Sie würden nicht weiter reichen als die Gesetzgebungsbefugnisse (siehe oben D III 2).[2] Sie könnten also allenfalls die Schaffung von Institutionen zur Veranstaltung von Rundfunksendungen rechtfertigen, die ausschließlich oder doch ganz überwiegend für das Ausland oder die Deutschen bestimmt sind, die außerhalb der Bundesrepublik Deutschland in deutschen Gebieten wohnen. Daß die Deutschland-Fernsehen-GmbH nicht ausschließlich oder ganz überwiegend solchen Zwecken dienen soll, bedarf keiner Begründung.

6. a) Die Gründung der Deutschland-Fensehen-GmbH kann schließlich unter dem Gesichtspunkt von Art. 30 und Art. 83 ff. GG auch nicht damit gerechtfertigt werden, daß die Veranstaltung von Rundfunksendungen eine »überregionale« Aufgabe sei, oder daß das Grundgesetz die Veranstaltung solcher Sendungen durch den Bund zugelassen habe, die der nationalen Repräsentation nach innen die-

---

[1] S. 254 ff. [der amtlichen Sammlung].
[2] S. 241 f. [der amtlichen Sammlung].

nen sollen. Der Bund hat hierfür keine Verwaltungs- und Gesetzgebungskompetenz aus der Natur der Sache. |

b) Eine Kompetenz aus der Natur der Sache ist begründet nach 251
dem »ungeschriebenen, im Wesen der Dinge begründeten, mithin einer ausdrücklichen Anerkennung durch die Reichsverfassung nicht bedürftigen Rechtssatz, wonach gewisse Sachgebiete, weil sie ihrer Natur nach eigenste, der partikularen Gesetzgebungszuständigkeit a priori entrückte Angelegenheiten des Reichs darstellen, vom Reiche und *nur* von ihm geregelt werden können« (Anschütz, HdbDStR I, 367; siehe BVerfGE 11, 89 [98 f.] und 11, 6 [17]). Diese Voraussetzungen für die Anerkennung einer natürlichen Bundeskompetenz gelten auch heute noch. Schlußfolgerungen aus der Natur der Sache müssen begriffsnotwendig sein und eine bestimmte Lösung unter Ausschluß anderer Möglichkeiten sachgerechter Lösung zwingend fordern (BVerfGE 11, 89 [99]).

Das ist hier nicht der Fall.

c) Funkwellen halten sich nicht an Ländergrenzen. Insofern zeigt die Veranstaltung und Ausstrahlung von Rundfunkprogrammen Wirkungen, die man als »überregional« bezeichnen mag. Diese physikalische »Überregionalität« ist aber nicht geeignet, eine natürliche Bundeszuständigkeit zu begründen.

Die Veranstaltung von Rundfunk- und insbesondere von Fernsehsendungen fordert beträchtliche finanzielle Aufwendungen. Deshalb ist das z.Zt. veranstaltete erste Fernsehprogramm zum überwiegenden Teil ein Gemeinschaftsprogramm, zu dem alle Rundfunkanstalten beitragen. Die hohen Kosten der Herstellung eines vollen Fernsehprogramms würden die finanziellen Möglichkeiten einzelner Anstalten übersteigen. Man mag insofern von einer finanziell bedingten »Überregionalität« der Veranstaltung von Fernsehsendungen sprechen. Die Überfordungen regionaler Finanzkraft kann aber nicht die Annahme rechtfertigen, nach der Natur der Sache sei der Bund zuständig (vgl. Köttgen, Die Kulturpflege und der Bund, in: Staats- und Verwaltungswissenschaftliche Beiträge, 1957, S. 183 [191]).

Eine natürliche Bundeszuständigkeit kann auch nicht aus der Tatsache hergeleitet werden, daß eine Aufgabe (z.B. die Veran- |
staltung eines Fernsehprogramms) nicht von jedem Land (der ein- 252
zelnen Rundfunkanstalt) gesondert, sondern von den Ländern (den Rundfunkanstalten) gemeinsam oder nach näherer Vereinbarung wahrgenommen wird. Die Tatsache der gemeinsamen oder koordinierten Erfüllung einer Aufgabe durch die Länder (die Rund-

funkanstalten) ist, gleichgültig welcher Art die Motive für die Zusammenarbeit sein mögen, für sich genommen kein Grund, der eine natürliche Bundeszuständigkeit rechtfertigen könnte. Es ist ein für den Bundesstaat entscheidender Unterschied, ob sich die Länder einigen, oder ob der Bund eine Angelegenheit auch gegen den Willen der Länder oder einzelner Länder gesetzgeberisch regeln und verwalten kann.

d) Aus der Notwendigkeit nationaler Repräsentation nach innen, d.h. der Selbstdarstellung der Nation vor der Bevölkerung der Bundesrepublik Deutschland, kann eine natürliche Bundeskompetenz zur Veranstaltung von Rundfunksendungen ebensowenig abgeleitet werden wie aus dem Gebot, die »kontinuitätsbewahrende Tradition« zu pflegen. Sicherlich ist es notwendig, diese Dinge von Staats wegen zu fördern. Es ist aber unverkennbar, daß mit ihnen Aufgaben bezeichnet sind, die sich einer näheren Bestimmung entziehen. Es gibt viele Institutionen und Veranstaltungen kultureller Art, die der nationalen Repräsentation nach innen zu dienen bestimmt sind. Letztlich kann das gesamte Erziehungs- und Bildungswesen als Pflege »kontinuitätsbewahrender Tradition« verstanden werden.

Für die Förderung dieser Aufgaben durch Rundfunksendungen gilt die Abgrenzung der Zuständigkeiten von Bund und Ländern durch das Grundgesetz. Der Bund wäre aus der Natur der Sache zur Veranstaltung solcher Sendungen nur dann zuständig, wenn es sich dabei um eigene, der Zuständigkeit der Länder von vornherein entrückte Angelegenheiten des Bundes handeln würde, die nur von ihm wahrgenommen werden könnten. Daran fehlt es. Aus der Natur der Aufgabe »nationale Repräsentation nach innen« und »Pflege kontinuitätsbewahrender Tradition« folgt *nicht* begriffsnotwendig, daß ihre För-
253 derung durch Rundfunk | sendungen des *Bundes* zwingend geboten ist (vgl. BVerfGE 11, 89 [98 f.]). Das gilt um so mehr, als der Einflußnahme des Bundes auf den Inhalt der Sendungen, ohne den ihr »nationalrepräsentativer« und die Tradition fördernder Charakter schwerlich erreicht werden könnte, durch Art. 5 GG enge Grenzen gezogen wären …

Die Gründung der Deutschland-Fernsehen-GmbH fällt also unter Art. 30 GG. Für sie hat das Grundgesetz eine »andere Regelung« im Sinne dieser Vorschrift zugunsten des Bundes weder getroffen noch zugelassen. Die Gründung der Deutschland-Fernsehen-GmbH verstößt demnach gegen Art. 30 i.V.m. Art. 83 ff. GG. |

II. 254

Im deutschen Bundesstaat wird das gesamte verfassungsrechtliche
Verhältnis zwischen dem Gesamtstaat und seinen Gliedern sowie
das verfassungsrechtliche Verhältnis zwischen den Gliedern durch
den ungeschriebenen Verfassungsgrundsatz von der wechselseitigen
Pflicht des Bundes und der Länder zu bundesfreundlichem Verhal-
ten beherrscht (vgl. Smend, Ungeschriebenes Verfassungsrecht im
monarchischen Bundesstaat, Festgabe für Otto Mayer, 1916,
S. 247 ff.). Das Bundesverfassungsgericht hat daraus eine Reihe
konkreter Rechtspflichten entwickelt. Im Zusammenhang mit Er-
wägungen über die Verfassungsmäßigkeit des sog. horizontalen Fi-
nanzausgleichs steht der Satz: »Das bundesstaatliche Prinzip be-
gründet seinem Wesen nach nicht nur Rechte, sondern auch Pflich-
ten. Eine dieser Pflichten besteht darin, daß die finanzstärkeren
Länder den schwächeren Ländern in gewissen Grenzen Hilfe zu lei-
sten haben« (BVerfGE 1, 117 [131]). Der Verfassungsgrundsatz
kann ferner in Fällen, in denen das Gesetz eine Verständigung zwi-
schen dem Bund und den Ländern fordert, eine gesteigerte Mitwir-
kungspflicht aller Beteiligten begründen und dazu führen, daß der
einer allseitigen Verständigung entgegenstehende unsachliche Wi-
derspruch eines der Beteiligten rechtlich unbeachtlich wird (BVerf-
GE 1, 299 [315 f.]). Bei der Entscheidung über die Gewährung von
Weihnachtszuwendungen an öffentliche Bedienstete haben die Län-
der Bundestreue zu wahren und deshalb auf das gesamte Finanzge-
füge von Bund und Ländern Rücksicht zu nehmen (BVerfGE 3, 52
[57]). Noch stärker tritt diese Rechtsschranke aus dem Gedanken
der Bundestreue bei der Ausübung von Gesetzgebungsbefugnissen
zu Tage: »Bleiben die Auswirkungen einer gesetzlichen Regelung
nicht auf den Raum des Landes begrenzt, so muß der Landesgesetz-
geber Rücksicht auf die Interessen des Bundes und der übrigen
Länder nehmen (BVerfGE 4, 115 [140]). Aus dem Verfassungs-
grundsatz der Pflicht zu bundesfreundlichem Verhalten kann sich
weiter die Pflicht der Länder zur Beachtung von völkerrechtlichen
Verträgen des Bundes ergeben (BVerfGE 6, 309 | [328, 361 f.]). 255
Unter Umständen kann schließlich ein Land mit Rücksicht auf sei-
ne Pflicht zur Bundestreue verpflichtet sein, im Wege der Kommu-
nalaufsicht gegen Gemeinden einzuschreiten, die durch ihre Maß-
nahmen in eine ausschließliche Bundeskompetenz eingreifen
(BVerfGE 8, 122 [138 ff.]). Auch bei der Wahrnehmung der Bun-
deskompetenzen auf dem Gebiet des Rundfunks ist, wie oben dar-

gelegt (vgl. I 4 d[1] und D II 7 b[2]), der Satz vom bundesfreundlichen Verhalten von grundsätzlicher Bedeutung.

Die bisherige Rechtsprechung läßt erkennen, daß sich aus diesem Grundsatz sowohl konkrete, über die in der bundesstaatlichen Verfassung ausdrücklich normierten verfassungsrechtlichen Pflichten hinausgehende, zusätzliche Pflichten der Länder gegenüber dem Bund und zusätzliche Pflichten des Bundes gegenüber den Ländern entwikkeln lassen als auch konkrete Beschränkungen in der Ausübung der dem Bund und den Ländern im Grundgesetz eingeräumten Kompetenzen ergeben.

Der vorliegende Fall gibt Veranlassung, den verfassungsrechtlichen Grundsatz von der Pflicht zu bundesfreundlichem Verhalten nach einer anderen Seite weiter zu entwickeln: Auch das procedere und der Stil der Verhandlungen, die zwischen dem Bund und seinen Gliedern und zwischen den Ländern im Verfassungsleben erforderlich werden, stehen unter dem Gebot bundesfreundlichen Verhaltens. In der Bundesrepublik Deutschland haben alle Länder den gleichen verfassungsrechtlichen Status; sie sind Staaten, die im Verkehr mit dem Bund Anspruch auf gleiche Behandlung haben. Wo immer der Bund sich in einer Frage des Verfassungslebens, an der alle Länder interessiert und beteiligt sind, um eine verfassungsrechtlich relevante Vereinbarung bemüht, verbietet ihm jene Pflicht zu bundesfreundlichem Verhalten, nach dem Grundsatz divide et impera zu handeln, d.h. auf die Spaltung der Länder auszugehen, nur mit einigen eine Vereinbarung zu suchen und die anderen vor den Zwang des Beitritts
256 zu stellen. | Jener Grundsatz verbietet es auch, daß die Bundesregierung bei Verhandlungen, die *alle* Länder angehen, die Landesregierungen je nach ihrer parteipolitischen Richtung verschieden behandelt, insbesondere zu den politisch entscheidenden Beratungen nur Vertreter der ihr parteipolitisch nahestehenden Landesregierungen zuzieht und die der Opposition im Bunde nahestehenden Landesregierungen davon ausschließt. Es ist in Fällen der hier erörterten Art das gute Recht der *einer* Partei angehörenden Politiker im Bund in den Ländern, zunächst einmal in politischen Gesprächen ihre Auffassungen zur Lösung des den Bund und alle Länder interessierenden Problems zu klären und miteinander abzustimmen, auch während der Verhandlungen zwischen Bund und Ländern sich über weitere ge-

---

[1] S. 249 f. [der amtlichen Sammlung].
[2] S. 239 f. [der amtlichen Sammlung].

meinsame Schritte zu verständigen. Die notwendigen Verhandlungen zwischen dem Bund und den Ländern, also zwischen den Regierungen und ihren Sprechern, müssen aber den oben dargelegten Grundsätzen entsprechen.

Die jahrelangen Bemühungen um eine Neuregelung des Rundfunkwesens traten in ein neues Stadium, als die Bundesregierung Anfang 1958 eine bundesgesetzliche Regelung in Aussicht nahm. Nachdem im Laufe des Jahres 1959 der Entwurf eines Bundesgesetzes mehrfach mit Vertretern der Länder erörtert worden war, einigten sich die Länder im Januar 1960 auf die Einsetzung einer Vierer-Kommission, der zwei christlich-demokratische und zwei sozialdemokratische Mitglieder von Landesregierungen angehörten; sie sollte für die Landesregierungen die Verhandlungen mit der Bundesregierung führen. Die Kommission wurde jedoch niemals von der Bundesregierung an Verhandlungen beteiligt. Nur eines ihrer Mitglieder, der der Christlich-demokratischen Union angehörende Ministerpräsident von Rheinland-Pfalz, hat – nicht in dieser Eigenschaft, sondern als Mitglied seiner Partei – an einer Reihe von Besprechungen teilgenommen, die zwischen Politikern und Abgeordneten der Christlich-Demokratischen und Christlich-Sozialen Union stattgefunden haben, unter denen auch Mitglieder der Bundesregierung waren (vgl. dazu das Schreiben | des Ministerpräsidenten von 257
Rheinland-Pfalz an den Bundesminister Dr. Schröder vom 17. November 1960). Er hat, soweit die Teilnehmer an diesen Gesprächen dahin übereinkamen, es auch übernommen, jene Kommission und die übrigen Landesregierungen zu informieren. In diesen Gesprächen wurden Vorschläge und Pläne erarbeitet und formuliert, die aber nicht zum Gegenstand von Verhandlungen der Bundesregierung mit den Landesregierungen oder mit der von ihnen gebildete Kommission gemacht wurden. Das gilt insbesondere von dem erstmals in einer dieser Besprechungen am 8. Juli 1960 aufgetauchten Gedanken, zur Veranstaltung eines zweiten Fernsehprogramms eine von Bund und Ländern zu gründende Gesellschaft mit beschränkter Haftung zu errichten, und von dem in einer weiteren ausschließlich Politikern der Christlich-Demokratischen und Christlich-Sozialen Union zugänglichen Sitzung am 15. Juli 1960 erörterten Entwurf eines Gesellschaftsvertrags, der am 25. Juli 1960 unterzeichnet werden sollte. Daß die von sozialdemokratischen Ministerpräsidenten geführten Landesregierungen über diese Pläne durch den Ministerpräsidenten von Rheinland-Pfalz mit Schreiben vom 16. Juli 1960 informiert und von ihm gleichzeitig mit den übrigen Ministerpräsi-

denten zu einer Beratung über die Pläne auf den 22. Juli 1960 eingeladen wurden, enthob die Bundesregierung nicht ihrer Verpflichtung, unmittelbar mit allen Landesregierungen über den von ihr gefaßten Plan zu verhandeln. Daß sie das unterließ, verstieß gegen die Pflicht zu bundesfreundlichem Verhalten.

Aber auch die Art, wie die Länder in den letzten Tagen vor Gründung der Gesellschaft durch die Bundesregierung behandelt wurden, ist mit dieser Pflicht unvereinbar. Sie wußte, daß die Ministerpräsidenten der Länder in dieser ihrer Eigenschaft zum ersten Male am 22. Juli 1960 Gelegenheit erhielten, über den Plan zu beraten, ein zweites Fernsehprogramm durch eine aus dem Bund und den Ländern gebildete Gesellschaft veranstalten zu lassen. Die Ministerpräsidenten, und zwar auch die der Christlich-Demokratischen und
258 Christlich-Sozialen Union angehören | den, akzeptierten den Vorschlag der Bundesregierung nicht vorbehaltlos, sondern machten Gegenvorschläge. Über das Ergebnis dieser Beratungen wurde die Bundesregierung durch Schreiben vom 22. Juli 1960 unterrichtet. Die Bundesregierung bestand gleichwohl darauf, daß am 25. Juli 1960 der Gesellschaftsvertrag in der von ihr vorgesehenen Form unterzeichnet werde. Das Schreiben der Bundesregierung trägt das Datum des 23. Juli 1960, ist in Bonn am 24. Juli 1960, 17 Uhr, aufgegeben und beim Adressaten, dem Ministerpräsidenten von Rheinland-Pfalz, am 25. Juli 1960, 16.15 Uhr, eingegangen, zu einer Zeit also, zu der der Gesellschaftsvertrag bereits notariell beurkundet war (vgl. dazu Schreiben des Ministerpräsidenten von Rheinland-Pfalz vom 17. November 1960). Ein solches Vorgehen ist schlechthin unvereinbar mit dem Gebot zu bundesfreundlichem Verhalten – auch dann, wenn die Bundesregierung Grund hatte, über den hinhaltenden Widerstand der Länder oder einiger Landesregierungen ungehalten zu sein. Es geht hier nicht darum, ob die Bundesregierung die Verhandlungen mit den Ländern als gescheitert betrachten und den nach ihrer Überzeugung verfassungsrechtlich zulässigen Weg zur Gründung der Gesellschaft ohne Beteiligung der Länder beschreiten durfte, sondern darum, daß jede Landesregierung als das verfassungsmäßige Organ eines Gliedstaats der Bundesrepublik Deutschland von der Bundesregierung erwarten durfte, daß diese auf Gegenvorschläge der Länder, die einem *neuen* Plan galten, nicht mit vollendeten Tatsachen antwortet – und dies innerhalb unangemessen kurzer Frist.

Der Pflicht zu bundesfreundlichem Verhalten widerstreitet schließlich die Art der Gründung der Gesellschaft. Es geht wiederum

nicht um die Frage, ob die Bundesregierung den Plan der nach ihrer Auffassung verfassungsrechtlich unbedenklichen Gründung der Gesellschaft verwirklichen durfte. Es lassen sich Situationen denken, in denen der Bund im Interesse der Länder eine Gesellschaft gründet, in der neben ihm ein »Treuhänder« für die Länder als Gesellschafter auftritt. Wenn aber, wie hier, klar ist, daß die Länder nicht willens sind, sich an der vom Bund beab|sichtigten Gesellschaft mit be- 259
schränkter Haftung zu beteiligen, dann verstößt der Bund gegen das Gebot zu bundesfreundlichem Verhalten, wenn er sich einen »Treuhänder« für die Länder sucht und mit dessen Hilfe die von den Ländern abgelehnte Gesellschaft gründet.

Das Verhalten der Bundesregierung gipfelt in dem Gründungsakt, der die Gesellschaft ins Leben rief. Die Verfassungswidrigkeit der Prozedur haftet deshalb dem Gründungsakt derart an, daß die durch ihn geschaffene Situation auch aus diesem Grunde nicht zum Ausgangspunkt einer verfassungsrechtlich zulässigen Betätigung entsprechend dem Gesellschaftszweck werden kann. In diesem Sinn verstößt die Gründung der Gesellschaft gegen das verfassungsrechtliche Gebot zu bundesfreundlichem Verhalten.

III.

Es kann dahin gestellt werden, ob und inwieweit ein Land – mit Rücksicht auf den Grundsatz bundesfreundlichen Verhaltens – gegen den Bund auch einen verfassungsrechtlichen Anspruch darauf hat, daß der Bund die gemeinsame Verfassungsordnung nicht in einer Weise mißachtet, die die Interessen der Länder als Gliedstaaten des Bundesstaats verletzt. Jedenfalls sind der – noch darzulegende – Gehalt des Art. 5 GG und die darin enthaltene bundesverfassungsrechtliche Garantie der Freiheit des Rundfunks von so fundamentaler Bedeutung für das gesamte öffentliche, politische und verfassungsrechtliche Leben in den Ländern, daß diese vom Bund verlangen können, daß er im Bereich des Rundfunkwesens die durch das Grundgesetz gewährleistete Freiheit unangetastet läßt. Diese verfassungsrechtliche Position des Gliedstaates im Bundesstaat kann das Land gegen den Bund in einem Verfassungsrechtsstreit gemäß Art. 93 Abs. 1 Nr. 3 GG, §§ 68 ff. BVerfGG verteidigen. Deshalb kann in diesem Rechtsstreit auch gerügt werden, der Bund habe durch die Gründung der Gesellschaft Art. 5 GG verletzt.

Art. 5 GG enthält mehr als nur das individuelle Grundrecht des
260 Bürgers gegen den Staat auf Respektierung einer Freiheits | sphäre, innerhalb welcher er seiner Meinung ungehindert äußern kann. Durch Art. 5 Abs. 1 Satz 2 GG ist insbesondere auch die institutionelle Eigenständigkeit der Presse von der Beschaffung der Informationen bis zur Verbreitung der Nachricht und der Meinung gewährleistet (BVerfGE 10, 118 [121]). Dieser Verfassungsgarantie widerspräche es, die Presse oder einen Teil von ihr unmittelbar oder mittelbar von Staats wegen zu reglementieren oder zu steuern. Eine Einflußnahme des Staates wäre mit dieser verfassungsmäßigen Garantie der Pressefreiheit nur vereinbar, wenn sie wegen der Konkurrenz mit der Fülle der vom Staat unabhängigen Zeitungen und Zeitschriften an dem Bild der freien Presse substantiell nichts ändern würde.

Die Bedeutung des Art. 5 GG für den Rundfunk kann nicht ohne Rücksicht auf den eben dargelegten Inhalt des Art. 5 gewürdigt werden. Unbeschadet einer noch zu erörternden Besonderheit des Rundfunkwesens gehört der Rundfunk ebenso wie die Presse zu den unentbehrlichen modernen Massenkommunikationsmitteln, durch die Einfluß auf die öffentliche Meinung genommen und diese öffentliche Meinung mitgebildet wird. Der Rundfunk ist mehr als nur »Medium« der öffentlichen Meinungsbildung; er ist ein eminenter »Faktor« der öffentlichen Meinungsbildung. Diese Mitwirkung an der öffentlichen Meinungsbildung beschränkt sich keineswegs auf die Nachrichtensendungen, politischen Kommentare, Sendereihen über politische Probleme der Gegenwart, Vergangenheit oder Zukunft; Meinungsbildung geschieht ebenso in Hörspielen, musikalischen Darbietungen, Übertragungen kabarettistischer Programme bis hinein in die szenische Gestaltung einer Darbietung. Jedes Rundfunkprogramm wird durch die Auswahl und Gestaltung der Sendungen eine gewisse Tendenz haben, insbesondere soweit es um die Entscheidung darüber geht, was nicht gesendet werden soll, was die Hörer nicht zu interessieren braucht, was ohne Schaden für die öffentliche Meinungsbildung vernachlässigt werden kann, und wie das Gesendete geformt und gesagt werden soll. Bei solcher Betrachtung wird deutlich, daß
261 für den Rundfunk als einem neben der Presse | stehenden, mindestens gleich bedeutsamen, unentbehrlichen modernen Massenkommunikationsmittel und Faktor der öffentlichen Meinungsbildung die institutionelle Freiheit nicht weniger wichtig ist als für die Presse. In Art. 5 GG kommt das eindeutig zum Ausdruck, wenn Abs. 1 Satz 2 neben der Pressefreiheit »die Freiheit der Berichterstattung durch Rundfunk und Film« gewährleistet.

Damit ist noch nichts über den Weg gesagt, auf dem diese Freiheit des Rundfunks im allgemeinen und die der Berichterstattung durch Rundfunk im besonderen gesichert werden muß, damit dem Art. 5 GG Genüge getan ist. Hier wird die Besonderheit bedeutsam, durch die sich der Rundfunk von der Presse unterscheidet. Zwar ist es unrichtig, daß Zeitungsverlage, Zeitungsdruckereien und Zeitungen in beliebiger Anzahl neu gegründet und unterhalten werden können. Der Unterschied zwischen Presse und Rundfunk besteht aber darin, daß innerhalb des deutschen Pressewesens eine relativ große Zahl von selbständigen und nach ihrer Tendenz, politischen Färbung oder weltanschaulichen Grundhaltung miteinander konkurrierenden Presseerzeugnissen existiert, während im Bereich des Rundfunks sowohl aus technischen Gründen als auch mit Rücksicht auf den außergewöhnlich großen finanziellen Aufwand für die Veranstaltung von Rundfunkdarbietungen die Zahl der Träger solcher Veranstaltungen verhältnismäßig klein bleiben muß. Diese Sondersituation im Bereich des Rundfunkwesens erfordert besondere Vorkehrungen zur Verwirklichung und Aufrechterhaltung der in Art. 5 GG gewährleisteten Freiheit des Rundfunks. Eines der diesem Zweck dienlichen Mittel ist das Prinzip, nach dem die bestehenden Rundfunkanstalten aufgebaut sind: Für die Veranstaltung von Rundfunksendungen wird durch Gesetz eine juristische Person des öffentlichen Rechts geschaffen, die dem staatlichen Einfluß entzogen oder höchstens einer beschränkten staatlichen Rechtsaufsicht unterworfen ist; ihre kollegialen Organe sind faktisch in angemessenem Verhältnis aus Repräsentanten aller bedeutsamen politischen, weltanschaulichen und gesellschaftlichen
Grup | pen zusammengesetzt; sie haben die Macht, die für die Pro- 262
grammgestaltung maßgeblichen oder mitentscheidenden Kräfte darauf zu kontrollieren und dahin zu korrigieren, daß den im Gesetz genannten Grundsätzen für eine angemessen anteilige Heranziehung aller am Rundfunk Interessierten Genüge getan wird. Es steht mit Art. 5 GG nicht in Widerspruch, wenn einer mit solchen Sicherungen ausgestatteten Institution unter den gegenwärtigen technischen Gegebenheiten und auf Landesebene ein Monopol für die Veranstaltung von Rundfunkdarbietungen eingeräumt wird; aus Art. 5 GG folgt aber keinesfalls die Notwendigkeit, ein solches Monopol für eine Institution im Lande zu begründen.

Art. 5 GG fordert zu Sicherung der Freiheit auf dem Gebiet des Rundfunks allerdings nicht die in den Landesrundfunkgesetzen gefundene und für die Rundfunkanstalten des Bundesrechts übernommene Form. Insbesondere ist es von der Bundesverfassung nicht gefordert, daß Veranstalter von Rundfunksendungen nur Anstalten des öffentlichen Rechts sein können. Auch eine rechtsfähige Gesellschaft des privaten Rechts könnte Träger von Veranstaltungen dieser Art sein, wenn sie nach ihrer Organisationsform hinreichende Gewähr bietet, daß in ihr in ähnlicher Weise wie in der öffentlich-rechtlichen Anstalt alle gesellschaftlich relevanten Kräfte zu Wort kommen, und die Freiheit der Berichterstattung unangetastet bleibt. Gegen eine solche Gesellschaft besteht von Verfassungs wegen kein Bedenken, wenn beispielsweise durch Gesetz eine die spezifischen Zwecke des Rundfunks, insbesondere die Erhaltung seiner institutionellen Freiheit sichernde besondere Gesellschaftsform zur Verfügung gestellt und jede, den angegebenen Erfordernissen genügende Gesellschaft, die Rundfunksendungen veranstaltet, einer Staatsaufsicht ähnlich etwa der Banken- oder Versicherungsaufsicht unterworfen wird.

Art. 5 GG verlangt jedenfalls, daß dieses moderne Instrument der Meinungsbildung weder dem Staat noch *einer* gesellschaftlichen Gruppe ausgeliefert wird. Die Veranstalter von Rundfunkdarbietun-
263 gen müssen also so organisiert werden, daß alle in | Betracht kommenden Kräfte in ihren Organen Einfluß haben und im Gesamtprogramm zu Wort kommen können, und daß für den Inhalt des Gesamtprogramms Leitgrundsätze verbindlich sind, die ein Mindestmaß von inhaltlicher Ausgewogenheit, Sachlichkeit und gegenseitiger Achtung gewährleisten. Das läßt sich nur sicherstellen, wenn diese organisatorischen und sachlichen Grundsätze durch Gesetz allgemein verbindlich gemacht werden. Art. 5 GG fordert deshalb den Erlaß solcher Gesetze.

Aus Art. 5 GG kann nicht hergeleitet werden, daß die Veranstalter von Rundfunksendungen notwendig Eigentümer oder Verfügungsberechtigte über die sendetechnischen Anlagen sein und als Veranstalter notwendig auch das Recht besitzen müßten, diese Anlagen zu betreiben. Art. 5 GG hindert nicht, daß auch Vertretern des Staates in den Organen des »neutralisierten« Trägers der Veranstaltungen ein angemessener Anteil eingeräumt wird. Dagegen schließt Art. 5 GG aus, daß der Staat unmittelbar oder mittelbar eine Anstalt oder Gesellschaft beherrscht, die Rundfunksendungen veranstaltet.

Die durch notariellen Vertrag vom 25. Juli 1960 gegründete Deutschland-Fernsehen-GmbH, deren Zweck »die Veranstaltung von Fernseh-Rundfunksendungen (ist), die den Rundfunkteilnehmern in ganz Deutschland und im Ausland ein umfassendes Bild Deutschlands vermitteln sollen«, bestand ursprünglich aus der Bundesrepu-

blik Deutschland und dem Bundesminister Schäffer als Gesellschaftern; seit dem Ausscheiden des Gesellschafters Schäffer, der »für die Länder der Bundesrepublik Deutschland« seine Stammeinlage übernommen hatte, ist alleiniger Gesellschafter die Bundesrepublik Deutschland. Die Gesellschaft ist also völlig in der Hand des Staates. Sie ist ein Instrument des Bundes, sie wird kraft der verfassungsmäßigen Kompetenzen der Bundesregierung und des Bundeskanzlers von diesen beherrscht. Diese Feststellung kann nicht durch den Hinweis auf den Inhalt des Gründungsvertrages und der nur einen Bestandteil des Vertrags bildenden Satzung der Gesellschaft entkräftet werden. Selbst wenn man unterstellt, daß die Gesellschaftsorgane,
insbesondere | der Aufsichtsrat und der Intendant, in relativer Unab- 264
hängigkeit arbeiten, und daß die satzungsgemäßen Grundsätze für die Programmgestaltung dem Gebot des Art. 5 GG, der institutionellen Freiheit des Rundfunks, zur Zeit Rechnung tragen, bleibt entscheidend, daß das Gesellschaftsrecht und die Gesellschaftssatzung keine Gewähr gegen eine Veränderung der gegenwärtigen Gestalt der Gesellschaft bieten. Ebenso wie aus Anlaß des Ausscheidens des Gesellschafters Schäffer die Satzung geändert worden ist, kann sie auch sonst jederzeit geändert werden. Die »Gesellschafterversammlung« kann jede Änderung beschließen, kann schließlich auch die Auflösung und Neugründung der Gesellschaft mit neuen Organen (einschließlich der damit verbundenen personellen Veränderungen) beschließen. Es ist ein elementarer Unterschied, ob die oben angegebenen organisatorischen Vorkehrungen und sachlichen Leitgrundsätze zum Zwecke der Erhaltung der Freiheit des Rundfunks in einem Gesetz oder in einem Gesellschaftsvertrag enthalten sind.

Gründung und Existenz der Deutschland-Fernsehen-GmbH verstoßen demnach gegen Art. 5 GG.

13 Art. 3 Abs. 1, Art. 93 Abs. 1 Nr. 4 a, Art. 103 Abs. 1, GG; §§ 90, 93 Abs. 1 BVerfGG

Nachträgliche Geltendmachung der Verletzung rechtlichen Gehörs – eingeschränkte verfassungsgerichtliche Kontrolle bei der Urteilsverfassungsbeschwerde – Auslegung und Anwendung des sogenannten einfachen Rechts – willkürliche Rechtsanwendung

BVerfGE 18, 85–97 – Spezifisches Verfassungsrecht

85 **1. Über die Grenzen der Nachprüfung gerichtlicher Entscheidungen durch das Bundesverfassungsgericht.**

2. Die Rüge der Verletzung des rechtlichen Gehörs ist unzulässig, wenn sie in einer auf andere Grundrechtsverletzungen gestützten Verfassungsbeschwerde erst nach Ablauf der Beschwerdefrist (§ 93 Abs. 1 BVerfGG) erhoben wird.

Beschluß des Ersten Senats vom 10. Juni 1964 – 1 BvR 37/63 –

Sachverhalt: *Die Beschwerdeführerin, eine Patentanmelderin, wandte sich mit der Verfassungsbeschwerde gegen einen Beschluß des Bundespatentgerichts. Sie hatte bestimmte kosmetische Produkte zum Patent angemeldet. Auf Einwendungen des Deutschen Patentamtes hin zog sie die Anmeldung für einen Teil der Produkte zurück. Gestützt auf § 24 Abs. 3 PatG begehrte eine Konkurrentin, die gegen die Patenterteilung Einspruch erhoben hatte, Akteneinsicht. § 24 Abs. 3 PatG in der damals gültigen Fassung eröffnete auf Antrag die Möglichkeit, in die Akten bekanntgemachter Patentanmeldungen und erteilter Patente Einsicht zu nehmen, soweit nicht Patentsucher oder Patentinhaber ein entgegengesetztes schutzwürdiges Interesse dartun. Das Bundespatentgericht gewährte der Konkurrentin Einsicht in alle Akten, auch soweit sie Produkte betrafen, für die die Beschwerdeführerin die Patentanmeldung zurückgezogen hatte.*

Mit der im Ergebnis erfolglosen Verfassungsbeschwerde rügte die Bf. eine Verletzung von Art. 3 Abs. 1, Art. 14 und im nachhinein auch von Art. 103 Abs. 1 GG.

Aus den Gründen:

89 Die Rüge, das Bundespatentgericht habe ihr zum Beweis der gewerblichen Ausführbarkeit des zurückgenommenen Teils der Erfindung keine Gelegenheit gegeben und dadurch das Grundrecht aus Art. 103 Abs. 1 GG auf rechtliches Gehör verletzt, hat die Beschwerdeführerin erstmals im Schriftsatz vom 20. September 1963 erhoben. Nach § 92 BVerfGG muß die Verfassungsbeschwerde angeben, in welchem Recht und durch welche Handlung oder Unterlassung der Beschwerdeführer verletzt sein soll. Diese Angaben müssen innerhalb der Beschwerdefrist (§ 93 Abs. 1 BVerfGG) gemacht werden (vgl. BVerfGE 5, 1). Das schließt nicht aus, die Begründung der Verfassungsbeschwerde nachträglich in tatsächlicher und rechtlicher Hinsicht zu ergänzen. Dies darf jedoch nicht dazu führen, daß nach Fristablauf ein neuer Sachverhalt – hier: die Verweigerung des rechtlichen Gehörs durch das Bundespatentgericht – zum Gegenstand der Verfassungsbeschwerde gemacht wird. Da die angegriffene Entscheidung am 27. Dezember 1962 zugestellt worden war, ist die Rüge aus Art. 103 Abs. 1 GG verspätet (§§ 92, 93 Abs. 1 BVerfGG). …

II. … 92

3. Ist hiernach das vom Bundesverfassungsgericht angewandte einfache Recht mit Art. 14 GG vereinbar, so bleibt über den Hauptangriff der Verfassungsbeschwerde zu entscheiden, das Bundespatentgericht habe dieses einfache Recht in einer Weise ausgelegt und angewandt, die das Grundrecht des Eigentums verletze.

a) Die Gerichte haben bei der Auslegung und Anwendung von einfachem Recht, insbesondere von Generalklauseln, den grundgesetzlichen Wertmaßstäben Rechnung zu tragen. Verfehlt ein Gericht diese Maßstäbe, so verletzt es als Träger öffentlicher Gewalt die außer acht gelassenen Grundrechtsnormen; sein Urteil muß auf eine Verfassungsbeschwerde hin vom Bundesverfassungsgericht aufgehoben werden (BVerfGE 7, 198 [207][1]; 12, 113 [124]; 13, 318 [325]).

Andererseits würde es dem Sinn der Verfassungsbeschwerde und der besonderen Aufgabe des Bundesverfassungsgerichts nicht gerecht werden, wollte dieses ähnlich wie eine Revisionsinstanz die unbeschränkte rechtliche Nachprüfung von gerichtlichen Entscheidungen um deswillen in Anspruch nehmen, weil eine unrichtige Entscheidung möglicherweise Grundrechte des unterlegenen Teils berührt. Die Gestaltung des Verfahrens, die Feststellung und Würdigung des Tatbestandes, die Auslegung des einfachen Rechts und seine Anwendung auf den einzelnen Fall sind allein Sache der dafür allgemein zuständigen Gerichte und der Nachprüfung durch das Bundesverfassungsgericht entzogen; nur bei einer Verletzung von spezifischem Verfassungsrecht durch die Gerichte kann das Bundesverfassungsgericht auf Verfassungsbeschwerde hin eingreifen (vgl. BVerfGE 1, 418 [420]). Spezifisches Verfassungsrecht ist aber nicht schon dann verletzt, wenn eine Entscheidung, am einfachen Recht gemessen, objektiv fehlerhaft | ist; der Fehler muß gerade 93
in der Nichtbeachtung von Grundrechten liegen.

Freilich sind die Grenzen der Eingriffsmöglichkeiten des Bundesverfassungsgerichts nicht immer allgemein klar abzustecken; dem richterlichen Ermessen muß ein gewisser Spielraum bleiben, der die Berücksichtigung der besonderen Lage des Einzelfalls ermöglicht. Allgemein wird sich sagen lassen, daß die normalen Subsumtionsvorgänge innerhalb des einfachen Rechts so lange der Nachprüfung des Bundesverfassungsgerichts entzogen sind, als nicht Auslegungsfehler sichtbar werden, die auf einer grundsätzlich unrichtigen Anschauung von der Bedeutung eines Grundrechts, insbesondere vom Umfang seines Schutzbe-

---

[1] BVerfGA Nr. 5.

reichs beruhen und auch in ihrer materiellen Bedeutung für den konkreten Rechtsfall von einigem Gewicht sind. Eine Grundrechtswidrigkeit liegt noch nicht vor, wenn die Anwendung einfachen Rechts durch den hierzu zuständigen Richter zu einem Ergebnis geführt hat, über dessen »Richtigkeit« (in dem allgemeinen Sinne von »Sachgemäßheit« oder »Billigkeit«) sich streiten läßt, insbesondere wenn bei einer dem Richter durch gesetzliche Generalklauseln aufgetragenen Abwägung widerstreitender Interessen die von ihm vorgenommene Wertung fragwürdig sein mag, weil sie den Interessen der einen oder der anderen Seite zu viel oder zu wenig Gewicht beigelegt hat.[1]

b) Das Bundesverfassungsgericht hat nicht feststellen können, daß der angefochtene Beschluß eine Grundrechtsverletzung in diesem Sinne enthält. [*Wird ausgeführt.*]

96 III.

Auch eine Art. 3 Abs. 1 GG verletzende Willkür läßt die Begründung des Bundespatentgerichts nicht erkennen. Eine solche ist nicht schon dann gegeben, wenn die Rechtsanwendung oder das eingeschlagene Verfahren Fehler enthalten. Hinzukommen muß vielmehr, daß Rechtsanwendung und Verfahren bei einer verständigen Würdigung der das Grundgesetz beherrschenden Gedanken nicht mehr verständlich sind und sich daher der Schluß aufdrängt, daß sie auf sachfremden Erwägungen beruhen (BVerfGE 3, 1 [7]).

Hier kann, wie oben ausgeführt, das wirtschaftliche Interesse des Anmelders an der Geheimhaltung des Teils seiner Erfindung, den er auf Entgegenhaltung zurückgenommen hat, ein durchaus verschiedenes Gewicht haben: Rücknahmen auf Grund von druckschriftlichen Entgegenhaltungen aus dem Stande der Technik sind endgültig, der Inhalt der zurückgenommenen Erfindung daher weniger wichtig; eine
97 Zurücknahme wegen des Mangels | der Patentreife kann aber eine vorläufige sein, der zurückgenommene Teil einer Anmeldung bedarf dann eher der Geheimhaltung. Die Gleichbehandlung dieser beiden, in ihrer wirtschaftlichen Bedeutung verschiedenen Fälle mag fehlerhaft und rechtsirrtümlich sein, jedoch können die Erwägungen des Bundespatentgerichts nicht als sachfremd und willkürlich gewertet werden.

---

[1] Zu Fallgruppen intensiverer verfassungsgerichtlicher Nachprüfung fachgerichtlicher Entscheidungen im Rahmen der Verfassungsbeschwerde siehe etwa BVerfGE 61, 1 [6] (BVerfGA Nr. 55); BVerfGE 67, 213 [222 f.] (BVerfGA Nr. 60) und BVerfGE 83, 130 [145] (BVerfGA Nr. 87) jew. m.w.N.

14 Art. 2 Abs. 1 GG

Allgemeine Handlungsfreiheit – Verbot mit Erlaubnisvorbehalt und Erlaubnis mit Verbotsvorbehalt – Verhältnismäßigkeitsprinzip – Gesetzesvorbehalt – Erforderlichkeit inhaltlicher Normierung des Verwaltungshandelns – verfassungskonforme Auslegung

BVerfGE 20, 150–162 – Sammlungsgesetz

Zu den verfassungsrechtlichen Anforderungen an einen gesetzlichen Erlaubnisvorbehalt. 150

Urteil des Ersten Senats vom 5. August 1966 auf die mündliche Verhandlung vom 3. Mai 1966 – 1 BvF 1/61 –

Sachverhalt: *Gegenstand der abstrakten Normenkontrolle (Art. 93 Abs. 1 Nr. 2 GG) war das Sammlungsgesetz von 1934 in der Fassung vom 23. Oktober 1941 (RGBl. I S. 654). Nach Auffassung der Antragsteller, der Fraktionen des Deutschen Bundestages, wies das mittlerweile als Polizeirecht in die Kompetenz der Länder fallende Sammlungsgesetz einen ausgesprochen totalitären Charakter auf und verstieß gegen zahlreiche Bestimmungen des Grundgesetzes.*

Das Gericht erklärte das Sammlungsgesetz für nichtig.

Aus den Gründen:

Das Sammlungsgesetz ist mit dem Grundgesetz nicht vereinbar. 153

I.

Nach seinem Inhalt lassen sich beim Sammlungsgesetz drei Vorschriftengruppen unterscheiden:

1. Die §§ 1–6 erklären Sammlungen und sammlungsähnliche Veranstaltungen für genehmigungspflichtig und bestimmen, welche Art von Sammlungen hierunter fallen und was sammlungsähnliche Veranstaltungen sind. Nach § 7 ist die Genehmigung nur für eine bestimmte Zeit zu erteilen; sie kann jederzeit widerrufen und von Bedingungen abhängig gemacht werden. § 8 verbietet die öffentliche Ankündigung von Sammlungen und sammlungsähnlichen Veranstal-

tungen vor Erteilung der Genehmigung. Diese Vorschriften werden durch die §§ 4–6 der Verordnung zur Durchführung des Sammlungsgesetzes vom 14. Dezember 1934 (RGBl. I S. 1250 – I. DVO SammlG –) sachlich ergänzt. In ihnen ist bestimmt, unter welchen Voraussetzungen Veranstaltungen im Sinne des Sammlungsgesetzes »nur genehmigt werden« dürfen.

2. Die zweite Gruppe enthält Vorschriften zur Überwachung der genehmigten Sammlungen und der sammelnden Organisationen. Nach § 9 hat die Behörde bei Vereinigungen, Stiftungen, Anstalten, sonstigen Unternehmen und Einzelpersonen, die eine öffentliche Sammlung oder sammlungsähnliche Veranstaltung durchführen (Sammlungsträger), weitgehende Kontrollrechte (Bücher- und Kassenprüfung, Auskunftsrecht, Recht zur Entsendung eines Vertreters).
154 Die Behörde kann den Sammlungsträger | bei Vorliegen gewisser Voraussetzungen unter Verwaltung stellen (§§ 10, 11); sie hat die Befugnis, Unternehmen aufzulösen und über die Verwendung des Unternehmensvermögens bzw. Sammlungsertrages nach ihrem Ermessen zu entscheiden (§ 10 Abs. 2–4, § 11 Abs. 2–4). Die Entscheidung der Behörde über die Anordnung der Verwaltung wird als endgültig bezeichnet (§ 10 Abs. 1 Satz 2, § 11 Abs. 1 Satz 2). Gesammelte Erträge dürfen nicht ohne Genehmigung einem anderen Zweck zugeführt werden (§ 12).

3. § 13 bewehrt die §§ 1–12 mit Gefängnisstrafen bis zu 6 Monaten und mit Geldstrafe oder mit einer dieser Strafen. § 14 läßt die Einziehung von Erträgen ungenehmigter Sammlungen zu; ist eine Einziehung nicht möglich, so kann eine Verfallserklärung ausgesprochen werden. Über die Verwendung entscheidet die zuständige Behörde. Nach § 15 findet das Gesetz keine Anwendung auf die NSDAP und ihre Gliederungen sowie auf Kollekten innerhalb der Kirchen. § 16 ermächtigt zum Erlaß der »zur Durchführung erforderlichen Rechtsverordnungen und allgemeinen Verwaltungsvorschriften«.

II.

Die in den §§ 1–6 des Sammlungsgesetzes als Sammlungen und sammlungsähnlichen Veranstaltungen umschriebenen Betätigungen sind Ausfluß der in Art. 2 Abs. 1 GG gewährleisteten allgemeinen Handlungsfreiheit. Dieses Grundrecht wird durch die für diese Tatbestände angeordneten Genehmigungsvorbehalte eingeschränkt. Die gesetzliche Regelung müßte also durch eine der drei Schranken dieses Grundrechts gerechtfertigt sein. In Betracht kommt nur die Schranke der »verfassungsmäßigen Ordnung«. Das Sammlungsgesetz müßte also formell und inhaltlich mit der Verfassung voll vereinbar sein (vgl. BVerfGE 6, 32 [36 ff., bes. 41])[1]. Dies ist nicht der Fall.

1. Aus der im Rahmen des Art. 2 Abs. 1 GG gewährleisteten allgemeinen Handlungsfreiheit folgt unmittelbar das Recht, die hieraus sich ergebenden Einzelbefugnisse zu verwirklichen. Das bedeutet jedoch nicht, daß der Gesetzgeber schlechthin gehindert wäre, die *Ausübung* solcher Befugnisse zu überwachen; er | kann – unter Berück- 155
sichtigung der verfassungsrechtlichen Grundentscheidungen – ein präventives Prüfungsverfahren anordnen und darf die Rechtsausübung von einer behördlichen Erlaubnis abhängig machen (BVerfGE 8, 71 [76]). Voraussetzung ist jedoch, daß das angewendete Mittel den Grundsätzen rechtsstaatlichen Verwaltungshandelns, insbesondere dem Gebot der Verhältnismäßigkeit entspricht. Das Prüfungsverfahren muß der Gefahr angepaßt sein, der es begegnen soll. Art und Umfang der staatlichen Kontrolle müssen der tatsächlichen Situation, für die sie geschaffen wird, adäquat sein.

Einem rechtsstaatlich ausgestalteten Erlaubnisvorbehalt kommt in diesem Bereich legitimerweise die Aufgabe zu, die Behörden rechtzeitig zur vorbeugenden Prüfung bei solchen Umständen und Vorgängen einzuschalten, die erfahrungsgemäß häufig Ordnungswidrigkeiten mit sich bringen. Die gesetzliche Verpflichtung, eine Erlaubnis einzuholen, besagt daher nicht, daß die erlaubnispflichtige Tätigkeit als solche verboten sei, sondern nur, daß mit der Rechtsausübung erst begonnen werden darf, wenn die Gesetzmäßigkeit des Vorhabens in einem geordneten Verfahren geprüft und festgestellt ist. Die rechtliche Bedeutung der Erlaubnis besteht also darin, daß eine vorläufige Sperre, die der Rechtsausübung zunächst gesetzt ist, aufgehoben wird.

Da das Grundrecht des Art. 2 Abs. 1 GG aber nicht nur die allgemeine Handlungsfreiheit als solche, sondern auch die Ausübung der in ihr enthaltenen Befugnisse gewährleistet, muß der Grundrechtsträger notwendigerweise einen Rechtsanspruch auf die Erlaubnis haben, wenn die gesetzlichen Voraussetzungen des objektiven Rechts vorliegen. Dem Wesen des Grundrechts entspricht ein Erlaubnisvorbehalt hiernach dann, wenn er das materielle, aus dem Grundrecht fließende Recht als solches unberührt läßt, und dem Grundrechtsträger in dem einfachen Gesetz, das den Erlaubnisvorbehalt enthält, das Recht ein-

---

1 BVerfGA Nr. 3.

geräumt ist, die Aufhebung der formellen Ausübungsschranke zu verlangen.

Diesen Erfordernissen widersprechen die Genehmigungsvorbehalte nach dem Sammlungsgesetz in mehrfacher Richtung: |

156 Dem Sammlungsgesetz liegt »das Sammelprimat der NSDAP, ihrer Gliederungen und ihrer angeschlossenen Verbände« zugrunde (Pfundtner-Neubert, Das neue Deutsche Reichsrecht I b 19 S. 19). Für diese politischen Einrichtungen war keine staatliche Genehmigung vorbehalten, wenn sie Sammlungen oder sammlungsähnliche Veranstaltungen durchführen wollten (§ 15 Nr. 3). Im Bereich der daneben noch verbliebenen Sammlungstätigkeit war das Genehmigungsverfahren in erster Linie als ein Lenkungsmittel zur Verfolgung staatspolitisch erwünschter Ziele und zur Unterbindung politisch nicht genehmer Zwecke gedacht. Seiner Funktion nach sollte der Genehmigungsvorbehalt vornehmlich dazu dienen, eine politisch erwünschte Ordnung im Spendenwesen zu schaffen und das Spenden in die vom Staat geförderte Richtung zu lenken. Die Behörden wurden ermächtigt, das Sammlungswesen nach ihrem Ermessen zu steuern und die individuelle Spendentätigkeit zu reglementieren. Das entsprach der damaligen staatspolitischen Tendenz, die allgemein die Lenkung als Verwaltungsaufgabe ansah, wobei sich der staatliche Führungsanspruch weitgehend auch auf die individuelle Lebensgestaltung erstreckte und subjektiv-öffentliche Rechte gegenüber der Verwaltung grundsätzlich nicht anerkannt wurden.

Dieser Grundanschauung, die in besonderem Maße auch in dem zum Vollzug des Sammlungsgesetzes ergangenen Runderlaß des Reichs- und Preuß. Minister des Innern vom 14. Dezember 1934 (MBliV S. 1531) zum Ausdruck gekommen ist, entsprechen die tatbestandlichen Voraussetzungen und die rechtstechnische Ausgestaltung der Genehmigungsvorbehalte: Das Gesetz bestimmt in den §§ 1–6, welche Sammlungen und sammlungsähnlichen Veranstaltungen der behördlichen Genehmigung bedürfen. Die Genehmigung darf »nur« erteilt werden, wenn die in den §§ 4–6 der I. DVOSammlG genannten Voraussetzungen vorliegen. Durch diese Fassung ist zum Ausdruck gebracht, daß eine Genehmigung schlechthin dann ausscheidet, wenn die dort genannten Umstände nicht vorliegen; dagegen normieren weder das Gesetz selbst noch die Durch-
157 führungsverordnung solche Voraussetzun | gen, bei deren Vorliegen die Behörde rechtlich verpflichtet wäre, die nachgesuchte Genehmigung zu erteilen. Es handelt sich somit nicht um eine gebundene, sondern um eine freie Genehmigung, bei der die Entscheidung im freien Ermessen der

Behörde liegt. Der Sammlungsträger hat keinen Rechtsanspruch auf die Genehmigung, auch wenn er nachweist, daß die in der Durchführungsverordnung aufgestellten Mindesterfordernisse gegeben sind.

Nach ihrem materiellen Gehalt handelt es sich bei den Genehmigungsvorbehalten des Sammlungsgesetzes um Verbote mit einem Befreiungsvorbehalt. Das Sammeln und die sammlungsähnlichen Veranstaltungen werden im Prinzip nicht als erlaubt angesehen mit der Möglichkeit, rechtswidriges Verhalten zu verbieten, sondern als grundsätzlich verboten mit der »Chance«, von diesem Verbot eine Befreiung zu erhalten. Die Genehmigung besagt nicht mehr nur, daß dem Vorhaben keine gesetzlichen Hindernisse entgegenstehen, sondern gestattet die Tätigkeit erst. Die Genehmigung ist nicht lediglich eine zur präventiven Kontrolle vorgesehene *formelle* Voraussetzung für die rechtmäßige Ausübung einer an sich nicht verbotenen Betätigung, sondern enthält der Sache nach die Aufhebung eines repressiven Verbotes des objektiven Rechts. Sie ist somit eine *materielle* Voraussetzung für das Recht überhaupt. Durch die Genehmigung wird das Recht, eine Sammlung oder sammlungsähnliche Veranstaltung durchzuführen, erst konstitutiv begründet.

Die aus Art. 2 Abs. 1 GG sich ergebende Befugnis, im Rahmen von Sammlungen und sammlungsähnlicher Veranstaltung karitativ tätig zu werden, ist also dem Grund nach durch einfaches Gesetz beseitigt, ohne daß das öffentliche Interesse dies erfordert. Die Regelung enthält ein generelles Verbot grundrechtlicher Betätigung. Darüber hinaus sind die Genehmigungsvorbehalte grundrechtswidrig, weil dem Sammlungsträger kein Rechtsanspruch auf die Genehmigung eingeräumt ist.

2. Der Grundsatz der Gesetzmäßigkeit der Verwaltung und das Prinzip der Gewaltenteilung, das die Exekutive – jedenfalls | im Bereich der Eingriffsverwaltung – auf die Ausführung der Gesetze beschränkt, gebietet, daß der Gesetzgeber im Bereich der Grundrechtsausübung die der staatlichen Eingriffsmöglichkeit offenliegende Rechtssphäre selbst abgrenzt und dies nicht dem Ermessen der Verwaltungsbehörde überläßt. Das Gesetz muß die Tätigkeit der Verwaltung inhaltlich normieren (BVerfGE 6,32 [42][1]; 8, 71 [76], 274 [325]; 9, 83 [87]; 13, 153 [160]). Hält es der Gesetzgeber für erforderlich, der Ausübung grundrechtlicher Befugnisse ein Genehmigungsverfahren vorzuschalten, so muß sich aus der Rechtsvorschrift selbst ergeben, welche Voraussetzungen für die Erteilung der Geneh- 158

[1] BVerfGA Nr. 3.

migung gegeben sein müssen, bzw. aus welchen Gründen die Genehmigung versagt werden darf.

Auch in dieser Richtung hält das Sammlungsgesetz einer verfassungsrechtlichen Prüfung nicht stand: Die Genehmigungsvorbehalte enthalten keine tatbestandsmäßige Festlegung der Genehmigungsvoraussetzungen. Im Gesetz selbst fehlt jeder Hinweis, nach welchen Merkmalen die Behörde zu entscheiden hat, wenn die Genehmigung einer Sammlung oder sammlungsähnlichen Veranstaltung beantragt wird. Die in den §§ 4–6 I. DVOSammlG enthaltenen Voraussetzungen binden die Verwaltung nur insoweit, als eine beantragte Genehmigung in jedem Fall versagt werden muß, wenn diese nicht vorliegen; die Behörde ist jedoch nicht gehindert, die Genehmigung auch aus anderen Gründen zu versagen. Die Versagungsgründe der I. DVOSammlG sind nur Beispiele und stellen keine tatbestandsmäßige fest umrissene Regelung dar; auch gesetzlich nicht normierte Versagungsgründe können einer behördlichen Entscheidung zugrunde gelegt werden. Nicht das Gesetz selbst, sondern die Verwaltung bestimmt abschließend die Gesichtspunkte, die die Versagung einer Genehmigung rechtfertigen können. Das entspricht der grundsätzlichen Tendenz des Gesetzes, die auf eine umfassende behördliche Lenkung des Sammlungswesens ausgerichtet ist. Auch die bis in die neueste Zeit geübte Verwaltungspraxis geht hiervon aus, wie verschiedene zum Sammlungsgesetz ergangene Ländererlasse und die von den
159 Ländern Bayern und Nordrhein-Westfalen vorge | legten Unterlagen ergeben (vgl. auch Urteil BVerwG vom 28. September 1965 – DÖV 1965 S. 848). Hiernach haben sich die Behörden – jedenfalls teilweise – für befugt erachtet, nach ihrer Auffassung das Sammlungswesen zu steuern und die Genehmigung selbst dann zu versagen, wenn die in den §§ 4–6 der I. DVOSammlG festgelegten Mindestvoraussetzungen vorlagen.

Da die Entscheidungsbefugnisse der Verwaltung im Bereich der Versagungsgründe somit durch das Gesetz nicht ausreichend festgelegt sind, ist die Regelung auch insoweit verfassungswidrig.

3. Der verfassungsmäßigen Ordnung entspricht eine gesetzliche Regelung von Befugnissen, die aus einem Grundrecht hergeleitet werden können, nur dann, wenn alle tatbestandlichen Voraussetzungen – also auch die negativen – *inhaltlich* mit dem Grundgesetz in Einklang stehen. Ist ein Genehmigungsverfahren zulässigerweise angeordnet, so müssen also die Gründe, die eine Versagung der behördlichen Erlaubnis ermöglichen, durch legitime öffentliche Interessen gerechtfertigt sein. Das gleiche gilt, wenn das Gesetz zuläßt, daß die

Erteilung der Genehmigung von Bedingungen, Auflagen oder zeitlichen Begrenzungen abhängig gemacht wird. Je mehr der gesetzliche Eingriff elementare Äußerungen der menschlichen Handlungsfreiheit berührt, um so sorgfältiger müssen die zur Rechtfertigung vorgebrachten Gründe gegen den grundsätzlichen Freiheitsanspruch des Bürgers abgewogen werden (BVerfGE 17, 306 [314]).

Unter Berücksichtigung dieser Gesichtspunkte sind jedenfalls solche Versagungsgründe nicht gerechtfertigt, die eine Lenkung und Reglementierung des Sammlungswesens nach der Auffassung der Behörden ermöglichen. Das Bundesverwaltungsgericht hält daher zutreffend § 4 der I. DVOSammlG für grundrechtswidrig, soweit diese Vorschrift die Genehmigung von einem »hinreichenden öffentlichen Bedürfnis« abhängig macht (BVerwGE 10, 199 [201]). Ihm ist auch darin zuzustimmen, daß eine nach dem Belieben der Behörde ausgesprochene Befristung von Sammlungen (§ 7 Abs. 1) dann mit dem Grundrecht der freien karitativen Betätigung nicht in Einklang steht,
wenn hiermit das Ziel verfolgt | wird, das Sammlungswesen nach der 160
Auffassung der Behörde zu steuern (Urteil BVerwG vom 28. September 1965 a.a.O.).

4. Die die Genehmigungsvorbehalte anordnenden Vorschriften des Sammlungsgesetzes können auch im Wege verfassungskonformer Auslegung nicht aufrechterhalten werden.

Das Sammlungsgesetz entstammt dem Verwaltungsdenken des totalitären Staates. Damals genossen die wirklichen oder vermeintlichen Staatsinteressen den unbedingten Vorrang vor der individuellen Freiheit des Staatsbürgers. Verfassungskräftige Grundrechte gab es nicht mehr und subjektiv-öffentliche Rechte gegenüber der Verwaltung wurden nicht anerkannt. Das Gesetz sollte ein Instrument der Machthaber zur Sicherung der NSDAP und ihrer Gliederungen sein und diente zur Bekämpfung der freien Wohlfahrtstätigkeit und der Kirchen. Das ist der Grund, warum der Verwaltung eine im Ergebnis unbegrenzte Ermächtigung für die Genehmigungspraxis eingeräumt ist und zwar ohne bindende Vorschriften, wann die Genehmigung erteilt werden muß.

Auf Grund der dem zuständigen Minister in § 16 erteilten Befugnis zum Erlaß von Durchführungs- und Ausführungsvorschriften können die Genehmigungs- und Versagungsgründe jeweils von der Verwaltung geändert werden; sie ist ermächtigt, Vorschriften normativen Inhalts zu erlassen. Wie verschiedene in den Ländern der Bundesrepublik ergangene Erlasse zeigen, ist hiervon auch noch nach dem Inkrafttreten des Grundgesetzes Gebrauch gemacht worden. In ihnen ist durch die Bestreitung jeglichen Rechtsanspruchs und die Festlegung sehr detaillierter Genehmigungsbedingungen der Vorrang der staatlichen Lenkungsbefugnis im Sammlungswesen zum Ausdruck gebracht.

Selbst wenn die in den §§ 1–6 des Sammlungsgesetzes normierten Genehmigungsvorbehalte im Hinblick auf das Rechtsstaatsprinzip in ein gebundenes Erlaubnisverfahren mit einem Rechtsanspruch auf die Genehmigung umgedeutet werden könnten – wie das Bundesverwaltungsgericht in BVerwGE 10, 199 annimmt –, bliebe offen, ob die
161 gesetzliche Regelung im übrigen, insbesondere | hinsichtlich der Tatbestände, für die eine Genehmigung vorbehalten ist, den Intentionen eines demokratischen, die freiheitliche Grundordnung achtenden Gesetzgebers entspräche. Durch rechtsstaatliche Umdeutung erhielte also die auf die damaligen Verhältnisse und Anschauungen abgestellte Regelung den Charakter einer rechtsstaatlichen Dauereinrichtung, und der normative Gehalt eines entscheidenden Teiles des Sammlungsgesetzes würde neu bestimmt. Das kann nicht durch einen Spruch des Bundesverfassungsgerichts geschehen, sondern muß dem Gesetzgeber überlassen bleiben.

5. Bei dieser Rechtslage kann dahinstehen, ob die Normen, die die Überwachung genehmigter Sammlungen und der Sammlungsträger betreffen, mit dem Grundgesetz in Einklang stehen. Im Hinblick auf die Nichtigkeit der Genehmigungsvorbehalte sind die übrigen Vorschriften des Gesetzes und die Durchführungsverordnungen wegen ihres engen Zusammenhanges mit diesen Vorbehalten gegenstandslos geworden. Es bedarf auch keiner Entscheidung, ob das Sammlungsgesetz gegen andere Vorschriften der Verfassung verstößt …

15 Art. 5 Abs. 1 Satz 1, Abs. 2 GG

Begriff der Pressefreiheit – Funktion der Pressefreiheit in der repräsentativen Demokratie – Pressefreiheit als Institutsgarantie und Individualgrundrecht – Reichweite der Pressefreiheit – einschränkende Gesetze im Sinne des Art. 5 Abs. 2 – Abwägungsgebot zwischen Pressefreiheit und Schutz der Bundesrepublik Deutschland – Verhältnismäßigkeit strafprozessualer Zwangsmaßnahmen

BVerfGE 20, 162–230 – Spiegel-Urteil

162 **Zur Frage der Verfassungsmäßigkeit von Durchsuchungen in Presseräumen.**

Teilurteil des Ersten Senats vom 5. August 1966 auf die mündliche Verhandlung vom 25., 26. und 27. Januar 1966 – BvR 586/62, 610/63 und 512/64 –

Sachverhalt: *Gegenstand der durch den Spiegel-Verlag Rudolf Augstein GmbH u. Co.KG eingelegten Verfassungsbeschwerde waren u.a. Durchsuchungsanordnungen des Ermittlungsrichters und deren Bestätigung durch den Bundesgerichtshof, aufgrund derer die Räume des Spiegel-Verlags in Hamburg und der Redaktion in Bonn von Oktober bis November 1962 durchsucht wurden. Anlaß der Durchsuchung und späteren Beschlagnahme umfangreichen Materials war ein Artikel in der Ausgabe vom 10. Oktober 1962 des Nachrichtenmagazins »Spiegel« mit dem Titel »Bedingt abwehrbereit«, in dem die militärische Situation der Bundesrepublik Deutschland und der NATO sowie militärische und strategische Probleme und Zukunftspläne erörtert wurden. Der gegen den Verlagsleiter und Herausgeber Rudolf Augstein und den verantwortlichen Redakteur gerichtete Durchsuchungs- und Haftbefehl stützte sich auf den Verdacht des Landesverrats nach § 100 Abs. 1 StGB.*[1]

Die insbesondere gegen den Durchsuchungsbefehl, die Beschlagnahmebeschlüsse des Ermittlungsrichters und gegen die diese Maßnahmen des Ermittlungsverfahrens bestätigenden Beschlüsse des Bundesgerichtshofs erhobene Verfassungsbeschwerde hatte bei Stimmengleichheit im Senat keinen Erfolg.

Aus den Gründen:

1. Eine freie, nicht von der öffentlichen Gewalt gelenkte, keiner Zen- 174
sur unterworfene Presse ist ein *Wesenselement* des freiheitlichen Staates; insbesondere ist eine freie, regelmäßig erscheinende politische Presse für die moderne Demokratie unentbehrlich. Soll der Bürger politische Entscheidungen treffen, so muß er umfassend informiert sein, aber auch die Meinungen kennen und gegeneinander abwägen können, die andere sich gebildet haben. Die Presse hält diese ständige Diskussion in Gang; sie beschafft die Informationen, nimmt
selbst dazu Stellung und wirkt damit als orien | tierende Kraft in der 175
öffentlichen Auseinandersetzung. In ihr artikuliert sich die öffentliche Meinung; die Argumente klären sich in Rede und Gegenrede, gewinnen deutliche Konturen und erleichtern so dem Bürger Urteil und Entscheidung. In der repräsentativen Demokratie steht die Presse zu-

[1] Die in dieser Entscheidung genannten Bestimmungen des Strafgesetzbuches beziehen sich auf die Bekanntmachung der Neufassung vom 25. August 1953 (BGBl. I S. 1083) mit späteren Änderungen, die der Strafprozeßordnung auf das Gesetz vom 1. Februar 1877 (RGBl. S. 253) zur Zeit der Durchsuchung zuletzt geändert durch Gesetz vom 26. Juli 1957 (BGBl. I S. 861).

gleich als ständiges Verbindungs- und Kontrollorgan zwischen dem Volk und seinen gewählten Vertretern in Parlament und Regierung. Sie faßt die in der Gesellschaft und ihren Gruppen unaufhörlich sich neu bildenden Meinungen und Forderungen kritisch zusammen, stellt sie zur Erörterung und trägt sie an die politisch handelnden Staatsorgane heran, die auf diese Weise ihre Entscheidungen auch in Einzelfragen der Tagespolitik ständig am Maßstab der im Volk tatsächlich vertretenen Auffassungen messen können.

So wichtig die damit der Presse zufallende »öffentliche Aufgabe« ist, so wenig kann diese von der organisierten staatlichen Gewalt erfüllt werden. Presseunternehmen müssen sich im gesellschaftlichen Raum frei bilden können. Sie arbeiten nach privatwirtschaftlichen Grundsätzen und in privatrechtlichen Organisationsformen. Sie stehen miteinander in geistiger und wirtschaftlicher Konkurrenz, in die die öffentliche Gewalt grundsätzlich nicht eingreifen darf.

2. Der Funktion der freien Presse im demokratischen Staat entspricht ihre Rechtsstellung nach der Verfassung. Das Grundgesetz gewährleistet in Art. 5 die Pressefreiheit. Wird damit zunächst – entsprechend der systematischen Stellung der Bestimmung und ihrem traditionellen Verständnis – ein subjektives Grundrecht für die im Pressewesen tätigen Personen und Unternehmen gewährt, das seinen Trägern Freiheit gegenüber staatlichem Zwang verbürgt und ihnen in gewissen Zusammenhängen eine bevorzugte Rechtsstellung sichert, so hat die Bestimmung zugleich eine objektiv-rechtliche Seite. Sie garantiert das Institut »Freie Presse«. Der Staat ist – unabhängig von subjektiven Berechtigungen Einzelner – verpflichtet, in seiner Rechtsordnung überall, wo der Geltungsbereich einer Norm die Presse berührt, dem Postulat ihrer Freiheit Rechnung zu tragen. Freie
176 Gründung | von Presseorganen, freier Zugang zu den Presseberufen, Auskunftspflichten der öffentlichen Behörden sind prinzipielle Folgerungen daraus; doch ließe sich etwa auch an eine Pflicht des Staates denken, Gefahren abzuwehren, die einem freien Pressewesen aus der Bildung von Meinungsmonopolen erwachsen könnten.

Die in Art. 5 GG gesicherte Eigenständigkeit der Presse reicht von der Beschaffung der Information bis zur Verbreitung der Nachrichten und Meinungen (BVerfGE 10, 118 [121]; 12, 205 [260][1]). Deshalb gehört zur Pressefreiheit auch ein gewisser Schutz des Vertrauensverhältnisses zwischen Presse und privaten Informanten. Er ist unentbehrlich, da die Presse auf private Mitteilungen nicht verzichten

---

[1] BVerfGA Nr. 12.

kann, diese Informationsquelle aber nur dann ergiebig fließt, wenn sich der Informant grundsätzlich darauf verlassen kann, daß das »Redaktionsgeheimnis« gewahrt bleibt.

3. Die Pressefreiheit birgt die Möglichkeit in sich, mit anderen, vom Grundgesetz geschützten Werten in Konflikt zu geraten; es kann sich dabei um Rechte und Interessen Einzelner, der Verbände und Gruppen, aber auch der Gemeinschaft selbst handeln. Für die Regelung solcher Konflikte verweist das Grundgesetz auf die allgemeine Rechtsordnung, unter der auch die Presse steht. Rechtsgüter anderer wie der Allgemeinheit, die der Pressefreiheit im Rang mindestens gleichkommen, müssen auch von ihr geachtet werden. Die in gewisser Hinsicht bevorzugte Stellung der Presseangehörigen ist ihnen um ihrer Aufgabe willen und nur im Rahmen dieser Aufgabe eingeräumt. Es handelt sich nicht um persönliche Privilegien; Befreiungen von allgemein geltenden Rechtsnormen müssen nach Art und Reichweite stets von der Sache her sich rechtfertigen lassen.

Die Verweisung auf die allgemeine Rechtsordnung kommt in Art. 5 Abs. 2 GG zum Ausdruck; wonach die Pressefreiheit ihre Schranken in den allgemeinen Gesetzen findet. Das Bundesverfassungsgericht hat sich in der Entscheidung vom 15. Januar 1958 (BVerfGE 7, 198 [208 ff.][1]) über das Verhältnis der Meinungsfreiheit zu den allgemeinen Gesetzen geäußert. Danach wird zwar die Meinungsfreiheit
durch die allgemeinen Gesetze begrenzt; | diese selbst sind aber stets 177
im Blick auf die Meinungsfreiheit auszulegen und daher in ihrer diese beschränkenden Wirkungen gegebenenfalls selbst wieder einzuschränken. Diese Grundsätze gelten sinngemäß auch für die Pressefreiheit; sie gewinnen hier sogar besondere Bedeutung, da Äußerungen in der Presse in der Regel zur Bildung der öffentlichen Meinung beitragen wollen, also zunächst die Vermutung der Zulässigkeit für sich haben, auch wenn sie die Rechtssphäre anderer berühren (aaO, Seite 212). Der Sinn dieses Urteils, angewandt auf die Pressefreiheit, liegt also darin, diese vor einer Relativierung durch die allgemeinen Gesetze – und die sie anwendenden Gerichte – zu bewahren und durch den Zwang, die Auslegung der allgemeinen Gesetze stets an dem Grundwert der Pressefreiheit zu orientieren, ihr den angemessenen Raum zu sichern und jede Einengung der Pressefreiheit zu verhindern, die nicht von der Rücksicht auf mindestens gleichwertige Rechtsgüter unbedingt geboten ist. Die objektiv-rechtliche, institutio-

[1] BVerfGA Nr. 5.

nelle Seite der Pressefreiheit, ihre Auswirkung als Wertmaßstab und Auslegungsgrundsatz für die allgemeine Rechtsordnung, tritt hier besonders hervor.

4. Die Vorschriften über den Landesverrat (§§ 99, 100 StGB) sind »allgemeine Gesetze« im Sinne des Art. 5 Abs. 2 GG. Gegen ihre Verfassungsmäßigkeit bestehen keine begründeten Zweifel. Namentlich greifen die gelegentlich geäußerten Bedenken wegen nicht genügend bestimmter Fassung des Straftatbestandes (Art. 103 Abs. 2 GG) nicht durch. Die Vorschriften sind auch bei verfassungsgemäßer Auslegung insoweit nicht verfassungswidrig, als sie die Offenbarung von Staatsgeheimnissen durch Presseveröffentlichungen, den »publizistischen Landesverrat«, umfassen.

Der Schutz des Bestandes der Bundesrepublik Deutschland nach außen, den die Strafrechtsnormen über den Landesverrat bezwecken, gerät mit der Pressefreiheit in Konflikt, wenn die Presse Tatsachen, Gegenstände oder Erkenntnisse veröffentlicht, deren Geheimhaltung dem Interesse der Landesverteidigung entsprechen würde. Dieser Konflikt kann nicht von vornherein und allgemein mit der Begrün-
178 dung gegen die Pressefreiheit entschieden | werden, diese habe den Bestand der Bundesrepublik Deutschland zur notwendigen Voraussetzung und gehe mit dessen Verlust auch selbst zugrunde. Denn unter dem Bestand der Bundesrepublik Deutschland, den es zu schützen und zu erhalten gilt, ist nicht nur ihr organisatorisches Gefüge, sondern auch ihre freiheitliche demokratische Grundordnung zu verstehen. Dieser ist es eigen, daß die Staatsgeschäfte, einschließlich der militärischen, zwar von den hierfür zuständigen staatlichen Organen geführt werden, aber der ständigen Kritik oder Billigung des Volkes unterstehen.

Aus dieser Sicht sind die Notwendigkeit der militärischen Geheimhaltung im Interesse der Staatssicherheit und die Pressefreiheit keine sich ausschließenden Gegensätze. Beide sind vielmehr durch das höhere Ziel, den Bestand der Bundesrepublik Deutschland – im recht verstandenen Sinn – zu sichern, einander zugeordnet. Im Blick auf dieses Ziel sind daher Konflikte zwischen beiden Staatsnotwendigkeiten zu lösen. Dabei ist im Einzelfall die Bedeutung der mitgeteilten Tatsachen usw. sowohl für den potentiellen Gegner wie für die politische Urteilsbildung des Volkes zu berücksichtigen; die Gefahren, die der Sicherheit des Landes aus der Veröffentlichung erwachsen können, sind gegen das Bedürfnis, über wichtige Vorgänge auch auf dem Gebiete der Verteidigungspolitik unterrichtet zu werden, abzuwägen. In diesem Sinne übt Art. 5 Abs. 1 GG bei der Auslegung der genannten Strafvorschriften einen grundsätzlich einschränkenden Einfluß aus.

Die Prüfung der Durchsuchungsanordnung unter Verwendung der dargelegten verfassungsrechtlichen Maßstäbe hat zu dem Ergebnis geführt, daß gemäß § 15 Abs. 2 Satz 4 BVerfGG eine Verletzung des Art. 5 Abs. 1 Satz 2 GG bei der Anwendung des materiellen Strafrechts nicht festgestellt werden kann. [*Wird ausgeführt.*]

Die Notwendigkeit, der Pressefreiheit und ihrer Bedeutung für die 186
freiheitliche demokratische Grundordnung bei der Auslegung und Anwendung der allgemeinen Gesetze Rechnung zu tragen, gilt auch für die Strafprozeßordnung, besonders für strafprozessuale Zwangsmaßnahmen wie Durchsuchungen und Beschlagnahmen, die wegen einer Presseveröffentlichung oder im Zusammenhang damit bei einem Presseunternehmen oder einem beteiligten Presseangehörigen vorgenommen werden.

Diese Zwangsmaßnahmen, deren Anordnung in das Ermessen des Richters oder der sonst zuständigen Stellen gestellt ist, enthalten schon ihrer Natur nach regelmäßig einen erheblichen Eingriff in die grundrechtlich geschützte Lebenssphäre der Betroffenen, namentlich in die Grundrechte der Art. 2 und 13 GG. Ihre Anwendung steht daher
von vornherein unter dem allgemeinen | Rechtsgrundsatz der Verhält- 187
nismäßigkeit (BVerfGE 19, 342 [348–349]; 17, 108 [117]; 16, 194 [202]). Der jeweilige Eingriff muß in angemessenem Verhältnis zu der Schwere der Straftat und der Stärke des bestehenden Tatverdachts stehen; ferner muß gerade diese Zwangsmaßnahme zur Ermittlung und Verfolgung der Straftat erforderlich sein; dies ist nicht der Fall, wenn andere, weniger einschneidende Mittel zur Verfügung stehen. Schließlich muß die Durchsuchung den Erfolg versprechen, geeignete Beweismittel zu erbringen.

Bei Durchsuchungen und Beschlagnahmen in Presseunternehmen fällt zusätzlich der mögliche oder wahrscheinliche Eingriff in die Pressefreiheit ins Gewicht. Dies betrifft zunächst die Behinderung in der Ausübung des Grundrechts, die infolge der Durchsuchung und Beschlagnahme – z.B. durch Sperre von notwendigen Arbeitsräumen oder durch die Vorenthaltung von für die laufende Arbeit erforderlichem Material – eintreten kann, mehr noch aber den Einbruch in das Redaktionsgeheimnis, der regelmäßig mit diesen Zwangsmaßnahmen verbunden ist. Da das Vertrauensverhältnis zwischen der Presse und ihren Mitarbeitern und Informanten eine wesentliche Voraussetzung für die Funktionsfähigkeit eines Presseorgans bildet und eine Gefährdung dieses Vertrauensverhältnisses geeignet sein kann, über den vorliegenden Einzelfall hinaus nachteilige Auswirkungen auf andere Presseorgane und damit für die Pressefreiheit überhaupt nach sich zu ziehen, besteht hier zwangsläufig ein Konflikt zwischen dem Interesse an der Strafverfolgung und dem Schutz der Pressefreiheit, der mit Hilfe der in der oben zitierten Rechtsprechung des Bundesverfassungsgerichts entwickelten Güterabwägung zu lösen ist.

Es ist grundsätzlich Aufgabe des Gesetzgebers, diese Güterabwägung vorzunehmen. Die Strafprozeßordnung trägt diesem Erfordernis nur beschränkt Rechnung: Die einschlägigen Vorschriften (§§ 53 Abs. 1 Nr. 5, 97 Abs. 5 StPO) betreffen nur den Fall, daß eine Veröffentlichung strafbaren Inhalts vorliegt und deswegen eine Strafver-
188 folgung des Verfassers, Einsenders oder | Informanten in Betracht
kommt. Sie gehen von der sog. Garantenhaftung aus, wonach im Interesse des Vertrauensverhältnisses zwischen Informant und Presseangehörigen eine Erschwerung der Strafverfolgung hingenommen werden soll, wenn wenigstens ein Redakteur der betreffenden Druckschrift wegen der Veröffentlichung bestraft ist oder bestraft werden kann. Dabei sind die presserechtlichen Vorschriften zu berücksichtigen, wonach für Presseveröffentlichungen strafbaren Inhalts in periodischen Druckschriften den »verantwortlichen Redakteur«, u.U. auch andere an der Herstellung und Verbreitung der Veröffentlichung der betreffenden Druckschrift beteiligte Presseangehörige eine verschärfte strafrechtliche Verantwortung trifft. Sind diese Voraussetzungen der Garantenhaftung erfüllt, so gilt für den verantwortlichen Redakteur oder andere beteiligte Presseangehörige das Zeugnisverweigerungsrecht des § 53 Abs. 1 Nr. 5 StPO und – um eine Umgehung des Zeugnisverweigerungsrechts zu verhüten – das Verbot der Beschlagnahme bei den genannten Presseangehörigen nach § 97 Abs. 5 StPO sowie das von der Rechtsprechung hieraus abgeleitete Durchsuchungsverbot. Das Beschlagnahmeverbot gilt nach der Neufassung der genannten Vorschriften durch das Dritte Strafrechtsänderungsgesetz vom 4. August 1953 (BGBl. I S. 735) nur für die Ermittlung der Person des Verfassers, Einsenders oder Informanten der strafbaren Veröffentlichung, dagegen nicht für alle schriftlichen Mitteilungen zwischen den zeugnisverweigerungsberechtigten Presseangehörigen und den Informanten oder Aufzeichnungen der Presseangehörigen über die ihnen anvertrauten Mitteilungen.

Ein Schutz des Redaktionsgeheimnisses ist nicht vorgesehen, wenn sich die Ermittlung gegen einen Informanten einer nicht strafbaren Veröffentlichung richtet, sowie im Ermittlungsverfahren gegen den verantwortlichen Redakteur oder einen anderen Presseangehöri-

gen als Beschuldigten. Der betreffende Presseangehörige darf zwar in dieser Eigenschaft jede Aussage verweigern; jedoch unterliegen die Durchsuchung und Beschlagnahme bei ihm keiner Beschränkung, auch soweit sich diese Maßnahmen auf | Schriftstücke beziehen, aus 189
denen sich der Name des Informanten ergeben kann.

Inzwischen haben sämtliche Länder in ihren Landespressegesetzen neue Vorschriften erlassen, die trotz erheblicher Unterschiede im einzelnen durchweg den Schutz des Redaktionsgeheimnisses verstärken, dabei von der Garantenhaftung abgehen und das Beschlagnahme- und Durchsuchungsverbot in gewissem Umfang auch vom Zeugnisverweigerungsrecht gelöst haben. Die Frage, ob diese Vorschriften sich im Rahmen der Kompetenz des Landesgesetzgebers halten, bedarf im vorliegenden Fall keiner Entscheidung, da in dem hier maßgebenden Zeitpunkt des Erlasses des Durchsuchungsbefehls als gesetzliche Grundlage nur die Strafprozeßordnung in Betracht kam.

Da die genannten Vorschriften der Strafprozeßordnung den Schutz des Redaktionsgeheimnisses jedenfalls teilweise verwirklichlichen, sind sie als solche mit Art. 5 Abs. 1 Satz 2 GG vereinbar. Diese Vorschriften enthalten keine erschöpfende Regelung. Sie schließen nicht aus, daß bei der Ausübung des richterlichen Ermessens, ob und in welchem Umfange eine Durchsuchung oder Beschlagnahme angeordnet werden soll, der Schutz des Redaktionsgeheimnisses in stärkerem Maße berücksichtigt wird. Mangels einer gesetzlichen Neuregelung war es daher in dem hier maßgebenden Zeitpunkt Aufgabe des Richters, die gebotene Abwägung unter Berücksichtigung der wertsetzenden Bedeutung des Grundrechts der Pressefreiheit vorzunehmen. …

Die weitere Prüfung der Durchsuchungsanordnung unter Verwen- 191
dung der unter E dargelegten verfassungsrechtlichen Maßstäbe hat zu dem Ergebnis geführt, daß gemäß § 15 Abs. 2 Satz 4 BVerfGG eine Verletzung des Art. 5 Abs. 1 Satz 2 GG bei der Anwendung der Strafprozeßordnung nicht festgestellt werden kann.

[*Die Auffassung der vier die Entscheidung nicht tragenden Richter, die von einer Verletzung des Grundrechts der Pressefreiheit durch die Durchsuchungsanordnung ausgehen, ist wie folgt zusammengefaßt*:]

3. Zusammenfassend ist festzustellen: Bei dem Erlaß der Durchsu- 207
chungsanordnung ist die durch den Grundsatz der Verhältnismäßigkeit und die Wertentscheidung des Art. 5 Abs. 1 Satz 2 GG gebotene Abwägung außer acht gelassen worden. Eine diesen Erfordernissen Rechnung tragende Gesetzesanwendung hätte im vorliegenden Fall

zu dem Ergebnis führen müssen, daß eine derart umfassende Durchsuchung einen unverhältnismäßigen Eingriff darstellte.

Die Schwere des Delikts des Landesverrats und die potentielle Gefährdung der Staatssicherheit durch den Verrat militärischer Geheimnisse dürfen allein nicht ausreichen, um den Schutz der Pressefreiheit grundsätzlich zurücktreten zu lassen, und prozessuale Zwangsmaßnahmen jeder Art zu rechtfertigen. Hiermit würde unter Außerachtlassung der Aufgabe, die der Presse für die freiheitliche Staatsordnung zukommt, der publizistische Landesverrat mit dem gemeinen Landesverrat auf eine Stufe gestellt werden. Weiter würde verkannt, daß es hier nicht darum geht, Presseveröffentlichungen strafbaren Inhalts straflos zu lassen oder sie in bezug auf die Strafverfolgung generell zu privilegieren, sondern allein darum, ob der Einsatz eines bestimmten strafprozessualen Mittels den Umständen des Einzelfalles adäquat war. Auch nach der hier vertretenen Ansicht darf die Pressefreiheit nicht zum Deckmantel schwerer Straftaten gegen die Si-
208 cher | heit des Staates genommen werden. Im vorliegenden Fall handelt es sich aber nicht um eine bereits erwiesene Verletzung des durch die Landesverratsbestimmungen geschützten hohen Rechtsguts, sondern es sollte erst ermittelt werden, ob und in welchem Umfang eine solche Verletzung vorlag. Wenn in diesem Verfahrensstadium, für das die Unschuldsvermutung des Art. 6 Abs. 2 der Europäischen Menschenrechtskonvention gilt, bereits der Umstand, daß ein Landesverrat zum Gegenstand der Untersuchung gemacht wird, ausreichen soll, um die an sich gebotene Abwägung entfallen zu lassen oder milderen Anforderungen zu unterwerfen, so würde die freie öffentliche Diskussion in einem wesentlichen Bereich des staatlichen Lebens unvertretbar eingeengt.

Schon aus diesem Grunde kann der Hinweis auf die Anzeigepflicht nach § 138 StGB nicht verfangen, abgesehen davon, daß selbst der begrenzte Schutz des Redaktionsgeheimnisses nach der Strafprozeßordnung eine Klassifizierung nach der Art des Deliktes nicht kennt. Überdies bezweckt diese Strafvorschrift, die Ausführung eines noch nicht begangenen Kapitalverbrechens zu verhindern; ihr Bezug zu einem Presseinhaltsdelikt ist nicht ersichtlich.

Mit der einzigen Ausnahme des baden-württembergischen Pressegesetzes gewähren die Pressegesetze aller anderen Bundesländer den Journalisten und anderen Presseangehörigen ein von der Art und Strafwürdigkeit des verfolgten Deliktes unabhängiges Zeugnisverweigerungsrecht. Eine solche Regelung besteht in Bayern bereits seit 17 Jahren, ohne daß sich Mißhelligkeiten ergeben hätten. Auch ein

Vergleich mit der Rechtsordnung anderer demokratischer Staaten kann keine überzeugenden Argumente gegen die hier vertretene Auffassung liefern, wenn er sich allein auf das Vorhandensein oder Nichtvorhandensein einer bestimmten gesetzlichen Einzelregelung beschränkt und weder das betreffende Rechtssystem im ganzen würdigt – das etwa wie in England oder dem Bundesrecht der USA überhaupt keinem Berufsstand ein gesetzliches Zeugnisverweigerungsrecht einräumt – noch die Rechtspraxis und das demokratische Bewußtsein der betreffenden Gesellschaft berücksichtigt. |

Die Bedeutung der Pressefreiheit gebietet es, die Anwendung von 209
Zwangsmaßnahmen bei der Strafverfolgung strengen Anforderungen zu unterwerfen, und rechtfertigt zugleich eine weitgehende Prüfung der konkreten Verfahrensgestaltung durch das Bundesverfassungsgericht. Soweit der Schutz des Grundrechts es verlangt, müssen auch an sich beachtliche Gesichtspunkte zweckmäßigen Verfahrensablaufs zurücktreten und verfahrensrechtliche Unbequemlichkeiten in Kauf genommen werden (vgl. BVerfGE 17, 108 [118]). Wieweit im Verteidigungsfall oder in ähnlichen Notlagen auf Grund einer Notstandsregelung anderes zu gelten hätte, steht hier nicht zur Erörterung. …

[*Die das Urteil nach § 15 Abs. 2 Satz 4 BVerfGG tragende Auffassung von der Verfassungsmäßigkeit der Durchsuchungsanordnung stützt sich demgegenüber u.a. auf folgende Erwägungen*:]

Wenn dieses Verfahren von der Beschwerdeführerin noch immer als 212
»leichtfertig« bezeichnet wird, so stellt das eine Übersteigerung rechtsstaatlicher Forderungen dar. Es ging darum, zu klären, ob einem Verdacht weiter nachzugehen sei. Für die Entscheidung hierüber kann nicht schon die für Verurteilung oder Freispruch ausreichende »Gewißheit« verlangt werden. Wenn nicht eine Durchsuchung in Presseräumen von vornherein ausgeschlossen werden soll, kann man nicht, was durch die Durchsuchung erst geklärt werden soll, schon als Voraussetzung für ihre Anordnung aufstellen.

Die Presse genießt im Strafverfahren keine Privilegien; sie muß sich wie jeder Bürger, der durch sein Verhalten den ernsthaften Verdacht einer strafbaren Handlung erweckt, Ermittlungsmaßnahmen der Strafverfolgungsorgane gefallen lassen. Das Korrelat der Pressefreiheit ist eine verantwortungsbewußt arbeitende Presse (BVerfGE 12, 113 [130]). Namentlich steht im freiheitlich-demokratischen Staat der Pressefreiheit die Mitverantwortung der Presse für die Staatssicherheit gegenüber. Im einzelnen mögen sich die Presseorgane verschiedene Ziele setzen und sie mit verschiedenen Mitteln und publizistischen Methoden verfolgen. Jedenfalls kann keine »Vermutung« in dem Sinne anerkannt werden, daß ein Presseorgan im Zweifel verantwortungsbewußt gearbeitet habe und deshalb von vornherein über den Verdacht eines strafbaren Verhaltens erhaben sei.

2. Bundesanwaltschaft und Ermittlungsrichter hatten zu entscheiden, ob die zur weiteren Klärung des Sachverhalts der Natur der Sache nach in Betracht zu ziehende Maßnahme einer Durchsuchung der Geschäftsräume der Beschwerdeführerin zwecks Auffindung von Beweismaterial zulässig sei.

Beweissicherungsmaßnahmen wie Durchsuchung und Beschlag- |
213 nahme greifen ihrer Natur nach empfindlich in die Grundrechte des Bürgers ein. Da sie zur wirksamen Strafverfolgung jedoch u.U. unentbehrlich sind, muß auch der Unschuldige, der in Verdacht gerät, sie in gewissem Umfang dulden. Werden diese Maßnahmen gegen ein Presseorgan ergriffen, so zwingt der unvermeidlich entstehende Konflikt mit dem Grundrecht der Pressefreiheit zu besonderer Zurückhaltung und zu sorgfältiger Abwägung der für und gegen die Zulässigkeit der prozessualen Maßnahme sprechenden Gesichtspunkte. Aus all dem ergibt sich das rechtsstaatliche Postulat der Proportionalität der Maßnahme im Einzelfall. Was hier gegen die Anforderungen der Pressefreiheit abgewogen werden muß, ist oben bereits im einzelnen angegeben: der allgemeine Rang des Rechtsguts, zu dessen Wahrung die Zwangsmaßnahmen ergriffen werden sollen; seine Gefährdung durch die konkrete, den Gegenstand der Ermittlung bildende Tat; die Intensität des Verdachts; die Geeignetheit und Notwendigkeit des ins Auge gefaßten prozessualen Mittels.

Es ist schon gesagt, daß – auch nach der Meinung der Beschwerdeführerin – die Presse nicht schlechthin von der Anwendung der strafprozessualen Normen über Durchsuchung und Beschlagnahmen freigestellt ist. Notwendig ist sachliche Wertabwägung im Einzelfall, nicht die Respektierung eines ein für allemal bestehenden Privilegs »der Presse« wegen ihrer »öffentlichen Aufgabe« und dergleichen.

Die *Geeignetheit* des Mittels bedarf im vorliegenden Fall keiner näheren Begründung. Daß die Durchsuchung der Verlagsräume des »Spiegel« zur Auffindung von Beweismitteln führen werde (§ 102 StPO), war mit hoher Wahrscheinlichkeit anzunehmen. Aufzeichnungen über das veröffentlichte (und unter Umständen noch zu veröffentlichende) Nachrichtenmaterial, wie sie mit Sicherheit in der Redaktion zu vermuten waren, konnten sowohl Aufschlüsse über den Geheimnischarakter einzelner Angaben wie über die Art der Zusammenarbeit mit Informanten aus dem Verteidigungsministerium, vor

allem auch über die subjektive Seite des Landesverratsverdachts bei
den Mitgliedern der »Spiegel«- | Redaktion erbringen. Bei den in er- 214
ster Linie beteiligten Bundesanwälten Dr. Wa. und Dr. K. war die Vorstellung maßgebend, es müsse in der Redaktion ein »Elaborat«, »Dossier«, »Exposé« vorhanden sein, dessen Sicherstellung zur raschen und vollständigen Aufklärung des ganzen Falles und seiner Zusammenhänge entscheidend beitragen werde.

Bei der Prüfung der *Notwendigkeit* der Maßnahme war davon auszugehen, daß die Arbeit der Presse von jedem nicht unbedingt erforderlichen Eingriff der öffentlichen Gewalt freizuhalten ist – das war insbesondere die Auffassung der Bundesanwaltschaft, die sie dem Ermittlungsrichter gegenüber ausdrücklich betont und in der Besprechung vom 22. Oktober 1962 ihren Vollzugsbeamten als allgemeine Weisung mitgegeben hat –, andererseits aber auch zu erwägen, daß es sich um den ernsten Verdacht einer strafbaren Handlung gegen die Sicherheit des Staates handelte, somit die Gefährdung eines Rechtsgutes in Frage stand, das an Bedeutung hinter der Pressefreiheit jedenfalls nicht zurücksteht. Es kam darauf an, abzuwägen, ob der Verdacht so gewichtig, die in Frage stehende Straftat so gefährlich, das öffentliche Interesse an voller Klärung des Falles so erheblich war, daß eine nicht geradezu die Existenz und das Weitererscheinen der Zeitschrift bedrohende Beschränkung der Pressefreiheit hingenommen werden konnte. Bundesanwaltschaft und Ermittlungsrichter haben in diesem Sinn entschieden; ihr Entschluß läßt nicht erkennen, daß sie es an der gebotenen Abwägung hätten fehlen lassen oder daß sie die Wertmaßstäbe der Verfassung grundsätzlich verkannt hätten. Wenn die Presse sich in den Bereich militärtechnischer Einzelfragen begibt, verschieben sich die Gewichte: Das Informationsbedürfnis der Öffentlichkeit tritt zurück, einmal weil die Leser mangels zureichender Fachkenntnisse sich ein selbständiges Urteil ohnehin nicht bilden können, zum anderen weil sie dieser Kenntnisse zu ihrer politischen Urteilsbildung auch nicht bedürfen. Auf der anderen Seite können aber dem sachkundigen ausländischen Nachrichtendienst die mitgeteilten, für die einheimische Öffentlichkeit vergleichsweise un-
wichtigen Einzelheiten wertvoll sein. Deshalb | hat auch die Presse 215
bei solchen Veröffentlichungen Informationsbedürfnis und Staatsinteresse abzuwägen. Dem kann sie sich nicht unter Berufung auf »die Pressefreiheit« entziehen.

Landesverrat bedroht potentiell den Bestand des Staates und rechtfertigt grundsätzlich scharfe Reaktion der Staatsgewalt. Art. 21 Abs. 2 und Art. 91 GG lassen erkennen, daß bei Gefährdung des Bestandes

der Bundesrepublik Deutschland unnachsichtiges Einschreiten auch von der Verfassung her gefordert wird. In concreto war bei der damals gegebenen politischen Lage (»Kuba-Krise«) die Gefährlichkeit noch besonders hervorgetreten; die Vertrauenswürdigkeit der Bundesrepublik Deutschland innerhalb des atlantischen Bündnisses schien in Frage gestellt. Berücksichtigt man ferner die aus dem Artikel zu entnehmende hohe Wahrscheinlichkeit, daß mit obersten Führungskräften der Bundeswehr strafbare Zusammenarbeit vermutet werden mußte, so kann ein dringendes öffentliches Interesse an rascher und vollständiger Klärung des gesamten Sachverhalts nicht geleugnet werden. Bundesanwaltschaft und Ermittlungsrichter konnten davon ausgehen, daß volle Klärung nur durch die Entdeckung handgreiflicher dokumentarischer Beweise möglich sei, die sie von der Durchsuchung der Verlagsräume erwarteten. Der Wert solcher Beweismittel war dem von Zeugenaussagen weit überlegen. Nur so konnte präziser Aufschluß gewonnen werden über die Unterlagen, die im Artikel verwendet waren, über ihre Eigenschaft als Staatsgeheimnisse, für die eine etwa bestehende formelle Sekretur ein wichtiges Indiz sein konnte, über etwa vorhandenes weiteres zum Abdruck bestimmtes geheimes Material, vor allem aber darüber, wie die Unterlagen in den Besitz des »Spiegel« gelangt waren, damit aber über das Vorliegen des subjektiven Tatbestandes des Landesverrats bei den maßgebenden Persönlichkeiten des »Spiegel« und über das Maß ihrer etwaigen Beteiligung an strafbaren Handlungen der Informanten aus dem Bundesverteidigungsministerium. All dies konnte von – notwendigerweise zunächst ziellosen – Vernehmungen nicht erwartet werden. Die erste Vernehmung hätte alle Beteiligten gewarnt, eine spä-
216 tere | Durchsuchung hätte kein belastendes Material mehr vorgefunden.

3. Der Einwand der Beschwerdeführerin, die Durchsuchung der Verlagsräume sei im Hinblick auf den aus der Pressefreiheit zu folgernden Informantenschutz der Presse unzulässig und verfassungswidrig gewesen, ist nicht berechtigt.

Daß sich aus dem Grundrecht der Pressefreiheit ein gewisser Schutz des Redaktionsgeheimnisses und der Informanten der Presse ergibt, ist nicht zu bezweifeln. In seiner Ausgestaltung ist der Gesetzgeber aber weitgehend frei. Es gibt kein verfassungsrechtliches Gebot des Informantenschutzes mit festbestimmtem Inhalt.

[*Die tragende Auffassung beurteilt im folgenden die damaligen strafprozessualen Bestimmungen anhand dieses Maßstabs als verfas-*

sungsgemäß. Abschließend kann das Gericht – ebenfalls wegen § 15 Abs. 2 Satz 4 BVerfGG – auch keinen Verstoß des Durchsuchungsbefehls gegen rechtsstaatliche Anforderungen feststellen.[1]]

16 Art. 92, 101 Abs. 1 Satz 2 GG

Richtervorbehalt für Kriminalstrafen – gesetzlicher Richter – materieller Rechtsprechungsbegriff des Grundgesetzes – Umfang der materiellen Rechtsprechung – Gestaltungsspielraum des Gesetzgebers

BVerfGE 22, 49–83 – Verwaltungsstrafverfahren

1. Kriminalstrafen können nach Art. 92 erster Halbsatz GG nur durch die Richter verhängt werden. Sie dürfen deshalb auch bei minder gewichtigen strafrechtlichen Unrechtstatbeständen nicht in einem Verwaltungsvorverfahren ausgesprochen werden. 49

2. §§ 421 Abs. 2, 445 und 447 Abs. 1 der Abgabenordnung vom 13. Dezember 1919 in der Fassung der Bekanntmachung vom 22. Mai 1931 (RGBl. I S. 161 [218]), nach denen die Finanzämter Kriminalstrafen verhängen können, sind deshalb mit dem Grundgesetz unvereinbar und daher nichtig.

Urteil des Zweiten Senats vom 6. Juni 1967 auf die mündliche Verhandlung vom 7. und 8. März 1967 – 2 BvR 375, 53/60 und 18/65 –

Sachverhalt: *Nach der Reichsabgabenordnung vom 13. Dezember 1919 in der Fassung der Bekanntmachung vom 22. Mai 1931 (RGBl. I S. 161) war bei Steuervergehen den Finanzämtern die Durchführung eines Steuerstrafverfahrens zugewiesen. Ergab die Untersuchung, in deren Rahmen den Finanzämtern auch das Recht der Durchsuchung, Beschlagnahme und vorläufigen Festnahme zustand, daß der Verdacht begründet war, konnte das Finanzamt im Wege einer Unterwerfungsverhandlung oder durch Strafbescheid auf eine Geldstrafe erkennen. Gegen den Strafbescheid stand den Beschuldigten die Beschwerde zur Oberfinanzdirektion oder der Antrag auf gerichtliche Entscheidung zu. Wurde auf gerichtliche Entscheidung angetragen, entschied das ordentliche Gericht selbständig ohne Bindung an den Strafbescheid aufgrund mündlicher Verhandlung. Auch gegen die Beschwer-*

---

[1] Zu den verfassungsrechtlichen Anforderungen an einen Durchsuchungsbefehl s. BVerfGE 42, 212 (BVerfGA Nr. 39).

deentscheidung der Oberfinanzdirektion war den Beschuldigten der Rechtsweg zu den ordentlichen Gerichten eröffnet.

Die erfolgreichen Verfassungsbeschwerden waren gegen Revisionsentscheidungen der ordentlichen Gerichte gerichtet, nachdem die Beschwerdeführer zuvor in zwei Fällen durch Strafbescheide und in einem weiteren Fall durch Unterwerfungsverhandlung aufgrund der geschilderten Verwaltungsstrafverfahren verurteilt worden waren.

Aus den Gründen:

73 Die Verfassungsbeschwerden sind begründet. Gegen die Beschwerdeführer wurden von Finanzbehörden Kriminalstrafen verhängt. Die Verhängung von Kriminalstrafen ist Ausübung rechtsprechender Gewalt im Sinn des Art. 92 GG. Nach dieser Vorschrift können nur Richter Kriminalstrafen verhängen. Die Vorschriften der Abgabenordnung, welche die Finanzbehörden zur Ahndung von Steuerstraftaten ermächtigen, sind deshalb mit dem Grundgesetz nicht vereinbar. Daher verletzen die Strafbescheide dieser Behörden und die Unterwerfungsverhandlung vor ihnen das Recht der Beschwerdeführer auf den gesetzlichen Richter.

I.

Art. 101 Abs. 1 Satz 2 GG soll zwar in erster Linie Eingriffe der Exekutive in die gesetzlich vorgeschriebene Organisation und Zuständigkeit der Gerichte abwehren. Das Gebot, daß niemand seinem gesetzlichen Richter entzogen werden darf, richtet sich aber auch an den Gesetzgeber (BVerfGE 6, 45 [50 ff.]; 9, 223 [226]; 10, 200 [213]). Es schließt aus, daß Zuständigkeiten, welche die Verfassung den Richtern vorbehält, durch Gesetz Verwaltungsbehörden zugewiesen werden (vgl. BVerfGE 20, 365 [369 f.]). Die Verhängung einer Strafe durch eine Verwaltungsbehörde auf Grund einer solchen verfassungswidrigen Zuständigkeitsregelung bedeutet eine Entziehung des gesetzlichen Richters.

II.

Die Verurteilung zu Kriminalstrafe ist nach Art. 92 erster Halbsatz GG ausschließlich den Richtern vorbehalten.

1. Art. 92 GG geht von einem materiellen Begriff der rechtsprechenden Gewalt aus.

a) Die Weimarer Reichsverfassung verwandte in der dem Art. 92 GG entsprechenden Vorschrift des Art. 103 den Begriff der »ordentlichen Gerichtsbarkeit«, die durch das Reichsgericht und die Gerichte der Länder ausgeübt werde. Nach ganz überwiegen | der Auffassung 74
war dieser Begriff in einem formellen Sinn so zu verstehen, daß sich der Umfang der Gerichtsbarkeit durch die gesetzliche Zuweisung von Aufgaben ergebe, daß die Verfassung selbst aber keine bestimmen Aufgaben der Justiz vorbehalte (vgl. Anschütz, Die Verfassung des Deutschen Reichs, 14. Aufl., Art. 103 Anm. 1; RGZ 107, 320 [323 f.]).

b) Im Gegensatz zu dieser überlieferten Auffassung wird der Begriff »rechtsprechende Gewalt« in Art. 92 GG in der Literatur fast einhellig in einem materiellen Sinn oder doch jedenfalls so ausgelegt, daß materielle Elemente mitenthalten sind (vgl. Dernedde, ZJBl. 1949, 101 [102]; v. Mangoldt, Bonner Grundgesetz, 1. Aufl., Vorbem. 3 a zu Art. 92; Rumpf, VVdStRL Bd. 14 S. 136 [149]; Bachof, ebenda S. 174 [178]; Niese, ZStrW Bd. 70 S. 337 [352]; Holtkotten in Bonner Kommentar, Art. 92 Anm. 11 1 b und viele andere).

Das Bundesverfassungsgericht hat es bei der Prüfung des Bußgeldverfahrens nach dem Wirtschaftsstrafgesetz zwar offengelassen, ob es eindeutige materielle Kriterien für den Begriff der rechtsprechenden Gewalt im Sinn des Art. 92 GG gebe; es hat jedoch die Ausübung der Strafgerichtsbarkeit als sicher zu den Funktionen der Dritten Gewalt gehörend bezeichnet und damit bereits eine teilweise Abgrenzung zur Exekutive nach materiellen Gesichtspunkten vorgenommen (BVerfGE 8, 197 [207]; ähnlich: 12, 264 [274]).

Nur ein materielles Verständnis des Rechtsprechungsbegriffs wird dem Sinn des Art. 92 GG gerecht. Die Entstehungsgeschichte der Vorschrift läßt zwar keine sicheren Schlüsse auf ihre Bedeutung zu (vgl. Art. 128 des Herrenchiemseer Entwurfs und 50. Sitzung des Hauptausschusses des Parlamentarischen Rats vom 10. Februar 1949, Verhandlungen S. 665). In zahlreichen Einzelvorschriften des Grundgesetzes (Art. 13 Abs. 2; 14 Abs. 3 Satz 4; 15 Satz 2; 18; 19 Abs. 4; 21 Abs. 2; 34 Satz 3; 41 Abs. 2; 61; 93; 95; 96; 96 a; 98; 100; 104 Abs. 2 und 3; 126; 132 Abs. 3) sind den Gerichten aber bestimmt umrissene Aufgaben von Verfassungs wegen zugewiesen. Diese Aufgaben sind bei der begriff | lichen Zusammenfassung der gerichtlichen 75
Tätigkeit als der rechtsprechenden Gewalt zu Beginn des IX. Abschnittes des Grundgesetzes über die Rechtsprechung mitumfaßt. Sie machen bereits einen sehr wesentlichen Teil der Tätigkeit der Gerichte aus. Die Sorgfalt, die das Grundgesetz der Hervorhebung der

rechtsprechenden Gewalt als Institution und als Kontrollorgan der übrigen Gewalten widmet, wäre schwer verständlich, sollte ihr Umfang schlechthin dem einfachen Gesetzesvorbehalt unterliegen. Die Schöpfer des Grundgesetzes haben der rechtsprechenden Gewalt diese besondere Sorgfalt gewidmet, weil sie sich bewußt waren, wie die Rechtsprechung unter dem nationalsozialistischen Regime ausgehöhlt und pervertiert worden war. Die Konstituierung einer eigenständigen und unabhängigen rechtsprechenden Gewalt gehörte danach zu den besonderen Zielen des Verfassungsgebers. Die Hervorhebung der rechtsprechenden Gewalt in Art. 92 erster Halbsatz GG, der Zusammenhang mit den übrigen die Rechtsprechung betreffenden Vorschriften des Grundgesetzes und der historische Hintergrund der Entstehung ergeben daher, daß die Vorschrift gegenüber den nur formalen Kriterien des Art. 103 WRV ein *Mehr* an verfassungsrechtlichen Garantien der rechtsprechenden Gewalt enthält.

2. In der Rechtslehre ist die Diskussion darüber, was unter dem Begriff »rechtsprechende Gewalt« zu verstehen ist, noch nicht abgeschlossen. Goldschmidts Theorie, Prozeß sei das auf die Herbeiführung von Rechtskraft gerichtete Verfahren (Der Prozeß als Rechtslage, 1925, S. 151 ff.), führt zu der Frage, welche Rechtssachen der Verleihung der Rechtskraft bedürfen und deshalb zur rechtsprechenden Gewalt gehören. Auch Arndts daran anschließende These, rechtsprechende Gewalt heiße rechtskraftwirkende Entscheidung durch Wahrheits- und Rechtsprüfung um der Gewißheit willen (Festgabe für Carlo Schmid, S. 5 [10 bis 15]), läßt offen, in welchen Fällen diese Prüfung notwendig ist. Die Definition von Thoma, Rechtsprechung sei der »verselbständigte Ausspruch dessen, was in Anwendung des geltenden Rechtes, auf einen konkreten Tatbestand im Ein-
76 zelfalle Rechtens ist, durch | eine staatliche Autorität« (Handbuch des Deutschen Staatsrechts, Bd. 2 S. 108 [129]), begegnet dem Einwand, daß im Rechtsstaat auch die Verwaltung an die Gesetze gebunden ist. Thoma selbst verkennt nicht, daß seiner Begriffsbestimmung deshalb zur Abgrenzung die Ordnung in einem gesonderten Verfahren zugefügt werden muß. Friesenhahns Erkenntnis, Rechtsprechung sei Rechtsanwendung zur Entscheidung eines Rechtsstreits durch einen unbeteiligten Dritten mit obrigkeitlicher Gewalt (Festschrift für Thoma, S. 21 f.), umfaßt nicht alle Gebiete, die herkömmlicherweise zur Rechtsprechung gezählt werden, wie die Strafgerichtsbarkeit, Teile der freiwilligen Gerichtsbarkeit, die Normenkontrolle; andererseits gibt es auch Rechtsstreitigkeiten, die durch Verwaltungsbehörden entschieden werden.

Diese und andere Thesen klären zwar wesentliche Elemente des Begriffs der Rechtsprechung im materiellen Sinn. Sie umfassen indessen entweder nicht den ganzen Inhalt dieses Begriffs oder sie ziehen keine klaren Grenzen gegenüber der nicht rechtsprechenden Staatstätigkeit, nach denen hinreichend sicher bestimmt werden könnte, was den Gerichten als Rechtsprechung im materiellen Sinn übertragen und belassen werden muß. Daher kann aus ihnen allein die hier zu entscheidende Frage, was den Richtern durch Art. 92 GG als »rechtsprechende Gewalt« anvertraut ist, nicht beantwortet werden. Entscheidend kommt es darauf an, was das Grundgesetz unter »rechtsprechender Gewalt« versteht. Diese Frage kann nur unter Beachtung des Sinnzusammenhangs der Vorschrift des Art. 92 im Verfassungsgefüge beantwortet werden.

Art. 92 steht zu Beginn des IX. Abschnitts des Grundgesetzes über die Rechtsprechung, der Vorschriften organisatorischen und materiellen Charakters enthält und das Prinzip der Gewaltenteilung für die Dritte Gewalt konkretisiert. Dementsprechend ist Art. 92 zwar auch Organisationsnorm, hat aber vor allem materielle Bedeutung in dem Sinn, daß damit bereits eine Zuweisung bestimmter Aufgaben an die rechtsprechenden Gewalt vollzogen ist. Ihr sind durch Art. 92 alle
diejenigen Aufgaben zugewiesen, | die die Verfassung selbst an ande- 77
rer Stelle den Gerichten überträgt: die fast vollzählige Aufzählung der Zuständigkeiten des Bundesverfassungsgerichts in den Art. 93, 99 und 100 sowie 18, 21 Abs. 2, 41 Satz 2, 61, 84 Abs. 4, 98, 126, die ausnahmslose repressive Rechtskontrolle bei Eingriffen der öffentlichen Gewalt nach Art. 19 Abs. 4; die alleinige gerichtliche Zuständigkeit zur Anordnung von Freiheitsentziehungen nach Art. 104 Abs. 2 und 3, ferner eine Reihe von einzelnen Zuweisungen in Art. 13 Abs. 2 (Durchsuchungen), 14 Abs. 3 Satz 4 (Enteignungsentschädigung), 15 Satz 2 (Entschädigung für Sozialisierung), 34 Satz 3 (Amtshaftung), 95 (Oberstes Bundesgericht) und 132 Abs. 3 (vorläufige Aufhebung von Beamtenrechten). Damit ist nahezu der ganze Katalog der Kompetenzen des Bundesverfassungsgerichts, fast die gesamte Tätigkeit der allgemeinen und besonderen Verwaltungsgerichte (repressive Rechtskontrolle nach Art. 19 Abs. 4), die Zuständigkeit der ordentlichen Gerichte zur Nachprüfung von Bußgeldbescheiden der Verwaltung (ebenfalls Art. 19 Abs. 4), der bedeutsamere, zu Freiheitsstrafen oder Ersatzfreiheitsstrafen führende Teil der Strafgewalt (Art. 104), jede sonstige Freiheitsentziehung (Art. 104 Abs. 2) und ein Teil der den ordentlichen Gerichten zugewiesenen Rechtsstreitigkeiten, nämlich Enteignungs- und Amtshaftungssachen, als aus-

schließlich den Gerichten vorbehalten und als Rechtsprechung im materiellen Sinn charakterisiert. Die herkömmlicherweise wichtigsten Aufgaben der Gerichte, die Aufgaben, die wegen der Schwere des Eingriffes und ihrer Bedeutung für die Rechtsstellung des Staatsbürgers am ehesten der Sicherungen eines gerichtlichen Verfahrens bedürfen, sind also bereits an anderer Stelle von Verfassungs wegen der rechtsprechenden Gewalt zugeordnet.

Über den Kreis der in der Verfassung ausdrücklich genannten Aufgaben hinaus gehören nach Art. 29 GG noch weitere Aufgaben zur Rechtsprechung. Mag auch die exakte Grenzziehung in Einzelfällen schwierig sein, so kann doch nicht bezweifelt werden, daß der Verfassungsgeber die traditionellen Kernbereiche der Rechtsprechung –
78 bürgerliche Rechtspflege und Strafgerichtsbar | keit – der rechtsprechenden Gewalt zugerechnet hat, auch wenn sie im Grundgesetz nicht besonders aufgeführt sind. Bekräftigt wird diese Auffassung durch die Aufzählung der einzelnen Gerichtsbarkeiten in den Art. 96 und 96 a GG. Diese Vorschriften enthalten nicht nur Bestimmungen über die obligatorische (Art. 96) und fakultative (Art. 96 a) Errichtung von Bundesgerichten. Sie knüpfen an die herkömmlichen Aufgabenbereiche der einzelnen Gerichtsbarkeiten an. Das ist aber nur sinnvoll, wenn zumindest der Kernbereich der herkömmlicherweise den einzelnen Gerichtsbarkeiten übertragenen Aufgaben als Rechtsprechung im materiellen Sinn angesehen wird.

Das Bundesverfassungsgericht hat dementsprechend die Entscheidung bürgerlicher Rechtsstreitigkeiten vermögensrechtlicher Art (BVerfGE 14, 56 [66]) und die »Ausübung der Strafgerichtsbarkeit« (BVerfGE 8, 197 [207] und 12, 264 [274]) als typische Aufgaben der rechtsprechenden Gewalt bezeichnet.

3. Jedoch nicht alles, was zur Zeit zu den Aufgaben der Gerichte gehört, ist materielle Rechtsprechung, die nach Art. 92 GG den Richtern vorzubehalten ist. Abgesehen von den gerichtlichen Zuständigkeiten, die von vornherein nicht materielle Rechtsprechung zum Gegenstand haben, kann der Gesetzgeber in gewissem Umfang den Bereich der materiellen Rechtsprechung dadurch verändern, daß er beispielsweise die Materie Strafrecht reduziert oder in einer rechtspolitisch anderen Wertung des Unrechtsgehalts bisherige Straftatbestände ersetzt durch die Qualifizierung einer Verhaltensweise als bloße Ordnungswidrigkeit. Hat sich der Gesetzgeber jedoch entschlossen, eine gerichtliche Zuständigkeit zu begründen, so muß das Verfahren mit allen verfassungsrechtlichen Garantien des gerichtlichen Verfahrens ausgestattet sein. Art. 92 garantiert deshalb in je-

dem vom Gesetzgeber als Rechtsprechung eingeführten Verfahren, auch wenn der Gesetzgeber zur Zuweisung gerade dieser Materie zur rechtsprechende Gewalt verfassungsrechtlich nicht verpflichtet gewesen wäre, den gesetzlichen und unabhängigen Richter und das rechtsstaatliche Gerichtsverfahren des IX. Abschnitts des Grundgesetzes. |

4. a) Das Verwaltungsstrafverfahren nach der Abgabenordnung ist 79
als Verwaltungsverfahren und nicht als gerichtliches Verfahren gestaltet. Die Abgabenordnung unterscheidet streng zwischen dem Verwaltungsverfahren bei der Unterwerfung und beim Erlaß eines Strafbescheids und dem durch Abgabe an die Staatsanwaltschaft oder auf Antrag des Betroffenen in Gang kommenden gerichtlichen Verfahren. Die zur Entscheidung berufenen Beamten sind Verwaltungsbeamte, die weder sachliche noch persönliche Unabhängigkeit genießen. Das nichtöffentliche, nicht notwendig unmittelbare und weithin formlose Verfahren ist nicht dem gerichtlichen Verfahren nachgebildet.

b) Der Sache nach geht es um die Ausübung staatlicher Strafgewalt. Die Rechtsordnung unterscheidet seit geraumer Zeit zwischen Kriminalstrafen und Bußen als staatlicher Reaktion auf Ordnungswidrigkeiten. Nur die Kriminalstrafe ist echte Strafe. Nur sie ist mit einem ethischen Schuldvorwurf verbunden. Sie wird regelmäßig ins Strafregister eingetragen und gilt als »Vorstrafe«. Der Buße im Ordnungswidrigkeitsverfahren fehlt dagegen der »Ernst der staatlichen Strafe« (BVerfGE 9, 167 [171]). Der Gesetzgeber hat die der Strafgewalt der Finanzämter überantworteten Steuerstraftatbestände der §§ 391 ff. AO als Kriminalunrecht ausgestaltet. Die angedrohten Strafmaßnahmen unterscheiden sich in nichts von denen anderer Kriminaldelikte. Es kann dahingestellt bleiben, ob die Steuervergehen oder doch ein Teil der Steuervergehen ihrer Natur nach zum Verwaltungsunrecht, zu den Ordnungswidrigkeitstatbeständen, gerechnet werden können. Der Beurteilung unterliegt hier das geltende Steuerstrafverfahren so, wie es vom Gesetzgeber ausgestaltet ist, nicht wie es ausgestaltet werden könnte oder sollte.

c) Zwar ist in Rechtsprechung und Schrifttum umstritten, ob die Strafkompetenz der Finanzbehörden gegen Art. 92 GG verstößt

(*bejahend:* Haas und Redding, JZ 1953, 545; Möllinger, AöR Bd. 80 S. 276 [290 f.]; Giese, FR 1957, 217 [218]; Bettermann in Bettermann- |Nipperdey-Scheuner, Die Grundrechte, 3. Bd. 2., Halbbd. 80
S. 779 [876 f.]; Arndt, Festgabe für Carlo Schmid, S. 5 ff.; Habscheid, MDR 1966, 1 [5 f.]; und andere;

verneinend: BGHSt 13, 102; Friesenhahn, Festschrift für Thoma, S. 21 [45]; Bender, Zur Frage der Verfassungsmäßigkeit des Verwaltungsstrafverfahrens nach der Abgabenordnung; Prugger, Die Strafbefugnis der Finanzämter [Diss.]; Löwe-Rosenberg, StPO, 21. Aufl., § 13 GVG Anm. 2 a; und andere).

Nach dem Grundgesetz stellt sich jedoch die Verhängung einer Kriminalstrafe als ein so schwerwiegender Eingriff in die Rechtssphäre des Staatsbürgers dar, daß sie unter allen Umständen nur durch den Richter vorgenommen werden darf. Für die Verurteilung zu Freiheitsstrafe ist das im Grundgesetz in Art. 104 Abs. 2 ausdrücklich ausgesprochen. Das gleiche gilt aber auch für die Verurteilung zu Geldstrafe als Sühne für kriminelle Straftaten.

Dabei fällt nicht entscheidend ins Gewicht, daß die Geldstrafe in das Vermögensrecht des Betroffenen eingreift. Wesentlich ist das mit der Festsetzung einer Geldstrafe als Kriminalstrafe notwendig verbundene Unwerturteil, der Vorwurf einer Auflehnung gegen die Rechtsordnung und die Feststellung der Berechtigung dieses Vorwurfs. Dieses autoritative Unwerturteil wiegt so schwer, daß es nach der grundgesetzlichen Ordnung nur vom Richter ausgesprochen werden kann.

Das Grundgesetz garantiert in einem bis dahin nicht gekannten Maß dem Staatsbürger Rechtsschutz durch die Gerichte gegen Eingriffe der staatlichen Gewalt in seinen Lebensbereich. Mit dieser Grundentscheidung der Verfassung ist es nicht vereinbar, daß eine Verwaltungsbehörde eine Strafe verhängt, die als Vorstrafe ins Strafregister eingetragen und im Falle der Uneinbringlichkeit in eine Freiheitsstrafe umgewandelt wird. Diese der Kriminalstrafe eigentümlichen Merkmale und Wirkungen heben sie so stark von der Buße als staatlicher Reaktion auf eine Ordnungswidrigkeit ab, daß die verschiedene Beurteilung von Kriminalstrafe und Buße gerechtfertigt ist. |

81 Die Kompetenz, Kriminalstrafen zu verhängen, gehört demnach in allen Fällen zu dem Bereich der rechtsprechenden Gewalt, der nicht der Disposition des Gesetzgebers unterliegt.

5. Im Kernbereich des Strafrechts sind die Richter durch Art. 92 erster Halbsatz GG ausnahmslos und ausschließlich zur präventiven Rechtskontrolle berufen. Ein »Vorverfahren« oder »Vorschaltverfahren« der Verwaltungsbehörden ist in diesem Bereich auch dann unzulässig, wenn es auf Antrag in ein gerichtliches Verfahren übergeleitet werden kann. Zum Kernbereich des Strafrechts gehören alle bedeut-

samen Unrechtstatbestände; diese können der Rechtsprechung vom Gesetzgeber nicht entzogen werden. Zu der den Richtern nach Art. 92 übertragenen Strafjustiz gehören außerdem auch alle anderen minder gewichtigen strafrechtlichen Unrechtstatbestände, wenn und solange sie durch Kriminalstrafe geahndet werden. Solche minder gewichtigen strafrechtlichen Tatbestände kann der Gesetzgeber aber – wie schon oben ausgeführt – in Ordnungswidrigkeiten, die durch Buße geahndet werden, umwandeln. Nur wenn dies geschehen ist, kommt bei ihnen ein Verwaltungsverfahren in Betracht, das erst nachträglicher richterlicher Prüfung unterliegt. Die den Beschwerdeführern zur Last gelegten Taten sind mit Kriminalstrafe bedroht und können deshalb nicht in einem Verwaltungsvorverfahren geahndet werden …

17 Art. 2 Abs. 2 Satz 2, Art. 19 Abs. 2, Art. 20 Abs. 1, Art. 28 Abs. 2 Satz 1, Art. 30, 74 Nr. 7, Art. 80 Abs. 1 Satz 2, Art. 84 Abs. 1 GG

Gesetzgebungskompetenz »öffentliche Fürsorge« – Sozialstaatsprinzip und Gestaltungsfreiheit des Gesetzgebers – Selbstverwaltungsgarantie: unantastbarer Kernbereich – bundesgesetzliche Regelungen über den Vollzug von Bundesgesetzen durch die Gemeinden – Annexregelungen – Bestimmtheit von Verordnungsermächtigungen und vorkonstitutionelles Recht – gesetzesfreie und gesetzesakzessorische Verwaltung (Art. 30 GG) – Kompetenz aus der Natur der Sache – Wesensgehaltgarantie (Art. 19 Abs. 2 GG)

BVerfGE 22, 180–220 – Jugendhilfe

1. Das Sozialstaatsprinzip verpflichtet den Staat, für eine gerechte Sozialordnung zu sorgen. Es besagt jedoch nicht, daß der Gesetzgeber für die Verwirklichung dieses Zieles nur behördliche Maßnahmen vorsehen darf; es steht ihm frei, dafür auch die Mithilfe privater Wohlfahrtsorganisationen vorzusehen. | 180

2. Der Bund kann nach Art. 84 Abs. 1 GG im Rahmen seiner materiellen Gesetzgebungszuständigkeit die Einrichtung und das Verfahren kommunaler Behörden regeln, sofern dies für die Gewährleistung eines wirksamen Gesetzesvollzugs notwendig ist. 181

3. Eine vor dem Inkrafttreten des Grundgesetzes erlassene Vorschrift, die zum Erlaß von Rechtsverordnungen ermächtigt, muß den Erfordernissen des Art. 80 Abs. 1 Satz 2 GG entsprechen, wenn das materielle Recht, zu dessen Durchführung die zu erlassenden Verord-

nungen dienen sollen, nach Inkrafttreten des Grundgesetzes wesentlich geändert worden ist.

4. Die Wahrnehmung von Förderungsaufgaben durch den Bund fällt unter Art. 30, 83 GG. Sie ist, sofern dem Bund dafür vom Grundgesetz nicht ausdrücklich eine Verwaltungszuständigkeit eingeräumt ist, nur bei Aufgaben eindeutig überregionalen Charakters zulässig.

5. Die zwangsweise Anstalts- oder Heimunterbringung eines Erwachsenen, die weder dem Schutz der Allgemeinheit noch dem Schutz des Betroffenen selbst, sondern ausschließlich seiner »Besserung« dient, ist verfassungswidrig.

Urteil des Zweiten Senats vom 18. Juli 1967 auf die mündliche Verhandlung vom 17. und 18. April 1967 – 2 BvF 3, 4, 5, 6, 7, 8/62; 2 BvR 139, 140, 334, 335/62 –

Sachverhalt: *Gegenstand der abstrakten Normenkontrollen mehrerer Landesregierungen und der Verfassungsbeschwerden einiger Gemeinden waren Bestimmungen des Jugendwohlfahrtsgesetzes in der Fassung der Bekanntmachung vom 11. August 1961 (BGBl. I S. 1205), welches das Reichsjugendwohlfahrtsgesetz – RJWG – aus dem Jahre 1922 geändert hatte, und des Bundessozialhilfegesetzes vom 30. Juni 1961 (BGBl. I S. 815), wodurch das bis dahin geltende reichsrechtliche Fürsorgerecht abgelöst wurde. Die Antragsteller und Beschwerdeführer wandten sich insbesondere dagegen, daß in beiden Gesetzen im Unterschied zur bisherigen Rechtslage nunmehr den freien Verbänden Vorrang bei der Aufgabenwahrnehmung im Bereich der Jugendhilfe und des Fürsorgewesens gegenüber den öffentlichen Trägern eingeräumt wurde. Gleichzeitig wurde den Selbstverwaltungskörperschaften die Pflicht auferlegt, die freien Verbände zu finanzieren, die solche Aufgaben wahrnahmen. Die Antragsteller rügten, daß der Bund für diese Regelungen keine Gesetzgebungskompetenz habe; ferner werde durch die mit den Gesetzen geschaffenen verwaltungsfreien Räume die Verwaltungshoheit der Länder verletzt. Die Beschwerdeführer sahen in dem Vorrangprinzip einen unzulässigen Eingriff in das Selbstverwaltungsrecht der Gemeinden.*

Auf die abstrakten Normenkontrollen erklärte das Bundesverfassungsgericht einige der angegriffenen Normen für nichtig, die Verfassungsbeschwerden wies es zurück.

Aus den Gründen:

203 2. Der Bundesgesetzgeber war für den Erlaß der angeführten Vorschriften des Jugendwohlfahrtsgesetzes und des Bundessozialhilfegesetzes nach Art. 74 Nr. 7 GG zuständig.

Nach der unter Ziff. 1 dargelegten Auslegung ist der Zweck der Bestimmungen die Erzielung des bestmöglichen Erfolgs durch Koordinierung öffentlicher und privater Anstrengungen. Normadressaten sind jeweils nur die Träger der – öffentlichen – Sozialhilfe und der öffentlichen Jugendhilfe, also auf örtlicher Ebene die kreisfreien Städte und die Landkreise. Nur ihnen werden von dem Gesetz Pflichten auferlegt. Die Tätigkeit der Träger der freien Jugendhilfe und Wohlfahrtspflege wird vom Gesetz überhaupt nicht »geregelt«; sie sind in der Gestaltung ihrer Arbeit völlig frei (vgl. § 7 JWG und § 10 Abs. 1 BSHG). Das Recht der öffentlichen Fürsorge umfaßt nicht nur die Bestimmung dessen, was an materiellen Fürsorgeleistungen von den dazu verpflichteten öffentlichen Trägern zu erbringen ist, sondern auch organisatorische Bestimmungen und Abgrenzungen. Die hier angefochtenen Vorschriften der beiden Gesetze dienen aber lediglich der Abgrenzung der Tätigkeit der Träger der öffentlichen Jugendhilfe und Sozialhilfe von derjenigen der privaten Träger. Auch eine solche Regelung fällt noch unter den Begriff der »öffentlichen Fürsorge« im Sinne von Art. 74 Nr. 7 GG.

3. Die Antragsteller behaupten weiterhin, daß die getroffene Regelung in die Verwaltungshoheit der Länder eingreife. Dies ist jedoch nicht der Fall. Denn die verwaltungsmäßige Ausführung der Bestimmungen und die letzte Verantwortung für die Gewährung der Hilfe liegt bei den Gemeinden und Gemeindeverbänden, gehört also zur Landesverwaltung. Die Träger der freien Jugendhilfe und die freien Wohlfahrtsverbände handeln im Rahmen der Vorschriften nicht als
beliehene Träger öffentlicher Ver|waltung, sondern als private Orga- 204
nisationen, die freie Jugendhilfe und freie Wohlfahrtspflege leisten. Es wird also nicht eine staatliche Aufgabe im Wege der Gesetzgebung »privatisiert«.

4. Auch das Sozialstaatsprinzip ist nicht verletzt. Wenn Art. 20 Abs. 1 GG ausspricht, daß die Bundesrepublik ein sozialer Bundesstaat ist, so folgt daraus nur, daß der Staat die Pflicht hat, für einen Ausgleich der sozialen Gegensätze und damit für eine gerechte Sozialordnung zu sorgen; dieses Ziel wird er in erster Linie im Wege der Gesetzgebung zu erreichen suchen. Keineswegs folgt aus dem Sozialstaatsprinzip, daß der Gesetzgeber für die Verwirklichung dieses Ziels nur behördliche Maßnahmen vorsehen darf. Art. 20 Abs. 1 GG bestimmt nur das »Was«, das Ziel, die gerechte Sozialordnung; er läßt aber für das »Wie«, d.h. für die Erreichung des Ziels, alle Wege offen. Deshalb steht es dem Gesetzgeber frei, zur Erreichung des Ziels auch die Mithilfe privater Wohlfahrtsorganisationen vorzusehen.

Im übrigen bleibt sowohl nach der im Jugendwohlfahrtsgesetz wie nach der im Bundessozialhilfegesetz getroffenen Regelung nur der Träger der öffentlichen Jugendhilfe oder Sozialhilfe dem Hilfsbedürftigen gegenüber verpflichtet.

So wenig »der Staat« auf Bundesebene ein Monopol auf soziale Betätigung für sich in Anspruch nehmen kann, so wenig hat er ein solches auf Landesebene. Etwas anderes ergibt sich auch nicht aus Art. 28 Abs. 1 Satz 1 GG. Diese Vorschrift beschränkt lediglich den Landesverfassungsgeber: Die verfassungsmäßige Ordnung in den Ländern muß den Grundsätzen des republikanischen, demokratischen und sozialen Rechtsstaats im Sinne des Grundgesetzes entsprechen. Das begründet nur eine Pflicht der Länder dem Bund gegenüber hinsichtlich der Gestaltung ihrer Verfassung.

5. Die getroffene Regelung ist auch mit der Selbstverwaltungsgarantie des Art. 28 Abs. 2 Satz 1 GG vereinbar.

Art. 28 Abs. 2 Satz 1 GG gewährleistet den Gemeinden das Recht, alle Angelegenheiten der örtlichen Gemeinschaft im Rahmen der Ge-
205 setze in eigener Verantwortung zu regeln. Der Ge|setzgeber darf dieses Recht nicht aufheben und die Verwaltung der Gemeindeangelegenheiten nicht den Staatsbehörden übertragen. Er darf die Selbstverwaltung auch nicht derart einschränken, daß sie innerlich ausgehöhlt wird, die Gelegenheit zu kraftvoller Betätigung verliert und nur noch ein Scheindasein führen kann. Nicht aber sind den Gemeinden die Selbstverwaltungsrechte in ihren Einzelheiten verbürgt (so BVerfGE 1, 167 [175] im Anschluß an die Entscheidung des Staatsgerichtshofs für das Deutsche Reich vom 10./11. 12. 1929, Lammers-Simons Band II, S. 107).

Beschränkungen der Selbstverwaltung der Gemeinden sind mit Art. 28 Abs. 2 Satz 1 GG vereinbar, wenn sie deren Kernbereich unangetastet lassen (BVerfGE 1, 167 [175, 178]; 7, 358 [364]; 8, 332 [359]; 9, 268 [290]; 11, 266 [275]; 17, 172 [182]; 21, 117). Bei der Bestimmung dessen, was zu dem Bereich gehört, der durch die Verfassung gegen jede gesetzliche Schmälerung gesichert ist, muß der geschichtlichen Entwicklung und den verschiedenen historischen Erscheinungsformen der Selbstverwaltung Rechnung getragen werden (BVerfGE 17, 172 [182]).

a) § 5 Abs. 3 Satz 2 JWG, § 10 Abs. 4 und § 93 Abs. 1 Satz 2 BSHG, wonach die Träger der öffentlichen Jugendhilfe und der Sozialhilfe gehalten sind, von eigenen Maßnahmen oder Einrichtungen abzusehen, wenn geeignete Einrichtungen der freien Träger vorhanden sind und die erforderliche Hilfe durch diese gewährleistet ist, lassen den Kernbereich der Selbstverwaltung unangetastet.

Die Aufgabenbereiche der Jugendhilfe und der Sozialhilfe haben das Bild der heutigen gemeindlichen Selbstverwaltung entscheidend mitgeprägt. Aber es darf nicht übersehen werden, daß schon das Reichsjugendwohlfahrtsgesetz von 1922 in § 1 Abs. 3, § 4 Abs. 1 und § 6 die freiwillige Mitarbeit der privaten Jugendhilfe vorausgesetzt und ihre Unterstützung und Förderung durch das Jugendamt angeordnet hat. Allerdings ist die Verpflichtung zur Durchführung der in § 4 RJWG bezeichneten Aufgaben im Hinblick auf die damalige finanzielle Notlage zu | nächst suspendiert worden (Art. 1 Ziff. 4 der Ver- 206
ordnung über das Inkrafttreten des RJWG vom 14. 2. 1924, RGBl. I S. 110). Auf dem Gebiet der Sozialhilfe erklärt die Verordnung über die Fürsorgepflicht von 1924 in § 5 Abs. 3 – der fast gleichlautend mit § 93 Abs. 1 Satz 2 BSHG ist –, daß die Fürsorgeverbände eigene Einrichtungen nicht neu schaffen sollen, soweit geeignete Einrichtungen der freien Wohlfahrtspflege ausreichend vorhanden sind. Auch diese Vorschriften haben den Umfang der beiden Bereiche abgesteckt und damit das Bild der heutigen gemeindlichen Selbstverwaltung mit bestimmt. Man kann daher nicht sagen, zum geschützten Kernbereich der Selbstverwaltung gehöre kraft Herkommens, daß die Gemeinde auf dem Gebiet der Jugend- und Sozialhilfe keinerlei gesetzliche Beschränkung ihres Aufgabenbereichs zugunsten der Tätigkeit der freien Jugendhilfe und der Wohlfahrtsverbände hinzunehmen brauche. Außerdem bleibt den Gemeinden die Gesamtverantwortung dafür, daß in beiden Bereichen durch behördliche und freie Tätigkeit das Erforderliche geschieht. Wie schon unter Ziff. 1 ausgeführt, bringt die Regelung nur eine Abgrenzung der Aufgaben zwischen Gemeinde und privaten Trägern, die lediglich eine vernünftige Aufgabenverteilung und eine möglichst wirtschaftliche Verwendung der zur Verfügung stehenden öffentlichen und privaten Mittel sicherstellen soll. Die Gemeinden sollen sich bei allen Planungen vorher vergewissern, ob und inwieweit die freien Verbände die Aufgaben erfüllen können. Die freien Verbände andererseits könnten nicht mit einer Förderung eines Vorhabens durch die Gemeinde rechnen, wenn sie, etwa aus reinem Prestigebedürfnis, eigene Einrichtungen schaffen würden, die ihrer Art nach den örtlichen Bedürfnissen nicht genügen können oder die nicht erforderlich sind, weil geeignete Einrichtungen der Gemeinde in ausreichendem Maße zur Verfügung stehen.

In diesem Zusammenhang ist auch die Tatsache von Bedeutung, daß die Jugendhilfe bis zum Jahr 1953 keineswegs in allen Ländern in vollem Umfang zum eigenen Aufgabenbereich der Gemeinden gehört hat. So war in Preußen die Fürsorgeerziehung | Auftragsangele- 207 genheit (§ 1 des preußischen Ausführungsgesetzes zum Reichsjugendwohlfahrtsgesetz vom 29. 3. 1924 – GS S. 180). In Bayern verwalteten die Stadt- und Landkreise die den Jugendämtern zugewiesenen Aufgaben als Angelegenheiten des übertragenen Wirkungskreises (Art. 1 Abs. 2 des bayer. Jugendamtsgesetzes vom 20. 7. 1925 – GVBl. S. 211).

b) Auch die Förderungs- und Finanzierungspflicht (§ 5 Abs. 1 und Abs. 3 Satz 1 in Verbindung mit § 8 Abs. 3 JWG) greift nicht in den Kernbereich der Selbstverwaltung ein.

Wie bereits erwähnt, hat schon das Reichsjugendwohlfahrtsgesetz den Jugendämtern zur Pflicht gemacht, die freiwillige Tätigkeit zur Förderung der Jugendwohlfahrt zu unterstützen und deren Einrichtungen und Veranstaltungen anzuregen und zu fördern. Durch die angegriffenen Bestimmungen wird die eigene Verantwortung des Jugendamtes weder ausgeschaltet noch auch nur wesentlich eingeschränkt. Es hat nicht schlechthin Einrichtungen und Veranstaltungen der freien Jugendpflege zu fördern, sondern nur soweit es diese für erforderlich und geeignet hält. Bei der Prüfung der Geeignetheit der freien Einrichtungen und Veranstaltungen muß auch die Vorschrift des § 9 Abs. 1 JWG mit herangezogen werden, nach der Träger der freien Jugendhilfe nur dann unterstützt werden dürfen, wenn sie die Gewähr für eine den Zielen des Grundgesetzes förderliche Arbeit und für eine sachgerechte, zweckentsprechende und wirtschaftliche Verwendung der Mittel bieten. Die hier für die Unterstützung der Träger der freien Jugendhilfe selbst aufgestellten Voraussetzungen müssen auch für die Förderung einzelner Einrichtungen und Veranstaltungen gelten.

Das Gesetz sagt über die Art der zu gewährenden Förderung nichts. Es steht also im pflichtgemäßen Ermessen der Gemeinde, ob sie im gegebenen Fall Sach- oder Geldleistungen gewähren oder Hilfe in anderer Weise leisten will – etwa dadurch, daß sie Personal zur Verfügung stellt. Das gleiche gilt für die Gesamthöhe der für die Förderung der freien Jugendhilfe bereitzustellenden Haushaltsmittel.
208 Das Gesetz schreibt in § 8 Abs. 2 und | Abs. 3 nur vor, daß bei Förderung gleichartiger Maßnahmen mehrerer Träger der freien Jugendhilfe und gleichartiger Maßnahmen der öffentlichen und der freien Jugendhilfe gleiche Grundsätze und Maßstäbe anzuwenden sind. Wenn § 8 Abs. 3 JWG weiter bestimmt, daß bei Förderung von Maßnahmen der Träger der freien Jugendhilfe deren Eigenleistungen zu berücksichtigen sind, so bedeutet das nicht, daß die Höhe des von der Gemeinde zu leistenden Beitrags in einem festen Verhältnis zur Höhe

der Eigenleistung des freien Trägers stehen muß; d.h. der Beitrag der Gemeinde muß nicht, wie die beschwerdeführenden Städte anzunehmen scheinen, um so höher sein, je größer die tatsächliche Eigenleistung des freien Trägers ist. Vielmehr kann eine Förderung von Maßnahmen des freien Trägers durch die Gemeinde nur dann in Betracht kommen, wenn dieser eine nach den Verhältnissen und nach seiner Finanzkraft angemessene Eigenleistung erbringt. Auch hier hat die Gemeinde einen weiten Raum für eigene Entscheidungen. Keinesfalls ist sie gezwungen, Haushaltsmittel unrationell einzusetzen.

Auch die kommunale Finanzhoheit wird durch die Vorschriften nicht in verfassungswidriger Weise eingeschränkt. Die freie Entscheidung des Trägers der öffentlichen Jugendhilfe, welche Haushaltsmittel insgesamt für die Jugendhilfe – für eigene Maßnahmen und für die Förderung von Maßnahmen der freien Jugendhilfe – bereitgestellt werden sollen, läßt das Jugendwohlfahrtsgesetz unberührt. …

II. 209

Die Antragsteller im Normenkontrollverfahren haben auch verschiedene Organisationsvorschriften der beiden Gesetze angegriffen.

1. § 12 Abs. 1 JWG bestimmt, daß die öffentliche Jugendhilfe gemäß §§ 4 und 5 Selbstverwaltungsangelegenheit der Gemeinden und Gemeindeverbände ist. Das gleiche gilt nach § 96 Abs. 1 Satz 2 BSHG für die kreisfreien Städte und die Landkreise als Träger der Sozialhilfe.

Führen die Länder die Bundesgesetze als eigene Angelegenheit aus, so regeln sie die Einrichtung der Behörden und das Verwaltungsverfahren, soweit nicht Bundesgesetze mit Zustimmung des Bundesrates etwas anderes bestimmen (Art. 84 Abs. 1 GG). Sowohl das Jugendwohlfahrtsgesetz wie das Bundessozialhilfegesetz sind als Zustimmungsgesetze ergangen. Aber auch bei Vor|liegen dieser Voraussetzung erlaubt Art. 84 Abs. 1 GG dem Bundesgesetzgeber nicht den unbeschränkten Durchgriff auf die Gemeinden in der Weise, daß er schlechthin immer bestimmen könnte, in welchem Wirkungskreis die Gemeinde das Gesetz vollziehen soll. Die Ratio des Art. 84 GG ist ganz allgemein die Gewährleistung eines wirksamen Vollzugs der Bundesgesetze. 210

Das Grundgesetz weist die Materie Kommunalrecht nicht dem Bund zu, sondern beläßt sie ausschließlich den Ländern. Dies muß auch bei der Auslegung von Art. 84 Abs. 1 letzter Halbsatz GG beachtet werden. Es kann sich also bei der Einschaltung der Gemeinden in den Vollzug der Bundesgesetze durch die Bundesgesetzgeber immer nur um punktuelle Annexregelungen zu einer zur Zuständigkeit des Bundesgesetzgebers gehörenden materiellen Regelung handeln. Wenn die Annexregelung für den wirksamen Vollzug der materiellen Bestimmungen des Gesetzes nicht notwendig ist, so liegt darin ein unzulässiger Eingriff in die Verwaltungskompetenz der Länder. Im vorliegenden Fall kann die Bestimmung der Aufgabe zur Selbstverwaltungsangelegenheit zum wirksamen Vollzug der materiellen Regelung nichts beitragen. Die Erklärung einer Aufgabe zur Selbstverwaltungsangelegenheit schließt die Fachaufsicht durch die zuständigen Landesbehörden aus und beschränkt diese auf die Rechtsaufsicht. Daß dies für den wirksamen Vollzug des Jugendwohlfahrtsgesetzes und des Bundessozialhilfegesetzes notwendig ist, kann schwerlich behauptet werden.

Die getroffene Regelung läßt sich auch nicht aus der Staatspraxis rechtfertigen. Das Reichsjugendwohlfahrtsgesetz hatte es den Ländern überlassen, ob sie diese Aufgaben als Selbstverwaltungs- oder als Auftragsangelegenheit durch die Gemeinden wahrnehmen lassen wollten. Demgemäß wurde in Preußen die Fürsorgeerziehung als Auftragsangelegenheit wahrgenommen. In Bayern verwalteten die Stadt- und Landkreise die den Jugendämtern zugewiesenen Aufgaben als Angelegenheiten des übertragenen Wirkungskreises. |

211 § 12 Abs. 1 JWG und § 96 Abs. 1 Satz 2 BSHG sind daher nichtig.

Diese Entscheidung ist mit 4 gegen 3 Stimmen ergangen.

2. a) Die §§ 12 Abs. 2 und 3, 13 bis 16 und 18 JWG enthalten Vorschriften über Aufbau und Verfahren des Jugendamts, insbesondere über die Zusammensetzung des Jugendwohlfahrtsausschusses und über die Verwaltung des Jugendamts. § 37 Satz 4 JWG bestimmt, daß die Übertragung der vormundschaftlichen Obliegenheiten durch das Jugendamt auf einzelne seiner Beamten und Angestellten nicht zu den laufenden Geschäften im Sinne des § 16 JWG gehören, die vom Leiter der (kommunalen) Verwaltung oder vom Leiter des Jugendamts allein geführt werden.

Nach § 96 Abs. 1 Satz 3 BSHG können die Länder bestimmen, daß und inwieweit die Landkreise ihnen zugehörige Gemeinden oder Gemeindeverbände zur Durchführung von Aufgaben nach diesem Gesetz heranziehen und ihnen dabei Weisungen erteilen können; in diesen Fällen erlassen die Landkreise den Widerspruchsbescheid nach der Verwaltungsgerichtsordnung. § 96 Abs. 2 Satz 2 BSHG enthält eine entsprechende Ermächtigung hinsichtlich der überörtlichen Träger der Sozialhilfe.

b) Gegen diese Bestimmungen bestehen keine verfassungsrechtlichen Bedenken. Zum Teil haben sie lediglich deklaratorische Bedeutung, wie die Ermächtigung an die Länder in § 96 Abs. 1 Satz 3 und Abs. 2 Satz 2 BSHG, zum anderen Teil sind es Annexregelungen, die der Bund im Rahmen seiner Gesetzgebungszuständigkeit zur materiellen Regelung der öffentlichen Fürsorge gemäß Art. 84 Abs. 1 GG treffen kann. Die Regelungen sind sachbezogen und für die Gewährleistung eines wirksamen Gesetzesvollzuges notwendig. Insbesondere ist es nicht zu beanstanden, daß § 12 Abs. 2 JWG – wie schon § 8 JWG von 1922 – den kreisfreien Städten und den Landkreisen die Errichtung eines Jugendamts vorschreibt. Deshalb darf auch § 5 Abs. 3 RJWG das Jugendamt als Träger der dort statuierten Pflichten bestimmen.

Diese Entscheidung ist mit 6 Stimmen gegen 1 Stimme ergangen. |

III. 212

1. Nach § 2 Abs. 2 JWG umfaßt die öffentliche Jugendhilfe alle behördlichen Maßnahmen zur Förderung der Jugendwohlfahrt (Jugendpflege und Jugendfürsorge). Im Jugendhilferecht versteht man gemeinhin unter Jugendfürsorge diejenigen Maßnahmen, die sich auf die gefährdeten oder schon gestrauchelten Jugendlichen beziehen, während die Jugend*pflege* das körperliche, geistige und sittliche Wohl aller Jugendlichen fördern will, ohne daß eine Gefährdung im Einzelfall vorzuliegen braucht (so schon Friedeberg-Polligkeit, Reichsjugendwohlfahrtsgesetz, 2. Aufl. 1930, Nachdruck 1955, Anm. 5 zu § 2, S. 81, 82).

Nach § 5 Abs. 1 Nr. 6 JWG ist es unter anderem Aufgabe des Jugendamts, Einrichtungen und Veranstaltungen anzuregen, zu fördern und gegebenenfalls zu schaffen für Freizeithilfen, politische Bildung und internationale Begegnung. § 5 Abs. 2 JWG stellt dem Jugendamt die Aufgabe, Einrichtungen und Veranstaltungen sowie die eigenverantwortliche Tätigkeit der Jugendverbände und sonstigen Jugendgemeinschaften unter Wahrung ihres satzungsmäßigen Eigenlebens zu fördern, insbesondere ihre Tätigkeit auf den im Abs. 1 Nr. 6 genannten Gebieten, ferner bei der Ausbildung und Fortbildung ihrer Mitarbeiter und der Errichtung und Unterhaltung von Jugendheimen, Freizeitstätten und Ausbildungsstätten.

Die Antragsteller halten den § 2 Abs. 2 JWG insoweit für nichtig, als er in die Aufgaben der öffentlichen Jugendhilfe auch die Jugendpflege einbezieht, weil die Jugendpflege nicht zur Gesetzgebungskompetenz des Bundes gehöre; das gleiche gelte für § 5 Abs. 1 Nr. 6 und Abs. 2 JWG, weil es sich hier nur um Maßnahmen der Jugend*pflege* handle.

Diese Rügen sind nicht begründet. § 2 Abs. 2 und § 5 Abs. 1 Nr. 6 und Abs. 2 JWG sind durch Art. 74 Nr. 7 GG gedeckt.

Der Begriff der »öffentlichen Fürsorge« in Art. 74 Nr. 7 GG umfaßt auf dem Gebiet der Jugendwohlfahrt nicht nur die Jugendfürsorge im engeren Sinn, sondern auch die Jugendpflege. Die Grenzen
213 zwischen der Fürsorge für den unmittelbar gefährdeten | Jugendlichen und der Förderung der gesunden Jugend sind fließend. Jugendpflegerische Maßnahmen, wie die Förderung der Jugendverbände bei der Abhaltung von Freizeiten, Veranstaltungen zur politischen Bildung, internationale Begegnungen, die Förderung der Ausbildung und Fortbildung ihrer Mitarbeiter und der Errichtung und Unterhaltung von Jugendheimen, Freizeitstätten und Ausbildungsstätten scheinen zwar keine Maßnahmen der Fürsorge für einen Hilfsbedürftigen oder Gefährdeten zu sein. Vergegenwärtigt man sich aber die mannigfachen Anpassungsschwierigkeiten, die manche Jugendliche bei der Einordnung in die Gesellschaft haben, ohne daß man sie deshalb bereits als gefährdet bezeichnen kann, so erkennt man, daß unter Umständen eine Zusammenführung mit anderen jungen Menschen im lokalen Bereich eines Hauses der Jugend oder auf regionaler oder internationaler Ebene in einem Jugendlager oder auf Jugendreisen diese Anpassungsschwierigkeiten überwinden hilft, dadurch eine spätere Gefährdung des Jugendlichen ausschließt und künftige Fürsorgemaßnahmen überflüssig macht. Dasselbe gilt für Veranstaltungen zur politischen Bildung, die der Jugend im besonderen klarmachen sollen, daß der Einzelne sich in der Demokratie nicht von der Gesellschaft absondern kann, sondern sie und ihre politische Form aktiv mitgestalten muß. Jugendfürsorge und Jugendpflege sind in der praktischen Jugendarbeit so eng miteinander verzahnt, daß die Jugendpflege schon allein unter dem Gesichtspunkt des Sachzusammenhangs mit unter den Begriff »öffentliche Fürsorge« in Art. 74 Nr. 7 GG fallen muß.

Diese Entscheidung ist mit 4 gegen 3 Stimmen getroffen worden. ...

214 b) Dagegen ist die Vorschrift des § 24 JWG, die die Bundesregierung ermächtigt, mit Zustimmung des Bundesrats Ausführungsvor-

schriften zur Sicherung einer tunlichst gleichmäßigen Erfüllung der Aufgaben der Jugendämter zu erlassen, wegen Verstoßes gegen Art. 80 Abs. 1 Satz 2 GG nichtig. Unter »Ausführungsvorschriften« sind Rechtsverordnungen zu verstehen. § 24 JWG ist kein vorkonstitutionelles Recht und daher nicht an Art. 129 Abs. 1 und Abs. 3 GG, sondern an Art. 80 Abs. 1 Satz 2 GG zu messen. Zwar entspricht § 24 JWG nahezu wörtlich dem § 15 RJWG. Beide Vorschriften erhalten ihre Bedeutung erst | durch das materielle Recht, zu dessen Durch- 215
führung die auf Grund der Ermächtigung zu erlassenden Verordnungen dienen sollen. Das 2. Änderungsgesetz zum Reichsjugendwohlfahrtsgesetz vom 11. August 1961 (BGBl. I S. 1193) hat aber die Aufgaben der Jugendämter insofern erheblich erweitert, als die Förderung der Einrichtungen und Veranstaltungen der freien Jugendhilfe nunmehr Pflichtaufgabe ist; entsprechendes gilt auch für die Aufgaben nach § 7 und § 8 JWG. Neu eingefügt ist der Abschnitt VII (§§ 78, 79), der die Heimaufsicht und den Schutz von Minderjährigen unter 16 Jahren in Heimen regelt. Auch die bundeseinheitliche Regelung der freiwilligen Erziehungshilfe in den §§ 62 und 63 ist eine Neuerung des 2. Änderungsgesetzes von 1961. Schließlich hat das Jugendwohlfahrtsgesetz die Altersgrenze für die Anwendung einzelner Bestimmungen auf Jugendliche geändert (§ 27 Abs. 1, § 64 und § 75 Abs. 1).

Die Ermächtigung des § 24 JWG hat durch diese Änderungen des materiellen Jugendrechts im Jugendwohlfahrtsgesetz einen so tiefgreifenden Bedeutungswandel erfahren, daß sie als eine unter der Geltung des Grundgesetzes entstandene Vorschrift angesehen werden und deshalb an Art. 80 Abs. 1 Satz 2 GG gemessen werden muß. Die Ermächtigung ist weder nach Inhalt noch nach Ausmaß hinreichend bestimmt. Aus der sehr allgemeinen Wortfassung »zur Sicherung einer tunlichst gleichmäßigen Erfüllung der Aufgaben der Jugendämter« kann hierfür nichts gewonnen werden. Inhalt und Ausmaß der Ermächtigung werden auch nicht durch Bezugnahme auf die übrigen Vorschriften des Jugendwohlfahrtsgesetzes hinreichend bestimmt. Das Jugendwohlfahrtsgesetz besteht aus 89 Paragraphen. Die Aufgaben, die darin den Jugendämtern übertragen werden, sind so zahlreich und so verschiedenartig, daß die Fälle, in denen von der Ermächtigung Gebraucht gemacht werden kann, nicht mehr überschaubar sind (vgl. BVerfGE 1, 14 [60]).

Diese Entscheidung ist mit 4 gegen 3 Stimmen ergangen.

3. Die Vorschrift des § 25 Abs. 1 JWG ermächtigt die Bundesregierung, die Bestrebungen auf dem Gebiet der Jugendhilfe an | zure- 216

gen und zu fördern, soweit sie über die Verpflichtungen der Jugendämter, Landesjugendämter und obersten Landesbehörden hinaus zur Verwirklichung der Aufgaben der Jugendhilfe von Bedeutung sind.

Wenn die Bundesregierung Bestrebungen auf dem Gebiet der Jugendhilfe *anregt,* so ist diese Tätigkeit unter dem Gesichtspunkt des Art. 30 GG ohne Bedeutung und kann hier außer Betracht bleiben. Anders verhält es sich aber mit der *Förderung* solcher Bestrebungen. Die Bundesregierung kann zwar Bestrebungen auch dadurch fördern, daß sie die Öffentlichkeit durch entsprechende Verlautbarungen darauf hinweist oder ihre Unterstützung durch private Spenden empfiehlt. Diese Art des Förderns ist aber offensichtlich hier nicht gemeint. Die Förderung, die § 25 Abs. 1 JWG im Auge hat, ist vornehmlich diejenige, die durch Zuweisung von Mitteln aus dem Bundeshaushalt erfolgt. Die Bundesregierung, die gemäß § 25 Abs. 1 JWG Bestrebungen auf dem Gebiet der Jugendhilfe in der Weise fördert, daß sie dafür Haushaltsmittel zur Verfügung stellt, erfüllt damit eine staatliche Aufgabe im Sinne des Art. 30 GG. Die Erfüllung der staatlichen Aufgaben ist aber Sache der Länder, soweit das Grundgesetz keine andere Regelung trifft oder zuläßt (BVerfGE 12, 205 [246 f.]).[1] Da das Grundgesetz hier eine andere Regelung ausdrücklich weder getroffen noch zugelassen hat, kann es sich nur darum handeln, ob es etwa stillschweigend etwas anderes zuläßt.

Für den Fall der gesetzesakzessorischen Verwaltung nach Art. 83 ff. GG hat das Bundesverfassungsgericht ausgeführt, es könne nur im Ausnahmefall angenommen werden, daß das Grundgesetz den Bund stillschweigend ermächtige, Verwaltungsakte auf Gebieten zu erlassen, die nicht zur bundeseigenen Verwaltung nach Art. 86 ff. GG gehörten (BVerfGE 11, 6 [17]). Es sind Gesetze denkbar, deren Zweck durch das Verwaltungshandeln eines Landes überhaupt nicht erreicht werden kann. Grundsätzlich ist davon auszugehen, daß das Grundgesetz bei der in Art. 30 und 83 ff. getroffenen Regelung eine reibungslose und vollständige »Ausführung« der Bundesgesetze un-
217 terstellt. Nur dann, wenn diese | vollständige Ausführung durch Landesverwaltung nicht erreicht werden kann, könnte man annehmen, daß das Grundgesetz stillschweigend eine andere Regelung zuläßt, nämlich die, daß die Ausführung dem Bund übertragen ist. Der Umstand, daß im Einzelfall eine Ausführung durch den Bund zweck-

[1] BVerfGA Nr. 12.

mäßiger wäre, kann nicht als Argument dafür dienen, daß das Grundgesetz stillschweigend etwas anderes zuläßt (BVerfG aaO S. 17, 18).

Art. 30 GG gilt sowohl für die gesetzesakzessorische wie für die »gesetzesfreie« Erfüllung staatlicher Aufgaben (BVerfGE 12, 205 [246]).[1] Eine Kompetenz aus der Natur der Sache ist begründet nach dem »ungeschriebenen, im Wesen der Dinge begründeten, mithin einer ausdrücklichen Anerkennung durch die Reichsverfassung nicht bedürftigen Rechtssatz, wonach gewisse Sachgebiete, weil sie ihrer Natur nach eigenste, der partikularen Gesetzgebungszuständigkeit a priori entrückte Angelegenheiten des Reichs darstellen, vom Reiche und *nur* von ihm geregelt werden können« (Anschütz, HdBDStR I, S. 367; BVerfGE 12, 205 [251];[1] 11, 89 [98 f.]; 11, 6 [17]). Schlußfolgerungen aus der Natur der Sache müssen begriffsnotwendig sein und eine bestimmte Lösung unter Ausschluß anderer Möglichkeiten sachgerechter Lösung zwingend fordern (BVerfGE 11, 89 [99]).

Im Falle des § 25 Abs. 1 JWG sind diese strengen Voraussetzungen aber nur dann erfüllt, wenn die Bundesregierung solche Bestrebungen auf dem Gebiete der Jugendhilfe fördert, die der Aufgabe nach *eindeutig überregionalen* Charakter haben. Es muß sich um Bestrebungen handeln, die ihrer Art nach nicht durch ein Land allein wirksam gefördert werden können. Die Förderung von Bestrebungen auf dem Gebiet der Jugendpflege durch den Bund wäre demnach zulässig z.B. bei zentralen Einrichtungen, deren Wirkungsbereich sich auf das Bundesgebiet als Ganzes erstreckt, bei gesamtdeutschen Aufgaben und bei internationalen Aufgaben. Keinesfalls kann sich die Zuständigkeit des Bundes auf die Förderung regionaler oder örtlicher Bestrebungen erstrecken. Außerdem muß die Bundesregierung bei
der Ausübung ihrer | Förderungskompetenz den Grundsatz des bun- 218
desfreundlichen Verhaltens beachten.

Nur in dieser – verfassungskonformen – Auslegung ist § 25 Abs. 1 JWG mit dem Grundgesetz vereinbar.

Diese Entscheidung ist einstimmig ergangen.

IV.

Das Bundessozialhilfegesetz enthält im Abschnitt 3 »Hilfe in besonderen Lebenslagen« in den §§ 72 bis 74 Bestimmungen über »Hilfe für Gefährdete«. Danach soll Personen, die das 18. Lebensjahr voll-

[1] BVerfGA Nr. 12.

endet haben und die dadurch gefährdet sind, daß sie aus Mangel an innerer Festigkeit ein geordnetes Leben in der Gemeinschaft nicht führen können, Hilfe gewährt werden. Die Hilfe soll den Gefährdeten zu einem geordneten Leben hinführen, insbesondere ihn an regelmäßige Arbeit und erforderlichenfalls an Seßhaftigkeit gewöhnen. Sie wird ohne Rücksicht auf vorhandenes Einkommen oder Vermögen gewährt (§ 72). Dem Gefährdeten soll geraten werden, sich in die Obhut einer Anstalt, eines Heimes oder einer gleichartigen Einrichtung zu begeben, wenn andere Arten der Hilfe nicht ausreichen (§ 73 Abs. 1). Lehnt der Gefährdete dies ab, so kann das Gericht ihn anweisen, sich in einer geeigneten Anstalt aufzuhalten, wenn er

1. besonders willensschwach oder in seinem Triebleben besonders hemmungslos ist und
2. verwahrlost oder der Gefahr der Verwahrlosung ausgesetzt ist und
3. die Hilfe nur in einer Anstalt wirksam gewährt werden kann (§ 73 Abs. 2).

§ 73 Abs. 3 enthält verfahrensrechtliche Bestimmungen sowie die Ermächtigung an den Leiter der Anstalt, den Gefährdeten vorübergehend in einer geeigneten Familie unterzubringen. Eine Höchstdauer der Unterbringung ist nicht bestimmt.

Die Anweisung an den Gefährdeten, sich in einer geeigneten An-
219 stalt aufzuhalten, ist ein Eingriff in das Grundrecht der Frei|heit der Person nach Art. 2 Abs. 2 Satz 2 GG. Dabei ist es unerheblich, wo die Unterbringung erfolgt. Auch die zwangsweise Unterbringung in einem offenen Heim oder in einer Familie ist ein Eingriff in die Freiheit der Person. Nach Art. 2 Abs. 2 Satz 3 GG sind solche Eingriffe nur auf Grund eines förmlichen Gesetzes zulässig. Diese Voraussetzung sowie die in Art. 19 Abs. 1 GG geforderte Einschränkung des Grundrechts allgemein und nicht nur für den Einzelfall sowie Nennung des Grundrechts unter Angabe des Artikels ist erfüllt. Auch dem Erfordernis des Art. 104 Abs. 2 GG – Freiheitsentziehung nur durch den Richter – ist genügt. Jedoch wird das Grundrecht aus Art. 2 Abs. 2 Satz 2 GG durch die Vorschrift des § 73 Abs. 2 und Abs. 3 BSHG in seinem Wesensgehalt angetastet.

Worin der unantastbare Wesensgehalt eines Grundrechts besteht, muß für jedes Grundrecht aus seiner besonderen Bedeutung im Gesamtsystem der Grundrechte ermittelt werden. Die Freiheit der Person ist ein so hohes Rechtsgut, daß sie nur aus besonders gewichtigen Gründen eingeschränkt werden darf. Zu diesen gewichtigen Gründen gehören in erster Linie die des materiellen Strafrechts und des Strafverfahrensrechts. Diese Eingriffe in die persönliche Freiheit des Einzelnen dienen dem Schutz *der Allgemeinheit*. Dazu gehört auch die Anstaltsunterbringung von gemeingefährlichen Geisteskranken. Weiterhin sind Eingriffe fürsorgerischen Charakters zulässig, die dem *Schutz des Betroffenen* dienen, wie z.B. die Unterbringung eines wegen Geistesschwäche Entmündigten in einer geschlossenen Anstalt zu dem Zweck, ihn daran zu hindern, daß er sich selbst größeren persönlichen oder wirtschaftlichen Schaden zufügt (vgl. BVerfGE 10, 302).

Bei der Unterbringung nach § 73 Abs. 2 und 3 BSHG geht es aber weder um den Schutz der Allgemeinheit noch um den Schutz des Betroffenen. Es geht allein um die »Besserung« des Betroffenen: Er soll mit Hilfe der Freiheitsentziehung zu einem geordneten Leben hingeführt, an regelmäßige Arbeit gewöhnt, auf Dauer seßhaft gemacht werden. Der Staat hat aber nicht die Aufgabe, seine Bürger zu »bessern« und deshalb auch nicht das Recht, ihnen | die Freiheit zu ent- 220
ziehen, nur um sie zu »bessern«, ohne daß sie sich selbst oder andere gefährdeten, wenn sie in Freiheit blieben. Da der Zweck der Besserung eines Erwachsenen als gewichtiger Grund für die Entziehung der persönlichen Freiheit nicht ausreichen kann, tastet § 73 Abs. 2 und 3 BSHG das Grundrecht der persönlichen Freiheit in seinem Wesensgehalt an.

Davon abgesehen ist auch der im Rechtsstaatsprinzip wurzelnde Grundsatz der Verhältnismäßigkeit verletzt. Dem Gefährdeten wird seine Freiheit entzogen, obwohl er weder eine strafbare Handlung begangen noch durch sein Verhalten die allgemeine Ordnung empfindlich gestört hat. Das Gesetz eröffnet die Möglichkeit, die Unterbringung für unbestimmte Zeit andauern zu lassen.

Schließlich formuliert das Gesetz die Voraussetzungen für die Unterbringung zu unbestimmt. Es genügt daher auch insoweit nicht den strengen Anforderungen, die in einem Rechtsstaat an Vorschriften zu stellen sind, die die öffentliche Gewalt zu einem Eingriff in die Freiheit der Person ermächtigen.

§ 73 Abs. 2 und Abs. 3 BSHG ist daher wegen Verstoßes gegen Art. 2 Abs. 2 Satz 2 GG nichtig.

Diese Entscheidung ist mit 6 Stimmen gegen 1 Stimme getroffen worden. …

18 Art. 80 Abs. 1, 2 GG

Zustimmungsbedürftigkeit einer Verordnung auf der Grundlage eines zustimmungsbedürftigen Gesetzes – Sinn und Zweck der Zustimmung des Bundesrates

BVerfGE 24, 184–202 – Zustimmungsgesetz

184 **In Art. 80 Abs. 2 GG bezeichnen die Worte »Rechtsverordnungen auf Grund von Bundesgesetzen, die der Zustimmung des Bundesrates bedürfen« die zustimmungsbedürftigen Bundesgesetze als Ganzes. Rechtsverordnungen auf Grund solcher Bundesgesetze bedürfen – falls nicht eine anderweitige Regelung getroffen worden ist – auch dann der Zustimmung des Bundesrates, wenn die Ermächtigung und die mit ihr zusammenhängenden Normen die Zustimmungsbedürftigkeit des Gesetzes nicht ausgelöst haben.**

Beschluß des Zweiten Senats vom 9. Oktober 1968 – 2 BvE 2/66 –

Sachverhalt: *Der Bundesrat wandte sich im Wege des Organstreits gegen eine Verordnung der Bundesregierung, die ohne seine Zustimmung erlassen worden war. Da sich die Ermächtigungsgrundlage für die Verordnung in einem Vertragsgesetz befand, das mit Zustimmung des Bundesrates ergangen war, vertrat der Bundesrat die Auffassung, daß auch die Verordnung in jedem Fall der Zustimmung des Bundesrats bedurft hätte, gleich ob gerade die Ermächtigungsnorm die Zustimmungsbedürftigkeit des Gesetzes ausgelöst habe oder nicht.*

Der Antrag des Bundesrates blieb, nachdem sich das Bundesverfassungsgericht seiner Auffassung angeschlossen hatte, nur deshalb erfolglos, weil das Vertragsgesetz eine »abweichende Regelung« im Sinne des Art. 80 Abs. 2 Satz 2 GG zuließ.

Aus den Gründen:

194 II.

In dem Satzteil: »Rechtsverordnungen auf Grund von Bundesgesetzen, die der Zustimmung des Bundesrates bedürfen«, in Art. 80 Abs. 2 GG bedeutet »Bundesgesetz« das Bundesgesetz als gesetzgebungstechnische Einheit. Rechtsverordnungen auf Grund solcher Bundesgesetze bedürfen deshalb – falls nicht eine anderweitige Regelung
195 getroffen worden ist – in jedem Fall und | nicht nur dann der Zustimmung des Bundesrates, wenn die Ermächtigung und die mit ihr zu-

sammenhängenden Normen die Zustimmungsbedürftigkeit des Gesetzes ausgelöst haben. Das Vertragsgesetz vom 21. Juni 1965 enthält jedoch eine anderweitige bundesgesetzliche Regelung im Sinne von Art. 80 Abs. 2 GG, so daß die Verordnung vom 23. Februar 1966 von der Bundesregierung ohne Zustimmung des Bundesrates erlassen werden konnte.

1. Das Vertragsgesetz vom 21. Juni 1965 ist auch von den Ländern auszuführen; sie führen es als »eigene Angelegenheit« aus. Vorschriften des Grundgesetzes, die insoweit »etwas anderes bestimmen oder zulassen« (Art. 83 GG), gibt es nicht.

Das Vertragsgesetz vom 21. Juni 1965 regelt u.a. in Art. 1 des Gesetzes in Verbindung mit Art. 4, 5 und 7 des Übereinkommens auch das Verfahren der Landesverwaltung. Art. 4 des Übereinkommens bestimmt, wo die Apostille anzubringen ist, daß sie einem Muster entsprechen muß und in welcher Sprache sie abzufassen ist. Art. 5 des Übereinkommens besagt, daß die Apostille auf Antrag ausgestellt wird (Abs. 1) und daß Unterschrift, Siegel oder Stempel unter der Apostille keiner Bestätigung bedürfen (Abs. 3). Nach Art. 7 des Übereinkommens ist ein Register oder Verzeichnis zu führen, in das die Ausstellung der Apostillen einzutragen ist; die Führung des Registers oder Verzeichnisses ist näher geregelt.

Diese Bestimmungen regeln das Verwaltungsverfahren. Bundesgesetze, die das Verwaltungsverfahren der landeseigenen Verwaltung regeln, bedürfen nach Art. 84 Abs. 1 GG der Zustimmung des Bundesrates. Zustimmungsbedürftig ist das Gesetz als gesetzgebungstechnische Einheit. Die Zustimmung des Bundesrates bezieht sich nicht nur auf die einzelnen, das Verwaltungsverfahren der landeseigenen Verwaltung regelnden Bestimmungen. Sie ist vielmehr notwendig und wird erteilt für alle Normen des Gesetzes, für das Gesetz als Ganzes (BVerfGE 8, 274 [294 f.]).

2. a) Das Wort »Bundesgesetz« (oder »Gesetz«) hat im Grundgesetz nicht überall dieselbe Bedeutung. Welche Bedeutung das | Wort 196
hat, ist jeweils aus dem Zusammenhang, in dem es verwendet wird, aus dem Zusammenhang der Vorschrift mit anderen Bestimmungen der Verfassung sowie aus ihrem Sinn und Zweck zu ermitteln.

b) Der Wortlaut des Art. 80 Abs. 2 GG spricht für die Auslegung des Bundesrates. Die Worte »Bundesgesetze, die der Zustimmung des Bundesrates bedürfen«, knüpfen bei unbefangenem Verständnis an das Zustandekommen dieser Bundesgesetze an, zu dem die Zustimmung des Bundesrates notwendig war, meinen also das Gesetz als Ganzes.

c) Die Bundesregierung stützt ihre Rechtsauffassung vor allem auf den Zusammenhang von Art. 80 Abs. 2 mit Art. 80 Abs. 1 GG. Art. 80 Abs. 2 GG erwähne die Bundesgesetze nur als »Grund« der Verordnungen. Damit sei auf Art. 80 Abs. 1 GG verwiesen; allein dessen Bestimmungen regelten die besonderen Voraussetzungen, unter denen ein Bundes-«Gesetz« Grundlage von Verordnungen sein könne.

Es ist richtig, daß in Art. 80 Abs. 1 GG das Wort »Gesetz« nicht das Gesetz als Ganzes, sondern einzelne gesetzliche Bestimmungen bedeutet. Daraus ergibt sich jedoch – anders als die Bundesregierung meint – nicht, daß auch in Art. 80 Abs. 2 GG mit »Bundesgesetz« nur ein Ausschnitt aus dem Gesetz gemeint ist. Daß in Art. 80 Abs. 2 GG von »Rechtsverordnungen *auf Grund von* Bundesgesetzen« die Rede ist, vermag einen systematischen Zusammenhang mit Art. 80 Abs. 1 GG, der von Bundesgesetzen als der *Grundlage* von Rechtsverordnungen handelt, nicht zu begründen. Das gilt insbesondere für Art. 80 Abs. 1 Satz 3 GG, wonach die Rechtsgrundlage in der Verordnung anzugeben ist. Der Bundesrat hat zu Recht darauf hingewiesen, daß diese Vorschrift aus rechtsstaatlichen Gründen ein Formerfordernis statuiert, das die Prüfung erleichtern soll, ob sich der Verordnunggeber beim Erlaß der Verordnung im Rahmen der ihm erteilten Ermächtigungen gehalten hat. Art. 80 Abs. 1 GG regelt die Voraussetzungen der Rechtsetzung durch die Exekutive und insofern die Frage, wann ein Bundes-
197 gesetz Grundlage von Verordnungen | sein kann. Nach der rechtsstaatlich-demokratischen Verfassungsordnung des Grundgesetzes ist die Rechtsetzung grundsätzlich Sache der Legislative. Die Rechtsetzung durch die Exekutive ist die Ausnahme; sie bedarf einer besonderen Ermächtigung durch die Legislative. Art. 80 Abs. 1 GG legt fest, welchen Anforderungen solche Ermächtigungen genügen müssen. In Art. 80 Abs. 2 GG hingegen ist die unter bundesstaatlichem Aspekt stehende Frage geregelt, wie der föderative Teil der Legislative, der Bundesrat, an dieser Rechtsetzung durch die Exekutive beteiligt ist.

Die beiden Absätze des Art. 80 GG regeln die Voraussetzungen für die Rechtsetzung durch die Exekutive also unter verschiedenen Aspekten. Zwischen den beiden Absätzen fehlt es an einem engen verfassungssystematischen Zusammenhang, der zu dem Schluß zwingt oder auch nur berechtigt, das Wort »Gesetz« bedeute in beiden Absätzen dasselbe, nämlich lediglich einen Ausschnitt aus dem Bundesgesetz und nicht das Gesetz als Ganzes.

Die Worte »auf Grund von Bundesgesetzen, die der Zustimmung des Bundesrates bedürfen«, knüpfen vielmehr an das Zustandekommen dieser Bundesgesetze an. Art. 80 Abs. 2 GG steht insofern in systematischem Zusammenhang mit Art. 78 GG (Voraussetzungen für das Zustandekommen von Bundesgesetzen) und den Vorschriften des Grundgesetzes, in denen die Zustimmung des Bundesrates zu einem Gesetz vorgeschrieben wird, hier also mit Art. 84 Abs. 1 GG. Für ihre Entstehung können aber die Bundesgesetze nur als Einheit angesehen werden.

d) Auch aus Sinn und Zweck der in Art. 80 Abs. 2 GG geregelten Zustimmung des Bundesrates zu Rechtsverordnungen folgt, daß in Art. 80 Abs. 2 GG die zustimmungsbedürftigen Bundesgesetze als gesetzgebungstechnische Einheiten gemeint sind.

Die Zustimmung des Bundesrates zu einem Bundesgesetz bezieht sich auf alle Normen des Gesetzes, nicht nur auf die, die seine Zustimmungsbedürftigkeit ausgelöst haben. Der Bundesrat übernimmt durch seine Zustimmung die Verantwortung für das | Gesetz als 198
Ganzes. Dem entspricht es, daß alle zur Durchführung oder Ergänzung des Gesetzes ergehenden Rechtsverordnungen die Zustimmung des Bundesrates finden müssen. Die Normen des Gesetzes und die der Verordnungen, die auf Grund einer in ihm enthaltenen Ermächtigung erlassen werden, bilden eine Einheit. Bezieht sich die Zustimmung des Bundesrates zum Gesetz auf alle Normen des Gesetzes, so ist es folgerichtig, daß alle auf Grund des Gesetzes erlassenen Verordnungen der Zustimmung des Bundesrates bedürfen. Insofern kann die Zustimmung des Bundesrates zu Verordnungen nach Art. 80 Abs. 1 GG als Fortsetzung der Zustimmung des Bundesrates zu dem Gesetz verstanden werden. Sinn und Zweck der Regelung des Art. 80 Abs. 2 GG liegt darin, dem Bundesrat – durch das Zustimmungserfordernis – maßgeblichen Einfluß auf alle Normen einzuräumen, die zur Durchführung und Ergänzung der gesetzlichen Vorschriften ergehen, auf die sich die Zustimmung des Bundesrates bezieht und die ohne diese Zustimmung nicht zustandegekommen wären. Die Möglichkeit, Teile einer Materie aus dem Gesetz auszugliedern und sie der Regelung durch die Exekutive zu überlassen, soll nicht zu einer Verkürzung der Mitwirkung des Bundesrates an der Rechtsetzung führen. Hat sich der Bundesgesetzgeber zur Zusammenfassung von Normen in einem Gesetz entschieden, so hat er damit auch über die Zustimmungsbedürftigkeit aller in diesem Gesetz enthaltenen Normen befunden. Dem entspricht es, daß auch alle Verordnungen auf Grund eines Zustimmungsgesetzes zustimmungsbedürftig sind ohne Rücksicht darauf, ob die Ermächtigung und die mit ihr zusammenhängenden Normen die Zustimmungsbedürftigkeit des Gesetzes ausgelöst haben.

Der vorliegende Verfassungsrechtsstreit gibt keine Veranlassung, die Frage zu entscheiden, ob alle ein Zustimmungsgesetz ändernden Gesetze wiederum – wie der Bundesrat meint – der Zustimmung des Bundesrates bedürfen.[1] Sie bleibt offen.

e) Nach Wortlaut, systematischem Zusammenhang sowie nach Sinn und Zweck des Art. 80 Abs. 2 GG bedeutet also »Bundesgesetz« in dieser Vorschrift das Gesetz als Ganzes. |

199 Diesem Ergebnis kann nicht entgegengehalten werden, daß die Bestimmungen der Verordnung vom 23. Februar 1966 auch als nicht zustimmungsbedürftiges Gesetz hätten erlassen werden können.

Das Grundgesetz kennt in dem hier in Frage stehenden Bereich als Formen der Rechtsetzung nur das Gesetz und die Rechtsverordnung (vgl. BVerfGE 8, 274 [323]). Auch eine Verordnung, die der Zustimmung des Bundestages bedarf, bleibt Verordnung (BVerfGE 8, 274 [322]). Der Bundestag kann eine Verordnung, deren Gültigkeit zweifelhaft ist, nicht nachträglich »genehmigen« (BVerfGE 22, 330 [346]); er kann nur Gesetze, nicht aber Verordnungen erlassen (BVerfGE 22, 330 [346]). Das Grundgesetz unterscheidet zwischen der Rechtsetzung in der Form des Gesetzes und in der Form der Rechtsverordnung; Zuständigkeiten und Voraussetzungen der Rechtsetzung in der einen und der anderen Form sind im Grundgesetz verschieden geregelt.

Hat sich der Gesetzgeber zu einer Ermächtigung zur Rechtsetzung durch die Exekutive entschlossen, so regeln sich Zuständigkeiten und Voraussetzungen dieser Rechtsetzung nach den Vorschriften des Grundgesetzes über den Erlaß von Rechtsverordnungen, hier nach Art. 80 Abs. 2 GG. Es geht nicht an, eine bestimmte Auslegung dieser Vorschrift darauf zu stützen, daß die Regelungen nicht zustimmungsbedürftig gewesen wären, wenn der Gesetzgeber die andere Form der Rechtsetzung, die des Gesetzes, gewählt hätte.

Da sich der Gesetzgeber hier für die Delegation der Rechtsetzungsbefugnis auf die Exekutive entschieden hat, kann dahingestellt bleiben, ob der Dispositionsbefugnis des Bundestages hinsichtlich der Aufteilung des Rechtsstoffes auf Gesetz und Verordnung oder auf mehrere Gesetze

---

[1] BVerfGE 37, 363 [382 f.]: Das Änderungsgesetz ist nur zustimmungsbedürftig, wenn es selbst zustimmungsbedürftige Vorschriften enthält, wenn es Vorschriften ändert, die die Zustimmungsbedürftigkeit des geänderten Gesetzes ausgelöst haben, oder wenn es dazu führt, daß die zustimmungsbedürftigen Vorschriften eine wesentlich andere Bedeutung und Tragweite erhalten.

– etwa auf ein nicht zustimmungsbedürftiges Gesetz mit materiellen Regelungen und den Verfahrensregelungen für die Bundesverwaltung und ein anderes nach Art. 84 Abs. 1 GG zustimmungsbedürftiges Gesetz mit Verfahrens- und Organisationsbestimmungen für die landeseigene Verwaltung –[1] |
verfassungsrechtliche Grenzen gezogen sind – wie der Bundesrat 200
meint – und wann solche Grenzen gegebenenfalls überschritten wären.

Die Bundesregierung meint, es sei nicht einzusehen, warum der Bundesrat einer Verordnung sollte zustimmen müssen, wenn ein Gesetz gleichen Inhalts nicht zustimmungsbedürftig gewesen wäre. Das kann auch noch aus einem anderen Grunde nicht überzeugen. Die Mitwirkungs- und Einwirkungsrechte des Bundesrates im Gesetzgebungsverfahren sind auch bei sogenannten einfachen (nicht zustimmungsbedürftigen) Gesetzen erheblich. Er kann den Vermittlungsausschuß anrufen und schließlich Einspruch einlegen (siehe Art. 77 GG, insbesondere dessen Absatz 4). Es geht deshalb nicht an, die nicht zustimmungsbedürftige Verordnung und das nicht zustimmungsbedürftige Gesetz, was die Mitwirkung des Bundesrates bei ihrem Zustandekommen angeht, gleichzusetzen. Bei nicht zustimmungsbedürftigen Gesetzen bleiben dem Bundesrat nach Art. 77 GG beträchtliche Möglichkeiten, auf Inhalt und Zustandekommen des Gesetzes einzuwirken. Bei nicht zustimmungsbedürftigen Verordnungen fehlen dem Bundesrat solche Möglichkeiten. Diese Verordnungen werden von der Exekutive allein erlassen.

f) Nach der von der Bundesregierung vertretenen Ansicht wären Rechtsverordnungen nach Art. 80 Abs. 2 GG nur dann zustimmungsbedürftig, wenn die Zustimmungsbedürftigkeit des Gesetzes ausgelöst worden ist durch Normen, die einen selbständigen, abgrenzbaren Sachbereich betreffen, sofern sie mit der Ermächtigung in einem untrennbaren Zusammenhang stehen. Es wird häufig schwierig sein zu klären, welche Normen einen selbständigen Sachbereich betreffen und einen abgrenzbaren Normenkomplex bilden, ob dieser Normenkomplex die Zustimmungsbedürftigkeit des Gesetzes ausgelöst hat oder ob er einen für sich gesehen zustimmungsfreien Normenbereich bildet, und schließlich ob die Ermächtigungsnorm in einem untrennbaren Zusammenhang mit diesem jeweils zu ermittelnden Normen-
komplex | steht. Die Rechtsauffassung der Bundesregierung würde 201
also zu einer nicht unbeträchtlichen Rechtsunsicherheit führen.

[1] Nach BVerfGE 37, 363 [382] ist eine solche Aufteilung zulässig; vgl. auch BVerfGE 39, 1 [35] (BVerfGA Nr. 36).

g) Einerseits hat die Bundesregierung Rechtsverordnungen ohne Zustimmung des Bundesrates erlassen, die nach Ansicht des Bundesrates seiner Zustimmung bedurft hätten, ohne daß der Bundesrat daraus Konsequenzen gezogen hat. Andererseits hat die Bundesregierung auch solche Rechtsverordnungen dem Bundesrat zur Zustimmung zugeleitet, bei denen nach ihrer Rechtsauffassung eine Zustimmung des Bundesrates nicht geboten gewesen wäre. Die Staatspraxis ist also nicht eindeutig. Auf sie kann sich weder der Bundesrat noch die Bundesregierung berufen.

Auch die Entstehungsgeschichte von Art. 80 Abs. 2 GG ergibt nichts für die hier zu entscheidende Frage.

h) Die Worte »Rechtsverordnungen auf Grund von Bundesgesetzen, die der Zustimmung des Bundesrates bedürfen« in Art. 80 Abs. 2 GG bezeichnen also die zustimmungsbedürftigen Bundesgesetze als Ganzes, als gesetzgebungstechnische Einheiten. Rechtsverordnungen auf Grund solcher Gesetze bedürfen auch dann der Zustimmung des Bundesrates, wenn die Ermächtigung oder die mit ihr zusammenhängenden Normen nicht die Zustimmungsbedürftigkeit des Bundesgesetzes ausgelöst haben.

3. Art. 80 Abs. 2 GG bestimmt, daß die dort genannten Verordnungen »vorbehaltlich anderweitiger bundesgesetzlicher Regelung« der Zustimmung des Bundesrates bedürfen. Art. 2 des Vertragsgesetzes vom 21. Juni 1965 enthält für die Rechtsverordnungen, die die Bundesregierung für ihren Geschäftsbereich zu erlassen ermächtigt ist, eine solche anderweitige bundesgesetzliche Regelung. [*Wird ausgeführt.*]

19 Art. 4 Abs. 1, 2 GG

Kultusfreiheit für der Kirche nahestehende Vereinigungen – Religionsausübungsfreiheit und kirchliches Selbstverständnis (hier: karitative Sammlung) – Glaubens-, Bekenntnis-, Religionsausübungsfreiheit – Grundrechtsberechtigte – staatliche Neutralitätspflicht – Ausstrahlungswirkung der Religionsausübungsfreiheit auf das Wettbewerbsrecht

BVerfGE 24, 236–252 – Rumpelkammer

236 **1. Das Grundrecht aus Art. 4 Abs. 1 und 2 GG steht nicht nur Kirchen, Religions- und Weltanschauungsgemeinschaften zu, sondern auch Vereinigungen, die sich nicht die allseitige, sondern nur die partielle Pflege des religiösen oder weltanschaulichen Lebens ihrer Mitglieder zum Ziel gesetzt haben.**

2. Art. 4 Abs. 2 GG gewährleistet auch das Recht, Sammlungen für kirchliche oder religiöse Zwecke zu veranstalten. Das gleiche gilt für eine im Rahmen des üblichen religiösen Lebens liegende Unterstützungshandlung wie die Werbung von der Kanzel.

Beschluß des Ersten Senats vom 16. Oktober 1968
– 1 BvR 241/66 –

Sachverhalt: *Beschwerdeführerin war die Katholische Landjugendbewegung Deutschlands, ein bundesweit organisierter, nicht rechtsfähiger Verein. Im Jahre 1965 veranstaltete die katholische Landjugend im gesamten Bundesgebiet die »Aktion Rumpelkammer«; dabei sammelte sie gebrauchte Kleidung, Lumpen und Altpapier und verkaufte das Material an Großabnehmer. Der dabei erzielte Gewinn von mehreren Millionen Deutsche Mark war für die Landjugend in unterentwickelten Ländern bestimmt. Die einzelnen Aktionen ließ die Beschwerdeführerin u.a. durch Kanzelankündigungen in den katholischen Kirchen bekanntmachen. Auf die Klage eines in Nördlingen betriebenen, gewerblichen Unternehmens zur Altmaterialsammlung, dessen Betrieb während der Aktion der Beschwerdeführerin zeitweise fast zum Erliegen gekommen war, verurteilte das Landgericht die Beschwerdeführerin, es zu unterlassen, ihre Altmaterialsammlung im Gewerbebereich der Klägerin durch Werbung von der Kanzel der katholischen Kirche vorzubereiten. Sein Urteil begründete das Landgericht damit, daß sich die Klägerin mit der Beschwerdeführerin in einem Wettbewerbsverhältnis befinde; in diesem Zusammenhang verstoße die Kanzelwerbung als Wettbewerbshandlung gegen die guten Sitten.*

Auf die Verfassungsbeschwerde wurde das Urteil des Landgerichts aufgehoben und die Sache zurückverwiesen.

Aus den Gründen:

Die Verfassungsbeschwerde der Beschwerdeführerin ist begründet. 244
Die angefochtene Entscheidung verletzt die Beschwerdeführerin in ihrem Grundrecht auf ungestörte Religionsausübung (Art. 4 Abs. 2 GG), weil sie bei der Auslegung und Anwendung des Begriffes »Sittenwidrigkeit« der Wettbewerbshandlung den Bestand und die Reichweite dieses Grundrechts nicht hinreichend berücksichtigt hat.

1. Das Bundesverfassungsgericht hat nicht darüber zu entscheiden, ob das Landgericht die von der Beschwerdeführerin veranstalteten Sammlungen mit anschließendem Verkauf des Sammelgutes mit Recht als einen Vorgang des geschäftlichen Wettbewerbs beurteilt hat. Die der Entscheidung insoweit zugrunde gelegte Auslegung des § 1 UWG ist als Auslegung einfachen Rechts nach ständiger Rechtsprechung des Bundesverfassungsgerichts allein Sache der or-

dentlichen Gerichte, sofern diese dabei nicht die Wirkungskraft und Reichweite verfassungsrechtlicher Regelungen verkannt und dadurch Grundrechte des Betroffenen verletzt haben (BVerfGE 18, 85 [92 f.]).[1] |

245 Allein durch die Bewertung der Sammelaktionen als geschäftliche Wettbewerbshandlungen werden Grundrechte der Beschwerdeführerin schon deshalb nicht verletzt, weil das Landgericht die Veranstaltung solcher Sammlungen an sich für zulässig erachtet. Wenn aber das angefochtene Urteil für das Verbot der Kanzelabkündigung nur Gesichtspunkte des geschäftlichen Verkehrs für maßgeblich hält, so berücksichtigt diese Betrachtungsweise nicht die der Beschwerdeführerin als religiöser Vereinigung für einen karitativen Zweck zugute kommende Ausstrahlungswirkung des Rechts auf ungestörte Religionsausübung.

2. a) Das Grundrecht der ungestörten Religionsausübung (Art. 4 Abs. 2 GG) ist an sich im Begriff der Glaubens- und Bekenntnisfreiheit (Art. 4 Abs. 1 GG) enthalten. Dieser Begriff umfaßt nämlich – gleichgültig, ob es sich um ein religiöses Bekenntnis oder eine religionsfremde oder religionsfreie Weltanschauung handelt – nicht nur die innere Freiheit, zu glauben oder nicht zu glauben, d.h. einen Glauben zu bekennen, zu verschweigen, sich von dem bisherigen Glauben loszusagen und einem anderen Glauben zuzuwenden, sondern ebenso die Freiheit des kultischen Handelns, des Werbens, der Propaganda (BVerfGE 12, 1 [3 f.]). Insofern ist die ungestörte Religionsausübung nur ein Bestandteil der dem Einzelnen wie der religiösen oder weltanschaulichen Vereinigung (BVerfGE 19, 129 [132]) zustehenden Glaubens- und Bekenntnisfreiheit. Mindestens seit der Weimarer Verfassung geht die Freiheit der Religionsausübung inhaltlich in der Bekenntnisfreiheit auf (vgl. Hamel in: Bettermann-Nipperdey-Scheuner, Die Grundrechte, Bd. IV 1, 1960, S. 62,54). Die besondere Gewährleistung der gegen Eingriffe und Angriffe des Staates geschützten Religionsausübung in Art. 4 Abs. 2 GG erklärt sich historisch aus der Vorstellung eines besonderen exercitium religionis, insbesondere aber aus der Abwehrhaltung gegenüber den Störungen der Religionsausübung unter der nationalsozialistischen Gewaltherrschaft. Angesichts dieser Entwicklung hat Art. 4 Abs. 2 GG vor allem den Sinn einer Klarstellung dahin, daß Träger des Grundrechts auch
246 eine Gemeinschaft sein kann, | deren religiöses Daseins- und Betätigungsrecht hinsichtlich der Form und des Inhalts, der Teilnahme und

[1] BVerfGA Nr. 13.

der Art der Ausübung – in der Familie, im Haus und in der Öffentlichkeit – geschützt ist, soweit sie sich im Rahmen gewisser übereinstimmender sittlicher Grundanschauungen der heutigen Kulturvölker hält.

Da die »Religionsausübung« zentrale Bedeutung für jeden Glauben und jedes Bekenntnis hat, muß dieser Begriff gegenüber seinem historischen Inhalt extensiv ausgelegt werden. Dafür spricht, daß die Religionsfreiheit nicht mehr wie in Art. 135 WRV durch einen ausdrücklichen Gesetzesvorbehalt eingeschränkt ist, nicht mehr im Zusammenhang mit den anderen Bestimmungen über das Verhältnis von Staat und Kirche steht (BVerfGE 19, 206 [219 f.]), nicht nach Art. 18 GG verwirkt werden kann und darüber hinaus durch verfassungsrechtliche Sonderregelungen geschützt ist (vgl. Art. 3 Abs. 3, Art. 33 Abs. 3 GG, Art. 140 GG in Verbindung mit Art. 136 Abs. 3 Satz 1 WRV; Art. 136 Abs. 4 WRV, Art. 7 Abs. 3 Satz 3 GG; Art. 7 Abs. 2 GG). Diese Freiheit der Religionsausübung erstreckt sich zudem nicht nur auf die christlichen Kirchen, sondern auch auf andere Religions- und Weltanschauungsgemeinschaften. Das folgt aus dem für den Staat verbindlichen Gebot weltanschaulich-religiöser Neutralität (BVerfGE 18, 385 [386]; 19, 206 [216]) und dem Grundsatz der Parität der Kirchen und Bekenntnisse (BVerfGE 19, 1 [8]). Es ist deshalb nicht gerechtfertigt, die Kultusfreiheit enger auszulegen als die Glaubens- und Bekenntnisfreiheit.

Zur Religionsausübung gehören danach nicht nur kultische Handlungen und Ausübung sowie Beachtung religiöser Gebräuche wie Gottesdienst, Sammlung kirchlicher Kollekten, Gebete, Empfang der Sakramente, Prozession, Zeigen von Kirchenfahnen, Glockengeläute, sondern auch religiöse Erziehung, freireligiöse und atheistische Feiern sowie andere Äußerungen des religiösen und weltanschaulichen Lebens.

b) Das Grundrecht aus Art. 4 Abs. 1 und 2 GG steht nicht nur Kirchen, Religions- und Weltanschauungsgemeinschaften zu, sondern
auch Vereinigungen, die sich nicht die allseitige, sondern nur | die 247
partielle Pflege des religiösen oder weltanschaulichen Lebens ihrer Mitglieder zum Ziel gesetzt haben. Voraussetzung dafür ist aber, daß der Zweck der Vereinigung gerade auf die Erreichung eines solchen Zieles gerichtet ist. Das gilt ohne weiteres für organisatorisch oder institutionell mit Kirchen verbundene Vereinigungen wie kirchliche Orden, deren Daseinszweck eine Intensivierung der gesamtkirchlichen Aufgaben enthält. Es gilt aber auch für andere selbständige oder unselbständige Vereinigungen, wenn und soweit ihr Zweck die Pflege

oder Förderung eines religiösen Bekenntnisses oder die Verkündigung des Glaubens ihrer Mitglieder ist. Maßstab für das Vorliegen dieser Voraussetzungen kann das Ausmaß der institutionellen Verbindung mit einer Religionsgemeinschaft oder die Art der mit der Vereinigung verfolgten Ziele sein.

Die Beschwerdeführerin ist zwar organisatorisch in die Katholische Kirche nicht eingegliedert. Sie ist ihr aber dennoch institutionell verbunden: In allen Führungsgremien wirken katholische Seelsorger kraft ihres Amtes mit; die Diözesanbischöfe haben durch ihr Genehmigungsrecht unmittelbaren Einfluß auf die Diözesansatzungen. Auch die Ziele der Beschwerdeführerin sind solche des kirchlichen Bereiches. Nach ausdrücklicher Bestimmung in der Satzung dient sie den weltweiten Aufgaben der lebendigen Kirche und der Linderung geistiger und leiblicher Not in der Welt durch materielle Unterstützungen. Ihr steht deshalb das Grundrecht der ungestörten Religionsausübung zu.

c) Die von der Beschwerdeführerin aus religiös-karitativen Motiven veranstalteten Sammlungen und die von ihr veranlaßte Kanzelabkündigung gehören zu der durch Art. 4 Abs. 2 GG geschützten Religionsausübung.

Bei der Würdigung dessen, was im Einzelfall als Ausübung von Religion und Weltanschauung zu betrachten ist, darf das Selbstverständnis der Religions- und Weltanschauungsgemeinschaften nicht außer Betracht bleiben. Zwar hat der religiös-neutrale Staat grundsätzlich verfassungsrechtliche Begriffe nach neutralen, allgemeingül-
248 tigen, nicht konfessionell oder weltanschaulich gebun|denen Gesichtspunkten zu interpretieren (BVerfGE 10, 59 [84 f.]); 12, 45 [54];[1] 19, 1 [8]; 19, 226 [238 ff.]; 19, 268 [278 ff.]). Wo aber in einer pluralistischen Gesellschaft die Rechtsordnung gerade das religiöse oder weltanschauliche Selbstverständnis wie bei der Kultusfreiheit voraussetzt, würde der Staat die den Kirchen, den Religions- und Weltanschauungsgemeinschaften nach dem Grundgesetz gewährte Eigenständigkeit und ihre Selbständigkeit in ihrem eigenen Bereich verletzen, wenn er bei der Auslegung der sich aus einem bestimmten Bekenntnis oder einer Weltanschauung ergebenden Religionsausübung deren Selbstverständnis nicht berücksichtigen würde (BVerfGE 18, 385 [386 f.]).

Nach dem Selbstverständnis der Katholischen und Evangelischen Kirche umfaßt die Religionsausübung nicht nur den Bereich des

[1] BVerfGA Nr. 11.

Glaubens und des Gottesdienstes, sondern auch die Freiheit zur Entfaltung und Wirksamkeit in der Welt, wie es ihrer religiösen und diakonischen Aufgabe entspricht. Die tätige Nächstenliebe ist nach dem Neuen Testament eine wesentliche Aufgabe für den Christen und wird von der Katholischen wie der Evangelischen Kirche als kirchliche Grundfunktion verstanden (Pastoralkonstitution über die Kirche in der Welt von heute des 2. Vatikanischen Konzils, Art. 88, Rahner – Vorgrimler, Kleines Konzilskompendium, 1966, S. 547 f. – sowie Art. 15 Abs. 1 der Grundordnung der Evangelischen Kirche in Deutschland vom 13. Juli 1948 – Abl. EKD 1948, S. 233). Auch in der Staatspraxis nach dem Zweiten Weltkrieg ist die karitative Tätigkeit, insbesondere die Sammlung von Gaben für karitative Zwecke, in den Kirchenverträgen und Konkordaten als legitime Aufgabe der Kirchen anerkannt und die Berechtigung dazu den Kirchen gewährleistet worden (vgl. Art. 14 Abs. 1 des Niedersächsischen Evangelischen Kirchenvertrages vom 18. April 1955 – Nds. GVBl. S. 159 –; Art. 1 Abs. 1 des Niedersächsischen Konkordates vom 26. Februar 1965 – Nds. GVBl. S. 192; Art. 16 des Schleswig-Holsteinischen Evangelischen Kirchenvertrages vom 23. April 1957 – Schlesw.-Holst. GVBl. S. 73 –; Art. 19 des Hessischen Evangelischen Kirchenvertrages vom 18. Februar 1960 – Hess. GVBl. S. 54). |

Wie die Grenzen des Grundrechts der Religionsfreiheit, insbeson- 249
dere der ungestörten Religionsausübung in einer pluralistischen Gesellschaft zu ziehen sind, ob nach den Grundsätzen der Toleranz und Parität oder vom Kernbereich oder der Wesensgarantie des Grundrechts, nach dem im Grundgesetz ausgestalteten Verhältnis von Staat und Kirche, von der personalen Würde des Menschen aus oder unter Berücksichtigung gewisser immanenter Schranken des Grundrechts, kann hier dahinstehen. Jedenfalls ergibt sich aus den hier angestellten allgemeinen Erwägungen über die Natur der Religionsfreiheit für die zu treffende Entscheidung, daß eine karitative Sammlung nur unter bestimmten Voraussetzungen religiösen Charakter hat und den Schutz des Art. 4 Abs. 2 GG beanspruchen darf.

Die Hergabe einer Sache bei einer Sammlung muß unentgeltlich sein; die Gabe muß einer bestimmten religiösen Gesinnung oder Haltung des Spenders, sei es der Barmherzigkeit oder der Nächstenliebe, entspringen oder Ausdruck persönlichen Einsatzes für eine gerechte und gute Sache aus glaubensmäßiger Überzeugung sein. Christliche Liebestätigkeit ist nach dem Selbstverständnis der christlichen Kirchen also etwas anderes als ein sozialer Vorgang, der sich in der Fürsorge für Arme, Elende und Bedürftige aus Mitverantwortung für den

Nächsten im Interesse eines friedlichen Zusammenlebens im Staat erschöpft und lediglich aus sozialen Gründen das Existenzminimum des Nächsten sichert, um die Führung eines Lebens in der Gemeinschaft zu ermöglichen, die der Würde des Menschen entspricht. Schon aus dieser Charakterisierung folgt, daß es sich bei der christlichen Liebestätigkeit um eine herkömmliche, im allgemeinen religiösen Bewußtsein selbstverständliche Fürsorge handeln muß. Den Spendern müssen auch der verfolgte Zweck und die Verwendung des Sammlungsgutes erkennbar sein, damit sie ihre Entscheidung nicht auf falsche Vorstellungen gründen und die Öffentlichkeit über den Zweck der Sammlung nicht getäuscht wird. Unerheblich ist dabei, ob die Spenden den Bedürftigen unmittelbar zugewandt werden oder ih-
250 nen aus dem Erlös der Sachen eine irgendwie ge|artete finanzielle Hilfe zufließt, weil das für eine religiös-karitative Sammlung entscheidende Kriterium die Hergabe eines für mildtätige Zwecke bestimmten Opfers ist. Dies gilt um so mehr, wenn die Veräußerung von vornherein geplant und angekündigt wird. Sammlung und Verwertung lassen sich deshalb auch nicht trennen.

d) Die von der Beschwerdeführerin veranstaltete Sammlung »Aktion Rumpelkammer« hält sich – auch hinsichtlich der Werbung durch Kanzelabkündigung – im Rahmen dieser allgemeinen Voraussetzungen.

Die Sammlung von Sachspenden zur Unterstützung Bedürftiger gehört zu den traditionellen Formen der Diakonie. Die Art der hier vorgenommenen Verwertung war sachgerecht und entsprach den besonderen Verhältnissen des Falles. Da die Spenden für Bedürftige in Übersee bestimmt waren, könnte eine maximal wirkende Hilfe zweckmäßiger durch Verkauf des Sammelgutes als durch kostspieligen Transport der gebrauchsfähigen Kleidung erreicht werden. Angesichts des allgemein bekannten Ausmaßes der Not in Entwicklungsländern war es auch gerechtfertigt, die Sammlung nicht nur auf die gebrauchsfähige Kleidung, sondern allgemein auf Lumpen und Altpapier zu erstrecken. Entgegen der Auffassung des Beschwerdeführers hatten die Spenden auch den für eine religiös-karitative Handlung erforderlichen Charakter der Mildtätigkeit. Zwar mag es zutreffen, daß auch gewerbliche Lumpensammler im allgemeinen ausschließlich für Lumpen kein Entgelt zu zahlen pflegen. Der Beschwerdeführer hat aber selbst dargelegt, daß das von karitativen Organisationen gesammelte Material einen höheren Anteil an gebrauchsfähiger Kleidung enthielt als die von gewerblichen Händlern gesammelten Waren. Daraus folgt, daß die Spender im Hinblick auf

den mit der Sammlung verfolgten Zweck – Hilfe für Bedürftige – wertvollere Stücke abgeben, die sie in diesem Ausmaß den gewerblichen Lumpenhändlern nicht gegeben hätten. Daß die Beschwerdeführerin einen nicht den Tatsachen entsprechenden Verwendungszweck für den Erlös vorgetäuscht hätte oder die Spender über die Art
der | Verwertung getäuscht worden wären, hat das angefochtene Ur- 251
teil nicht festgestellt.

Unerheblich für die Beurteilung der »Aktion Rumpelkammer« als Handlung im Bereich der Religionsausübung ist ferner die Behauptung des Beschwerdeführers, daß infolge der karitativen Sammlungen 90 % der Lumpensammler ihren Betrieb hätten einstellen müssen. Abgesehen davon, daß nach der für das Bundesverfassungsgericht insoweit maßgebenden Beurteilung des Landgerichts die Sammlung der Beschwerdeführerin auch in dem von ihr betriebenen Umfang zulässig war und daß nicht feststeht, ob der Rückgang im Lumpensammelgewerbe nicht auf allgemeinwirtschaftliche Strukturveränderungen zurückzuführen ist, müßte selbst eine Veränderung der Struktur dieses Gewerbezweiges infolge karitativer Sammlungen hingenommen werden. Ein subjektives verfassungskräftiges Recht eines Geschäftsmannes auf die Erhaltung des Geschäftsumfanges und die Sicherung weiterer Erwerbsmöglichkeiten besteht in der freien Wettbewerbswirtschaft nicht.

e) War die Sammlung der Beschwerdeführerin somit Teil der durch Art. 4 Abs. 2 GG geschützten Religionsausübung, so hätte das Landgericht auch die Ausstrahlungswirkung dieses Grundrechts auf die Beurteilung der Kanzelwerbung als »sittenwidrige Wettbewerbshandlung« beachten müssen.

Wenn die Sammlung selbst gerade wegen ihres religiös-karitativen Charakters und Zweckes besonderen Schutz genießt, muß das auch für eine im Rahmen des üblichen religiösen Lebens liegende Unterstützungshandlung wie die Werbung von der Kanzel gelten. Maßgebend ist allein die Frage, ob gerade die Beschwerdeführerin auf derartige Kanzelabkündigungen hinwirken durfte. Darin kann angesichts der dem kirchlichen Bereich angehörigen Sammlung kein Zweifel bestehen. Bei der Auslegung des Begriffs »Sittenwidrigkeit« der Wettbewerbshandlung hätte das Landgericht deshalb die besondere Art des Wettbewerbs zwischen einem Gewerbetreibenden und einem innerhalb der Religionsausübung handelnden »Wettbewerber«
von dem höherwertigen Rechtsgut | ungestörter Religionsausübung 252
aus beurteilen müssen und nach dem festgestellten Sachverhalt nicht als sittenwidrig werten dürfen. Soweit das Landgericht die Beschwer-

deführerin verurteilt hat, ist das Urteil deshalb aufzuheben (§ 95 Abs. 2 BVerfGG).

3. Da die verfassungsrechtliche Rechtfertigung des Verhaltens der Beschwerdeführerin speziell aus Art. 4 GG folgt, kommt daneben eine Verletzung der allgemeinen Handlungsfreiheit (Art. 2 Abs. 1 GG) der Beschwerdeführerin nicht in Betracht (BVerfGE 6, 32 [37];[1] 10, 55 [58]; 17, 302 [306]). Für das vorliegende Verfahren muß es deshalb dahingestellt bleiben, inwieweit Sammlungen gemeinnütziger Organisationen, die nicht den Schutz des Art. 4 Abs. 2 GG genießen, durch Art. 2 Abs. 1 GG gedeckt sind.

20 Art. 14 Abs. 1 Satz 1, Abs. 3 GG

Eigentumsrecht als Institutsgarantie und Grundrecht – Schaffung öffentlichen Eigentums – Inhalts- und Schrankenbestimmung des Eigentums durch den Gesetzgeber - Bestandsgarantie am Eigentum – Enteignung durch Entzug von Grundstückseigentum – Vorrang der Administrativ- vor der Legalenteignung – Legalenteignung und Einzelfallgesetz – Wohl der Allgemeinheit (Art. 14 Abs. 3 GG) – Erforderlichkeit der Enteignung – Entschädigungsanspruch und gesetzlich bestimmte Abfindungshöhe

BVerfGE 24, 367–424 – Hamburgisches Deichordnungsgesetz[2]

367 **1. Im Rahmen einer Verfassungsbeschwerde kann gerügt werden, der Gesetzgeber sei zum Erlaß des angegriffenen Enteignungsgesetzes nicht zuständig gewesen.** [*nur LS*]

2. Die Entstehung »öffentlichen Eigentums« an Hochwasserschutzanlagen nach § 2 Abs. 1 und 3 des Hamburgischen Deichordnungsgesetzes ist mit dem Grundgesetz vereinbar.

3. Die Garantie des Eigentums als Rechtseinrichtung dient der Sicherung des Eigentumsgrundrechts. Die Institutsgarantie verbietet, solche Sachbereiche der Privatrechtsordnung zu entziehen, die zum elementaren Bestand grundrechtlich geschützter Betätigung im vermögensrechtlichen Bereich gehören.

---

1 BVerfGA Nr. 3

2 Zur weiteren eigentumsrechtlichen Rechtsprechung des Gerichts vgl. BVerfGE 58, 300 (BVerfGA Nr. 54) und die dortigen Nachweise.

4. Enteignungsgesetze (Art. 14 Abs. 3 GG) schränken das Grundrecht des Eigentums nicht im Sinne des Art. 19 Abs. 1 GG ein.

5. Ein den Bestand, nicht nur den Wert des Eigentums sichernder Rechtsschutz ist ein wesentliches Element der Eigentumsgarantie.

6. Die Enteignung durch Gesetz (Legalenteignung) ist nur in eng begrenzten Fällen zulässig.

7. Ob Enteignungsgesetze für ihren konkreten Sachbereich dem Begriff des Wohles der Allgemeinheit im Sinne des Art. 14 Abs. 3 Satz 1 GG gerecht werden, unterliegt der verfassungsgerichtlichen Prüfung.

8. Auch für Legalenteignungen gilt der Grundsatz der Verhältnismäßigkeit. Bei der hiernach gebotenen Prüfung, ob zur Durchführung eines Vorhabens das Mittel der Enteignung erforderlich ist, ist das Bundesverfassungsgericht nicht an die Auffassung des Gesetzgebers gebunden.

9. Entspricht die Entschädigungsregelung eines Enteignungsgesetzes nicht den Erfordernissen des Art. 14 Abs. 3 Sätze 2 und 3 GG, so ist das ganze Gesetz verfassungswidrig.

10. Besteht bei enteigneten Grundstücken kein wertmäßig bedeutsamer Unterschied in den wertbestimmenden Faktoren, so ist der Gesetzgeber nicht gehindert, im Gesetz selbst einen festen Qua | dratme- 368
terbetrag als Grundlage für die Berechnung der Entschädigung zu bestimmen.

11. Das Abwägungsgebot des Art. 14 Abs. 3 Satz 3 GG ermöglicht es dem Gesetzgeber, je nach den Umständen vollen Ersatz, aber auch eine darunter liegende Entschädigung zu bestimmen. Das Grundgesetz verlangt nicht, daß die Entschädigung stets nach dem Marktwert bemessen wird.

Urteil des Ersten Senats vom 18. Dezember 1968 auf die mündliche Verhandlung vom 18. und 19. Juni 1968 - 1 BvR 638, 673/64 und 200, 238, 249/65 –

Sachverhalt: *Gegenstand mehrerer Verfassungsbeschwerden waren Bestimmungen des Hamburgischen Deichordnungsgesetzes – DOG – vom 29. April 1964 (GVBl. I S. 79). Dieses Gesetz führte an bestimmten Hochwasserschutzanlagen das öffentliche Eigentum der Stadt Hamburg ein (§ 4 Hamburgisches Wassergesetz – HWaG –). Das öffentliche Eigentum nach dieser Vorschrift begründete eine hoheitliche Sachherrschaft, entzog die im öffentlichen Eigentum stehende Sache dem Rechtsverkehr und verdrängte die bürgerlich-rechtlichen Bestimmungen über Besitz und Eigentum. An bisherigen Deichgrundflächen entstand kraft Gesetzes öffentliches Eigentum (§ 2 Abs. 1*

DOG). Soweit dadurch ein Verlust an Grundeigentum eintrat, erhielten die Grundeigentümer eine geringe, gesetzlich festgelegte oder nach Festsetzung der Behörden zu leistende Entschädigung (§§ 5, 6 DOG).

Die Beschwerdeführer, durch das Deichordnungsgesetz betroffene Grundeigentümer, hatten mit ihren unmittelbar gegen das Deichordnungsgesetz erhobenen Verfassungsbeschwerden keinen Erfolg.

Aus den Gründen:

388 D. – I.

Die Eigentumsgarantie des Art. 14 Abs. 1 Satz 1 GG steht der Überführung der Deichgrundstücke der Beschwerdeführer in öffentliches Eigentum nicht entgegen.

Nach der gesetzlichen Begriffsbestimmung begründet das öffentliche Eigentum an Hochwasserschutzanlagen eine ausschließlich hoheitliche Sachherrschaft. Sie ist dadurch gekennzeichnet, daß die im öffentlichen Eigentum stehenden Gegenstände dem Rechtsverkehr entzogen sind und die Vorschriften des bürgerlichen Rechts, insbesondere über den Besitz und das Eigentum, keine Anwendung finden. Die Befugnisse und Pflichten aus dem öffentlichen Eigentum werden von den Deichverbänden im Rahmen ihrer durch Gesetz und Satzung geregelten Aufgaben, im übrigen von den Wasserbehörden ausgeübt.

Es kann dahingestellt bleiben, ob diese Sachherrschaft »Eigentum« im Sinne der geltenden Rechtsordnung ist und einen Gegensatz zum »Privateigentum« darstellt, oder ob es sich nur um ein anderes »Etikett« für die Sachherrschaft an »öffentlichen Sachen« handelt, bei der überwiegend eine Doppelnatur angenommen wird: einerseits privates Eigentum als Grundlage, andererseits öffentlich-rechtliche
389 Sachherrschaft. Auch wenn man davon aus | geht, daß das »öffentliche Eigentum« die vollständige Herausnahme der Hochwasserschutzanlagen aus der Privatrechtsordnung bedeutet, so liegt darin keine Verletzung der Eigentumsgarantie.

1. Art. 14 Abs. 1 Satz 1 GG gewährleistet das Privateigentum sowohl als Rechtsinstitut wie auch in seiner konkreten Gestalt in der Hand des einzelnen Eigentümers. Das Eigentum ist ein elementares Grundrecht, das in einem inneren Zusammenhang mit der Garantie der persönlichen Freiheit steht. Ihm kommt im Gesamtgefüge der Grundrechte die Aufgabe zu, dem Träger des Grundrechts einen Freiheitsraum im vermögensrechtlichen Bereich sicherzustellen und ihm damit eine eigenverantwortliche Gestaltung des Lebens zu ermögli-

chen. Die Garantie des Eigentums als Rechtseinrichtung dient der Sicherung dieses Grundrechts. Das Grundrecht des Einzelnen setzt das Rechtsinstitut »Eigentum« voraus; es wäre nicht wirksam gewährleistet, wenn der Gesetzgeber an die Stelle des Privateigentums etwas setzen könnte, was den Namen »Eigentum« nicht mehr verdient.

Die Institutsgarantie sichert einen Grundbestand von Normen, die als Eigentum im Sinne dieser Grundrechtsbestimmung bezeichnet werden. Inhalt und Funktion des Eigentums sind dabei der Anpassung an die gesellschaftlichen und wirtschaftlichen Verhältnisse fähig und bedürftig; es ist Sache des Gesetzgebers, Inhalt und Schranken des Eigentums unter Beachtung der grundlegenden verfassungsrechtlichen Wertentscheidung zu bestimmen (Art. 14 Abs. 1 Satz 2 GG – vgl. BVerfGE 21, 73 [82]). Die Institutsgarantie verbietet jedoch, daß solche Sachbereiche der Privatrechtsordnung entzogen werden, die zum elementaren Bestand grundrechtlich geschützter Betätigung im vermögensrechtlichen Bereich gehören, und damit der durch das Grundrecht geschützte Freiheitsbereich aufgehoben oder wesentlich geschmälert wird. Ein solcher Sachverhalt liegt in dem hier maßgeblichen Bereich des Hochwasserschutzes jedoch nicht vor.

2. Eigentum ist eine Form der Sachherrschaft und damit der umfassende Begriff für die vielfältig denkbaren sachenrechtlichen |
Beziehungen. Diese Sachherrschaft kann nach den verschiedensten 390
Gesichtspunkten und Anschauungen ausgestaltet werden. Das Eigentum bürgerlichen Rechts ist durch seine Privatnützigkeit und grundsätzliche Verfügungsfähigkeit gekennzeichnet. Daneben kennt aber die geltende Rechtsordnung in mannigfacher Weise Sachherrschaften, die – obwohl als Eigentum bezeichnet – nicht auf Privatnützigkeit, sondern auf Fremdnützigkeit ausgerichtet sind. Werden Sachen dieser Art, wenn sie sich in der Hand des Staates befinden, grundsätzlich aus der Privatrechtsordnung herausgenommen und einer ausschließlich öffentlich-rechtlichen Sachherrschaft unterstellt, die man als »öffentliches Eigentum« bezeichnet, so liegt darin jedenfalls dann keine Schmälerung des durch Art. 14 Abs. 1 Satz 1 GG gewährleisteten Rechtsinstituts, wenn diese Sachen einem besonderen öffentlichen Zweck gewidmet sind und im Hinblick auf diese Zweckbindung die private Verfügungsfähigkeit ganz oder weitgehend ausgeschlossen ist.

Ob die Einführung des öffentlichen Eigentums an anderen Gegenständen als Hochwasserschutzanlagen mit der Institutsgarantie des Art. 14 GG in Einklang steht, ist hier nicht zu entscheiden.

II.

Die Einführung des öffentlichen Eigentums an Hochwasserschutzanlagen wird auch deshalb für grundgesetzwidrig angesehen, weil das für einen Bundesstaat notwendige Mindestmaß an Homogenität gesprengt werde, wenn ein Land, abweichend von einem feststehenden und vorgefundenen Eigentumsbegriff, einen neuen Eigentumsbegriff einführe. Es werde auch die in Bund und Ländern grundsätzlich einheitliche Auffassung von den öffentlichen Sachen zerstört; das Land durchbreche die Rechtseinheit. Diese Einwendungen greifen nicht durch.

Art. 28 Abs. 1 GG bindet die Länder an die dort genannten leitenden verfassungsrechtlichen Prinzipien und will insoweit eine gewisse Homogenität herbeiführen; er fordert aber im übrigen keine Konformität oder Uniformität. |

391 Die Einführung des öffentlichen Eigentums könnte allerdings dann verfassungsrechtlich bedenklich sein, wenn hierdurch eine für die Wirtschafts- und Sozialordnung des Bundes und aller Glieder fundamentale und einheitlich geltende Rechtseinrichtung zerstört würde und die Auswirkungen nicht auf den Raum des Landes beschränkt blieben. So liegen die Dinge jedoch nicht:

Zunächst ist nicht ersichtlich, daß es in dem hier maßgeblichen Bereich des Wasser- und Deichrechts im Hinblick auf die schon bisher unterschiedlichen Regelungen einen seiner Konstruktion und seinem Inhalt nach feststehenden Eigentumsbegriff gibt. Jedenfalls wird durch die Einführung des öffentlichen Eigentums für Hochwasserschutzanlagen der Eigentumsbegriff des Privatrechts nicht gesprengt. Das öffentliche Eigentum in dem hier maßgeblichen Bereich besagt lediglich, daß die Hochwasserschutzanlagen für die Dauer ihrer Zweckbestimmung einer besonderen öffentlich-rechtlichen Sachherrschaft unterliegen und deshalb dem Privatrecht entzogen sein sollen. Hört die Zweckbestimmung auf, so entsteht wieder Eigentum bürgerlichen Rechts. Von einem Mangel an Homogenität könnte also allenfalls für das Recht der öffentlichen Sachen gesprochen werden. Aber auch diese Abweichung von der in Bund und Ländern – von Ausnahmen abgesehen – überwiegend geltenden Ordnung kann aus verfassungsrechtlichen Gründen nicht beanstandet werden. …

E. 392

Die in § 2 DOG angeordnete Rechtsumwandlung steht sachlich mit dem Grundgesetz in Einklang.

I.

Die verfassungsrechtliche Prüfung ist auf § 2 Abs. 1 und 3 DOG zu beschränken, da kein Beschwerdeführer durch die in § 2 Abs. 2 DOG angeordnete Umwandlung bisherigen Deicheigentums in bürgerlichrechtliches Eigentum beschwert ist.

II.

1. Wenn § 2 Abs. 1 DOG bestimmt, daß mit dem Inkrafttreten des Gesetzes an den dort näher bezeichneten Grundstücken öffentliches Eigentum »entsteht«, so bedeutet dies zweierlei: Zunächst ändert die Vorschrift das bisher für Deichgrundstücke bestehender Deiche geltende *objektive* Recht. An die Stelle der bisherigen Vorschriften – Deicheigentum, bürgerlich-rechtliches | Eigentum – tritt das öffentliche Eigentum im Sinne des § 4 a HWaG. Diese Vorschrift regelt generell den Status für Hochwasserschutzanlagen, die auf Grund einer Planfeststellung oder Genehmigung errichtet werden und der Freien und Hansestadt Hamburg gehören. Dieser Status wird durch § 2 DOG auf die bereits bestehenden Deiche erstreckt. 393

Bedeutung und Wirkung der Rechtsumwandlung erschöpfen sich aber nicht in dieser Änderung des objektiven Rechts. Für die verfassungsrechtliche Würdigung ist von Bedeutung, daß die Vorschrift zugleich in das *subjektive* Recht der einzelnen Grundstückseigentümer eingreift. Die von der Rechtsumwandlung betroffenen Grundstücke werden auf das Land Hamburg übertragen und von diesem fortan in der Form des öffentlichen Eigentums verwaltet. Es wird also das bisher individuelle Zuordnungsverhältnis zwischen Rechtsträger und Sache nicht lediglich dem Inhalt nach geändert, sondern schlechthin beseitigt. Es wird ein neues Zuordnungsverhältnis begründet, das mit dem alten nicht identisch ist. § 2 Abs. 3 DOG stellt dies durch die Bestimmung klar, daß die alten Rechte erlöschen.

Es liegt hiernach der Sachverhalt vor, der dem Modell der sogenannten »klassischen Enteignung« zugrunde liegt, nämlich: Entzug von Grundstückseigentum und Übertragung auf einen »Unternehmer«. Daher haben bei den nachfolgenden Erwägungen alle Sachverhalte auszuscheiden, in denen das sachenrechtliche Zuordnungsverhältnis dem Grunde nach bestehen bleibt, aber bisher zustehende Befugnisse genommen oder geschmälert werden.

2. Inhalt und Umfang der von der Rechtsumwandlung betroffenen Rechtsstellung der einzelnen Eigentümer waren verschieden. [*Wird ausgeführt.*]

394 3. Hiernach ergibt sich, daß die Rechtsumwandlung jedenfalls hinsichtlich einer nicht überschaubaren Zahl von Grundstücken zu einem umfassenden Rechtsentzug geführt hat. Daher ist die Rechtsumwandlung nicht lediglich ein Akt objektiver, nur für die Zukunft geltender Rechtsetzung. Soweit sie zugleich in die bisher an den Deichen bestehenden individuellen Rechtsverhältnissen eingreift, kann jedoch dahingestellt bleiben, ob es sich um einen »Güterbeschaffungsvorgang« handelt, da dies für die Beurteilung, ob eine Enteignung vorliegt, ohne Bedeutung ist. Die in Art. 14 Abs. 3 GG zugelassene Enteignung ist begrifflich dadurch gekennzeichnet, daß das durch Art. 14 Abs. 1 Satz 1 GG gewährleistete Eigentum ganz oder teilweise im Interesse der Allgemeinheit entzogen wird. Der Entzug und der dadurch bewirkte Rechts- und Vermögensverlust – nicht aber die Übertragung des entzogenen Objektes – ist das entscheidende Merkmal. |

395 Fraglich kann nur sein, ob der durch die Rechtsumwandlung erfolgte Eingriff in die Rechtsstellung der Eigentümer in allen Fällen zu einem Verlust geführt hat, der so bedeutsam ist, daß er als eine Enteignung zu qualifizieren ist. Für die beiden ersten unter 2) bezeichneten Grundstücksgruppen wird geltend gemacht, daß die Eigentümer praktisch nur ein wirtschaftlich unbedeutendes Nutzungsrecht besessen hätten; da dieses aber nach § 3 Abs. 1 DOG fortgesetzt werden könne, liege in der Rechtsumwandlung keine Enteignung. Ob diese Auffassung richtig ist, kann dahingestellt bleiben; denn es muß davon ausgegangen werden, daß die Rechtsumwandlung auch Grundstücke erfaßt hat, an denen die Eigentümer unbeschränktes Eigentum bürgerlichen Rechts besessen haben. Bei dieser Grundstücksgruppe ist zweifelsfrei durch die Rechtsumwandlung ein voller Rechtsverlust, also eine Enteignung eingetreten. Diese wird auch nicht dadurch in Frage gestellt, daß die bisherigen Nutzungen fortgesetzt werden können. Dieses Nutzungsrecht beruht nicht mehr auf dem Eigentumsrecht am Grundstück, sondern besteht auf Grund gesetzlicher Verleihung am nunmehr öffentlichen Eigentum in der Hand

der Freien und Hansestadt Hamburg. Das Gesetz muß daher jedenfalls für diese Gruppe den Erfordernissen des Art. 14 Abs. 3 GG entsprechen. Steht das Gesetz aber hinsichtlich dieser Grundstücksgruppe mit der Verfassung in Einklang, so kann es auch hinsichtlich der übrigen Grundstücke nicht beanstandet werden. Der Gesetzgeber kann zwar nicht mit dem Etikett einer (entschädigungslosen) Inhaltsbestimmung nach Art. 14 Abs. 1 Satz 2 GG eine Regelung treffen, die nach ihrem materiellen Gehalt eine entschädigungspflichtige Enteignung ist; er kann aber umgekehrt Belastungen der Eigentümer, die sachlich keine Enteignung darstellen, den strengeren Erfordernissen des Enteignungsrechts unterstellen.

III.

Soweit in der Rechtsumwandlung eine Enteignung liegt, wird sie unmittelbar durch das Gesetz vollzogen. Die Rügen der Beschwerdeführer, es handle sich hierbei um ein nach Art. 19 Abs. 1 | Satz 1 GG 396
unzulässiges Einzelfallgesetz und das Zitiergebot des Art. 19 Abs. 1 Satz 2 GG sei verletzt, sind nicht begründet.

1. Das Verhältnis des Art. 19 Abs. 1 GG zu der nach Art. 14 Abs. 3 GG zugelassenen Legalenteignung ist aus dem Zusammenhang der einzelnen Rechtssätze des Art. 14 GG unter Berücksichtigung des besonderen Schutzcharakters des Art. 19 Abs. 1 GG zu bestimmen.

a) Art. 19 Abs. 1 GG dient der Sicherung derjenigen Grundrechte, die auf Grund eines speziellen im Grundgesetz enthaltenen Vorbehalts durch Gesetz oder auf Grund eines Gesetzes eingeschränkt werden können. Soweit ein solcher Vorbehalt besteht, darf das Gesetz nicht nur für den Einzelfall gelten. Art. 14 GG enthält einen solchen Vorbehalt zur Einschränkung der Eigentumsgarantie nicht.

Gegenstand und Umfang der Eigentumsgarantie werden durch Art. 14 Abs. 1 Satz 2 und Abs. 3 GG bestimmt. Zunächst ist es Aufgabe des Gesetzgebers, Inhalt und Schranken des Eigentums unter Beachtung der Grundsatzentscheidung des Verfassunggebers festzulegen. Macht der Gesetzgeber hiervon in verfassungsmäßiger Weise Gebrauch, so liegt darin keine Einschränkung des Grundrechts (vgl. BVerfGE 21, 92 [93]). Nur das durch die Gesetze ausgeformte Eigentum bildet den Gegenstand der Eigentumsgarantie und ist verfassungsrechtlich geschützt (BVerfGE 20, 351 [356]).

Art. 14 Abs. 3 GG läßt die Entziehung des konkreten Eigentumsgegenstandes zu, wenn das Wohl der Allgemeinheit dies erfordert.

Das Grundrecht, das heißt die Rechtsmacht, Einwirkungen der öffentlichen Hand auf die durch die Eigentumsgarantie geschützten Gegenstände auszuschließen, ist also von Verfassungs wegen für den Fall begrenzt, daß das Wohl der Allgemeinheit den Zugriff erfordert. Unter den Voraussetzungen des Art. 14 Abs. 3 GG – und nur unter diesen Voraussetzungen – muß der Eigentümer den Zugriff dulden. Es handelt sich also nicht um die Zulassung einer generellen Einschränkung des Grundrechts als solchen, sondern um eine Beschrän-
397 kung seiner Geltung hinsicht|lich konkret zu bestimmender Gegenstände. Das gerade im Bereich der Eigentumsordnung immer aktuelle Spannungsverhältnis zwischen den Interessen des Einzelnen und den Belangen der Allgemeinheit hat das Grundgesetz selbst dahin entschieden, daß im Konfliktsfall das Wohl der Allgemeinheit den Vorrang vor der garantierten Rechtsstellung des Einzelnen haben kann und daß im äußersten Fall der Eigentümer die Entziehung des Eigentums an einem bestimmten Gegenstand dulden muß. Die Verfassung hat die Entscheidung dieser Konfliktsituation nicht dem Gesetzgeber überlassen, sondern selbst getroffen. Berücksichtigt man diese Zusammenhänge, so enthält Art. 14 Abs. 3 Satz 2 GG, der eine Enteignung »nur durch Gesetz oder auf Grund eines Gesetzes« zuläßt, keinen Vorbehalt für den Gesetzgeber zur Einschränkung des Grundrechts, wie er in Art. 19 Abs. 1 GG vorausgesetzt ist.

b) Auf Grund des Art. 14 Abs. 3 Satz 2 GG kann die Eigentumsgarantie auch nicht über das in Art. 14 Abs. 3 Satz 1 GG zugelassene Maß hinaus eingeschränkt werden. Sie entfaltet gerade im Bereich des Art. 14 Abs. 3 GG in nicht einschränkbarer Weise ihre besonderen Schutzfunktionen.

Zunächst stellt sie sicher, daß nur unter den in Art. 14 Abs. 3 GG festgelegten Voraussetzungen enteignet wird; liegen diese nicht vor, so ist das Grundrecht verletzt. Die dem Eigentümer auferlegte Pflicht, eine Enteignung dulden zu müssen, besteht nur in dem von der Verfassung selbst bestimmten Rahmen. Diese Grenze für die Zulässigkeit der Enteignung ist unabdingbar. Der Gesetzgeber ist nicht ermächtigt, hier ändernd einzugreifen.

Darüber hinaus bewährt sich die Eigentumsgarantie im Rahmen des Art. 14 Abs. 3 GG in der Richtung, daß der der Enteignung unterliegende Gegenstand nur gegen eine gerechte Entschädigung entzogen wird, so daß an die Stelle des Gegenstandes die Entschädigung tritt. Die Bestandsgarantie wandelt sich bei zulässiger Enteignung in eine Eigentumswertgarantie. Entspricht die Entschädigung nicht den Erfordernissen des Art. 14 Abs. 3 Satz 3 GG, so ist das Grundrecht

verletzt mit der Folge, daß die | Enteignung verfassungswidrig ist. 398
Das Recht auf eine der Verfassung entsprechende Entschädigung kann ebenfalls durch den Gesetzgeber weder eingeschränkt noch entzogen werden.

Die Eigentumsgarantie hindert den Gesetzgeber aber auch, den Eigentümer auf einen Wertersatz zu verweisen, ohne daß die besonderen Voraussetzungen des Art. 14 Abs. 3 Satz 1 GG vorliegen, und schließlich, in der Form einer (entschädigungslosen) Inhaltsbestimmung in Wahrheit eine (entschädigungspflichtige) Enteignung vorzunehmen. Die Rangfolge der in der Eigentumsgarantie enthaltenen Abwehrrechte steht ebenfalls nicht zur Disposition des Gesetzgebers.

c) Wenn hiernach Art. 19 Abs. 1 GG bei Enteignungsgesetzen nicht eingreift, entfällt auch das Zitiergebot des Art. 19 Abs. 1 Satz 2 GG. …

IV.

Die Rechtsumwandlung ist nicht deshalb verfassungswidrig, weil der Gesetzgeber die Enteignung durch Gesetz und nicht die Einzelenteignung auf Grund eines Gesetzes durch Verwaltungsakt gewählt hat.

Es kann nicht der Auffassung des Senats der Freien und Hanse- |
stadt Hamburg gefolgt werden, der Gesetzgeber habe die freie Wahl 399
zwischen Administrativ- und Legalentscheidung; es handle sich nur um eine rechtstechnische Frage und eine rechtspolitische Entscheidung, die daher nicht justitiabel sei.

Die Weimarer Reichsverfassung kannte in Art. 153 Abs. 2 Satz 1 nur die Enteignung »auf gesetzlicher Grundlage«. Von der Auffassung aus, daß der Eigentumsgarantie die Funktion zukomme, entschädigungslose Eingriffe in das Eigentum abzuwehren, setzte sich in der Rechtsprechung des Reichsgerichts die Einsicht durch, daß auch dann eine Entschädigung geboten sei, wenn der Eingriff nicht durch Verwaltungsakt, sondern unmittelbar durch Gesetz erfolgte. Es wurde erkannt, daß die Enteignung begrifflich keinen Verwaltungsakt erforderte. Dabei spielte eine entscheidende Rolle, daß die Gerichte im Rahmen des Entschädigungsrechtsstreits die Rechtmäßigkeit des Eingriffs selbst nicht nachprüfen konnten; maßgeblich blieb allein, ob ein spezieller Vermögensverlust eingetreten war. Daraus läßt sich erkennen, daß es bei der Anerkennung der Enteignung durch Gesetz um eine Ausdehnung des Grundrechtsschutzes gegenüber Legislativakten, nicht aber um eine grundsätzliche Erweiterung der Enteignungsbefugnis ging.

Die Rechtsprechung des Reichsgerichts gab Anlaß, die von der Sache her gegebene Möglichkeit der Enteignung durch Gesetz in Art. 14 Abs. 3 GG ausdrücklich aufzunehmen. Aber auch hierbei war der entscheidende Gesichtspunkt, Enteignungsakte des Gesetzgebers der nunmehr unabdingbaren Entschädigungspflicht zu unterwerfen. Dagegen bestand der Zweck der Regelung nicht darin, die herkömmlicherweise der Verwaltung obliegende Befugnis, auf Grund eines generellen Gesetzes zu enteignen, ohne jede Einschränkung der Legislative zu übertragen. Die Inanspruchnahme von Sachen und Rechten ist wegen der verschiedenartigen Einzelvorgänge regelmäßig auf den Vollzug durch Verwaltungsakt angewiesen, wie auch der II. Teil des Deichordnungsgesetzes mit seinen verschiedenartigen Ausnahmeregelungen und ergänzenden Sonder-
400 verfahren zeigt. Es fehlt jeder An|haltspunkt dafür, daß dieses traditionelle System der Administrativenteignung zugunsten einer allgemeinen Enteignungsbefugnis des Gesetzgebers eingeschränkt werden sollte. Eine am Sinngehalt der Eigentumsgarantie und den übrigen Verfassungsnormen orientierte Auslegung gebietet vielmehr eine restriktive Anwendung der förmlichen Enteignung durch Gesetz.

Hierbei ist zunächst wesentlich, daß der Eigentumsgarantie des Art. 14 GG eine andere und umfassendere Bedeutung zukommt, als der der Weimarer Reichsverfassung. Sie hat nicht in erster Linie die Aufgabe – und schon insoweit geht sie über Art. 153 WRV hinaus –, die entschädigungslose Wegnahme von Eigentum zu verhindern, sondern den Bestand des Eigentums in der Hand des Eigentümers zu sichern. Die zur Weimarer Reichsverfassung und teilweise auch zu Art. 14 GG vertretene Auffassung, die Eigentumsgarantie sei ihrem wesentlichen Gehalt nach eine Eigentumswertgarantie und der Zugriff auf das Eigentum sei hinzunehmen, wenn der Betroffene nur ausreichend entschädigt werde, steht mit dem Sinngehalt des Art. 14 GG nicht in Einklang. Da im Bereich der Weimarer Reichsverfassung eine verfassungsrechtliche Prüfung der Enteignungsgesetze auf ihre Verfassungsmäßigkeit unter dem Gesichtspunkt des Grundrechtsschutzes nicht vorgesehen war und eine Prüfung der Zulässigkeit eines Einzelenteignungsaktes nur in ganz beschränktem Umfang in Betracht kam, mußte die Rechtsprechung notwendigerweise den Schutz des Bürgers im Entschädigungsrecht – insbesondere aber auch in einer Ausdehnung des Enteignungsbegriffs – suchen. Das Grundrecht wurde damit weitgehend zu einem Anspruch auf eine angemessene Entschädigung.

Demnach muß – wie bereits betont wurde – das durch Art. 14 Abs. 1 Satz 1 GG gewährleistete Eigentum in seiner personenhaften Bezogenheit gesehen werden – als ein Freiheitsraum für eigenverantwortliche Betätigung. Die Eigentumsgarantie ist nicht zunächst Sach-, sondern Rechtsträgergarantie. Das Grundrecht gewährt vor allem die Befugnis, jede ungerechtfertigte Einwirkung auf den Bestand der geschützten Güter abzuwehren. |

Dieser Bedeutungswandel der Eigentumsgarantie kommt sinnfäl- 401
lig in der Ausdehnung des Rechtsschutzes durch die Verfassung (Art. 19 Abs. 4 GG) zum Ausdruck. Während nach der früheren Verfassungslage zwar der Rechtsweg wegen der Höhe der Entschädigung grundsätzlich offenstand, die Rechtmäßigkeit der Maßnahme aber schon nach einfachem Recht nur in sehr beschränktem Umfang gerichtlich geprüft werden konnte, unterliegt nach dem Grundgesetz jeder Eingriff in den grundrechtlich geschützten Bereich der Kontrolle durch die Gerichte. Der in Art. 14 Abs. 3 Satz 4 GG eingeräumte Rechtsweg wegen der Höhe der Entschädigung stellt nur eine schwache Sicherung des Grundrechts dar. Die Erfahrung lehrt, daß die Entschädigungspflicht nur ein begrenztes Hindernis für Enteignungen ist. In der Anordnung der Enteignung liegt der entscheidende, das Eigentum – und damit das Grundrecht – treffende Vorgang. Unter diesem Gesichtspunkt kommt den verfassungsrechtlichen Zulässigkeitsnormen für die Enteignung im Gesamtgefüge der Eigentumsgarantie eine wesentlich größere Bedeutung als der Entschädigungsregelung zu. Die erste Frage ist immer, ob der Zugriff auf das Eigentum zulässig ist; wird das bejaht, so ist die Entschädigungspflicht eine selbstverständliche Folge. Nach der grundgesetzlichen Konzeption ist hiernach ein effektiver – den Bestand des Eigentums sichernder – Rechtsschutz ein wesentliches Element des Grundrechts selbst.

Durch die Zulassung der Legalenteignung wird dieser dem Grundrecht wesensmäßig zugehörige Rechtsschutz entscheidend gemindert. Wählt der Gesetzgeber an Stelle der Enteignung durch Verwaltungsakt die Enteignung durch Gesetz, so schließt er damit den nach Art. 19 Abs. 4 GG garantierten Rechtsweg zu den zuständigen Gerichten aus, weil die Gesetzgebung nicht zur »öffentlichen Gewalt« im Sinne dieser Verfassungsvorschrift gehört (BVerfGE 24, 33 [49]). Die richterliche Prüfung, ob die Enteignung gegenüber dem einzelnen Grundrechtsträger zulässig ist, ist damit nicht möglich. Wird aber berücksichtigt, daß die Legalenteignung wesensmäßig »Verwaltung« durch

402 Gesetz ist und | daß es gerade die Aufgabe des Art. 19 Abs. 4 GG ist, Exekutivakte einer effektiven gerichtlichen Kontrolle zu unterwerfen, so wird damit die Abwehrmöglichkeit des Grundrechtsträgers in einem wesentlichen Punkt verkürzt. Auch werden häufig vollendete Tatsachen geschaffen, die nur schwer beseitigt werden können.

Die Sicherung des Grundrechts beruht nach dem Grundgesetz auf der Vorstellung, daß Enteignungsgesetzgebung und Enteignungsakt im typischen Fall in verschiedenen Händen ruhen. Es handelt sich hierbei nicht nur um eine formale Kompetenzverteilung, sondern um eine Abgrenzung, die dem rechtsstaatlichen System des Grundrechtsschutzes im Bereich der Eigentumsordnung zugrunde liegt. Dieses System wird aber in Frage gestellt, wenn dem Eigentümer durch einen Hoheitsakt, der zwar als Gesetz ergeht, in seinem sachlichen Gehalt aber einen Vollzugsakt darstellt, der Rechtsschutz entzogen wird.

Berücksichtigt man diese Zusammenhänge und das Motiv, das zur Aufnahme der Legalenteignung in die Verfassung Anlaß gegeben hat, so kann nicht angenommen werden, daß der Verfassunggeber diese den Rechtsstaat sichernde Ordnung zugunsten des einfachen Gesetzgebers im Bereich der Eigentumsordnung ohne jede Grenze einschränken wollte.

Dem läßt sich nicht entgegenhalten, daß dem von der Legalenteignung Betroffenen als Ausgleich für den Verlust der gerichtlichen Kontrolle durch die zuständigen Gerichte – und den damit verbundenen Rechtszug – die Verfassungsbeschwerde zur Verfügung stehe. Diese Überlegung überzeugt schon deshalb nicht, weil es die Verfassungsbeschwerde beim Erlaß des Grundgesetzes noch nicht gab und der Grundgesetzgeber sie also in seine Erwägungen auch noch nicht einbezogen haben kann. Es kann auch grundsätzlich nicht Aufgabe des Bundesverfassungsgerichts sein, wie ein Gericht der ersten Tatsacheninstanz eines Verwaltungsprozesses tätig zu werden.

All diese Überlegungen führen zu dem Ergebnis, daß die förmli-
403 che Enteignung durch Gesetz nach dem System des Grundgeset | zes nur in eng begrenzten Fällen als zulässig angesehen werden kann. Ein solcher Ausnahmefall ist jedoch beim Deichordnungsgesetz anzuerkennen: Die Flutkatastrophe des Jahres 1962 hatte eine außergewöhnliche Situation geschaffen. Der hamburgische Gesetzgeber stand vor der unabweislichen Aufgabe, ein umfassendes Deichsystem sofort aufzubauen und das vorhandene zu sichern und wirksam auszubauen. Wenn er bei dieser Sachlage zu der Auffassung kam, daß der Ausbau der Deiche in dem gebotenen Umfang eine staatliche Aufgabe sein müsse und hierzu auch ein einheitliches Recht benötigt

werde, so ist das verfassungsrechtlich nicht zu beanstanden. Diese Entscheidung nötigte aber den Gesetzgeber, das alte Deichsystem in diese Aufgabe einzubeziehen. Der Senat der Freien und Hansestadt Hamburg hat überzeugend dargelegt, daß Einzelenteignungen in einer angemessenen Zeit nicht hätten durchgeführt werden können, und daß diese die Durchführung der zwingend gebotenen Maßnahmen in erheblichem Umfang verzögert haben würden. Hinzu kommt, daß der Kreis der betroffenen Grundstücke durch die Deichanlagen selbst festgelegt ist, und daß das Gesetz durch Ausnahmeregelungen und ergänzende Verfahren den Belangen der einzelnen Betroffenen soweit als möglich Rechnung trägt. Unter Würdigung aller Umstände kann also dem Gesetzgeber der Vorwurf eines Formenmißbrauchs nicht gemacht werden.

V.

Nach Art. 14 Abs. 3 Satz 1 GG ist eine Enteignung nur zum Wohl der Allgemeinheit zulässig.

1. Der abstrakte Rechtsbegriff des Gemeinwohls deckt eine Vielfalt von Sachverhalten und Zwecken; er bedarf daher der Konkretisierung im einzelnen Fall. Dem entspricht es, wenn in den Enteignungsgesetzen bestimmt wird, bei welchen Vorhaben und unter welchen Voraussetzungen eine Enteignung zulässig sein soll. Diese Gesetze fixieren den Gemeinwohlbegriff auf kon|krete Sachbereiche. 404
Die hierin liegende Auslegung und Anwendung einer grundgesetzlichen Norm untersteht der verfassungsgerichtlichen Prüfung.

Es kann nicht der Auffassung der Freien und Hansestadt Hamburg gefolgt werden, für die Bestimmung dessen, was dem Wohl der Allgemeinheit diene, seien bei der Legalenteignung andere Maßstäbe anzulegen als bei der Administrativenteignung, und der Gesetzgeber verfüge hier über eine größere Ermessensfreiheit. Das Grundgesetz kann zwar zwei Formen der Durchführung einer Enteignung, aber nur einen Enteignungsbegriff. Es besteht kein qualitativer Unterschied zwischen dem Enteignungsakt, den die Verwaltung vollzieht, und dem, der unmittelbar vom Gesetzgeber vorgenommen wird. In beiden Fällen gibt Art. 14 Abs. 3 Satz 1 GG den verbindlichen Maßstab für die Zulässigkeit der Enteignung. Im übrigen steht es im Ermessen des Gesetzgebers, aus dem vielfältigen Bereich der Gemeinwohlinteressen ein Sachgebiet auszuwählen und hierfür die Enteignung zuzulassen oder anzuordnen.

2. Jeder Eingriff in den grundrechtlich geschützten Bereich steht unter dem rechtsstaatlichen Gebot der Verhältnismäßigkeit des Mittels. Das gilt auch für die Enteignung.

Auf das grundrechtlich geschützte Eigentum darf im Wege der Enteignung nur zugegriffen werden, wenn das Vorhaben dem Wohl der Allgemeinheit dient. Es ist umstritten, ob das Vorhaben darüber hinaus auch vom Wohl der Allgemeinheit gefordert sein muß. Diese Frage bedarf im Rahmen dieser Verfassungsbeschwerde keiner Entscheidung; denn daß die Errichtung und Unterhaltung der hamburgischen Deiche zwingend notwendig sind, kann nicht ernsthaft in Zweifel gezogen werden.

Darüber hinaus gebietet aber der Grundsatz der Verhältnismäßigkeit, daß gerade das Mittel der Enteignung erforderlich sein muß, um das dem Wohl der Allgemeinheit dienende Vorhaben durchführen zu können. Das entspricht gesicherter Rechtsprechung zur Administrativenteignung (BVerwGE 2, 36 [38]; 13, 75 [77]; 19, 171 [177]; 21, 191 [193]). Sie geht
405 davon aus, | daß es sich bei der Erforderlichkeit des Enteignungsaktes um einen Rechtsbegriff handelt, der voller gerichtlicher Prüfung unterliegt. Im einzelnen hat die Rechtsprechung folgende Grundsätze entwikkelt: Die Enteignung müsse ultima ratio sein; sie könne nur dann als zulässig angesehen werden, wenn es keine andere rechtlich und wirtschaftlich vertretbare Lösung gebe als die Enteignung; sie sei solange unzulässig, »als der Zweck, dem sie dienen soll, auch auf andere, weniger schwer in die Rechte des Einzelnen eingreifende Weise erreicht werden kann«. Die Enteignung sei auch unzulässig, wenn dem Gemeinwohlinteresse ohne die Entziehung des Eigentums, zum Beispiel durch Einräumung dinglicher oder obligatorischer Rechte, Rechnung getragen werden könne. Auch bei der Wahl der Mittel, die zur Erreichung des Enteignungszweckes erforderlich sind, müßten die Maßnahmen gewählt werden, die die Betroffenen am geringsten belasten. Schließlich dürften nur solche Grundstücke in die Enteignung einbezogen werden, die für den öffentlichen Zweck benötigt würden.

Diese für die Administrativenteignung entwickelten Grundsätze müssen in gleichem Maße für die Legalenteignung gelten. Sie enthalten eine zutreffende Auslegung des Art. 14 Abs. 3 Satz 1 GG. Allerdings ist gegen diese Rechtsansicht eingewendet worden, Art. 14 Abs. 3 GG gebiete diese strengen Anforderungen deshalb nicht, weil der Betroffene im Hinblick auf die zwingende Entschädigungspflicht keinen Verlust erleide; daher sei der Grundsatz der Verhältnismäßigkeit bereits dann gewahrt, wenn irgendein vernünftiger Grund für die Enteignung vorliege. Diese Auffassung beruht – wie sich bereits aus den obigen Ausführungen ergibt – auf einer Verkennung des grundlegenden Gehalts der Eigentumsgarantie; aus der Entschädigungspflicht läßt sich keine Erweiterung der Zulässigkeitsvoraussetzungen für eine Enteignung herleiten.

3. Seitens der Freien und Hansestadt Hamburg und in den von ihr vorgelegten Gutachten sind Bedenken gegen eine umfassende Prüfung des Deichordnungsgesetzes unter den vorstehend aufge|führten 406
Gesichtspunkten vorgetragen worden. Es handle sich um die Prüfung eines Gesetzes, nicht aber um eine Verwaltungsmaßnahme; hier komme dem Gesetzgeber »das letzte Wort« zu. Jedenfalls dürfe dem Gesetzgeber bei der Entscheidung, welche Maßnahmen er für erforderlich halte, nicht jeder Spielraum genommen werden.

Mit ähnlichen Einwendungen hat sich das Bundesverfassungsgericht bereits im Apothekenurteil in BVerfGE 7, 377 [410])[1] befaßt und hierzu ausgeführt: »Dem Gericht ist der Schutz der Grundrechte gegenüber dem Gesetzgeber übertragen. Wenn sich aus der Auslegung eines Grundrechts Grenzen für den Gesetzgeber ergeben, muß das Gericht ihre Einhaltung überwachen können; es darf sich dieser Aufgabe nicht entziehen, wenn anders es nicht die Grundrechte praktisch zum guten Teil entwerten und seiner ihm vom Grundgesetz zugewiesenen Funktion ihren eigentlichen Sinn nehmen will.«

Die gleichen Grundsätze gelten uneingeschränkt bei der Prüfung, ob eine Legalenteignung mit Art. 14 Abs. 3 GG in Einklang steht. Die sich aus Art. 14 Abs. 3 Satz 1 GG ergebende Beschränkung der Enteignungsbefugnis ist ein materielles Verfassungsgebot. Das Bundesverfassungsgericht kann daher bei seiner Prüfung nicht an die Rechtsauffassung des Gesetzgebers gebunden sein. Dessen Beurteilung, ob ein Vorhaben dem Wohl der Allgemeinheit dient und zu seiner Durchführung die Enteignung erforderlich ist, bleibt daher zunächst eine für die verfassungsgerichtliche Prüfung unverbindliche Qualifizierung; sonst würde letztlich der einfache Gesetzgeber den Inhalt des Grundrechts bestimmen. Die maßgeblichen Sachverhalte sind auch für das Gericht beurteilbar. Soweit dabei Wertungen und Erwägungen des Gesetzgebers von Bedeutung sind, kann sich das Gericht über sie allerdings nur dann hinwegsetzen, wenn sie eindeutig widerlegbar oder offensichtlich fehlsam sind oder der Wertordnung des Grundgesetzes widersprechen.

[*Das Gericht prüft im folgenden die Regelungen des DOG im einzelnen anhand dieser Maßstäbe insbesondere auf ihre Erforderlich-*

---

[1] BVerfGA Nr. 6.

keit und Sachgerechtigkeit, ohne im Ergebnis durchgreifende verfassungsrechtliche Bedenken zu erheben, und wendet sich sodann der Entschädigungsregelung zu:]

417 F.

Die Ersatzregelung der §§ 5 und 6 DOG steht, soweit sie angefochten ist, mit dem Grundgesetz in Einklang.

I.

Die Rechtsprechung des Bundesverfassungsgerichts läßt eine Verfassungsbeschwerde unmittelbar gegen eine gesetzliche Bestimmung
418 dann nicht zu, wenn zu ihrer Durchführung noch ein | besonderer Vollzugsakt erforderlich ist. In diesem Fall muß der Betroffene zunächst nach Erlaß des Vollzugsaktes grundsätzlich den Rechtsweg erschöpfen. Das gilt jedoch dann nicht, wenn die Entschädigungsregelung eines Enteignungsgesetzes angefochten wird. Nach Art. 14 Abs. 3 Satz 2 GG muß das Enteignungsgesetz Art und Ausmaß der Entschädigung regeln. Ein Enteignungsgesetz, das eine solche Regelung nicht enthält, ist verfassungswidrig. Das gleiche gilt, wenn eine etwa vorhandene Regelung nicht den Erfordernissen des Art. 14 Abs. 3 Satz 3 GG entspricht; auch in diesem Fall ist das ganze Gesetz und nicht nur die Entschädigungsregelung verfassungswidrig. Das hat das Bundesverfassungsgericht bereits in seiner Entscheidung vom 21. Juli 1955 (BVerfGE 4, 219 [233]) dargelegt. An dieser Auffassung ist festzuhalten.

Die Rechtsumwandlung des § 2 DOG wäre hiernach ungültig, wenn § 5 DOG – wie die Beschwerdeführer behaupten – verfassungswidrig wäre.

II.

Die Beschwerdeführer halten § 5 Abs. 1 DOG für verfassungswidrig, weil der Gesetzgeber die Höhe der Abfindung selbst festgesetzt habe. Durch diese Regelung werde die Rechtsschutzgarantie des Art. 14 Abs. 3 Satz 4 GG beseitigt. Diese Vorschrift setze voraus, daß die Verwaltung und nicht der Gesetzgeber über die Entschädigung entscheide. Die Rüge ist unbegründet.

Der Gesetzgeber hat den Rechtsweg wegen der Höhe der Entschädigung nicht ausgeschlossen. Er hat lediglich im Gesetz selbst einen festen Quadratmeterwert für die betroffenen Grundstücke festgelegt. Die Höhe der Abfindung wird im einzelnen Fall durch Multiplikation der Fläche mit dem gesetzlich festgelegten Quadratmeterpreis ermittelt und von der Verwaltung festgesetzt. Hiergegen ist der Rechtsweg nach § 9 DOG eröffnet. Allerdings ist die Prüfung des Gerichts im Streitfall darauf beschränkt, ob diese »Rechnung« richtig ist. Das ist verfassungsrechtlich aber nicht zu beanstanden. |

Nach Art. 14 Abs. 3 Satz 2 GG muß das Enteignungsgesetz Art 419
und Ausmaß der Entschädigung *regeln*. Das heißt zunächst: Es ist nicht Sache der Verwaltung und auch nicht der Gerichte, die für die Bemessung der Entschädigung maßgeblichen Grundlagen zu bestimmen. Der Gesetzgeber hat zu entscheiden, ob die Entschädigung in Geld oder anderen Werten (z.B. Rechte, Ersatzland) bestehen soll und welche Bewertungsgrundlagen sowie welche Maßstäbe entscheidend sein sollen.

Bei der Erfüllung dieser Regelungspflicht hat der Gesetzgeber die Entschädigung unter Abwägung der Interessen der Allgemeinheit und der Beteiligten zu bestimmen (Art. 14 Abs. 3 Satz 3 GG). Das bedeutet in dem hier maßgeblichen Zusammenhang, daß die Regelung so ausgestaltet sein muß, daß sie diesen Interessen auch Rechnung tragen kann. Im Hinblick auf die meist unterschiedliche Beschaffenheit und verschiedenartige Nutzbarkeit der enteigneten Grundstücke ist daher regelmäßig eine individuelle Festsetzung der Entschädigung notwendig. Deshalb enthalten die Enteignungsgesetze in der Regel einen abstrakten Entschädigungsmaßstab, der von der Verwaltung im einzelnen Fall zu konkretisieren ist.

In Anwendung der abstrakten Norm hat die Verwaltung die »Höhe der Entschädigung« im einzelnen Fall zu ermitteln. Es müssen also die nach dem gesetzlichen Bewertungsmaßstab maßgeblichen Wertfaktoren des individuellen Grundstücks festgestellt werden; auf dieser Grundlage ist dann die zu leistende Entschädigung zu bemessen. Im Streitfall haben die Gerichte darüber zu befinden, ob die im Gesetz als wesentlich bezeichneten Wertfaktoren vollständig und richtig ermittelt und der hieraus sich ergebende Betrag zutreffend errechnet ist. Diesen Weg hat der Gesetzgeber in § 5 Abs. 2 DOG beschritten. Er hat bestimmt, daß eine Geldentschädigung zu leisten ist, die nach dem Verkehrswert der Fläche ermittelt werden muß.

Die Beschwerdeführer irren, wenn sie meinen, nur dieses Verfahren entspreche dem Art. 14 Abs. 3 GG. Das Grundgesetz gebietet
nicht, daß der Gesetzgeber bei der Regelung der Entschä | digung im- 420
mer einen abstrakten Maßstab wählt, den die Verwaltung dann im

einzelnen Fall anwendet. Das ist nur in den Fällen erforderlich, in denen eine differenzierende Bemessung der Entschädigung nach den tatsächlichen Verhältnissen im Interesse einer gerechten Entschädigung geboten ist. Besteht bei den enteigneten Gegenständen kein wertmäßig bedeutsamer Unterschied in den wertbestimmenden Faktoren, so ist der Gesetzgeber nicht gehindert, einen konkreten Maßstab zu wählen, der den Interessen aller Betroffenen in gleichem Maße entspricht.

§ 5 Abs. 1 DOG betrifft diejenigen Deichflächen, an denen den Eigentümern lediglich eine Grasnutzung zusteht. Diese Grundstücke dienten im Zeitpunkt des Inkrafttretens des Gesetzes in gleicher Weise einem öffentlichen Zweck – dem Hochwasserschutz – und unterlagen deshalb den gleichen Beschränkungen in der Nutzung. Es kann bei dieser Sachlage nicht beanstandet werden, wenn der Gesetzgeber von jeweils einheitlichen Werten ausgegangen ist und keine individuelle Wertermittlung durch die Verwaltung angeordnet hat. Er durfte einen festen Quadratmeterpreis im Gesetz selbst bestimmen.

III.

Die Rüge der Beschwerdeführer, die festgesetzten Abfindungssätze seien der Höhe nach keine angemessene Entschädigung und daher verfassungswidrig, ist ebenfalls unbegründet.

1. Während Art. 153 Abs. 2 Satz 2 der Weimarer Reichsverfassung eine »angemessene« Entschädigung gebot, ist die Entschädigung nach Art. 14 Abs. 3 Satz 3 GG unter gerechter Abwägung der Interessen der Allgemeinheit und der Beteiligten zu bestimmen. Das Reichsgericht hat die Vorschrift der Weimarer Reichsverfassung dahin ausgelegt, daß zwar kein Schadensersatz, aber doch »volle Entschädigung« gewährt werden müsse (RGZ 112, 189 [192]); es hat es auch abgelehnt, das Allgemeinwohl als Bemessungsfaktor für die Angemessenheit der Entschädigungen gelten zu lassen (RGZ 128, 18 [33]). Demgegenüber gebietet Art. 14 Abs. 3 Satz 3 GG eine Interes-
421 senabwägung. Die Maßstäbe für | die Bestimmung der Enteignungsentschädigung sind einerseits die Interessen der Beteiligten und andererseits die Interessen der Allgemeinheit; sie sind in gerechter Weise gegeneinander abzuwägen. Die Enteignungsentschädigung soll das Ergebnis eines Interessenausgleichs sein und nicht die einseitige Anerkennung der Interessen des Betroffenen, aber auch nicht allein die der Allgemeinheit darstellen.

Das Abwägungsgebot des Art. 14 Abs. 3 Satz 3 GG ermöglicht es dem Gesetzgeber – zwingt ihn unter Umständen aber auch – auf situationsbedingte Besonderheiten des Sachverhalts und die Zeitumstände Rücksicht zu nehmen (vgl. insoweit zur Inhaltsbestimmung BVerfGE 8, 71 [80], 20, 351 [361]) und damit zu einer im Zeitpunkt der Enteignung gerechten Entschädigung zu kommen. Eine starre, allein am Marktwert orientierte Entschädigung ist somit dem Grundgesetz fremd. Es trifft auch nicht zu, daß den Enteigneten durch die Entschädigung stets das »volle Äquivalent für das Genommene gegeben werden muß«. Der Gesetzgeber kann je nach den Umständen vollen Ersatz, aber auch eine darunter liegende Entschädigung bestimmen (vgl. auch BVerfGE 4, 219 [235 f.]).

[*In Anwendung dieser Grundsätze hält das Gericht die nach dem DOG zu gewährende Entschädigung für verfassungsgemäß.*]

21 Art. 5 Abs. 1 Satz 1, 2 GG

Geltung der Grundrechte in der Privatrechtsordnung – Ausstrahlungswirkung – Boykottaufruf und Freiheit des geistigen Meinungskampfs – Schutzbereich der Meinungsfreiheit: geistige Auseinandersetzung, nicht wirtschaftlicher Druck – Pressefreiheit des Verlegers zum Schutz seiner Wettbewerbsfreiheit

BVerfGE 25, 256–269 – Blinkfüer

Eine auf politischen Motiven beruhende Aufforderung zum Boykott eines Presseunternehmens, der vornehmlich mit wirtschaftlichen Machtmitteln durchgesetzt werden soll, ist nicht durch das Grundrecht der freien Meinungsäußerung geschützt und verstößt gegen das Grundrecht der Pressefreiheit. 256

Beschluß des Ersten Senats vom 26. Februar 1969
– 1 BvR 619/63 –

Sachverhalt: *Der Beschwerdeführer war Herausgeber und Chefredakteur der hauptsächlich im Raume Hamburg verbreiteten Wochenzeitung »Blinkfüer«. In einer Beilage des Blattes wurden die Rundfunk- und Fernsehprogramme der westdeutschen und mitteldeutschen Sender sowie der Sender im Ostsektor Berlins abgedruckt. Die Verlagshäuser Axel Springer und DIE WELT, die eine marktbeherrschende Stellung auf dem Zeitungs- und Zeitschriftenmarkt innehatten, versandten Ende August 1961 nach dem Bau der Berliner Mauer ein Rundschreiben an sämtliche Zeitungs- und Zeitschriften-*

händler in Hamburg, in dem sie diese mit Blick auf die zunehmende Ausnutzung der Medien in der DDR zu Propagandazwecken aufforderten, keine Zeitungen und Zeitschriften mehr zu verkaufen, die »ostzonale Rundfunk- und Fernsehprogramme« abdruckten. Andernfalls müßten die genannten Verlagshäuser prüfen, ob sie ihre Geschäftsbeziehungen zu solchen Händlern fortsetzen könnten.

Die vom Beschwerdeführer hiergegen wegen wettbewerbswidrigen Boykottaufrufs erhobene Klage wurde letztlich vom Bundesgerichtshof abgewiesen. Die Verfassungsbeschwerde hatte Erfolg.

Aus den Gründen:

263 Die Verfassungsbeschwerde ist begründet.

Das Verfahren vor den Instanzgerichten war ein bürgerlich-rechtlicher Rechtsstreit, der nach der Privatrechtsordnung zu entscheiden war. Die vom Grundgesetz in seinem Grundrechtsabschnitt aufgerichtete objektive Wertordnung wirkt jedoch auf die Auslegung dieser Vorschriften ein, soweit sie einer solchen im Lichte der verfassungsrechtlichen Normen fähig sind (BVerfGE 7, 198 [205]).[1] Im Rahmen des § 823 Abs. 1 BGB ist das Verfassungsrecht für die Feststellung der Widerrechtlichkeit der Verletzung von Bedeutung. Einerseits ist dabei zu prüfen, inwieweit ein Boykott durch das Recht auf Meinungsfreiheit gedeckt ist, andererseits aber auch, inwieweit der Beschwerdeführer das Grundrecht der Pressefreiheit für sich in Anspruch nehmen kann. Der Bundesgerichtshof hat in dem angefochtenen Urteil die Tragweite des Rechts auf Meinungsfreiheit auf der Seite der Beklagten verkannt; auf der Seite des Beschwerdeführers hat er das Grundrecht der Pressefreiheit nicht in Erwägung gezogen.

1. Der Bundesgerichtshof hält sowohl die Aufforderung der Beklagten an die Händler, den Vertrieb von Zeitungen mit mitteldeut-
264 schen Sendeprogrammen einzustellen, wie den Hinweis | auf die Möglichkeit einer Liefersperre durch Art. 5 Abs. 1 Satz 1 GG für gerechtfertigt. Dadurch hat er den vom Wesen des Grundrechts her bestimmten Schutzbereich zu weit ausgedehnt.

Die Aufforderung der Beklagten an die Zeitschriftenhändler stellt ungeachtet der zugrunde liegenden Motive als Aufruf zur organisierten, mindestens teilweisen Absperrung des Beschwerdeführers vom Absatz des »Blinkfüer« eine Aufforderung zum Boykott dar. Infolge der wirtschaftlichen Machtstellung der Beklagten und der den Zeitungshändlern angedrohten Liefersperren war diese Aufforderung ge-

---

[1] BVerfGA Nr. 5.

eignet, den Adressaten die Möglichkeit einer freien Entscheidung zu nehmen.

Ein Boykottaufruf, dem eine bestimmte Meinungskundgabe zugrunde liegt, ist durch Art. 5 Abs. 1 Satz 1 GG, insbesondere dann geschützt, wenn er als Mittel des geistigen Meinungskampfes in einer die Öffentlichkeit wesentlich berührenden Frage eingesetzt wird, wenn ihm also keine private Auseinandersetzung, sondern die Sorge um politische, wirtschaftliche, soziale oder kulturelle Belange der Allgemeinheit zugrunde liegt (BVerfGE 7, 198 [212]).[1] Die Aufforderung zu einem Boykott kann selbst dann im Schutzbereich des Art. 5 Abs. 1 GG liegen, wenn der Verrufer zu dem Boykottierten in einem beruflichen, gewerblichen oder sonstigen geschäftlichen Konkurrenzverhältnis steht, weil diese Situation eine geistige Auseinandersetzung an sich noch nicht ausschließt. Besitzt der Verrufer eine gewisse wirtschaftliche Machtstellung, so kann seiner Meinungsäußerung und dem ihr dienenden Boykottaufruf schon aus diesem Grunde zwar ein bedeutendes Gewicht zukommen. Diese wirtschaftliche Ungleichheit der Positionen allein macht aber die Aufforderung zum Boykott noch nicht unzulässig, weil es nach der Verfassung auch dem wirtschaftlichen Stärkeren nicht verwehrt ist, einen geistigen Meinungskampf zu führen,

Jedoch müssen die Mittel, deren sich die Verrufer zur Durchsetzung der Boykottaufforderung bedient, verfassungsrechtlich zu billigen sein. Ein Boykottaufruf wird durch das Grundrecht der freien Meinungsäußerung dann nicht geschützt, wenn er nicht | nur auf gei- 265
stige Argumente gestützt wird, sich also auf die Überzeugungskraft von Darlegungen, Erklärungen und Erwägungen beschränkt, sondern darüber hinaus sich solcher Mittel bedient, die den Angesprochenen die Möglichkeit nehmen, ihre Entscheidung in voller innerer Freiheit und ohne wirtschaftlichen Druck zu treffen. Dazu gehören insbesondere Androhung oder Ankündigung schwerer Nachteile und Ausnutzung sozialer oder wirtschaftlicher Abhängigkeit, wenn dies dem Boykottaufruf besonderen Nachdruck verleihen soll. Die Freiheit der geistigen Auseinandersetzung ist eine unabdingbare Voraussetzung für das Funktionieren der freiheitlichen Demokratie, weil nur sie die öffentliche Diskussion über Gegenstände von allgemeinem Interesse und staatspolitischer Bedeutung gewährleistet (vgl. BVerfGE 5, 85 [205]; 7, 198 [212, 219];[1] 20, 162 [174 ff.]).[2] Die Ausübung wirt-

---

[1] BVerfGA Nr. 5.
[2] BVerfGA Nr. 15.

schaftlichen Druckes, der für den Betroffenen schwere Nachteile bewirkt und das Ziel verfolgt, die verfassungsrechtlich gewährleistete Verbreitung von Meinungen und Nachrichten zu verhindern, verletzt die Gleichheit der Chancen beim Prozeß der Meinungsbildung. Sie widerspricht auch dem Sinn und dem Wesen des Grundrechts der freien Meinungsäußerung, das den *geistigen* Kampf der Meinungen gewährleisten soll.

Eine Beurteilung des Vorgehens der Beklagten nach diesen Kriterien zeigt, daß der Bundesgerichtshof den Schutzbereich des Grundrechts der Meinungsäußerungsfreiheit zu weit ausgedehnt hat. Dabei kann mit dem erkennenden Gerichten davon ausgegangen werden, daß das vom Beschwerdeführer beanstandete Rundschreiben nicht aus wettbewerblichen, sondern aus politischen Gründen herausgegeben worden ist. Es entstand wenige Wochen nach dem Bau der Mauer entlang der Berliner Sektorengrenze, der die öffentliche Meinung in der westlichen Welt und insbesondere in der Bundesrepublik stark bewegt und zur Abwehr herausgefordert hat. Zugleich wurden damals in der DDR weitere Freiheits- und Freizügigkeitsbeschränkungen eingeführt; auch wurde die gegen die politischen Organe der Bundesrepublik gerichtete Propaganda verstärkt. Dieser Propaganda
266 wollten die | Beklagten nach dem Inhalt ihres Rundschreibens entgegenwirken, nachdem sie selbst bereits seit dem Sommer des Jahres 1960 den Abdruck von Programmen der mitteldeutschen Sender mit der Begründung mangelnder Gegenseitigkeit eingestellt hatten.

Die Mittel, die die Beklagten zur Durchsetzung des Boykottaufrufs angewandt haben, stehen mit dem Grundrecht aus Art. 5 Abs. 1 Satz 1 GG nicht in Einklang. Hätten die Beklagten ihre Meinung über den Abdruck der mitteldeutschen Sendeprogramme in der Öffentlichkeit, etwa in den von ihnen herausgegebenen Blättern, geäußert und sich darauf beschränkt, die Leser zum Boykott der in Betracht kommenden Zeitung und Zeitschriften aufzufordern, so wäre gegen dieses Vorgehen verfassungsrechtlich nichts einzuwenden. Dann hätten sich die Beklagten, die sich öffentliche Interessen zu eigen gemacht haben, an die gewandt, die es angeht. Dagegen war ihr an die Zeitungs- und Zeitschriftenhändler gerichtetes Rundschreiben nicht geeignet, eine geistige Auseinandersetzung über Zulässigkeit und Zweckmäßigkeit der Veröffentlichung der Programme mitteldeutscher Sender in der Öffentlichkeit herbeizuführen, weil diese Adressaten von den Beklagten wirtschaftlich oder rechtlich abhängig waren. Die Beklagten besaßen im Zeitpunkt der Entscheidung der im Ausgangsverfahren erkennenden Gerichte als Zeitungs- und Zeitschriftenverleger eine marktbeherrschende Stellung. Das gilt besonders für den Hamburger Raum, auf den sich der Verkauf der Wochenzeitung »Blinkfüer« konzentrierte. Diese Machtposition gegenüber den Händlern als Adressaten ihres Rundschreibens haben die Beklagten dazu benutzt, ihrem Boykottaufruf größere Wirksamkeit zu verleihen, indem sie ihn mit dem Hinweis auf eine mögliche Liefersperre gegenüber Boykottbrechern verbanden. Daß die in die Form einer bloßen Erwägung gekleidete Ankündigung als ernstgemeintes Druckmittel verstanden werden sollte, nimmt auch der Bundesgerichtshof an. Mit wirtschaftlichen Mitteln unter Ausnutzung der monopolartigen Stellung der Beklagten sollte also ein politischer Meinungskampf ausgetragen werden. |

Der Sachverhalt unterscheidet sich insoweit wesentlich von dem 267
des sog. Lüth-Urteils (BVerfGE 7, 198 ff.).[1] Die nur an die moralische und politische Verantwortung appellierende Meinungsäußerung des Senatsdirektors Lüth konnte die künstlerische und menschliche Entfaltungsmöglichkeit des Filmregisseurs Harlan unmittelbar und wirksam überhaupt nicht beschränken; denn Lüth standen keine Zwangsmittel zu Gebote, um seiner Aufforderung Nachdruck zu verleihen. Er konnte sich nur an das Verantwortungsbewußtsein und sittliche Haltung der von ihm Angesprochenen wenden und mußte es ihrer freien Willensentschließung überlassen, ob sie ihm folgen wollten. Dagegen hätte die von den Beklagten angedrohte Liefersperre infolge ihrer marktbeherrschenden Stellung den von ihr betroffenen Zeitungsgrossisten und Einzelhändlern spürbare, unter Umständen existenzbedrohende Nachteile zufügen können. Sie hätte wohl auch die Abwanderung von Kunden zur Folge gehabt, die neben einigen der von den Beklagten herausgegebenen Blättern andere Zeitungen oder Zeitschriften zu kaufen pflegen. Unter diesen Umständen waren die in dem Rundschreiben angesprochenen Händler angesichts des massiven Drucks der in Aussicht gestellten Liefersperre notwendigerweise darauf beschränkt, Vorteile und Nachteile einer Nichtbefolgung des Appells der Beklagten gegeneinander abzuwägen und auf Grund dieser ausschließlich wirtschaftlichen Erwägungen zu handeln. Daher kann das Vorgehen der Beklagten nicht mehr als ein angemessenes Mittel zur Verwirklichung ihres Appells angesehen werden.

2. Das angefochtene Urteil hat in seinen Entscheidungsgründen im Rahmen des Revisionsvortrags zwar die Behauptung der Beklagten

---

[1] BVerfGA Nr. 5.

erwähnt, der Beschwerdeführer könne sich nicht auf das Grundrecht des Art. 5 GG berufen, weil er es mißbrauche. Der Bundesgerichtshof ist jedoch auf dieses Vorbringen nicht eingegangen. Diese Prüfung hätte aber nahegelegen, weil der Beschwerdeführer Herausgeber und Chefredakteur der Wochenzeitung »Blinkfüer« war. |

268 Zu den Informationen über mitteldeutsche Sendeprogramme, die die Beklagten dem Inhalt des Rundschreibens zufolge verhindern wollten, war der Beschwerdeführer auf Grund der Pressefreiheit befugt. Zwar hält auch der Bundesgerichtshof die Programmwiedergabe in der Wochenzeitschrift »Blinkfüer« nicht für gesetzlich verboten, sondern durchaus für erlaubt. Er hat aber hieraus nicht die Konsequenz gezogen, dem von den Beklagten in Anspruch genommenen Grundrecht der freien Meinungsäußerung die dem Beschwerdeführer für den Abdruck der mitteldeutschen Funkprogramme seinerseits zustehende Pressefreiheit entgegenzustellen, sondern hat nur einen Widerstreit des Grundrechts der Meinungsfreiheit der Beklagten »mit einem nach bürgerlichem Recht geschützten Rechtsgut« des Beschwerdeführers angenommen. Dadurch hat der Bundesgerichtshof die Bedeutung der Pressefreiheit für die materielle Rechtsposition des Beschwerdeführers verkannt.

Zwar können sich Presseorgane gegenüber der Ausübung der Meinungsfreiheit durch andere grundsätzlich auch dann nicht auf die Pressefreiheit berufen, wenn sie wirtschaftliche Nachteile in Kauf nehmen müssen. Meinungs- und Pressefreiheit wollen die freie geistige Betätigung und den Prozeß der Meinungsbildung in der freiheitlichen Demokratie schützen; sie dienen nicht der Garantie wirtschaftlicher Interessen. Zum Schutz des Instituts der freien Presse muß aber die Unabhängigkeit von Presseorganen gegenüber Eingriffen wirtschaftlicher Machtgruppen mit unangemessenen Mitteln auf Gestaltung und Verbreitung von Presseerzeugnissen gesichert werden (BVerfGE 20, 162 [175 f.]).[1] Das Ziel der Pressefreiheit, die Bildung einer freien öffentlichen Meinung zu erleichtern und zu gewährleisten, erfordert deshalb den Schutz der Presse gegenüber Versuchen, den Wettbewerb der Meinungen durch wirtschaftliche Druckmittel auszuschalten.

Der Boykott der Wochenzeitung »Blinkfüer« verstieß gegen diese verfassungskräftig gewährleistete Freiheit. Er war nämlich dazu bestimmt, die weitere Veröffentlichung der mitteldeutschen Funk- und
269 Fernsehprogramme zu verhindern und dem Publikum | Informatio-

[1] BVerfGA Nr. 15.

nen vorzuenthalten, indem er den weiteren Vertrieb dieser Wochenzeitung durch die Zeitungshändler ausschließen sollte. Der Beschwerdeführer war aber auf diesen Vertriebsapparat angewiesen. Das Verhalten der Beklagten richtete sich der Freiheit der Berichterstattung zuwider auf ein Unterdrücken von Nachrichten mit vornehmlich wirtschaftlichen Mitteln.

Demnach ist die Verfassungsbeschwerde schon wegen der Verstöße gegen Art. 5 Abs. 1 GG begründet, ohne daß noch geprüft werden müßte, ob das angefochtene Urteil auch andere Grundrechte verletzt. Es ist gemäß § 95 Abs. 2 BVerfGG aufzuheben und die Sache an den Bundesgerichtshof zurückzuverweisen.

22 Art. 20 Abs. 2, Art. 92, 97, 101 Abs. 2 GG

Verfassungswidrige Sondergerichte – Rechtsprechungsmonopol für staatliche Gerichte – Voraussetzungen eines staatlichen Gerichts – Gebot verfassungskonformer Auslegung – Gebot der Gewaltentrennung – sachliche und persönliche Unabhängigkeit des Richters – richterliche Neutralität

BVerfGE 26, 186–206 – Ehrengerichtsbarkeit Rechtsanwälte[1]

1. Die Ehrengerichtshöfe für Rechtsanwälte sind staatliche Gerichte. Ihre Errichtung beruht auf staatlichem Gesetz und ihre personelle Zusammensetzung wesentlich auf staatlicher Mitwirkung. 186

2. …

Beschluß des Zweiten Senats vom 11. Juni 1969 – 2 BvR 518/66 –

Sachverhalt: *Der Beschwerdeführer, ein Rechtsanwalt, wurde wegen Verletzung anwaltlicher Standespflichten durch ein Ehrengericht seiner Rechtsanwaltskammer mit einem Verweis bestraft. Seine Berufung wurde durch den Ehrengerichtshof für Rechtsanwälte verworfen. Auch seine Beschwerde zum Senat für Anwaltssachen beim Bundesgerichtshof blieb erfolglos.*

Mit der Verfassungsbeschwerde machte der Beschwerdeführer unter anderem geltend, daß es sich bei der Ehrengerichtsbarkeit für Rechtsanwälte um verfassungswidrige Sondergerichte handele. Außerdem fehle es den Richtern in dieser Gerichtsbarkeit an der verfassungsrechtlich geforderten Neutralität und Unabhängigkeit.

Die Verfassungsbeschwerde wurde zurückgewiesen.

---

[1] Bestätigung und Fortführung dieser Rechtsprechung in BVerfGE 48, 300 zu den Ehrengerichten für Rechtsanwälte.

Aus den Gründen:

192 Die Ehrengerichtsbarkeit für Rechtsanwälte ist mit dem Grundgesetz vereinbar. Sie verstößt nicht gegen Art. 101 GG.

1. Nach Art. 101 Abs. 2 GG können Gerichte für besondere Sachgebiete durch Gesetz errichtet werden. Daraus ergibt sich, daß Sondergerichte nicht für bestimmte Personengruppen geschaffen werden dürfen. Sondergerichte des Bundes sind unzulässig, da der Kreis der Bundesgerichte in den Art. 92, 96 a.F. und 96 a a.F.[1] GG abschließend bestimmt ist (BVerfGE 10, 200 [212 f.]).

a) Die Ehrengerichte und Ehrengerichtshöfe der Rechtsanwälte sind für ein bestimmtes Sachgebiet, nämlich für das anwaltliche Bundesrecht, abstrakt und generell zur Entscheidung berufen. Daß die Beschränkung dieser Gerichte auf das Sachgebiet des anwaltlichen Berufsrechts notwendigerweise zugleich eine Beschränkung auf einen bestimmten Personenkreis – nämlich auf Rechtsanwälte und auf Bewerber um die Zulassung als Anwalt – bedeutet, begründet keinen Verstoß gegen Art. 101 Abs. 2 GG. |

193 Nur wenn die Ehrengerichte für die Rechtsangelegenheiten der Rechtsanwälte schlechthin eingerichtet wären, mit anderen Worten: wenn sie z.B. auch für Zivil- und Strafsachen gegen Rechtsanwälte zuständig wären, würde es sich um verfassungswidrige Sondergerichte handeln. Auch die Arbeitsgerichte und die Disziplinargerichte für Beamte sind – wie es den Sachgebieten Arbeitsrecht und Beamtendisziplinarrecht entspricht – nur für bestimmte Personengruppen zuständig. Es kann aber keine Rede davon sein, daß diese Gerichte, deren Zulässigkeit das Grundgesetz in Art. 96 Abs. 1 a.F. und 96 a Abs. 4 a.F. voraussetzt, unter dem Gesichtspunkt des Art. 101 Abs. 2 GG bedenklich wären. Das Bundesverfassungsgericht hat demgemäß auch die ärztlichen Berufsgerichte ausdrücklich als »besondere Gerichte im Sinne des Art. 101 Abs. 2 GG« bezeichnet (BVerfGE 18, 241 [257]; 22, 42 [47]). Dasselbe muß für die Ehrengerichtsbarkeit der Rechtsanwälte gelten.

b) Der Beschwerdeführer erblickt im Senat für Anwaltssachen ein in Art. 92, 96a.F. und 96 a a.F. GG nicht vorgesehenes und daher unzulässiges Sondergericht des Bundes.

Der Senat für Anwaltssachen ist jedoch Teil des Bundesgerichtshofs. Er ist in den Bundesgerichtshof eingegliedert und weist sich

---

[1] Art. 96a GG a.F. wurde durch Gesetz vom 18. Juni 1968 (BGBl. I S. 657) unter teilweiser Änderung umbenannt in Art. 96 GG.

auch durch seine Zusammensetzung als Senat dieses Gerichts aus. Vorsitzender ist der Präsident des Bundesgerichtshofs oder in seiner Vertretung ein nach den Vorschriften des Gerichtsverfassungsgesetzes bestimmter Senatspräsident; drei Beisitzer sind Berufsrichter des Bundesgerichtshof (§ 106 Abs. 2 BRAO). Daß außerdem drei Rechtsanwälte als ehrenamtliche Beisitzer mitwirken, macht den Senat nicht zu einem vom Bundesgerichtshof getrennten Sondergericht. Die Besetzung der Spruchkörper der oberen Bundesgerichte ist der Regelung des Gesetzgebers überlassen; es ist ihm unbenommen, für besondere Sachgebiete eine besondere Besetzung und namentlich eine Beteiligung von ehrenamtlichen Richtern vorzusehen.

c) Die Einrichtung der besonderen Gerichtsbarkeit für berufsrechtliche Angelegenheiten der Rechtsanwälte ist auch mit dem | allgemeinen Gleichheitssatz vereinbar; der Gesetzgeber hat die Grenzen, die Art. 3 Abs. 1 GG seiner Gestaltungsfreiheit setzt, nicht überschritten. 194

Der Rechtsanwalt ist nicht nur Vertreter privater Interessen, sondern zugleich unabhängiges Organ der Rechtspflege (§ 1 BRAO). Damit tritt die Rechtsanwaltschaft, wie es in der Begründung des Regierungsentwurfs einer Bundesrechtsanwaltsordnung von 1957 (BT-Drucks. III/120, Bem. zu § 1, S. 4) heißt, »an die Seite der Gerichte und der Staatsanwaltschaft ... Diese Stellung innerhalb der Rechtspflege verpflichtet den einzelnen Rechtsanwalt, bei der Ausübung des Berufes auf sie Bedacht zu nehmen. So darf der Rechtsanwalt als Bevollmächtigter in einem Zivilprozeß oder als Verteidiger in einem Strafverfahren nicht bewußt dem Unrecht dienen oder die Rechtsfindung erschweren«. Diese besondere Aufgabe der Rechtsanwälte läßt es gerechtfertigt erscheinen, sie – anders als die Angehörigen der meisten sonstigen Berufe – einem besonderen Disziplinarrecht zu unterstellen. Daß zur Anwendung dieses Disziplinarrechts besondere Gerichte geschaffen werden, in denen Berufsangehörige als sachkundige ehrenamtliche Richter mitwirken, ist ebensowenig sachwidrig, wie die im Grundgesetz selbst vorgesehene Einrichtung von besonderen Dienststrafgerichten (Art. 96a Abs. 4 a.F. GG).[1]

Die Ehrengerichtsbarkeit der Rechtsanwälte entscheidet allerdings nicht nur in Disziplinarsachen, sondern auch über die Rechtmäßigkeit von Verwaltungsakten der Justizverwaltung in Berufsangelegenheiten der Rechtsanwälte sowie über die Rechtmäßigkeit von Akten

---

[1] Der 1968 in Art. 96 Abs. 4 GG überführte Art. 96a Abs. 4 a.F. wurde neu gefaßt durch Gesetz vom 12. Mai 1969 (BGBl. I S. 1357).

der Rechtsanwaltskammer. Auch dafür läßt sich aber ein sachlicher Grund anführen: Wird zur Anwendung des anwaltlichen Disziplinarrechts eine Ehrengerichtsbarkeit eingerichtet, so liegt es nicht fern, deren besondere Sachkunde auf dem Gebiet des anwaltlichen Berufsrechts auch für sonstige Rechtsstreitigkeit auf diesem Gebiet zu nutzen.

2. Art. 92 GG verlangt, daß die rechtsprechende Gewalt durch staatliche Gerichte ausgeübt wird. Die Gerichte der Länder brauchen
195 zwar nicht in der Form einer unmittelbaren staatlichen Ein | richtung geschaffen zu werden; auch ein von einer Körperschaft des öffentlichen Rechts getragenes besonderes Gericht kann »staatlich« im Sinne des Art. 92 GG sein (vgl. BVerfGE 4, 74 [92]; 10, 200 [214 f.]; 14, 56 [66]; 18, 241 [253]). Ein Gericht wird als »staatliches« aber nicht schon dadurch ausgewiesen, daß seine Bildung auf staatlichem Gesetz beruht und daß es der Erfüllung staatlicher Aufgaben dient. Wie das Bundesverfassungsgericht in seiner Entscheidung vom 24. November 1964 über die ärztlichen Berufsgerichte in Rheinland-Pfalz ausgeführt hat (BVerfGE 18, 241 [253 f.]), kann ein von einer Standesorganisation getragenes besonderes Gericht vielmehr nur dann als staatliches Gericht angesehen werden, wenn seine Bindung an den Staat auch in personeller Hinsicht ausreichend gewährleistet ist; dazu gehört, daß der Staat bei der Berufung der Richter mitwirkt. Die Mitwirkung des Staates ist bei der Berufung gerade der Mitglieder von Ehren- und Berufsgerichten vor allem um deswillen geboten, weil andernfalls die Gefahr einer – dem demokratischen Staat fremden – ständischen Gerichtsbarkeit bestünde.

Die Frage, ob die Ehrengerichte, die ausschließlich aus Rechtsanwälten bestehen, den Anforderungen des Grundgesetzes für staatliche Gerichte genügen, kann dahingestellt bleiben.[1] Denn über den Ehrengerichten stehen die Ehrengerichtshöfe als weitere Tatsacheninstanzen. Die Ehrengerichtshöfe aber sind staatliche Gerichte, so daß das Verfassungsgebot des Art. 19 Abs. 4 GG jedenfalls erfüllt ist. Ihre Errichtung beruht auf staatlichem Gesetz und ihre personelle Zusammensetzung wesentlich auf staatlicher Mitwirkung.

Die Richter der Ehrengerichtshöfe aus dem Kreis der Anwälte werden von den Landesjustizverwaltungen ernannt. Sie werden einer Vorschlagsliste des Vorstandes der Rechtsanwaltskammer entnommen. Diese Vorschlagsliste »muß mindestens die Hälfte mehr als die erforderliche Zahl von Rechtsanwälten enthalten« (§ 103 Abs. 2 Satz

---

[1] Bejaht in BVerfGE 48, 300.

1 i.V.m. § 94 Abs. 2 Satz 2 und 4 BRAO). Diese Bestimmung läßt
keine Zweifel darüber, daß die Justiz | verwaltung nur solche Richter 196
zu Mitgliedern des Ehrengerichtshofs ernennen kann, die von der
Rechtsanwaltskammer vorgeschlagen worden sind. Nicht ebenso eindeutig ergibt sich aus den gesetzlichen Vorschriften, ob die Justizverwaltung an eine Vorschlagsliste auch dann gebunden ist, wenn die Liste zwar zahlenmäßig dem § 94 Abs. 2 Satz 4 BRAO entspricht, aber nicht genügend Kandidaten enthält, welche die Justizverwaltung als geeignet ansieht. Die Bundesrechtsanwaltsordnung kam erst nach langwierigen, gesetzgeberischen Bemühungen zustande. Mit den verschiedenen Entwürfen und im Laufe der Verhandlungen stieg das Maß der Beteiligung der Rechtsanwaltschaft an der Ehrengerichtsbarkeit von Mal zu Mal, und in der endgültigen Fassung war ihr Einfluß nochmals verstärkt. Angesichts dieser Tendenz könnte § 94 Abs. 2 Satz 2 und 4 BRAO dahin verstanden werden, daß für die Auswahl der Mitglieder des Ehrengerichtshofs die vorgelegte Vorschlagsliste endgültig und unabänderlich maßgebend sein solle. Da die Vorschlagsliste nur die Hälfte mehr als die erforderliche Zahl von Rechtsanwälten enthalten muß, würde ein solches Verständnis der Vorschrift zu ihrer Verfassungswidrigkeit führen, da dann der Spielraum der Justizverwaltung bei der Ernennung seiner anwaltlichen Mitglieder zu gering und ein ausreichender staatlicher Einfluß bei der Berufung der Richter nicht mehr gewährleistet wäre.

Die Vorschrift läßt sich indessen verfassungskonform in anderem Sinn auslegen. Daß die Justizverwaltung eine Möglichkeit der Auswahl haben soll, bringt das Gesetz mit der Vorschrift zum Ausdruck, die Rechtsanwaltskammer müsse mehr Rechtsanwälte als erforderlich vorschlagen. Die Vorschlagsliste hat aber nicht den Charakter endgültiger und ausschließlicher Vorschläge, aus denen in jedem Fall die erforderlichen Ernennungen vorgenommen werden müssen. Das Gesetz legt lediglich das Mindestmaß der Vorschläge fest (»... muß mindestens ... enthalten«). Dies bedeutet, daß die Liste erweitert werden kann und, da das Verfahren die Besetzung der erforderlichen Richterstellen des Ehrengerichtshofs bezweckt, gegebenen-
falls auch erweitert werden | muß. Es ergibt sich also, daß nach dem 197
Sinn des § 94 Abs. 2 BRAO die Justizverwaltung das Recht hat, notfalls – das heißt falls die ursprüngliche Liste nicht genügend geeignete Richter enthält – eine Ergänzung zu verlangen. In dieser Auslegung begegnet die Vorschrift keinen Bedenken; dann sichert sie den ausreichenden Einfluß des Staates auf die Besetzung des Ehrengerichtshofs.

Auch im übrigen ist der staatliche Charakter des Ehrengerichtshofs gewahrt. Die Landesjustizverwaltung hat es in der Hand, die Zahl der erforderlichen Mitglieder des Ehrengerichtshofs zu bestimmen (§ 103 Abs. 2 BRAO). Außerdem bestimmt sie, welche Mitglieder als Präsident des Ehrengerichtshofs und als Vorsitzende seiner Senate amtieren (§ 101 BRAO). Sie führt die Aufsicht über die Ehrengerichtshöfe (§ 100 Abs. 1 BRAO). Die Geschäftsordnung bedarf ihrer Bestätigung (§ 105 Abs. 2 BRAO).

3. a) Art. 20 Abs. 2 GG gebietet, daß die Rechtsprechung durch besondere von den Organen der gesetzgebenden und der vollziehenden Gewalt verschiedene Organe des Staates ausgeübt wird. Die Gerichte müssen daher organisatorisch hinreichend von den Verwaltungsbehörden getrennt sein; eine zu enge personelle Verzahnung zwischen den Organen der rechtsprechenden und der vollziehenden Gewalt ist unzulässig (BVerfGE 14, 56 [67 f.]; 18, 241 [254]). Die Ehrengerichtshöfe entsprechen diesem Erfordernis. Sie sind organisatorisch und personell in genügendem Maße von den Organen der Rechtsanwaltskammer getrennt.

Sie werden bei den Oberlandesgerichten errichtet (§ 100 Abs. 1 BRAO); die Aufwandsentschädigung fließt aus der Staatskasse (§ 103 Abs. 4 BRAO). Die Mitglieder des Ehrengerichtshofs haben als solche während der Dauer ihres Amtes die Stellung eines Berufsrichters (§ 110 Abs. 1 BRAO).

Eine zu enge personelle Verzahlung zwischen der Ehrengerichtsbarkeit und den Organen der Rechtsanwaltskammern ist insbesondere durch die Vorschrift ausgeschlossen, daß Mitglieder des Ehrenge-
198 richtshofs und des Senats für Anwaltssachen des Bun | desgerichtshofs nicht gleichzeitig dem Vorstand der Rechtsanwaltskammer angehören oder bei der Rechtsanwaltskammer im Haupt- oder Nebenberuf tätig sein dürfen (§§ 103 Abs. 2, 108 Abs. 1 BRAO).

Allerdings sind die Richter aus dem Kreis der Anwälte notwendigerweise Mitglieder der Rechtsanwaltskammer (§ 60 Abs. 1 BRAO) und damit auch Mitglieder der Versammlung der Kammer (§§ 85 ff. BRAO). Durch die Bestimmungen über die Ausschließung von Richtern ist jedoch der Gefahr einer Kollision zwischen Mitgliedschaft in der Kammer und Richteramt vorgebeugt. Der Anwaltssenat des Bundesgerichtshofs hat in einem Verfahren, das die Gültigkeit des Beitragsbeschlusses der Versammlung einer Rechtsanwaltskammer betraf, entschieden, nach dem Rechtsgedanken der §§ 6 Abs. 1 Nr. 1 FGG und 41 Nr. 6 ZPO seien diejenigen Richter von der Mitwirkung in einer solchen Sache ausgeschlossen, die an der Beschlußfassung beteiligt gewesen waren (NJW 1968, 157 f.). Darin, daß die Mitglieder der Kammerversammlung in die Lage kommen können, über die ohne ihr Mitwirken vorgenommenen Wahlen und Beschlüsse dieser Versammlung zu richten, ist eine verfassungswidrige Gewaltenvermischung nicht zu erblicken.

b) Zum Wesen der richterlichen Tätigkeit gehört, daß sie von einem nichtbeteiligten Dritten in sachlicher und persönlicher Unabhängigkeit ausgeübt wird (BVerfGE 3, 377 [381]; 4, 331 [346]; 14, 56 [69]; 18, 241 [255]).

Die in Art. 97 Abs. 1 GG den Richtern garantierte sachliche Unabhängigkeit besteht darin, daß sie nur an das Gesetz gebunden, also frei von Weisungen sind (BVerfGE 14, 56 [69]). Die Vorschriften der Bundesrechtsanwaltsordnung über die Ehrengerichtshöfe enthalten keine Vorschriften, die dieser Garantie zuwiderliefen.

Art. 97 Abs. 2 GG, der die persönliche Unabhängigkeit sichert, bezieht sich seinem Wortlaut nach zwar nur auf die »hauptamtlich und planmäßig endgültig angestellten Richter«. Auch den ehrenamtlichen Richtern muß aber als Minimum persönlicher | Unabhängig- 199
keit garantiert sein, daß sie vor Ablauf ihrer Amtszeit nur unter den gesetzlich bestimmten Voraussetzungen und gegen ihren Willen nur kraft richterlicher Entscheidung abberufen werden können (BVerfGE 14, 56 [70]; 18, 241 [255]). Die Bundesrechtsanwaltsordnung genügt diesen Anforderungen. Die anwaltlichen Mitglieder der Ehrengerichtshöfe und des Senats für Anwaltssachen des Bundesgerichtshofs werden für die Dauer von 4 Jahren berufen (§§ 103 Abs. 1, 107 Abs. 1 BRAO). Dieser Zeitraum ist nicht so kurz, daß dadurch ihre Unabhängigkeit in Frage gestellt würde (BVerfGE 18, 241 [255]). Die Bundesrechtsanwaltsordnung gewährleistet auch, daß diese Richter nur unter gesetzlich im einzelnen festgelegten Voraussetzungen und nur durch Gerichtsentscheidung vorzeitig abberufen werden können (§§ 103 Abs. 2, 109 Abs. 2 BRAO).

c) Die Neutralität der Ehrengerichtshöfe wird auch nicht dadurch beeinträchtigt, daß sie in der Besetzung von zwei Richtern des Oberlandesgerichts und drei Rechtsanwälten entscheiden und daß daher die die Mehrheit bildenden anwaltlichen Mitglieder notwendigerweise Berufsgenossen der Betroffenen sind. Die allgemeine Eignung des Rechtsanwalts, der jederzeit in das Berufsrichteramt berufen werden kann, für die Tätigkeit im anwaltlichen Ehrengericht läßt sich nicht bezweifeln. Allerdings führt der Rechtsanwalt auch während seiner ehrenamtlichen Richtertätigkeit die Anwaltspraxis weiter. Aber gerade das ist ein Element der standesmäßigen organisatorischen Ehren-

gerichtsbarkeit. Wer berufen wird, Fragen der Stellung eines Rechtsanwalts und seiner Pflichten zu beurteilen, muß mit den Standesfunktionen aufs engste vertraut sein. Es hieße, den in der deutschen Anwaltschaft herrschenden Geist verkennen, wenn man annehmen wollte, daß die zeitweise Verwendung im Richteramt und die Anwaltstätigkeit allgemein die Gefahr einer Interessenkollision herbeiführen und daß ein Rechtsanwalt als Ehrenrichter sich notwendigerweise von Gedanken des Konkurrenzkampfes oder von anderen persönlichen Gesichtspunkten leiten lassen müßte. Allenfalls mag die Wahr-
200 scheinlichkeit eines Falles der Befangenheit | in der Ehrengerichtsbarkeit etwas höher sein als in der großräumiger angelegten allgemeinen Gerichtsbarkeit. Doch für derartige Fälle trifft das Gesetz hinreichend Vorsorge. In Disziplinarsachen gelten gemäß § 116 BRAO die Vorschriften der Strafprozeßordnung über die Ablehnung und Ausschließung von Gerichtspersonen. Der Beschuldigte hat demnach im Ehrengerichtsverfahren das Recht, einen Richter wegen Besorgnis der Befangenheit abzulehnen (§ 24 StPO), und der Beschwerdeführer hätte in seinem Fall von dieser Möglichkeit Gebrauch machen können. In den sonstigen ehrengerichtlichen Verfahren, namentlich also in Zulassungssachen, sind nach § 40 Abs. 4 BRAO die Vorschriften des Gesetzes über die freiwillige Gerichtsbarkeit heranzuziehen. Durch Beschluß vom 8. Februar 1967 (BVerfGE 21, 139 ff.) hat das Bundesverfassungsgericht die Bestimmungen des § 6 Abs. 2 Satz 2 FGG für nichtig erklärt, so daß auch in diesem Verfahren die Ablehnung eines Richters wegen Besorgnis der Befangenheit zulässig ist.

d) Daß in den Senaten des Ehrengerichtshofs nicht das berufsrichterliche Mitglied, sondern ein Rechtsanwalt den Vorsitz führt, ist verfassungsrechtlich nicht zu beanstanden.

Das Grundgesetz bestimmt nichts darüber, in welchem Umfang die Verwendung von Berufsrichtern – das heißt von Richtern, die in einem Dienstverhältnis zum Bund oder zu einem Land stehen und hauptberuflich als Richter tätig sind – notwendig ist. Es überläßt die Zuziehung von ehrenamtlichen Richtern dem Ermessen des Gesetzgebers. Seit jeher hat der Gesetzgeber ehrenamtliche Richter herangezogen; vielfach hat er ihnen in den Spruchkörpern ein zahlenmäßiges Übergewicht zuerkannt (etwa in der Kammer für Handelssachen, dem Schöffengericht, der kleinen Strafkammer, dem Schwurgericht). Als Gerichtsvorsitzende sehen die Gesetze allerdings seit langem regelmäßig Berufsrichter vor; doch gab es stets Ausnahmen von dieser Regel. Eine Ausnahme bildeten seit Inkrafttreten der Rechtsanwaltsordnung von 1878 die Ehrengerichte der Rechtsanwälte; sie bestan-

den ausschließlich aus Rechtsanwälten und wurden dennoch als |
echte Gerichte angesehen (vgl. RGZ 170, 333 [335]). Auch die Gemeindegerichte Badens und Württembergs waren und sind mit ehrenamtlichen Richtern besetzt. Es ist keinerlei Anhalt dafür ersichtlich, daß der Grundgesetzgeber hieran etwas hätte ändern wollen. In den Ausnahmefällen, in denen ehrenamtliche Richter als Vorsitzende amtieren, muß freilich gewährleistet sein, daß sie durch ihr Amt nicht überfordert werden. Zu Recht hat das Bundesverfassungsgericht daher die Besetzung der Gemeindegerichte mit Laienrichtern, die über gewisse Rechtskenntnisse verfügen, nicht für verfassungswidrig gehalten (BVerfGE 14, 56 [73]). Ebensowenig ist es verfassungsrechtlich zu beanstanden, wenn in den Ehrengerichtshöfen ehrenamtliche Richter, die als Rechtsanwälte eine volle juristische Ausbildung und juristische Erfahrung besitzen, den Vorsitz führen. … 201

23 Art. 5 Abs. 1 Satz 1 (Informationsfreiheit), Abs. 2 GG

Informationsfreiheit: Entstehungsgeschichte und Bedeutung – Schutz der aktiven und passiven Informationsverschaffung – allgemeine Zugänglichkeit der Informationsquelle – Ausstrahlungswirkung auf das Strafrecht

BVerfGE 27, 71–88 – Leipziger Volkszeitung

1. Das in Art. 5 Abs. 1 Satz 1 GG gewährleistete Recht, sich aus allgemein zugänglichen Quellen ungehindert zu unterrichten (Informationsfreiheit), steht als selbständiges Grundrecht gleichwertig neben der Meinungs- und Pressefreiheit. 71

2. Allgemein zugänglich ist eine Informationsquelle, wenn sie technisch geeignet und bestimmt ist, der Allgemeinheit Informationen zu verschaffen. Sie verliert diesen Charakter nicht durch rechtliche, gegen die Verbreitung gerichtete Maßnahmen.

3. Art. 5 Abs. 1 Satz 1 GG schützt nicht nur ein aktives Handeln zur Informationsverschaffung, sondern ebenso die schlichte Entgegennahme von Informationen.

4. Zur Güterabwägung zwischen der Informationsfreiheit und den eine Verfassungsgefährdung abwehrenden Strafvorschriften als allgemeinen Gesetzen im Sinne des Art. 5 Abs. 2 GG bei der Einziehung.

Beschluß des Ersten Senats vom 3. Oktober 1969 – 1 BvR 46/65 –

Sachverhalt: *Nach dem Gesetz zur Überwachung strafrechtlicher und anderer Verbringungsverbote vom 24. Mai 1961 (BGBl. I S. 607) hatten die Post- und Zollbehörden sicherzustellen, daß Gegenstände – wie unter anderem auch Zeitungen und Zeitschriften – nicht in den räumlichen Geltungsbereich dieses Gesetzes verbracht wurden, wenn ein Strafgesetz ihre Einfuhr oder Verbreitung aus Gründen des Staatsschutzes verbot. Der Beschwerdeführer ließ sich im Jahre 1964 von Bekannten Tageszeitungen aus der DDR zu Informationszwecken per Post nach Münster i.W. senden, darunter in einer Sendung ein Exemplar der »Leipziger Volkszeitung« vom 8. Mai 1964. Diese Zeitung erhielt der Beschwerdeführer nicht, da das Landgericht Lüneburg diese Ausgabe der »Leipziger Volkszeitung« unter anderem wegen Verwirklichung verschiedener Staatsschutzdelikte (§§ 90a, 94, 97 StGB) allgemein eingezogen hatte und sie darauf von den Zollbehörden einbehalten worden war. Zur Begründung führte das Landgericht aus, die Schrift stamme von der Sozialistischen Einheitspartei Deutschlands – SED – in der DDR. Mit der Übersendung sollten Bestrebungen der von der SED gelenkten, illegal tätigen KPD gefördert werden, die auf die Einführung der in der DDR bestehenden Gewalt- und Willkürherrschaft in der Bundesrepublik gerichtet seien.*

Der Beschwerdeführer wandte sich in seiner Verfassungsbeschwerde mit Erfolg unmittelbar gegen den im objektiven Verfahren ergangenen Beschluß des Landgerichts Lüneburg.

Aus den Gründen:

I.

78 Die Verfassungsbeschwerde ist begründet.

1. Das Landgericht hat bei der Feststellung, die Herstellung und Verbreitung der eingezogenen Zeitung verstoße gegen die im Tenor des Beschlusses genannten Vorschriften, und bei der Anordnung der Einziehung die dadurch betroffene Meinungsfreiheit und Pressefreiheit der Hersteller und Verbreiter dieser Zeitung nicht ausdrücklich in Betracht gezogen. Dies ist verfassungsrechtlich nicht zu beanstanden. Wenn auch der Beschluß nicht erkennen läßt, in welchen einzelnen Ausführungen der Zeitungsartikel die Verfassungsfeindlichkeit erblickt wird, so läßt sich doch dem Zusammenhang der Begründung entnehmen, daß das Landgericht davon ausgegangen ist, mit der Her-
79 stellung und Übersendung der | Zeitung sollten unter Verstoß gegen die §§ 42, 47 BVerfGG, §§ 128, 94, 90 a StGB Bestrebungen der von der SED gelenkten, illegal tätigen KPD gefördert werden. Bei einer derartigen unmittelbaren Unterstützung des organisatorischen Zusammenhalts der verbotenen KPD ist die Beschränkung der Meinungs- und Pressefreiheit wegen der organisationsfördernden Wir-

kung zulässig und die Anwendung der Strafvorschriften insoweit verfassungsrechtlich unbedenklich (vgl. BVerfGE 25, 44 [55 ff.]). Zu beanstanden wäre auch nicht, wenn das Landgericht seinen Beschluß zugleich auf den nur in den Gründen, nicht aber im Tenor genannten § 97 StGB (Verunglimpfung von Staatsorganen) gestützt haben sollte. Bei aller zulässigen Schärfe im öffentlichen Meinungskampf kann doch die Art des Angriffs nicht mehr zu tolerierende Wirkungen auslösen (vgl. auch BVerfGE 4, 352 [355 ff.]) zur Verfassungsmäßigkeit von § 187 a StGB [Ehrenschutz von Politikern]).

2. Jedoch hat das Landgericht bei der Anordnung der Einziehung die Ausstrahlungswirkung des in Art. 5 Abs. 1 Satz 1 GG gewährleisteten Rechts des Beziehers oder Lesers der Zeitung, sich aus allgemein zugänglichen Quellen ungehindert zu unterrichten (Informationsfreiheit), nicht berücksichtigt. Durch die strafgerichtliche Einziehungsentscheidung ist der Bereich dieses Grundrechtes insofern berührt, als sie den Zugang von Zeitungen als eines der wichtigsten Informationsmittel verhindert.

Die bei der Schaffung des Achten Strafrechtsänderungsgesetzes verschiedentlich vertretene Ansicht, die Erschwerung des Bezugs von Zeitungen aus der DDR berühre nicht die Grundrechte der Bürger der Bundesrepublik (vgl. die Ausführungen des Abgeordneten Dr. Gradl, StenBer. der 177. Sitzung des Bundestages vom 29. Mai 1968, S. 9527, und der Abgeordneten Dr. Güde und Dr. Schwarzhaupt in der 85. Sitzung des Sonderausschusses des Bundestages für die Strafrechtsreform vom 8. November 1967, Prot. S. 1698 und 1701), verkennt, daß es sich bei dem Bezug von Zeitungen um einen zweiseitigen Kommunikationsvorgang handelt, der verfassungsrechtlich sowohl durch die Meinungsäußerungs- | und -verbreitungsfreiheit als 80
auch durch die Informationsfreiheit gesichert ist. Deshalb trifft ein Eingriff in den Kommunikationsvorgang beide Bereiche.

Die für die Entscheidung des Landgerichts maßgeblichen Vorschriften des Strafrechts (§§ 86, 98 Abs. 2 StGB) sehen eine Einziehung nicht zwingend vor, sondern stellen sie in das Ermessen des Gerichts. Diese Vorschriften als allgemeine, das Grundrecht im Sinne des Art. 5 Abs. 2 GG beschränkende Gesetze müssen nach der Rechtsprechung des Bundesverfassungsgerichts im Lichte der Bedeutung des Grundrechts der Informationsfreiheit gesehen und so ausgelegt werden, daß der besondere Wertgehalt des Grundrechts auf jeden Fall gewahrt bleibt (vgl. BVerfGE 7, 198 [208 ff.];[1] 25, 44

---

[1] BVerfGA Nr. 5.

[55]). Das Landgericht hätte bei der Ausübung seines Ermessens eine Güterabwägung zwischen den durch das Grundrecht der Informationsfreiheit geschützten Interessen und den durch die Strafvorschriften geschützten Rechtsgütern vornehmen müssen. Hierfür sind zunächst Inhalt und Tragweite des Grundrechts näher zu bestimmen.

II.

1. Die deutsche Verfassungsgeschichte kennt bis zum Jahre 1945 kein eigenständiges Grundrecht, sich aus allgemein zugänglichen Quellen ungehindert zu unterrichten. Diese Informationsfreiheit fand nach dem Zweiten Weltkrieg zunächst Eingang in verschiedene Landesverfassungen (vgl. etwa Art. 11 der Verfassung des ehemaligen Landes Württemberg-Baden vom 28. November 1946; Art. 13 der Hessischen Verfassung vom 1. Dezember 1946; Art. 112 Abs. 2 der Bayerischen Verfassung vom 2. Dezember 1946) und sodann in das Grundgesetz. Anlaß für die selbständige verfassungsrechtliche Gewährleistung der Informationsfreiheit im Grundgesetz waren die Erfahrungen mit den zur nationalsozialistischen Regierungspraxis gehörenden Informationsbeschränkungen, der staatlichen Meinungslenkung, den staatlichen Abhörverboten für ausländische Rundfunksender und den Literatur- und Kunstverboten. |

81 2. a) Die Informationsfreiheit steht in der grundgesetzlichen Ordnung gleichwertig neben der Meinungs- und Pressefreiheit. Sie ist kein bloßer Bestandteil des Rechts der freien Meinungsäußerung und -verbreitung. Dieses Recht hat zwar den Schutz des Empfangs der Meinung durch andere mit zum Inhalt; der Schutz wird aber allein den Äußernden um ihrer Meinungsfreiheit willen gewährt. Der Empfänger spielt dabei insoweit nur eine passive Rolle. Demgegenüber ist die Informationsfreiheit gerade das Recht, sich selbst zu informieren. Andererseits ist dieses Freiheitsrecht die Voraussetzung der der Meinungsäußerung vorausgehenden Meinungsbildung. Denn nur umfassende Informationen, für die durch ausreichende Informationsquellen Sorge getragen wird, ermöglichen eine freie Meinungsbildung und -äußerung für den Einzelnen wie für die Gemeinschaft. Schließlich trägt eine freie Presse dazu bei, durch umfassende Informationen den Bürgern die Aufgabe zu erleichtern, sich Meinungen zu bilden und politische Entscheidungen zu treffen (BVerfGE 20, 162 [174]).[1]

---

[1] BVerfGA Nr. 15.

Für die in Art. 5 Abs. 1 Satz 1 GG gewährleistete Informationsfreiheit sind danach zwei Komponenten wesensbestimmend. Einmal ist es der Bezug zum demokratischen Prinzip des Art. 20 Abs. 1 GG: Ein demokratischer Staat kann nicht ohne freie und möglichst gut informierte öffentliche Meinung bestehen. Daneben weist die Informationsfreiheit eine individualrechtliche, aus Art. 1, Art. 2 Abs. 1 GG hergeleitete Komponente auf. Es gehört zu den elementaren Bedürfnissen des Menschen, sich aus möglichst vielen Quellen zu unterrichten, das eigene Wissen zu erweitern und sich so als Persönlichkeit zu entfalten. Zudem ist in der modernen Industriegesellschaft der Besitz von Informationen von wesentlicher Bedeutung für die soziale Stellung des Einzelnen. Das Grundrecht der Informationsfreiheit ist wie das Grundrecht der freien Meinungsäußerung eine der wichtigsten Voraussetzungen der freiheitlichen Demokratie (vgl. BVerfGE 7, 198 [208]).[1] Erst mit seiner Hilfe wird der Bürger in den Stand gesetzt, sich selbst die notwendigen Voraussetzungen zur Ausübung seiner persönlichen und politischen Aufgaben zu verschaffen, um im demokra | tischen Sinne verantwortlich handeln zu können. Mit zunehmen- 82
der Informiertheit erkennt der Bürger Wechselwirkungen in der Politik und ihre Bedeutung für seine Existenz und kann daraus Folgerungen ziehen; seine Freiheit zur Mitverantwortung und zur Kritik wächst. Nicht zuletzt können die Informationen den Einzelnen befähigen, die Meinungen anderer kennenzulernen, sie gegeneinander abzuwägen, damit Vorurteile zu beseitigen und Verständnis für Andersdenkende zu wecken.

Die besondere Bedeutung, die der Informationsfreiheit auch im internationalen Bereich zugemessen wird, zeigt sich in den zwischenstaatlichen Bestrebungen seit 1945, diese Freiheit als eigenständiges Recht zu sichern. Nachdem schon die Resolution der Generalversammlung der Vereinten Nationen vom 14. Dezember 1946 die Informationsfreiheit in einem umfassenden Sinn verstanden hatte, der sogar die Äußerungsfreiheit miteinschloß, hat die Generalversammlung der UNO in Art. 19 der allgemeinen Erklärung der Menschenrechte vom 10. Dezember 1948 den Grundsatz niederlegt:

> Jeder hat das Recht der Meinungs- und Äußerungsfreiheit, insbesondere das Recht, wegen seiner Überzeugung nicht beunruhigt zu werden und Nachrichten und Gedanken durch jedes Ausdrucksmittel und unabhängig von Grenzen einzuholen, zu empfangen und zu verbreiten.

---

[1] BVerfGA Nr. 5.

Ebenso bestimmt Art. 10 Abs. 1 Satz 1 und 2 der Konvention zum Schutze der Menschenrechte und Grundfreiheiten vom 4. November 1950:

> Jeder hat Anspruch auf freie Meinungsäußerung. Dieses Recht schließt die Freiheit der Meinung und die Freiheit zum Empfang und zur Mitteilung von Nachrichten oder Ideen ohne Eingriffe öffentlicher Behörden und ohne Rücksicht auf Landesgrenzen ein.

b) Art. 5 Abs. 1 Satz 1 GG schützt nicht nur ein aktives Handeln zur Informationsverschaffung, sondern ebenso die schlichte Entgegen-
83 nahme von Informationen. Das Grundgesetz will eine | möglichst umfassende Unterrichtung des Einzelnen gewährleisten. Eine »Unterrichtung« ist auch aus Quellen möglich, die ohne Zutun des Empfängers in seinen Wahrnehmungsbereich gelangen. Denn nur der Besitz von Informationen ermöglicht eine selbständige Auswahl. Dieser Aspekt des Auswählenkönnens ist der Grundtatbestand jeder Information. Wäre durch die Informationsfreiheit nicht garantiert, daß Informationsquellen überhaupt an den Einzelnen gelangen, dann wäre er auch daran gehindert, durch aktive Tätigkeit unter ihnen auszuwählen. Mit »sich unterrichten« ist daher auch der rein geistige Vorgang der Aufnahme der Information gemeint. Eine solche »Unterrichtung« des Einzelnen liegt schon dann vor, wenn die Information auf dem Postweg an ihn herangebracht wird. Wird der Zugang auf diesem Weg unterbrochen, so kann einer späteren Berufung auf die Informationsfreiheit nicht entgegengehalten werden, er habe die Druckschrift nicht bestellt, es liege daher kein Eingriff in die Freiheit der »Unterrichtung« vor. Daß sich der Unterrichtungswille unter Umständen erst nach Erhalt der Postsendung aktualisiert, liegt in der Natur dieses Rechts.

c) Die Informationsfreiheit ist verfassungsrechtlich nur dann gewährleistet, wenn die Informationsquelle allgemein zugänglich ist.

Dies ist in der Regel der Fall, wenn die Informationsquelle technisch geeignet und bestimmt ist, der Allgemeinheit, d.h. einem individuell nicht bestimmbaren Personenkreis, Informationen zu verschaffen. Zeitungen und andere Massenkommunikationsmittel sind daher von Natur aus allgemein zugängliche Informationsquellen. Sie verlieren die Eigenschaft als allgemein zugängliche Quelle auch dann nicht, wenn durch staatliche Maßnahmen wie Einziehungen, Importverbote oder -beschränkungen die Möglichkeit des allgemeinen Zugangs beeinträchtigt wird. Solche Beschränkungen, die dem ungehinderten Zugang zur Informationsquelle entgegenstehen, beseitigen

nicht die Allgemeinzugänglichkeit (vgl. auch Herzog in Maunz-Dürig-Herzog, Kommentar zum Grundgesetz, Art. 5 Rdnr. 89 ff.; Lerche, Stichwort »Infor | mationsfreiheit« in Evangelisches Staatslexi- 84
kon, 1966, Sp. 785 [786]). Entscheidend ist allein die tatsächliche Art der Abgabe der Information, nicht die staatliche Bestimmung oder Verfügung.

Die Ansicht, die Allgemeinzugänglichkeit werde maßgebend von Hoheitsakten beeinflußt (Hamann, Das Grundgesetz, 2. Aufl., 1961, Anm. B 5 zu Art. 5; Dürig, AöR, Bd. 81, S. 117 [139]; vgl. auch BT-Drucks. IV/2476 S. 34 und BTDrucks. V/1319 S. 75), widerspricht dem Zweck der verfassungsrechtlichen Verbürgung der Informationsfreiheit. Dem Einzelnen soll ermöglicht werden, sich seine Meinung auf Grund eines weitgestreuten Informationsmaterials zu bilden. Er soll bei der Auswahl des Materials keiner Beeinflussung durch den Staat unterliegen. Da die Informationsfreiheit infolge ihrer Verbindung mit dem demokratischen Prinzip gerade auch dazu bestimmt ist, ein Urteil über die Politik der eigenen Staatsorgane vorzubereiten, muß das Grundrecht vor Einschränkungen durch diese Staatsorgane weitgehend bewahrt werden.

Die wegen der Neuartigkeit des Grundrechts der Informationsfreiheit besonders bedeutsame Entstehungsgeschichte zeigt ebenfalls, daß die Allgemeinzugänglichkeit allein nach tatsächlichen Kriterien zu bemessen ist. Die Informationsfreiheit wurde gerade als Reaktion auf die nationalsozialistischen Informationsverbote und -beschränkungen verfassungsrechtlich garantiert, um die ungehinderte Unterrichtung auch aus Quellen, die außerhalb des Herrschaftsbereiches der Staatsgewalt der Bundesrepublik bestehen, zu gewährleisten. Wenn die Informationsquelle an irgendeinem Ort allgemein zugänglich ist, mag dieser auch außerhalb der Bundesrepublik liegen, dann kann auch ein rechtskräftiger Einziehungsbeschluß nicht dazu führen, dieser Informationsquelle die Eigenschaft der allgemeinen Zugänglichkeit zu nehmen.

Auch die Gesetzessystematik des Art. 5 GG führt zu demselben Ergebnis. Die Schranke der »allgemeinen Gesetze« in Art. 5 Abs. 2 GG bezieht sich auf alle in Abs. 1 normierten Grundrechte. Für die Informationsfreiheit wäre die Schranke des Abs. 2 aber weitgehend
gegenstandslos, wenn der Staat die Allgemeinzugäng | lichkeit be- 85
stimmen und auf diesem Wege den Umfang des Grundrechts beliebig begrenzen könnte.

Eine allgemein zugängliche Quelle verliert diese Eigenschaft auch nicht, wenn sie den Inhalt einer Postsendung bildet. Bei der Frage der

Allgemeinzugänglichkeit ist nicht auf das Einzelexemplar abzustellen, sondern auf die gesamte Auflage einer Zeitschrift. Sie bildet die Quelle i.S. des Art. 5 Abs. 1 Satz 1 GG. Die Verschaffung des Einzelexemplars ist nur die Konkretisierung der Freiheit, sich zu unterrichten.

III.

1. Hiernach ist die vom Einziehungsbeschluß des Landgerichts betroffene Nr. 126 der »Leipziger Volkszeitung« vom 8. Mai 1964 als eine allgemein zugängliche Quelle im Sinne des Art. 5 Abs. 1 Satz 1 GG anzusehen. Die Einziehung beeinträchtigt damit die Informationsfreiheit des Beschwerdeführers. Die Einziehungsentscheidung ist aufzuheben, weil das Landgericht die Ausstrahlungswirkung der Informationsfreiheit nicht berücksichtigt hat.

2. Bei der von dem Landgericht auf Grund des hier dargelegten Sinngehalts der Informationsfreiheit vorzunehmenden Abwägung wird das Gericht vor allem folgendes zu berücksichtigen haben:

a) Die verfassungsrechtlich nicht zu beanstandende Annahme, eine einzuziehende Schrift verstoße gegen Strafgesetze, bedeutet noch nicht, daß das Informationsrecht zurücktreten muß. Die Güterabwägung zwischen Meinungs- und Pressefreiheit des Herstellers und Verbreiters einer Schrift und den durch die Strafgesetze geschützten Rechtsgütern betrifft eine aktive Tätigkeit, mit der Gefahrenquellen geschaffen werden. Die Informationsfreiheit wirkt sich bei solchen Schriften dagegen erst aus, wenn der allgemeine Zugang zu Informationen schon eröffnet worden ist. Die Grundrechtsposition des unterrichtungswilligen Bürgers erfordert eine besondere Güterabwägung. Nur Gefahren infolge des Informationsvorganges rechtfertigen eine Beschränkung des Einzelnen, der nach der Vorstellung des
86 Grundgesetzes mündig und | dazu berufen ist, an der öffentlichen Willensbildung teilzunehmen.

[*Im folgenden nennt das Gericht weitere Maßgaben für die vom Landgericht vorzunehmende Abwägung, die speziell das damalige Verhältnis zur DDR betreffen, und schließt dann:*]

88 3. Bereits die Rüge der Verletzung des Art. 5 Abs. 1 Satz 1 GG führt zur Aufhebung der angefochtenen Entscheidung wegen Mängel in der Anwendung des materiellen Einziehungsrechtes. Daneben kommt Art. 2 Abs. 1 GG als Prüfungsmaßstab nicht in Betracht (vgl. BVerfGE 11, 234 [238]).

Es kann auch dahinstehen, ob das Grundrecht der Informationsfreiheit eine bestimmte Verfahrensgestaltung erfordert, etwa die Einräumung weiterer Rechtsbehelfe gegen Einziehungsentscheidungen, die Möglichkeit eines Wiederaufnahmeverfahrens oder eine weiter gehende Beteiligung des Betroffenen am objektiven Einziehungsverfahren, als sie sich nach herrschender Meinung aus den einschlägigen Bestimmungen (§ 431 Abs. 2 StPO a.F. – nunmehr §§ 440, 431 StPO in der Fassung des Art. 2 Nr. 16 EGOWiG) ergibt.

24 Art. 1, 10, 79 Abs. 3 GG

Einschränkbarkeit des Post- und Fernmeldegeheimnisses – »streitbare Demokratie« des Grundgesetzes – Gemeinschaftsbezogenheit und -gebundenheit des Individuums – Verhältnismäßigkeitsprinzip: erforderliche Überwachungsmaßnahmen – Überwachung Dritter – Anforderungen an den Ersatz gerichtlicher Kontrolle – Bedeutung der »Ewigkeitsgarantie« (Art. 79 Abs. 3 GG) – Rechtsweggarantie: unabänderliche Grundsätze – Schutzbereich der Menschenwürde – Verfassungsmäßigkeit der Regelungen des G-10

BVerfGE 30, 1–33 – Abhörurteil [1, 2]

1. Wenn dem Betroffenen die Möglichkeit, sich gegen den Vollzugsakt zu wenden, verwehrt ist, weil er von dem Eingriff in seine Rechte nichts erfährt, muß ihm die Verfassungsbeschwerde unmittelbar gegen das Gesetz ebenso zustehen wie in den Fällen, in denen aus anderen Gründen eine Verfassungsbeschwerde gegen den Vollzugsakt nicht möglich ist. [*nur LS*] 1

2. Art. 10 Abs. 2 Satz 2 GG kann im Hinblick auf den Grundsatz der Verhältnismäßigkeit nur so verstanden werden, daß er die nachträgliche Benachrichtigung des Überwachten fordert in den Fällen, in denen eine Gefährdung des Zweckes der Überwachungsmaßnahme und eine Gefährdung des Schutzes der freiheitlichen demokratischen Grundordnung oder des Bestandes oder der Sicherung des Bundes oder eines Landes ausgeschlossen werden kann.

---

[1] Die Richter Geller, von Schlabrendorff und Rupp haben der Entscheidung eine Abweichende Meinung beigefügt, die unten (S. 33 ff. [der amtlichen Sammlung]) auszugsweise wiedergegeben ist.

[2] Grundsätzlich zu Schutz und Einschränkungsmöglichkeiten der Kommunikationsvorgänge bei der Telefonbenutzung siehe neuestens BVerfGE 86, 386.

3. Art. 10 Abs. 2 Satz 2 GG fordert in Rücksicht auf den Grundsatz der Verhältnismäßigkeit, daß das Gesetz zu Artikel 10 GG die Zulässigkeit des Eingriffs in das Brief-, Post- und Fernmeldegeheimnis beschränken muß auf den Fall, daß konkrete Umstände den Verdacht eines verfassungsfeindlichen Verhaltens rechtfertigen und daß dem verfassungsfeindlichen Verhalten im konkreten Fall nach Erschöpfung anderer Möglichkeiten der Aufklärung nur durch den Eingriff in das Brief-, Post- und Fernmeldegeheimnis beigekommen werden kann.

Das Verfassungsgebot der Beschränkung der Überwachungsmaßnahmen auf das unumgänglich Notwendige schließt nicht aus, daß die Überwachung auf Nachrichtenverbindungen einer dritten Person erstreckt wird, von denen anzunehmen ist, daß sie für Zwecke des Verdächtigen benutzt werden.

4. Art. 10 Abs. 2 Satz 2 GG verlangt, daß das Gesetz zu Artikel 10 GG eine Nachprüfung vorsehen muß, die materiell und verfahrensmäßig der gerichtlichen Kontrolle gleichwertig ist, auch wenn der Betroffene keine Gelegenheit hat, in diesem »Ersatzverfahren« mitzuwirken. |

2 **5. Art. 79 Abs. 3 GG verbietet eine prinzipielle Preisgabe der dort genannten Grundsätze, hindert jedoch nicht, durch verfassungsänderndes Gesetz auch elementare Verfassungsgrundsätze systemimmanent zu modifizieren.**

6. Die Behandlung des Menschen durch die öffentliche Hand, die das Gesetz vollzieht, muß, wenn sie die Menschenwürde berühren soll, Ausdruck der Verachtung des Wertes, der dem Menschen kraft seines Personseins zukommt, sein.

7. Das Prinzip der Gewaltenteilung erlaubt, daß Rechtsschutz gegenüber Maßnahmen der Exekutive ausnahmsweise nicht durch Gerichte, sondern durch vom Parlament bestellte oder gebildete unabhängige Institutionen innerhalb des Funktionsbereichs der Exekutive gewährt wird.

8. Auch eine Mehrheit des Parlaments kann ihre Rechte mißbrauchen. Eine Fraktion oder Koalition, die das in § 9 Abs. 1 G 10 vorgesehene Gremium einseitig besetzt und auf die einseitige Besetzung der in § 9 Abs. 3 G 10 vorgesehenen Kommission hinwirken würde, würde im Zweifel mißbräuchlich verfahren.

Urteil des Zweiten Senats vom 15. Dezember 1970 auf die mündliche Verhandlung vom 7. Juli 1970 – 2 BvF 1/69, 2 BvR 629/68 und 308/69 –

Sachverhalt: *Durch das Siebzehnte Gesetz zur Ergänzung des Grundgesetzes vom 24. Juni 1968 (BGBl. I S. 709) erhielten Art. 10 und Art. 19 Abs. 4 Satz 3 GG ihre derzeit geltende Fassung, indem insbesondere Art. 10 GG dahin geändert wurde, daß unter bestimmten Voraussetzungen Beschränkungen des Brief-, Post- und Fernmeldegeheimnisses auch ohne Bekanntgabe an den Betroffenen und unter Ausschluß des Rechtsweges vorgenommen werden dürfen. Die Eingriffsmöglichkeiten und das Verfahren im einzelnen wurden zugleich durch das Gesetz zur Beschränkung des Brief-, Post- und Fernmeldegeheimnisses (sogenanntes »G 10«) vom 13. August 1968 (BGBl. I S. 949) geregelt, das auch die Vorschriften zur Überwachung des Fernmeldeverkehrs in das Strafverfahren einführte.*

Die Regierung des Landes Hessen leitete gegen Art. 10 Abs. 2 Satz 2 GG und gegen § 9 Abs. 5 G 10, der gegen die Anordnungen von Beschränkungsmaßnahmen nach dem G 10 den Rechtsweg mit Ausnahme der Überwachung durch eine parlamentarische Kontrollkommission ausschloß, ein Verfahren der abstrakten Normenkontrolle ein. Außerdem erhoben eine Gruppe von Staatsanwälten und Rechtsanwälten Verfassungsbeschwerde gegen die Änderung des Grundgesetzes und gegen verschiedene Bestimmungen des G 10.

Das Bundesverfassungsgericht erklärte daraufhin mit fünf zu drei Stimmen die angegriffenen Bestimmungen in der ihnen in der Entscheidung gegebenen Auslegung für verfassungsgemäß mit Ausnahme des in § 5 Abs. 5 G 10 vorgesehenen Ausschlusses der Benachrichtigung des Betroffenen von Überwachungsmaßnahmen, soweit die Benachrichtigung im Einzelfall ohne Gefährdung des Zweckes der Beschränkung erfolgen kann.

Aus den Gründen:

C. – I. 17

Die Entscheidung über die Vereinbarkeit des Art. 10 Abs. 2 Satz 2 GG, der durch das verfassungsändernde Gesetz eingefügt wurde, mit Art. 79 Abs. 3 GG setzt die Auslegung beider Vorschriften voraus.

1. Die Auslegung des Art. 10 Abs. 2 Satz 2 GG ergibt folgendes:

a) Das Brief-, Post- und Fernmeldegeheimnis war von Anfang an im Grundgesetz nicht vorbehaltlos geschützt; vielmehr waren immer schon Beschränkungen zulässig – Beschränkungen, die in jedem Fall einer gesetzlichen Grundlage bedurften. Dieser ganz allgemeine Vorbehalt einer Einschränkung des Grundrechts hatte, was Voraussetzung und Umfang der Einschränkung anlangt, gewiß seine Grenzen; er deckte aber, was seinen Anwendungsbereich angeht, von Anfang an auch ein Gesetz, das Einschränkungen des Brief-, Post- und Fernmeldegeheimnisses zum Schutz vor Gefährdungen der freiheitlichen Verfassungsordnung oder | des Bestandes des Staates vorsieht. Insofern bringt der neu eingefügte Satz 2 in Art. 10 Abs. 2 GG nichts Neues; er konkretisiert nur einen Anwendungsfall des Satzes 1, in- 18 dem er umschreibt, welche Maßnahmen im Zusammenhang mit Beschränkungen des Brief-, Post- und Fernmeldegeheimnisses durch ein Gesetz für zulässig erklärt werden können, wenn der Zweck der Schutz der freiheitlichen demokratischen Grundordnung oder der Bestand oder die Sicherung des Bundes oder eines Landes ist.

Wo das Grundgesetz Einschränkungen von Grundrechten vorsieht, ist das stets geschehen, um ein anderes – individuelles oder überindividuelles –, im allgemeinen oder im konkreten Fall vorrangiges Rechtsgut wirksam schützen zu können. Auch unter diesem Gesichtspunkt steht die Regelung in Satz 2 a.a.O. in Einklang mit der Intention des Vorbehalts. Der Bestand der Bundesrepublik Deutschland und ihre freiheitliche Verfassungsordnung sind ein überragendes Rechtsgut, zu dessen wirksamem Schutz Grundrechte, soweit unbedingt erforderlich, eingeschränkt werden können.

Das Neue der durch die Verfassungsänderung eingefügten Vorschrift liegt also nicht eigentlich in der »Beschränkung« des Brief-, Post- und Fernmeldegeheimnisses – diese Beschränkung ist in der »Überwachung« des Brief-, Post- und Telegrafenverkehrs, im »Abhören« von Gesprächen und im Öffnen und Lesen von Briefen zu sehen –, sondern in der zusätzlichen Ermächtigung, dem Betroffenen jene Beschränkungen nicht mitzuteilen und an die Stelle des Rechtsweges die Nachprüfung durch von der Volksvertretung bestellte Organe und Hilfsorgane zu setzen. Der Zusammenhang zwischen diesen besonderen Maßnahmen und den genannten Beschränkungen (Abhören und Briefkontrolle) ist klar. Gegen die Verfassungsordnung und gegen die Sicherheit und den Bestand des Staates gerichtete Bestrebungen, Pläne und Maßnahmen gehen meist von Gruppen aus, die ihre Arbeit tarnen und im geheimen leisten, die wohlorganisiert sind und in besonderer Weise auf ungestört funktionierende Nachrichtenverbindungen angewiesen sind. Diesem »Apparat« gegenüber kann |
19 ein Verfassungsschutz nur wirksam arbeiten, wenn seine Überwachungsmaßnahmen grundsätzlich geheim und deshalb auch einer Erörterung innerhalb eines gerichtlichen Verfahrens entzogen bleiben. Selbst die nachträgliche Offenlegung einer Überwachungsmaßnahme und ihre nachträgliche Erörterung in einem gerichtlichen Verfahren kann für die verfassungsfeindlichen Kräfte Anhaltspunkte für die Arbeitsweise und das konkrete Beobachtungsfeld des Verfassungsschutzes und zur Identifizierung bisher unbekannt gewesener Angehöriger des Verfassungsschutzes liefern und dadurch dessen Wirksamkeit in hohem Maße beeinträchtigen. Die Befugnis, den Betroffenen von einer Abhörmaßnahme nicht in Kenntnis zu setzen und ihre Überprü-

fung an eine Stelle, die kein Gericht ist, zu verweisen, dient also der Effektivität des Verfassungsschutzes und macht eigentlich das Abhören und Briefeöffnen erst sinnvoll. Art. 10 Abs. 2 Satz 2 GG gestattet also als Beschränkung des Brief-, Post- und Fernmeldegeheimnisses zu Zwecken des Verfassungs- und Staatsschutzes das heimliche, dem Betroffenen auch im nachhinein geheim bleibende und von einem Gericht nicht nachzuprüfende Abhören und Kontrollieren von Telefongesprächen und Funksprüchen, von Fernschreiben, Telegrammen und Briefen.

b) Eine Verfassungsvorschrift darf nicht allein aus ihrem Wortlaut heraus isoliert ausgelegt werden. Alle Verfassungsbestimmungen müssen vielmehr so ausgelegt werden, daß sie mit den elementaren Grundsätzen des Grundgesetzes und seiner Wertordnung vereinbar sind (BVerfGE 19, 206 [220]). Bei der Auslegung des Art. 10 Abs. 2 Satz 2 GG ist also der Kontext der Verfassung, sind insbesondere Grundentscheidungen des Grundgesetzes und allgemeine Verfassungsgrundsätze zu berücksichtigen. Im vorliegenden Zusammenhang ist von besonderer Bedeutung, daß die Verfassung der Bundesrepublik Deutschland sich für die »streitbare Demokratie« entschieden hat. Sie nimmt einen Mißbrauch der Grundrechte zum Kampf gegen die freiheitliche Ordnung nicht hin (BVerfGE 28, 36 [48]). Verfassungsfeinde sollen nicht unter Berufung auf Freiheiten, die das Grundgesetz | gewährt und 20
unter ihrem Schutz die Verfassungsordnung oder den Bestand des Staates gefährden, beeinträchtigen oder zerstören dürfen (vgl. Art. 9 Abs. 2, Art. 18, Art. 21 GG). Für die Aufgabe des Verfassungsschutzes sieht das Grundgesetz ausdrücklich eine eigene Institution vor, das Verfassungsschutzamt (vgl. Art. 73 Ziff. 10, Art. 87 Abs. 1 GG). Es kann nicht der Sinn der Verfassung sein, zwar den verfassungsmäßigen obersten Organen im Staat eine Aufgabe zu stellen und für diesen Zweck ein besonderes Amt vorzusehen, aber den verfassungsmäßigen Organen und dem Amt die Mittel vorzuenthalten, die zur Erfüllung ihres Verfassungsauftrags nötig sind.

Nicht minder bedeutsam ist die Grundentscheidung des Grundgesetzes über die Grenzen, die den Grundrechten durch Rücksichten auf Gemeinwohl und zum Schutz überragender Rechtsgüter gezogen sind (vgl. z.B. Art. 2 Abs. 1 GG). »Das Menschenbild des Grundgesetzes ist nicht das eines isolierten, souveränen Individuums; das Grundgesetz hat vielmehr die Spannung Individuum – Gemeinschaft im Sinne der Gemeinschaftsbezogenheit und Gemeinschaftsgebundenheit der Person entschieden, ohne dabei deren Eigenwert anzutasten. Das ergibt sich insbesondere aus einer Gesamtsicht der Art. 1, 2, 12, 14, 15,

19 und 20 GG. Das heißt aber: der Einzelne muß sich diejenigen Schranken seiner Handlungsfreiheit gefallen lassen, die der Gesetzgeber zur Pflege und Förderung des sozialen Zusammenlebens in den Grenzen des bei dem gegebenen Sachverhalt allgemein Zumutbaren zieht, vorausgesetzt, daß dabei die Eigenständigkeit der Person gewahrt bleibt« (BVerfGE 4, 7 [15 f.]).

Aus einer dritten Grundentscheidung des Grundgesetzes – dem Rechtsstaatsprinzip – schließlich hat das Bundesverfassungsgericht den Grundsatz der Verhältnismäßigkeit abgeleitet, der bei Beschränkungen von Grundrechtspositionen verlangt, daß nur das unbedingt Notwendige zum Schutz eines von der Verfassung anerkannten Rechtsgutes – hier der Bestand des Staates und seine Verfassungsordnung – im Gesetz vorgesehen und im Einzelfall angeordnet werden
21 darf (vgl. BVerfGE 7, 377 | [397 ff.]).[1] Aus dem Rechtsstaatsprinzip folgt außerdem, wie noch darzulegen sein wird, daß jeder hoheitliche Eingriff in Freiheit oder Eigentum des Bürgers mindestens einer effektiven Rechtskontrolle unterliegen muß.

Aus diesem Sinnzusammenhang, in dem Art. 10 Abs. 2 Satz 2 GG steht, ergibt sich zunächst eine Bestätigung der Auslegung, die unter a) aus dem Wortlaut der Vorschrift selbst gewonnen worden ist. Insbesondere ergibt sich, daß die in der Vorschrift vorgesehene Nichtbenachrichtigung des Betroffenen und das Ersetzen des Gerichtsschutzes durch eine anderweitige Kontrolle nicht nur aus der »Natur der Sache« heraus – weil eben ohne diese Maßnahmen der Zweck der Einschränkung des Brief-, Post- und Fernmeldegeheimnisses nicht erreichbar wäre – zu rechtfertigen ist, sondern zusätzlich verfassungsrechtlich legitimiert ist durch die Grundentscheidung des Grundgesetzes für die streitbare Demokratie.

Im übrigen ist in Rücksicht auf den Verfassungsgrundsatz der Verhältnismäßigkeit zu beachten: Nach Art. 10 Abs. 2 Satz 2 GG »kann« das Gesetz bestimmen, daß die Beschränkung »dem Betroffenen nicht mitgeteilt wird und daß an die Stelle des Rechtsweges die Nachprüfung durch von der Volksvertretung bestellte Organe und Hilfsorgane tritt«. Die Verfassungsvorschrift kann im Hinblick auf den Grundsatz der Verhältnismäßigkeit nur so verstanden werden, daß sie nachträglich die Benachrichtigung zuläßt und sie fordert in den Fällen, in denen eine Gefährdung des Zweckes der Überwachungsmaßnahme und eine Gefährdung des Schutzes der freiheitlichen demokratischen Grundordnung oder des Bestandes oder der Si-

---

[1] BVerfGA Nr. 6.

cherung des Bundes oder eines Landes ausgeschlossen werden kann.
Die Vorschrift läßt übrigens auch Raum, es beim normalen Rechts-
weg zu belassen oder statt der Nachprüfung durch von der Volksver-
tretung bestellte Organe ein besonderes gerichtliches Verfahren vor-
zusehen, falls dies ohne Gefährdung des Schutzes der freiheitlichen
demokratischen Grundordnung oder des Bestandes oder der Siche-
rung des Bundes oder eines Landes möglich sein sollte. |

Davon abgesehen läßt die Formulierung: »Dient die Beschrän- 22
kung dem Schutze der freiheitlichen demokratischen Grundordnung
oder des Bestandes oder der Sicherung des Bundes oder eines Lan-
des« die von dem Grundsatz der Verhältnismäßigkeit geforderte
Auslegung zu, daß das Gesetz die Zulässigkeit des Eingriffs in das
Brief-, Post- und Fernmeldegeheimnis beschränken muß auf den
Fall, daß konkrete Umstände den Verdacht eines verfassungsfeindli-
chen Verhaltens rechtfertigen und daß dem verfassungsfeindlichen
Verhalten im konkreten Fall nach Erschöpfung anderer Möglichkei-
ten der Aufklärung nur durch den Eingriff in das Brief-, Post- und
Fernmeldegeheimnis beigekommen werden kann. Damit ist auch
die Zahl der Fälle eingeschränkt, in denen der Betroffene nicht be-
nachrichtigt wird.

Aus dem Verfassungsgebot der Beschränkung der Überwachungs-
maßnahmen auf das unumgänglich Notwendige folgt weiter, daß
nach Art. 10 Abs. 2 Satz 2 GG nur Personen, die in den konkreten
Verdacht der genannten Art geraten sind, überwacht werden dürfen;
diese Überwachung wird freilich nicht deshalb unzulässig, weil infol-
ge des Kommunikationscharakters von Post und Telefon bei der
Überwachung des Verdächtigen notwendigerweise auch Personen,
mit denen der Verdächtige in Verbindung steht, in diese Überwa-
chung geraten. Das Verfassungsgebot der Beschränkung der Überwa-
chungsmaßnahmen auf das unumgänglich Notwendige schließt auch
nicht aus, daß die Überwachung auf Nachrichtenverbindungen einer
dritten Person erstreckt wird, von denen anzunehmen ist, daß sie für
Zwecke des Verdächtigen benutzt werden. In Rücksicht auf das ge-
nannte Verfassungsgebot ermächtigt Art. 10 Abs. 2 Satz 2 GG auch
nur zu einer Überwachung, die auf nichts anderes gerichtet ist als auf
die Erlangung der Kenntnis von verfassungsfeindlichen Vorgängen.
Schließlich verbietet Art. 10 Abs. 2 Satz 2 GG in der durch jenes Ver-
fassungsgebot geforderten Auslegung auch, daß die durch die Über-
wachung erlangte Kenntnis anderen (Verwaltungs-)Behörden für ihre
Zwecke zugänglich gemacht wird, und gebietet, daß anfallendes Ma-
terial, das nicht oder nicht mehr für | die Zwecke des Schutzes der 23

freiheitlichen demokratischen Ordnung bedeutsam ist, unverzüglich vernichtet wird.

Was schließlich den »Ausschluß des Rechtswegs« anlangt, so kommt im Lichte des Verfassungsprinzips der Rechtsstaatlichkeit bei der Auslegung des Art. 10 Abs. 2 Satz 2 GG dem Umstand besondere Bedeutung zu, daß die Nachprüfung durch von der Volksvertretung bestellte Organe und Hilfsorgane »an Stelle des Rechtsweges« treten soll. Das bedeutet, daß in Ausführung dieser Vorschrift das Gesetz eine Nachprüfung vorsehen muß, die materiell und verfahrensmäßig der gerichtlichen Kontrolle gleichwertig, insbesondere mindestens ebenso wirkungsvoll ist, auch wenn der Betroffene keine Gelegenheit hat, in diesem »Ersatzverfahren« mitzuwirken. Bei dieser Auslegung verlangt Art. 10 Abs. 2 Satz 2 GG, daß das zu seiner Ausführung ergehende Gesetz unter den von der Volksvertretung zu bestellenden Organen und Hilfsorganen *ein* Organ vorsehen muß, das in richterlicher Unabhängigkeit und für alle an der Vorbereitung, verwaltungsmäßigen Entscheidung und Durchführung der Überwachung Beteiligten verbindlich über die Zulässigkeit der Überwachungsmaßnahme und über die Frage, ob der Betroffene zu benachrichtigen ist, entscheidet und die Überwachungsmaßnahme untersagt, wenn es an den rechtlichen Voraussetzungen dazu fehlt. Dieses Organ kann innerhalb und außerhalb des Parlaments gebildet werden. Es muß jedoch über die notwendige Sach- und Rechtskunde verfügen; es muß weisungsfrei sein; seine Mitglieder müssen auf eine bestimmte Zeit fest berufen werden. Es muß kompetent sein, alle Organe, die mit der Vorbereitung, Entscheidung, Durchführung und Überwachung des Eingriffs in das Brief-, Post- und Fernmeldegeheimnis befaßt sind, und alle Maßnahmen dieser Organe zu überwachen. Diese Kontrolle muß laufend ausgeübt werden können. Zu diesem Zweck müssen dem Kontrollorgan alle für die Entscheidung erheblichen Unterlagen des Falles zugänglich gemacht werden. Diese Kontrolle muß Rechtskontrolle sein. Art. 10 Abs. 2 Satz 2 GG läßt aber eine Regelung zu, nach
24 der das Kontrollorgan aus Gründen der Opportunität auch in | einem Fall, in dem die gesetzlichen Voraussetzungen für die Überwachung vorliegen, die Unterlassung oder Aufhebung der Überwachung fordern, also die Zahl der Überwachungsfälle weiter einschränken darf.

2. Die Auslegung des Art. 79 Abs. 3 GG ergibt folgendes:

a) Art. 79 Abs. 3 GG als Schranke für den verfassungsändernden Gesetzgeber hat den Sinn, zu verhindern, daß die geltende Verfassungsordnung in ihrer Substanz, in ihren Grundlagen auf dem formallegalistischen Weg eines verfassungsändernden Gesetzes beseitigt und zur nachträglichen Legalisierung eines totalitären Regimes mißbraucht werden kann. Die Vorschrift verbietet also eine prinzipielle Preisgabe der dort genannten Grundsätze. Grundsätze werden »als Grundsätze« von vornherein nicht »berührt«, wenn ihnen im allgemeinen Rechnung getragen wird und sie nur für eine Sonderlage entsprechend deren Eigenart aus evident sachgerechten Gründen modifiziert werden. Die Formel, jene Grundsätze dürfen »nicht berührt« werden, hat also keine striktere Bedeutung als die ihr verwandte Formel in Art. 19 Abs. 2 GG, wonach in keinem Fall ein Grundrecht »in seinem Wesensgehalt angetastet« werden darf.

b) Von Bedeutung ist für die Auslegung ferner, daß Art. 79 Abs. 3 GG, abgesehen von dem Grundsatz der Gliederung des Bundes in Länder und der grundsätzlichen Mitwirkung der Länder bei der Gesetzgebung als unantastbar »die in den Artikeln 1 und 20 niedergelegten Grundsätze« nennt. Das ist etwas anderes, zum Teil mehr, zum Teil weniger als die Formulierung, Art. 79 Abs. 3 GG entziehe den Verfassungsgrundsatz der Achtung vor der Menschenwürde und das Rechtsstaatsprinzip jeder Verfassungsänderung. In Art. 1 GG sind mehr Grundsätze »niedergelegt« als nur der Grundsatz der Achtung vor der Menschenwürde. Auch in Art. 20 GG sind mehrere Grundsätze niedergelegt, nicht jedoch ist dort »niedergelegt« das »Rechtsstaatsprinzip«, sondern nur ganz bestimmte Grundsätze des Rechtsstaatsprinzips: in Absatz 2 der Grundsatz der Gewaltenteilung und in Abs. 3 der Grundsatz der Bindung der Gesetzgebung | an die verfas- 25
sungsmäßige Ordnung, der vollziehenden Gewalt und der Rechtsprechung an Gesetz und Recht. Aus dem Rechtsstaatsprinzip lassen sich mehr als die in Art. 79 Abs. 3 GG in Bezug genommenen Rechtsgrundsätze des Art. 20 GG entwickeln und das Bundesverfassungsgericht hat solche Rechtsgrundsätze entwickelt (z.B.: das Verbot rückwirkender belastender Gesetze, das Gebot der Verhältnismäßigkeit, die Lösung des Spannungsverhältnisses von Rechtssicherheit und Gerechtigkeit im Einzelfall, das Prinzip des möglichst lückenlosen Rechtsschutzes). Die mit der Formulierung des Art. 79 Abs. 3 GG verbundene *Einschränkung* der Bindung des verfassungsändernden Gesetzgebers muß bei der Auslegung um so ernster genommen werden, als es sich um eine Ausnahmevorschrift handelt, die jedenfalls nicht dazu führen darf, daß der Gesetzgeber gehindert wird, durch verfassungsänderndes Gesetz auch elementare Verfassungsgrundsätze systemimmanent zu modifizieren. In dieser Sicht gehört der aus dem Rechtsstaatsprinzip ableitbare Grundsatz, daß dem Bürger ein möglichst umfassender *Gerichts*schutz zur Verfügung stehen muß,

nicht zu den in Art. 20 GG »niedergelegten Grundsätzen«; er ist in Art. 20 GG an keiner Stelle genannt. Art. 19 Abs. 4 GG, der eine Rechtsweggarantie in diesem Sinne enthält, ist also durch Art. 79 Abs. 3 GG einer Einschränkung und Modifizierung durch verfassungsänderndes Gesetz nicht entzogen.

c) Was den in Art. 1 GG genannten Grundsatz der Unantastbarkeit der Menschenwürde anlangt, der nach Art. 79 Abs. 3 GG durch eine Verfassungsänderung nicht berührt werden darf, so hängt alles von der Festlegung ab, unter welchen Umständen die Menschenwürde verletzt sein kann. Offenbar läßt sich das nicht generell sagen, sondern immer nur in Ansehung des konkreten Falles. Allgemeine Formeln wie die, der Mensch dürfe nicht zum bloßen Objekt der Staatsgewalt herabgewürdigt werden, können lediglich die Richtung andeuten, in der Fälle der Verletzung der Menschenwürde gefunden werden können. Der Mensch ist nicht selten bloßes Objekt nicht nur der Verhältnisse und der gesellschaftlichen Entwicklung, sondern
26 auch des Rechts, insofern | er ohne Rücksicht auf seine Interessen sich fügen muß. Eine Verletzung der Menschenwürde kann darin allein nicht gefunden werden. Hinzukommen muß, daß er einer Behandlung ausgesetzt wird, die seine Subjektqualität prinzipiell in Frage stellt, oder daß in der Behandlung im konkreten Fall eine willkürliche Mißachtung der Würde des Menschen liegt. Die Behandlung des Menschen durch die öffentliche Hand, die das Gesetz vollzieht, muß also, wenn sie die Menschenwürde berühren soll, Ausdruck der Verachtung des Wertes, der dem Menschen kraft seines Personseins zukommt, also in diesem Sinne eine »verächtliche Behandlung« sein.

II.

Art. 10 Abs. 2 Satz 2 GG in der Auslegung unter I 1[1] ist mit Art. 79 Abs. 3 GG in der Auslegung unter I 2[2] vereinbar.

1. Der Ausschluß der Benachrichtigung in dem Umfang, den Art. 10 Abs. 2 Satz 2 GG nach der oben gegebenen Auslegung zuläßt, ist nicht unvereinbar mit dem Gebot der Achtung der Menschenwürde, die nach Art. 79 Abs. 3 GG auch durch ein verfassungsänderndes Gesetz nicht antastbar ist. Denn Art. 79 Abs. 3 GG schützt, indem er Art. 1 Abs. 1 Satz 1 GG in Bezug nimmt, jedenfalls inhaltlich nicht mehr

---

[1] S. 17 ff. [der amtlichen Sammlung].
[2] S. 24 ff. [der amtlichen Sammlung].

als Art. 1 Abs. 1 Satz 1 GG selbst. Art. 1 Abs. 1 Satz 1 GG wird aber unstreitig nicht durch jede Regelung und Anordnung verletzt, die die Freiheit des Bürgers einschränkt, dem Bürger Pflichten auferlegt oder den Bürger ungefragt einer ihm unbekannten und unbekannt bleibenden Maßnahme unterwirft. Das beginnt schon mit der gesetzlichen Meldepflicht des Arztes und bestimmter Behörden oder mit den polizeilichen Ermittlungen gegen bestimmte Personen, die sich nachträglich als ergebnislos oder ungerechtfertigt herausstellen, oder beim Abhören des privaten Funkverkehrs. Im vorliegenden Zusammenhang ist der Ausschluß der Benachrichtigung nicht Ausdruck einer Geringschätzung der menschlichen Person und ihrer Würde, sondern eine den Bürger treffende Last, die um des Schutzes des Bestandes seines Staates und der freiheitlichen demokratischen | Ordnung wil- 27
len von ihm gefordert wird. Der Gedanke, daß dieser Ausschluß der Benachrichtigung zu einem Mißbrauch in der Abhörpraxis führen könne, die mit Art. 1 Abs. 1 Satz 1 GG unvereinbar wäre, ist kein rechtliches Argument, das zur Unvereinbarkeit des Art. 10 Abs. 2 Satz 2 GG mit Art. 79 Abs. 3 GG führen kann. Die Möglichkeit des rechts- und verfassungswidrigen Mißbrauches macht die Regelung noch nicht verfassungswidrig; vielmehr ist bei der Auslegung und Würdigung einer Norm davon auszugehen, daß sie in einer freiheitlich-rechtsstaatlichen Demokratie korrekt und fair angewendet wird.

2. Auch die Ersetzung des Rechtswegs durch eine anderweitige Rechtskontrolle verletzt im vorliegenden Fall nicht die Menschenwürde. Zwar verlangt die Rücksicht auf die Subjektqualität des Menschen normalerweise, daß er nicht nur Träger subjektiver Rechte ist, sondern auch zur Verteidigung und Durchsetzung seiner Rechte den Prozeßweg beschreiten und vor Gericht seine Sache vertreten kann, in diesem Sinne also Gerichtsschutz genießt. Es gibt aber seit je Ausnahmen von dieser Regel, die die Menschenwürde nicht kränken. Jedenfalls verletzt es die Menschenwürde nicht, wenn der Ausschluß des Gerichtsschutzes nicht durch eine Mißachtung oder Geringschätzung der menschlichen Person, sondern durch die Notwendigkeit der Geheimhaltung von Maßnahmen zum Schutze der demokratischen Ordnung und des Bestandes des Staates motiviert wird. Dagegen würde die Menschenwürde angetastet, wenn durch den Ausschluß des Rechtswegs der Betroffene der Willkür der Behörden ausgeliefert wäre. Dies gerade wird aber ausgeschlossen, wenn, wie dargelegt, von Art. 10 Abs. 2 Satz 2 GG eine zwar andersartige, aber gleichwertige Rechtskontrolle gefordert wird, die auch dem Schutz der Rechte des Betroffenen dienen soll.

3. Die Ersetzung des Rechtswegs durch eine andersartige Rechtskontrolle, wie sie Art. 10 Abs. 2 Satz 2 GG vorsieht, verletzt auch nicht das in Art. 79 Abs. 3 GG für unantastbar erklärte Prinzip der Gewaltenteilung, das Art. 20 Abs. 2 GG mit den Worten garantiert,
28 daß die Staatsgewalt »durch besondere Or|gane der Gesetzgebung, der vollziehenden Gewalt und der Rechtsprechung ausgeübt« wird. Denn dieses Prinzip verlangt nicht eine strikte Trennung der Gewalten, sondern läßt zu, daß ausnahmsweise Rechtsetzung durch Organe der Regierung und Verwaltung oder Regierung und Verwaltung durch Organe der Gesetzgebung ausgeübt werden können. Das Prinzip der Gewaltenteilung erlaubt auch, daß Rechtsschutz gegenüber Maßnahmen der Exekutive ausnahmsweise nicht durch Gerichte, sondern durch vom Parlament bestellte oder gebildete, unabhängige Institutionen innerhalb des Funktionsbereichs der Exekutive gewährt wird. Wesentlich ist, daß in diesem Fall noch die ratio der Gewaltenteilung, nämlich die wechselseitige Begrenzung und Kontrolle staatlicher Macht, erfüllt ist. Die Ersetzung der gerichtlichen Kontrolle durch eine unabhängige Institution im Felde der Exekutive darf zwar nicht einfach nach Gutdünken und Willkür vorgesehen werden, aber jedenfalls für einen Fall, in dem ein zwingender, sachlich einleuchtender Grund es erfordert, und dadurch nicht der der rechtsprechenden Gewalt vorbehaltene Kernbereich berührt wird.

4. Die Ersetzung des Rechtswegs durch eine unabhängige Rechtskontrolle anderer Art, wie sie Art. 10 Abs. 2 Satz 2 GG vorsieht, sowie der in Art. 10 Abs. 2 Satz 2 GG zugelassene beschränkte Ausschluß der Benachrichtigung widerstreiten schließlich nicht dem Rechtsstaatsprinzip, soweit es in Art. 79 Abs. 3 GG in Bezug genommen worden ist. In diesem Zusammenhang kommt allein der in Art. 20 Abs. 3 GG genannte Grundsatz in Betracht: Die vollziehende Gewalt ist an Gesetz und Recht gebunden. Dies gilt selbstverständlich mit derselben Strenge auch für die mit Verfassungsschutz betrauten Behörden; daran ändert sich nichts, wenn der Betroffene von den Überwachungsmaßnahmen nichts erfährt und zur Kontrolle der Rechtmäßigkeit der Überwachungsmaßnahmen ein Gericht nicht anrufen kann. Dann aber kann eine Regelung, die unter bestimmten Voraussetzungen zuläßt, daß eine Überwachungsmaßnahme den Betroffenen nicht mitgeteilt wird und daß an die Stelle des Rechtswegs
29 die Nach|prüfung durch von der Volksvertretung bestellte Organe und Hilfsorgane tritt, den rechtsstaatlichen Grundsatz, daß alle Verwaltung an Gesetz und Recht gebunden ist, nicht berühren.

5. Unabhängig von den Überlegungen zu Nr. 1 bis 4 ergibt sich die

Vereinbarkeit des Art. 10 Abs. 2 Satz 2 GG mit Art. 79 Abs. 3 GG schließlich aus dem allgemeinen Gesichtspunkt, daß es sich in Art. 10 Abs. 2 Satz 2 GG um systemimmanente Modifikationen von allgemeinen Verfassungsprinzipien handelt, die, wie oben dargelegt, nach Art. 79 Abs. 3 GG nicht unzulässig sind.

D.

1. Das Gesetz zu Art. 10 Grundgesetz regelt eine Materie, die der Gesetzgebungszuständigkeit des Bundes unterliegt. Die Gesetzgebungskompetenz des Bundes zum Erlaß des Art. 2 G 10, der durch Änderung der Strafprozeßordnung die Zulässigkeit von Maßnahmen zur Beschränkung des Brief-, Post- und Fernmeldegeheimnisses im Strafverfahren regelt, beruht auf Art. 74 Nr. 1 GG.

Die Zuständigkeit des Bundes zum Erlaß der in Art. 1 G 10 zusammengefaßten Bestimmungen über Beschränkungsmaßnahmen im außerstrafprozessualen Bereich ergibt sich aus Art. 73 Nr. 1, 7 und 10 sowie Art. 74 Nr. 1 GG.

Art. 1 § 2 G 10 dient der Abwehr verfassungsfeindlicher Bestrebungen im Vorfeld strafprozessualer Ermittlungen. Die zulässigen Beschränkungsmaßnahmen sind begrenzt auf die Fälle, in denen tatsächliche Anhaltspunkte für den Verdacht bestehen, daß bestimmte strafbare Handlungen geplant, begangen werden oder begangen worden sind. Die Beschränkungsmaßnahmen nach Art. 1 § 2 G 10 dienen also (wenigstens mittelbar) der Verhinderung, Aufklärung und Verfolgung von Straftaten. Die Gesetzgebungskompetenz des Bundes ist daher insoweit unmittelbar aus Art. 74 Nr. 1 GG zu entnehmen. …

3. Hinsichtlich der einzelnen Vorschriften des Gesetzes zu Art. 10 30
Grundgesetz, die im gegenwärtigen Verfahren angegriffen sind, gilt folgendes: …

b) Wie ebenfalls unter C I 1[1] ausgeführt wurde, gebietet das 31
Rechtsstaatsprinzip und damit Art. 10 Abs. 2 Satz 2 GG in der gebotenen Auslegung, daß Beschränkungsmaßnahmen dem Betroffenen bekanntgegeben werden, sobald die Interessenlage, die die Geheimhaltung rechtfertigt, nicht mehr andauert. Da § 5 Abs. 5 G 10 die Unterrichtung des Betroffenen über Beschränkungsmaßnahmen in jedem Fall ausschließt, ist er durch Art. 10 Abs. 2 Satz 2 GG in der oben dargelegten, verfassungsrechtlich | gebotenen Auslegung teil- 32

---

[1] S. 17 ff. [der amtlichen Sammlung].

weise nicht gedeckt und insoweit mit dem Grundgesetz unvereinbar. Diese Bestimmung war daher insoweit für nichtig zu erklären, als die Unterrichtung des Betroffenen über Beschränkungsmaßnahmen auch ausgeschlossen wird, wenn sie ohne Gefährdung des Zweckes der Beschränkung erfolgen kann.

c) Art. 1 § 2 Abs. 2 Satz 2 G 10 und § 100a letzter Satz StPO in der Fassung des Art. 2 G 10, wonach Beschränkungsmaßnahmen auch gegenüber Personen zulässig sind, von denen auf Grund bestimmter Tatsachen anzunehmen ist, daß sie für den Verdächtigen oder Beschuldigten bestimmte oder von ihm herrührende Mitteilungen entgegennehmen oder weitergeben oder daß der Verdächtige oder Beschuldigte ihren Anschluß benutzt, sind mit dem Grundgesetz vereinbar.

Die zu prüfenden Bestimmungen berühren das Recht der freien Berufswahl nicht. Sie enthalten im Grunde nicht einmal eine Regelung auf der Stufe der Berufsausübung. Beide Bestimmungen richten sich nicht gegen den Beschwerdeführer gerade in seiner Eigenschaft als Rechtsanwalt. Sie betreffen ihn, wenn überhaupt, in gleicher Weise wie jeden anderen Bürger. Allerdings ist richtig, daß die Tätigkeit als Strafverteidiger in besonderem Maße geeignet ist, einen Rechtsanwalt in engen Kontakt mit Verdächtigen im Sinne des Art. 1 § 2 G 10 oder mit Beschuldigten im Sinne des § 100a StPO zu bringen. Betätigt sich daher ein Rechtsanwalt, wie es der Beschwerdeführer zu 3) von sich behauptet, fast ausschließlich als Verteidiger in Staatsschutzstrafsachen und in Verfahren wegen Kapitalverbrechen, so ist nicht auszuschließen, daß sich die angefochtenen Bestimmungen auf die Berufsausübung auswirken. Dies führt aber nicht zur Verfassungswidrigkeit der Vorschriften.

Die Freiheit der Berufsausübung kann durch Gesetz im Sinne des Art. 12 Abs. 1 Satz 2 GG beschränkt werden, sofern vernünftige Erwägungen des Gemeinwohls es als zweckmäßig erscheinen lassen. In diesem Fall beschränkt sich der Grundrechtsschutz auf die Abwehr in sich verfassungswidriger, weil etwa übermäßig belastender und nicht
33 zumutbarer Auflagen (BVerf | GE 7, 377 [405 und Leitsatz 6 a];[1] seither ständige Rechtsprechung). Für die beanstandeten Regelungen sprechen vernünftige Gründe des Gemeinwohls: Die vom Gesetzgeber für notwendig erachteten Beschränkungsmaßnahmen auf dem Gebiet der Brief-, Post- und Fernmeldeüberwachung können nicht wirkungsvoll sein und drohen unterlaufen zu werden, wenn sich die Überwachung nicht auf Einrichtungen bestimmter Kontaktpersonen

---

[1] BVerfGA Nr. 6.

der Verdächtigen oder Beschuldigten erstrecken kann. Das liegt in der Natur der zu überwachenden Kommunikationsmittel. Die Besonderheit des Zwecks der Beschränkungsmaßnahmen verbietet es, zwischen einzelnen Gruppen von möglichen Kontaktpersonen zu unterscheiden. Unter diesen Umständen ist die Erstreckung der Überwachungsmaßnahmen auf Einrichtungen bestimmter Kontaktpersonen und möglicherweise auch auf Anwaltskanzleien für die Betroffenen nicht in einem Maß unzumutbar und belastend, daß sie angesichts ihrer zwingenden Notwendigkeit nicht hingenommen werden müßte.

Abweichende Meinung der Richter Geller, Dr. v. Schlabrendorff und Dr. Rupp zu dem Urteil des Zweiten Senats des Bundesverfassungsgerichts vom 15. Dezember 1970 – 2 BvF 1/69, 2 BvR 629/68 und 308/69 –

Wir können dem Urteil vom 15. Dezember 1970 nicht zustimmen. Art. 10 Abs. 2 Satz 2 GG in der Fassung des Siebzehnten Ergänzungsgesetzes ist mit Art. 79 Abs. 3 GG nicht vereinbar und daher nichtig. |

1. Das verfassungsändernde Gesetz kann bei der Prüfung seiner 34 Verfassungsmäßigkeit nicht – wie im Urteil vom 15. Dezember 1970 – nach Grundsätzen ausgelegt werden, die für eine Auslegung von Verfassungsnormen gelten (BVerfGE 19, 206 [220]); denn es fragt sich ja gerade, ob Art. 10 Abs. 2 Satz 2 GG eine gültige Verfassungsnorm ist. Für diese Prüfung am Maßstab des Art. 79 Abs. 3 GG ist maßgebend, wie die verfassungsändernde Vorschrift nach Wortlaut, Sinnzusammenhang und Zweck verstanden werden muß. Es ergibt sich dabei, daß sie der im Urteil vorgenommenen »grundgesetzkonformen« Auslegung nicht zugänglich ist.

a) Nach Art. 10 Abs. 2 Satz 2 GG soll der einfache Gesetzgeber unter gewissen Voraussetzungen bestimmen können, daß Überwachungsmaßnahmen dem Betroffenen nicht mitgeteilt werden. Der Wortlaut ist eindeutig. Es heißt, ihn in sein Gegenteil verkehren, wenn man annehmen wollte, daß eine nachträgliche Mitteilung jedenfalls nicht ganz ausgeschlossen werden darf.

Die Rechtsweggarantie des Art. 19 Abs. 4 GG dient dem individuellen Rechtsschutz. Sie gewährleistet, daß jeder durch die öffentliche Gewalt in seinen Rechten Verletzte ein Gericht anrufen kann. Das Wesentliche an dieser verfassungsrechtlichen Regelung liegt darin, daß der Rechtsschutz durch ein sachlich und persönlich unabhängiges, von Exekutive und Legislative getrenntes, also neutrales Organ

gewährt wird, das bestimmten Kautelen (z.B. ordnungsmäßige Besetzung) unterliegt und selbstverständlich nur nach Anhörung des Betroffenen entscheiden kann. Wenn nun auf Grund der verfassungsändernden Bestimmung »an die Stelle des Rechtsweges die Nachprüfung durch von der Volksvertretung bestellte Organe und Hilfsorgane« tritt, so wird das eigentliche Rechtsschutzsystem ersetzt. Wenn die Bestimmung überhaupt einen Sinn haben soll, so muß sich dieses Ersatz-System von dem normalen »Rechtsweg« unterscheiden. Dies kann nur bedeuten, daß es nicht die Garantien der Unabhängigkeit und Neutralität zu haben und nicht unter dem Zwang eines bestimm-
35 ten Verfahrens zu stehen braucht. Dieser Unterschied wird | noch dadurch ins rechte Licht gerückt, daß Art. 10 Abs. 2 Satz 2 GG auch die Geheimhaltung der Überwachungsmaßnahme ermöglicht.

Im übrigen ist der verfassungsändernden Vorschrift auch keine greifbare Einschränkung des Kreises derjenigen, die überwacht werden dürfen, zu entnehmen. Die Beschränkung kann ganz allgemein angeordnet werden, wann immer es dem Schutz der freiheitlichen demokratischen Grundordnung oder des Bestandes oder der Sicherung des Bundes oder eines Landes dient. Es kann durchaus zweckmäßig erscheinen, den eigentlichen Gefahrenpunkt in der Weise einzukreisen, daß zunächst ein weiter Bereich unter Kontrolle gestellt wird.

Es ist daher ausgeschlossen, Art. 10 Abs. 2 Satz 2 GG restriktiv dahin zu interpretieren, daß er zwingend eine Regelung vorschreibt, nach der das Brief-, Post- und Fernmeldegeheimnis nur in Fällen eines konkreten Verdachts beschränkt werden darf. Seinem Sinn nach schließt er auch eine ausgedehnte Beobachtungsaktion, bei der versuchsweise zahlreiche Stellen überwacht werden, nicht aus.

b) Die dem Urteil zugrunde liegende Auslegung ist auch nicht in Einklang zu bringen mit dem Zweck der Verfassungsänderung, der sich eindeutig aus der Entstehungsgeschichte ergibt. [*Wird ausgeführt.*]

37 c) Nach Wortlaut, Sinnzusammenhang und Zweck gestattet Art. 10 Abs. 2 Satz 2 GG mithin, das Brief-, Post- und Fernmeldegeheimnis zu Zwecken des Verfassungs- und Staatsschutzes in einer Weise zu beschränken, die das heimliche, dem Betroffenen auch im nachhinein
38 geheim bleibende und von einem Gericht nicht | nachzuprüfende Abhören und Kontrollieren von Telefongesprächen, Fernschreiben, Telegrammen und Briefen ermöglicht. Der Kreis der Betroffenen ist unbegrenzt und nicht auf »Verdächtige« beschränkt. Der Charakter der der »parlamentarischen Kontrolle« dienenden Organe und Hilfsorgane bleibt völlig unbestimmt; sie können vom Gesetzgeber als po-

litische Gremien oder auch als abhängige Verwaltungskörper ausgestaltet werden. Die Auslegung, die Art. 10 Abs. 2 Satz 2 GG im Urteil findet, gibt daher dem Art. 10 Abs. 2 Satz 2 GG einen anderen Sinn. Sie engt ihn ein und verändert seinen normativen Inhalt. Dies zu tun, ist aber ausschließlich Sache des Gesetzgebers (BVerfGE 8, 71 [78 f.]; 9, 83 [87]).

Daß das Gesetz zu Art. 10 Grundgesetz möglicherweise den weiten Spielraum der ermächtigenden Verfassungsnorm nicht ausgeschöpft hat, ist nicht von Belang. Art. 10 Abs. 2 Satz 2 GG zwingt nicht zu einer entsprechenden Regelung. Der Gesetzgeber kann es bei dem Zustand belassen, der der bisherigen Verfassungslage entspricht. Er kann von ihm auch in den verschiedensten Variationen abweichen. Für die Prüfung der Frage, ob die Verfassungsänderung nach Art. 79 Abs. 3 GG zulässig ist, ist Art. 10 Abs. 2 Satz 2 GG nur im ganzen Ausmaß der Möglichkeiten, die er dem einfachen Gesetzgeber einräumt, maßgebend.

2. In der zu 1) dargelegten Auslegung ist die Verfassungsänderung nach Art. 79 Abs. 3 GG unzulässig.

a) Art. 79 Abs. 3 GG erklärt bestimmte Grundsätze der Verfassung für unantastbar. Das Grundgesetz kennt also – anders als die Weimarer Reichsverfassung und die Verfassung des Kaiserreichs – Schranken der Verfassungsänderung. Eine solche gewichtige und in ihren Konsequenzen weittragende Ausnahmevorschrift darf sicherlich nicht extensiv ausgelegt werden. Aber es heißt ihre Bedeutung völlig verkennen, wenn man ihren Sinn vornehmlich darin sehen wollte, zu verhindern, daß der formallegalistische Weg eines verfassungsändernden Gesetzes zur nachträglichen Legalisierung eines totalitären Regimes mißbraucht wird. Es bedarf keiner besonderen Betonung,
daß ein »Ermächti | gungsgesetz« wie das von 1933 unzulässig wäre. 39
Art. 79 Abs. 3 GG bedeutet mehr: Gewisse Grundentscheidungen des Grundgesetzgebers werden für die Dauer der Geltung des Grundgesetzes – ohne Vorwegnahme einer künftigen gesamtdeutschen Verfassung – für unverbrüchlich erklärt. Diese vor einer Änderung zu schützenden Grundentscheidungen sind nach Art. 79 Abs. 3 GG einmal die Entscheidung für das föderalistische Prinzip und zum anderen die in den Artikeln 1 und 20 GG sich manifestierende Entscheidung. Wie weit oder wie eng auch immer man den Bereich der in Art. 1 GG und Art. 20 GG niedergelegten Grundsätze ziehen mag, jedenfalls gehören diejenigen Grundsätze dazu, die dem Grundgesetz das ihm eigene Gepräge geben. Die beiden Normen sind die Eckpfeiler der grundgesetzlichen Ordnung.

b) Nach der Rechtsprechung des Bundesverfassungsgerichts gehört Art. 1 GG zu den »tragenden Konstitutionsprinzipien«, die alle Bestimmungen des Grundgesetzes durchdringen. Das Grundgesetz sieht die freie menschliche Persönlichkeit und ihre Würde als höchsten Rechtswert an (BVerfGE 6, 32 [36];[1] 12, 45 [53]).[2] Nun muß man sich bei der Beantwortung der Frage, was »Menschenwürde« bedeute, hüten, das pathetische Wort ausschließlich in seinem höchsten Sinn zu verstehen, etwa indem man davon ausgeht, daß die Menschenwürde nur dann verletzt ist, wenn »die Behandlung des Menschen durch die öffentliche Hand, die das Gesetz vollzieht«, »Ausdruck der Verachtung des Wertes, der dem Menschen kraft seines Personseins zukommt, also in diesem Sinne eine ›verächtliche Behandlung‹« ist. Tut man dies dennoch, so reduziert man Art. 79 Abs. 3 GG auf ein Verbot der Wiedereinführung z.B. der Folter, des Schandpfahls und der Methoden des Dritten Reichs. Eine solche Einschränkung wird indessen der Konzeption und dem Geist des Grundgesetzes nicht gerecht. Art. 79 Abs. 3 GG in Verbindung mit Art. 1 GG hat einen wesentlich konkreteren Inhalt. Das Grundgesetz erkennt dadurch, daß es die freie menschliche Persönlichkeit auf die höchste Stufe der Wertordnung stellt, ihren Eigenwert, ihre Eigen- |
40 ständigkeit an. Alle Staatsgewalt hat den Menschen in seinem Eigenwert, seiner Eigenständigkeit zu achten und zu schützen. Er darf nicht »unpersönlich«, nicht wie ein Gegenstand behandelt werden, auch wenn es nicht aus Mißachtung des Personenwertes, sondern in »guter Absicht« geschieht. Der Erste Senat dieses Gerichts hat dies dahin formuliert, es widerspreche der menschlichen Würde, den Menschen zum bloßen Objekt staatlichen Handelns zu machen und kurzerhand von Obrigkeits wegen über ihn zu verfügen (BVerfGE 27, 1 [6]; vgl. auch BVerfGE 5, 85 [204]; 7, 198 [205];[3] 9, 89 [95]). Damit wird keineswegs lediglich die Richtung angedeutet, in der Fälle der Verletzung der Menschenwürde gefunden werden können. Es ist ein in Art. 1 GG wurzelnder Grundsatz, der unmittelbar Maßstäbe setzt.

Die Frage, ob in Art. 20 GG, auf den sich Art. 79 Abs. 3 gleichfalls bezieht, das »Rechtsstaatsprinzip« als solches oder nur ganz bestimmte Grundsätze dieses Prinzips »niedergelegt« sind, bedarf keiner Erörterung; sie ist in dem hier wesentlichen Punkt theoretischer Natur. Jedenfalls enthält Art. 20 GG ausdrücklich den Gesetzmäßig-

---

[1] BVerfGA Nr. 3.
[2] BVerfGA Nr. 11.
[3] BVerfGA Nr. 5.

keitsgrundsatz und den Grundsatz der Dreiteilung der Gewalten; bei-
des sind rechtsstaatliche Prinzipien. Schon aus ihnen ergibt sich, daß
die Verfassung in ihrer Wertordnung dem Menschen nicht nur einen
bevorzugten Platz einräumt, sondern ihm auch Schutz gewährt. In der
Tat wären die Freiheit und die verbürgten Rechte des Einzelnen ohne
einen verfassungsrechtlich gesicherten wirksamen Rechtsschutz we-
senlos. Der in Art. 20 Abs. 3 GG verankerte Grundsatz der Gesetzmä-
ßigkeit bindet die Organe der Staatsgewalt an die verfassungsmäßige
Ordnung, an Gesetz und Recht, und bietet damit einen objektiven
Schutz. Dem Bürger muß es, wenn der Schutz wirksam sein soll, dar-
über hinaus aber auch möglich sein, sich selbst gegen den Eingriff
der Staatsgewalt zu wehren und ihn auf seine Rechtmäßigkeit prüfen
zu lassen. Dies wird durch das nach Art. 20 Abs. 2 GG von Legislati-
ve und Exekutive getrennte Organ der Rechtsprechung gewährleistet;
der Gewaltenteilungsgrundsatz, dessen Sinn in der wechselseitigen
Begrenzung und Kontrolle öffentlicher Macht | liegt, kommt damit 41
auch dem Einzelnen zugute. Schon Art. 20 Abs. 2 GG enthält infolge-
dessen das rechtsstaatliche Prinzip individuellen Rechtsschutzes, das
in Art. 19 Abs. 4 GG a.F. konkretisiert ist.

Das Bundesverfassungsgericht hat wiederholt von »der rechtsstaatlichen Forderung nach möglichst lückenlosem gerichtlichen Schutz gegen die Verletzung der Rechtssphäre des einzelnen durch Eingriffe der öffentlichen Gewalt« gesprochen (z.B. BVerfGE 8, 274 [326]). Das kann aber nicht dahin verstanden werden, ein *möglichst* lückenloser Rechtsschutz brauche nicht gewährt zu werden, wenn dies – aus welchen Gründen auch immer – unmöglich erscheine. Daß der Rechtsschutz *möglichst* lückenlos sein soll, bedeutet nicht eine Relativierung, es ist vielmehr ein Postulat.

Auf Grund der vorstehenden Erwägungen kommen wir zu der folgenden Überzeugung: Zu »den in den Artikeln 1 und 20 GG niedergelegten Grundsätzen« gehören jedenfalls einerseits der in Art. 1 GG wurzelnde Grundsatz, daß der Mensch nicht zum bloßen Objekt des Staates gemacht, daß über sein Recht nicht kurzerhand von Obrigkeits wegen verfügt werden darf, und andererseits das sich aus Art. 20 GG ergebende rechtsstaatliche Gebot möglichst lückenlosen individuellen Rechtsschutzes. Diese beiden Grundsätze enthalten die Grundentscheidung des Grundgesetzgebers, die wesentlich das Bild des Rechtsstaates, wie ihn das Grundgesetz versteht, bestimmen und der Verfassungsordnung ihr besonderes Gepräge geben. Eben diese konstituierenden Elemente sollen nach Art. 79 Abs. 3 GG unabänderlich sein.

c) Durch die Verfassungsänderung werden die in den Artikeln 1 und 20 GG niedergelegten Grundsätze »berührt«.

Nach Wortlaut und Sinn erfordert die Vorschrift des Art. 79 Abs. 3 GG nicht, daß die oder einer der Grundsätze vollständig aufgehoben oder »prinzipiell preisgegeben« werden. Das Wort »berührt« besagt weniger. Es genügt schon, wenn in einem Teilbereich der Freiheitssphäre des Einzelnen die sich aus Art. 1 und 20 GG ergebenden Grundsätze ganz oder zum Teil außer Acht gelassen werden. Nur dies
42 scheint uns der Bedeutung, die Art. 79 | Abs. 3 GG im System des Grundgesetzes hat, zu entsprechen. Die konstituierenden Elemente sollen »unberührt« bleiben. Sie sollen auch vor dem allmählichen Zerfallsprozeß geschützt werden, der sich entwickeln könnte, wenn den Grundsätzen nur »im allgemeinen Rechnung getragen« werden müßte. Es darf nicht unberücksichtigt bleiben, daß der Grundgesetzgeber in Art. 79 Abs. 3 GG eine andere, und zwar substantiell engere Formulierung als in Art. 19 Abs. 2 GG gewählt hat.

Der nach Art. 10 Abs. 2 Satz 2 GG mögliche heimliche Eingriff in die Privatsphäre des Bürgers unter Ausschluß des Rechtsweges trifft nicht nur Verfassungsfeinde und Agenten, sondern gleichfalls Unverdächtige und persönlich Unbeteiligte. Auch ihr Telefon kann abgehört, ihre Briefe können geöffnet werden, ohne daß sie jemals etwas davon erfahren und ohne daß sie imstande sind, sich zu rechtfertigen oder – was für die Betroffenen von äußerster Wichtigkeit sein kann – sich aus einer unerwünschten Verstrickung zu lösen. Mit dieser Behandlung aber wird über das Recht des Einzelnen auf Achtung des privaten Bereichs »kurzerhand von Obrigkeits wegen« verfügt, der Bürger zum Objekt staatlicher Gewalt gemacht …

45 3 … b) In dem Urteil wird auf die besondere Bedeutung der grundgesetzlichen Entscheidung für die »streitbare Demokratie« hingewiesen, die einen Mißbrauch der Grundrechte zum Kampf gegen die freiheitliche Ordnung und den Bestand des Staates nicht hinnimmt. Niemand wird in Zweifel ziehen, daß der Bestand der Bundesrepublik und ihrer freiheitlichen demokratischen Grundordnung überragende Rechtsgüter darstellen, die es zu schützen und zu verteidigen gilt und denen sich notfalls Freiheitsrechte des Einzelnen unterordnen müssen.

Im Falle eines kriegerischen Angriffs und des damit eintretenden – wenn auch möglicherweise länger dauernden, so doch einmal endenden – Ausnahmezustandes werden die Freiheitsrechte des Bürgers vorübergehend sehr weitgehend beschränkt werden müssen und dürfen. Anders liegen die Dinge jedoch, wenn es sich um die Maßnahmen handelt, die in der Normallage im »juristischen Alltag« (Dürig) zum Schutz der staatlichen Ordnung etwa in der Verbrechensbekämpfung oder in der Abwehr subversiver Tätigkeit von Agenten notwendig erscheinen. Hier sind der Einschränkung der Individualrechte Grenzen gesetzt. Denn die »streitbare Demokratie« verteidigt die bestehende rechtsstaatliche Verfassungsordnung, deren integraler Bestandteil die Grundrechte sind. Der Gesetzgeber, auch der verfassungsändernde, hat daher bei Regelung der Gefahrenabwehr – etwa im Bereich der Verbrechensbekämpfung oder der im Wesen nicht anders gearteten Tätigkeit der Geheimdienste – die Rechtsgüter gegeneinander abzuwägen unter Berücksichtigung des Wertes, den das Grundgesetz den Individualrechten beimißt. Die »Staatsraison« ist kein unbedingt vorrangiger Wert. Verkennt der Gesetzgeber die Schranken, so kehrt die »streitbare Demokratie« sich gegen sich selbst.

Die Schranken, die nicht durchbrochen werden können, sind dieselben wie in Art. 79 Abs. 3 GG. Der unabänderliche Bestand der
Verfassungsordnung darf – abgesehen von dem Ausnahme|fall des 46
Notstandes – nicht berührt werden. Wie in den Artikeln 9 Abs. 2, 18 und 21 GG manifestiert sich in Art. 79 Abs. 3 GG die »streitbare Demokratie«. Auch diese Vorschrift ist – worauf Dürig in seinem Gutachten mit Recht hinweist – eine Norm des »Verfassungsschutzes«. Es ist ein Widerspruch in sich selbst, wenn man zum Schutz der Verfassung unveräußerliche Grundsätze der Verfassung preisgibt.

Der Spielraum des Gesetzgebers zur Regelung der Materie ist demzufolge insoweit begrenzt, als er den individuellen Rechtsschutz nicht ausschließen kann. Den besonderen Verhältnissen, unter denen sich angeblich die Tätigkeit der Geheimdienste abspielt, könnte durch besondere Vorkehrungen Rechnung getragen werden, etwa durch die Schaffung besonderer – von der Exekutive getrennter – Rechtsschutzorgane, also besonderer Gerichte, deren Verfahren trotz der unverzichtbaren Beteiligung des Betroffenen auf die Notwendigkeit der Geheimhaltung abzustellen wäre. Ob eine solche Regelung überhaupt eine Verfassungsänderung erfordert, kann dahingestellt bleiben. …

25 Art. 1 Abs. 1, Art. 2 Abs. 1, Art. 5 Abs. 3, Art. 93 Abs. 1 Nr. 4a, Art. 103 Abs. 1 GG; § 90 BVerfGG

Kunstfreiheit als objektive wertentscheidende Grundsatznorm und Individualgrundrecht – Schutz des Werk- und des Wirkbereichs der Kunst – Kunstbegriff – »engagierte« Kunst – Schutz des Vermittlers der Kunst – Schranken der Kunstfreiheit: Unanwendbarkeit von Art. 5 Abs. 2 und Art. 2 Abs. 1 2. Halbsatz GG – verfassungsimmanente Schranken – allgemeines Persönlichkeitsrecht nur für Lebende – Schutz des rechtlichen Gehörs und nicht entscheidungserheblicher Vortrag – Reichweite verfassungsgerichtlicher Überprüfung fachgerichtlicher Entscheidungen – Schutz der Menschenwürde nach dem Tod – Abwägung zwischen Kunstfreiheit und Persönlichkeitsschutz

BVerfGE 30, 173–200 – Mephisto[1]

173 **1. Art. 5 Abs. 3 Satz 1 GG ist eine das Verhältnis des Bereiches Kunst zum Staat regelnde wertentscheidende Grundsatznorm. Sie gewährt zugleich ein individuelles Freiheitsrecht.**

2. Die Kunstfreiheitsgarantie betrifft nicht nur die künstlerische Betätigung, sondern auch die Darbietung und Verbreitung des Kunstwerks.

3. Auf das Recht der Kunstfreiheit kann sich auch ein Buchverleger berufen.

4. Für die Kunstfreiheit gelten weder die Schranken des Art. 5 Abs. 2 GG noch die des Art. 2 Abs. 1 Halbsatz 2 GG.

3. Ein Konflikt zwischen der Kunstfreiheitsgarantie und dem verfassungsrechtlich geschützten Persönlichkeitsbereich ist nach Maßgabe der grundgesetzlichen Wertordnung zu lösen; hierbei ist insbesondere die in Art. 1 Abs. 1 GG garantierte Würde des Menschen zu beachten.

Beschluß des Ersten Senats vom 24. Februar 1971
– 1 BvR 435/68 –

Sachverhalt: *Die Verfassungsbeschwerde richtete sich gegen das von dem Adoptivsohn und Alleinerben des verstorbenen Schauspielers und Intendanten Gustav Gründgens gegen die Beschwerdeführerin, einen Verlag, erwirkte Verbot, das Buch »Mephisto – Roman einer Karriere« von Klaus Mann zu*

---

[1] Dem Beschluß haben der Richter Stein (S. 200–218 [der amtlichen Sammlung] – unten auszugsweise wiedergegeben) und die Richterin Rupp-von Brünneck abweichende Meinungen beigefügt.

vervielfältigen, zu verbreiten und zu veröffentlichen. Klaus Mann schrieb den Roman nach seiner Emigration aus Deutschland im Jahre 1933; er schilderte darin den Aufstieg eines Schauspielers Hendrik Höfgen, der seine politischen Überzeugungen verleugnete und alle menschlichen und ethischen Bindungen abstreifte, um im Pakt mit den Machthabern des nationalsozialistischen Deutschlands eine künstlerische Karriere zu machen. Der Romanfigur des Hendrik Höfgen diente Gustav Gründgens als Vorbild, was für den kundigen Leser unschwer zu erkennen war. Als die Beschwerdeführerin 1963 das Erscheinen des Mephisto-Romans ankündigte, erwirkte der Adoptivsohn des kurz zuvor verstorbenen Gründgens vor dem Oberlandesgericht ein Veröffentlichungsverbot, das vom Gericht mit der Verletzung des Künstlers in seiner Ehre, seinem Ansehen und seiner sozialen Geltung sowie einer Verunglimpfung seines Andenkens durch den Roman begründet wurde. Der Bundesgerichtshof (BGHZ 50, 133) bestätigte die Entscheidung des Oberlandesgerichts.

Die Verfassungsbeschwerde blieb ohne Erfolg.

Aus den Gründen:

C. – I. 187

Die in bezug auf das Verfahren vor dem Oberlandesgericht und dem Bundesgerichtshof erhobenen Rügen einer Verletzung des Anspruchs der Beschwerdeführerin auf rechtliches Gehör (Art. 103 Abs. 1 GG) sind nicht gerechtfertigt.

Das Oberlandesgericht ist dem Vorbringen, mit dem die Beschwerdeführerin die Aktivlegitimation des Klägers bestritten und das Bestehen eines echten Eltern-Kind-Verhältnisses zwischen dem Kläger und seinem Adoptivvater angezweifelt hat, nur deshalb nicht nachgegangen, weil es diesen Vortrag nicht für entscheidungserheblich angesehen hat. Insoweit kommt eine Verletzung von Art. 103 Abs. 1 GG nicht in Betracht; dieses Prozeßgrundrecht gewährt keinen Schutz gegen Entscheidungen, die den Sachvortrag eines Beteiligten aus Gründen des formellen und materiellen Rechts teilweise oder ganz unberücksichtigt lassen (BVerfGE 21, 191 [194]).

Ebensowenig ist das rechtliche Gehör der Beschwerdeführerin dadurch verletzt, daß der Bundesgerichtshof die Gestaltung des Vorworts, dem er für die Möglichkeit einer Veröffentlichung des Romans Bedeutung beigelegt hat, nicht selbst mit den Prozeßbeteiligten des Ausgangsverfahrens erörtert und die Sache auch nicht zum Zweck einer solchen Erörterung an das Berufungsgericht zurückverwiesen hat. Der Bundesgerichtshof hat die Gründe für sein Verfahren eingehend dargelegt; sie liegen in Erwägungen des einfachen (Prozeß-)Rechts, die vom Bundesverfassungsgericht nicht nachzuprüfen sind.

II.

Soweit die angegriffenen Entscheidungen den mit der Klage geltend gemachten Unterlassungsanspruch nach Maßgabe der höchstrichterlichen Rechtsprechung in analoger Anwendung negatorischer Zivil-
188 rechtsnormen für begründet erklärt haben, handelt | es sich um Anwendung einfachen Rechts, die vom Bundesverfassungsgericht – da Willkür offensichtlich ausscheidet – nicht nachgeprüft werden kann (BVerfGE 18, 85 [92 f., 96 f.]).[1] Dasselbe gilt für die Frage, ob der Kläger als Angehöriger des verstorbenen Gustaf Gründgens zivilrechtliche Unterlassungsansprüche aus eigenem Recht oder aus fortbestehenden Rechten des Verstorbenen geltend machen kann.

Jedoch hat das Bundesverfassungsgericht zu prüfen, ob die angefochtenen Entscheidungen der Gerichte bei der Anwendung bürgerlich-rechtlicher Normen auf einer grundsätzlich unrichtigen Anschauung von der Bedeutung der Grundrechte beruhen, deren Verletzung die Beschwerdeführerin gerügt hat, oder ob das Auslegungsergebnis selbst die geltend gemachten Grundrechte verletzt (BVerfGE 7, 198 [205 f.];[2] 21, 209 [216]). Soweit es um diese verfassungsrechtlichen Ausstrahlungswirkungen geht, handelt es sich in erster Linie um die Tragweite der von der Beschwerdeführerin in Anspruch genommenen verfassungsverbürgten Kunstfreiheit (Art. 5 Abs. 3 Satz 1 GG), sodann um das Grundrecht der Meinungsfreiheit (Art. 5 Abs. 1 GG), insbesondere um das Verhältnis dieser Grundrechte zu dem geschützten Persönlichkeitsbereich, den die Urteile dem verstorbenen Gustaf Gründgens nach Art. 1 Abs. 1 und Art. 2 Abs. 1 GG eingeräumt haben.

III.

Art. 5 Abs. 3 Satz 1 GG erklärt die Kunst neben der Wissenschaft, Forschung und Lehre für frei. Mit dieser Freiheitsverbürgung enthält Art. 5 Abs. 3 Satz 1 GG nach Wortlaut und Sinn zunächst eine objek-

---

[1] BVerfGA Nr. 13.
[2] BVerfGA Nr. 5.

tive, das Verhältnis des Bereiches Kunst zum Staat regelnde wertentscheidende Grundsatznorm. Zugleich gewährleistet die Bestimmung jedem, der in diesem Bereich tätig ist, ein individuelles Freiheitsrecht.

1. Der Lebensbereich »Kunst« ist durch die vom Wesen der Kunst geprägten, ihr allein eigenen Strukturmerkmale zu bestimmen. Von ihnen hat die Auslegung des Kunstbegriffs der Verfassung auszugehen. Das Wesentliche der künstlerischen Be | tätigung ist die freie 189
schöpferische Gestaltung, in der Eindrücke, Erfahrungen, Erlebnisse des Künstlers durch das Medium einer bestimmten Formensprache zu unmittelbarer Anschauung gebracht werden. Alle künstlerische Tätigkeit ist ein Ineinander von bewußten und unbewußten Vorgängen, die rational nicht aufzulösen sind. Beim künstlerischen Schaffen wirken Intuition, Phantasie und Kunstverstand zusammen; es ist primär nicht Mitteilung, sondern Ausdruck und zwar unmittelbarster Ausdruck der individuellen Persönlichkeit des Künstlers.

Die Kunstfreiheitsgarantie betrifft in gleicher Weise den »Werkbereich« und den »Wirkbereich« des künstlerischen Schaffens. Beide Bereiche bilden eine unlösbare Einheit. Nicht nur die künstlerische Betätigung (Werkbereich), sondern darüber hinaus auch die Darbietung und Verbreitung des Kunstwerks sind sachnotwendig für die Begegnung mit dem Werk als eines ebenfalls kunstspezifischen Vorganges; dieser »Wirkbereich«, in dem der Öffentlichkeit Zugang zu dem Kunstwerk verschafft wird, ist der Boden, auf dem die Freiheitsgarantie des Art. 5 Abs. 3 GG vor allem erwachsen ist. Allein schon der Rückblick auf das nationalsozialistische Regime und seine Kunstpolitik zeigt, daß die Gewährleistung der individuellen Rechte des Künstlers nicht ausreicht, die Freiheit der Kunst zu sichern. Ohne eine Erstreckung des persönlichen Geltungsbereichs der Kunstfreiheitsgarantie auf den Wirkbereich des Kunstwerks würde das Grundrecht weitgehend leerlaufen.

2. Wie weit die Verfassungsgarantie der Kunstfreiheit reicht und was sie im einzelnen bedeutet, läßt sich ohne tieferes Eingehen auf die sehr verschiedenen Äußerungsformen künstlerischer Betätigung in einer für alle Kunstgattungen gleichermaßen gültigen Weise nicht erschöpfend darstellen. Für die Zwecke dieser Entscheidung bedarf es jedoch einer so weit ausgreifenden Erörterung nicht, da die Instanzgerichte – in Übereinstimmung mit den Prozeßbeteiligten und soweit ersichtlich mit dem Urteil aller kompetenten Sachverständigen – dem hier zu beurteilenden Roman die Eigenschaft eines Kunstwerks mit Recht zuerkannt | haben. Es genügt deshalb, auf die spezi- 190

fischen Gesichtspunkte einzugehen, die bei der Beurteilung eines Werkes der erzählenden (epischen) Kunst in Betracht kommen können, das an Vorgänge der historischen Wirklichkeit anknüpft und bei dem deshalb die Gefahr eines Konfliktes mit schutzwürdigen Rechten und Interessen der in dem Werk dargestellten Personen gegeben ist.

Auch wenn der Künstler Vorgänge des realen Lebens schildert, wird diese Wirklichkeit im Kunstwerk »verdichtet«. Die Realität wird aus den Zusammenhängen und Gesetzmäßigkeiten der empirisch-geschichtlichen Wirklichkeit gelöst und in neue Beziehungen gebracht, für die nicht die »Realitätsthematik«, sondern das künstlerische Gebot der anschaulichen Gestaltung im Vordergrund steht. Die Wahrheit des einzelnen Vorganges kann und muß unter Umständen der künstlerischen Einheit geopfert werden.

Sinn und Aufgabe des Grundrechts aus Art. 5 Abs. 3 Satz 1 GG ist es vor allem, die auf der Eigengesetzlichkeit der Kunst beruhenden, von ästhetischen Rücksichten bestimmten Prozesse, Verhaltensweisen und Entscheidungen von jeglicher Ingerenz öffentlicher Gewalt freizuhalten. Die Art und Weise, in der der Künstler der Wirklichkeit begegnet und die Vorgänge gestaltet, die er in dieser Begegnung erfährt, darf ihm nicht vorgeschrieben werden, wenn der künstlerische Schaffensprozeß sich frei soll entwickeln können. Über die »Richtigkeit« seiner Haltung gegenüber der Wirklichkeit kann nur der Künstler selbst entscheiden. Insoweit bedeutet die Kunstfreiheitsgarantie das Verbot, auf Methoden, Inhalte und Tendenzen der künstlerischen Tätigkeit einzuwirken, insbesondere den künstlerischen Gestaltungsraum einzuengen, oder allgemein verbindliche Regeln für diesen Schaffensprozeß vorzuschreiben. Für das erzählende Kunstwerk ergibt sich daraus im besonderen, daß die Verfassungsgarantie die freie Themenwahl und die freie Themengestaltung umfaßt, indem sie dem Staat verbietet, diesen Bereich spezifischen künstlerischen Ermessens durch verbindliche Regeln oder Wertungen zu beschränken. Das
191 gilt auch und gerade dort, wo der Künstler sich mit aktu|ellem Geschehen auseinandersetzt; der Bereich der »engagierten« Kunst ist von der Freiheitsgarantie nicht ausgenommen.

3. Art. 5 Abs. 3 Satz 1 GG garantiert die Freiheit der Betätigung im Kunstbereich umfassend. Soweit es daher zur Herstellung der Beziehungen zwischen Künstler und Publikum der publizistischen Medien bedarf, sind auch die Personen durch die Kunstfreiheitsgarantie geschützt, die hier eine solche vermittelnde Tätigkeit ausüben. Da ein Werk der erzählenden Kunst ohne die Vervielfältigung, Verbreitung

und Veröffentlichung durch den Verleger keine Wirkung in der Öffentlichkeit entfalten könnte, der Verleger daher eine unentbehrliche Mittlerfunktion zwischen Künstler und Publikum ausübt, erstreckt sich die Freiheitsgarantie auch auf seine Tätigkeit. Die Beschwerdeführerin als Verleger des Romans kann sich deshalb auf das Grundrecht aus Art. 5 Abs. 3 Satz 1 GG berufen (vgl. auch BVerfGE 10, 118 [121]; 12, 205 [260][1] zur Pressefreiheit).

4. Die Kunst ist in ihrer Eigenständigkeit und Eigengesetzlichkeit durch Art. 5 Abs. 3 Satz 1 GG vorbehaltlos gewährleistet. Versuche, die Kunstfreiheitsgarantie durch wertende Einengung des Kunstbegriffs, durch erweiternde Auslegung oder Analogie aufgrund der Schrankenregelung anderer Verfassungsbestimmungen einzuschränken, müssen angesichts der klaren Vorschrift des Art. 5 Abs. 3 Satz 1 GG erfolglos bleiben.

Unanwendbar ist insbesondere, wie auch der Bundesgerichtshof mit Recht annimmt, Art. 5 Abs. 2 GG, der die Grundrechte aus Art. 5 Abs. 1 GG beschränkt. Die systematische Trennung der Gewährleistungsbereiche in Art. 5 GG weist den Abs. 3 dieser Bestimmung gegenüber Abs. 1 als lex specialis aus und verbietet es deshalb, die Schranken des Abs. 2 auch auf die in Abs. 3 genannten Bereiche anzuwenden. Ebensowenig wäre es angängig, aus dem Zusammenhang eines Werkes der erzählenden Kunst einzelne Teile herauszulösen und sie als Meinungsäußerungen im Sinne des Art. 5 Abs. 1 GG anzusehen, auf die dann die Schranken des Abs. 2 Anwendung fänden. Auch die Entstehungsgeschichte des Art. 5 Abs. 3 GG bietet keinen Anhalt für die An|nahme, daß der Verfassunggeber die Kunstfrei- 192
heit als Unterfall der Meinungsäußerungsfreiheit habe betrachten wollen.

Die Äußerung des Abgeordneten v. Mangoldt in der Sitzung des Grundsatzausschusses des Parlamentarischen Rats vom 5. Oktober 1948, daß die Gewährleistung der Kunst- und Wissenschaftsfreiheit in unmittelbarer Verbindung mit der Freiheit der Meinungsäußerung stehe (JbÖffR, N.F., Bd. 1, S. 89 ff.), sollte die Stellung des damals noch selbständigen Artikels unmittelbar hinter den Garantien der Meinungsfreiheit erklären. Sie ging also gerade von der Selbständigkeit der Regelungsbereiche aus. Von Bedeutung ist auch die Stellungnahme des Allgemeinen Redaktionsausschusses vom 16. Dezember 1948 (PRDrucks. 370), in der das Zensurverbot ausdrücklich für das Theater mit der Begründung gefordert wurde, daß durch den im Ent-

---

[1] BVerfGA Nr. 12.

wurf enthaltenen Art. 7 (dem jetzigen Art. 5 Abs. 3 GG) die Freiheit des Theaters noch nicht garantiert werde, da nicht jede Theateraufführung Kunst zu sein brauche. Zu berücksichtigen ist ferner, daß für den Verfassunggeber auf Grund der Erfahrungen aus der Zeit des NS-Regimes, das Kunst und Künstler in die völlige Abhängigkeit politisch-ideologischer Zielsetzungen versetzt oder zum Verstummen gebracht hatte, begründeter Anlaß bestand, die Eigenständigkeit und Eigengesetzlichkeit des Sachbereichs Kunst besonders zu garantieren.

Abzulehnen ist auch die Meinung, daß die Freiheit der Kunst gemäß Art. 2 Abs. 1 Halbsatz 2 GG durch die Rechte anderer, durch die verfassungsmäßige Ordnung und durch das Sittengesetz beschränkt sei. Diese Ansicht ist unvereinbar mit dem vom Bundesverfassungsgericht in ständiger Rechtsprechung anerkannten Verhältnis der Subsidiarität des Art. 2 Abs. 1 GG zur Spezialität der Einzelfreiheitsrechte (vgl. u.a. BVerfGE 6, 32 [36 ff.];[1] 9, 63 [73]; 9, 73 [77]; 9, 338 [343]; 10, 55 [58]; 10, 185 [199]; 11, 234 [238]; 21, 227 [234]; 23, 50 [55 f.]), das eine Erstreckung des Gemeinschaftsvorbehalts des Art. 2 Abs. 1 Halbsatz 2 auf die durch besondere Grundrechte geschützten Lebensbereiche nicht zuläßt. Aus den gleichen Erwägungen verbietet
193 sich, Art. 2 Abs. 1 | GG als Auslegungsregel zur Interpretation des Sinngehalts von Art. 5 Abs. 3 Satz 1 GG heranzuziehen. Diese Schrankenregelung ist auch nicht auf den »Wirkbereich« der Kunst anzuwenden.

5. Andererseits ist das Freiheitsrecht nicht schrankenlos gewährt. Die Freiheitsverbürgung in Art. 5 Abs. 3 Satz 1 GG geht wie alle Grundrechte vom Menschenbild des Grundgesetzes aus, d.h. vom Menschen als eigenverantwortlicher Persönlichkeit, die sich innerhalb der sozialen Gemeinschaft frei entfaltet (BVerfGE 4, 7 [15 f.]; 7, 198 [205];[2] 24, 119 [144]; 27, 1 [7]). Jedoch kommt der Vorbehaltlosigkeit des Grundrechts die Bedeutung zu, daß die Grenzen der Kunstfreiheitsgarantie nur von der Verfassung selbst zu bestimmen sind. Da die Kunstfreiheit keinen Vorbehalt für den einfachen Gesetzgeber enthält, darf sie weder durch die allgemeine Rechtsordnung noch durch eine unbestimmte Klausel relativiert werden, welche ohne verfassungsrechtlichen Ansatzpunkt und ohne ausreichende rechtsstaatliche Sicherung auf eine Gefährdung der für den Bestand der staatlichen Gemeinschaft notwendigen Güter abhebt. Vielmehr ist ein im Rahmen der Kunstfreiheitsgarantie zu berücksichtigender

---

1 BVerfGA Nr. 3.

2 BVerfGA Nr. 5.

Konflikt nach Maßgabe der grundgesetzlichen Wertordnung und unter Berücksichtigung der Einheit dieses grundlegenden Wertsystems durch Verfassungsauslegung zu lösen. Als Teil des grundrechtlichen Wertsystems ist die Kunstfreiheit insbesondere der in Art. 1 GG garantierten Würde des Menschen zugeordnet, die als oberster Wert das ganze grundrechtliche Wertsystem beherrscht (BVerfGE 6, 32 [41];[1] 27, 1 [6]). Dennoch kann die Kunstfreiheitsgarantie mit dem ebenfalls verfassungsrechtlich geschützten Persönlichkeitsbereich in Konflikt geraten, weil ein Kunstwerk auch auf der sozialen Ebene Wirkungen entfalten kann.

Daß im Zugriff des Künstlers auf Persönlichkeits- und Lebensdaten von Menschen seiner Umwelt der soziale Wert- und Achtungsanspruch des Dargestellten betroffen sein kann, ist darin begründet, daß ein solches Kunstwerk nicht nur als ästhetische Realität wirkt, sondern daneben ein Dasein in den Realien hat, die zwar in der Darstellung künstlerisch überhöht werden, damit | aber ihre sozialbezoge- 194
nen Wirkungen nicht verlieren. Diese Wirkungen auf der sozialen Ebene entfalten sich »neben« dem eigenständigen Bereich der Kunst; gleichwohl müssen sie auch im Blick auf den Gewährleistungsbereich des Art. 5 Abs. 3 Satz 1 GG gewürdigt werden, da die »reale« und die »ästhetische« Welt im Kunstwerk eine Einheit bilden.

6. Die Gerichte haben in diesem Zusammenhang mit Recht zur Beurteilung der Schutzwirkungen aus dem Persönlichkeitsbereich des verstorbenen Schauspielers Gründgens Art. 1 Abs. 1 GG wertend herangezogen. Es würde mit dem verfassungsverbürgten Gebot der Unverletzlichkeit der Menschenwürde, das allen Grundrechten zugrunde liegt, unvereinbar sein, wenn der Mensch, dem Würde kraft seines Personseins zukommt, in diesem allgemeinen Achtungsanspruch auch nach seinem Tode herabgewürdigt oder erniedrigt werden dürfte. Dementsprechend endet die in Art. 1 Abs. 1 GG aller staatlichen Gewalt auferlegte Verpflichtung, dem Einzelnen Schutz gegen Angriffe auf seine Menschenwürde zu gewähren, nicht mit dem Tode.

Der Bundesgerichtshof und das Oberlandesgericht erkennen darüber hinaus auch nach Art. 2 Abs. 1 GG Ausstrahlungswirkungen für den zivilrechtlichen Schutzbereich um die Person des verstorbenen Schauspielers Gründgens an, wenn auch in einem durch sein Ableben bedingten eingeschränkten Umfang. Die Fortwirkung eines Persönlichkeitsrechts nach dem Tode ist jedoch zu verneinen, weil Träger

---

[1] BVerfGA Nr. 3.

dieses Grundrechts nur die lebende Person ist; mit ihrem Tode erlischt der Schutz aus diesem Grundrecht. Das Grundrecht aus Art. 2 Abs. 1 GG setzt die Existenz einer wenigstens potentiell oder zukünftig handlungsfähigen Person als unabdingbar voraus. Daran vermag die Erwägung des Bundesgerichtshofs nichts zu ändern, daß die Rechtslage nach dem Tode für die freie Entfaltung der Person zu ihren Lebzeiten nicht ohne Belang sei. Die Versagung eines Persönlichkeitsschutzes nach dem Tode stellt keinen Eingriff dar, der die in Art. 2 Abs. 1 GG gewährleistete Handlungs- und Entscheidungsfreiheit beeinträchtigt. |

195 7. Die Lösung der Spannungslage zwischen Persönlichkeitsschutz und dem Recht auf Kunstfreiheit kann deshalb nicht allein auf die Wirkungen eines Kunstwerks im außerkünstlerischen Sozialbereich abheben, sondern muß auch kunstspezifischen Gesichtspunkten Rechnung tragen. Das Menschenbild, das Art. 1 Abs. 1 GG zugrunde liegt, wird durch die Freiheitsgarantie in Art. 5 Abs. 3 Satz 1 GG ebenso mitgeprägt wie diese umgekehrt von der Wertvorstellung des Art. 1 Abs. 1 GG beeinflußt ist. Der soziale Wert- und Achtungsanspruch des Einzelnen ist ebensowenig der Kunstfreiheit übergeordnet wie sich die Kunst ohne weiteres über den allgemeinen Achtungsanspruch des Menschen hinwegsetzen darf.

Die Entscheidung darüber, ob durch die Anlehnung der künstlerischen Darstellung an Persönlichkeitsdaten der realen Wirklichkeit ein der Veröffentlichung des Kunstwerks entgegenstehender schwerer Eingriff in den schutzwürdigen Persönlichkeitsbereich des Dargestellten zu befürchten ist, kann nur unter Abwägung aller Umstände des Einzelfalles getroffen werden. Dabei ist zu beachten, ob und inwieweit das »Abbild« gegenüber dem »Urbild« durch die künstlerische Gestaltung des Stoffs und seine Ein- und Unterordnung in den Gesamtorganismus des Kunstwerks so verselbständigt erscheint, daß das Individuelle, Persönlich-Intime zugunsten des Allgemeinen, Zeichenhaften der »Figur« objektiviert ist. Wenn eine solche, das Kunstspezifische berücksichtigende Betrachtung jedoch ergibt, daß der Künstler ein »Porträt« des »Urbildes« gezeichnet hat oder gar zeichnen wollte, kommt es auf das Ausmaß der künstlerischen Verfremdung oder den Umfang und die Bedeutung der »Verfälschung« für den Ruf des Betroffenen oder für sein Andenken an.

IV.

Das Bundesverfassungsgericht hat danach zu entscheiden, ob die Gerichte bei der von ihnen vorgenommenen Abwägung zwischen dem durch Art. 1 Abs. 1 GG geschützten Persönlichkeitsbereich des verstorbenen Gustaf Gründgens und seines Adoptiv | sohnes und der 196
durch Art. 5 Abs. 3 Satz 1 GG gewährleisteten Kunstfreiheit den dargelegten Grundsätzen Rechnung getragen haben. Bei der Entscheidung dieser Frage ergab sich im Senat Stimmengleichheit. Infolgedessen konnte gemäß § 15 Abs. 2 Satz 4 BVerfGG nicht festgestellt werden, daß die angefochtenen Urteile gegen das Grundgesetz verstoßen.

1. Die Heranziehung des Art. 2 Abs. 1 GG durch die Gerichte ist, wie oben dargelegt, zu Unrecht erfolgt. Dies ist jedoch unschädlich, weil die in erster Linie gegebene Begründung aus Art. 1 Abs. 1 GG die Entscheidung trägt.

2. Das Oberlandesgericht als letzte Tatsacheninstanz hat festgestellt, bei Gründgens handle es sich um eine Person der Zeitgeschichte und die Erinnerung des Publikums an ihn sei noch lebendig. Aufgrund dieser Feststellungen sind das Oberlandesgericht und der Bundesgerichtshof davon ausgegangen, daß der Schutz des Achtungsanspruchs des verstorbenen Gründgens im sozialen Raum noch fortdauere. Hierbei hat der Bundesgerichtshof zutreffend berücksichtigt, daß das Schutzbedürfnis – und entsprechend die Schutzverpflichtung – in dem Maße schwindet, in dem die Erinnerung an den Verstorbenen verblaßt und im Laufe der Zeit auch das Interesse an der Nichtverfälschung des Lebensbildes abnimmt. Diese Anwendung des Art. 1 Abs. 1 GG ist nicht zu beanstanden. Andererseits gehen die Gerichte davon aus, daß es sich bei dem Roman des verstorbenen Klaus Mann um ein Kunstwerk im Sinne des Art. 5 Abs. 3 GG handelt und daß sich auch die Beschwerdeführerin auf dieses Grundrecht berufen kann. Hiernach haben die Gerichte die verfassungsrechtlich erhebliche Spannungslage zwischen den durch die Art. 1 Abs. 1 und Art. 5 Abs. 3 Satz 1 GG geschützten Bereichen erkannt. Sie haben deren Lösung in einer Abwägung der widerstreitenden Interessen gesucht.

3. Das Bundesverfassungsgericht geht in ständiger Rechtsprechung davon aus, daß gerichtliche Entscheidungen auf eine Verfassungsbeschwerde hin nur in engen Grenzen nachgeprüft werden können (BVerfGE 22, 93 [97]), daß insbesondere die Feststellung | und 197
Würdigung des Tatbestandes, die Auslegung des einfachen Rechts und seine Anwendung auf den einzelnen Fall allein Sache der dafür

allgemein zuständigen Gerichte und der Nachprüfung durch das Bundesverfassungsgericht entzogen sind (BVerfGE 18, 85 [92]).[1] Diese Grundsätze gelten auch bei der Nachprüfung der hier in Rede stehenden Abwägung zwischen den nach Art. 1 Abs. 1 und Art. 5 Abs. 3 Satz 1 GG geschützten Bereichen zweier Parteien eines Zivilrechtsverhältnisses. Diese Abwägung ist zunächst den zuständigen Gerichten im Rahmen der Anwendung und Auslegung bürgerlich-rechtlicher Vorschriften aufgetragen. Die Aufgabe des Zivilrichters besteht in derartigen Fällen darin, aufgrund einer wertenden Abwägung der Umstände des Einzelfalles – unter Beachtung des allgemeinen Willkürverbots (Art. 3 Abs. 1 GG) – die Schranken des Grundrechtsbereichs der einen Partei gegenüber demjenigen der anderen Partei zu konkretisieren. Das Grundrecht der jeweils unterlegenen Partei ist nicht schon dann verletzt, wenn bei dieser dem Richter aufgetragenen Abwägung widerstreitender Belange die von ihm vorgenommene Wertung fragwürdig sein mag, weil sie den Interessen der einen oder der anderen Seite zu viel oder zu wenig Gewicht beigelegt hat (vgl. BVerfGE 18, 85 [93];[1] 22, 93 [99 f.]). Das Bundesverfassungsgericht ist nicht befugt, seine eigene Wertung des Einzelfalles nach Art eines Rechtsmittelgerichts an die Stelle derjenigen des zuständigen Richters zu setzen. Es kann vielmehr in derartigen Fällen eine Verletzung des Grundrechts der unterlegenen Partei nur feststellen, wenn der zuständige Richter entweder nicht erkannt hat, daß es sich um eine Abwägung widerstreitender Grundrechtsbereiche handelt, oder wenn seine Entscheidung auf einer grundsätzlich unrichtigen Anschauung von der Bedeutung des einen oder anderen der Grundrechte, insbesondere vom Umfang ihrer Schutzbereiche, beruht.

Die Nachprüfung der angefochtenen Entscheidungen nach diesen Maßstäben ergibt: Das Oberlandesgericht und der Bundesgerichtshof haben erkannt, daß eine Spannungslage zwischen den durch Art. 1
198 Abs. 1 und Art. 5 Abs. 3 Satz 1 GG geschützten Be|reichen besteht
und daß diese durch eine Abwägung gelöst werden muß (vgl. oben C III 7).[2] Würdigt man die angefochtenen Entscheidungen in ihrem Gesamtzusammenhang, so ist nicht festzustellen, daß sie auf einer grundsätzlich unrichtigen Anschauung von der Bedeutung und vom Umfang der Schutzbereiche der beiden Grundrechte beruhen. Insbesondere lassen die Entscheidungen keine fehlerhafte Auffassung vom Wesen des bei der Abwägung unterlegenen Grundrechts, auf das sich

[1] BVerfGA Nr. 13.
[2] S. 195 [der amtlichen Sammlung].

die Beschwerdeführerin beruft, erkennen. Die Gerichte haben nicht allein auf die Wirkungen des Romans im außerkünstlerischen Sozialbereich abgehoben, sondern auch kunstspezifischen Gesichtspunkten Rechnung getragen. Sie haben eingehend und sorgfältig dargelegt, daß die Romanfigur des Hendrik Höfgen in so zahlreichen Einzelheiten dem äußeren Erscheinungsbild und dem Lebenslauf von Gründgens derart deutlich entspreche, daß ein nicht unbedeutender Leserkreis unschwer in Höfgen Gründgens wiedererkenne. Ob dies richtig ist, hat das Bundesverfassungsgericht nicht zu entscheiden; jedenfalls liegt darin die maßgebliche Wertung der Tatsachen durch die Gerichte, daß das »Abbild« Höfgen gegenüber dem »Urbild« Gründgens durch die künstlerische Gestaltung des Stoffes und seine Ein- und Unterordnung in den Gesamtorganismus des Romans nicht so verselbständigt und in der Darstellung künstlerisch transzendiert sei, daß das Individuelle, Persönlich-Intime zugunsten des Allgemeinen, Zeichenhaften der »Figur« genügend objektiviert erscheine. Die Gerichte haben auch eingehend erörtert, daß der Autor ein grundlegend negatives Persönlichkeits- und Charakterbild des Höfgen und damit des verstorbenen Gründgens gezeichnet habe, das in zahlreichen Einzelheiten unwahr, durch erfundene, die Gesinnung negativ kennzeichnende Verhaltensweisen – namentlich das erdichtete Verhalten gegenüber der schwarzen Tänzerin – angereichert sei und verbale Beleidigungen und Verleumdungen enthalte, die Gründgens durch die Person des Höfgen zugefügt worden seien. Das Oberlandesgericht
hat – vom Bundesgerichts|hof unbeanstandet – den Roman als 199
»Schmähschrift in Romanform« bezeichnet. Es gibt keine hinreichenden Gründe, dieser von den Gerichten vorgenommenen Wertung entgegenzutreten, daß der Autor ein negativ-verfälschendes Porträt des »Urbildes« Gründgens gezeichnet habe.

Das von den Gerichten gefundene Ergebnis, daß bei dieser Sach- und Rechtslage der Schutz aus Art. 5 Abs. 3 Satz 1 GG gegenüber dem geltend gemachten Unterlassungsanspruch versage, kann schließlich auch nicht mit der Erwägung in Frage gestellt werden, der Erlaß des Veröffentlichungsverbots stehe außer Verhältnis zu der zu erwartenden Beeinträchtigung des Achtungsanspruchs des verstorbenen Gustaf Gründgens. Das Bundesverfassungsgericht hat zwar wiederholt betont, daß der Grundsatz der Verhältnismäßigkeit verfassungsrechtlichen Rang hat (vgl. BVerfGE 19, 342 [348 f.]) und deshalb bei allen Eingriffen der öffentlichen Gewalt in den Freiheitsbereich des Bürgers beachtet werden muß. Um einen derartigen Eingriff handelt es sich hier jedoch nicht. Die Gerichte hatten lediglich einen

von dem einen gegen den anderen Bürger geltend gemachten zivilrechtlichen Anspruch zu beurteilen, d.h. ein zivilrechtliches Rechtsverhältnis im Einzelfall zu konkretisieren. Zur Beurteilung von Grund und Höhe eines zivilrechtlichen Anspruchs, etwa eines Schadensersatzanspruchs, können diejenigen Erfordernisse, die von Verfassungs wegen im Verhältnis des Bürgers zum Staat bei Eingriffen in die Freiheitssphäre des Einzelnen zu beachten sind, auch nicht entsprechend herangezogen werden. Aufgabe des bürgerlichen Rechts ist es in erster Linie, Interessenkonflikte zwischen rechtlich gleichgeordneten Rechtssubjekten möglichst sachgerecht zu lösen. Demgemäß kann das Bundesverfassungsgericht das durch die angefochtenen Urteile ausgesprochene Veröffentlichungsverbot nur daraufhin nachprüfen, ob Art. 3 Abs. 1 GG beachtet ist. Das ist zu bejahen. Die Gerichte haben erwogen, ob die Veröffentlichung des Romans mit einem »klarstellenden Vorwort« (eingeschränktes Veröffentlichungsverbot) zugelassen werden könne; sie haben sich mit den Gründen,
200 die nach ihrer Ansicht für oder gegen ein abso|lutes oder ein eingeschränktes Veröffentlichungsverbot sprechen, auseinandergesetzt und sich schließlich für das Veröffentlichungsverbot entschieden. Die diesem Verbot zugrundeliegenden Erwägungen sind nicht sachfremd und daher nicht willkürlich.

V.

Eine Verletzung des Grundrechts aus Art. 5 Abs. 1 GG entfällt schon deshalb, weil diese Bestimmung mangels Vorliegens einer Meinungsäußerung nicht anzuwenden ist. Künstlerische Aussagen bedeuten, auch wenn sie Meinungsäußerungen enthalten, gegenüber diesen Äußerungen ein aliud. Insoweit ist Art. 5 Abs. 3 Satz 1 GG gegenüber Art. 5 Abs. 1 GG eine lex specialis (vgl. oben C III 4).[1] Ebensowenig ist für eine besondere Prüfung am Maßstab des Art. 14 Abs. 1 und 3 GG Raum (vgl. BVerfGE 13, 290 [296]).

Abweichende Meinung des Richters Dr. Stein zu dem Beschluß des Ersten Senats des Bundesverfassungsgerichts vom 24. Februar 1971 – 1 BvR 435/68 –.

Im vorstehenden Beschluß ist in C IV[2] nur die Auffassung der drei Richter dargelegt, die die dort vor 1) gestellte Frage bejaht haben. Als

[1] S. 191 ff. [der amtlichen Sammlung]. [2] S. 195 ff. [der amtlichen Sammlung].

einer der drei anderen Richter, die diese Frage verneint haben, begründe ich meine abweichende Ansicht wie folgt:

I.

Das Bundesverfassungsgericht hat im vorliegenden Verfahren die beanstandeten gerichtlichen Entscheidungen u.a. darauf selbständig nachzuprüfen, ob die Zivilgerichte im Rahmen der gebotenen Abwägung die besonderen Gesetzmäßigkeiten ausreichend gewürdigt haben, die dem Roman von Klaus Mann als | einem Kunstwerk eigen 201
sind und die nach der Wertentscheidung in Art. 5 Abs. 3 GG auch gegenüber den Schutzinteressen aus dem Persönlichkeitsbereich von Gustaf Gründgens berücksichtigt werden müssen. Denn Inhalt und Reichweite der Verfassungsgarantie in Art. 5 Abs. 3 Satz 1 GG und ihre Beziehung zu den anderen Wertentscheidungen des Grundgesetzes sind unmittelbar berührt, wenn eine zivilgerichtliche Entscheidung die grundrechtliche Ausstrahlungswirkung auf das Zivilrecht nicht richtig bestimmt und die verfassungsrechtliche Wertentscheidung dadurch verkennt. Hierdurch wird nämlich unmittelbar das Grundrecht verletzt, auf dessen Beachtung durch die rechtsprechende Gewalt der Einzelne gemäß Art. 1 Abs. 3 GG einen verfassungsrechtlichen Anspruch hat. Ob und inwieweit im Rahmen der Privatrechtsordnung das Spannungsverhältnis widerstreitender Interessen wegen dieser verfassungsrechtlichen »Ausstrahlungswirkungen« im Wertsystem der Verfassung selbst angelegt und aus ihm heraus zu lösen ist, kann dabei nicht abstrakt, von den Umständen des zu schlichtenden Falls abgesehen, sondern nur unter würdigender Heranziehung des konkreten Interessenkonflikts ermittelt werden. Auch das Bundesverfassungsgericht muß deshalb die Vereinbarkeit der angegriffenen Entscheidungen mit der verfassungsrechtlichen Kunstfreiheitsgarantie auf der Grundlage der konkreten Umstände des vorliegenden Sachverhalts überprüfen. Weder entscheidet damit das Bundesverfassungsgericht über die Interessen auf der einfachrechtlichen Ebene, noch nimmt es dabei die ihm nicht zukommende Stellung eines Rechtsmittelgerichts ein. Vielmehr ermittelt es allein den Schutzbereich der Grundrechte in ihrer Auswirkung auf die Privatrechtsordnung für den zu entscheidenden Fall und erfüllt somit lediglich seine ihm von Verfassungs wegen übertragene Aufgabe, über die Beachtung und Anerkennung der Verfassungsnormen durch die rechtsprechende Gewalt zu wachen. Würde in Fällen wie dem vorliegenden

entsprechend der Ansicht der drei Richter die Prüfungszuständigkeit des Bundesverfassungsgerichts auf eine eng begrenzte Kontrolle beschränkt sein, nämlich darauf, ob die Gerichte den Einfluß der
202 Grundrechte überhaupt erkannt, ihn berücksichtigt und das allgemeine Willkürverbot nicht verletzt haben (vgl. oben C IV 3 des Beschlusses des BVerfG vom 24. 2. 1971 – 1 BvR 435/68 –, S. 196 f.), dann würde das Bundesverfassungsgericht seiner Aufgabe, Hüter der Grundrechte auf allen Rechtsgebieten zu sein, nicht gerecht werden. Deshalb hat dieses Gericht bei der Beurteilung von Umfang und Reichweite der verfassungsrechtlichen Ausstrahlungswirkungen auf Interessenkonflikte sich in ständiger Rechtsprechung nicht auf eine abstrakte Aussage beschränkt, sondern sich für befugt erachtet, Würdigungen von Zivil- und Strafgerichten durch eigene Wertungen zu ersetzen, wenn diese Gerichte die Ausstrahlungswirkungen von Grundrechten verkannt haben (vgl. BVerfGE 7, 198 [207];[1] 12, 113 [126 ff.]; 18, 85 [93 ff.];[2] 21, 209 [216]; 24, 278 [281 ff.]; 25, 28 [35]; 25, 309 [312]; 27, 71 [79 ff.];[3] 27, 104 [109 f.]; 28, 55 [63 f.]).

II.

1. Die gebotene Abwägung zwischen den Interessen aus dem Persönlichkeitsbereich von Gustaf Gründgens und der Eigenständigkeit und Eigengesetzlichkeit des künstlerischen Bereichs hat in allen Beziehungen den verfassungsrechtlichen Wertentscheidungen zu entsprechen, die auf diesen Konflikt Einfluß nehmen. Wo bei der vorzunehmenden Güterabwägung dieses von der Verfassung aufgegebene spezifische Verhältnis im Sinne der Darlegungen unter C III 2[4] verfehlt ist, ist die Kunstfreiheitsgarantie des Art. 5 Abs. 3 Satz 1 GG verletzt. Gerade auf eine solche grundlegende Verkennung dieses von der Verfassung geforderten Verhältnisses zur Kunst und nicht nur auf Feststellungen und Wertungen, welche die verfassungsrechtliche Ebene unberührt lassen, ist die Würdigung der durch die beabsichtigte Romanveröffentlichung berührten Interessen durch Oberlandesgericht und Bundesgerichtshof zurückzuführen. Diese verfassungsrechtlich zu beanstandende Grundeinstellung – nicht eine der Nachprüfung

---

[1] BVerfGA Nr. 5.
[2] BVerfGA Nr. 13.
[3] BVerfGA Nr. 23.
[4] S. 189 ff. [der amtlichen Sammlung].

durch das Bundesverfassungsgericht entzogene einfach- | rechtliche 203
Wertung – liegt insbesondere auch dem von den Gerichten angestellten Vergleich der Romanfigur Hendrik Höfgen mit Gustav Gründgens, der Verneinung einer ausreichenden »Verfremdung« des Hendrik Höfgen sowie der Charakterisierung des Romans als einer »Schmähschrift in Romanform« zugrunde.

Beide Gerichte haben nicht genügend beachtet, daß ein Kunstwerk, als das der »Mephisto«-Roman von ihnen ausdrücklich anerkannt worden ist, Realität nicht nur im außerkünstlerischen Wirkbereich, sondern vorwiegend auf der ästhetischen Ebene besitzt. Die Gerichte haben einseitig auf das Spannungsfeld im sozialen Wirkbereich abgehoben und dabei die ästhetische Realität des Romans, die in diesen Wirkbereich übergreift und ihn verändert, unbeachtet gelassen. Diese einseitige Betrachtung hat die Güterabwägung in ihrer Struktur beeinflußt und die Gerichte zu einseitigen Ergebnissen geführt: allein aus der Blickrichtung eines Leserpublikums, das den Inhalt des Romans für die Wirklichkeit nimmt, also dem Roman gegenüber eine nichtkunstspezifische Haltung einnimmt, haben sie Erscheinung und Verhalten der Romanfigur Hendrik Höfgen mit dem Persönlichkeitsbild von Gustaf Gründgens so verglichen, als gehöre Hendrik Höfgen der realen Wirklichkeit an. Ausschließlich auf dieser Vergleichsebene haben die Gerichte den Konflikt zwischen den Schutzinteressen aus dem Persönlichkeitsbereich von Gustav Gründgens und den durch die Beschwerdeführerin wahrgenommenen Interessen der Kunst zu lösen gesucht. Allein deshalb, weil die Bezüge der Romanhandlung zur Wirklichkeit nach ihrer Ansicht deutlich erkennbar seien, haben die Gerichte eine hinreichende künstlerische Überhöhung oder Transzendierung des Romanstoffs verneint. Nur wegen der Abweichungen zwischen der Romanfigur Hendrik Höfgen und dem Persönlichkeitsbild von Gustaf Gründgens, die sich für eine allein auf die historische Wirklichkeit gerichtete Betrachtung auf dieser Vergleichsebene ergeben, haben sie den Roman als »Schmähschrift in Romanform« bezeichnet und eine Beeinträchtigung der Persönlichkeit von Gustaf Gründgens festgestellt sowie ein unbe-
schränktes Veröffentlichungsverbot für | gerechtfertigt gehalten. Auf 204
derselben, einseitig an der Welt der Realität orientierten Wertung beruht das Zugeständnis des Bundesgerichtshofs, der Kunst zu gestatten, im gewissen Umfang zur »ergänzenden Charakterisierung« durch erfundene Begebenheiten das Persönlichkeitsbild desjenigen zu ergänzen, an den eine Romanfigur angelehnt ist.

Diese Betrachtungsweise mag für eine Dokumentation oder eine Biographie angemessen sein, die eine wahrheitsgetreue, wissenschaftlich nachprüfbare Darstellung der äußeren und inneren Entwicklung des Lebensganges eines Menschen ist, wenn auch in Fragen der historischen Erklärung und Deutung die Allgemeingültigkeit umstritten sein mag. Das künstlerische Anliegen eines Romans hat nicht eine wirklichkeitsgetreue, an der Wahrheit orientierte Schilderung historischer Begebenheiten zum Ziel, sondern wesenhafte, anschauliche Gestaltung aufgrund der Einbildungskraft des Schriftstellers. Die Beurteilung des Romans allein nach den Wirkungen, die er außerhalb seines ästhetischen Seins entfaltet, vernachlässigt das spezifische Verhältnis der Kunst zur realen Wirklichkeit und schränkt damit das der Beschwerdeführerin in Art. 5 Abs. 3 Satz 1 GG garantierte Freiheitsrecht in unzulässiger Weise ein. ...

210 Obschon somit das Spannungsgefälle zwischen außerkünstlerischer und kunstspezifischer Wirkungs- und Betrachtungsweise in der Sache angelegt und unaufhebbar ist, hat das Grundgesetz in Art. 5 Abs. 3 Satz 1 GG die Eigengesetzlichkeit einer freien Kunst anerkannt und vorbehaltlos gewährleistet. Das verbietet im vorliegenden Fall, mit dem Bundesgerichtshof und dem Oberlandesgericht die Frage nach der Rechtfertigung des Veröffentlichungsverbots einseitig nach den Wirkungen des Romans auf ein Leserpublikum zu beantworten, das das Dargestellte ohne Blick für seine kunstspezifische Bedeutung wie eine Dokumentation auf Übereinstimmungen mit der Wirklichkeit untersucht. Abgesehen davon begegnet es auch methodischen Bedenken, die Würdigung eines Romans an eine bestimmte Leserschicht oder einen bestimmten Lesertypus zu knüpfen. Ein solches Vorgehen würde u.a. voraussetzen, daß die ästhetische Realität des Romans nicht außerhalb der geistig-seelischen Vorgänge im einzelnen Leser existierte und identisch wäre mit dem geistig-seelischen Vorgang im einzelnen Leser oder Hörer. Ein Kunstwerk kann man zwar nur durch einzelne Erlebnisse kennenlernen, aber es ist mit ihnen nicht identisch und existiert auch außerhalb der Erlebnisse. Daher kann es nur als eine Struktur von Bedeutungseinheiten und Qualitäten verstanden werden, die in den Erlebnissen seiner vielen Leser nur zum Teil realisiert werden. Deshalb kann auch für die rechtliche Beurteilung in Fällen wie dem vorliegenden nicht auf einen fiktiven Lesertypus abgehoben, sondern es muß der kunstspezifische Gehalt des Kunstwerks ermittelt und gegenüber seinen außerkünstlerischen »Sozialwirkungen« abgewogen werden.

Zwar bürdet die Kunstfreiheitsgarantie dem Betroffenen nicht schlechthin sämtliche Nachteile auf, die sich für seine Person daraus ergeben, daß Kunst oft verkannt wird und sich nur dem Einzelnen un-

ter spezifischen Umständen erschließt. Sie verpflich | tet aber dazu, 211
bei einem Interessenausgleich zwischen Individuum und künstlerischem Anliegen den Eigenwert der Kunst mit zu berücksichtigen. Das kann nur dadurch erfolgen, daß auch von der ästhetischen Wirkungsebene aus die Lösung der künstlerischen Darstellung von der historischen Wirklichkeit und ihre Verselbständigung als ästhetische Realität mitgewürdigt wird. Zur Vermeidung der negativen außerkünstlerischen Wirkungen des Romans für die Persönlichkeit von Gustaf Gründgens darf in die ästhetische Realität durch ein Veröffentlichungsverbot jedenfalls dann nicht eingegriffen werden, wenn bei Würdigung des Romans als Kunstwerk die rein stoffliche Beziehung zu Gründgens in der Verbindung von Faktischem und Poetischem deutlich in den Hintergrund tritt, mag diese Anlehnung an die Wirklichkeit auch noch erkennbar bleiben.

3. Danach ist im vorliegenden Fall verfassungsrechtlich eine andere Bewertung der Spannungslage von Kunstfreiheit und Persönlichkeitsschutz geboten. Bei Würdigung des Romans als Kunstwerk erscheint Hendrik Höfgen in erster Linie als Romanfigur auf die künstlerische Darstellung bezogen und als Typ gegenüber dem Persönlichkeitsbild von Gustaf Gründgens verselbständigt. [*Wird ausgeführt.*]

4. Darüber hinaus haben Bundesgerichtshof und Oberlandesge- 214
richt bei der gebotenen Abwägung die nachteiligen Wirkungen des Romans auf den Schutzbereich der Persönlichkeit von Gustaf Gründgens auch noch in anderer Beziehung überbetont.

Unter C III 6 des Beschlusses des BVerfG vom 24. 2. 1971 – BvR 435/68 –, S. 194, ist bereits hervorgehoben worden, daß bei der Abwägung dem vorbehaltlosen Grundrecht der Beschwerdeführerin aus Art. 5 Abs. 3 Satz 1 GG als kollidierender Wertaspekt nur der dem Verstorbenen aus Art. 1 Abs. 1 GG zukommende Schutz, dagegen nicht auch Abs. 2 Art. 1 GG gegenüberzustellen ist, dem die Zivilgerichte zu Unrecht Ausstrahlungswirkungen auf den vorliegenden Fall zuerkannt haben.

Art. 1 Abs. 1 GG garantiert den allgemeinen Eigenwert, der dem Menschen kraft seines Personseins zukommt (BVerfGE 30, 1 [2, Leitsatz 6])[1]. Das Gebot der Unverletzlichkeit der Menschenwürde verbürgt Schutz vor solchen Eingriffen in die Persönlichkeitssphäre, durch die zugleich der Mensch als solcher in seinem Eigenwert, seiner Eigenständigkeit verletzt ist. Im Verhältnis zu Art. 2 Abs. 1 GG,

---

1 BVerfGA Nr. 24.

der die freie Entfaltung der Einzelpersönlichkeit sichert, ist Art. 1 Abs. 1 GG daher weniger auf die Individualität als auf die Personalität bezogen. Dieser Unterschied ist für die vorliegend gebotene Abwägung von Bedeutung. Eine Beeinträchtigung dieses Schutzbereichs setzt danach zumindest die Befürchtung voraus, daß die Veröffentlichung des Romans zu einem in dieser Weise besonders qualifizierten Eingriff in die Persönlichkeitssphäre von Gustaf Gründgens führen wird. Demgegenüber haben die Zivilgerichte das Veröffentlichungsverbot unter dem allgemeinen Gesichtspunkt eines auf das Individuum bezogenen Ehrenschutzes für gerechtfertigt erklärt. Sie
215 sind nicht | von dem spezifisch auf die Personalität bezogenen Wertaspekt des Art. 1 Abs. 1 GG ausgegangen. Schon deshalb ist nicht auszuschließen, daß die nach Art. 1 Abs. 1 GG vorgenommene Würdigung durch die irrige Annahme eines, wenn auch eingeschränkten Weiterwirkens des Persönlichkeitsrechtes gemäß Art. 2 Abs. 1 GG nach dem Tode wesentlich beeinflußt ist und einer Auslegung Raum gegeben hat, die die Bedeutung der Person nach Art. 1 Abs. 1 und der Persönlichkeit nach Art. 2 Abs. 1 GG deshalb verkannt hat.

In diesem Zusammenhang ist außerdem zu berücksichtigen, daß mit verblassender Erinnerung an den Verstorbenen die Gefahr einer nachteiligen Einwirkung auf die geschützte Persönlichkeitssphäre geringer wird. Diese Gesichtspunkte haben zwar auch die angefochtenen Entscheidungen hervorgehoben; jedoch ist unbeachtet geblieben, daß das allgemeine Interesse an Personen, die nicht der *allgemeinen* Zeitgeschichte angehören, sondern wie Gustaf Gründgens in einem engeren Bereich des öffentlichen Lebens ihrer Zeit hervorgetreten sind, nach ihrem Tod rascher schwindet und damit die Gefahr einer persönlichkeitsverletzenden Identifizierung von Gustaf Gründgens mit der Romanfigur Hendrik Höfgen geringer ist …

26 Art. 14 Abs. 1 Satz 1 und 2 GG (geistiges Eigentum)

Urheberrecht und geistiges Eigentum – Schutzbereich der Eigentumsgegenüber der Kunstfreiheit bei erschienenen Kunstwerken – Eigentumsrecht als Bestandsgarantie und Freiheitsrecht – Umfang des urheberrechtlichen Eigentums – Wahrung des grundlegenden Gehalts der Eigentumsgarantie bei der Inhalts- und Schrankenbestimmung – Gründe des Gemeinwohls für die Einschränkung urheberrechtlicher Verwertungsrechte

BVerfGE 31, 229–248 – Schulbuchprivileg[1]

1. Das Urheberrecht ist als Nutzungsrecht »Eigentum« im Sinne des Art. 14 Abs. 1 Satz 1 GG. 229

2. Art. 14 Abs. 1 Satz 1 GG gebietet die grundsätzliche Zuordnung des wirtschaftlichen Wertes eines geschützten Werkes an den Urheber. Damit ist aber nicht jede nur denkbare Verwertungsmöglichkeit verfassungsrechtlich gesichert. |

Es ist Sache des Gesetzgebers, im Rahmen der inhaltlichen Ausprä- 230
gung des Urheberrechts sachgerechte Maßstäbe festzulegen, die eine der Natur und sozialen Bedeutung des Urheberrechts entsprechende Nutzung und angemessene Verwertung sicherstellen (Art. 14 Abs. 1 Satz 2 GG).

3. Das Interesse der Allgemeinheit an einem ungehinderten Zugang zu den Kulturgütern rechtfertigt es, daß geschützte Werke nach ihrem Erscheinen ohne Zustimmung des Urhebers in Sammlungen für den Kirchen-, Schul- und Unterrichtsgebrauch aufgenommen werden dürfen, nicht aber, daß der Urheber sein Werk hierfür vergütungsfrei zur Verfügung stellen muß (§ 46 UrhG).

Beschluß des Ersten Senats vom 7. Juli 1971 – 1 BvR 765/66 –

Sachverhalt: *Nach § 15 Abs. 1 Urhebergesetz (UrhG) steht dem Urheber das ausschließliche Recht zu, sein Werk in körperlicher Form zu verwerten. Dieses Verwertungsrecht umfaßt unter anderem das Vervielfältigungs- und das Verbreitungsrecht nach Maßgabe der §§ 16, 17 UrhG. Demgegenüber erklärte § 46 UrhG in der ursprünglichen Fassung des Gesetzes vom 9. September 1965 (BGBl. I S. 1273) die genannten Verwertungsformen durch Dritte zustimmungs- und vergütungsfrei für zulässig, wenn erschienene Werke in Sammlungen für den Kirchen-, Schul- und Unterrichtsgebrauch aufgenommen wurden. Nach § 46 Abs. 4 UrhG hatte der Urheber, dem die beabsichtigte Verwertung durch Dritte angezeigt werden mußte, nur das Recht, diese zu verbieten, wenn das Werk seiner Überzeugung nicht mehr entsprach.*

Die unmittelbar gegen § 46 UrhG gerichtete Verfassungsbeschwerde hatte Erfolg, soweit die Vorschrift die genannte Verwertung vergütungsfrei zuließ.

---

[1] Fortführung der Rechtsprechung aus BVerfGE 31, 229 in BVerfGE 81, 12 für das dem Urheberrecht verwandte Schutzrecht des Herstellers, Tonträger zu vervielfältigen und zu verbreiten; vgl. ferner zu weiteren Einschränkungen urheberrechtlicher Verwertungsrechte: BVerfGE 49, 382 – Kirchenmusik –; 79, 29 – Musik in Vollzugsanstalten.

Aus den Gründen:

238 I.

Das Urheberrecht schützt den Urheber in seinen geistigen und persönlichen Beziehungen zu seinem Werk und in der Nutzung des Werkes (§ 11 UrhG). Gemäß dieser inhaltlichen Festlegung des Urheberrechts unterscheidet das Gesetz zwischen dem Urheberpersönlichkeitsrecht (§§ 12 bis 14 UrhG) und den Verwertungsrechten (§§ 15 ff. UrhG). In welchem rechtlichen Verhältnis beide Bereiche des Urheberrechts zueinander stehen und welche Grundrechtsnormen für die geistig-persönlichen Beziehungen des Urhebers zu seinem Werk maßgeblich sind, bedarf in diesem Verfahren keiner weiteren Erörterung. Gegenstand der verfassungsrechtlichen Prüfung ist allein die vermögenswerte Seite des Urheberrechts. Insoweit geht das Bundesverfassungsgericht in Übereinstimmung mit der herrschenden Auffassung davon aus, daß die Verfassungsmäßigkeit der Nutzungsrechte des Urhebers grundsätzlich am Maßstab des Art. 14 GG zu messen ist. Art. 5 Abs. 3 Satz 1 GG scheidet als Prüfungsnorm für die verwertungsrechtliche Regelung des § 46 UrhG aus.

Sinn und Aufgabe der Kunstfreiheitsgarantie ist vor allem, die auf der Eigengesetzlichkeit der Kunst beruhenden, von ästhetischen Rücksichten bestimmten Prozesse, Verhaltensweisen und Entscheidungen von jeglicher Ingerenz öffentlicher Gewalt freizuhalten. Die
239 Kunstfreiheit verbietet, auf Methoden, Inhalte und | Tendenzen der künstlerischen Tätigkeit einzuwirken, allgemein verbindliche Regeln für den Schaffensprozeß vorzuschreiben oder den Raum künstlerischer Betätigung einzuengen (vgl. BVerfGE 30, 173 [190])[1].

Um diesen Sachbereich geht es bei dem beanstandeten § 46 UrhG nicht. Diese Vorschrift setzt voraus, daß die Werke erschienen sind; es müssen also mit Zustimmung des Berechtigten Vervielfältigungsstükke der Öffentlichkeit angeboten und in den Verkehr gebracht worden sein (vgl. § 6 Abs. 2 UrhG). Sie berührt also nicht die künstlerische Tätigkeit und auch nicht die Möglichkeit, ihr Ergebnis der Öffentlichkeit wahrnehmbar zu machen. Im Vordergrund steht die wirtschaftliche Verwertung der geistigen Leistung. Es geht um die Frage, ob die in der angegriffenen Norm vorgenommene Begrenzung der vermögenswerten Seite des Urheberrechts mit der Verfassung in Einklang steht. Das ist der typische Schutzbereich der Eigentumsgarantie des Art. 14 GG. Dieser kommt im Gesamtgefüge der Verfassung zunächst die

---

[1] BVerfGA Nr. 25.

Aufgabe zu, dem Träger des Grundrechts durch Zubilligung und Sicherung von Herrschafts-, Nutzungs- und Verfügungsrechten einen Freiheitsraum im vermögensrechtlichen Bereich zu gewährleisten und ihm damit die Entfaltung und eigenverantwortliche Gestaltung des Lebens zu ermöglichen; insoweit steht sie in einem inneren Zusammenhang mit der Garantie der persönlichen Freiheit (vgl. BVerfGE 21, 73 [86]; 24, 367 [389, 396, 400])[1]. Darüber hinaus bewahrt die Eigentumsgarantie den konkreten, vor allem den durch Arbeit und Leistung erworbenen Bestand an vermögenswerten Gütern vor ungerechtfertigten Eingriffen durch die öffentliche Gewalt.

Diese sichernde und abwehrende Bedeutung der Eigentumsgarantie gebietet, die vermögenswerten Befugnisse des Urhebers an seinem Werk als »Eigentum« im Sinne des Art. 14 GG anzusehen und seinem Schutzbereich zu unterstellen. Bei der verfassungsrechtlichen Beurteilung sind allerdings die unlösbare Verbindung von persönlich-geistiger Schöpfung (vgl. § 2 Abs. 2 UrhG) mit ihrer wirtschaftlichen
Auswertbarkeit sowie die be|sondere Natur und Gestaltung dieses 240
Vermögensrechts gebührend zu berücksichtigen.

Es kann dahingestellt bleiben, ob auch Art. 5 Abs. 3 Satz 1 GG eingreift, wenn die wirtschaftliche Auswertung des Werkes durch ein Gesetz derart beschränkt würde, daß die freie künstlerische Betätigung praktisch nicht mehr möglich wäre. Diese Voraussetzungen liegen hier nicht vor.

II.

Die Vorschrift des § 46 UrhG ist eine Schranke des Urheberrechts im Sinne des 6. Abschnittes des I. Teils des Urheberrechtsgesetzes. Sie steht mit der Eigentumsgarantie des Art. 14 Abs. 1 Satz 1 GG nicht in Einklang.

Da es keinen vorgegebenen und absoluten Begriff des Eigentums gibt und Inhalt und Funktion des Eigentums der Anpassung an die gesellschaftlichen und wirtschaftlichen Verhältnisse fähig und bedürftig sind, hat die Verfassung dem Gesetzgeber die Aufgabe übertragen, den Inhalt und die Schranken des Eigentums zu bestimmen (Art. 14 Abs. 1 Satz 2 GG). Das gilt auch für die vermögenswerten Rechte des Urhebers; sie bedürfen ebenso wie das Sacheigentum der Ausgestaltung durch die Rechtsordnung. Der an das Grundgesetz gebundene Gesetzgeber kann aber hierbei nicht beliebig verfahren. Er

---

[1] BVerfGA Nr. 20.

muß bei der Festlegung der Befugnisse und Pflichten, die den Inhalt des Rechts ausmachen, den grundlegenden Gehalt der Eigentumsgarantie wahren, sich aber auch mit allen anderen Verfassungsnormen in Einklang halten. Nur mit dem hiernach sich ergebenden Inhalt ist das Urheberrecht verfassungsrechtlich geschützt (vgl. BVerfGE 24, 367 [396]).[1]

Art. 14 Abs. 1 Satz 1 GG gewährleistet zunächst das Privateigentum als Rechtsinstitut, das im wesentlichen durch die Privatnützigkeit und grundsätzliche Verfügungsfähigkeit über das Eigentumsobjekt gekennzeichnet ist (BVerfGE 24, 367 [389 f.];[1] 26, 215 [222]).
Das bedeutet für das Urheberrecht: Zu den konstituierenden Merk-
malen des Urheberrechts als Eigentum im Sinne der Verfassung ge-
241 hört die grundsätzliche Zuordnung des | vermögenswerten Ergebnis-
ses der schöpferischen Leistung an den Urheber im Wege privatrecht-
licher Normierung und seine Freiheit, in eigener Verantwortung dar-
über verfügen zu können. Das macht den grundgesetzlich geschütz-
ten Kern des Urheberrechts aus.

Diese grundsätzliche Zuordnung der vermögenswerten Seite des Urheberrechts an den Urheber zur freien Verfügung bedeutet aber nicht, daß damit jede nur denkbare Verwertungsmöglichkeit verfassungsrechtlich gesichert sei. Die Institutsgarantie gewährleistet einen Grundbestand von Normen, der gegeben sein muß, um das Recht als »Privateigentum« bezeichnen zu können. Im einzelnen ist es Sache des Gesetzgebers, im Rahmen der inhaltlichen Ausprägung des Urheberrechts nach Art. 14 Abs. 1 Satz 2 GG sachgerechte Maßstäbe festzulegen, die eine der Natur und der sozialen Bedeutung des Rechts entsprechende Nutzung und angemessene Verwertung sicherstellen.

Eine dieser prinzipiellen Forderung der Eigentumsgarantie gemäße Regelung hat der Gesetzgeber in dem Ausschließlichkeitsrecht des § 15 UrhG getroffen. Entgegen der Auffassung der Beschwerdeführer ist aber nicht schon jede im Gesetz vorgenommene Beschränkung dieses Rechts oder sein Ausschluß für bestimmte Tatbestände als Eingriff in den grundgesetzlich geschützten Bereich des Urheberrechts anzusehen.

Nach § 15 UrhG steht dem Urheber unter anderem das ausschließliche Recht zu, sein Werk in körperlicher Form zu verwerten; er kann über diese Verwertungsmöglichkeit grundsätzlich frei, d.h. im Wege vertraglicher Vereinbarung verfügen. Diese Befugnis ist ihm aber nicht unbegrenzt zugebilligt. Dem Urheberrecht sind in den §§ 45 ff.

---

[1] BVerfGA Nr. 20.

UrhG in mannigfacher Hinsicht »Schranken« gezogen, die abgestuft und von verschiedener Intensität sind. Bei der hier in Rede stehenden Vorschrift ist die Nutzung des Werkes durch Dritte ohne vorherige Zustimmung des Urhebers »zulässig«, und zwar unentgeltlich.

Bei der verfassungsrechtlichen Beurteilung dieser gesetzlichen Schranke ist davon auszugehen, daß der Gesetzgeber nicht nur die Individualbelange zu sichern hat, sondern ihm auch aufgetra|gen ist, 242
den individuellen Berechtigungen und Befugnissen die im Interesse des Gemeinwohls erforderlichen Grenzen zu ziehen; er muß den Bereich des Einzelnen und die Belange der Allgemeinheit in einen gerechten Ausgleich bringen. Die Verfassungsmäßigkeit der angefochtenen Vorschrift hängt somit – abgesehen von der sonstigen Übereinstimmung mit dem Grundgesetz – davon ab, ob sie durch Gründe des Gemeinwohls gerechtfertigt ist.

III.

§ 46 Abs. 1 Satz 1 UrhG erklärt die Vervielfältigung und Verbreitung von Werken und Werkteilen in Sammlungen für zulässig, die nach ihrer Beschaffenheit nur für den Kirchen-, Schul- oder Unterrichtsgebrauch bestimmt sind. Das geschützte Werk kann ohne Erlaubnis des Urhebers und ohne daß ihm eine Vergütung bezahlt werden muß, verwendet werden.

1. Keine Bedenken bestehen gegen den Ausschluß des Vervielfältigungs- und Verbreitungsrechts für die in § 46 Abs. 1 UrhG genannten Sammlungen. Mit der Publikation steht das geschützte Werk nicht nur dem Einzelnen zur Verfügung, es tritt zugleich in den sozialen Raum und kann damit zu einem eigenständigen, das kulturelle und geistige Bild der Zeit mitbestimmenden Faktor werden. Daher hat die Allgemeinheit ein bedeutsames Interesse daran, daß die Jugend im Rahmen eines gegenwartsnahen Unterrichts mit dem Geistesschaffen vertraut gemacht wird. Das gleiche gilt für Teilnehmer entsprechender Unterrichtsveranstaltungen. Die Verwirklichung dieser sozialen Aufgabe wäre aber nicht gewährleistet, wenn der Urheber die Aufnahme seines Werkes in eine Sammlung beliebig verhindern könnte. Insoweit ist der Ausschluß dieser Verwertungsrechte nicht zu beanstanden. Ihren schutzwürdigen Interessen ist durch die Begrenzung des Umfangs der aufzunehmenden Werke, die enge Zweckbindung der Sammlungen sowie durch die Einräumung eines Verbotsrechts im Falle gewandelter Überzeugung (§ 46 Abs. 4 UrhG) in angemessener Weise Rechnung getragen. |

243 Die Einbeziehung der Sammlungen für den Kirchengebrauch rechtfertigt sich aus der besonderen Stellung der Kirchen im öffentlichen Leben.

2. Nicht mehr verfassungsmäßig ist die Vorschrift dagegen insoweit, als die Aufnahme von geschützten Werken in die genannten Sammlungen auch vergütungsfrei bleibt.

Die Versagung des Vervielfältigungs- und Verbreitungsrechts für die in § 46 Abs. 1 Satz 1 UrhG genannten Sammlungen schmälert das Verfügungsrecht des Urhebers, da er der Verwendung seines Werkes nicht widersprechen und auch nicht die Bedingungen vereinbaren kann, unter denen er einer Verwertung zustimmen würde. Diese Beschränkung führt dann zu einer wesentlichen Beeinträchtigung des wirtschaftlichen Wertes der geschützten Leistung, wenn die Möglichkeit der freien Honorarvereinbarung nicht durch einen gesetzlichen Vergütungsanspruch ersetzt wird, wenn also die Freigabe des Werkes unentgeltlich erfolgt.

Der Urheber hat nach dem Inhalt der Eigentumsgarantie grundsätzlich einen Anspruch darauf, daß ihm der wirtschaftliche Nutzen seiner Arbeit zugeordnet wird, soweit nicht Gründen des gemeinen Wohls der Vorrang vor den Belangen des Urhebers zukommt. Hierbei ist zu berücksichtigen, daß es um das Ergebnis der geistigen und persönlichen Leistung des Urhebers geht, nicht aber etwa um einen unverdienten Vermögenszuwachs. Daher kann der Ausschluß eines Vergütungsanspruchs nicht durch jede Gemeinwohlerwägung gerechtfertigt werden; insbesondere reicht das Interesse der Allgemeinheit an einem ungehinderten Zugang zu urheberrechtlich geschützten Werken allein nicht aus. Im Hinblick auf die Intensität der Beschränkung der urheberrechtlichen Stellung muß ein gesteigertes öffentliches Interesse gegeben sein, damit eine solche Regelung vor der Verfassung Bestand hat.

Solche Gründe des Gemeinwohls liegen nicht vor: [*Das Gericht setzt sich im folgenden mit einzelnen, für die angegriffene gesetzliche Regelung ins Feld geführten Gemeinwohlbelangen auseinander, ohne sie für sachlich berechtigt zu halten; hierbei führt es unter anderem aus:*]

246 d) Der bei den parlamentarischen Beratungen vertretenen Auffassung, die Urheber seien zur unentgeltlichen Wiedergabe ihres Werkes verpflichtet, weil ihnen eine besondere Dankesschuld der Allgemeinheit gegenüber obliege, vermag das Bundesverfassungsgericht nicht zu folgen: Es sind nicht nur die Urheber, die »auf dem überkommenen Kulturgut« und »dem geistigen Gesamtbesitz des Volkes« auf-

bauen. Dasselbe gilt für alle geistig und schöpferisch Tätigen. Wesentlich ist aber, daß in keinem vergleichbaren Lebensbereich die gesetzliche Verpflichtung besteht, das Ergebnis eigener Leistung für Zwecke der Volksbildung unentgeltlich zur Verfügung zu stellen. Mit Recht weisen die Beschwerdeführer darauf hin, daß im naturkundlichen Unterricht Geräte verwendet werden, für welche Patent- oder Gebrauchsmusterschutz besteht, ohne daß den Rechtsinhabern ein Verzicht auf Verbotsrechte oder Lizenzforderungen zugemutet wird.

Das Werk des Urhebers ist eine Voraussetzung für die Herstellung von Schulbuchsammlungen usw. Die schöpferische Leistung des Autors ist der entscheidende Beitrag, der eine solche Zusammenstellung überhaupt erst ermöglicht. Gleichwohl wird nur der Urheber in einseitiger Weise verpflichtet, seinen Teil unentgeltlich zur Verfügung zu stellen; keinem anderen – weder dem Herausgeber noch dem Verleger noch der Druckerei – wird in gleicher Weise der ihm zustehende Anteil am Erlös der gemeinsamen Arbeit vorenthalten. Hierfür gibt es keine überzeugende Begründung …

27 Art. 13, 93 Abs. 1 Nr. 4a GG; § 90 BVerfGG

Wohnungsbegriff – Unverletzlichkeit der Wohnung auch in Geschäfts- und Betriebsräumen – Betretungs- und Besichtigungsrechte und Durchsuchung im Sinne des Art. 13 Abs. 2 GG – Begriff der Durchsuchung – Betretungs- und Besichtigungsrechte keine Eingriffe und Beschränkungen im Sinne des Art. 13 Abs. 3 GG – verfassungsrechtliche Anforderungen an Betretungs- und Besichtigungsrechte für Geschäfts- und Betriebsräume

BVerfGE 32, 54–77 – Betriebsbetretungsrecht[1]

1. Der Begriff »Wohnung« in Art. 13 Abs. 1 GG ist weit auszulegen; er umfaßt auch Arbeits-, Betriebs- und Geschäftsräume. 54

2. Die Auslegung der Begriffe »Eingriffe und Beschränkungen« in Art. 13 Abs. 3 GG muß dem verschiedenen Schutzbedürfnis einerseits der privaten Wohnräume, andererseits der Arbeits-, Betriebs- und Geschäftsräume Rechnung tragen.

---

[1] Vgl. ferner: BVerfGE 51, 97 und 76, 83 zum Erfordernis einer gerichtlichen Durchsuchungsanordnung für den Gerichtsvollzieher, außer bei Gefahr im Verzug, und BVerfGE 42, 212 (BVerfGA Nr. 39) zu den Anforderungen an einen Durchsuchungsbefehl.

Beschluß des Ersten Senats vom 13. Oktober 1971
– 1 BvR 280/66 –

Sachverhalt: *Die Beschwerdeführer waren Inhaber handwerksähnlicher Betriebe. Sie wandten sich mit der Verfassungsbeschwerde unmittelbar gegen die der Handwerkskammer auch ihnen gegenüber in § 17 HwO eingeräumten Betretungs- und Besichtigungsrechte für ihre Betriebs- und Geschäftsräume. § 17 HwO lautet:*

(1) Die in der Handwerksrolle eingetragenen oder in diese einzutragenden Gewerbetreibenden sind verpflichtet, der Handwerkskammer die für die Eintragung in die Handwerksrolle erforderliche Auskunft über Art und Umfang ihres Betriebes, über die Zahl der im Betrieb beschäftigten gelernten und ungelernten Personen und über handwerkliche Prüfungen des Betriebsinhabers und des Betriebsleiters zu geben.

(2) Die Beauftragten der Handwerkskammer sind befugt, zu dem in Absatz 1 bezeichneten Zweck Grundstücke und Geschäftsräume des Auskunftspflichtigen zu betreten und dort Prüfungen und Besichtigungen vorzunehmen. Der Auskunftspflichtige hat diese Maßnahmen zu dulden. Das Grundrecht der Unverletzlichkeit der Wohnung (Art. 13 des Grundgesetzes) wird insoweit eingeschränkt.

(3) …

Die Verfassungsbeschwerde hatte keinen Erfolg.

Aus den Gründen:

[*Zur Zulässigkeit der unmittelbar gegen § 17 Abs. 2 HwO erhobenen Verfassungsbeschwerde führt das Gericht aus:*]

62 2. Soweit die Verfassungsbeschwerde § 20 in Verbindung mit § 17 Abs. 2 HwO angreift, ist sie – entgegen der Auffassung des Bundesministers für Wirtschaft – als zulässig anzusehen. Die Duldungs-
63 pflicht der Beschwerdeführer nach § 17 Abs. 2 Satz 2 | HwO besteht unmittelbar kraft Gesetzes. Zwar setzt sie ein Tätigwerden der Handwerkskammer voraus, nämlich einen Auftrag zum Betreten des Betriebs und zur Vornahme der Prüfung oder Besichtigung. Ob und wann aber die Kammer dieses Recht tatsächlich ausübt, steht in ihrem Ermessen. Sie kann jederzeit auch formlos Beauftragte in den Betrieb entsenden. Die Beschwerdeführer können weder darauf verwiesen werden, gegen eine bevorstehende Betriebsbesichtigung erst den Verwaltungsrechtsweg zu beschreiten, noch darauf, die Besichtigung zunächst zu verweigern und damit den Tatbestand einer Ordnungswidrigkeit (§ 118 Abs. 1 Nr. 2 HwO) zu erfüllen, die ein Ordnungswidrigkeitsverfahren nach sich ziehen kann. Die gesetzliche Duldungspflicht beschwert sie unmittelbar …

[*Zur Begründetheit der Verfassungsbeschwerde fährt das Gericht dann fort:*]

II. 68

Ein besonderer Angriff der Beschwerdeführer richtet sich gegen § 20 HwO, insoweit er § 17 Abs. 2 für anwendbar erklärt. Sie sehen es als eine Verletzung ihres Grundrechts auf Unverletzlichkeit der Wohnung an, daß die Beauftragten der Handwerkskammer das Recht erhalten sollen, ihre »Grundstücke und Geschäftsräume« zu betreten, um dort »Prüfungen und Besichtigungen« vorzunehmen.

Wortlaut und erkennbarer Zweck der Bestimmungen legen es nahe anzunehmen, daß sie nur das Betreten gewerblich genutzter Räumlichkeiten erlauben wollen, nicht auch das der privaten Wohnräume des Betriebsinhabers. Die Rüge der Beschwerdeführer wäre also gegenstandslos, wenn Geschäfts- und Betriebsräume überhaupt nicht unter den Begriff »Wohnung« im Sinne des Art. 13 GG fielen. Dieser Ansicht, die auch vom Bundesmini|ster der Justiz vertreten wird, 69
vermag das Bundesverfassungsgericht jedoch nicht beizutreten.

1. Art. 13 Abs. 1 GG umschreibt den von ihm geschützten Grundrechtsbereich mit einer seit langem feststehenden Formel. Schon die belgische Verfassung von 1831 hatte in Art. 10 dieses Grundrecht in die kurze und einprägsame Fassung gebracht: Le domicile est inviolable. Sie ist unverändert in den Grundrechtsabschnitt der Frankfurter Reichsverfassung von 1848/49 (§ 140) und in Art. 6 der Preußischen Verfassung vom 5. Dezember 1848/31. Januar 1850 übergegangen. Im Anschluß daran bestimmte Art. 115 der Weimarer Reichsverfassung: Die Wohnung jedes Deutschen ist für ihn eine Freistätte und unverletzlich.

Im Geltungsbereich der Preußischen Verfassung war es einhellige Meinung in Rechtsprechung und Schrifttum, daß der Begriff »Wohnung« weit auszulegen sei und die Geschäftsräume (auch von Vereinen) mitumfasse (vgl. die Entscheidungen des Preußischen OVG in PrOVG 1, 375; 27, 325; 49, 207 und im PrVerwBl. Bd. 25 [1903/04], S. 795; ferner Anschütz, Die Verfassungsurkunde für den Preußischen Staat, Bd. I, 1912, Anm. II 1 zu Art. 6).

Die Staatsrechtslehre der Weimarer Zeit folgte ganz überwiegend dieser Auffassung (so etwa Anschütz, Die Verfassung des Deutschen Reichs, 14. Aufl., 1933, Erl. 1 zu Art. 115; Giese, Die Verfassung des Deutschen Reiches, 8. Aufl., 1931, Anm. 1 zu Art. 115).

Bei den Vorarbeiten zum Grundgesetz ging man zunächst im

Anschluß an den Herrenchiemsee-Entwurf (Art. 5) von der Fassung des Art. 115 der Weimarer Reichsverfassung aus. Die Redaktoren kehrten schließlich jedoch zu der einfachen Formel der Preußischen Verfassung und der Frankfurter Reichsverfassung zurück. Eine Änderung der bisherigen Auslegung des Wohnungsbegriffs war nicht beabsichtigt (vgl. insbesondere die Äußerungen der Abgeordneten Zinn und v. Mangoldt, JbÖffR 1, S. 139 und 181). Das verfassungsrechtliche Schrifttum hat sich durchweg diese Auslegung zu eigen gemacht
70 und bezieht Geschäftsräume in | den Schutzbereich des Grundrechts ein. Dabei wird die Kontinuität der Rechtsentwicklung ebenso betont wie der Schutzzweck der Norm, die den räumlichen Bereich individueller Persönlichkeitsentfaltung sichern solle, zu der auch die ungestörte Berufsarbeit gehöre. Auch auf die praktischen Schwierigkeiten, die sich bei einer engeren Auslegung des Wohnungsbegriffs ergeben würden, wird hingewiesen (vgl. im einzelnen die Erläuterungswerke zum Grundgesetz: v. Mangoldt-Klein, 2. Aufl., Bd. I, S. 401; Bonner Kommentar – Zweitbearbeitung (Dagtoglou) – Rdnr. 21 zu Art. 13; Maunz-Dürig-Herzog, Rdnr. 1 zu Art. 13; ferner etwa Gentz, Die Unverletzlichkeit der Wohnung, 1968, S. 24 ff. mit weiteren Literaturangaben).

Ein Blick auf ausländische Regelungen zeigt, daß bei gleicher oder annähernd gleicher Fassung der Gesetzestexte die weite Auslegung des Wohnungsbegriffs vorherrscht (vgl. etwa für die Schweiz BGE 81 I, S. 119 ff.; für Österreich die Entscheidung des Verfassungsgerichtshofs vom 22. November 1932 Nr. 1486, vom 14. März 1949 Nr. 1747, vom 2. Juli 1955 Nr. 2867 und vom 16. Dezember 1965 Nr. 5182 sowie Ermacora, Handbuch der Grundfreiheiten und der Menschenrechte, 1963, S. 241; für Italien: Enciclopedia del Diritto XIII (1964), S. 859 ff. und Faso, La Libertà di Domicilio, 1968, S. 34 ff.; für die USA die Dissenting opinion von Justice Frankfurter zur Entscheidung Davis v. United States vom 10. Juni 1946 – 328 US 582, 596 f. – und die Entscheidung See v. City of Seattle vom 5. Juni 1967 – 387 US 541 –).

2. Von der weiten Auslegung des Wohnungsbegriffs abzugehen, besteht kein Anlaß, auch wenn man berücksichtigt, daß in den dargestellten früheren und zum Teil auch in den ausländischen Regelungen dem Gesetzgeber stärkere Eingriffsrechte vorbehalten sind als in Art. 13 GG. Wurden die Geschäfts- und Betriebsräume schon in Zeiten eines prinzipiell weit weniger ausgebildeten Grundrechtsschutzes mit Selbstverständlichkeit zum Bereich der individuellen Freiheitssphäre des Bürgers gerechnet und damit den besonderen Verfassungs- und

Gesetzesbestimmungen zum | Schutze des Hausfriedens unterstellt, 71
so wäre es schwer verständlich und würde der grundsätzlichen Einstellung des Verfassungsgebers von 1949 zuwiderlaufen, diese Räumlichkeiten jetzt generell von dem Schutz dieses Grundrechts auszunehmen. Die nunmehr seit mehr als einem Jahrhundert unverändert gebliebene Auslegung hat sich zu einer allgemeinen Rechtsüberzeugung verfestigt und dem Grundrecht eine Reichweite gegeben, die nur verkürzt werden dürfte, wenn nachgewiesen würde, daß zwingende sachliche Gründe eine solche Substanzminderung erforderten und daß die Entstehungsgeschichte ihr wenigstens nicht entgegenstünde. Das Gegenteil ist aber, wie dargelegt, der Fall. Nicht nur ist die herkömmliche Formulierung des Grundrechts unverändert übernommen worden; die zu ihrer Begründung abgegebenen und unwidersprochen gebliebenen Äußerungen der maßgebenden Redaktoren erweisen klar, daß mit der überlieferten Formel auch die bisherige Interpretation festgehalten werden sollte. Daß man angesichts der unmittelbar vorausliegenden geschichtlichen Erfahrung, die die Anfälligkeit gerade dieses Lebensbereichs gegenüber Eingriffen der öffentlichen Gewalt gezeigt hatte, an eine Einengung des Grundrechts gedacht haben sollte, ist ohnehin nicht zu vermuten. Nur die weite Auslegung wird auch dem Grundsatz gerecht, wonach in Zweifelsfällen diejenige Auslegung zu wählen ist, welche die juristische Wirkungskraft der Grundrechtsnorm am stärksten entfaltet (BVerfGE 6, 55 [72]).[1] Sie fügt sich überdies sinnvoll in die Grundsätze ein, die das Bundesverfassungsgericht zur Interpretation des Grundrechts der Berufsfreiheit entwickelt hat. Wenn dort die Berufsarbeit als ein wesentliches Stück der Persönlichkeitsentfaltung gesehen und ihr deshalb im Rahmen der individuellen Lebensgestaltung des Einzelnen ein besonders hoher Rang zuerkannt wird (BVerfGE 7, 377 [397];[2] 13, 97 [104 f.]), so ist es nur folgerichtig, dem räumlichen Bereich, in dem sich diese Arbeit vorwiegend vollzieht, einen entsprechend wirksamen rechtlichen Schutz angedeihen zu lassen, jedenfalls den bereits bestehenden verfassungsrechtlichen Schutz dieser Räume
nicht ohne zwingende Notwendigkeit zu schmälern. In | diesem Zu- 72
sammenhang ist darauf hinzuweisen, daß auch nur bei dieser Auslegung den juristischen Personen und den Personenvereinigungen der Schutz dieses Grundrechts, dessen sie bisher nach allgemeiner Meinung teilhaftig waren, erhalten werden kann.

---

1 BVerfGA Nr. 4.
2 BVerfGA Nr. 6.

Der Wortlaut des Art. 13 Abs. 1 GG kann demgegenüber nicht entscheidend sein. Die sprachliche Einkleidung dieses Grundrechts hat seit jeher die juristische Präzision zugunsten des feierlichen Pathos einer einprägsamen Kurzformel zurücktreten lassen. »Wohnung« ist in diesem Zusammenhang immer im Sinn der »räumlichen Privatsphäre« verstanden worden.

3. Die vom Bundesminister der Justiz vertretene engere Auslegung des Wohnungsbegriffs ist ersichtlich auch von der Sorge bestimmt, daß bei Einbeziehung der Geschäfts- und Betriebsräume in den Schutzbereich des Art. 13 GG viele herkömmliche Betretungs- und Besichtigungsrechte von Verwaltungsbehörden im Rahmen der Wirtschafts-, Arbeits- und Steueraufsicht nicht aufrechterhalten werden könnten, weil sie durch die Schrankenbestimmung des Art. 13 Abs. 3 GG nicht mehr gedeckt wären. Selbst wenn dies zuträfe, müßte es bedenklich erscheinen, den Wirkungsbereich des Grundrechts vom Schrankenvorbehalt her zu bestimmen und etwa zu argumentieren: weil bei weiter Auslegung die Schrankenziehung praktische Schwierigkeiten bereite, sei die engere Auslegung zu wählen, bei der die Schranken gegenstandslos würden. Vielmehr ist zunächst die materielle Substanz des Grundrechts zu ermitteln; erst danach sind unter Beachtung der grundsätzlichen Freiheitsvermutung und des Verfassungsgrundsatzes der Verhältnismäßigkeit und Zumutbarkeit die rechtsstaatlich vertretbaren Schranken der Grundrechtsausübung zu fixieren. Die vom Bundesminister der Justiz befürchteten praktischen Schwierigkeiten lassen sich zudem, wie noch zu zeigen ist, durch eine differenzierende Auslegung weithin überwinden.

4. a) Die Einbeziehung der Geschäftsräume in den Schutzbereich des Art. 13 GG bedeutet zunächst, daß »Durchsuchungen« auch sol-
73 cher Räume grundsätzlich nur durch den Richter angeordnet | werden dürfen (Abs. 2). Der Bundesminister der Justiz erkennt an, daß insoweit prinzipiell das gleiche Schutzbedürfnis wie für Wohnräume besteht, und er ist der Auffassung, daß angesichts des in allen rechtsstaatlichen Demokratien ebenso wie in Deutschland seit langem anerkannten Schutzes auch von gewerblichen und betrieblichen Räumen gegen Durchsuchungen eine Einschränkung des grundsätzlichen Erfordernisses vorheriger richterlicher Anordnung nicht in Betracht komme. Dieses Ergebnis läßt sich aber bei der engeren Auslegung des Wohnungsbegriffs verfassungsrechtlich nicht mit genügender Sicherheit erreichen.

Es braucht hier nicht entschieden zu werden, wie weit der verfassungsrechtliche Begriff der »Durchsuchung« im einzelnen zu erstrekken ist (vgl. dazu BVerfGE 28, 285); denn die hier in Frage stehenden handwerksrechtlichen Betretungs- und Besichtigungsrechte sind keine Durchsuchungen.

b) Die prinzipielle Unverletzlichkeit der Wohnung wird in Art. 13 Abs. 3 GG dadurch gesichert, daß »Eingriffe und Beschränkungen«, die nicht »Durchsuchungen« sind, nur unter ganz bestimmten, genau umschriebenen Voraussetzungen vorgenommen werden dürfen. Bei Wohnräumen im engeren Sinn entspricht diese strenge Begrenzung der zulässigen Eingriffe dem grundsätzlichen Gebot unbedingter Achtung der Privatsphäre des Bürgers. Zwar geht es zu weit, wenn der Bundesminister der Justiz annimmt, die Vorbehaltsschranken des Abs. 3 seien »der Sache nach (nur) auf Wohnräume zugeschnitten«; denn sowohl »zur Bekämpfung von Seuchengefahr« als auch »zum Schutze gefährdeter Jugendlicher« (namentlich unter dem Gesichtspunkt des Jugendarbeitsschutzes) kann auch das Betreten von Betriebs- und Arbeitsräumen durch die zuständigen Behörden sachdienlich und erforderlich sein. Doch kann es in der Tat als fraglich erscheinen, ob bei Einbeziehung der Geschäftsräume in den Geltungsbereich des Art. 13 Abs. 3 GG das in einer Reihe von Gesetzen den Verwaltungsbehörden eingeräumte Recht, zu Kontrollzwekken Betriebsräume zu betreten und darin Besichtigungen und Prüfungen verschiedener Art vorzunehmen, eine zureichende verfassungsrecht | liche Grundlage hat. Zwar wird in manchen Fällen der Zweck 74
der »Verhütung dringender Gefahren für die öffentliche Sicherheit und Ordnung« den Eingriff rechtfertigen, zumal bei der weiten, die mittelbare Gefahrenverhütung einschließenden Auslegung dieser Klausel, wie sie der Entscheidung des Bundesverfassungsgerichts vom 13. Februar 1964 (BVerfGE 17, 232 [251 f.]) zugrunde liegt. Soweit aber den mit der Wirtschafts-, Arbeits- und Steueraufsicht betrauten Behörden das Recht eingeräumt wird, Betriebs- und Geschäftsräume zu betreten, um dort im Zusammenhang mit der Verpflichtung des Betriebsinhabers zur Auskunftserteilung Geschäftsbücher und Akten zu prüfen oder Waren und Einrichtungen zu besichtigen, wäre eine verfassungsrechtliche Grundlage für diese Maßnahmen nach herkömmlicher Auslegung nur durch eine nicht mehr vertretbare Überdehnung des Anwendungsbereichs des Abs. 3 zu gewinnen. Auf der anderen Seite ist dem Minister darin zuzustimmen, daß solche Betretungs- und Besichtigungsrechte vielfach ein unentbehrliches Kontrollinstrument der modernen Wirtschaftsaufsicht darstellen; ihre Bedeutung für einen wirksamen und gleichmäßigen Gesetzesvollzug wächst sogar noch mit dem Eindringen öffentlich-rechtli-

cher Steuerungselemente in die Wirtschaftsführung privater Unternehmen und der ihr korrespondierenden Verfeinerung und Intensivierung der Wirtschaftsaufsicht im weitesten Sinne.

Der Bundesminister der Justiz geht davon aus, daß es nicht in der Absicht des Parlamentarischen Rats lag, diese – ihm bekannten – Betretungs- und Besichtigungsrechte der Verwaltung zu beseitigen; er meint, bei der Formulierung des Art. 13 Abs. 3 GG seien diese Fälle »erkennbar nicht bedacht« worden. Diese Auffassung wird auch im Schrifttum vertreten (vgl. etwa die Kommentare von Maunz-Dürig-Herzog, Rdnr. 22 zu Art. 13; v. Mangoldt-Klein, 2. Aufl., Bd. I, S. 405 f. und Kern in Neumann-Nipperdey-Scheuner, Die Grundrechte, Bd. II, S. 105 ff.). Demgemäß ist der Bundesgesetzgeber, wie der Minister betont, seit Inkrafttreten des Grundgesetzes stets davon ausgegangen, daß solche Betretungs- und Besichtigungsrechte durch
75 Art. 13 Abs. 3 | GG nicht ausgeschlossen seien. Dieses Fortgelten auf Gewohnheitsrecht zu stützen, lehnt der Minister freilich mit Recht ab. Gegen die Annahme gewohnheitsrechtlicher Beschränkung von Freiheitsrechten sprechen angesichts der vom Verfassunggeber jeweils sorgfältig dem Wesen der einzelnen Grundrechte angepaßten Schrankenregelung schon grundsätzliche Bedenken. Die einwandfreie Feststellung einer gemeinsamen Rechtsüberzeugung aller Beteiligten wäre in diesem Bereich überdies kaum möglich.

c) Bei dieser Sachlage erscheint eine Auslegung geboten und zulässig, die bereits bei dem Begriff der »Eingriffe und Beschränkungen« ansetzt und ihn in einer Weise interpretiert, die dem Schutzzweck der Grundrechts gerecht wird, dem erkennbaren Willen des Verfassunggebers entspricht, aber auch auf die sachlichen Notwendigkeiten der Verwaltung des modernen Staates angemessen Bedacht nimmt. Diese Auslegung geht davon aus, daß – bei prinzipieller Einbeziehung auch der Geschäfts- und Betriebsräume in den Schutzbereich des Art. 13 GG – doch das Schutzbedürfnis bei den ingesamt der »räumlichen Privatsphäre« zuzuordnenden Räumen verschieden groß ist. Den Geschäfts- und Betriebsräumen eignet nach ihrer Zweckbestimmung eine größere Offenheit »nach außen«; sie sind zur Aufnahme sozialer Kontakte bestimmt, der Inhaber entläßt sie damit in gewissem Umfang aus der privaten Intimsphäre, zu der die Wohnung im engeren Sinn gehört. Dem stärkeren Bedürfnis nach Fernhaltung von Störungen des privaten Lebens und der räumlichen Sphäre, in der es sich entfaltet, entspricht es, daß die Begriffe »Eingriffe und Beschränkungen«, soweit sie sich auf die Wohnung im engeren Sinn beziehen, streng ausgelegt werden. Das bedeutet, daß ein Betretungs-

und Besichtigungsrecht der hier geregelten Art bei Wohnräumen ausgeschlossen ist. Denn hier greift der Schutzzweck des Grundrechts voll durch, dem Einzelnen das Recht, »in Ruhe gelassen zu werden« (BVerfGE 27, 1 [6]), zu sichern. Das gilt auch, soweit in diesen Räumen zugleich eine berufliche oder geschäftliche Tätigkeit ausgeübt wird. Bei reinen Geschäfts- und | Betriebsräumen wird dieses Schutz- 76
bedürfnis durch den Zweck, den sie nach dem Willen des Inhabers selbst erfüllen sollen, gemindert. Die Tätigkeiten, die der Inhaber in diesen Räumen vornimmt, wirken notwendig nach außen und können deshalb auch die Interessen anderer und die der Allgemeinheit berühren. Dann ist es folgerichtig, daß die mit dem Schutz dieser Interessen beauftragten Behörden in gewissem Rahmen diese Tätigkeiten auch an Ort und Stelle kontrollieren und zu diesem Zweck die Räume betreten dürfen. Dieser zweckbestimmte Vorgang ist nicht eigentlich eine Störung des Hausfriedens. Der Betriebsinhaber wird demgemäß in aller Regel das Betreten der Räume durch Behördenbeauftragte nicht als einen Eingriff in sein Hausrecht empfinden. Sein psychischer Widerstand mag sich gegen die Besichtigung und Prüfung selbst richten, die er etwa als unnötig, belästigend und deshalb unzumutbar ansieht; in dem bloßen Betreten der Räume, die er durch ihre Zweckwidmung selbst nach außen geöffnet hat, wird er im allgemeinen eine Beeinträchtigung seiner Grundrechtssphäre nicht erblikken.

Geht man im Hinblick auf die Lückenhaftigkeit der Regelung mit dem Bundesminister der Justiz davon aus, daß Art. 13 Abs. 3 GG »von vornherein« nicht die üblichen Betretungs- und Besichtigungsrechte bei Betriebsgrundstücken und Geschäftsräumen erfassen sollte, so erscheint die Annahme nicht unberechtigt, daß auch der Parlamentarische Rat von dieser »unbefangenen« Betrachtungsweise ausgegangen ist. Es muß dem Gesetzgeber überlassen bleiben zu prüfen, ob Anlaß besteht, zu gegebener Zeit diesen Willen durch eine Neuformulierung des Verfassungstextes eindeutig zum Ausdruck zu bringen.

5. Grenzt man den Kreis der hiernach nicht mehr als »Eingriffe und Beschränkungen« zu qualifizierenden Betretungs- und Besichtigungsrechte für Geschäfts- und Betriebsräume sachgemäß – d.h. unter Beachtung namentlich des Art. 2 Abs. 1 GG im Zusammenhang mit dem Grundsatz der Verhältnismäßigkeit und Zumutbarkeit – ab, so ergibt sich, daß insbesondere folgende Voraussetzungen zu fordern sind: |

a) eine besondere gesetzliche Vorschrift muß zum Betreten der 77
Räume ermächtigen;

b) das Betreten der Räume, die Vornahme der Besichtigungen und Prüfungen müssen einem erlaubten Zweck dienen und für dessen Erreichung erforderlich sein;

c) das Gesetz muß den Zweck des Betretens, den Gegenstand und den Umfang der zugelassenen Besichtigung und Prüfung deutlich erkennen lassen;

d) das Betreten der Räume und die Vornahme der Besichtigung und Prüfung ist nur in den Zeiten statthaft, zu denen die Räume normalerweise für die jeweilige geschäftliche oder betriebliche Nutzung zur Verfügung stehen.

Ist unter diesen Voraussetzungen das Betreten der Geschäfts- und Betriebsräume durch Beauftragte von Behörden im Rahmen ihrer Zuständigkeit nicht als eine Beeinträchtigung des Rechts der Unverletzlichkeit der Wohnung anzusehen, so wird dadurch naturgemäß nicht ausgeschlossen, daß das Verwaltungshandeln, dessen Durchführung es dient, als solches unter anderen verfassungsrechtlichen Gesichtspunkten beanstandet werden kann.

6. Bei Anlegung dieser Maßstäbe bestehen gegen die hier angegriffenen Vorschriften der §§ 20, 17 Abs. 2 HwO keine verfassungsrechtlichen Bedenken. Sie dienen berechtigten Interessen der Verwaltung und belasten den Betriebsinhaber nicht in unzumutbarer Weise. Seine privaten Wohnräume sind nicht betroffen.

28 Art. 4 Abs. 1 GG

Glaubensfreiheit für Mitglieder religiöser Vereinigungen – religiöses Selbstbestimmungsrecht des Einzelnen – innere und äußere Glaubensfreiheit – Schranken vorbehaltlos gewährleisteter Grundrechte – Ausstrahlungswirkung des Grundrechts der Glaubensfreiheit – Glaubensfreiheit und strafbares Handeln

BVerfGE 32, 98–111 – Gesundbeter

98 **Zur Ausstrahlungswirkung des Grundrechts der Glaubensfreiheit auf die Bestrafung wegen unterlassener Hilfeleistung (§ 330 c StGB).**

Beschluß des Ersten Senats vom 19. Oktober 1971
– 1 BvR 387/65 –

Sachverhalt: *Die Ehefrau des Beschwerdeführers starb, weil sie sich aus religiöser Überzeugung weigerte, in eine wegen einer Erkrankung medizinisch* *notwendige Bluttransfusion einzuwilligen. Der Beschwerdeführer, Angehöriger derselben christlichen Glaubensgemeinschaft wie seine Ehefrau, wurde daraufhin wegen unterlassener Hilfeleistung zu einer Geldstrafe verurteilt. Der strafrechtliche Vorwurf bestand darin, daß er es unterlassen habe, seine Ehefrau zur Annahme der ärztlichen Ratschläge zu drängen. Statt dessen habe er sie in ihrer ablehnenden Haltung bestärkt. Der Beschwerdeführer berief sich demgegenüber darauf, seine und seiner Frau gemeinsame Glaubensüberzeugung habe ihnen vorgeschrieben, sich auf das Gebet zu beschränken.*

Das Bundesverfassungsgericht hob die strafgerichtliche Verurteilung auf.

Aus den Gründen:

I. 105

Das Bundesverfassungsgericht hat im Rahmen der Verfassungsbeschwerde Urteile der ordentlichen Gerichte nicht in vollem Umfang auf Rechtsfehler zu überprüfen (BVerfGE 7, 198 [207];[1] 17, 302 [304]; 18, 85 [92 f.].[2]) Im vorliegenden Fall ist nur zu prüfen, ob die angegriffenen Entscheidungen bei der Auslegung und Anwendung der Strafbestimmung des § 330 c StGB die Auswirkungen der Grundrechte auf diese Norm verkannt haben. |

II. 106

Die Überprüfung der angefochtenen Entscheidungen ergibt, daß sie in unzulässiger Weise in das dem Beschwerdeführer zustehende Grundrecht auf Glaubens- und Bekenntnisfreiheit (Art. 4 Abs. 1 GG) eingreifen.

1. Die Glaubensfreiheit ist nicht nur den Mitgliedern anerkannter Kirchen und Religionsgemeinschaften, sondern auch den Angehörigen anderer religiöser Vereinigungen gewährleistet. Auf die zahlenmäßige Stärke einer derartigen Gemeinschaft oder ihre soziale Relevanz kommt es nicht an. Das folgt aus dem für den Staat verbindlichen Gebot weltanschaulich-religiöser Neutralität (BVerfGE 18, 385 [386]; 19, 206 [216]; 24, 236 [246]) und dem Grundsatz der Parität der Kirchen und Bekenntnisse (BVerfGE 19, 1 [8]; 24, 236 [246]).

2. In einem Staat, in dem die menschliche Würde oberster Wert ist, und in dem der freien Selbstbestimmung des Einzelnen zugleich ein

[1] BVerfGA Nr. 5.

[2] BVerfGA Nr. 13.

gemeinschaftsbildender Wert zuerkannt wird, gewährt die Glaubensfreiheit dem Einzelnen einen von staatlichen Eingriffen freien Rechtsraum, in dem er sich die Lebensform zu geben vermag, die seiner Überzeugung entspricht. Insofern ist die Glaubensfreiheit mehr als religiöse Toleranz, d.h. bloße Duldung religiöser Bekenntnisse oder irreligiöser Überzeugungen (BVerfGE 12, 1 [3]). Sie umfaßt daher nicht nur die (innere) Freiheit zu glauben oder nicht zu glauben, sondern auch die äußere Freiheit, den Glauben zu manifestieren, zu bekennen und zu verbreiten (vgl. BVerfGE 24, 236 [245]). Dazu gehört auch das Recht des Einzelnen, sein gesamtes Verhalten an den Lehren seines Glaubens auszurichten und seiner inneren Glaubensüberzeugung gemäß zu handeln. Dabei sind nicht nur Überzeugungen, die auf imperativen Glaubenssätzen beruhen, durch die Glaubensfreiheit geschützt. Vielmehr umspannt sie auch religiöse Überzeugungen, die für eine konkrete Lebenssituation eine ausschließlich religiöse Reaktion zwar nicht zwingend fordern, diese Reaktion aber für das beste und adäquate Mittel halten, um die Lebenslage nach
107 der | Glaubenshaltung zu bewältigen. Andernfalls würde das Grundrecht der Glaubensfreiheit sich nicht voll entfalten können.

3. Die Glaubensfreiheit ist nicht schrankenlos gewährleistet.

a) Sie unterliegt zwar weder den Schranken des Art. 2 Abs. 1 GG noch denen des Art. 5 Abs. 2 GG.

Art. 4 Abs. 1 GG erklärt die Glaubens-, Gewissens- und Bekenntnisfreiheit für unverletzlich (vgl. BVerfGE 12, 1 [4]). Er ist gegenüber Art. 2 Abs. 1 GG lex specialis. Die Auffassung, daß die Glaubensfreiheit durch die Rechte anderer, die verfassungsmäßige Ordnung und durch das Sittengesetz beschränkt sei, wäre unvereinbar mit dem vom Bundesverfassungsgericht in ständiger Rechtsprechung anerkannten Verhältnis der Subsidiarität des Art. 2 Abs. 1 GG zur Spezialität der Einzelfreiheitsrechte (vgl. u.a. BVerfGE 6, 32 [36 ff.];[1] 23, 50 [55 f.] mit weiteren Nachweisen).

Die Glaubensfreiheit wird auch nicht durch Art. 5 Abs. 2 GG eingeschränkt. Dagegen sprechen schon Wortlaut und Stellung des Art. 4 GG (vgl. Hamel in Bettermanns-Nipperdey-Scheuner, Die Grundrechte, Bd. IV, 1. Halbband, S. 68; Maunz-Dürig-Herzog, Kommentar zum GG, Rdnr. 34 zu Art. 5 GG; Weinzierl, ArchKathKR 132 [1963], S. 50; Kommentar zum Bonner Grundgesetz, Zweitbearbeitung (Zippelius), Rdnr. 76 zu Art. 4 GG). Eine Meinungsäußerung ist jede Kundgabe von beliebigen subjektiven Äußerungen und Wertur-

---

[1] BVerfGA Nr. 3.

teilen, also eine subjektiv wertende Betrachtung von Tatsachen, Verhaltensweisen oder Verhältnissen. Demgegenüber hat die Glaubensfreiheit eine mit der Person des Menschen verknüpfte Gewißheit über den Bestand und den Inhalt bestimmter Wahrheiten zum Gegenstand. Vor allem verbieten dies die fundamentale Verschiedenheit beider Freiheitsrechte und auch der zwischen ihnen zur Anwendung kommende Grundsatz der Spezialität, soweit überhaupt Überschneidungen in Betracht kommen können.

b) Die Freiheitsverbürgung des Art. 4 Abs. 1 GG geht wie alle Grundrechte vom Menschenbild des Grundgesetzes aus, d.h. vom Menschen als eigenverantwortliche Persönlichkeit, die sich inner- |
halb der sozialen Gemeinschaft frei entfaltet. Diese vom Grundgesetz 108
anerkannte Gemeinschaftsbindung des Individuums macht auch Grundrechte, die vorbehaltlos gewährleistet sind, gewissen äußersten Grenzziehungen zugänglich. Jedoch dürfen die Grenzen der Glaubensfreiheit – wie die der Kunstfreiheit (vgl. BVerfGE 30, 173 [193])[1] – nur von der Verfassung selbst bestimmt werden. Da die Glaubensfreiheit keinen Vorbehalt für den einfachen Gesetzgeber enthält, darf sie weder durch die allgemeine Rechtsordnung noch durch eine unbestimmte Klausel relativiert werden, welche ohne verfassungsrechtlichen Ansatzpunkt und ohne ausreichende rechtsstaatliche Sicherung eine Gefährdung der für den Bestand der staatlichen Gemeinschaft notwendigen Güter genügen läßt. Vielmehr ist ein im Rahmen der Garantie der Glaubensfreiheit zu berücksichtigender Konflikt nach Maßgabe der grundgesetzlichen Wertordnung und unter Berücksichtigung der Einheit dieses grundlegenden Wertsystems zu lösen. Als Teil des grundrechtlichen Wertsystems ist die Glaubensfreiheit dem Gebot der Toleranz zugeordnet, insbesondere auf die in Art. 1 Abs. 1 GG garantierte Würde des Menschen bezogen, die als oberster Wert das ganze grundrechtliche Wertsystem beherrscht (BVerfGE 6, 32 [41];[2] 27, 1 [6]; vgl. auch BVerfGE 30, 173 [193]).[1]

Diese Gründe schließen es aus, Betätigungen und Verhaltensweisen, die aus einer bestimmten Glaubenshaltung fließen, ohne weiteres den Sanktionen zu unterwerfen, die der Staat für ein solches Verhalten – unabhängig von seiner glaubensmäßigen Motivierung – vorsieht. Die Ausstrahlungswirkung des Grundrechts aus Art. 4 Abs. 1 GG kommt hier in der Weise zur Geltung, daß sie Art und Maß der

---

[1] BVerfGA Nr. 25.

[2] BVerfGA Nr. 3.

zulässigen staatlichen Sanktionen beeinflussen kann. Für das Strafrecht bedeutet das:

Wer sich in einer konkreten Situation durch seine Glaubensüberzeugung zu einem Tun oder Unterlassen bestimmen läßt, kann mit den in der Gesellschaft herrschenden sittlichen Anschauungen und den auf sie begründeten Rechtspflichten in Konflikt geraten. Ver-
109 wirklicht er durch dieses Verhalten nach her|kömmlicher Auslegung einen Strafbestand, so ist im Lichte des Art. 4 Abs. 1 GG zu fragen, ob unter den besonderen Umständen des Falles eine Bestrafung den Sinn staatlichen Strafens überhaupt noch erfüllen würde. Ein solcher Täter lehnt sich nicht aus mangelnder Rechtsgesinnung gegen die staatliche Rechtsordnung auf; das durch die Strafdrohung geschützte Rechtsgut will auch er wahren. Er sieht sich aber in eine Grenzsituation gestellt, in der die allgemeine Rechtsordnung mit dem persönlichen Glaubensgebot in Widerstreit tritt und er fühlt die Verpflichtung, hier dem höheren Gebot des Glaubens zu folgen. Ist die Entscheidung auch objektiv nach den in der Gesellschaft allgemein herrschenden Wertvorstellungen zu mißbilligen, so ist sie doch nicht mehr in dem Maße vorwerfbar, daß es gerechtfertigt wäre, mit der schärfsten der Gesellschaft zu Gebote stehenden Waffe, dem Strafrecht, gegen den Täter vorzugehen. Kriminalstrafe ist – unabhängig von ihrer Höhe – bei solcher Fallgestaltung unter keinen Aspekt (Vergeltung, Prävention, Resozialisierung des Täters) eine adäquate Sanktion. Die sich aus Art. 4 Abs. 1 GG ergebende Pflicht aller öffentlichen Gewalt, die ernste Glaubensüberzeugung in weitesten Grenzen zu respektieren, muß zu einem Zurückweichen des Strafrechts jedenfalls dann führen, wenn der konkrete Konflikt zwischen einer nach allgemeinen Anschauungen bestehenden Rechtspflicht und einem Glaubensgebot den Täter in eine seelische Bedrängnis bringt, der gegenüber die kriminelle Bestrafung, die ihn zum Rechtsbrecher stempelt, sich als eine übermäßige und daher seine Menschenwürde verletzende soziale Reaktion darstellen würde.

4. Die Anwendung dieser Grundsätze auf den vorliegenden Fall ergibt, daß das Landgericht und das Oberlandesgericht die Ausstrahlungswirkung des Art. 4 Abs. 1 GG bei der Auslegung und Anwendung des § 330 c StGB verkannt haben. Dem Beschwerdeführer kann nicht vorgeworfen werden, daß er es unterlassen hat, seine Frau entgegen seiner Glaubensüberzeugung zur Aufgabe ihrer damit übereinstimmenden Glaubensüberzeugung zu überreden. Er wußte sich mit
110 ihr durch die Überzeugung ver|bunden, daß das Gebet zu Gott der »bessere Weg« sei. Sein Verhalten und das seiner Frau waren ein Be-

kenntnis zu dieser gemeinsamen Überzeugung. Es war getragen von dem gegenseitigen Respekt gegenüber der Einstellung des Ehepartners in einer Frage, wo es um Leben und Tod ging, und der subjektiven Gewißheit, daß diese Einstellung »richtig« sei. In Fällen der vorliegenden Art kann strafrechtlich nicht gefordert werden, daß zwei Personen gleicher Glaubensrichtung aufeinander einwirken, um sich von der Gefährlichkeit ihrer glaubensmäßigen Entscheidung zu überzeugen.

Der Beschwerdeführer hatte auch nicht die Pflicht, seine Entscheidung an die Stelle der seiner Frau zu setzen. Dies wäre nur in Betracht gekommen, wenn sie nicht mehr für selbst hätte entscheiden können. Ihre Überzeugung, daß eine Krankenhausbehandlung abzulehnen sei, beruhte jedoch auf ihrer eigenen, freien und durch Art. 2 Abs. 1 GG geschützten Handlungsfreiheit; sie unterlag im strafrechtlich relevanten Zeitraum bis zuletzt ihrer freien und ungetrübten Willenskontrolle …

29 Art. 1 Abs. 3 (Gesetzesvorbehalt), Art. 5 Abs. 1 Satz 1, Abs. 2, Art. 10 Abs. 1, 2 Satz 1 GG

Geltung der Grundrechte im Sonderrechtsverhältnis (Strafvollzug) – Gesetzesvorbehalt im Sonderrechtsverhältnis – Übergangsfrist bei fehlender gesetzlicher Grundlage – Beschränkung auf erforderliche Eingriffe – Meinungsfreiheit nicht nur für »wertvolle« Meinungen – Ehrenschutz (Art. 5 Abs. 2 GG) nur nach Maßgabe eines konkretisierenden Gesetzes

BVerfGE 33, 1–18 – Strafgefangene

1. Auch die Grundrechte von Strafgefangenen können nur durch Gesetz oder aufgrund eines Gesetzes eingeschränkt werden. 1

2. Eingriffe in die Grundrechte von Strafgefangenen, die keine gesetzliche Grundlage haben, müssen jedoch für eine gewisse Übergangsfrist hingenommen werden.

3. Eine Einschränkung der Grundrechte des Strafgefangenen kommt nur in Betracht, wenn sie zur Errichtung eines von der Wertordnung des Grundgesetzes gedeckten gemeinschaftsbezogenen Zwekkes unerläßlich ist.

4. Es wird Aufgabe eines Strafvollzugsgesetzes sein, eine Grenze zu ziehen, die sowohl der Meinungsfreiheit des Gefangenen wie den unab-

dingbaren Erfordernissen eines geordneten und sinnvollen Strafvollzuges angemessen Rechnung trägt.

Beschluß des Zweiten Senats vom 14. März 1972 – 2 BvR 41/71 –

Sachverhalt: *Der Beschwerdeführer hatte Ende der 60er Jahre eine Haftstrafe zu verbüßen. Während der Haftzeit stand er in Briefkontakt mit einer Gefangenenhilfsorganisation. Im Dezember 1967 wurde ein Brief des Beschwerdeführers an diese Vereinigung, der sich kritisch mit den Verhältnissen in der Strafanstalt auseinandersetzte und in dem sich der Beschwerdeführer auch abfällig über den Leiter der Strafanstalt äußerte, von der Anstaltsverwaltung angehalten. Diese Maßnahme wurde auf Bestimmungen einer von den Justizministern der Länder vereinbarten Verwaltungsanordnung – der Dienst- und Vollzugsordnung vom Dezember 1961 – gestützt, die eine Überwachung des Schriftverkehrs der Gefangenen durch die Vollzugsanstalt und die Befugnis des Anstaltsleiters vorsah, Schreiben beleidigenden, strafbaren oder den Zielen des Strafvollzugs und der Sicherheit und Ordnung der Strafanstalt zuwiderlaufenden Inhalts anzuhalten. Ein Strafvollzugsgesetz gab es zum damaligen Zeitpunkt nicht.*

Das Bundesverfassungsgericht hob den Beschluß des Oberlandesgerichts Celle auf, der die Maßnahmen der Anstaltsleitung als rechtmäßig bestätigt hatte.

Aus den Gründen:

9 Die Verfassungsbeschwerde ist zulässig und begründet.

I.

Auch die Grundrechte von Strafgefangenen können nur durch Gesetz oder aufgrund eines Gesetzes eingeschränkt werden.

1. Das Grundgesetz setzt in Art. 104 Abs. 1 und 2 und in Art. 2 |
10 Abs. 2 Sätze 2 und 3 die Möglichkeit einer zeitlich begrenzten oder unbegrenzten Freiheitsentziehung durch ein richterliches Strafurteil, das in Anwendung eines Strafgesetzes und unter Beachtung der entsprechenden verfahrensrechtlichen Vorschriften ergangen ist, als selbstverständlich voraus. Dagegen enthält es – mit Ausnahme des in Art. 104 Abs. 1 Satz 2 niedergelegten Mißhandlungsverbots – keine grundsätzliche Aussage über die Art und Weise, in der die Freiheitsstrafe zu vollziehen ist. Soweit es um die Einschränkung von Grundrechten geht, bestimmen allerdings die betreffenden Verfassungsnormen, daß dies nur durch Gesetz oder aufgrund eines Gesetzes unzulässig ist (vgl. im vorliegenden Zusammenhang Art. 10 Abs. 2 Satz 1

und Art. 5 Abs. 2 GG). Der naheliegende Schluß, der Gesetzgeber sei aus diesem Grunde nunmehr verpflichtet, auch für den bisher ganz überwiegend durch bloße Verwaltungsvorschriften geregelten Bereich des Strafvollzuges ein entsprechendes Gesetz zu erlassen, wurde aber nach Inkrafttreten des Grundgesetzes zunächst in Rechtsprechung und Lehre nicht gezogen. Vielmehr griff man auf die Rechtsfigur des »besonderen Gewaltverhältnisses« zurück und verstand dieses als eine eigenständige, implizite Beschränkung der Grundrechte der Strafgefangenen; ein Strafvollzugsgesetz hielt man von Verfassungs wegen nicht für geboten (vgl. dazu die kritischen Darstellungen bei Schüler-Springorum, Strafvollzug im Übergang, 1969, S. 59 ff., und bei Müller-Dietz, Strafvollzugsgesetzgebung und Strafvollzugsreform, 1970, S. 86 ff., je mit ausführlichen Rspr.- und Lit.-Nachweisen).

2. Die Auffassung ist rückblickend nur damit zu erklären, daß die traditionelle Ausgestaltung des Strafvollzuges als eines »besonderen Gewaltverhältnisses« es zuließ, die Grundrechte des Strafgefangenen in einer unerträglichen Unbestimmtheit zu relativieren.

Das Grundgesetz ist eine wertgebundene Ordnung, die den Schutz von Freiheit und Menschenwürde als den obersten Zweck allen Rechts erkennt; sein Menschenbild ist allerdings nicht das des selbstherrlichen Individuums, sondern das der in der Gemein | schaft 11
stehenden und ihr vielfältig verpflichteten Persönlichkeit (BVerfGE 12, 45 [51];[1] 28, 175 [189]). In Art. 1 Abs. 3 GG werden die Grundrechte für Gesetzgebung, vollziehende Gewalt und Rechtsprechung für unmittelbar verbindlich erklärt. Dieser umfassenden Bindung der staatlichen Gewalt widerspräche es, wenn im Strafvollzug die Grundrechte beliebig oder nach Ermessen eingeschränkt werden könnten. Eine Einschränkung kommt nur dann in Betracht, wenn sie zur Erreichung eines von der Wertordnung des Grundgesetzes gedeckten gemeinschaftsbezogenen Zweckes unerläßlich ist und in den dafür verfassungsrechtlich vorgesehenen Formen geschieht. Die Grundrechte von Strafgefangenen können also nur durch oder aufgrund eines Gesetzes eingeschränkt werden, das allerdings auf – möglichst engbegrenzte – Generalklauseln nicht wird verzichten können. …

---

[1] BVerfGA Nr. 11.

II.

Mit der Kontrolle des Briefes des Beschwerdeführers durch den zuständigen Anstaltsbeamten wurde Art. 10 Abs. 1 GG nicht verletzt.

1. Das Grundrecht des Briefgeheimnisses schützt den brieflichen Verkehr der Einzelnen untereinander gegen eine Kenntnisnahme der öffentlichen Gewalt von dem Inhalt des Briefes. Die von dem zuständigen Anstaltsbeamten vorgenommene Kontrolle eines Briefes, den ein Strafgefangener an einen Briefpartner außerhalb der Strafanstalt richtet, enthält einen Eingriff in das dem Strafgefangenen zustehende Grundrecht des Briefgeheimnisses.

2. Beschränkungen des Briefgeheimnisses dürfen gemäß Art. 10 |
12 Abs. 2 Satz 1 GG nur aufgrund eines Gesetzes angeordnet werden. Der Brief des Beschwerdeführers wurde unter Hinweis auf die Dienst- und Vollzugsordnung angehalten. Diese Dienst- und Vollzugsordnung ist eine Vereinbarung der Justizminister der Länder und hat den Charakter einer Verwaltungsanordnung. Sie genügt somit den Anforderungen des Art. 10 Abs. 2 Satz 1 GG nicht. Sie beruht auch nicht auf einem Gesetz. Ein Strafvollzugsgesetz liegt bisher noch nicht vor. Es existiert lediglich eine Vorlage des Bundesministers der Justiz an die Bundesregierung für ein Gesetz über den Vollzug der Freiheitsstrafe und der freiheitsentziehenden Maßregeln der Besserung und Sicherung.

3. Dennoch ist im jetzigen Zeitpunkt ein Verstoß gegen Art. 10 Abs. 1 GG noch nicht feststellbar. Der Verfassunggeber hatte bei Erlaß des Grundgesetzes, wie sich insbesondere aus Art. 2 Abs. 2 Satz 1 und 104 Abs. 1 und 2 GG ergibt, das überkommene Bild des Strafvollzuges vor Augen, und es fehlt jedes Anzeichen dafür, daß er davon ausging, der Gesetzgeber müsse sofort nach Inkrafttreten des Grundgesetzes ein Strafvollzugsgesetz erlassen. Vielmehr stellt die durch das Grundgesetz geschaffene Wertordnung nur den Gesetzgeber vor die Aufgabe, den Strafvollzug in angemessener Zeit gesetzlich zu regeln. Bei Beurteilung der Frage, ob dieser Zeitraum inzwischen verstrichen und eine Grundgesetzverletzung durch den Gesetzgeber festzustellen ist, ist auch zu berücksichtigen, daß vielfach bis in die jüngste Zeit hinein unter Hinweis auf die Rechtsfigur des besonderen Gewaltverhältnisses die Ansicht vertreten wurde, die Grundrechte der Strafgefangenen seien durch das Strafvollzugsverhältnis generell eingeschränkt; es handle sich um implizite Beschränkungen, die nicht ausdrücklich in einem förmlichen Gesetz niedergelegt werden müßten. Gegen die überkommene Auffassung konnte sich die

Einsicht, daß das Grundgesetz als eine objektive Wertordnung mit umfassendem Grundrechtsschutz, die zu verwirklichen die gesamte öffentliche Gewalt verpflichtet ist, einen ipso iure eingeschränkten Grundrechtsschutz für bestimmte Personengruppen nicht zuläßt, erst allmählich durchsetzen. |

Die Bundesregierung hat diesem nunmehr gewonnenen Grund- 13
rechtsverständnis dadurch Rechnung getragen, daß sie bereits im Zusammenhang mit der Strafrechtsreform die Vorarbeiten für ein Strafvollzugsgesetz wieder aufnahm (vgl. dazu näher die Begründung des vorläufigen Referentenentwurfs, S. 7 f.). Im Jahre 1967 setzte sie dann eine Kommission ein, die den Auftrag hatte, einen Entwurf eines Strafvollzugsgesetzes auszuarbeiten. Dieser Entwurf wurde am 3. Februar 1971 vorgelegt. Zur Zeit ist ein endgültiger Regierungsentwurf in Arbeit. Die Bundesregierung hat damit ohne schuldhaftes Zögern darauf reagiert, daß die Lehre vom besonderen Gewaltverhältnis als eigene implizite Grundrechtsschranke zunehmend auf Ablehnung stieß.

Bei dieser Sachlage müssen auch Eingriffe in die Grundrechte von Strafgefangenen, die keine gesetzliche Stütze haben, noch für eine gewisse Übergangsfrist hingenommen werden, bis der Gesetzgeber Gelegenheit hatte, entsprechend dem heutigen Grundrechtsverständnis ein Strafvollzugsgesetz mit fest umrissenen Eingriffstatbeständen zu erlassen. Diese Frist ist jedoch nunmehr zu begrenzen. Als geeigneter sachgerechter Anknüpfungspunkt kommt auch hier – wie in BVerfGE 15, 337 [352] und 25, 167 [185, 188] – das Ende der laufenden Legislaturperiode in Betracht. Bis zum Herbst 1973 kann mithin der derzeit bestehende, dem heutigen Verfassungsverständnis nicht mehr entsprechende Zustand noch hingenommen werden.

4. Allerdings besagt dies nicht, daß während dieser Frist beliebige Eingriffe in Grundrechte von Strafgefangenen zulässig wären. Vielmehr haben die zuständigen Behörden und die Gerichte – wie bisher – bei jedem konkreten Eingriff zu prüfen, ob er – abgesehen davon, daß bisher ein Strafvollzugsgesetz fehlt – in zulässiger Weise in die Grundrechte des Strafgefangenen eingreift. Dies ist nur dann der Fall, wenn er unerläßlich ist, um den Strafvollzug aufrechtzuerhalten und geordnet durchzuführen. Dabei sind Sinn und Zweck des Strafvollzuges zu berücksichtigen.

Für den vorliegenden Fall ergibt sich daraus folgendes: Die Brief-
kontrolle soll den ungehinderten Kontakt des Strafgefange|nen mit 14
der Außenwelt verhindern. Dieser ungehinderte Kontakt würde eine potentielle Gefahr für den Vollzug der Freiheitsstrafe darstellen. Er

würde damit ihren Sinn und Zweck gerade in Frage stellen. Der Gefangene könnte brieflich Fluchtpläne mit Komplizen erörtern und seine Flucht vorbereiten oder andere kriminelle Aktionen planen. Diese Gefahr des Entweichens und krimineller Aktionen rechtfertigt es, die Briefe der Gefangenen zu kontrollieren. Demgegenüber kann nicht eingewendet werden, Briefe von Gefangenen enthielten selten Fluchtpläne. Die bestehende Kontrolle verhindert nämlich gerade, daß sie sich zur Vorbereitung der Flucht oder eines kriminellen Delikts des brieflichen Kontakts bedienen können.

III.

Dagegen verstößt es gegen das Grundrecht des Beschwerdeführers auf Meinungsfreiheit, daß der Brief wegen seines zum Teil beleidigenden Inhalts angehalten wurde.

1. Bei den von der Leitung der Vollzugsanstalt beanstandeten Passagen des von dem Beschwerdeführer verfaßten Briefes handelt es sich um schriftlich niedergelegte Meinungen im Sinne des Art. 5 Abs. 1 GG.

a) Zu »Meinungen« im Sinne des Art. 5 Abs. 1 Satz 1 GG gehören jedenfalls Werturteile, also wertende Betrachtungen von Tatsachen, Verhaltensweisen oder Verhältnissen. Ein derartiges Werturteil ist notwendigerweise subjektiv. Es spielt keine entscheidende Rolle, ob es »richtig« oder »falsch«, emotional oder rational begründet ist. Die beanstandeten Passagen des Briefes des Beschwerdeführers geben seine Ansichten über verschiedene Personen aus dem Anstalts- und Justizbereich wieder. Sie enthalten Werturteile und sind damit Meinungsäußerungen im Sinne des Art. 5 Abs. 1 GG.

b) Diesen Meinungsäußerungen kann der Schutz des Art. 5 Abs. 1 GG nicht schon aus der Erwägung abgesprochen werden, dieses Grundrecht schütze nur »wertvolle« Meinungen, d.h. Meinungen, die
15 eine gewisse ethische Qualität besitzen. Eine derartige | Einschränkung enthält Art. 5 Abs. 1 GG schon seinem Wortlaut nach nicht. Sie würde auch seinem Sinn widersprechen. Das in ihm gewährleistete Recht der freien Meinungsäußerung ist für die freiheitliche Demokratie schlechthin konstituierend (BVerfGE 5, 85 [134 f.]; 7, 198 [208]; 12, 113 [125]; 20, 56 [97]). Daraus folgt der umfassende Charakter dieses Rechts. Es soll jede Meinung erfassen. Eine Differenzierung nach der sittlichen Qualität der Meinungen würde diesen umfassenden Schutz weitgehend relativieren. Abgesehen davon, daß die Ab-

grenzung von »wertvollen« und »wertlosen« Meinungen schwierig, ja oftmals unmöglich wäre, ist in einem pluralistisch strukturierten und auf der Konzeption einer freiheitlichen Demokratie beruhenden Staatsgefüge jede Meinung, auch die von etwa herrschenden Vorstellungen abweichende, schutzwürdig. Aus diesem Grunde werden auch abwertende Werturteile über andere Personen oder bestimmte Geschehnisse oder Verhältnisse durch Art. 5 Abs. 1 Satz 1 GG gedeckt, soweit nicht eine der Schranken des Art. 5 Abs. 2 GG eingreift.

2. Ein Strafvollzugsgesetz, das als ein »allgemeines Gesetz« im Sinne des Art. 5 Abs. 2 GG das Anhalten von Briefen mit beleidigendem Inhalt oder von Briefen, die Anstaltsverhältnisse erörtern, welche den Strafgefangenen nichts angehen, unter Umständen rechtfertigen könnte, liegt nicht vor. Derartige Maßnahmen sind auch nicht unerläßlich, um den Strafvollzug aufrechtzuerhalten und geordnet durchzuführen. Ein sinnvoller Vollzug von Freiheitsstrafen verlangt nicht zwingend, den Strafgefangenen jede Möglichkeit abzuschneiden, ihre – naturgemäß oftmals abwertende und feindselige – Meinung über Anstaltsverhältnisse oder Anstaltspersonen gegenüber Briefpartnern zu äußern. Die Aufrechterhaltung der Ordnung der Anstalt ist sicher ein legitimer Grund, um gegen sie gerichtete Aktionen von Strafgefangenen zu untersagen. Die Ordnung der Anstalt bedingt Freiheitsbeschränkungen, die mit der Enge des zur Verfügung gestellten Raumes, der notwendig engen »Gemeinschaft« der Gefangenen und der unumgänglichen Überwachung zusammenhängen. | Briefe, 16
die nach außen gerichtet sind, können in aller Regel diese Ordnung im strengen Sinne nicht stören. Die anderen Gefangenen bekommen sie im Original nicht zu Gesicht. Ein etwaiges Gespräch über sie oder das Herumreichen von Abschriften ist unbeeinflußt von der Tatsache, ob die Briefe die Kontrolle passiert haben oder nicht: Sollten die Gefangenen ihre Briefe untereinander besprechen, so doch sicher auch gerade diejenigen, die angehalten worden sind. Bemächtigt sich die Presse eines derartigen Briefes – in Betracht kommen vor allem solche, in denen echte oder vermeintliche Mißstände in der Anstalt geschildert werden –, so muß sich die Strafvollzugsanstalt den gegen sie unter Umständen erhobenen Vorwürfen stellen. Als staatliche Institution kann sie sich nicht unter Hinweis auf eine nicht näher substantiierte Gefährdung der Ordnung der Anstalt der öffentlichen Diskussion über konkrete Maßnahmen im Bereich des Strafvollzuges von vornherein entziehen. Briefe können daher allgemein nicht schon deshalb, weil in ihnen Anstaltsverhältnisse erörtert werden, die den Gefangenen angeblich nichts angingen, oder weil sie negative Wert-

urteile enthalten, unter Hinweis auf die Ordnung der Anstalt angehalten werden. Es wird Aufgabe eines Strafvollzugsgesetzes sein, in diesem Bereich eine Grenze zu ziehen, die sowohl der Meinungsfreiheit des Gefangenen wie den unabdingbaren Erfordernissen eines geordneten und sinnvollen Strafvollzuges angemessen Rechnung trägt.

3. Der Brief des Beschwerdeführers konnte auch nicht unter dem Gesichtspunkt der Beleidigung im Hinblick auf die in Art. 5 Abs. 2 GG genannte Schranke des Rechts der persönlichen Ehre angehalten werden. Im Gegensatz zu den Schranken der »allgemeinen Gesetze« und der »Bestimmungen zum Schutze der Jugend« ist dem Wortlaut nach zwar hier kein Gesetzesvorbehalt postuliert. Daraus kann jedoch nicht gefolgert werden, daß das Recht der persönlichen Ehre demjenigen, der eine Meinung äußert, vom Staat auch in den Fällen entgegengehalten werden kann, in denen es an einer gesetzlichen Konkretisierung fehlt. Eine derartige Interpretation verstieße gegen
17 das herrschende Grund | rechtsverständnis, wonach Eingriffe in Freiheitsrechte grundsätzlich nur auf gesetzlicher Grundlage möglich sind. Deshalb bildet auch das Recht der persönlichen Ehre nur insoweit eine die Meinungsfreiheit zulässigerweise einengende Schranke, als es gesetzlich normiert ist. Dies ist auf strafrechtlichem Gebiet durch die Bestimmungen der §§ 185 ff. StGB in Verbindung mit den §§ 374 ff. StPO, auf zivilrechtlichem Gebiet durch die §§ 823 ff. BGB und das Recht auf Klage auf Widerruf und Unterlassungen geschehen. Aus diesen Vorschriften ergibt sich, wie der Beleidigte die Beleidigung unterbinden und den Beleidiger straf- und zivilrechtlich belangen kann. Es besteht jedoch kein Gesetz, welches es den Staatsorganen erlauben würde, Briefe, von deren beleidigendem Inhalt sie lediglich anläßlich einer Kontrolle Kenntnis erhalten haben, die vor allem dem Zweck dient, die Flucht von Gefangenen oder kriminelle Aktionen zu verhindern, wegen dieses Inhalts anzuhalten. Dies muß – soweit und solange gesetzlich nichts anderes bestimmt ist – auch dann gelten, wenn sich die Beleidigungen gegen Angehörige der Justiz richten. Auch ihnen steht nur das Recht zu, diesen Beleidigungen nach Maßgabe der bestehenden Gesetze entgegenzutreten.

Auch der in Rechtsprechung und Literatur herangezogene Gesichtspunkt der Notwehr und Nothilfe vermag an diesem Ergebnis nichts zu ändern; denn mit der Befugnis der Anstaltsleitung, Post zu kontrollieren, ist jedenfalls nicht ohne weiteres das Recht verbunden, zum Schutz der Ehre Dritter tätig zu werden. Die staatlichen Organe dürfen also nicht in dieser Eigenschaft ohne spezielle Ermächtigung in den grundrechtsgeschützten Raum der Bürger eindringen.

30 Art. 12 Abs. 1 Satz 2, Art. 20 Abs. 3 (Rechtsstaatsprinzip/Demokratieprinzip) GG

Berufsregelung durch Satzung – Delegation der Rechtsetzungsbefugnis des Gesetzgebers auf den Satzungsgeber – Unanwendbarkeit des Art. 80 Abs. 1 GG – Grenzen staatlicher Autonomiegewährung – Parlamentsvorbehalt bei Berufsordnungen grundrechtseinschränkenden Inhalts – Parlamentsvorbehalt für statusbildende Normen – Generalklausel und Berufspflichtenregelung – Verhältnismäßigkeit und Berufsausübungseinschränkungen

BVerfGE 33, 125–171 – Facharzt

1. Zur Regelung des Facharztwesens besitzt der Bund keine Gesetzge- 125
bungszuständigkeit nach Art. 74 Nr. 19 GG. [*nur LS*]

2. Das Facharztwesen darf nicht ausschließlich der Regelung durch Satzungen der Ärztekammern (Facharztordnungen) überlassen |
werden. Mindestens die »statusbildenden« Bestimmungen muß der 126
Gesetzgeber selbst treffen.

3. Zur Frage, ob der Facharzt seine ärztliche Tätigkeit auf sein Fachgebiet beschränken muß und nicht mehr als *eine* Facharztbezeichnung führen darf.

Beschluß des Ersten Senats vom 9. Mai 1972 – 1 BvR 518/62 und 308/64 –

Sachverhalt: *Gegenstand der Verfassungsbeschwerden waren berufsgerichtliche Verurteilungen zweier Fachärzte, durch die im einen Fall der Beschwerdeführer zu 1) wegen der einmaligen Behandlung eines Patienten außerhalb seines Fachbereichs, im anderen Falle der Beschwerdeführer zu 2) wegen des Führens zweier Facharztbezeichnungen berufsgerichtlich gemaßregelt wurden. Grundlage der Verurteilung durch die Berufsgerichte waren als Satzung erlassene Berufsordnungen der jeweiligen Landesärztekammern. Die für den Beschwerdeführer zu 1) maßgebliche Berufsordnung der Ärztekammer Nordrhein aus dem Jahre 1956 verbot niedergelassenen Fachärzten die Ausübung der Tätigkeit eines praktischen Arztes. Die Berufsordnung stützte sich auf eine Ermächtigung des nordrhein-westfälischen Heilberufegesetzes, die den Ärztekammern allgemein die Befugnis zum Erlaß »verbindlicher Berufsordnungen« mit Genehmigung der Aufsichtsbehörde einräumte.*

Die von der Landesärztekammer Baden-Württemberg aufgrund einer – ebenfalls nicht näher umschriebenen – Ermächtigung im baden-württembergischen Kammergesetz erlassene Berufsordnung aus dem Jahre 1960 sah unter anderem vor, daß ein Arzt nur eine Facharztbezeichnung führen dürfe.

In beiden Fällen stützten sich die Berufsgerichte ergänzend auf § 12 der

Reichsärzteordnung aus dem Jahre 1935, der generalklauselartig den Arzt verpflichtete, »seinen Beruf gewissenhaft auszuüben und sich bei seinem Verhalten innerhalb und außerhalb des Berufs der Achtung und des Vertrauens würdig zu zeigen, die der ärztliche Beruf erfordert«.

Beide Verfassungsbeschwerden hatten Erfolg.

Aus den Gründen:

155 2. Die Länder haben das Facharztwesen nicht unmittelbar durch Gesetze geregelt. Sie haben in den sogenannten Kammergesetzen den neu errichteten Landesärztekammern – Körperschaften des öffentlichen Rechts – das Recht verliehen, die Berufspflichten der Ärzte in einer Berufsordnung zu regeln. Die auf Grund dieser Ermächtigungen von den Ärztekammern erlassenen Berufsordnungen, die sich eng an die vom Deutschen Ärztetag beschlossene Muster-Berufsordnung anschließen, gehen nach Form und Inhalt auf die auf Grund von § 14 der Reichsärztekammer erlassene »Berufsordnung für die deutschen Ärzte« vom 5. November 1937 zurück. Wie diese enthalten sie einen Teil A: Allgemeine Berufsvorschriften und als Teil B eine »Facharztordnung«.

Die Berufsordnungen sind im Rechtssinne Satzungen autonomer Berufsverbände, der Ärztekammern. Sie sind als solche unmittelbar geltendes Recht und enthalten die materiellen Regeln für die gesamte berufliche Betätigung der Fachärzte, nämlich Vorschriften über die zugelassenen Facharztbezeichnungen, über die Voraussetzungen für die Anerkennung als Facharzt, insbesondere die Dauer der Ausbildung, über das Anerkennungsverfahren, über die Zurücknahme der Anerkennung sowie endlich über die Pflichten der Fachärzte während der Berufsausübung.

II.

Art. 12 Abs. 1 GG gebietet nicht, daß Regelungen, die die Berufsfreiheit beschränken, ausschließlich durch den staatlichen Gesetzgeber oder durch die vom Gesetzgeber ermächtigte staatliche Exekutive getroffen werden müssen. Vielmehr sind solche Regelungen innerhalb bestimmter Grenzen auch in Gestalt von Satzungen zulässig, die von einer mit Autonomie begabten Körperschaft erlassen werden. |

156 1. Zur Zeit der angegriffenen Entscheidungen lautete Art. 12 Abs. 1 Satz 2 GG: »Die Berufsausübung kann durch Gesetz geregelt werden«. Die heutige Fassung, wonach Regelungen auch »auf Grund eines Gesetzes« zulässig sind, beruht auf dem Siebzehnten Gesetz zur

Ergänzung des Grundgesetzes vom 24. Juni 1968 (BGBl. I S. 709). Diese Neufassung bedeutete indessen keine sachliche Änderung. Das Bundesverfassungsgericht hatte schon vorher Berufsregelungen auch durch nachkonstitutionelle, auf gesetzlicher Grundlage beruhende Verordnungen, also durch Gesetze in materiellem Sinn, für zulässig erachtet (BVerfGE 20, 283 [295]; 21, 72, ebenso BVerwGE 21, 203). In gleicher Weise verfuhr die Staatspraxis, die vor dem Problem steht, daß sich einerseits der Schutzbereich des Art. 12 Abs. 1 GG auf gewerbliche und berufliche Tätigkeiten jeder Art erstreckt, andererseits der wachsende Umfang, der in der modernen Industriegesellschaft notwendigen Berufsregelungen es ausschließt, diese bis in die Einzelheiten dem Gesetzgeber vorzubehalten. Bei dieser Sachlage kann die Neufassung der Bestimmung nur eine das Ergebnis von Rechtsprechung und Staatspraxis übernehmende Klarstellung bedeuten. Dies wird durch die Entstehungsgeschichte bestätigt (vgl. Begründung des Änderungsantrags in der Sitzung des Unterausschusses des Rechtsausschusses des Bundesrats vom 12. April 1967; Stellungnahme des Bundesrats zum Entwurf der Bundesregierung, BR-Drucks. 162/67 Anl. S. 3; Schriftlicher Bericht des Rechtsausschusses des Bundestages, BTDrucks. V/2873 S. 4).

2. Satzungen sind Rechtsvorschriften, die von einer dem Staat eingeordneten juristischen Person des öffentlichen Rechts im Rahmen der ihr gesetzlich verliehenen Autonomie mit Wirksamkeit für die ihr angehörigen und unterworfenen Personen erlassen werden (BVerfGE 10, 20 [49 f.]). Die Verleihung von Satzungsautonomie hat ihren guten Sinn darin, gesellschaftliche Kräfte zu aktivieren, den entsprechenden gesellschaftlichen Gruppen die Regelung solcher Angelegenheiten, die sie selbst betreffen und die sie in überschaubaren Bereichen am sachkundigsten beurteilen können, eigenverantwortlich zu überlassen und dadurch den Ab | stand zwischen Normgeber und Normadressat zu 157
verringern. Zugleich wird der Gesetzgeber davon entlastet, sachliche und örtliche Verschiedenheiten berücksichtigen zu müssen, die für ihn oft schwer erkennbar sind und auf deren Veränderungen er nicht rasch genug reagieren könnte. Das Bundesverfassungsgericht hat niemals in Zweifel gezogen, daß sich der Autonomiegedanke sinnvoll in das System der grundgesetzlichen Ordnung einfügt (vgl. BVerfGE 1, 91 [94]; 10, 89 [102 ff.];[1] 12, 319 [321 ff.]; 15, 235 [240]).

3. Die grundgesetzliche Ordnung setzt der Verleihung und Ausübung von Satzungsgewalt jedoch bestimmte Grenzen. Wo diese

---

[1] BVerfGA Nr. 10.

Grenze bei den verschiedenen autonomen Körperschaften, Anstalten und Verbänden jeweils verläuft, bedarf keiner allgemeinen Erörterung, da hier lediglich die Verleihung von Satzungsgewalt an Berufsverbände des öffentlichen Rechts in Frage steht, d.h. an Körperschaften, in denen nur Angehörige eines bestimmten Berufs Mitglieder sein können und deren Zweck es ist, die beruflichen Interessen der Mitglieder im weitesten Sinn zu fördern und ihre ordnungsmäßige Berufsausübung im Allgemeininteresse zu gewährleisten.

Aus Art. 80 Abs. 1 GG läßt sich eine solche Begrenzung nicht unmittelbar herleiten (vgl. BVerfGE 12, 319 [325]; 19, 253 [267]; 21, 54 [62]; 32, 346 [360 f.]). Denn es macht einen erheblichen Unterschied aus, ob der Gesetzgeber seine – der Materie nach prinzipiell unbeschränkte und allen Bürgern gegenüber wirksame – Normsetzungsbefugnis an eine Stelle der bürokratisch-hierarchisch organisierten staatlichen Exekutive abgibt oder ob er innerhalb eines von vornherein durch Wesen und Aufgabenstellung der Körperschaft begrenzten Bereichs einen bestimmten Kreis von Bürgern ermächtigt, durch demokratisch gebildete Organe ihre eigenen Angelegenheiten zu regeln. Das Bedürfnis, eine Macht zu zügeln, die versucht sein könnte, praktisch-effiziente Regelungen auf Kosten der Freiheit der Bürger durchzusetzen, ist, wie die geschichtliche Erfahrung bestätigt, im ersterwähnten Fall ungleich fühlbarer. Ihm trägt Art. 80 Abs. 1
158 Satz 2 GG Rech|nung; für eine Erweiterung des Geltungsbereichs der Bestimmung auf eine Rechtsetzungsdelegation der hier vorliegenden Art gibt es keinen zulänglichen Grund.

Trotzdem bleibt auch im Rahmen einer an sich zulässigen Autonomiegewährung der Grundsatz bestehen, daß der Gesetzgeber sich seiner Rechtsetzungsbefugnis nicht völlig entäußern und seinen Einfluß auf den Inhalt der von den körperschaftlichen Organen zu erlassenden Normen nicht gänzlich preisgeben darf. Das folgt sowohl aus dem Prinzip des Rechtsstaates wie aus dem der Demokratie. Fordert das eine, die öffentliche Gewalt in allen ihren Äußerungen auch durch klare Kompetenzordnung und Funktionentrennung rechtlich zu binden, so daß Machtmißbrauch verhütet und die Freiheit des Einzelnen gewahrt wird, so gebietet das andere, daß jede Ordnung eines Lebensbereiches durch Sätze objektiven Rechts auf eine Willensentschließung der vom Volke bestellten Gesetzgebungsorgane muß zurückgeführt werden können. Der Gesetzgeber darf seine vornehmste Aufgabe nicht anderen Stellen innerhalb oder außerhalb der Staatsorganisation zu freier Verfügung überlassen. Das gilt besonders, wenn der Akt der Autonomieverleihung dem autonomen Ver-

band nicht nur allgemein das Recht zu eigenverantwortlicher Wahr-
nehmung der übertragenen Aufgabe und zum Erlaß der erforderlichen
Organisationsnormen einräumt, sondern ihn zugleich zu Eingriffen in
den Grundrechtsbereich ermächtigt. Dem staatlichen Gesetzgeber er-
wächst hier eine gesteigerte Verantwortung: Der verstärkten Gel-
tungskraft der Grundrechte entspricht die besondere Bedeutung aller
Akte staatlicher Gewaltausübung, welche die Verwirklichung und
Begrenzung von Grundrechten zum Gegenstand haben. Das Grund-
recht der Berufsfreiheit im besonderen steht in engem Zusammen-
hang mit der Entfaltung der Persönlichkeit, deren Freiheit und Würde
nach der Ordnung des Grundgesetzes der oberste Rechtswert ist (vgl.
BVerfGE 7, 377 [400 ff.];[1] 13, 97 [104, 113]; 19, 330 [336 f.]). Der
Rang dieses Grundrechts gebietet daher, daß die freie Selbstbestim-
mung des Einzelnen nur so weit eingeschränkt werden darf, wie es
die Interessen der All|gemeinheit erfordern. Die Berücksichtigung 159
dieses Allgemeininteresses entsprechend den Bedürfnissen des sozia-
len Rechtsstaats sicherzustellen, ist der Zweck des Regelungsvorbe-
halts in Art. 12 Abs. 1 Satz 2 GG. Indem aber das Grundgesetz diese
Regelungsbefugnis in die Form des Gesetzesvorbehalts kleidet, über-
trägt es in erster Linie dem Gesetzgeber die Entscheidung darüber,
welche Gemeinschaftsinteressen so gewichtig sind, daß das Frei-
heitsrecht des Einzelnen zurücktreten muß. Dieser Entscheidungs-
pflicht kann sich der demokratische Gesetzgeber nicht beliebig ent-
ziehen. Vielmehr ist in einem Staatswesen, in dem das Volk die
Staatsgewalt am unmittelbarsten durch das von ihm gewählte Parla-
ment ausübt, vor allem dieses Parlament dazu berufen, im öffentli-
chen Willensbildungsprozeß unter Abwägung der verschiedenen, un-
ter Umständen widerstreitenden Interessen über die von der Verfas-
sung offengelassenen Fragen des Zusammenlebens zu entscheiden.
Der Staat erfüllt hier durch seine gesetzgebende Gewalt die Aufgabe,
Hüter des Gemeinwohls gegenüber Gruppeninteressen zu sein.

Andererseits würden die Prinzipien der Selbstverwaltung und der Autonomie, die ebenfalls im demokratischen Prinzip wurzeln und die dem freiheitlichen Charakter unserer sozialen Ordnung entsprechen, nicht ernst genug genommen, wenn der Selbstgesetzgebung autonomer Körperschaften so starke Fesseln angelegt würden, daß ihr Grundgedanke, die in den gesellschaftlichen Gruppen lebendigen Kräfte in eigener Verantwortung zur Ordnung der sie besonders berührenden Angelegenheiten heranzuziehen und ihren Sachverstand

[1] BVerfGA Nr. 6.

für die Findung »richtigen« Rechts zu nutzen, nicht genügenden Spielraum fände. Deshalb kann es dem Gesetzgeber auch im Bereich berufsrechtlicher Regelungen nicht verwehrt sein, Berufsverbände mit Satzungsgewalt auszustatten. Er muß dabei jedoch berücksichtigen, daß die Rechtsetzung durch Berufsverbände spezifische Gefahren für die Betroffenen und für die Allgemeinheit mit sich bringen kann. Zum Nachteil der Berufsanfänger und Außenseiter kann sie ein Übergewicht von Verbandsorganen oder ein verengtes Standesden-
160 ken begünstigen, das | notwendigen Veränderungen und Auflockerungen festgefügter Berufsbilder hinderlich ist. Solchen Gefahren, die der Freiheit des Einzelnen durch die Macht gesellschaftlicher Gruppen drohen, vorzubeugen und die Interessen von Minderheiten und zugleich der Allgemeinheit zu wahren, gehört mit zu den Funktionen des Gesetzesvorbehalts.

Ob hiernach ein Berufsverband zu berufsregelnder Rechtsetzung ermächtigt werden darf und welche Anforderungen im Einzelfall an die Ermächtigung zu stellen sind, hängt von der jeweiligen Intensität des Eingriffs ab. Die in der verfassungsgerichtlichen Rechtsprechung entwickelte, am Grundsatz der Verhältnismäßigkeit ausgerichtete Stufentheorie (vgl. BVerfGE 7, 377 [401 ff.];[1] 23, 50 [56]; 25, 1 [11 f.]) kann entsprechend herangezogen werden. Sie ergibt als leitendes Prinzip, daß Regelungen, die die Freiheit der Berufs*wahl* und dadurch sogar schutzwürdige Interessen von Nichtmitgliedern (Berufsanwärtern) berühren, insofern also den Kreis »eigener« Angelegenheiten überschreiten, vom Gesetzgeber selbst getroffen werden müssen; allenfalls Einzelfragen fachlich-technischen Charakters könnten in dem vom Gesetzgeber gezogenen Rahmen auch durch Satzungsrecht eines Berufsverbandes geregelt werden. Handelt es sich hingegen um Berufsregelungen, die lediglich in die Freiheit der Berufs*ausübung* von Mitgliedern eines Verbandes eingreifen, bestehen keine grundsätzlichen Bedenken dagegen, diesen Verband zur Normgebung zu ermächtigen. Aber auch hier muß das zulässige Maß des Eingriffs in den Grundrechtsbereich um so deutlicher in der gesetzlichen Ermächtigung bestimmt werden, je empfindlicher die freie berufliche Betätigung beeinträchtigt, je intensiver eine auf Dauer angelegte Lebensentscheidung des Einzelnen und das Interesse der Allgemeinheit an der Art und Weise der Tätigkeit berührt werden. Einschneidende, das Gesamtbild der beruflichen Betätigung wesentlich

[1] BVerfGA Nr. 6.

prägende Vorschriften über die Ausübung des Berufs sind auch hier dem Gesetzgeber zumindest in den Grundzügen vorzubehalten. |

III. 161

Legt man die gewonnenen Maßstäbe an die hier zu beurteilenden Facharztordnungen an, so zeigt sich, daß die Grenzen des dem Satzungsrecht zur Regelung offenstehenden Gebietes nicht durchweg beachtet sind.

1. Die Kammergesetze der Länder enthalten, wie erwähnt, keine Vorschriften über Fachärzte; sie ermächtigen die Ärztekammern lediglich, Berufsordnungen zu erlassen, die u.a. auch Bestimmungen über die ärztlichen Berufspflichten treffen können. Auf dieser Grundlage regeln die Facharztordnungen das gesamte Facharztwesen.

Die Betätigung als Facharzt nur unter dem Gesichtspunkt eines besonderen Ausschnitts aus dem allgemeinen ärztlichen Pflichtenkreis zu sehen, wird der heutigen Bedeutung des Facharztwesens nicht gerecht. Es kann dahingestellt bleiben, ob der Facharzt im Sinne der Rechtsprechung des Bundesverfassungsgerichts zu Art. 12 Abs. 1 GG als ein besonderer Berufszweig innerhalb des allgemeinen Berufs »Arzt« angesehen werden könnte. Es lassen sich Gründe für diese Auffassung anführen. Doch selbst wenn man auch für den Bereich des Art. 12 GG an der Einheit des ärztlichen Berufs festhält, die Tätigkeit des Facharztes also nur als eine besondere Form der Berufsausübung innerhalb des einheitlichen Arztberufs ansieht, läßt sich nicht verkennen, daß der Entscheidung, sich dieser Tätigkeit zu widmen, Elemente innewohnen, die einer Berufswahl nahekommen. Der Entschluß, sich zum Facharzt auszubilden und die ärztliche Tätigkeit künftig auf das gewählte Fachgebiet zu beschränken, ist in aller Regel auf Dauer angelegt, er ist eine Lebensentscheidung. Auf der Grundlage der einheitlichen ärztlichen Berufsausbildung stellt sie dem Arzt be | sondere Aufgaben, führt ihm einen besonderen Patienten- 162
kreis zu und eröffnet ihm die besonderen wirtschaftlichen Chancen, die mit der fachärztlichen Tätigkeit verbunden sind. Die Niederlassung als Facharzt, äußerlich gekennzeichnet durch eine der allgemein bekannten Facharztbezeichnungen und durch eine entsprechend ausgestattete Praxis, gibt dem Berufsbild des Arztes auch in den Augen der Öffentlichkeit ein eigenes Gepräge. Das Publikum erwartet von ihm eine qualifizierte ärztliche Leistung; dementsprechend erwirbt er einen bedeutsamen eigenen fachlichen und sozialen Status.

Aber auch der Allgemeinheit ist an einem verantwortungsvollen und wirksamen Einsatz der fachärztlichen Kenntnisse, Erfahrungen und sachlichen Einrichtung gelegen. Unter den heutigen Bedingungen rasch fortschreitender medizinischer Erkenntnisse und der damit verbundenen Verwendung komplizierter und teuerer Spezialapparaturen auch in der Praxis des freiberuflich tätigen Arztes ist der Facharzt zur Sicherung einer sachgemäßen ärztlichen Versorgung der Bevölkerung unentbehrlich. Der Anteil der Fachärzte an der Gesamtzahl der Ärzte wächst demgemäß ständig und hat bereits dazu geführt, daß namentlich in ländlichen Gebieten allgemein-praktische Ärzte nicht mehr in ausreichender Zahl vorhanden sind (vgl. den erwähnten Gesundheitsbericht der Bundesregierung, Textnr. 22 f.; ferner etwa »Die Gesundheitssicherung in der Bundesrepublik Deutschland«, Heft 20 der vom Wirtschaftswiss. Institut der Gewerkschaften herausgegebenen WWI-Studien, 1971, S. 29–31, 37 f.). Damit gewinnen auch die Probleme der Zusammenarbeit zwischen Facharzt und allgemeinpraktischen Arzt sowie zwischen Facharzt und Krankenhaus für das gesamte Gesundheitswesen eine Bedeutung, die es ausschließt, hier lediglich interne Fragen des Berufsstands zu sehen, deren Regelung allein den Standesorganen überlassen werden könnte. Die Gefahr, daß auch sachfremde berufspolitische Erwägungen sich gegen die Interessen der Allgemeinheit durchsetzen und zu Lösungen führen, die gesundheitspolitisch nicht verantwortet werden können, ist nicht von
163 der Hand zu weisen. Ihr kann nur der Gesetzgeber steuern, | dem es obliegt, die Entwicklung auf dem Gesamtgebiet der Medizin zu beobachten, die sich hieraus u.U. auch für die Struktur der Heilberufe ergebenden Folgerungen zu erkennen und die danach erforderlichen Maßnahmen gegebenenfalls auch gegen widerstreitende Gruppeninteressen durchzuführen (vgl. auch den Gesundheitsbericht, bes. Textnr. 431 ff.).

Aus all dem folgt, daß im Bereich des Facharztwesens jedenfalls die »statusbildenden« Normen, d.h. etwa diejenigen Regeln, welche die Voraussetzungen der Facharztanerkennung, die zugelassenen Facharztrichtungen, die Mindestdauer der Ausbildung, das Verfahren der Anerkennung, die Gründe für eine Zurücknahme der Anerkennung sowie endlich auch die allgemeine Stellung der Fachärzte innerhalb des gesamten Gesundheitswesens betreffen, in den Grundzügen durch ein förmliches Gesetz festgelegt werden müssen. Die dann noch erforderlichen ergänzenden Regelungen können nach Ermessen des Gesetzgebers dem Satzungsrecht der Ärztekammern überlassen bleiben.

Näherer Darlegungen hierzu bedarf es an dieser Stelle nicht, da die Satzungsbestimmungen, die den berufsgerichtlichen Urteilen zugrundeliegen, keinen »statusbildenden« Inhalt in diesem Sinne haben. Es handelt sich vielmehr um Vorschriften, die Berufspflichten der Fachärzte normieren. Sie würden in ihrer Gültigkeit nicht berührt, wenn den »statusbildenden« Bestimmungen der Satzungen die Rechtssatzqualität abgesprochen werden müßte.

2. Auch Bestimmungen über Berufspflichten, die sich von statusbildenden Normen unterscheiden, aber in mehr oder minder starkem Maße die freie Berufsausübung einschränken (BVerfGE 26, 186 [204 f.]), bedürfen einer gesetzlichen Grundlage. Die Berufsgerichte sehen diese in der Generalklausel des § 12 der Reichsärzteordnung, die nach ihrer Ansicht als Landesrecht weitergilt und in den Facharztordnungen lediglich durch ausdrückliche Heraushebung einzelner Pflichten konkretisiert wird. Es kann dahingestellt bleiben, ob diese Rechtsansicht zutreffend ist oder ob, wie es der Auffassung des Bundesministers für Gesundheitswesen und der Ärztekammern entspricht, der Inhalt jedenfalls der hier in | Rede stehenden Satzungs- 164
bestimmungen (vorkonstitutionelles) Standesgewohnheitsrecht darstellt oder ob endlich die Kammergesetze dadurch, daß sie von Berufspflichten der Ärzte sprechen, einen entsprechenden Pflichtenkodex voraussetzen und selbst sanktionieren. In jedem Fall liegt eine formal-rechtliche Grundlage für eine Einschränkung der freien Berufsausübung im Sinne des Art. 12 Abs. 1 Satz 2 GG vor.

Es entspricht der Natur allen Standesrechts, daß die Berufspflichten der Standesangehörigen nicht in einzelnen Tatbeständen erschöpfend umschrieben werden können, sondern in einer Generalklausel zusammengefaßt sind, welche die Berufsangehörigen zu gewissenhafter Berufsausübung und zu achtungs- und vertrauenswürdigem Verhalten innerhalb und außerhalb des Berufs anhält, die nähere Bestimmung der sich hieraus ergebenden einzelnen Pflichten aber der Aufsichtspraxis der Standesorgane und der Rechtsprechung der Berufsgerichte überläßt. In Rechtsprechung und Schrifttum ist anerkannt, daß eine solche Generalklausel auch gegenüber dem Verfassungsgebot des Art. 103 Abs. 2 GG als Grundlage für eine berufsgerichtliche Bestrafung ausreicht (BVerfGE 26, 186 [204]; Maunz-Dürig-Herzog, Kommentar zum Grundgesetz, Rdnr. 116 zu Art. 103, unter c und d)[1]. …

---

[1] Zur Rechtsgrundlage für die Regelung der Berufspflichten der Rechtsanwälte s. BVerfGE 76, 171 – Standesrichtlinie (BVerfGA Nr. 68).

165 IV.

Unabhängig davon, ob Satzungsbestimmungen der in Rede stehenden Art schon unter formellrechtlichen Gesichtspunkten zu beanstanden wären, sind die in den vorliegenden Fällen den Beschwerdeführern auferlegten Beschränkungen der freien Berufstätigkeit materiell mit Art. 12 Abs. 1 GG nicht vereinbar. …

167 b) Den für die Begrenzung der Facharzttätigkeit auf das eigene Fach vorgetragenen Gründen kann nicht jede sachliche Berechtigung abgesprochen werden; es handelt sich hier um »vernünftige Erwägungen des Gemeinwohls« im Sinne der Rechtsprechung des Bundesverfassungsgerichts, die eine Einschränkung der freien Berufsausübung grundsätzlich rechtfertigen können. Diese Beschränkung ist dem Facharzt auch zuzumuten, wenn die Facharztbereiche vom fachlich-medizinischen Standpunkt aus sachgerecht abgegrenzt sind und angenommen werden kann, daß der Facharzt in der auf sein Fachgebiet beschränkten Tätigkeit eine ausreichende wirtschaftliche Lebensgrundlage findet. Die gegenwärtige Gliederung der Facharztbereiche scheint diesen Forderungen im wesentlichen zu entsprechen. Eine zu starke Aufsplitterung der Fachbereiche hält der Bundesminister für Gesundheitswesen übrigens auch für gesundheitspolitisch bedenklich, da sie beim einzelnen Facharzt das Wissen um die größeren Zusammenhänge in der Medizin in Frage stellen würde. |

168 Jede Einschränkung der freien Betätigung im Beruf steht jedoch unter dem Gebot der Verhältnismäßigkeit. Sie darf nur so weit gehen, wie es zur Erreichung der angestrebten Ziele erforderlich ist. Je stärker sie die Berufstätigkeit einengt, um so gewichtiger müssen die sie rechtfertigenden Gründe sein. Diesem Grundsatz wird das Verbot der Betätigung außerhalb des Fachgebietes nur gerecht, wenn es als allgemeine Richtlinie gilt und nicht als eine auch einzelne Ausnahmefälle ausschließende Regel aufgefaßt wird. Die schon in früheren Formulierungen des Verbots enthaltenen Worte »grundsätzlich« oder »im wesentlichen« trugen dem Rechnung. Die Standesvertretungen der Ärzte wollen das Verbot nicht engherzig gehandhabt wissen. Nur bei einer solchen Auslegung löst sich auch der Widerspruch, der zwischen einem ausnahmslos geltenden Verbot und der grundsätzlichen Heranziehung der Fachärzte zum Not- und Bereitschaftsdienst bestehen würde.

c) Die gegen den Beschwerdeführer Dr. G … ergangenen Urteile müssen aufgehoben werden, weil sie die von ihnen herangezogenen Satzungsbestimmung in einer dem Verhältnismäßigkeitsgrundsatz widersprechenden Weise auslegen und damit gegen Art. 12 Abs. 1 GG verstoßen. Nach den Feststellungen der Gerichte ist nur in *einem* Fall eine Betätigung des Beschwerdeführers außerhalb seines Fachgebiets als erwiesen angesehen worden. Der Fall erforderte keine umfangreiche ärztliche Tätigkeit; die Behandlung, die aus Anlaß eines akuten Herzanfalls begonnen wurde, ergab sich aus einem bereits bestehenden Vertrauensverhältnis. Von einer »systematischen« Tätigkeit des Beschwerdeführers außerhalb seines Fachgebiets ist nicht die Rede. Deshalb durfte der Beschwerdeführer nicht bestraft werden.

2. a) Der Beschwerdeführer Prof. Dr. St … ist verurteilt worden, weil er zwei in der Facharztordnung zugelassene und von ihm rechtmäßig erworbene Facharztbezeichnungen, nämlich die für die Fachgebiete »Innere Krankheiten« und »Röntgen- und Strahlenheilkunde«, auf seinem Praxisschild und seinen Briefbögen nebeneinander geführt hat. Die Berufsgerichte lassen dahinge|stellt, ob eine berufs- 169
unwürdige Handlung auch vorliege, wenn ein Arzt mehr als eine Facharztpraxis betreibe. Der Beschwerdeführer meint, daß nach der Berufsordnung nicht die Ausübung einer doppelfachärztlichen Tätigkeit verboten sei, sondern nur die Führung zweier Facharztbezeichnungen, wodurch allerdings auch die Ausübung der Praxis nach Maßgabe der erworbenen Facharztanerkennung eingeschränkt und behindert werde.

Es bedarf keiner genaueren Bestimmung des Verbotsumfanges, zu dem sich auch die ärztlichen Standesvertretungen nicht klar äußern. Die Bestrafung des Beschwerdeführers verletzt in jedem Fall den Verhältnismäßigkeitsgrundsatz …

Da es dem Arzt unbestrittenermaßen möglich und erlaubt ist, die Anerkennung als Facharzt für mehr als eine Fachrichtung zu erwerben, kann ihm nicht von vornherein die Möglichkeit abgesprochen werden, mehrere Fachgebiete wis|senschaftlich und praktisch zu be- 170
herrschen. Die Formulierung des Verbots gilt unterschiedslos für alle denkbaren Fächerkombinationen. Dabei wird aber nicht berücksichtigt, daß es unter den zugelassenen Fachrichtungen nahe verwandte Gebiete gibt, und daß der Facharzt, der sich zu einer Fächerkombination entschließt, in aller Regel nur Fächer wählen wird, die sich zu einer einheitlichen Fachpraxis mit funktionell aufeinander bezogenen Einzeltätigkeitsgebieten ausgestalten lassen. …

c) Soweit die Satzung die Führung mehrerer Facharztbezeichnun- 171
gen schlechthin untersagt, geht sie über das Maß einer notwendigen und zumutbaren Berufsausübungsregelung hinaus. Welche Folgerungen hieraus für den Bestand der Norm als solcher zu ziehen wäre,

kann im Hinblick auf die ohnehin gebotene gesetzliche Neuordnung dahingestellt bleiben. Die Bestrafung durch die berufsgerichtlichen Urteile stellt jedenfalls einen zu weit gehenden Eingriff dar. Die Urteile verletzen den Grundsatz der Verhältnismäßigkeit und damit Art. 12 Abs. 1 GG dadurch, daß sie den Beschwerdeführer schon deshalb, weil er zwei von ihm rechtmäßig erworbene Facharztbezeichnungen für verwandte Facharztbereiche nebeneinander geführt hat, eines berufsunwürdigen Verhaltens für schuldig befunden haben. Sie müssen deshalb aufgehoben werden.

31 Art. 12 Abs. 1 Satz 1, 2 GG

Absoluter numerus clausus und freie Wahl der Ausbildungsstätte – Grundrechte als Ausdruck einer objektiven Wertordnung – Grundrechte als Teilhaberechte – Verschaffungsanspruch – Vorbehalt des Möglichen – Einschränkbarkeit des Hochschulzugangs – Gesetzesvorbehalt und Leistungsverwaltung – Blankettermächtigung – Weitergeltung verfassungswidriger Normen – Fristsetzung an den Gesetzgeber

BVerfGE 33, 303–358 – numerus clausus

303 **1. Zur verfassungsrechtlichen Beurteilung absoluter, durch Erschöpfung der gesamten Ausbildungskapazität gekennzeichneter Zulassungsbeschränkungen für Studienanfänger einer bestimmten Fachrichtung (hier: absoluter numerus clausus für das Medizinstudium).**

2. Aus dem in Art. 12 Abs. 1 Satz 1 GG gewährleisteten Recht auf freie Wahl des Berufes und der Ausbildungsstätte in Verbindung mit dem allgemeinen Gleichheitssatz und dem Sozialstaatsprinzip folgt ein Recht auf Zulassung zum Hochschulstudium. Dieses Recht ist durch Gesetz oder auf Grund eines Gesetzes einschränkbar.

3. Absolute Zulassungsbeschränkungen für Studienanfänger einer bestimmten Fachrichtung sind nur verfassungsmäßig,

a) wenn sie in den Grenzen des unbedingt Erforderlichen unter erschöpfender Nutzung der vorhandenen Ausbildungskapazitäten angeordnet werden und

b) wenn Auswahl und Verteilung der Bewerber nach sachgerechten Kriterien mit einer Chance für jeden an sich hochschulreifen Bewerber und unter möglichster Berücksichtigung der individuellen Wahl des Ausbildungsortes erfolgen.

4. Die wesentlichen Entscheidungen über die Voraussetzungen für die Anordnung absoluter Zulassungsbeschränkungen und über die anzuwendenden Auswahlkriterien hat der Gesetzgeber selbst zu tref-
fen. | Die Hochschulen können zur Regelung der weiteren Einzelhei- 304
ten innerhalb bestimmter Grenzen ermächtigt werden.

5. § 17 des hamburgischen Universitätsgesetzes vom 25. April 1969 ist insoweit mit dem Grundgesetz vereinbar, als der Gesetzgeber seinerseits für den Fall absoluter Zulassungsbeschränkungen keine Bestimmungen über Art und Rangverhältnis der Auswahlkriterien getroffen hat.

6. Art. 3 Abs. 2 des bayerischen Zulassungsgesetzes vom 8. Juli 1970 ist mit dem Grundgesetz unvereinbar, soweit Studienbewerbern mit bayerischem Wohnsitz, die einen in Bayern oder an einer der nächsterreichbaren Bildungseinrichtungen von Nachbarländern erworbenen Vorbildungsnachweis besitzen, generell und auch für den Fall absoluter Erschöpfung der Ausbildungskapazitäten ein Studium an heimatnahen Universitäten ermöglicht werden soll und zu diesem Zweck eine Vergünstigung hinsichtlich des durch den Eignungsgrad bestimmten Zulassungsranges gewährt wird.

7. Zur gemeinsamen Verantwortung von Bund und Ländern für die Verteilung aller freien Studienplätze durch eine überregionale Stelle unter Anwendung einheitlicher Auswahlkriterien.

Urteil des Ersten Senats vom 18. Juli 1972 auf die mündliche Verhandlung vom 3. Mai 1972 – 1 BvL 32/70 und 25/71 –

Sachverhalt: *Gegenstand des Verfahrens der konkreten Normenkontrolle (Art. 100 Abs. 1 Satz 1 GG) waren Regelungen der Zulassungsbeschränkung aus den Jahren 1969 und 1970 für das Fach Humanmedizin an den Universitäten Hamburgs und Bayerns.*

§ 17 des hamburgischen Universitätsgesetzes vom 25. April 1969 (GVBl. S. 61) bestimmte:

> *(1) Die Zulassung kann für einzelne Fachrichtungen beschränkt werden, wenn und solange dies mit Rücksicht auf die Aufnahmefähigkeit der Universität erforderlich ist, um ein ordnungsgemäßes Studium in der betreffenden Fachrichtung zu gewährleisten. Vor der Einführung einer Zulassungsbeschränkung ist insbesondere zu prüfen, ob und wieweit die Universität Maßnahmen, vor allem auf dem Gebiet der Studienreform, treffen kann, die geeignet sind, eine Zulassungsbeschränkung zu vermeiden.*
>
> *(2) Zulassungsbeschränkungen werden durch Zulassungsordnungen geregelt, in denen auch Bestimmungen über die Auswahl und die Zahl der zuzulassenden Bewerber zu treffen sind. Nach Ablauf von jeweils*

sechs Monaten ist zu überprüfen, ob die Voraussetzung des Absatzes 1 noch gegeben sind.

(3) Zulassungsordnungen werden vom Akademischen Senat nach Anhörung der beteiligten Fachbereiche beschlossen …

Auf dieser Grundlage beschloß der Akademische Senat der Universität für das Sommersemester 1970 eine Zulassungsordnung für das Studium der Human- und Zahnmedizin. Danach waren die für deutsche Bewerber zur Verfügung stehenden Studienplätze grundsätzlich zu 60 % nach Leistungsgesichtspunkten und zu 40 % nach dem Jahrgangsprinzip zu vergeben; doch konnte ein für jedes Semester festzusetzender Teil der Plätze für außerordentliche Härtefälle vorbehalten bleiben. Die Auswahl nach Leistungsgesichtspunkten richtete sich grundsätzlich nach der Durchschnittsnote des Reifezeugnisses. Bei der Auswahl nach dem Jahrgangsprinzip wurden Bewerber, die den Dienst in der Bundeswehr oder im zivilen Ersatzdienst abgeleistet hatten, mit Vorrang zugelassen.

Im Unterschied zum hamburgischen Universitätsgesetz enthielt das Gesetz über die Zulassung zu den bayerischen Hochschulen vom 8. Juli 1970 (GVBl. S. 273) zum einen den Grundsatz, daß die Studentenzahlen für einzelne Studienfächer nur beschränkt werden dürften, wenn dies zur Aufrechterhaltung eines geordneten Studienbetriebes im Hinblick auf die Aufnahmefähigkeit der Hochschuleinrichtungen zwingend erforderlich sei (Art. 2 Abs. 2 Zulassungsgesetz); zum anderen nannte das Gesetz Kriterien für die Studienplatzvergabe (Art. 3) und enthielt schließlich eine Verordnungsermächtigung für das Bayerische Kultusministerium zur Umsetzung dieser Vorgaben.

Auf Vorlage des Verwaltungsgerichts Hamburg erklärte das Bundesverfassungsgericht § 17 hamburgisches Universitätsgesetz im Falle eines absoluten numerus clausus für unvereinbar mit dem Grundgesetz; an der bayerischen Regelung des Zulassungsgesetzes beanstandete das Bundesverfassungsgericht auf Vorlage des Bayerischen Verwaltungsgerichts München nur die in Art. 3 Abs. 2 Zulassungsgesetz enthaltene Landeskinderklausel, die Begünstigungen bayerischer Studienbewerber vorsah.

Aus den Gründen:

329 I.

1. Als Prüfungsmaßstab für die verfassungsrechtliche Beurteilung von Zulassungsbeschränkungen ist, wie auch in Rechtsprechung und Schrifttum angenommen wird (vgl. den Überblick über die Rechtsprechung bei Schmitt, DVBl. 1971, S. 382 und bei Wunsch, WissR, Bd. 5 Heft 1, 1972, S. 16 ff.), in erster Linie das in Art. 12 Abs. 1 GG verbürgte Recht aller Deutschen heranzuziehen, die Ausbildungsstätte frei zu wählen.

Bei der Einfügung dieses Rechts in das Grundgesetz und ebenso bei seiner anfänglichen Auslegung stand zunächst der Gedanke im Vordergrund, Art. 12 Abs. 1 GG gewähre dem Einzelnen ein Abwehrrecht gegen Freiheitsbeschränkungen im Ausbildungswesen. So wurde bei den Beratungen im Hauptausschuß des Parlamentarischen Rates betont, es müsse unter allen Umständen die Freiheit gesichert werden, zwischen den verschiedenen Universitäten wählen und bei besonders hervorragenden Lehrern hören zu können, um sich entsprechend vielseitig auszubilden; auch sei zu verhindern, daß einzelne Länder an ihren Universitäten nur Landeskinder studieren ließen (StenBer. über die 44. Sitzung des Hauptausschusses vom 19. Januar 1949, S. 575 ff.). Damit ist in der Tat ein wesentlicher Teilaspekt des Grundrechtsschutzes umschrieben, der auch dann so weit wie möglich zu berücksichtigen ist, wenn infolge Erschöpfung der gesamten Ausbildungskapazität die planmäßige Verteilung der Bewerber auf verschiedenen Ausbildungsstätten unvermeidbar wird.

Bei völliger Erschöpfung der Ausbildungskapazität tritt ein weiterer wesentlicher Aspekt des Rechts auf freie Wahl der Ausbildungsstätte hervor, der auf dessen engem Zusammenhang mit dem ebenfalls in Art. 12 Abs. 1 GG gewährleisteten Recht der freien Berufswahl beruht. In der Regel ist die Ausbildung die | Vorstufe einer Be- 330
rufsaufnahme, beide sind integrierende Bestandteile eines zusammengehörenden Lebensvorganges. Demgemäß ist in der Rechtsprechung des Bundesverfassungsgerichts zu Art. 12 Abs. 1 GG schon früher betont worden, daß nicht nur die dort verwendeten Begriffe Berufswahl und spätere Berufsausübung untrennbar sind und einen einheitlichen Komplex der beruflichen Betätigung als Grundlage der Lebensführung ansprechen, sondern daß zur rechtlichen Ordnung dieser beruflichen Betätigung auch Vorschriften über die vorherige Ausbildung für einen Beruf gehören (vgl. BVerfGE 7, 377 [401, 406]).[1] Aus dieser engen Verknüpfung hatte das Bundesverwaltungsgericht bereits zutreffend hergeleitet, daß Beschränkungen bei der Zulassung zur Ausbildung nicht einer Berufslenkung dienen dürfen (JZ 1963, S. 675; vgl. auch BVerfGE 6, 13 und 7, 287). Darüber hinaus nötigt dieser enge Zusammenhang zu der weiteren Folgerung, daß zumindest dann, wenn die Aufnahme eines Berufes – wie bei Ärzten – eine bestimmte Ausbildung voraussetzt, Beschränkungen im freien Zugang zu der vorgeschriebenen Ausbildung ähnlich streng zu beurteilen sind wie Zulassungsvoraussetzungen für den Beruf selbst.

Der verfassungsrechtliche Grundrechtsschutz im Bereich des Ausbildungswesens erschöpft sich indessen nicht in der den Freiheitsrechten herkömmlich beigemessenen Schutzfunktion gegen Eingriffe

[1] BVerfGA Nr. 6.

der öffentlichen Gewalt. Das Bundesverfassungsgericht hat mehrfach ausgesprochen, daß die Grundrechte zugleich als objektive Normen eine Wertordnung statuieren, die als verfassungsrechtliche Grundentscheidung für alle Bereiche des Rechts Geltung beansprucht, und daß daher die Grundrechte nicht nur Abwehrrechte des Bürgers gegen den Staat sind (BVerfGE 21, 362 [372] mit weiteren Nachweisen). Je stärker der moderne Staat sich der sozialen Sicherung und kulturellen Förderung der Bürger zuwendet, desto mehr tritt im Verhältnis zwischen Bürger und Staat neben das ursprüngliche Postulat grundrechtlicher Freiheitssicherung vor dem Staat die komplementäre Forderung nach grundrechtlicher Verbürgung der Teilhabe an staatlichen
331 Leistun | gen. Diese Entwicklung zeigt sich besonders deutlich im Bereich des Ausbildungswesens, das sich insoweit trotz des im übrigen bestehenden engen Zusammenhanges mit der Berufswahl von dieser unverkennbar abhebt: Die Berufsfreiheit verwirklicht sich gegenwärtig – abgesehen von dem der Sonderregelung des Art. 33 GG unterliegenden öffentlichen Dienst (vgl. dazu BVerfGE 7, 377 [398];[1] 17, 371 [379 f.] – vorwiegend im Bereich der privaten Berufs- und Arbeitsordnung und ist hier vornehmlich darauf gerichtet, die eigenpersönliche, selbstbestimmte Lebensgestaltung abzuschirmen, also Freiheit *von* Zwängen oder Vorboten im Zusammenhang mit Wahl und Ausübung des Berufes zu gewährleisten. Demgegenüber zielt die freie Wahl der Ausbildungsstätte ihrer Natur nach auf freien Zugang *zu* Einrichtungen; das Freiheitsrecht wäre ohne die tatsächliche Voraussetzung, es in Anspruch nehmen zu können, wertlos. Demgemäß geht der Entwurf für ein Hochschulrahmengesetz von der Berechtigung eines jeden Deutschen aus, das von ihm gewählte Hochschulstudium durchzuführen, wenn er die für dieses Studium erforderliche Qualifikation nachweist.

Die Anerkennung dieser Berechtigung steht nicht im Belieben des Gesetzgebers. Dabei kann dahingestellt bleiben, ob »Teilhaberechte« in gewissem Umfang bereits daraus hergeleitet werden könnten, daß der soziale Rechtsstaat eine Garantenstellung für die Umsetzung des grundrechtlichen Wertsystems in die Verfassungswirklichkeit einnimmt (vgl. dazu BVerfGE 27, 360 zur Privatschulfinanzierung). Selbst wenn grundsätzlich daran festzuhalten ist, daß es auch im modernen Sozialstaat der nicht einklagbaren Entscheidung des Gesetzgebers überlassen bleibt, ob und wieweit er im Rahmen der darreichenden Verwaltung Teilhaberechte gewähren will, so können sich doch,

---

[1] BVerfGA Nr. 6.

wenn der Staat gewisse Ausbildungseinrichtungen geschaffen hat, aus dem Gleichheitssatz in Verbindung mit Art. 12 Abs. 1 GG und dem Sozialstaatsprinzip Ansprüche auf Zutritt zu diesen Einrichtungen ergeben. Das gilt besonders, wo der Staat – wie im Bereich des Hochschulwesens – ein faktisches, nicht beliebig aufgebbares Mo|nopol 332
für sich in Anspruch genommen hat und wo – wie im Bereich der Ausbildung zu akademischen Berufen – die Beteiligung an staatlichen Leistungen zugleich notwendige Voraussetzung für die Verwirklichung von Grundrechten ist. Hier kann es in einem freiheitlichen Rechts- und Sozialstaat nicht mehr der freien Entscheidung der staatlichen Organe überlassen bleiben, den Kreis der Begünstigten nach ihrem Gutdünken abzugrenzen und einen Teil der Staatsbürger von den Vergünstigungen auszuschließen, zumal dies im Ergebnis auf eine Berufslenkung hinauslaufen würde. Hier folgt vielmehr daraus, daß der Staat Leistungen anbietet, ein Recht jedes hochschulreifen Staatsbürgers, an der damit gebotenen Lebenschance prinzipiell gleichberechtigt beteiligt zu werden. Art. 12 Abs. 1 GG in Verbindung mit Art. 3 Abs. 1 GG und dem Sozialstaatsgebot gewährleistet also ein Recht des die subjektiven Zulassungsvoraussetzungen erfüllenden Staatsbürgers auf Zulassung zum Hochschulstudium seiner Wahl.

2. Nach verbreiteter Ansicht soll dieses Zulassungsrecht seiner Natur nach von vornherein und ausschließlich auf einen Anspruch auf Teilhabe an den *vorhandenen* Ausbildungsmöglichkeiten beschränkt sein. Demgegenüber geht das Verwaltungsgericht Hamburg in seinem Vorlagebeschluß von einer Pflicht zur *Erweiterung* der Ausbildungskapazität aus und folgert daraus, daß die Anordnung zumindest eines absoluten numerus clausus für Studienanfänger nur dann statthaft sei, wenn zugleich die Erfüllung jener Pflicht innerhalb bestimmter Fristen ausdrücklich gesetzlich anerkannt wird. Bei beiden Auffassungen kommen indessen Gesichtspunkte zu kurz, die für den Grundrechtsschutz im vorliegenden Zusammenhang wesentlich sind:

Die Problematik absoluter Zulassungsbeschränkungen ist dadurch gekennzeichnet, daß die vorhandene Kapazität nicht ausreicht, um jedem hochschulreifen Zulassungsberechtigten seinen Studienplatz zuzuteilen. Würde sich die verfassungsrechtliche Betrachtung von Anfang an auf die Teilhabe am Vorhandenen verengen, ginge sie daher am Kern der Schwierigkeiten vorbei. Während im Normalfall sozialstaatlicher Teilhabegewährung, näm|lich bei finanziellen Begünsti- 333
gungen, die nachteiligen Folgen einer Beschränkung auf vorhandene Mittel durch Umverteilung einigermaßen aufgefangen werden können, führt der absolute numerus clausus zu der krassen Ungleichheit,

daß ein Teil der Bewerber alles und der andere Teil – zumindest für eine mehr oder weniger lange und für die weitere Lebensentscheidung möglicherweise ausschlaggebenden Dauer – nichts erhält. Übersteigt die Zahl der Abgewiesenen wie beim Medizinstudium sogar weit mehr als die Hälfte der Bewerber, dann droht der verfassungsrechtlich geschützte Zulassungsanspruch weitgehend leerzulaufen. Wegen dieser Auswirkungen ist nicht zu bestreiten, daß sich der absolute numerus clausus am Rande des verfassungsrechtlich Hinnehmbaren bewegt. Da diesen Auswirkungen nachhaltig nur durch Erweiterung der Kapazitäten begegnet werden kann, ließe sich fragen, ob aus den grundrechtlichen Wertentscheidungen und der Inanspruchnahme des Ausbildungsmonopols ein objektiver sozialstaatlicher Verfassungsauftrag zur Bereitstellung ausreichender Ausbildungskapazitäten für die verschiedenen Studienrichtungen folgt. Ob diese Frage zu bejahen wäre und ob sich aus diesem Verfassungsauftrag unter besonderen Voraussetzungen ein einklagbarer Individualanspruch des Staatsbürgers auf Schaffung von Studienplätzen herleiten ließe, bedarf jedoch hier keiner Entscheidung. Denn verfassungsrechtliche Konsequenzen kämen erst bei evidenter Verletzung jenes Verfassungsauftrags in Betracht. Eine solche läßt sich namentlich für den Bereich des Medizinstudiums derzeit nicht feststellen:

Auch soweit Teilhaberechte nicht von vornherein auf das jeweils Vorhandene beschränkt sind, stehen sie doch unter dem Vorbehalt des Möglichen im Sinne dessen, was der Einzelne vernünftigerweise von der Gesellschaft beanspruchen kann. Dies hat in erster Linie der Gesetzgeber in eigener Verantwortung zu beurteilen, der bei seiner Haushaltswirtschaft auch andere Gemeinschaftsbelange zu berücksichtigen und nach der ausdrücklichen Vorschrift des Art. 109 Abs. 2 GG den Erfordernissen des gesamtwirtschaftlichen Gleichgewichts
334 Rechnung zu tragen hat. Ihm ob | liegt auch die Entscheidung über Umfang und Prioritäten des Hochschulausbaus, wobei zu beachten ist, daß Ausbau und Neubau von Hochschulen gemäß Art. 91a GG zu den im Zusammenwirken von Bund und Ländern zu erfüllenden Gemeinschaftsaufgaben gehören. Bei diesen Entscheidungen werden sich die zuständigen Organe einerseits an erkennbaren Tendenzen der Nachfrage nach Studienplätzen zu orientieren haben, da eine ausschließliche Ausrichtung an den ohnehin schwierigen Bedarfsermittlungen auf eine unzulässige Berufslenkung und Bedürfnisprüfung hinauslaufen könnte, bei der die Bedeutung freier Selbstbestimmung als konstitutivem Element einer freiheitlichen Ordnung verkürzt würde. Andererseits verpflichtet ein etwaiger Verfassungsauftrag aber

nicht dazu, für jeden Bewerber zu jeder Zeit den von ihm gewünschten Studienplatz bereitzustellen und auf diese Weise die aufwendigen Investitionen im Hochschulbereich ausschließlich von der häufig flukturierenden und durch mannigfache Faktoren beeinflußbaren individuellen Nachfrage abhängig zu machen. Das liefe auf ein Mißverständnis von Freiheit hinaus, bei dem verkannt würde, daß sich persönliche Freiheit auf die Dauer nicht losgelöst von Funktionsfähigkeit und Gleichgewicht des Ganzen verwirklichen läßt und daß ein unbegrenztes subjektives Anspruchsdenken auf Kosten der Allgemeinheit unvereinbar mit dem Sozialstaatsgedanken ist. Das Grundgesetz hat – wie das Bundesverfassungsgericht wiederholt im Zusammenhang mit dem Grundrecht der allgemeinen Handlungsfreiheit hervorgehoben hat (vgl. BVerfGE 4, 7 [15]; 8, 274 [329]; 27, 344 [351]) – die Spannung Individuum – Gemeinschaft im Sinne der Gemeinschaftsbezogenheit und Gemeinschaftsgebundenheit der Person entschieden; der Einzelne muß sich daher diejenigen Schranken seiner Handlungsfreiheit gefallen lassen, die der Gesetzgeber zur Pflege und Förderung des sozialen Zusammenlebens in den Grenzen des allgemeinen Zumutbaren vorsieht, vorausgesetzt, daß dabei die Eigenständigkeit der Person gewahr bleibt. Diese Erwägungen beanspruchen erst recht im Bereich staatlicher Teilhabegewährung Geltung. Hier würde es dem Gebot sozialer Ge|rechtigkeit, das sich im 335
Gleichheitssatz konkretisiert, geradezu zuwiderlaufen, die nur begrenzt verfügbaren öffentlichen Mittel unter Vernachlässigung anderer wichtiger Gemeinschaftsbelange bevorzugt einem privilegierten Teil der Bevölkerung zugute kommen zu lassen. Dem Gesetzgeber kann es daher nicht verwehrt sein, sich auch am vordringlichen Kräftebedarf für die verschiedenen Berufe zu orientierten, sofern es nicht gelingt, individuelle Nachfrage und gesamtgesellschaftlichen Bedarf durch das Mittel der Studienberatung in Deckung zu bringen.

Legt man diese Maßstäbe zugrunde, ist eine Verfassungsverletzung nicht ersichtlich. [*Wird ausgeführt.*]

3. Wenn nach den vorstehenden Erwägungen die ausdrückliche 336
gesetzliche Anerkennung der Verpflichtung, die Ausbildungskapazitäten innerhalb von Fristen zu *erweitern,* derzeit keine verfassungsrechtlich gebotene Zulässigkeitsvoraussetzung für den absoluten numerus clausus darstellt, dann ist um so dringender zu fordern, daß der Zugang zu bereits *vorhandenen* Ausbildungsstätten nur unter strengen formell- und materiellrechtlichen Voraussetzungen beschränkt werden darf.

a) Daß das Recht hochschulreifer Bewerber auf Zulassung zum

Studium ihrer Wahl beschränkbar ist, ergibt sich – soweit dieses Recht auf Art. 12 Abs. 1 GG gestützt wird – bereits aus dem Regelungsvorbehalt in Satz 2. Dieser umfaßt auch das Recht zur freien Wahl der Ausbildungsstätte, wie schon die Entstehungsgeschichte erweist; denn in der bereits erwähnten Sitzung des Hauptausschusses des Parlamentarischen Rates hatten mehrere Sprecher ausdrücklich betont, daß ein numerus clausus für Hochschulen mit der beschlossenen Fassung des Art. 12 Abs. 1 GG nicht unvereinbar sei. Auch aus der bereits erörterten Einheitlichkeit des Art. 12 Abs. 1 GG folgt, daß der Regelungsvorbehalt sich nicht nur auf die Berufsausübung bezieht, sondern sich dem Grunde nach auch auf die Berufswahl (so schon BVerfGE 7, 377 [402 ff])[1] und ebenso auf die der Berufswahl vorgelagerte Wahl der Ausbildungsstätte erstreckt. Wird der Zulassungsanspruch als Teilhaberecht aufgefaßt, dann folgt seine Beschränkbarkeit daraus, daß Teilhaberechte – wie bereits erwähnt – unter dem Vorbehalt des Möglichen stehen und notwendig regelungsbedürftig sind.

b) Die sonach grundsätzlich zulässigen Einschränkungen des |
337 Zulassungsrechts sind nur durch ein Gesetz oder auf Grund eines Gesetzes verfassungsrechtlich statthaft. Der gelegentlich vertretenen Meinung, für den auf faktischer Kapazitätserschöpfung beruhenden numerus clausus sei überhaupt kein Rechtssatz erforderlich, kann schon deshalb nicht beigetreten werden, weil absolute Zulassungsbeschränkungen ein Recht begrenzen und zudem die Kapazitätsberechnung – wie noch auszuführen sein wird – normative Faktoren einschließt. Soweit die Befugnis zu derartigen Einschränkungen aus dem Regelungsvorbehalt in Art. 12 Abs. 1 Satz 2 GG herzuleiten ist, folgt das genannte formelle Erfordernis bereits unmittelbar aus dieser Grundgesetzbestimmung. Wenn schon die dort erwähnten Berufsausübungsregelungen der gesetzlichen Grundlage bedürfen, dann erst recht solche Begrenzungen der freien Wahl der Ausbildungsstätte, die sich auf die Freiheit der Berufswahl auswirken können. Wird der Anspruch auf Zulassung zu den vorhandenen Hochschulen als Teilhaberecht aufgefaßt, ergibt sich auch in diesem Zusammenhang nichts anderes. Dabei kann offenbleiben, ob die rechtsstaatlichen Grundsätze vom Vorbehalt des Gesetzes und von der Gesetzmäßigkeit staatlichen Handelns regelmäßig nur für die Eingriffs- und nicht gleichermaßen für die Leistungsverwaltung gelten (vgl. dazu BVerfGE 8, 155 [167 f.]). Denn hier ist eine gesetzliche Grundlage deshalb erforder-

---

[1] BVerfGA Nr. 6.

lich, weil die Beteiligung an staatlichen Leistungen die notwendige Voraussetzung für die Verwirklichung von Grundrechten darstellt. Hier muß der Gesetzgeber als derjenige, von dessen Entschließungen der Umfang des Leistungsangebots abhängt, selbst die Verantwortung dafür übernehmen, wenn als Folge unzureichender Kapazitäten der Kreis der Begünstigten unter Inkaufnahme schwerwiegender Ungleichbehandlungen einzuschränken ist.

c) In materiellrechtlicher Hinsicht folgt schon aus den bisherigen Erwägungen, daß an absolute Zulassungsbeschränkungen strenge Anforderungen zu stellen sind. Nach der sogenannten Stufentheorie des Bundesverfassungsgerichts (vgl. BVerfGE 7, 377 [401 ff];[1] 30,
292 [315 ff.]) ist die Regelungsbefugnis gemäß | Art. 12 Abs. 1 GG 338
um so enger begrenzt, je mehr sie auch die Freiheit der Berufswahl berührt. Da von der Wahl der Ausbildung zugleich die Wahl des späteren Berufes abhängt und da ein auf der Erschöpfung der Ausbildungskapazität beruhender absoluter numerus clausus für eine bestimmte Fachrichtung einer objektiven Zulassungsvoraussetzung im Sinne der Stufentheorie (vgl. BVerfGE 7, 377 [407 f.]) gleichkommt, ist eine Anordnung schon nach den zu Art. 12 Abs. 1 GG entwickelten allgemeinen Grundsätzen nur zur Abwehr nachweisbarer oder höchstwahrscheinlicher schwerer Gefahren für ein überragend wichtiges Gemeinschaftsgut und nur unter strikter Wahrung des Grundsatzes der Verhältnismäßigkeit zulässig, wobei die bedenklichen Nebenfolgen – Abwanderung in andere Fächer und Übergreifen auf das Ausland – nicht außer acht gelassen werden dürfen. Vom am Gleichheitssatz orientierten Gedanken des Teilhaberechts her gesehen, ergeben sich eher noch strengere Anforderungen, da Zulassungsbeschränkungen der in Rede stehenden Art Verteilung von Lebenschancen bedeuten können.

Im einzelnen ist ein absoluter numerus clausus für Studienanfänger nach dem Stand der bisherigen Erfahrungen nur verfassungsmäßig, wenn er

(1.)in den Grenzen des unbedingt Erforderlichen unter erschöpfender Nutzung der vorhandenen, mit öffentlichen Mitteln geschaffenen Ausbildungskapazitäten angeordnet wird (vgl. dazu unten II) und wenn

(2.)Auswahl und Verteilung nach sachgerechten Kriterien mit einer Chance für jeden an sich hochschulreifen Bewerber und unter

---

[1] BVerfGA Nr. 6.

möglichster Berücksichtigung der individuellen Wahl des Ausbildungsortes erfolgen (vgl. dazu unten III.).

II.

Bei verfassungskonformer Anwendung entsprechen die beanstandeten landesrechtlichen Regelungen der zuvor genannten ersten Voraussetzung.

1. Bei der Prüfung dieser Voraussetzung ist zwischen der vor- |
339 sorglichen Setzung normativer Regelungen für den Fall von Zulassungsbeschränkungen einerseits und der jeweiligen Beschlußfassung über die Notwendigkeit ihrer Anordnung andererseits zu unterscheiden. Die Setzung normativer Regelungen gehört zum Verantwortungsbereich des Gesetzgebers. Insoweit bestimmen § 17 Abs. 1 des hamburgischen Universitätsgesetzes und Art. 2 Abs. 2 des bayerischen Zulassungsgesetzes sachlich übereinstimmend, daß die Zulassung für einzelne Fachrichtungen nur beschränkt werden darf, wenn und solange dies mit Rücksicht auf die Aufnahmefähigkeit der Hochschuleinrichtungen (zwingend) erforderlich ist, um ein ordnungsgemäßes Studium zu gewährleisten.

Diese Regelung trägt den verfassungsrechtlichen Erfordernissen insoweit Rechnung, als der Zulassungsanspruch nur zum Schutz eines überragend wichtigen Gemeinschaftsgutes – der Funktionsfähigkeit der Universität als Voraussetzung für die Aufrechterhaltung eines ordnungsgemäßen Studienbetriebes – und nur unter strenger Wahrung des Grundsatzes der Verhältnismäßigkeit begrenzt werden darf. Diesem Grundsatz entspricht es, daß die Begrenzung jeweils nur in solchen Fachrichtungen erfolgen darf, wo sie wirklich notwendig ist, und daß ferner – wie es in § 17 UniG ausdrücklich heißt – vor Einführung von Zulassungsbeschränkungen geprüft werden muß, ob die Universität andere, schonendere Maßnahmen, vor allem auf dem Gebiet der Studienreform, zur Vermeidung von Zulassungsbeschränkungen treffen kann. Die Bemessung der Zulassungszahlen nach bestimmten Engpässen wäre jedenfalls dann unvereinbar mit dem Grundsatz der Verhältnismäßigkeit, wenn der Engpaß durch gezielten Einsatz sachlicher und personeller Mittel bis hin zu Parallelveranstaltungen, der Verteilung von Pflichtveranstaltungen auf mehrere Semester oder der Einrichtung von Ferienkursen behebbar wäre und dadurch die Zahl der zuzulassenden Bewerber erhöht werden könnte.

Normative Regelungen der genannten Art müssen aber auch dann, wenn man sie im zuvor genannten Sinne versteht, bei ihrer Anwen-

dung in erheblichem Umfang näher, ausgefüllt werden, so | daß der 340
Übergang von Setzung zu Anwendung der Norm fließend wird. Schon das Schutzobjekt selbst – die Aufrechterhaltung eines ordnungsgemäßen Studiums – ist von der jeweiligen Studienordnung abhängig und damit veränderbar. Ob und welchem Umfang ferner Zulassungsbeschränkungen zur Aufrechterhaltung eines ordnungsgemäßen Studiums zwingend erforderlich sind, richtet sich insbesondere danach, auf Grund welcher Kriterien die vorhandene Ausbildungskapazität beurteilt wird und bei welchem Grad an Kapazitätsauslastung ein solches Studium noch gewährleistet erscheint. Diese Kapazitätsbemessung ist nicht etwa eine von rein tatsächlichen Gegebenheiten – wie Personal-, Raum- und Mittelbestand, Bettenzahl und Studienverhalten – abhängige empirische Größe, sondern weitgehend normativ bestimmt: angefangen von Vorschriften über Studienpläne, über die Zahl der Pflichtveranstaltungen und deren höchstzulässige Teilnehmerzahl unter Berücksichtigung didaktischer Erfordernisse, über die Lehrbefähigung und zumutbare Belastung des Personals unter Berücksichtigung der Forschungsaufgaben und der Beanspruchung durch öffentliche oder privatnützige Nebentätigkeiten sowie die Art der Universitätsorganisation bis hin zu der Frage, in welchem zeitlichen Ausmaß die vorhandenen Räume und Einrichtungen genutzt werden müßten.

Die Art und Weise der Kapazitätsermittlung gehört zum Kern des Zulassungswesens. Daher fällt auch die Festlegung objektivierter, nachvollziehbarer Kriterien für die Kapazitätsermittlung an sich in den Verantwortungsbereich des Gesetzgebers. Damit steht in Einklang, daß der Bundesrat anläßlich der Beratungen des Hochschulrahmengesetzes die Bundesregierung um die Prüfung ersucht hat, ob nicht Maßstäbe für die Berechnung von Ausbildungskapazitäten bundeseinheitlich festgelegt werden könnten (BRDrucks. 689/3/70 – neu – und S. 28 des Berichtes über die 361. Sitzung vom 29. Januar 1971). Das Bedürfnis nach einer solchen Festlegung wird dadurch verstärkt, daß bei generellen Zulassungsbeschränkungen davon die Gleichmäßigkeit der Belastung der Universitäten abhängt und die
Entwicklung brauchbarer Ka | pazitätskriterien ohnehin für die Pla- 341
nung des Hochschulausbaus erforderlich ist. Diese Festlegung stößt aber – wie im zweiten Bericht der Bundesregierung über Sofortmaßnahmen zum Abbau des numerus clausus ausgeführt und in der mündlichen Verhandlung bestätigt worden ist – nach dem derzeitigen Erfahrungsstand offenbar noch auf solche Schwierigkeiten, daß der Gesetzgeber zu einer normativen Regelung einstweilen noch nicht in

der Lage ist. Der Entwurf für ein Hochschulrahmengesetz begnügt sich daher in § 30 mit der Forderung, »im Zusammenwirken zwischen Hochschulen, Land und Bund für alle Hochschulen und Fachrichtungen einheitliche Berechnungen der Ausbildungskapazitäten zu entwickeln und anzuwenden«, um eine einheitliche Zulassungspraxis zu erreichen; auch sollen die für eine Ausbauplanung festgelegten Kapazitäten für die Folgezeit verbindlich sein. Wenn und solange es sich aber bei der Regelung des Zulassungswesens als unvermeidbar erweist, die materiellrechtlichen Voraussetzungen durch ausfüllungsbedürftige Normbegriffe zu umschreiben, dann ist um so wichtiger die Frage, wer über die Ausfüllung und Anwendung dieser Begriffe entscheidet und wie dieses Entscheidungsverfahren gestaltet ist. Ausfüllungsbedürftige materiellrechtliche Normen, die in den Grundrechtsschutz eingreifen, erscheinen eher tragbar, wenn durch ein formalisiertes, gerichtlich kontrollierbares Verfahren dafür vorgesorgt wird, daß die wesentlichen Entscheidungsfaktoren geprüft und die mit der Norm angestrebten Ziele wirklich erreicht werden. …

345 III.

1. Die Regelung über die Auswahl der Bewerber gehört neben den zuvor erörterten Voraussetzungen für die Anordnung von Zulassungsbeschränkungen ebenfalls zum Kern des Zulassungswesens. Ihre Problematik wird materiellrechtlich dadurch gekennzeichnet, daß aus einem Kreis prinzipiell gleichberechtigter hochschulreifer Anwärter auszuwählen ist, wer durch Zulassung privilegiert und wer abgewiesen und damit am Ausbildungsbeginn, möglicherweise sogar an der Wahl eines bestimmten Berufes gehindert wird. Dabei bedarf es in diesem Zusammenhang keiner Erörterung, welche Bedeutung das Abitur als Abschluß der allgemeinen Schulbildung hat und ob der Erwerb der Hochschulreife reformbedürftig ist. Wo immer die Grenze für die Hochschulreife gezogen wird, es stellt sich beim absoluten numerus clausus in jedem Fall das Problem der Auswahl zwischen solchen Bewerbern, die sämtlich die subjektiven Immatrikulationsvoraussetzungen erfüllen.

Da eine solche Auswahl ohnehin mit einer Ungleichbehandlung an sich Gleichberechtigter verbunden ist, kann bei der Auswahlregelung der Gestaltungsspielraum, den der Gleichheitssatz normalerweise läßt, nicht mehr erheblich sein. Daß die Regelung frei von Willkür im Sinne evidenter Unsachlichkeit sein muß, versteht sich von selbst.

Gerade hier sind die Verantwortlichen gehalten, sich in steter Orientierung am Gerechtigkeitsgedanken um eine auch für den Benachteiligten zumutbare Auswahl zu bemühen. Insbesondere muß die Regelung jedem zulassungsberechtigten Bewerber eine Chance belassen.

Formellrechtlich ist es wegen der einschneidenden Bedeutung der Auswahlregelung Sache des verantwortlichen Gesetzgebers, auch im Falle einer Delegation seiner Regelungsbefugnis zumindest die Art
der anzuwendenden Auswahlkriterien und deren | Rangverhältnis un- 346
tereinander selbst festzulegen. Die grundgesetzliche Ordnung erlaubt es zwar dem Gesetzgeber, seine Normgebungsbefugnis durch ausdrückliche gesetzliche Ermächtigung auf andere zu delegieren. Wenn aber die Regelung in den Grundrechtsbereich des Art. 12 Abs. 1 GG eingreift und sich hier als Zuteilung von Lebenschancen auswirken kann, dann kann in einer rechtsstaatlich-parlamentarischen Demokratie der Vorbehalt, daß in den Grundrechtsbereich lediglich durch ein Gesetz oder auf Grund eines Gesetzes eingegriffen werden darf, nur den Sinn haben, daß der Gesetzgeber die grundlegenden Entscheidungen selbst verantworten soll (vgl. Beschluß vom 9. Mai 1972 – 1 BvR 518/62 und 308/64 – [C II 3]).[1]

2. Diesen Anforderungen genügt § 17 des *hamburgischen* Universitätsgesetzes nicht. Denn in Absatz 2 wird lediglich bestimmt, daß in den von Universität oder Exekutive zu beschließenden Zulassungsordnungen »auch Bestimmungen über die Auswahl und die Zahl der zuzulassenden Bewerber zu treffen sind«. Mit einer solchen Blankett-Ermächtigung wird der Landesgesetzgeber seiner Verantwortung nicht gerecht.

Es erscheint auch bedenklich, daß die Regelung der Einzelheiten gemäß §§ 17, 67 UniG in erster Linie der Universität übertragen wird. In der Facharzt-Entscheidung vom 9. Mai 1972[1] hat das Bundesverfassungsgericht zur Regelungsermächtigung für autonome Berufsverbände näher dargelegt, daß in einem demokratisch verfaßten Gemeinwesen der Gesetzgeber solche Regelungen selbst treffen muß, die den Kreis eigener Angelegenheiten des ermächtigten Verbandes überschreiten und die grundrechtlich verbürgte Freiheit der Berufswahl auch solcher Staatsbürger berühren, die dem Verband nicht angehören; allenfalls Einzelfragen fachlich-technischen Charakters könnten in dem vom Gesetzgeber gezogenen Rahmen auch durch Satzungsrecht geregelt werden. Selbst wenn der Regelungsspielraum für Universitäten im Bereich eigener Angelegenheiten wei-

---

[1] BVerfGE 33, 125 [157] – Facharzt (BVerfGA Nr. 30).

ter zu ziehen sein sollte als bei Berufsverbänden, so fällt im vorlie-
347 genden Zusammenhang doch | entscheidend ins Gewicht, daß abso-
lute Zulassungsbeschränkungen für Studienanfänger ausschließlich Außenstehende betreffen und einschneidend in deren verfassungskräftig verbürgte Rechte eingreifen. Zur selbständigen Entscheidung über die anzuwendenden Auswahlkriterien ist die Universität auch deshalb weniger berufen, weil bei diesen Kriterien in der Regel auch sozialstaatliche Belange berücksichtigt werden, die keine innere Beziehung zum Lehrauftrag der Universität aufweisen und über deren Anwendung zum Nachteil anderer Bewerber eher staatliche, die Allgemeinheit repräsentierende Organe entscheiden sollten (beispielsweise Vergünstigungen für Wehr- und Ersatzdienst Leistende, für die Ableistung eines sozialen Jahres oder für Absolventen des zweiten Bildungsweges). Im Falle absoluter, sämtliche Ausbildungsstätten erfassender Zulassungsbeschränkungen werden zudem die einzelnen Universitäten schwerlich imstande sein, eine Gleichbehandlung der Bewerber durch übereinstimmende Auswahlkriterien sicherzustellen.

Ob eine Delegation der Regelungsbefugnis auf die Universität trotz dieser Bedenken ausnahmsweise dann hingenommen werden könnte, wenn der Gesetzgeber Art und Rangverhältnis der Kriterien selbst bestimmt und die Einzelregelung durch die Universität der staatlichen, eine Prüfung auf Zweckmäßigkeit einschließenden Genehmigung unterstellt, bedarf keiner endgültigen Entscheidung. Denn § 17 UniG ist hinsichtlich der Auswahlregelung schon wegen des Blankett-Charakters der Ermächtigung unvereinbar mit dem Grundgesetz.

Die Unvereinbarkeit einer gesetzlichen Norm mit dem Grundgesetz hat regelmäßig zur Folge, daß diese Norm für nichtig zu erklären ist. Da aber die geltende Zulassungsordnung unter Berücksichtigung dieser Entscheidung verfassungskonform angewendet werden kann, besteht keine Notwendigkeit, der gegenwärtigen Ordnung des Zulassungswesens sofort die Grundlage zu entziehen; dadurch würde vielmehr ein Zustand geschaffen (Notkompetenz der Universität ohne gesetzliche Grundlage), der der verfassungsmäßigen Ordnung noch
348 ferner stünde als der jetzige. | Es erscheint deshalb geboten und aus-
reichend, dem Gesetzgeber innerhalb einer angemessenen Frist die Beseitigung des verfassungswidrigen Zustandes zu ermöglichen. Als geeigneter Anknüpfungspunkt bietet sich der Beginn des Zulassungsverfahrens für das nächste Sommersemester an.

3. Von der hamburgischen Regelung unterscheidet sich das *bayerische* Zulassungsgesetz dadurch, daß der Gesetzgeber in Art. 3 selbst

Art und Rangfolge der Auswahlkriterien bestimmt und in Art. 4 eine staatliche Stelle ermächtigt hat, die näheren Vorschriften im Benehmen mit der betroffenen Universität durch Rechtsverordnung zu erlassen. Mit Ausnahme der sogenannten Landeskinder-Vergünstigung gemäß Art. 3 Abs. 2 ist diese Regelung verfassungsrechtlich nicht zu beanstanden. …

Bei dieser Prüfung ist davon auszugehen, daß der Landesgesetzgeber innerhalb seines Kompetenzbereiches prinzipiell nicht gehindert ist, von der Gesetzgebung anderer Länder abweichende Regelungen zu treffen, auch wenn dadurch die Einwohner seines Landes im praktischen Ergebnis mehr belastet oder begünstigt werden. Dadurch allein wird – wie das Bundesverfassungsgericht in ständiger Rechtsprechung ausgesprochen hat (vgl. BVerfGE 32, 346 mit weiteren Nachweisen) – insbesondere der Gleichheitssatz nicht verletzt, da dieser mit Rücksicht auf die föderalistische Struktur die Kräfte freisetzen und nicht zur Uniformität zwingen will, grundsätzlich nur dazu verpflichtet, innerhalb des Geltungsbereichs der Landesverfassung auf Gleichbehandlung zu achten. Geht es aber bei einer in die Zuständigkeit des Landesgesetzgebers fallenden Materie um einen Lebenssachverhalt, der seiner Natur nach über die Ländergrenzen hinausgreift und eine für alle Staatsbürger der Bundesrepublik in allen Bundesländern gleichermaßen gewährleistete Rechtsposition berührt, dann könnten einseitige Begünstigungen der Einwohner eines Landes eine Ungleichbehandlung anderer Staatsbürger bewirken. Gerade das Hochschulwesen der Bundesrepublik stellt – wie schon der Wissenschaftsrat anläßlich der Beurteilung von Vergünstigungen der vorliegenden Art hervorgehoben hat (Empfehlungen zur Struktur und zum Ausbau des Bildungswesens im Hochschulbereich nach 1970, Bd. II, S. 284) – ein zusammenhängendes System dar, in dem einerseits nicht alle Studiengänge überall angeboten werden können und das andererseits eine Nutzung der Ausbildungskapazitäten über die Ländergrenzen hinweg erfordert. Dementsprechend sind Ausbau und Neubau von Hochschulen ausdrücklich in den Kreis der für die Gesamtheit bedeutsamen »Gemeinschaftsaufgaben« im Sinne des Art. 91 a GG einbezogen worden, deren Finanzierung zur Hälfte dem Bund obliegt. … 352

Sonach läßt sich schon die in Art. 3 Abs. 2 Satz 1 des bayerischen Zulassungsgesetzes genannte allgemeine Zielsetzung in ihrer uneingeschränkten, alle bayerischen Bewerber generell betreffenden und auch für den Fall eines absoluten numerus clausus geltenden Fassung nicht aufrechterhalten. … 354

32 Art. 1, 2 Abs. 1, Art. 5 Abs. 1, 2, Art. 20 Abs. 3 GG

Ausstrahlung der Grundrechte auf das Privatrecht – Überprüfung fachgerichtlicher Entscheidungen – allgemeines Gesetz im Sinne des Art. 5 Abs. 2 GG – Abwägung zwischen Pressefreiheit und allgemeinem Persönlichkeitsrecht – Umfang des Grundrechtsschutzes – Abwägung bei Veröffentlichungen, die nicht zur Meinungsbildung beitragen – Grenzen richterlicher Rechtsfortbildung – Recht und Gesetz im Sinne des Art. 20 Abs. 3 GG

BVerfGE 34, 269–293 – Soraya

269 **Die Rechtsprechung der Zivilgerichte, wonach bei schweren Verletzungen des allgemeinen Persönlichkeitsrechts Ersatz in Geld auch für immaterielle Schäden beansprucht werden kann, ist mit dem Grundgesetz vereinbar.**

Beschluß des Ersten Senats vom 14. Februar 1973
– 1 BvR 112/65 –

Sachverhalt: *Eine deutsche Wochenillustrierte veröffentlichte im April 1962 ein Interview mit der geschiedenen Frau des Schahs von Persien, Prinzessin Soraya. Das Interview, das Äußerungen der Prinzessin über ihr Privatleben wiedergab, war frei erfunden. Auf ihre Klage erhielt Prinzessin Soraya von den Zivilgerichten einen Schadensersatzanspruch gegen den Verlag und den verantwortlichen Redakteur der Zeitschrift wegen Verletzung ihres Persönlichkeitsrechts in Höhe von 15.000 DM zugesprochen. In Anknüpfung an seine bisherige Rechtsprechung beurteilte der Bundesgerichtshof das falsche Interview als schwere Persönlichkeitsrechtsverletzung der Prinzessin. Für den dadurch entstandenen ideellen Schaden könne sie eine Entschädigung in Geld verlangen.*

Die gegen die Entscheidungen der Zivilgerichte erhobene Verfassungsbeschwerde blieb ohne Erfolg.

Aus den Gründen:

279 I.

1. Das gerichtliche Verfahren, in dem die angegriffenen Entscheidungen ergangen sind, war eine bürgerliche Rechtsstreitigkeit, die nach
280 der Privatrechtsordnung zu entscheiden war. Das | Bundesverfassungsgericht hat die Auslegung und Anwendung des bürgerlichen Rechts als solche nicht nachzuprüfen. Die in den Grundrechtsnormen der Verfassung enthaltene objektive Wertordnung wirkt jedoch auch auf das Privatrecht ein; sie gilt als verfassungsrechtliche Grundent-

scheidung für alle Bereiche des Rechts. Die Beachtung dieser »Ausstrahlungswirkung« der Verfassung sicherzustellen, obliegt dem Bundesverfassungsgericht. Es prüft deshalb, ob die Entscheidungen der Zivilgerichte auf einer grundsätzlich unrichtigen Auffassung von der Reichweite und Wirkkraft eines Grundrechts beruhen oder ob das Entscheidungsergebnis selbst Grundrechte eines Beteiligten verletzt (s. dazu allgemein BVerfGE 7, 198 [205 ff.];[1] 18, 85 [92 f.];[2] 30, 173 [187 f., 196 f.];[3] 32, 311 [316]).

Im vorliegenden Fall wenden die Beschwerdeführer sich nicht nur gegen das Ergebnis der zivilgerichtlichen Entscheidungen; sie beanstanden vor allem den Weg, auf dem die Gerichte zu diesem Ergebnis gelangt sind. Die Beschwerdeführer bestreiten, daß es dem Richter angesichts seiner Bindung an das Gesetz gestattet sei, in Fällen dieser Art Schadensersatz in Geld zuzusprechen. Dies nötigt zu einer Besinnung auf Wesen und Grenzen der richterlichen Tätigkeit, wie sie im Grundgesetz vorgezeichnet sind. Es ist hier zu prüfen, ob Entscheidungen dieses Inhalts auf dem Wege judizieller Rechtsfindung gewonnen werden konnten. Der Richter kann die Wertvorstellungen des Grundgesetzes nicht in beliebiger Weise in seinen Entscheidungen zur Geltung bringen. Er würde die Verfassung auch verletzen, wenn er zu einem Ergebnis, das den Wertvorstellungen der Verfassung entspräche, auf einem methodischen Wege gelangte, der die dem Richter bei der Rechtsfindung gezogenen verfassungsrechtlichen Grenzen mißachtete. Auch eine so getroffene Entscheidung müßte vom Bundesverfassungsgericht beanstandet werden.

2. Anspruchsgrundlage im vorliegenden Zivilrechtsstreit war § 823 Abs. 1 BGB. Der Bundesgerichtshof bezieht in den Kreis der dort genannten Rechte auch das »allgemeine Persönlichkeitsrecht«
ein, wobei er sich auf seine feststehende, in der Entschei | dung vom 281
25. Mai 1954 (BGHZ 13, 334) näher begründete Rechtsprechung beruft; in dem Verhalten der Beschwerdeführer sieht er eine Verletzung dieses Rechts. Es ist nicht Aufgabe des Bundesverfassungsgerichts, die »Richtigkeit« dieser Rechtsprechung zu beurteilen, soweit ihre Begründung und Weiterentwicklung im Bereich der zivilrechtlichen Dogmatik verbleibt. Es genügt festzustellen, daß das – vom Gesetzgeber des Bürgerlichen Gesetzbuchs noch abgelehnte – allgemeine Persönlichkeitsrecht sich im Lauf einer jahrzehntelangen Erörterung in der Wissenschaft durchgesetzt hat und nach der in der erwähnten

---

[1] BVerfGA Nr. 5.
[2] BVerfGA Nr. 13.
[3] BVerfGA Nr. 25.

Entscheidung des Bundesgerichtshofs vollzogenen Anerkennung nunmehr zum festen Bestandteil unserer Privatrechtsordnung geworden ist (vgl. hierzu u.a. den erwähnten Gesetzentwurf BTDrucks. III/1237, Begründung S. 6 f.; Nipperdey im Handbuch »Die Grundrechte«, Bd. IV, Hlbbd. 2, 1962, S. 830; Hubmann, Das Persönlichkeitsrecht, 2. Aufl., 1967 S. 5 ff.; Maunz-Dürig-Herzog, Grundgesetz, Art. 1 Abs. 1 Rdnr. 38).

Das Bundesverfassungsgericht hat keinen Anlaß, dieser Rechtsprechung des Bundesgerichtshofs von Verfassungs wegen entgegenzutreten. Das Wertsystem der Grundrechte findet seinen Mittelpunkt in der innerhalb der sozialen Gemeinschaft sich frei entfaltenden menschlichen Persönlichkeit und ihrer Würde (BVerfGE 6, 32 [41]; 7, 198 [205]). Ihr gebührt Achtung und Schutz von seiten aller staatlichen Gewalt (Art. 1 und 2 Abs. 1 GG). Solchen Schutz darf vor allem die private Sphäre des Menschen beanspruchen, der Bereich, in dem er allein zu bleiben, seine Entscheidungen in eigener Verantwortung zu treffen und von Eingriffen jeder Art nicht behelligt zu werden wünscht (BVerfGE 27, 1 [6]). Diesem Schutzzweck dient im Bereich des Privatrechts auch die Rechtsfigur des allgemeinen Persönlichkeitsrechts; sie füllt Lücken im Persönlichkeitsschutz aus, die hier trotz Anerkennung einzelner Persönlichkeitsrechte verblieben und im Laufe der Zeit aus verschiedenen Gründen immer fühlbarer geworden waren. Das Bundesverfassungsgericht hat deshalb die Anerkennung
282 nung eines allgemeinen Persönlichkeitsrechts in der | Rechtsprechung der Zivilgerichte nie beanstandet (s. besonders BVerfGE 30, 173 [194 ff.];[1] 34, 118 [135 f.] sowie 34, 238 [246 f.]).

3. § 823 Abs. 1 BGB ist ein »allgemeines Gesetz« im Sinne des Art. 5 Abs. 2 GG (BVerfGE 7, 198 [211];[2] 25, 256 [263 ff.]).[3] Gehört das allgemeine Persönlichkeitsrecht nach der verfassungsrechtlich nicht zu beanstandenden Auslegung dieser Bestimmung zu den hier aufgeführten Rechten, so kommt ihm nach dem Willen der Verfassung die Fähigkeit zu, das Grundrecht der Pressefreiheit, auf das sich die Beschwerdeführer berufen, einzuschränken. Diese potentielle Wirkkraft des allgemeinen Gesetzes erhält hier, wie dargelegt, eine verfassungsrechtliche Verstärkung aus dem Schutzauftrag der Art. 1 und 2 Abs. 1 GG. Auf der anderen Seite ist die grundlegende Bedeutung der Pressefreiheit für die freiheitlich-demokratische Ordnung

---

[1] BVerfGA Nr. 25.
[2] BVerfGA Nr. 5.
[3] BVerfGA Nr. 21.

nicht außer acht zu lassen. Sie behält ihr Gewicht bei der Abwägung, die stattzufinden hat, wenn ein Konflikt zwischen den verfassungsrechtlich geschützten Interessenbereichen der Parteien eines Zivilrechtsverhältnisses zu lösen ist (BVerfGE 25, 256 [263];[1] 30, 173 [196 f.]).[2] Bei dieser Abwägung kann das allgemeine Persönlichkeitsrecht nicht schlechthin den Vorrang beanspruchen; von der Pressefreiheit kann je nach der Gestaltung des konkreten Falls eine restriktive Wirkung auf die aus dem Persönlichkeitsrecht abgeleiteten Ansprüche ausgehen (BVerfGE 7, 198 [208 f.]).[3]

4. Die angegriffenen Entscheidungen haben dem Schutz der Persönlichkeitssphäre der Klägerin des Ausgangsverfahrens den Vorrang vor der Pressefreiheit zugebilligt. Hiergegen bestehen nach dem festgestellten Sachverhalt keine verfassungsrechtlichen Bedenken. Danach haben die Beschwerdeführer in einem Organ der Unterhaltungspresse ein erdichtetes Interview mit der Klägerin veröffentlicht, in dem Vorgänge aus ihrem Privatleben so dargestellt wurden, als habe sie die Klägerin selbst geschildert. Hierin sehen die Gerichte ein unbefugtes Eindringen in den privaten | Lebensbereich der Klägerin, 283
die allein darüber zu befinden habe, ob und welcher Form sie Vorgänge ihres Privatlebens der Öffentlichkeit zugänglich machen wolle.

In der Tat können sich bei dieser Sachlage die Beschwerdeführer für ihr Vorgehen nicht auf die Pressefreiheit berufen. Zwar geht es zu weit, der Unterhaltungs- oder Sensationspresse den Schutz dieses Grundrechts überhaupt zu versagen, wie dies das Landgericht unter Berufung auf einzelne Stimmen im Schrifttum tut. Der Begriff »Presse« ist weit und formal auszulegen; er kann nicht von einer – an welchen Maßstäben auch immer ausgerichteten – Bewertung des einzelnen Druckerzeugnisses abhängig gemacht werden. Die Pressefreiheit ist nicht auf die »seriöse« Presse beschränkt (Maunz-Dürig-Herzog, Grundgesetz, Art. 5 Rdnr. 128 f.; vgl. auch BVerfGE 25, 296 [397] und – für den Rundfunk – BVerfGE 12, 205 [260]).[4] Daraus folgt jedoch nicht, daß der Schutz des Grundrechts jedem Presseorgan in jedem rechtlichen Zusammenhang und für jeden Inhalt seiner Äußerungen in gleicher Weise zuteil werden müßte. Bei der Abwägung zwischen der Pressefreiheit und anderen verfassungsrechtlich geschützten Rechtsgütern kann berücksichtigt werden, ob die Presse im

---

[1] BVerfGA Nr. 21.
[2] BVerfGA Nr. 25.
[3] BVerfGA Nr. 5.
[4] BVerfGA Nr. 12.

konkreten Fall eine Angelegenheit von öffentlichem Interesse ernsthaft und sachbezogen erörtert, damit den Informationsanspruch des Publikums erfüllt und zur Bildung der öffentlichen Meinung beiträgt oder ob sie lediglich das Bedürfnis einer mehr oder minder breiten Leserschicht nach oberflächlicher Unterhaltung befriedigt.

Hier stand dem Schutzbedürfnis der privaten Sphäre der Klägerin ein überwiegendes Allgemeininteresse an der öffentlichen Erörterung der in dem Interview behandelten Angelegenheiten nicht gegenüber. Ein Recht der Leser, durch erfundene Darstellungen über das Privatleben einer zeitweilig in das Licht der Öffentlichkeit getretenen Persönlichkeit »unterrichtet« zu werden, besteht nicht. Zu einer wirklichen Meinungsbildung – wenn man ein Interesse daran auch in diesem Bereich als berechtigt anerkennen will – kann ein *erfundenes* In-
284 terview nichts beitragen. | Der Schutz der Privatsphäre verdient gegenüber Presseäußerungen dieser Art unbedingt den Vorrang.

II.

Beschränkt ein »allgemeines Gesetz« potentiell die Pressefreiheit, so bestimmt sich die Art und Weise, in der eine solche Beschränkung wirksam werden kann, allein nach dem Inhalt dieses Gesetzes. Das bedeutet vor allem: nur die Sanktionen, zu denen das Gesetz ermächtigt, können gegen das Presseorgan verhängt werden und seine Freiheit wirksam beschränken. Hier setzt die Rüge der Beschwerdeführer an: sie machen geltend, es gebe kein »allgemeines Gesetz«, das bei Verletzung des allgemeinen Persönlichkeitsrechts einen Ersatz des immateriellen Schadens in Geld vorsehe, ja durch § 253 BGB werde ein solcher Anspruch ausdrücklich ausgeschlossen. Die Gerichte hätten deshalb mit der Zuerkennung solcher Schadensersatzansprüche die Grenze überschritten, innerhalb deren die Verfassung ihnen die Beschränkung der Pressefreiheit erlaube; sie hätten überdies eine Sanktion verhängt, die materiell die Pressefreiheit verletze, da sie sich einseitig gegen die Presse richte und diese mit einem unkalkulierbaren Risiko belaste, das auf die Dauer existenzgefährdend wirken müsse. Damit seien Wesen und Bedeutung der Pressefreiheit im freiheitlich-demokratischen Staatswesen grundsätzlich verkannt.

Auch gegenüber diesen Ausführungen ist vorweg zu betonen, daß es nicht zur Entscheidungskompetenz des Bundesverfassungsgerichts gehört zu beurteilen, ob sich die vom Bundesgerichtshof aus der angenommenen Verletzung des allgemeinen Persönlichkeitsrechts abgeleitete Rechtsfolge vom Boden der zivilrechtlichen Dogmatik aus begründen läßt, m.a.W., ob es zivilrechtlich möglich und geboten war, auf dem durch die Anerkennung des allgemeinen Persönlichkeitsrechts beschrittenen Wege weiterzugehen und diesem Recht den in § 847 BGB für verwandte Tatbestände vorgesehenen Schutz durch Zubilligung eines Schadensersatzanspruchs zuteil werden zu lassen. |

Das Bundesverfassungsgericht hat sich auch hier auf die Prüfung 285 der verfassungsrechtlichen Aspekte dieser Rechtsprechung zu beschränken. Dabei stellen sich die Fragen: einmal, ob das materielle Ergebnis der Entscheidungen bereits als solches das Grundrecht der Pressefreiheit verletzt, und weiter, ob es mit dem Grundgesetz vereinbar ist, dieses Ergebnis trotz Fehlens einer eindeutigen Grundlage im geschriebenen Recht durch richterliche Entscheidungen herbeizuführen.

Die Prüfung beider Fragen ergibt, daß gegen die Rechtsprechung des Bundesgerichtshofs, soweit sie den hier angegriffenen Entscheidungen zugrunde liegt, verfassungsrechtliche Bedenken nicht zu erheben sind.

III.

Es liegt in der Natur der Dinge, daß Verletzungen des allgemeinen Persönlichkeitsrechts vor allem von Organen der Presse begangen werden können, da ihr die technischen Mittel der Informationserlangung und -verbreitung zu Gebote stehen und damit auch das Eindringen in die Privatsphäre des Bürgers verhältnismäßig leicht gemacht wird. Beispiele aus der Rechtsprechung zeigen aber, daß die Zivilgerichte die von ihnen entwickelten Regeln zum Schutz des allgemeinen Persönlichkeitsrechts auch außerhalb des Bereichs der Presse anwenden (vgl. etwa BGHZ 26, 349; 30, 7; 35, 363). Schon aus diesem Grund liegt kein »Sonderrecht gegen die Presse« vor.

Die Verhängung übermäßig strenger Sanktionen, zu denen unter Umständen auch unvorhersehbar hohe Schadensersatzansprüche gehören könnten, würde allerdings die Pressefreiheit verfassungswidrig einschränken, besonders wenn die rechtlichen Voraussetzungen solcher Ansprüche nicht klar definiert wären. Um einen Fall dieser Art handelt es sich indessen hier nicht. Ersatz immateriellen Schadens in Geld ist eine unserer Rechtsordnung nicht grundsätzlich fremde Sanktion, wie § 253 BGB selbst erkennen läßt. In § 847 BGB ist sie

für die Verletzung anderer in § 823 BGB bezeichneter Rechtsgüter
286 ebenso vorgesehen | wie in einigen Spezialgesetzen. Im Laufe der Entwicklung der Rechtsprechung haben die Fallgruppen, in denen Ersatz für den immateriellen Schaden geleistet werden muß, klare Konturen gewonnen. Der Schadensersatzanspruch hat subsidiären Charakter; die Gerichte sprechen eine Geldentschädigung nur zu, wenn eine Wiederherstellung in natura, etwa durch Zubilligung eines Unterlassungs- oder Widerrufsanspruchs, nicht möglich oder nach Lage des Falles nicht ausreichend ist; von einer »Kommerzialisierung der Ehre« kann ernstlich nicht die Rede sein. Da *erhebliche* Beeinträchtigung der Persönlichkeitssphäre und *schweres* Verschulden gefordert werden, ist Vorsorge getroffen, daß die Sorgfaltsanforderungen an eine verantwortungsvoll arbeitende Presse nicht überspannt werden und daß nicht für jede Ungenauigkeit oder objektiv unrichtige Information gehaftet werden muß. Ein Blick auf die Rechtsprechung zeigt schließlich, daß – wie auch im vorliegenden Fall – die zuerkannten Schadensersatzbeiträge ihrer Höhe nach sich in angemessenen Grenzen halten, besonders wenn man berücksichtigt, daß das den Schadensersatzanspruch begründende Verhalten des Presseorgans seinerseits in aller Regel von wirtschaftlichen Interessen bestimmt wird. Das Risiko, dem die Presse durch diese Rechtsprechung ausgesetzt wird, überschreitet somit nicht das zumutbare Maß. In dem hier zu beurteilenden Fall wird dies besonders deutlich; das Maß an Sorgfalt, das aufzuwenden ist, um die Verbreitung eines *erfundenen* Interviews zu verhindern, ist niemals unzumutbar.

IV.

1. Die traditionelle Bindung des Richters an das Gesetz, ein tragender Bestandteil des Gewaltentrennungsgrundsatzes und damit der Rechtsstaatlichkeit, ist im Grundgesetz jedenfalls der Formulierung nach dahin abgewandelt, daß die Rechtsprechung an »Gesetz und Recht« gebunden ist (Art. 20 Abs. 3). Damit wird nach allgemeiner Meinung ein enger Gesetzespositivismus abgelehnt. Die Formel hält das Bewußtsein aufrecht, daß sich Gesetz und Recht zwar faktisch im
287 allgemeinen, aber nicht notwendig | und immer decken. Das Recht ist nicht mit der Gesamtheit der geschriebenen Gesetze identisch. Gegenüber den positiven Satzungen der Staatsgewalt kann unter Umständen ein Mehr an Recht bestehen, das seine Quelle in der verfassungsmäßigen Rechtsordnung als einem Sinnganzen besitzt und dem

geschriebenen Gesetz gegenüber als Korrektiv zu wirken vermag; es zu finden und in Entscheidungen zu verwirklichen, ist Aufgabe der Rechtsprechung. Der Richter ist nach dem Grundgesetz nicht darauf verwiesen, gesetzgeberische Weisungen in den Grenzen des möglichen Wortsinns auf den Einzelfall anzuwenden. Eine solche Auffassung würde die grundsätzliche Lückenlosigkeit der positiven staatlichen Rechtsordnung voraussetzen, ein Zustand, der als prinzipielles Postulat der Rechtssicherheit vertretbar, aber praktisch unerreichbar ist. Richterliche Tätigkeit besteht nicht nur im Erkennen und Aussprechen von Entscheidungen des Gesetzgebers. Die Aufgabe der Rechtsprechung kann es insbesondere erfordern, Wertvorstellungen, die der verfassungsmäßigen Rechtsordnung immanent, aber in den Texten der geschriebenen Gesetze nicht oder nur unvollkommen zum Ausdruck gelangt sind, in einem Akt des bewertenden Erkennens, dem auch willenhafte Elemente nicht fehlen, ans Licht zu bringen und in Entscheidungen zu realisieren. Der Richter muß sich dabei von Willkür freihalten; seine Entscheidung muß auf rationaler Argumentation beruhen. Es muß einsichtig gemacht werden können, daß das geschriebene Gesetz seine Funktion, ein Rechtsproblem gerecht zu lösen, nicht erfüllt. Die richterliche Entscheidung schließt dann diese Lücke nach den Maßstäben der praktischen Vernunft und den »fundierten allgemeinen Gerechtigkeitsvorstellungen der Gemeinschaft« (BVerfGE 9, 338 [349]).

Diese Aufgabe und Befugnis zu »schöpferischer Rechtsfindung« ist dem Richter – jedenfalls unter der Geltung des Grundgesetzes – im Grundsatz nie bestritten worden (vgl. etwa R. Fischer, Die Weiterbildung des Rechts durch die Rechtsprechung. Schriftenreihe der Juristischen Studiengesellschaft Karlsruhe, Heft 100 [1971], und dazu
Redeker, NJW 1972, S. 409 ff., jeweils mit | weiteren Nachweisen). 288
Die obersten Gerichtshöfe haben sie von Anfang an in Anspruch genommen (vgl. etwa BGHZ 3, 308 [315]; 4, 153 [158]; BAG 1, 279 [280 f.]). Das Bundesverfassungsgericht hat sie stets anerkannt (vgl. etwa BVerfGE 3, 225 [243 f.]; 13, 153 [164]; 18, 224 [237 ff.]; 25, 167 [183]). Den Großen Senaten der obersten Gerichtshöfe des Bundes hat der Gesetzgeber selbst die Aufgabe der »Fortbildung des Rechts« ausdrücklich zugewiesen (s. z.B. § 137 GVG). In manchen Rechtsgebieten, so im Arbeitsrecht, hat sie infolge des Zurückbleibens der Gesetzgebung hinter dem Fluß der sozialen Entwicklung besonderes Gewicht erlangt.

Fraglich können nur die Grenzen sein, die einer solchen schöpferischen Rechtsfindung mit Rücksicht auf den aus Gründen der Rechtsstaatlichkeit unverzichtbaren Grundsatz der Gesetzesbindung der Rechtsprechung gezogen werden müssen. Sie lassen sich nicht in einer Formel erfassen, die für alle Rechtsgebiete und für alle von ihnen geschaffenen oder beherrschten Rechtsverhältnisse gleichermaßen gälte.

2. Für die Zwecke dieser Entscheidung kann die Fragestellung auf das Gebiet des Privatrechts beschränkt werden. Hier sieht sich der Richter der großen Kodifikation des Bürgerlichen Gesetzbuchs gegenüber, die seit über 70 Jahren in Kraft steht. Das ist in doppeltem Sinn von Bedeutung: einmal wächst mit dem »Altern der Kodifikationen« (Kübler, JZ 1969, S. 645), mit zunehmendem zeitlichen Abstand zwischen Gesetzesbefehl und richterlicher Einzelfallentscheidung notwendig die Freiheit des Richters zur schöpferischen Fortbildung des Rechts. Die Auslegung einer Gesetzesnorm kann nicht immer auf die Dauer bei dem ihr zu ihrer Entstehungszeit beigelegten Sinn stehenbleiben. Es ist zu berücksichtigen, welche vernünftige Funktion sie im Zeitpunkt der Anwendung haben kann. Die Norm steht ständig im Kontext der sozialen Verhältnisse und der gesellschaftlich-politischen Anschauungen, auf die sie wirken soll; ihr Inhalt kann und muß sich unter Umständen mit ihnen wandeln. Das gilt besonders, wenn sich zwischen Entstehung und Anwendung eines
289 Gesetzes die | Lebensverhältnisse und Rechtsanschauungen so tiefgreifend geändert haben, wie in diesem Jahrhundert. Einem hiernach möglichen Konflikt der Norm mit dem materiellen Gerechtigkeitsvorstellungen einer gewandelten Gesellschaft kann sich der Richter nicht mit dem Hinweis auf den unverändert gebliebenen Gesetzeswortlaut entziehen; er ist zu freierer Handhabung der Rechtsnormen gezwungen, wenn er nicht seine Aufgabe, »Recht« zu sprechen, verfehlen will. Zum anderen stoßen, wie die Erfahrung zeigt, gesetzgeberische Reformen gerade dann auf besondere Schwierigkeiten und Hemmnisse, wenn sie zu Änderungen eines der großen Gesetzgebungswerke führen sollen, die das Bild der Rechtsordnung im ganzen so prägen wie die Kodifikation des Privatrechts im Bürgerlichen Gesetzbuch. …

291 Ein Ergebnis aber, das auf einem zivilrechtlich zumindest diskutablen, jedenfalls den Regeln zivilrechtlicher Hermeneutik nicht offensichtlich widersprechenden Wege gewonnen wurde, kann von der Verfassung her nicht beanstandet werden, wenn es gerade der Durchsetzung und dem wirksamen Schutz eines Rechtsgutes dient, das diese Verfassung selbst als Mittelpunkt ihres Wertsystems ansieht. Dieses Ergebnis ist »Recht« im Sinne des Art. 20 Abs. 3 GG – nicht im

Gegensatz, sondern als Ergänzung und Weiterführung des geschriebenen Gesetzes. ...

Gegen die Methode der Rechtsfindung des Bundesgerichtshofs kann auch deshalb von Verfassungs wegen nichts eingewendet werden, weil sie sich vom geschriebenen Gesetz nur in dem zur Rechtsverwirklichung im konkreten Fall unerläßlichen Maße entfernt. Der Bundesgerichtshof hat den § 253 BGB weder im ganzen als nicht mehr bindendes Recht betrachtet noch gar als verfassungswidrig kennzeichnen wollen (eine Möglichkeit, die ihm, da es sich um vorkonstitutionelles Recht handelt, offengestanden hätte). Er hat das in der Bestimmung zum Ausdruck kommende Enumerationsprinzip unangetastet gelassen und lediglich die Fälle, in denen der Gesetzgeber bereits die Erstattung immateriellen Schadens verfügt hat, um einen Fall erweitert, in dem ihm die Entwicklung der Lebensverhältnisse, aber auch ein jus superveniens von höherem Rang, nämlich die Artikel 1 und 2 Absatz 1 des Grundgesetzes, diese Entscheidung als zwingend gefordert erscheinen ließ. Der Bundesgerichtshof und die ihm folgenden Gerichte haben damit nicht das System der Rechtsordnung verlassen und keinen eigenen rechtspolitischen Willen zur Geltung gebracht, sondern lediglich Grundgedanken der von der Verfassung geprägten Rechtsordnung mit systemimmanenten Mitteln weiterentwickelt ... 292

33 Art. 5 Abs. 3 Satz 1 GG

Wissenschaftsfreiheit als individuelles Abwehrrecht und wertentscheidende Grundsatznorm – Grundrechte als objektive Wertordnung – Einstandspflicht des Staates für einen funktionsfähigen Wissenschaftsbetrieb – Wissenschaftsfreiheit als Teilhaberecht – Grenzen gesetzgeberischer Gestaltungsfreiheit im wissenschaftlich relevanten Organisationsbereich – Wissenschaftsfreiheit für Studenten – verfassungsrechtlicher Hochschullehrerbegriff – Repräsentationsprinzip und Hochschullehrergruppen – Mitbestimmungsrechte in Forschung und Lehre – Gebot homogener Gruppenbildung

BVerfGE 35, 79–148 – Hochschulurteil[1]

[1] Dem Urteil haben die Richterin Rupp-v. Brünneck und der Richter Simon eine abweichende Meinung beigefügt, die unten (S. 148 ff. [der amtlichen Sammlung]) auszugsweise wiedergegeben ist.

79 1. Art. 5 Abs. 3 Satz 1 GG gewährleistet dem Wissenschaftler einen gegen Eingriffe des Staates geschützten Freiraum, der vor allem die auf wissenschaftlicher Eigengesetzlichkeit beruhenden Prozesse, Verhaltensweisen und Entscheidungen bei dem Auffinden von Erkenntnissen, ihrer Deutung und Weitergabe umfaßt.

2. Art. 5 Abs. 3 GG ist zugleich eine das Verhältnis der Wissenschaft zum Staat regelnde wertentscheidende Grundsatznorm.

Danach hat der Staat im Bereich des mit öffentlichen Mitteln eingerichteten und unterhaltenen Wissenschaftsbetriebs durch geeignete organisatorische Maßnahmen dafür zu sorgen, daß das Grundrecht der freien wissenschaftlichen Betätigung soweit unangetastet bleibt, wie das unter Berücksichtigung der anderen legitimen Aufgaben der Wissenschaftseinrichtungen und der Grundrechte der verschiedenen Beteiligten möglich ist.

3. Dem einzelnen Grundrechtsträger erwächst aus der Wertentscheidung des Art. 5 Abs. 3 GG ein Recht auf solche staatlichen Maßnahmen auch organisatorischer Art, die zum Schutz seines grundrechtlich gesicherten Freiheitsraums unerläßlich sind, weil sie ihm freie wissenschaftliche Betätigung überhaupt erst ermöglichen.

4. Die Garantie der Wissenschaftsfreiheit hat weder das überlieferte Strukturmodell der deutschen Universität zur Grundlage, noch schreibt sie überhaupt eine bestimmte Organisationsform des Wissenschaftsbetriebs an den Hochschulen vor.

5. Das organisatorische System der »Gruppenuniversität« ist als solches mit Art. 5 Abs. 3 GG vereinbar.

6. Wenn der Staat im Rahmen seiner Gestaltungsfreiheit die Organisation der Wissenschaftsverwaltung unter Berücksichtigung der verschiedenartigen Interessen und Funktionen der einzelnen Gruppen von Hochschulmitgliedern gestaltet, so muß er nach Art. 5 Abs. 3 in Verbindung mit Art. 3 Abs. 1 GG der herausgehobenen Stellung der Hochschullehrer Rechnung tragen.

7. Organisationsnormen müssen den Hochschulangehörigen, insbesondere den Hochschullehrern, einen möglichst breiten Raum für freie wissenschaftliche Betätigung sichern; andererseits müssen sie die Funktionsfähigkeit der wissenschaftlichen Hochschule und ihrer Organe gewährleisten. |

80 8. Soweit gruppenmäßig zusammengesetzte Kollegialorgane über Angelegenheiten zu befinden haben, die Forschung und Lehre unmittelbar betreffen, müssen folgende Grundsätze beachtet werden:

a) Die Gruppe der Hochschullehrer muß homogen, d.h. nach Unterscheidungsmerkmalen zusammengesetzt sein, die sie gegen andere Gruppen eindeutig abgrenzen.

b) Bei Entscheidungen, welche unmittelbar die Lehre betreffen, muß der Gruppe der Hochschullehrer der ihrer besonderen Stellung entsprechende maßgebende Einfluß verbleiben. Diesem Erfordernis wird genügt, wenn diese Gruppe über die Hälfte der Stimmen verfügt.

c) Bei Entscheidungen, die unmittelbar Fragen der Forschung oder die Berufung der Hochschullehrer betreffen, muß der Gruppe der Hochschullehrer ein weitergehender, ausschlaggebender Einfluß vorbehalten bleiben.

d) Bei allen Entscheidungen über Fragen von Forschung und Lehre ist eine undifferenzierte Beteiligung der Gruppe der nichtwissenschaftlichen Bediensteten auszuschließen.

Urteil des Ersten Senats vom 29. Mai 1973 auf die mündliche Verhandlung vom 5. bis 7. Dezember 1972 – 1 BvR 424/71 und 325/72 –

Sachverhalt: *Mit dem Vorschaltgesetz für ein Niedersächsisches Gesamthochschulgesetz aus dem Jahre 1981 (VorschaltG) regelte das Land Niedersachsen bis zum Inkrafttreten eines Gesamthochschulgesetzes die Zusammensetzung der Kollegialorgane, Kommissionen und Ausschüsse seiner wissenschaftlichen Hochschulen und die Mitwirkung von Vertretern der verschiedenen Gruppen und Hochschulangehörigen in diesen Organen sowie das Wahlverfahren neu. Danach gehörten den neu zu bildenden Kollegialorganen der Hochschulen als Mitglieder Vertreter der Hochschullehrer, der wissenschaftlichen Mitarbeiter, der Studenten und der sonstigen Mitarbeiter in je nach Aufgabenbereich unterschiedlicher Zahl an. Grundsätzlich hatten alle Mitglieder gleiches Stimmrecht außer in einigen für Forschung und Lehre besonders relevanten Bereichen, in denen die sonstigen Mitarbeiter nur über eine beratende Stimme verfügten. Die Repräsentation der Hochschullehrer in den Kollegialorganen und Ausschüssen bewegte sich zwischen etwa 30 % und 50 %, erreichte aber in keinem Organ – ausgenommen bei Prüfungsentscheidungen – eine absolute Mehrheit. Die Gruppe der Hochschullehrer setzte sich nach dem Vorschaltgesetz aus sämtlichen an den Hochschulen in Wissenschaft und Lehre Bediensteten zusammen, also neben den Professoren etwa auch aus Dozenten, Akademischen Räten und hauptamtlichen Lektoren.*

Die unmittelbar gegen das Gesetz erhobenen Verfassungsbeschwerden von rund 400 Professoren und Dozenten hatten teilweise Erfolg.

Aus den Gründen:

112 II.

Im Laufe der intensiven Diskussion über die Hochschulreform ist nicht überall der Versuchung widerstanden worden, Art. 5 Abs. 3 GG mit hochschulpolitischen Forderungen der verschiedensten Art aufzuladen, um dann Regelungen und Vorgänge im Hochschulbereich, die sich diesen Forderungen nicht fügen wollen, als der Verfassungsnorm widersprechend zu kennzeichnen. Für die Entscheidung über die vorliegenden Verfassungsbeschwerden kommt es deshalb darauf an, den verfassungsrechtlichen Gehalt des Art. 5 Abs. 3 genau zu definieren und den Gestaltungsraum des Gesetzgebers im Hochschulbereich möglichst eindeutig zu bestimmen.

Art. 5 Abs. 3 Satz 1 GG erklärt Wissenschaft, Forschung und Lehre für frei. Damit ist nach Wortlaut und Sinngehalt eine objektive, das Verhältnis von Wissenschaft, Forschung und Lehre zum Staat regelnde wertentscheidende Grundsatznorm aufgestellt, die neben die in derselben Norm enthaltene Freiheitsverbürgerung für den Bereich der Kunst tritt. Zugleich gewährt die Verfassungsbestimmung für jeden, der in diesen Bereichen tätig ist, ein individuelles Freiheitsrecht (vgl. BVerfGE 30, 173 [188][1] – Mephisto – für den Künstler).

1. Das in Art. 5 Abs. 3 GG enthaltene Freiheitsrecht schützt als Abwehrrecht die wissenschaftliche Betätigung gegen staatliche Eingriffe und steht jedem zu, der wissenschaftlich tätig ist oder tätig werden will (vgl. BVerfGE 15, 256 [263]). Dieser Freiraum des Wissenschaftlers ist grundsätzlich ebenso vorbehaltlos geschützt, wie die Freiheit künstlerischer Betätigung gewährleistet ist. In ihm herrscht absolute Freiheit von jeder Ingerenz öffentlicher Gewalt. In diesen Freiheitsraum fallen vor allem die auf wissenschaftlicher Eigengesetzlichkeit beruhenden Prozesse, Verhaltensweisen und Entscheidungen bei dem Auffinden von Erkenntnissen, ihrer Deutung und
113 Weitergabe. Jeder, der in Wis|senschaft, Forschung und Lehre tätig ist, hat – vorbehaltlich der Treuepflicht gemäß Art. 5 Abs. 3 Satz 2 GG – ein Recht auf Abwehr jeder staatlichen Einwirkung auf den Prozeß der Gewinnung und Vermittlung wissenschaftlicher Erkenntnisse. Damit sich Forschung und Lehre ungehindert an dem Bemühen um Wahrheit als »etwas noch nicht ganz Gefundenes und nie ganz Aufzufindendes« (Wilhelm vom Humboldt) ausrichten können, ist die Wissenschaft zu einem von staatlicher Fremdbestimmung freien Bereich persönlicher und autonomer Verantwortung des einzelnen

[1] BVerfGA Nr. 25.

Wissenschaftlers erklärt worden. Damit ist zugleich gesagt, daß Art. 5 Abs. 3 GG nicht eine bestimmte Auffassung von der Wissenschaft oder eine bestimmte Wissenschaftstheorie schützen will. Seine Freiheitsgarantie erstreckt sich vielmehr auf jede wissenschaftliche Tätigkeit, d.h. auf alles, was nach Inhalt und Form als ernsthafter planmäßiger Versuch zur Ermittlung der Wahrheit anzusehen ist. Dies folgt unmittelbar aus der prinzipiellen Unabgeschlossenheit jeglicher wissenschaftlichen Erkenntnis.

Der gemeinsame Oberbegriff »Wissenschaft« bringt den engen Bezug von Forschung und Lehre zum Ausdruck. Forschung als die geistige Tätigkeit mit dem Ziele, in methodischer, systematischer und nachprüfbarer Weise neue Erkenntnisse zu gewinnen« (Bundesbericht Forschung III BTDrucks. V/4335 S. 4) bewirkt angesichts immer neuer Fragestellungen den Fortschritt der Wissenschaft; zugleich ist sie die notwendige Voraussetzung, um den Charakter der Lehre als der wissenschaftlich fundierten Übermittlung der durch die Forschung gewonnenen Erkenntnisse zu gewährleisten. Andererseits befruchtet das in der Lehre stattfindende wissenschaftliche Gespräch wiederum die Forschungsarbeit.

Wie auch die Geschichte der Wissenschaftsfreiheit bestätigt, umfaßt die Freiheit der Forschung insbesondere die Fragestellung und die Grundsätze der Methodik sowie die Bewertung des Forschungsergebnisses und seine Verbreitung; die Freiheit der Lehre, insbesondere deren Inhalt, den methodischen Ansatz und das Recht auf Äußerung von wissenschaftlichen Lehrmeinun|gen (vgl. § 3 des Entwurfs ei- 114
nes Hochschulrahmengesetzes in der Fassung vom 15. Juni 1972 – BTDrucks. VI/3506).

2. In den Grundrechtsvorschriften der Verfassung verkörpert sich eine objektive Wertordnung, »in der eine prinzipielle Verstärkung der Geltungskraft der Grundrechte zum Ausdruck kommt« und die als verfassungsrechtliche Grundentscheidung für alle Bereiche des Rechts gilt (BVerfGE 7, 198 [205] – Lüth – und ständige Rechtsprechung des Bundesverfassungsgerichts, vgl. BVerfGE 6, 55 [72]; 6, 386 [388] – Zusammenveranlagung der Ehegatten; 10, 59 [81] – Stichentscheid; 12, 205 [259] – Fernsehen; 20, 162 [175] – Spiegel; 21, 362 [371 f.]; 24, 367 [389] – Hamburger Deich; 25, 256 [263] – Blinkfüer; BVerfGE 30, 173 [188 ff.] – Mephisto; 33, 303 [330 f.] – numerus clausus).[1] Auch dort, wo der Gesetzgeber – wie im Bereich der gewährenden Staatstätigkeit – größere Gestaltungsfreiheit besitzt,

---

[1] BVerfGA Nr. 5, 4, 12, 15, 20, 21, 25, 31.

schränken die besonderen Wertentscheidungen des Grundgesetzes diese Freiheit ein, indem sie z.B. »Unterscheidungen verbieten, die dem in der Wertentscheidung ausgedrückten Willen des Verfassunggebers zuwiderlaufen würden, einem bestimmten Lebensbereich oder Lebensverhältnis seinen besonderen Schutz angedeihen zu lassen« (BVerfGE 17, 210 [217] – Wohnungsbauprämien). Eine solche Wertentscheidung enthält auch Art. 5 Abs. 3 GG. Sie beruht auf der Schlüsselfunktion, die einer freien Wissenschaft sowohl für die Selbstverwirklichung des Einzelnen als auch für die gesamtgesellschaftliche Entwicklung zukommt. Diese Wertentscheidung bedeutet nicht nur die Absage an staatliche Eingriffe in den zuvor gekennzeichneten Eigenbereich der Wissenschaft; sie schließt vielmehr das Einstehen des Staates, der sich als Kulturstaat versteht, für die Idee einer freien Wissenschaft und seine Mitwirkung an ihrer Verwirklichung ein und verpflichtet ihn, sein Handeln positiv danach einzurichten, d.h. schützend und fördernd einer Aushöhlung dieser Freiheitsgarantie vorzubeugen. Hieraus ergeben sich Postulate in zweifacher Richtung:

a) Der Staat hat die Pflege der freien Wissenschaft und ihre Ver-
115 mittlung an die nachfolgende Generation durch Bereitstellung | von personellen, finanziellen und organisatorischen Mitteln zu ermöglichen und zu fördern. Das bedeutet, daß er funktionsfähige Institutionen für einen freien Wissenschaftsbetrieb zur Verfügung zu stellen hat. Diesem Gebot kommt deswegen besonders Bedeutung zu, weil ohne eine geeignete Organisation und ohne entsprechende finanzielle Mittel, über die im wesentlichen nur noch der Staat verfügt, heute in weiten Bereichen der Wissenschaften, insbesondere der Naturwissenschaften, keine unabhängige Forschung und wissenschaftliche Lehre mehr betrieben werden kann. Der Staat besitzt hinsichtlich dieses Wissenschaftsbetriebs heute weithin ein faktisches Monopol; eine Ausübung der Grundfreiheiten aus Art. 5 Abs. 3 GG ist hier notwendig mit einer Teilhabe an staatlichen Leistungen verbunden.

b) Im Bereich des mit öffentlichen Mitteln eingerichteten und unterhaltenen Wissenschaftsbetriebs, d.h. in einem Bereich der Leistungsverwaltung, hat der Staat durch geeignete organisatorische Maßnahmen dafür zu sorgen, daß das Grundrecht der freien wissenschaftlichen Betätigung soweit unangetastet bleibt, wie das unter Berücksichtigung der anderen legitimen Aufgaben der Wissenschaftseinrichtungen und der Grundrechte der verschiedenen Beteiligten möglich ist. Daraus ergibt sich einmal, daß auch im Bereich der Teilhabe am öffentlichen Wissenschaftsbetrieb jedenfalls der

oben umschriebene Kernbereich wissenschaftlicher Betätigung grundsätzlich der Selbstbestimmung des einzelnen Grundrechtsträgers vorbehalten bleiben muß (vgl. auch BVerfGE 3, 58 [151]). Insoweit wird das Individualrecht aus Art. 5 Abs. 3 GG durch den Eintritt in die Korporation der Hochschule nicht verändert. Darüber hinaus verstärkt die Wertentscheidung des Art. 5 Abs. 3 GG die Geltungskraft des Freiheitsrechts in Richtung auf Teilhabeberechtigungen. Das rechtfertigt sich aus der Überlegung, daß einerseits die Beteiligung am öffentlichen Leistungsangebot zunehmend zur notwendigen Voraussetzung für die Verwirklichung der Wissenschaftsfreiheit wird und daß andererseits nach der Konzeption des Grundgesetzes auch dem Interesse des Gemeinwesens an einem funktionierenden Wissen | schaftsbetrieb am ehesten gedient wird, wenn sich die wissen- 116
schaftlich tätige Einzelpersönlichkeit schöpferisch entfalten kann.

Dem einzelnen Träger des Grundrechts aus Art. 5 Abs. 3 GG erwächst aus der Wertentscheidung ein Recht auf solche staatlichen Maßnahmen auch organisatorischer Art, die zum Schutz seines grundrechtlich gesicherten Freiheitsraums unerläßlich sind, weil sie ihm freie wissenschaftliche Betätigung überhaupt erst ermöglichen. Wäre dies nicht der Fall, so würde die wertentscheidende Grundsatznorm ihrer Schutzwirkung weitgehend beraubt. Diese Befugnis des einzelnen Grundrechtsträgers, gegenüber der öffentlichen Gewalt die Beachtung der wertentscheidenden Grundsatznorm durchsetzen zu können, gehört zum Inhalt des Individualgrundrechts, dessen Wirkungskraft dadurch verstärkt wird.

III.

Die Garantie der Wissenschaftsfreiheit hat jedoch weder das überlieferte Strukturmodell der deutschen Universität zur Grundlage, noch schreibt sie überhaupt eine bestimmte Organisationsform des Wissenschaftsbetriebs an den Hochschulen vor. Dem Gesetzgeber steht es zu, innerhalb der aufgezeigten Grenzen die Organisation der Hochschulen nach seinem Ermessen zu ordnen und sie den heutigen gesellschaftlichen und wissenschaftssoziologischen Gegebenheiten anzupassen.

1. Das Bundesverfassungsgericht hat bisher keinen Anlaß gehabt, die namentlich in den 20er Jahren viel erörterte Frage zu entscheiden, ob in der verfassungsrechtlichen Gewährleistung der Wissenschaftsfreiheit ein (oder: *das*) »Grundrecht der deutschen Universität« zu

erblicken sei (vgl. BVerfGE 15, 256 [264]). Die Frage kann auch jetzt offenbleiben; denn der wesentliche Inhalt eines solchen »Grundrechts«, nämlich die Selbstverwaltung im »akademischen«, d.h. dem auf Forschung und Lehre unmittelbar bezogenen Bereich, besteht faktisch unangefochten, ist in den Hochschulgesetzen anerkannt und in den meisten Länderverfassungen ausdrücklich garantiert. Auch wenn man aber in Art. 5 Abs. 3 GG eine Garantie der akademischen
117 Selbstverwaltung | sieht, ist der Gesetzgeber frei, andere Modelle der Hochschulselbstverwaltung zu entwickeln, solange er dabei die oben dargelegten Grundsätze beachtet. Kriterium für eine verfassungsgemäße Hochschulorganisation kann hier nur sein, ob mit ihr »freie« Wissenschaft möglich ist und ungefährdet betrieben werden kann. Wenn dies der Fall ist, stehen die Einzelregelungen der akademischen Selbstverwaltung zur Disposition des Gesetzgebers, der nicht nur das Recht, sondern auch die Pflicht hat, den Wissenschaftsbetrieb an den Hochschulen den Zeitbedürfnissen gemäß zu gestalten.

2. Auch dem verfassungsgeschichtlichen Hintergrund des Art. 5 Abs. 3 GG ist kein Beleg für die Auffassung zu entnehmen, daß in dieser Vorschrift eine bestimmte Organisation der Hochschulselbstverwaltung als die allein verfassungsmäßige vorausgesetzt und institutionell gewährleistet sei. [*Wird ausgeführt.*]

120 IV.

1. Im Gebiet der organisatorischen Gestaltung des Hochschulwesens verbleibt somit dem Gesetzgeber ein breiter Raum zur Verwirklichung seiner hochschulpolitischen Auffassungen. Diese Gestaltungsfreiheit wird jedoch bestimmt und begrenzt durch das Freiheitsrecht des Art. 5 Abs. 3 GG und durch die in dieser Norm enthaltene Wertentscheidung. Unter diesem verfassungsrechtlichen Gesichtspunkt sind Organisationsnormen von Hochschulgesetzen danach zu beurteilen, ob und in welchem Grade sie das Grundrecht der einzelnen Wissenschaftler auf Freiheit der Forschung und Lehre oder die Funktionsfähigkeit der Institution »freie Wissenschaft« als solche begünstigen oder behindern.

Der unmittelbare kausale Zusammenhang zwischen organisatorischen Normen, die lediglich die Bildung und Zusammensetzung von kollegialen Beschlußorganen regeln, und Beeinträchtigungen der freien Ausübung von Forschung und Lehre ist nicht ohne weiteres

einsichtig. Es ließe sich einwenden, daß erst Beschlüsse dieser Organe die Wissenschaftsfreiheit faktisch beschränken könnten und daß allenfalls von einer beständigen verfassungswidrigen Praxis der Organe her ein Rückschluß auf die Verfassungswidrigkeit ihrer Organisation zulässig wäre. Damit würde jedoch übersehen, daß da, wo ein Grundrecht nur durch Beteiligung an einem vom Staat bereitgestellten umfassenden Leistungsapparat, d.h. hier durch personelle Eingliederung in | den Wissenschaftsbetrieb der Hochschule, wirksam 121
genutzt werden kann (vgl. dazu oben C II 2),[1] die dem Einzelnen offenstehenden Möglichkeiten zur Verwirklichung des Grundrechts von den Organisationsformen jenes Apparates unmittelbar abhängen. Damit wird aber auch der Freiheitsgehalt des durch die Zusammenarbeit der Grundrechtsträger sich formierenden Wissenschaftsprozesses im ganzen von seiner organisatorischen Gestaltung wesentlich beeinflußt. Nicht nur das formale Beratungs- und Entscheidungsverfahren der einzelnen Organe, sondern auch der Inhalt ihrer Entscheidungen wird durch ihre Zusammensetzung mindestens tendenziell, in einem allgemeinen qualitativen Sinn, vorausbestimmt mit der Folge, daß die Entscheidungen dieser Organe sich je nach deren Zuständigkeit auf den durch Art. 5 Abs. 3 GG geschützten Freiheitsraum auswirken können. Ein effektiver Grundrechtsschutz erfordert daher adäquate organisationsrechtliche Vorkehrungen.

Zwar muß hiernach der Staat für die Organisation des Wissenschaftsbetriebs in seinen Hochschulen das irgend erreichbare Maß an Freiheit für die Forschungs- und Lehrtätigkeit jedes einzelnen Wissenschaftlers verwirklichen. Das bedeutet aber nicht, daß er die anderen schutzwürdigen Interessen und Bedürfnisse vernachlässigen dürfte, zu deren Befriedigung die Hochschule ebenfalls berufen ist. Die Hochschulen haben nicht nur die Pflege der reinen Wissenschaft zur Aufgabe; sie erfüllen vor allem auch die Funktion von Ausbildungsstätten für bestimmte Berufe. Diese Funktionen durchdringen sich; sie können nicht losgelöst für sich betrachtet werden; denn auch die Ausbildung soll eine *wissenschaftliche* sein. Zudem sind die Bildungs- und Ausbildungsfunktionen in der heutigen Massenuniversität nicht mehr in dem Maße an der »reinen Wissenschaft« ausgerichtet, wie es den Vorstellungen Wilhelm von Humboldts und seiner Zeit entsprach.[1] Die Universität ist heute bevorzugt auf die Heranbildung einer möglichst großen Zahl von Fachleuten für eine zunehmend »verwissenschaftlichte« berufliche Praxis eingestellt. Insoweit ist die

---

[1] S. 144 [der amtlichen Sammlung].

122 Uni | versität nicht nur der Raum für die sich in wissenschaftlicher Eigengesetzlichkeit vollziehenden einzelnen Forschungs- und Bildungsprozesse, sondern Gegenstand und Mittel einer öffentlich kontrollierten Bildungs- und Forschungspolitik. Bei der Ausgestaltung der »Wissenschaftsorganisation« in der Universität muß diesen verschiedenartigen Funktionen Rechnung getragen werden.

Es müssen ferner die Interessen der verschiedenen Hochschulangehörigen, der Wissenschaftler, ihrer Mitarbeiter und der Studenten sowie der übrigen Bediensteten miteinander abgestimmt und koordiniert werden. Sie alle müssen sich – bedingt durch das Zusammenwirken mit den anderen Grundrechtsträgern und mit Rücksicht auf den Ausbildungszweck der Universität – Einschränkungen gefallen lassen.

In diesem Spannungsfeld konkurrierender Rechte und Interessen kann sich naturgemäß die Wissenschaftsfreiheit des Einzelnen nicht schlechthin und schrankenlos durchsetzen. Zwar bleibt ihr oben bezeichneter Kernbereich stets unantastbar. Jedoch stößt die Verpflichtung des Staates, das irgend erreichbare Maß an Freiheit der wissenschaftlichen Tätigkeit zu verwirklichen, auf die natürlichen Grenzen, die sich aus dem Zusammentreffen der Anliegen mehrerer Grundrechtsträger und aus der Rücksicht auf andere gewichtige Gemeinschaftsinteressen ergeben. Die Forderung nach einer ausschließlich nach den Bedürfnissen der einzelnen Wissenschaftler ausgerichteten Hochschulorganisation kann unter Berufung auf die Verfassungsgarantie für eine freie Wissenschaft um so weniger erhoben werden, als sich aus der Eigenständigkeit und Eigengesetzlichkeit der Wissenschaft – wie dargelegt – keine zwingenden »wissenschaftseigenen« Organisationsprinzipien ergeben.

Der Gesetzgeber unterliegt daher im Blick auf die wertentscheidende Grundsatznorm des Art. 5 Abs. 3 GG keinen Beschränkungen, wenn er eine organisatorische Regelung zu treffen hat, die auf die freie wissenschaftliche Betätigung der Hochschulangehörigen nicht einwirkt, vielmehr nur bestimmt, von wem und in welcher Art
123 und Weise allgemeine Verwaltungsange | legenheiten der Universität erledigt werden sollen. Hier können insbesondere Vorschriften über die Beteiligung der Universitätsangehörigen in weitem Maße allein an dem Gesichtspunkt der Zweckmäßigkeit orientiert werden.

Begrenzt ist hingegen die gesetzgeberische Gestaltungsfreiheit im Bereich derjenigen Angelegenheiten, die als »wissenschaftsrelevant« angesehen werden müssen, d.h. die Forschung und Lehre unmittelbar berühren. Zu diesen Angelegenheiten sind unter Berücksichtigung der eingangs angeführten Kompetenzen der Kollegialorgane an den wissenschaftlichen Hochschulen des Landes Niedersachsen insbesondere zu zählen die Planung wissenschaftlicher Vorhaben, d.h. die Forschungsplanung, das Aufstellen von Lehrprogrammen und die Planung des Lehrangebotes, die Koordinierung der wissenschaftlichen Arbeit, also das Abstimmen der Forschungsvorhaben und der Lehrangebote aufeinander, die Harmonisierung der Lehraufgaben mit den Forschungsvorhaben, ferner die organisatorische Betreuung und Sicherung der Durchführung von Forschungsvorhaben und Lehrveranstaltungen, insbesondre ihre haushaltsmäßige Betreuung einschließlich der Mittelvergabe, die Errichtung und der Einsatz von wissenschaftlichen Einrichtungen und Arbeitsgruppen, die Festsetzung der Beteiligungsverhältnisse bei wissenschaftlichen Gemeinschaftsaufgaben, die Festlegung und Durchführung von Studien- und Prüfungsordnungen. Schließlich sind hierher auch die Personalentscheidungen in Angelegenheiten der Hochschullehrer und ihrer wissenschaftlichen Mitarbeiter zu rechnen.

2. Die wertentscheidende Grundsatznorm des Art. 5 Abs. 3 GG setzt der Gestaltungsfreiheit des Gesetzgebers in diesem wissenschaftlich relevanten Organisationsbereich Grenzen unter zwei verschiedenen Gesichtspunkten:

a) In positiver Hinsicht ist den Trägern des Individualrechts aus
Art. 5 Abs. 3 GG durch geeignete freiheitliche Strukturen der Univer-
sität soviel Freiheit in ihrer wissenschaftlichen Betätigung zu gewäh-
ren, wie dies unter Berücksichtigung der Aufgaben der | Universität 124
und der Belange der verschiedenen in der Universität tätigen Grund-
rechtsträger möglich ist.

b) Negativ gesehen verbietet Art. 5 Abs. 3 GG dem Gesetzgeber einen Wissenschaftsbetrieb organisatorisch so zu gestalten, daß die Gefahr der Funktionsunfähigkeit oder der Beeinträchtigung des für die wissenschaftliche Betätigung der Mitglieder erforderlichen Freiheitsraumes herbeigeführt wird. Allerdings läßt sich angesichts der ambivalenten Natur von Organisationsnormen die Möglichkeit funktionsschädigender oder die freie wissenschaftliche Betätigung unzulässig beeinträchtigender Fehlentscheidungen nicht von vornherein ganz ausschließen. Auch ein nach Sachverstand und Erfahrung optimal zusammengesetztes Gremium kann im Einzelfall – aus welchen Gründen auch immer – eine Entscheidung treffen, die den oben umschriebenen Kernbereich verletzt. Der Gesetzgeber muß jedoch alle erforderlichen und geeigneten organisatorischen Vorkehrungen treffen, um die Gefahr solcher fehlsamen Entscheidungen im Rahmen des Möglichen und Zumutbaren auszuschließen.

V.

Die modernen Hochschulgesetze, auch das hier zu beurteilende niedersächsische Vorschaltgesetz, wählen in Abkehr von der herkömmlichen Ordinarienuniversität die Organisationsform der sogenannten »Gruppenuniversität«. Dieses Organisationssystem geht davon aus, daß »die Angelegenheiten der Universität als einer Körperschaft der Lehrenden und Lernenden grundsätzlich in die Beratungs- und Entscheidungskompetenz aller ihrer Mitglieder fallen« (so die Westdeutsche Rektorenkonferenz in ihrer Entschließung vom 22. Mai 1968). Dabei knüpft der Gesetzgeber an die in der modernen Massenuniversität typischerweise vorhandenen Gruppierungen an und gliedert die Angehörigen der Hochschule nach ihren verschiedenen Funktionen und Interessen im allgemeinen in 4 Gruppen: Hochschullehrer, wissenschaftliche Mitarbeiter, Studenten und sonstige (nichtwissenschaftliche) Mitarbeiter. Den von diesen Gruppen gewählten Vertre-
125 tern wer | den Stimmrechte in den kollegialen Beschlußorganen der Universitätsselbstverwaltung zugeteilt.

1. Dieses Modell der »Gruppenuniversität« ist als solches mit der Wertentscheidung des Art. 5 Abs. 3 GG vereinbar. Es ist nicht von vornherein »wissenschaftsfremd«; denn ein Mitspracherecht aller Hochschulangehörigen führt noch nicht notwendig zu einem gegen die Wissenschaftsfreiheit gerichteten »Verfremdungsprozeß«. Der Gedanke, die Gruppenuniversität namentlich als ein Instrument zur Lösung der Gruppenkonflikte in der Universität, aber auch als Mittel zur Mobilisierung des Sachverstandes der einzelnen Gruppen zwecks besserer Entscheidungsfindung bei der Verwaltung der Universität zu nutzen, ist vertretbar. Ob damit die zweckmäßigste Form der Hochschulorganisation gefunden ist, hat das Bundesverfassungsgericht nicht zu entscheiden.

a) Das Mitspracherecht der wissenschaftlichen Mitarbeiter, denen das Freiheitsrecht aus Art. 5 Abs. 3 GG in bezug auf ihre wissenschaftliche Tätigkeit ebenso zusteht wie den Hochschullehrern, bedarf keiner näheren Begründung. Ob den Studenten ein verfassungsverbürgter Anspruch auf Mitwirkung an der akademischen Selbstverwaltung zusteht, braucht nicht entschieden zu werden. Solange und soweit sie an der Forschung und wissenschaftlichen Lehre teilneh-

men, steht auch ihnen das Recht aus Art. 5 Abs. 3 GG zu, so daß
schon deshalb keine verfassungsrechtlichen Bedenken gegen ihre
Mitsprache in der Wissenschaftsverwaltung bestehen. Mag auch nur
ein verhältnismäßig kleiner Teil der Studenten zur aktiven Beteili-
gung am Wissenschaftsprozeß gelangen, so ist doch das Studium an
der Universität auf solche Teilnahme hin angelegt. Die Studenten
sind keine Schüler und nicht bloße Objekte der Wissensvermittlung,
sondern sie sollen selbständig mitarbeitende, an den wissenschaftli-
chen Erörterungen beteiligte Mitglieder der Hochschule sein. Des-
halb kann die studentische Mitsprache nicht generell als »wissen-
schaftsfremd« angesehen werden. Außerdem sind sie durch die Art
und Weise, in der die Universität ihre Ausbildungsfunktion erfüllt,
un|mittelbar betroffen. Schließlich rechtfertigt das Interesse des Stu- 126
denten an einem Ausgleich und Gegengewicht zu der sozialen Ab-
hängigkeit, in der er sich zur Universität als der Vermittlerin seiner
Berufs- und Lebenschancen befindet, grundsätzlich eine Mitsprache
bei der Erfüllung der der Universität gestellten Aufgaben.

b) Ebensowenig widerspricht jedenfalls dem Grundsatz nach eine Mitbeteiligung der nichtwissenschaftlichen (sonstigen) Bediensteten an der Selbstverwaltung der Universität der Verfassungsgarantie einer freien Wissenschaft. Daß diese Hochschulangehörigen nicht eine durch Art. 5 Abs. 3 GG geschützte Tätigkeit ausüben, gibt keinen hinreichenden Grund, sie von der Beteiligung generell auszuschließen. Der Gruppe des nichtwissenschaftlichen Personals gehören Fachkräfte an, deren praktisches Wissen gerade auf organisatorischem Gebiet für die Universität nutzbar gemacht werden kann. In diesem Zusammenhang ist zu berücksichtigen, daß die wissenschaftliche Tätigkeit in den Hochschulen in zunehmendem Maße der Unterstützung von Nichtwissenschaftlern bedarf, die für die Ausführung der Forschungsarbeiten und Lehrveranstaltungen technische oder verwaltungsmäßige Voraussetzungen schaffen und auch entsprechende Verantwortung tragen.

Eine andere Frage ist es, ob nicht nach der Wertentscheidung des Art. 5 Abs. 3 GG der Ausschluß dieser Gruppe und auch eine Differenzierung innerhalb der Gruppe bei der Entscheidung über bestimmte Angelegenheiten der Wissenschaftsverwaltung geboten ist.

2. Wenn Art. 5 Abs. 3 GG das Prinzip der Freiheit der Wissenschaft aufstellt, so weist er damit innerhalb der an einer Hochschule betriebenen Wissenschaft den Hochschullehrern, denen die Pflege von Forschung und Lehre vornehmlich anvertraut ist, eine herausgehobene Stellung zu. Dabei ist unter Hochschullehrer nach der derzei-

tigen Hochschulstruktur in Benutzung der bisher üblichen, auch vom niedersächsischen Vorschaltgesetz verwendeten Terminologie und
127 unabhängig von den Abgrenzungen der beam | tenrechtlichen Vorschriften der akademische Forscher und Lehrer zu verstehen, der aufgrund der Habilitation oder eines sonstigen Qualifikationsbeweises mit der selbständigen Vertretung eines wissenschaftlichen Faches in Forschung und Lehre betraut ist.

Diese Hochschullehrer prägen aufgrund ihrer Vorbildung, ihrer meist langjährigen Tätigkeit und Erfahrung in Forschung und Lehre in erster Linie die Hochschule als wissenschaftliche Einrichtung. Sie tragen kraft ihres Amtes und Auftrages erhöhte Verantwortung für die Funktionsfähigkeit und den wissenschaftlichen Rang der Universität; sie sind nach ihrem Status und ihrer Funktionen zur Forschung und Lehre sowie deren Organisation oder Mitorganisation in ihrem Fachbereich verpflichtet und daher mit der Sache der Wissenschaft besonders eng verbunden. Nach der derzeitigen Struktur der Universität sind sie die Inhaber der Schlüsselfunktionen des wissenschaftlichen Lebens. Infolge ihrer regelmäßigen längeren Zugehörigkeit zur Universität werden sie zudem durch langfristig wirkende Entscheidungen der Hochschulorgane stärker betroffen als die Gruppen der wissenschaftlichen Mitarbeiter und der Studenten.

Dieser besonderen Stellung der Hochschullehrer muß der Staat Rechnung tragen, wenn er im Rahmen seiner Gestaltungsfreiheit die Organisation der Wissenschaftsverwaltung unter Berücksichtigung der verschiedenartigen Interessen und Funktionen der einzelnen Gruppen von Hochschulmitgliedern gestaltet. Das fordert die Wertentscheidung des Art. 5 Abs. 3 GG in Verbindung mit dem allgemeinen Gleichheitssatz, der es verbietet, Gruppen, die sich nach der Art des zu regelnden Lebensverhältnisses in verschiedener Lage befinden, ohne zureichenden Grund einer gleichen Regelung zu unterwerfen, insoweit also in einer das Gerechtigkeitsgefühl nicht befriedigenden Weise »Ungleiches gleich« zu behandeln (vgl. BVerfGE 17, 337 [354]; 30, 292 [333]). Hier sachgerechte Unterscheidungen zu treffen, entspricht auch Erwägungen, wie sie Art. 33 Abs. 2 und 4 GG zugrunde liegen. Der Gesetzgeber muß daher gerade bei der Gruppe
128 der | Hochschullehrer darauf achten, daß sie unter Berücksichtigung der Aufgaben und Zwecke der Universität so frei wie möglich ihren wissenschaftlichen Auftrag erfüllen können. Er muß durch geeignete organisatorische Maßnahmen sicherstellen, daß Störungen und Behinderungen ihrer freien wissenschaftlichen Tätigkeit durch Einwirkungen anderer Gruppen soweit wie möglich ausgeschlossen werden.

Freilich handelt es sich bei der Mitwirkung in den Beschlußorganen der Universität um Teilhabe an der öffentlichen Wissenschaftsverwaltung. Diese Teilhaberechte können nur auf der Grundlage von Kooperations- und Koordinationspflichten verwirklicht werden, die dem wissenschaftlichen Leben in der Institution Universität eine Ordnung geben. Auch sind diese Teilhaberechte nur durch die Wissenschaftsfreiheit legitimiert; sie dürfen nicht in Befugnisse zum Eingriff in rechtlich, vor allem grundrechtlich geschützte Positionen anderer Hochschulangehöriger umschlagen. Die Wissenschaftsfreiheit ist kein Recht »zur gesamten Hand aller Hochschullehrer«, das eine Art gesamthänderische Verfügungsmacht über den Freiheitsstatus der übrigen Hochschulmitglieder gewährt. Auch der Hochschullehrer ist in die Universität »eingebunden« und muß sich – bedingt durch das Zusammenwirken mit anderen Grundrechtsträgern und mit Rücksicht auf die Zwecke der Universität – Einschränkungen gefallen lassen.

Deshalb kann nicht jeder Hochschullehrer Sitz und Stimme in den Organen einer auf Gruppenmitwirkung angelegten Wissenschaftsverwaltung beanspruchen. Vielmehr kann der Gesetzgeber den Umfang dieser Gremien zur Aufrechterhaltung ihrer Arbeitsfähigkeit begrenzen und statt der geborenen Mitgliedschaft das Repräsentationsprinzip auch für die Hochschullehrer einführen. Beschlußorgane der Wissenschaftsverwaltung mit zuviel Mitgliedern könnten in ihrer Funktionsfähigkeit beeinträchtigt werden und damit die Wissenschaftsfreiheit selbst gefährden. In der modernen Massenuniversität ist daher die Form der repräsentativen Selbstverwaltung nicht wissenschaftsfremd. Wohl | aber wird der einzelne Hochschullehrer bei der 129
Beratung über wesentliche Fragen seines Fachgebiets in geeigneter Form zu Gehör kommen müssen. In diesen Zusammenhang gehört auch die von der Westdeutschen Rektorenkonferenz zu Recht erhobene Forderung, daß im Bereich der »wissenschaftsrelevanten« Angelegenheiten vom Vorrang der individuellen Eigeninitiative der Hochschullehrer auszugehen ist und daß die korporative Initiative im Regelfall nur subsidiär dann zum Zuge kommt, wenn diese beispielsweise zur Koordination von Eigeninitiativen oder zur Kompensation fehlender Eigeninitiative erforderlich ist.

3. Der Gesetzgeber ist bei der Verteilung der Stimmgewichte auf die Vertreter der einzelnen Gruppen in den Beschlußorganen der »Gruppenuniversität« zwar grundsätzlich frei, er muß aber die besondere Stellung der Hochschullehrergruppe berücksichtigen und die zum Schutz der freien wissenschaftlichen Betätigung der Hochschullehrer erforderlichen Sicherungsvorkehrungen treffen.

Es ist nicht zu verkennen, daß sich aus der Konzeption der Gruppenuniversität gewisse Gefahren für die Funktionsfähigkeit der Universität und die freie wissenschaftliche Betätigung der Hochschullehrer ergeben können. Bei ihrer Beurteilung ist folgendes zu beachten: Nicht zuletzt wegen der langen Verzögerung einer durchgreifenden Universitätsreform, an der auch die Ordinarienuniversität Mitverantwortung trägt, sind die Interessengegensätze zwischen der Gruppe der Hochschullehrer und den anderen oft als »unterprivilegiert« bezeichneten Gruppen in der Realität des Hochschullebens sehr stark hervorgetreten. Die »Gruppenuniversität« macht diese Interessengrundsätze durch ihre Gruppentypik noch deutlicher und kann sie unter Umständen sogar verfestigen. Die mannigfachen individuellen Interessen, die in einem großen Organismus wie einer Hochschule ständig in Erscheinung treten und hier im allgemeinen ohne förmliches Verfahren zum Ausgleich gelangen, werden durch die typisierende Zuordnung zu rechtlich formierten Gruppen oft in deutlicheren Gegensatz geführt, bevor sie in den Entscheidungsgremien zur Beratung und Entscheidung gebracht werden. Damit |
130 werden Interessengegensätze vergröbert und verschärft; sie können sogar politisch insofern akzentuiert werden, als die Gruppierungen das Bewußtsein der Unterschiede der sozialen Stellung und Abhängigkeit fördern. Auf diese Weise werden Gruppensolidarisierung und »Fraktionsbildung« mit einer oft mehr ideologischen als wissenschaftsorientierten Zielsetzung begünstigt. Gewiß gibt es im Hochschulbereich Interessenkonflikte zwischen den Gruppen, aber auch innerhalb der Gruppen, die ausgetragen und überwunden werden müssen. Dabei werden sich unvermeidlich ideologische und politische Einflüsse geltend machen. Es muß aber verhindert werden, daß wissenschaftlicher Sachverstand bei der Entscheidung von Fragen der Forschung und Lehre in den Beschlußorganen der Wissenschaftsverwaltung überspielt wird.

Dabei ist nicht entscheidend, ob sich die geschilderte Gefahr in einer Einzelentscheidung der Wissenschaftsverwaltung zum Nachteil eines betroffenen Wissenschaftlers bereits konkretisiert hat. Eine solche nur auf das Ergebnis sehende Auffassung würde der Bedeutung nicht gerecht, welche die Freiheitsgewährung für einen frei sich entwickelnden, von der Persönlichkeit des Wissenschaftlers eine spezifische Haltung und Bereitschaft verlangenden geistig-schöpferischen Erkenntnisprozeß bereits im Vorstadium der wissenschaftlichen Überlegung und Planung besitzt. Deshalb muß bei den aus verschiedenen Gruppen zusammengesetzten Hochschulgremien schon die formale Organisation auf Sicherung vor dieser Gefahr bedacht sein.

4. Aus all diesen Überlegungen kann jedoch nicht das verfassungsrechtliche Gebot abgeleitet werden, daß die Vertreter der Hochschullehrergruppe generell in den Gremien der Hochschulselbstverwaltung über eine »eindeutige Mehrheit« verfügen müßten. Eine Beschränkung der gesetzgeberischen Gestaltungsfreiheit in diesem Ausmaß wäre unter den angeführten verfassungsrechtlichen Gesichtspunkten nicht gerechtfertigt. Grenzen für den Gesetzgeber können sich nur dort ergeben, wo sie aufgrund der Wertentscheidung des Art. 5 Abs. 3 GG in Verbindung mit dem allgemeinen Gleichheitssatz gezogen werden müssen. |

Die Ausstrahlungswirkung des Art. 5 Abs. 3 GG beschränkt sich, 131
wie oben dargelegt, im Bereich der Organisationsnormen auf die Forschung und Lehre unmittelbar betreffenden Angelegenheiten. Hier bedarf es einer Abwägung mit den Erfordernissen, die sich aus den anderen Zwecken der Universität, insbesondere ihrer Ausbildungsfunktion ergeben. Dabei können Forschung und Lehre nicht als ein einheitlicher, undifferenzierter Komplex betrachtet werden. Ihre enge Verknüpfung im Wissenschaftsbetrieb der Universität bedeutet nicht, daß zur Abwehr von Gefahren für die freie Betätigung auf diesem weiten Gebiet bei der Stimmgewichtung der einzelnen Hochschulgruppen immer gleiche Vorkehrungen erforderlich sind.

a) Im Bereich der Lehre erfüllen nicht nur die Hochschullehrer, sondern auch die wissenschaftlichen Mitarbeiter wesentliche Funktionen. Sie haben in der modernen Massenuniversität zwar einen je nach Fakultäten und Fachbereichen nicht immer gleichen, jedoch quantitativ erheblichen und qualitativ bedeutenden Teil der anfallenden Lehraufgaben übernommen. Bei der Entscheidung über Fragen, welche die Lehre unmittelbar betreffen, kommt ihnen Sachverstand und Sachinteresse in einem Maße zu, das eine Mitsprache ohne weiteres rechtfertigt.

Die Angelegenheiten der Lehre berühren auch unmittelbar den Interessenbereich der Studenten. Zudem können auf diesem Gebiet sachgerechte Entscheidungen vielfach nur getroffen werden, wenn Erfahrungen und Argumente von Lehrenden *und* Lernenden berücksichtigt und ausgeglichen werden. Die Mitwirkung von Studentenvertretern bei der Entscheidung solcher Fragen ist verfassungsrechtlich unbedenklich.

Eine undifferenzierte Beteiligung der Gruppe der nichtwissenschaftlichen Bediensteten an der Entscheidung über Fragen der Lehre kann hingegen unter keinem der erwähnten Gesichtspunkte (Qualifikation, Funktion, Verantwortung und Betroffenheit) gerechtfertigt werden.

Innerhalb des so abgesteckten Rahmens muß der Gesetzgeber sicherstellen, daß den Hochschullehrern der ihrer besonderen Stel- |
132 lung entsprechende maßgebende Einfluß auf dem Gebiet der Lehre verbleibt.

b) Nach einem strengeren Maßstab muß die gruppenmäßige Verteilung von Mitbestimmungsrechten in Angelegenheiten beurteilt werden, die unmittelbar die Forschung berühren. Forschungsentscheidungen setzen einen Überblick über den Stand der Forschung auf dem jeweiligen Gebiet – auch im internationalen Bereich –, über die Dringlichkeit des einzelnen Forschungsprojekts unter Berücksichtigung der allgemeinen gesellschaftlichen Bedürfnisse und den Blick für das auf den einzelnen Forschungsgebieten technisch, finanziell und personell überhaupt Mögliche voraus. Die mit solchen Entscheidungen verbundene Verantwortung wird besonders deutlich, wenn es um hohe Aufwendungen für kostspielige Spezialeinrichtungen, deren die moderne Forschung bedarf, um die Errichtung oder Erweiterung von Forschungsstätten und ähnliches geht. Die Eignung, bei solchen Entscheidungen zusammen mit anderen Fachkundigen mitzuwirken, kann den wissenschaftlichen Mitarbeitern nicht abgesprochen werden. Bei dem nichtwissenschaftlichen Personal liegt sie in aller Regel nicht vor. Die für die Beteiligten an der Entscheidung in Forschungsfragen notwendigen Voraussetzungen werden von einem großen Teil der Studenten nicht erfüllt werden können. Immerhin kann nicht ausgeschlossen werden, daß auch sie je nach ihrem Ausbildungsstand und ihrer Qualifikation einen gewissen Beitrag zu solchen Entscheidungen leisten. Unter diesen Umständen ist es verfassungsrechtlich nicht zu beanstanden, wenn der Gesetzgeber der Gruppe der Studenten ein gewisses Mitwirkungsrecht einräumt, zumal da die Entscheidungen in Forschungsfragen sich auf die Lehre auswirken können.

Wohl aber verlangt die Wertentscheidung des Art. 5 Abs. 3 in Verbindung mit Art. 3 Abs. 1 GG, daß bei Entscheidungen über Fragen, welche die Forschung unmittelbar betreffen, der Gruppe der Hochschullehrer ein ausschlaggebender Einfluß vorbehalten bleibt. Wegen ihrer wissenschaftlichen Qualifikation, ihrer Funk-
133 tion und Verantwortung müssen die Hochschullehrer | sich in diesem besonderen Bereich gegenüber den anderen Gruppen durchsetzen können.

Die Möglichkeit, daß naturgemäß auch ihre Entscheidung durch sachfremde Motive beeinflußt werden kann, ist bei einer typisierenden Regelung in Kauf zu nehmen.

c) Der Gruppeneinfluß bei Entscheidungen über bestimmte Einzelbereiche von Forschung und Lehre wäre unter dem Gesichtspunkt der »Wissenschaftsadäquanz« sicherlich noch weiterer Differenzierung zugänglich, z.B. in Zulassungsfragen, bei dem Erlaß von Studienordnungen, im Prüfungswesen, im Habilitationsverfahren usw. (vgl. Mallmann-Strauch, a.a.O., S. 61 ff.). Aus der Wertentscheidung des Art. 5 Abs. 3 GG können aber für den Organisationsbereich nur allgemeine Grundsätze abgeleitet werden, die dem Gesetzgeber für Einzelregelungen einen Gestaltungsspielraum belassen. Zu diesen Grundsätzen mag auch das Gebot gehören, daß Prüfungsleistungen nur von Personen bewertet werden dürfen, die selbst mindestens die Qualifikation besitzen, die durch die Prüfung festgestellt werden soll. Doch kann dies hier offenbleiben; denn das Vorschaltgesetz enthält diesen Grundsatz (vgl. § 5 Abs. 6).

Besondere Anforderungen sind jedenfalls an das Berufungsverfahren der Hochschullehrer wegen der hervorragenden Bedeutung dieses Vorgangs für die Struktur der heutigen deutschen Universität zu stellen. Dieses Auswahlverfahren bestimmt die eigentlichen Träger der freien Forschung und Lehre innerhalb der Universität und ist deshalb mit der Garantie der Wissenschaftsfreiheit besonders eng verknüpft. Sachfremde Einflüsse bei der Auswahl dieser für den Wissenschaftsbetrieb in der Universität in erster Linie verantwortlichen Grundrechtsträger können unmittelbare Gefahren für eine freie Ausübung von wissenschaftlicher Lehre und Forschung mit sich bringen. Allerdings liegt die Entscheidung über die Ernennung der Professoren letztlich bei dem zuständigen Minister oder der sonst zuständigen staatlichen Stelle. Es entspricht jedoch allgemeiner Erfahrung, daß in der Berufungspraxis den Universitätsvorschlägen größte Bedeu- |
tung zukommt, da die staatlichen Behörden, wie in der mündlichen 134
Verhandlung bestätigt wurde, von der Möglichkeit des »Oktroi« kaum Gebrauch machen.

Eine Mitentscheidung der nichtwissenschaftlichen Bediensteten kommt hier von vornherein nicht in Betracht (vgl. § 2 Abs. 5 Satz 2 Nr. 3 VorschaltG). Auch den Studenten fehlen in der Regel die erforderlichen Voraussetzungen für eine sachkundige Beurteilung der Qualitäten der für eine Berufung in Betracht kommenden Wissenschaftler. Jedoch bedeutet dies nicht, daß sie deshalb von einer Mitwirkung und Mitentscheidung gänzlich auszuschließen wären. Sie können eigene Informationen und Eindrücke, z.B. aus Vorlesungen, in den Entscheidungsprozeß einbringen. Zudem sind gerade sie von der Entscheidung unmittelbar betroffen. Ein Mitentscheidungsrecht der Studenten ist demnach verfassungsrechtlich vertretbar, zumal dadurch dem Bedürfnis nach Transparenz des Verfahrens entsprochen wird. Das gleiche gilt erst recht für die wissenschaftlichen Mitarbeiter. Jedoch muß der Gruppe der Hochschullehrer in Berufungsangelegenheiten ein ausschlaggebender Einfluß eingeräumt werden; insofern gelten hier die Ausführungen zum Bereich der Forschung entsprechend.

d) Diese in dem System der »Gruppenuniversität« zum Schutz der freien wissenschaftlichen Betätigung der Hochschullehrer erforderlichen organisatorischen Sicherungsmaßnahmen müssen um ihrer Effektivität willen ergänzt werden durch das ebenfalls aus den Wertentscheidungen des Art. 5 Abs. 3 GG in Verbindung mit Art. 3 Abs. 1 GG abzuleitende Gebot, die Gruppe der Hochschullehrer in sich homogen zusammenzusetzen. Wenn der Gesetzgeber die Gruppenzugehörigkeit zu einem Organisationsprinzip macht, dann muß er sich bei der Bestimmung der Gruppen an eindeutige konstitutive Merkmale halten; andernfalls wird der aus der Gruppenorganisation folgende Proporz willkürlich. Wenn die Gruppen, wie dies in der »Gruppenuniversität« der Fall ist, nach vorgegebenen typischen Interessenlagen rechtlich formiert werden, dann ergibt sich das Unterscheidungsmerkmal der Gruppen gerade aus dieser verschiedenen Interessen-
135 lage. Ist aber | eine Gruppe nicht homogen zusammengesetzt, dann gibt es für sie keine typische Interessenlage mehr. Damit entbehrt die Abgrenzung gegenüber anderen Gruppen des hinreichenden sachlichen Grundes. Wäre es dem Gesetzgeber erlaubt, in die Gruppe der Hochschullehrer auch Personen einzubeziehen, die – mögen sie auch in einem allgemeinen Sinn an der Hochschule lehren – nicht mit dem oben umschriebenen Typus des Hochschullehrers entsprechen, so wäre ihm damit das Tor geöffnet, über die Zusammensetzung der Gruppe den quantitativen und qualitativen Einfluß der eigentlichen Hochschullehrer zurückzudrängen und damit die Stimmgewichtung in den Kollegialorganen auf diesem Umweg zu unterlaufen.

5. Es ist grundsätzlich der Gestaltungsfreiheit des Gesetzgebers anheimgegeben, durch welche organisatorischen Maßnahmen er den Anforderungen nachkommen will, die sich aus den vorstehenden Erwägungen ergeben. Dabei ist er auch zu einer den Organisationsprinzipien der Gruppenuniversität entsprechenden typisierenden Betrachtungsweise berechtigt. Es bietet sich ein breiter Fächer organisatorischer Formen und verfahrensrechtlicher Gestaltungsmöglichkeiten

an, deren Erörterung im einzelnen nicht Sache des Bundesverfassungsgerichts ist. Jedoch würden bloße nachträgliche Kontroll- und Aufsichtsbefugnisse gegenüber den Beschlüssen der Kollegialorgane, wie z.B. die auf Nachprüfung der Rechtmäßigkeit beschränkte Rechtsaufsicht oder auch die Eröffnung eines Rechtswegs, nicht genügen, um die freiheitliche Sphäre zu schaffen, die der Wissenschaftler für seine Arbeit von vornherein benötigt.

VI.

Prüft man nach diesen Maßstäben die angegriffenen Vorschriften des niedersächsischen Vorschaltgesetzes, so ergibt sich, daß der Gesetzgeber die zum Schutz der Wissenschaftsfreiheit erforderlichen Sicherungsvorkehrungen nur zum Teil in dem gebotenen Umfang getroffen hat. …

3. Der Gesetzgeber hat sämtliche Organe der universitären Selbst- 137
verwaltung in an sich zulässiger Weise so zusammengesetzt, daß in ihnen alle vier Gruppen vertreten sind. Soweit gegen eine undifferenzierte Beteiligung der nichtwissenschaftlichen Mitarbeiter Bedenken bestehen, ist durch den Negativkatalog des § 2 Abs. 5 Satz 2 dafür Sorge getragen, daß diese in Angelegenheiten, die Forschung und Lehre unmittelbar betreffen, nicht mitentscheiden. Der Wortlaut des § 2 Abs. 5 Satz 2 umfaßt freilich nicht den ganzen Bereich im Sinne der oben gegebenen Begriffsdeutung. Es ist jedoch möglich, die in § 2 Abs. 5 Satz 2 Nrn. 1 bis 4 verwendeten Begriffe so weit auszulegen, daß alle Angelegenheiten, die unmittelbar mit Forschung und
Lehre zu | sammenhängen, einbezogen werden können. Eine solche 138
weite Auslegung ist im Hinblick auf die Wertentscheidung des Art. 5 Abs. 3 GG verfassungsrechtlich geboten. Gegen eine nur beratende Beteiligung der Vertreter dieser Gruppe sind keine Bedenken zu erheben.

Der Gesetzgeber hat ferner die Gruppen nicht paritätisch oder schematisch nach der Größe ihrer Mitgliederzahl beteiligt, sondern ihre Mitwirkung im Blick auf die Unterschiede in Qualifikation, Funktion, Verantwortung, Dauer der Zugehörigkeit zur Universität und Betroffenheit in der Weise abgestuft, daß der Gruppe der Hochschullehrer ein über ihr zahlenmäßiges Gewicht wesentlich hinausgehender Einfluß auf die Willensbildung in den Organen gewährt wird.

Eine weitere Differenzierung ist bei der Zusammensetzung der verschiedenen Beschlußorgane und bei der Verteilung der Zuständigkeiten auf diese Organe feststellbar. Ihr liegt erkennbar das Prinzip zugrunde, der Gruppe der Hochschullehrer ein um so größeres Gewicht zu verschaffen, je wissenschaftsrelevanter die zu treffenden Entscheidungen sind. Diese Differenzierung zeigt sich einmal vertikal bei der Zuständigkeitsverteilung auf die einzelnen Gremien und deren verschiedene Zusammensetzung (vgl. etwa die Zuständigkeit des Konzils für wissenschaftsferne Angelegenheiten und die Zuständigkeit der Fachbereiche und ihnen entsprechender Organe für Wissenschaft und Lehre unmittelbar betreffende Angelegenheiten). Zum andern wird horizontal unter anderem durch den Negativkatalog in § 2 Abs. 5 Satz 2 differenziert.

Um ein vollständiges Bild von dem Freiheitsdenken der Hochschullehrer zu gewinnen, muß auch in die Erwägungen einbezogen werden, daß ihnen dienstrechtlich besondere Vorrechte (grundsätzlich lebenslängliche Anstellung mit Emeritierung, Unversetzbarkeit und freie Dienstzeit) zustehen, und daß sie die Möglichkeit haben, gegen sie benachteiligende Mehrheitsentscheidungen der Kollegial-
139 organe sowohl die staatliche Rechtsaufsicht anzu|rufen als auch den Rechtsweg einschließlich der Verfassungsbeschwerde zum Bundesverfassungsgericht zu beschreiten.

4. Die getroffenen Regelungen sind jedoch nicht in jeder Hinsicht ausreichend.

a) Verfassungsrechtlich zu beanstanden ist die Zusammensetzung der Hochschullehrergruppe gemäß § 2 Abs. 2 VorschaltG. Hier hat der Gesetzgeber gegen das Gebot der homogenen Gruppenbildung verstoßen. In den Nummern 1 bis 11 sind von den ordentlichen Professoren bis zu den Lektoren und den in der Hochschule tätigen Studienleitern Lehrkräfte ganz verschiedener Qualifikation, Funktion und Verantwortlichkeit zu der Gruppe der »Hochschullehrer« zusammengefaßt. Der Gesetzgeber ist offensichtlich davon ausgegangen, daß die Lehrtätigkeit dieser Personen das für diese Gruppe entscheidende Kriterium sei. Dies ist aber kein geeignetes Unterscheidungsmerkmal gegenüber der Gruppe der wissenschaftlichen Mitarbeiter (§ 2 Abs. 3); denn auch in diese Gruppe sind wissenschaftliche Kräfte eingeordnet, die selbständige Lehrveranstaltungen abhalten können (vgl. z.B. § 6 der Neuen Ordnung zur Regelung der Dienstverhältnisse der wissenschaftlichen Assistenten vom 27. Oktober 1972, Nds. MinBl. S. 1602 [1603]). Für den Begriff des Hochschullehrers sind die oben (vgl. C V 2)[1] bezeichneten Merkmale die entscheidenden

[1] S. 126 [der amtlichen Sammlung].

Kriterien. Dabei steht dem Gesetzgeber bei der Umschreibung dieser Gruppe ein Spielraum zur Verfügung; die Habilitation ist keine notwendige Voraussetzung für die Zuordnung zu dieser Gruppe. Die in § 2 Abs. 2 Nrn. 1 bis 5 aufgezählten Professoren und Dozenten erfüllen durchgängig die geforderten Merkmale. Hingegen trifft dies nicht generell auf die in den Nummern 6 bis 11 angeführten wissenschaftlichen Lehrkräfte zu. Einige von ihnen mögen dem Bild des Hochschullehrers in dem angeführten Sinn entsprechen. Andere der dort aufgeführten Personengruppen sind hingegen mehr oder weniger an Weisungen von Lehrstuhlinhabern, Instituts- oder Klinikdirektoren gebunden; einige sind auch weniger umfassend in den Wis | sen- 140
schaftsbetrieb der Universität funktional eingegliedert; das ihnen übertragene wissenschaftliche Arbeitsfeld ist teilweise stark eingegrenzt. Es reicht von der Lehrtätigkeit in einem stark spezialisierten Fach über einen mehr oder weniger repetitoriumsartigen Unterricht bis zur Unterweisung in beruflichen Fertigkeiten. Der Gesetzgeber hat hier eine Gruppe zusammengestellt, in der unabhängige Wissenschaftler mit weisungsgebundenen, auf Dauer mit der Universität verbundene Hochschullehrer mit Lehrbeauftragten für eine Übergangszeit, für ein ganzes Fachgebiet verantwortliche Wissenschaftler mit solchen vereinigt sind, die lediglich unterstützende oder ergänzende Funktionen ausüben.

Ob unter dem Gesichtspunkt der homogenen Gruppenbildung auch verfassungsrechtliche Bedenken gegen die Zusammensetzung der Gruppe der wissenschaftlichen Mitarbeiter in § 2 Abs. 3 Nrn. 1 bis 4 erhoben werden könnten, braucht nicht entschieden zu werden, da die Grundrechtspositionen der Beschwerdeführer durch die Zusammensetzung dieser Gruppe nicht unmittelbar berührt werden.

Als bedenklich könnte es angesehen werden, daß Studenten der Anfangssemester in den Beschlußgremien über Fragen der wissenschaftlichen Forschung und Lehre mitentscheiden, zumal da infolge mangelnder Sachkenntnisse und Erfahrungen der Meinungsbildungsprozeß so zeitaufwendig werden könnte, daß die Arbeitsfähigkeit des Beschlußorgans in Frage gestellt würde. In Betracht kämen gewisse Beschränkungen der Wählbarkeit der Studenten etwa nach der Zahl ihrer Hochschulsemester. Allerdings ist ein Differenzierungsgebot innerhalb der Studentenschaft aus Verfassungsnormen nicht zwingend ableitbar.

b) Nach den aufgestellten Prüfungsmaßstäben kommen für die Beurteilung der Stimmgewichtung in den Kollegialorganen (§ 3 in Verbindung mit § 2 Abs. 5 VorschaltG) nur Gremien in Betracht, die über

Forschung und Lehre unmittelbar betreffende Fragen entscheiden. Dazu gehören bei der auch hier gebotenen typisierenden Betrachtungsweise nicht das Konzil (der Wahlkonvent) und die Verwaltungsausschüsse. |

141 Das Konzil ist vorwiegend für korporationsrechtliche Angelegenheiten zuständig, von denen alle Hochschulangehörigen in gleicher Weise berührt sind. Sie betreffen die Grundstruktur der Körperschaft »Universität«, nicht unmittelbar die in ihr geleistete wissenschaftliche Arbeit. Zu dieser kann das Konzil im wesentlichen nur (unverbindliche) Stellungnahmen und Empfehlungen abgeben, die die Meinung der Hochschulangehörigen in ihrer Gesamtheit zum Ausdruck bringen. Das Verhältnis, in dem der Gesetzgeber bei der Bildung dieses Organs die verschiedenen Gruppen beteiligt hat, ist verfassungsrechtlich unbedenklich.

Dasselbe gilt für die Verwaltungsausschüsse, die in erster Linie für die wichtigeren laufenden Geschäfte der allgemeinen Verwaltung der Universität zuständig sind.

c) Der Senat ist wesentlich stärker als das Konzil an der eigentlichen Wissenschaftsverwaltung beteiligt und steht damit in einer engeren Beziehung zu der Arbeit des einzelnen Wissenschaftler. Zwar ist auch seine Verwaltungstätigkeit deutlich von der Gesamtkorporation und ihren Anliegen bestimmt. Immerhin ist er auch für Fragen, die Forschung und Lehre unmittelbar betreffen, zuständig. Diesem stärkeren Wissenschaftsbezug trägt jedoch die Stimmgewichtung des Vorschaltgesetzes ausreichend Rechnung. Läßt man die Gruppe der nichtwissenschaftlichen Bediensteten mit Rücksicht auf den Negativkatalog des § 2 Abs. 5 Satz 2 VorschaltG bei der Beurteilung der Stimmverhältnisse im Senat außer Betracht, so sind den Vertretern der Hochschullehrer zusammen mit dem Rektor, der gemäß § 4 Abs. 9 VorschaltG aus den hauptamtlichen Hochschullehrern zu wählen ist, 9/17 der Stimmen eingeräumt.

d) Anders als die Organe der Gesamtuniversität können die Entscheidungsgremien auf der Fakultäts- und Fachbereichsebene in viel größerem Umfang unmittelbaren Einfluß auf die Gestaltung der wissenschaftlichen Tätigkeit der einzelnen Hochschullehrer nehmen. Die Mitbestimmungsregelung für den Fakultätsrat und für den Fachbereichsrat (sowie die gleichgestellten Organe) bedarf daher für be-
142 stimmte Kompetenzen einer Stimm|gewichtung, die den oben angeführten Grundsätzen entspricht. Läßt man auch hier die Gruppe der nichtwissenschaftlichen Bediensteten unberücksichtigt, so sind der Gruppe der Hochschullehrer in beiden Gremien 50 % der Stimmen

eingeräumt, während die Gruppe der wissenschaftlichen Mitarbeiter und der Studenten jeweils über 25 % der Stimmen verfügt. Diese Regelung trägt der besonderen Stellung der Hochschullehrer insoweit Rechnung, als eine Majorisierung dieser Gruppe ausgeschlossen und ihr damit ein maßgebender Einfluß eingeräumt ist. Gleichwohl ist die Stimmgewichtung in doppelter Hinsicht verfassungsrechtlich zu beanstanden:

aa) Soweit die Beschlußorgane über Fragen zu entscheiden haben, welche die *Lehre* unmittelbar betreffen, hat der Gesetzgeber keine Vorkehrungen gegen eine Gefährdung ihrer Funktionsfähigkeit für den Fall getroffen, daß es aus gruppenspezifischen Gründen zu einer Stimmengleichheit kommt. [*Wird ausgeführt.*]

bb) Dieser Schwerpunkt der *Forschung* innerhalb der wissen- 143
schaftlichen Hochschulen liegt zwar in den Instituten (Kliniken) und Seminaren, die von dem Vorschaltgesetz nicht erfaßt werden. Jedoch haben nach den Verfassungen und Satzungen der betroffenen Hochschulen auch die Beschlußorgane der Fakultäten und Fachbereiche (sowie der entsprechenden Abteilungen) Zuständigkeiten in Forschungsangelegenheiten (vgl. Göttingen: § 35 – Fachbereich –; TU Braunschweig: § 54; TU Clausthal: § 55 und TU Hannover: § 45 – jeweils die engere Fakultät –; TH Hannover: § 64 – Fachabteilung –; PH Niedersachsen: § 23 – Abteilungskonferenz). Bei den Entscheidungen über diese Frage hat der Gesetzgeber der Gruppe der Hochschullehrer nicht, wie verfassungsrechtlich geboten, den ausschlaggebenden Einfluß eingeräumt; denn sie kann sich gegen den geschlossenen Widerstand der anderen Gruppen nicht durchsetzen. Auch hier ist es nicht Sache des Bundesverfassungsgerichts, dem Gesetzgeber vorzuschreiben, auf welche Weise er dies sicherzustellen hat. Es kommen
mehrere organisatorische Möglichkeiten in Betracht, z.B. | indem er 144
der Gruppe der Hochschullehrer von vornherein oder bei einer wiederholten Abstimmung die Mehrheit der Stimmen in diesen Gremien zuteilt oder etwa eine Regelung trifft, wonach bei Abstimmungen über solche Fragen Beschlüsse der Gremien schon mit qualifizierten Mehrheiten der Hochschullehrer zustande kommen.

Für die Entscheidungen dieser Beschlußorgane in *Berufungsangelegenheiten* gilt das gleiche wie für Entscheidungen über Forschungsangelegenheiten. …

148 Abweichende Meinung der Richter Dr. Simon und Rupp-v.
Brünneck zum Urteil des Ersten Senats des Bundesverfassungsge-
richts vom 29. Mai 1973 – 1 BvR 424/71 und 325/72 –

Ergebnis und Begründung des Urteils beruhen weithin auf über-
einstimmender verfassungsrechtlicher Beurteilung. Insbesondere tei-
149 len wir die Auffassung, daß Art. 5 Abs. 3 GG über ein | subjektives
Abwehrrecht gegen konkrete Eingriffe in die Wissenschaftsbereiche
hinaus eine Wertentscheidung enthält, die der Staat als allgemeine
Richtlinie bei Regelungen über Universitäten oder andere öffentliche
Einrichtungen im Bereich von Forschung und Lehre zu beachten hat.
Ebenso stimmen wir der Senatsmehrheit darin zu, daß zwischen den
einzelnen Gruppen der Hochschulangehörigen gewichtige rechtser-
hebliche Unterschiede bestehen, deren Nivellierung nach dem Sche-
ma »one man one vote« zu Recht von niemand befürwortet wird. Je-
doch halten wir es nicht für vertretbar, unmittelbar aus der Verfas-
sung detaillierte organisatorische Anforderungen für die Selbstver-
waltung der Universität herleiten zu wollen.

Zwar geht auch die Mehrheit davon aus, daß der Gesetzgeber we-
der durch Art. 5 Abs. 3 in Verbindung mit Art. 3 Abs. 1 GG noch durch
Art. 33 GG auf die überkommene Universitätsstruktur festgelegt
wird, daß vielmehr die Beteiligung aller Hochschulangehörigen an
der akademischen Selbstverwaltung auch in Gestalt der sogenannten
Gruppenuniversität grundsätzlich verfassungskonforn ist und daß in
dieser »Körperschaft der Lehrenden und Lernenden« keine der betei-
ligten Gruppen generell und von vornherein die Einräumung einer
Mehrheitsposition beanspruchen kann. Dennoch glaubt die Senats-
mehrheit, für einen Teil der Grundrechtsträger dem Grundgesetz un-
mittelbar einen verfassungsrechtlichen Anspruch auf privilegierte
Beteiligung an der Selbstverwaltung in Form eines bestimmten Stim-
mengewichts entnehmen zu müssen. Die insoweit in der Urteilsbe-
gründung verwendete unbestimmte Formulierung, der Gruppe der
Hochschullehrer sei in Berufungs- und Forschungsangelegenheiten
der »ausschlaggebende Einfluß« zu sichern, bedeutet zusammen mit
der verfassungsrechtlichen Beanstandung der einschlägigen Vor-
schriften des Vorschaltgesetzes, daß es innerhalb des Systems der
Gruppenuniversität verfassungswidrig sein soll, wenn der Gruppe der
Hochschullehrer »nur« 50 % und nicht mindestens 51 % der Stimmen
im Verhältnis zu den anderen Gruppen eingeräumt werden. (Die im
150 Urteil theoretisch offengehaltene Möglichkeit des | Gesetzgebers,
den ausschlaggebenden Einfluß auf andere Weise sicherzustellen,
läuft praktisch auf eine eher noch strengere Regelung hinaus.)

Mit dieser Entscheidung setzt sich das Bundesverfassungsgericht unter Überschreitung seiner Funktion an die Stelle des Gesetzgebers. Die scheinbar übereinstimmend anerkannte Gestaltungsfreiheit des demokratisch legitimierten Gesetzgebers für die Organisation der Wissenschaftsverwaltung wird von der Senatsmehrheit in einem anfangs unmerklichen, schließlich aber unverkennbaren Erosionsprozeß weitgehend ins Gegenteil verkehrt; sie erhebt Zweckmäßigkeitserwägungen, die der Gesetzgeber bei seiner Willensbildung anzustellen hat und denen namentlich in Übergangszeiten durchaus Gewicht gebührt, unzulässig zu unabdingbaren, mit der Verfassungsbeschwerde durchsetzbaren Postulaten. Ihre Begründung leidet zudem an Unklarheiten über die verfassungsrechtliche Bedeutung objektiver Wertentscheidungen mit der Folge, daß das vorbehaltlos gewährleistete Freiheitsrecht des Art. 5 Abs. 3 GG einerseits der Gefahr der Relativierung ausgesetzt, andererseits sinnwidrig in ein ständisches Gruppenprivileg und Herrschaftsrecht umgemünzt wird. Dieses Vorgehen erscheint nicht zuletzt deshalb bedenklich, weil verfassungsgerichtliche Verbote im Unterschied zu inhaltsgleichen Gesetzesregelungen auch in ihren Fehleinschätzungen nur schwer korrigierbar sind und die weitere hochschulpolitische Entwicklung in einer krisenhaften Übergangsphase festschreiben, in der sich der Freiheitsgedanke eher in zukunftsoffender Flexibilität bewähren müßte. [*Wird auf den S. 150 bis 170 der amtlichen Sammlung ausgeführt.*]

34 Art. 1 Abs. 1, Art. 2 Abs. 1, Art. 5 Abs. 1 Satz 2, Abs. 2 GG

Allgemeines Persönlichkeitsrecht – Recht am eigenen Bild und am gesprochenen Wort – absoluter und relativer Schutz der Privatsphäre – Güterabwägung bei kollidierenden Privatinteressen – Art. 5 Abs. 2 GG und Wechselwirkungslehre – Rundfunkfreiheit und Informationsinteresse der Öffentlichkeit gegenüber Schutz der Privatsphäre und Resozialisierungsinteresse – kein grundsätzlicher Vorrang eines Grundrechts – Prinzip des schonenden Ausgleichs

BVerfGE 35, 202–245 – Lebach

1. Eine Rundfunk- oder Fernsehanstalt kann sich grundsätzlich für jede Sendung zunächst auf den Schutz des Art. 5 Abs. 1 Satz 2 GG berufen. Die Rundfunkfreiheit deckt sowohl die Auswahl des dargebote- 202

nen Stoffes als auch die Entscheidung über die Art und Weise der Darstellung einschließlich der gewählten Form der Sendung.

Erst wenn die Rundfunkfreiheit mit anderen Rechtsgütern in Konflikt gerät, kann es auf das mit der konkreten Sendung verfolge Interesse, die Art und Weise der Gestaltung und die erzielte oder voraussehbare Wirkung ankommen.

2. Die Vorschriften der §§ 22, 23 Kunsturhebergesetz bieten ausreichenden Raum für eine Interessenabwägung, die der Ausstrahlungswirkung der Rundfunkfreiheit gemäß Art. 5 Abs. 1 Satz 2 GG einerseits, des Persönlichkeitsschutzes gemäß Art. 2 Abs. 1 in Verbindung mit Art. 1 Abs. 1 GG andererseits Rechnung trägt. |
203 **Hierbei kann keiner der beiden Verfassungswerte einen grundsätzlichen Vorrang beanspruchen. Im Einzelfall ist die Intensität des Eingriffes in den Persönlichkeitsbereich gegen das Informationsinteresse der Öffentlichkeit abzuwägen.**

3. Für die aktuelle Berichterstattung über schwere Straftaten verdient das Informationsinteresse der Öffentlichkeit im allgemeinen den Vorrang vor dem Persönlichkeitsschutz des Straftäters. Jedoch ist neben der Rücksicht auf den unantastbaren innersten Lebensbereich der Grundsatz der Verhältnismäßigkeit zu beachten; danach ist eine Namensnennung, Abbildung oder sonstige Identifikation des Täters nicht immer zulässig.

Der verfassungsrechtliche Schutz der Persönlichkeit läßt es jedoch nicht zu, daß das Fernsehen sich über die aktuelle Berichterstattung hinaus etwa in Form eines Dokumentarspiels zeitlich unbeschränkt mit der Person eines Straftäters und seiner Privatsphäre befaßt.

Eine spätere Berichterstattung ist jedenfalls unzulässig, wenn sie geeignet ist, gegenüber der aktuellen Information eine erhebliche neue oder zusätzliche Beeinträchtigung des Täters zu bewirken, insbesondere seine Wiedereingliederung in die Gesellschaft (Resozialisierung) zu gefährden. Eine Gefährdung der Resozialisierung ist regelmäßig anzunehmen, wenn eine den Täter identifizierende Sendung über eine schwere Straftat nach seiner Entlassung oder in zeitlicher Nähe zu der bevorstehenden Entlassung ausgestrahlt wird.

Urteil des Ersten Senats vom 5. Juni 1973 auf die mündliche Verhandlung vom 2. und 3. Mai 1973 – 1 BvR 536/72 –

Sachverhalt: *Der Beschwerdeführer war zusammen mit zwei Haupttätern an dem sogenannten Soldatenmord in Lebach beteiligt, bei dem im Jahre 1969 vier Soldaten der Wachmannschaft eines Munitionsdepots getötet wurden, ein weiterer schwere Verletzungen erlitt und Waffen und Munition entwendet* *wurden. Die Haupttäter wurden im August 1970 zu lebenslanger Freiheitsstrafe, der Beschwerdeführer wurde wegen Beihilfe zu einer Freiheitsstrafe von sechs Jahren verurteilt.*

Im Hinblick auf das besondere öffentliche Interesse, das die Tat erregt hatte, stellte das ZDF ein Dokumentar-Fernsehspiel über die Tat her, das zunächst die Täter, so auch den Beschwerdeführer, in Bild und mit Namen vorstellte, sodann mittels Schauspielern die Beziehung der Täter untereinander einschließlich ihrer homosexuellen Verbindungen, den Tathergang und schließlich die Fahndung nach den Tätern darstellte. Der Dokumentarfilm sollte an einem Freitagabend im Jahre 1972 ausgestrahlt werden. Der Antrag des Beschwerdeführers, dem ZDF im Wege der einstweiligen Anordnung die Ausstrahlung des Dokumentarspiels zu verbieten, wurde von Landgericht und Oberlandesgericht abgelehnt.

Auf die Verfassungsbeschwerde des Beschwerdeführers hin hob das Bundesverfassungsgericht die Entscheidungen der Zivilgerichte auf und untersagte dem ZDF bis zur Entscheidung in der Hauptsache durch die ordentlichen Gerichte die Ausstrahlung des Dokumentarspiels.

Aus den Gründen:

II. 219

Im vorliegenden Fall ist das Oberlandesgericht zutreffend davon ausgegangen, daß mehrere Grundrechte auf die Anwendung des einfachen Rechts einwirken, und zwar in entgegengesetzter Richtung: Es handelt sich um eine Spannungslage zwischen dem in Art. 2 Abs. 1 in Verbindung mit Art. 1 Abs. 1 GG garantierten Schutz der Persönlichkeit und der Freiheit der Berichterstattung durch den Rundfunk gemäß Art. 5 Abs. 1 Satz 2 GG.

1. Auf der einen Seite berührt eine Fernsehsendung der hier vorliegenden Art über die Entstehung, Ausführung und Verfolgung einer Straftat unter Namensnennung, Abbildung und Darstellung des Straftäters zwangsläufig den Schutzbereich seiner | Grundrechte aus Art. 220
2 Abs. 1 in Verbindung mit Art. 1 Abs. 1 GG. Das Recht auf freie Entfaltung der Persönlichkeit und die Menschenwürde sichern jedem Einzelnen einen autonomen Bereich privater Lebensgestaltung, in dem er seine Individualität entwickeln und wahren kann. Hierzu gehört auch das Recht, in diesem Bereich »für sich zu sein«, »sich selber zu gehören« (Adolf Arndt, NJW 1967, S. 1845 [1846]), ein Eindringen oder einen Einblick durch andere auszuschließen (vgl. BVerfGE 27, 1 [6]; 33, 367 [376] – Sozialarbeiter –; Beschluß vom 31. Januar 1973 – 2 BvR 454/71[1] – Tonband –, Umdruck B II 1 und 2

[1] BVerfGE 34, 238, 245 ff

[im folgenden zitiert als 2 BvR 454/71]). Dies umfaßt das Recht am eigenen Bild und gesprochenen Wort (vgl. 2 BvR 454/71 a.a.O.), erst recht aber das Verfügungsrecht über Darstellungen der Person. Jedermann darf grundsätzlich selbst und allein bestimmen, ob und wieweit andere sein Lebensbild im ganzen oder bestimmte Vorgänge aus seinem Leben öffentlich darstellen dürfen.

Nach der ständigen Rechtsprechung des Bundesverfassungsgerichts steht freilich nicht der gesamte Bereich des privaten Lebens unter dem *absoluten* Schutz der genannten Grundrechte (vgl. BVerfGE 6, 389 [433]; 27, 1 [7]; 27, 344 [351]; 32, 373 [379]; 33, 367 [376 f.]; 2 BvR 454/71 B II 1).[1] Wenn der Einzelne als ein in der Gemeinschaft lebender Bürger in Kommunikation mit anderen tritt, durch sein Sein oder Verhalten auf andere einwirkt und dadurch die persönliche Sphäre von Mitmenschen oder Belange des Gemeinschaftslebens berührt, können sich Einschränkungen seines ausschließlichen Bestimmungsrechts über seinen Privatbereich ergeben, soweit dieser nicht zum unantastbaren innersten Lebensbereich gehört. Ein solcher Sozialbezug kann bei entsprechender Intensität namentlich Maßnahmen der öffentlichen Gewalt zum Schutz von Interessen der Allgemeinheit zulassen – vgl. etwa die Veröffentlichung von Bildern verdächtiger Personen im Interesse der Strafverfolgung (§ 24 KUG). Jedoch rechtfertigt weder das staatliche Interesse an der
221 Auf | klärung von Straftaten noch ein anderes öffentliches Interesse von vornherein den Zugriff auf den Persönlichkeitsbereich (vgl. BVerfGE 32, 373 [381]; 2 BvR 454/71 B II 5).[2] Vielmehr gebietet der hohe Rang des Rechts auf freie Entfaltung und Achtung der Persönlichkeit, der sich aus der engen Beziehung zum höchsten Wert der Verfassung, der Menschenwürde, ergibt, daß dem aus einem solchen Interesse erforderlich erscheinenden Eingriff ständig das Schutzgebot des Art. 2 Abs. 1 in Verbindung mit Art. 1 Abs. 1 GG als Korrektiv entgegengehalten wird. Dementsprechend ist durch Güterabwägung im konkreten Fall zu ermitteln, ob das verfolgte öffentliche Interesse generell und nach der Gestaltung des Einzelfalls den Vorrang verdient, ob der beabsichtigte Eingriff in die Privatsphäre nach Art und Reichweite durch dieses Interesse gefordert wird und im angemessenen Verhältnis zur Bedeutung der Sache steht (vgl. BVerfGE 27, 344 [353 f.]; 32, 373 [381]; 2 BvR 454/71 B II 5).[2]

---

1 BVerfGE 34, 238, 245 ff..
2 BVerfGE 34, 248 ff.

Diese in der Rechtsprechung zu Maßnahmen öffentlicher Gewalt entwickelten Grundsätze müssen entsprechend beachtet werden, wenn es sich um die gerichtliche Entscheidung über kollidierende Interessen nach Vorschriften des Privatrechts handelt. Damit wird die Berücksichtigung der Sonderstellung, die den Medien des Hörfunks und Fernsehens kraft ihrer öffentlich-rechtlichen Organisation und öffentlichen Aufgabe zukommt, nicht ausgeschlossen.

2. Insoweit fällt hier, wie das Oberlandesgericht zutreffend hervorgehoben hat, maßgebend ins Gewicht, daß die streitige Sendung einer Funktion dienen soll, deren freie Wahrnehmung ihrerseits in der Verfassung unmittelbar durch eine Grundrechtsnorm geschützt ist. Die Freiheit der Berichterstattung durch den Rundfunk gem. Art. 5 Abs. 1 Satz 2 GG (Rundfunkfreiheit) ist ebenso wie die Pressefreiheit, die Freiheit der Meinungsäußerung und die Informationsfreiheit schlechthin konstituierend für die freiheitlich-demokratische Grundordnung (vgl. BVerfGE 7, | 198 [208];[1] 10, 118 [121]; 12, 205 222
[259 ff.] – Deutschland-Fernsehen –;[2] 20, 56 [97 f.]; 20, 162 [174 ff.] – Spiegel –;[3] 27, 71 [81 f.] – Zeitungen aus der DDR –).[4]

Hörfunk und Fernsehen gehören in gleicher Weise wie die Presse zu den unentbehrlichen Massenkommunikationsmitteln, denen sowohl für die Verbindung zwischen dem Volk und den Staatsorganen wie für deren Kontrolle als auch für die Integration der Gemeinschaft in allen Lebensbereichen eine maßgebende Wirkung zukommt. Sie verschaffen dem Bürger die erforderliche umfassende Information über das Zeitgeschehen und über Entwicklungen im Staatswesen und im gesellschaftlichen Leben. Sie ermöglichen die öffentliche Diskussion und halten sie in Gang, indem sie Kenntnis von den verschiedenen Meinungen vermitteln, dem Einzelnen und den verschiedenen gesellschaftlichen Gruppen Gelegenheit geben, meinungsbildend zu wirken, und sie stellen selbst einen entscheidenden Faktor in dem permanenten Prozeß der öffentlichen Meinungs- und Willensbildung dar (vgl. BVerfGE 12, 113 [125]; 12, 205 [260]).[2] Trotz der engeren Fassung des Wortlauts (»Berichterstattung«) unterscheidet sich die Rundfunkfreiheit wesensmäßig nicht von der Pressefreiheit; sie gilt in gleicher Weise für rein berichtende Sendungen wie für Sendungen anderer Art. Information und Meinung können ebensowohl durch ein

---

[1] BVerfGA Nr. 5.
[2] BVerfGA Nr. 12.
[3] BVerfGA Nr. 15.
[4] BVerfGA Nr. 23.

Fernsehspiel oder eine Musiksendung vermittelt werden wie durch Nachrichten oder politische Kommentare; jedes Rundfunkprogramm hat schon durch die getroffene Auswahl und die Gestaltung der Sendung eine bestimmte meinungsbildende Wirkung (vgl. BVerfGE 12, 205 [260];[1] 31, 314 [326]). Ebensowenig läßt die Rundfunkfreiheit von vornherein eine Unterscheidung der Sendungen nach dem jeweils verfolgten Interesse oder der Qualität der Darbietung zu; eine Beschränkung auf »seriöse«, einem anerkennenswerten privaten oder öffentlichen Interesse dienende Produktion liefe am Ende auf eine Bewertung und Lenkung durch staatliche Stellen hinaus, die dem Wesen dieses Grundrechts gerade widersprechen würde (vgl. BVerfGE
223 25, | 296 [307]; Beschluß vom 14. Februar 1973 – 1 BvR 112/65 –[2] immaterielle Schäden – [im folgenden zitiert als 1 BvR 112/65], Umdruck C I 4 mit weiteren Nachweisen). Demgemäß kann eine Rundfunk- oder Fernsehanstalt sich grundsätzlich für jede Sendung zunächst auf den Schutz des Art. 5 Abs. 1 Satz 2 GG berufen, gleichgültig, ob es sich um politische Sendungen, kritische Auseinandersetzungen mit anderen die Allgemeinheit interessierenden Fragen oder um Hörspiele, kabarettistische Programme oder andere Unterhaltungssendungen handelt. Das Eingreifen der Verfassungsgarantie ist also nicht abhängig von dem jeweiligen Nachweis eines »berechtigten« oder »legitimen« Interesses an der betreffenden Sendung (vgl. Adolf Arndt, a.a.O.). Entsprechend deckt die Rundfunkfreiheit nicht allein die Auswahl des dargebotenen Stoffes, sondern auch die Entscheidung über die Art und Weise der Darstellung einschließlich der Bestimmung darüber, welche der verschiedenen Formen von Sendungen hierfür gewählt wird.

Erst wenn die Wahrnehmung der Rundfunkfreiheit mit anderen Rechtsgütern in Konflikt gerät, kann es auf das mit der konkreten Sendung verfolgte Interesse, die Art und Weise der Gestaltung und die erzielte oder voraussehbare Wirkung ankommen. Die Verfassung hat den möglichen Konflikt zwischen der Rundfunkfreiheit und dadurch betroffenen Interessen von einzelnen Bürgern, von Gruppen oder der Gemeinschaft durch Verweisung auf die allgemeine Rechtsordnung geregelt; nach Art. 5 Abs. 2 GG unterliegt die Veranstaltung von Rundfunksendungen den Einschränkungen, die sich aus den allgemeinen Gesetzen ergeben. Nach der ständigen Rechtsprechung des Bundesverfassungsgerichts darf die damit gebotene Rücksicht auf

---

[1] BVerfGA Nr. 12.

[2] BVerfGE 34, 269, 282 ff. (BVerfGA Nr. 32).

andere Rechtsgüter jedoch die Rundfunkfreiheit nicht relativieren;
vielmehr sind die die Rundfunkfreiheit beschränkenden Gesetze ih-
rerseits im Blick auf die Verfassungsgarantie auszulegen und gegebe-
nenfalls selbst wieder einzuschränken, um der Rundfunkfrei|heit 224
angemessene Verwirklichung zu sichern (vgl. BVerfGE 20, 162
[176 f.];[1] 7, 198 [208 ff.]).[2] Dies erfordert im Einzelfall eine gene-
relle und konkrete Abwägung der sich gegenüberstehenden Rechts-
güter.

III.

1. Zu den allgemeinen Gesetzen im Sinne des Art. 5 Abs. 2 GG gehören auch die den angefochtenen Entscheidungen zugrundeliegenden Vorschriften der §§ 22, 23 des Gesetzes betreffend das Urheberrecht an Werken der bildenden Künste und der Photographie vom 9. Januar 1907 (RGBl. S. 7), die gemäß § 141 Nr. 5 des Urheberrechtsgesetzes vom 9. September 1965 (BGBl. I S. 1273) weitergelten. Diese Rechtsvorschriften, die sich nach ihrem Wortlaut und ursprünglichen Sinn nur auf das Recht am eigenen Bild bezogen, sind seit langem in Rechtsprechung und Schrifttum dahin ausgelegt worden, daß sie sowohl für die Abbildung mit und ohne Namensnennung wie für die Darstellung einer Person durch einen Schauspieler auf der Bühne, im Film oder im Fernsehen gelten (vgl. u.a. KG, JW 1928, S. 363; BGHZ 26, 52 [67] - Sherlock Holmes -; Hubmann, Das Persönlichkeitsrecht, 2. Aufl. 1967, S. 298; Rehm, Das Recht am eigenen Bild, Juristische Blätter [Wien] 1962, S. 1 ff., 65 ff. [67 f.]). Das Gesamtverständnis der Vorschriften hat sich seit Inkrafttreten des Grundgesetzes dahin gewandelt, daß das Recht am eigenen Bild als ein Ausschnitt, eine besondere Ausprägung des allgemeinen Persönlichkeitsrechts angesehen wird, das aus Art. 1 und 2 GG entwickelt worden ist (vgl. hierzu 1 BvR 112/65, Umdruck A 3, C I 2 und 3,[3] BGHZ 20, 345 [347] - Paul Dahlke -; BGH, NJW 1962, S. 1004 [1005] - Doppelmörder - und 1971, S. 885 [886] - Petite Jacqueline -).

Diese Vorschriften sind verfassungsrechtlich nicht zu beanstanden; ihre relativ flexible Gestaltung bietet ausreichenden Raum für

---

[1] BVerfGA Nr. 15.

[2] BVerfGA Nr. 5.

[3] BVerfGE 34, 269 [271, 280 ff.] (BVerfGA Nr. 32).

eine der Verfassung entsprechende Anwendung. Wie die Praxis zeigt, ist es möglich, bei durch § 23 KUG gebotenen Interessenabwägung
225 der Ausstrahlungswirkung der einschlägigen | Grundrechte hinreichend Rechnung zu tragen. Dabei kommt es verfassungsrechtlich nicht darauf an, bei welchem Tatbestandselement des § 23 KUG die Abwägung vorgenommen wird (vgl. Neumann-Duesberg, JZ 1973, S. 262 mit weiten Nachweisen; v. Gamm, Urheberrechtsgesetz, 1968, Einf. 113).

2. In Konfliktsfällen der vorliegenden Art gilt daher einerseits der allgemeine Grundsatz, daß die Anwendung der §§ 22, 23 KUG auf Fernsehsendungen die Rundfunkfreiheit nicht übermäßig einengen darf. Andererseits besteht gegenüber sonstigen allgemeinen Gesetzen im Sinne des Art. 5 Abs. 2 GG hier die Besonderheit, daß die Beschränkung der Rundfunkfreiheit ihrerseits dem Schutz eines hohen Verfassungswertes dient; das im Rahmen des § 23 KUG zu berücksichtigende, gegen die Abbildung oder Darstellung gerichtete Interesse der betroffenen Person erfährt eine unmittelbare Verstärkung durch die Verfassungsgarantie des Persönlichkeitsschutzes.

Die Lösung dieses Konflikts hat davon auszugehen, daß nach dem Willen der Verfassung beide Verfassungswerte essentielle Bestandteile der freiheitlichen demokratischen Ordnung des Grundgesetzes bilden, so daß keiner von ihnen einen grundsätzlichen Vorrang beanspruchen kann. Das Menschenbild des Grundgesetzes und die ihm entsprechende Gestaltung der staatlichen Gemeinschaft verlangen ebensowohl die Anerkennung der Eigenständigkeit der individuellen Persönlichkeit wie die Sicherung eines freiheitlichen Lebensklimas, die in der Gegenwart ohne freie Kommunikation nicht denkbar ist. Beide Verfassungswerte müssen daher im Konfliktsfall nach Möglichkeit zum Ausgleich gebracht werden; läßt sich dies nicht erreichen, so ist unter Berücksichtigung der falltypischen Gestaltung und der besonderen Umstände des Einzelfalles zu entscheiden, welches Interesse zurückzutreten hat. Hierbei sind beide Verfassungswerte in ihrer Beziehung zur Menschenwürde als dem Mittelpunkt des Wertsystems der Verfassung zu sehen. Danach können von der Rundfunkfreiheit zwar restriktive Wirkungen auf die aus dem Persönlich-
226 keitsrecht abgeleiteten Ansprüche ausgehen; jedoch darf | die durch eine öffentliche Darstellung bewirkte Einbuße an »Personalität« nicht außer Verhältnis zur Bedeutung der Veröffentlichung für die freie Kommunikation stehen (vgl. Adolf Arndt, a.a.O.). Weiter ergibt sich aus diesem Richtwert, daß die erforderliche Abwägung auf der einen Seite die Intensität des Eingriffes in den Persönlichkeitsbereich

durch eine Sendung der fraglichen Art berücksichtigen muß; auf der anderen Seite ist das konkrete Interesse, dessen Befriedigung die Sendung dient und zu dienen geeignet ist, zu bewerten und zu prüfen, ob und wieweit dieses Interesse auch ohne eine Beeinträchtigung – oder eine so weitgehende Beeinträchtigung – des Persönlichkeitsschutzes befriedigt werden kann.

IV.

1. Aus diesen allgemeinen Grundsätzen ergeben sich für die Beurteilung von Fernsehsendungen der vorliegenden Art folgende verfassungsrechtlich bedeutsame Kriterien:

a) Eine öffentliche Berichterstattung über eine Straftat unter Namensnennung, Abbildung oder Darstellung des Täters wird stets seinen Persönlichkeitsbereich erheblich beeinträchtigen, weil sie sein Fehlverhalten öffentlich bekanntmacht und seine Person in den Augen der Adressaten von vornherein negativ qualifiziert. Etwas anderes mag gelten, wenn die Berichterstattung gerade in der Absicht erfolgt, Verständnis für den Täter zu erwecken, etwa um eine Wiederaufnahme des Verfahrens, einen Gnadenakt oder eine sonstige Hilfe zu erreichen. Abgesehen davon, daß unter solchen Umständen der Täter meist mit der Berichterstattung einverstanden sein wird, liegt ein solcher Ausnahmefall hier nicht vor (vgl. dazu unten V 2).[1]

b) Läßt man die Möglichkeit einer zusätzlichen Beeinträchtigung durch die jeweilige Art und Weise der Darstellung (Polemik, Verfälschung) außer Betracht, so bedeutet auch eine um Objektivität und Sachlichkeit bemühte Berichterstattung durch das Fernsehen in der
Regel einen weitaus stärkeren Eingriff in die | private Sphäre als 227
eine Wort- oder Schriftberichterstattung in Hörfunk oder Presse. Dies folgt zunächst aus der stärkeren Intensität des optischen Eindrucks und der Kombination von Bild und Ton, vor allem aber aus der ungleich größeren Reichweite, die dem Fernsehen auch im Verhältnis zu Film und Theater eine Sonderstellung einräumt. Es besteht daher besonderer Anlaß, »auf eine Wahrung der vom Recht gesetzten Schranken zu achten und einem Mißbrauch des leichter verletzbar gewordenen Persönlichkeitsrechts vorzubeugen. Das Recht darf sich in diesem Punkt der technischen Entwicklung nicht beugen« (BGH, NJW 1966, S. 2353 [2354] – Vor unserer eigenen Tür –).

---

[1] S. 239 [der amtlichen Sammlung; hier nicht abgedruckt].

Daher ist freilich nach der Art der Sendung zu differenzieren. Im vorliegenden Fall handelt es sich um eine Produktion, die zu der vom ZDF entwickelten Gattung der Dokumentarspiele gehört. Nach Angaben des früheren Leiters der Hauptabteilung Dokumentarspiel im ZDF, Dr. Wolfgang Bruhn, hat sich diese Sendeform, bei der ein im ganzen authentischer Vorgang in ebenso authentischer Form nachgespielt wird, sehr schnell zur beliebtesten Programmform entwickelt und in der Gunst des Publikums sowohl den Spielfilm wie die Showunterhaltung übertroffen. [*Wird ausgeführt.*]

228 c) Besteht schon aus den genannten Gründen ein besonderes Schutzbedürfnis gegenüber Persönlichkeitsverletzungen durch Fernsehsendungen mit solcher Reichweite, so kommt hinzu, daß die Sendeform des Dokumentarspiels unter dem hier relevanten Gesichtspunkt spezifische Gefahren mit sich bringt. Sie verbindet eingängig dargebotene Information mit spannender Unterhaltung; ohne Verfremdung oder Verhüllung wird ein tatsächliches Geschehen in seiner Entwicklung und in seinem Ablauf nachgespielt, die daran beteiligten Personen werden möglichst wirklichkeitsgetreu gezeigt oder dargestellt. …

229 Noch wesentlicher ist es, daß die dramaturgisch notwendige Konzentration einschließlich der Zeit- und Ablaufsraffungen zu einer persönlichen Darstellung der Straftäter führt, die ganz auf die Straftat und deren Interpretation durch Drehbuchautor und Regisseur bezogen ist. Der Zuschauer, der wegen der durch die Sendung insgesamt vermittelten »Illusion des Authentischen« glaubt, den Straftäter in seiner wirklichen Persönlichkeit vollständig zu erfassen, erhält tatsächlich nur ein gewissermaßen auf die negative Dimension verkürztes Persönlichkeitsbild, in dem positive oder neutrale Charakterzüge und Verhaltensweisen, überhaupt eine feinere Nuancierung fehlen. …

230 Schließlich tritt beim Fernsehen verstärkt das auch bei anderen Kommunikationsmitteln zu beobachtende Problem der »selektiven Wahrnehmung« auf. Damit ist die Tendenz des Zuschauers gemeint, aus dem Kommunikationsangebot unbewußt nur die den eigenen Auffassungen oder Voreingenommenheiten entsprechenden Aussagen auszuwählen und wahrzunehmen. Wie der Sachverständige Professor Lüscher näher dargelegt hat, tragen die Massenmedien insoweit erheblich dazu bei, vorhandene – bewußte oder unbewußte – allgemeine Einstellungen zu verfestigen (vgl. auch Noelle-Neumann, Wirkung der Massenmedien. Das Fischer Lexikon Bd. 9, Publizistik, 1971, S. 318 ff.; Schwarzkopf in: Fernsehen in Deutschland, 1967,

S. 114 f.). Im vorliegenden Zusammenhang bedeutet dies, daß die Darstellung von kriminellen oder homosexuellen Personen in einem Dokumentarspiel die überwiegend vorhandene allgemeine Ablehnung solcher sozialen Außenseiter verstärken und auch dadurch zu einer ungünstigen Gesamtbeurteilung der dargestellten Einzelperson führen kann.

Zusammenfassend ergibt sich, daß eine Fernsehberichterstattung über eine Straftat unter Namensnennung, Abbildung oder Darstellung des Täters, besonders in der Form des Dokumentarspiels, regelmäßig einen schweren Eingriff in seine Persönlichkeitssphäre bedeuten wird.

2. Auf der anderen Seite sprechen erhebliche Erwägungen für eine auch die Person des Täters einbeziehende vollständige Information der Öffentlichkeit über vorgefallene Straftaten und die zu ihrer Entstehung führenden Vorgänge. Auch Straftaten gehören zunächst zum Zeitgeschehen, dessen Vermittlung Aufgabe der Medien überhaupt
ist. Weiter begründen die Verletzung | der allgemeinen Rechtsord- 231
nung, die Beeinträchtigung von Rechtsgütern der betroffenen Bürger oder der Gemeinschaft, die Sympathie mit den Opfern und ihren Angehörigen, die Furcht vor Wiederholungen solcher Straftaten und das Bestreben, dem vorzubeugen, ein durchaus anzuerkennendes Interesse an näherer Information über Tat und Täter. Dies wird um so stärker sein, je mehr die Straftat sich durch die Besonderheit des Angriffsobjekts, die Art der Begehung oder die Schwere der Folgen über die gewöhnliche Kriminalität heraushebt. Bei schweren Gewaltverbrechen nach Art der hier dargestellten Straftat gibt es daher neben allgemeiner Neugier und Sensationslust ernstzunehmende Gründe für das Interesse an Informationen darüber, wer die Täter waren, welche Motive sie hatten, was geschehen ist, um sie zu ermitteln und zu bestrafen und um gleichartige Delikte zu verhüten. Dabei wird zunächst der Wunsch nach Kenntnis der reinen Tatsachen im Vordergrund stehen, während mit zunehmendem zeitlichem Abstand das Interesse an einer tiefer greifenden Interpretation der Tat, ihrer Hintergründe und gesellschaftsbedingten Voraussetzungen Bedeutung gewinnt. Nicht zuletzt fällt das legitime demokratische Bedürfnis nach Kontrolle der für die Sicherheit und Ordnung zuständigen Staatsorgane und Behörden, der Strafverfolgungsbehörden und der Strafgerichte maßgebend ins Gewicht. Schließlich bedarf es keiner näheren Darlegung, daß Fernsehsendungen gerade wegen ihrer Reichweite speziell geeignet sind, den dargelegten Informationsansprüchen zu genügen.

3. Wägt man das umschriebene Informationsinteresse an einer entsprechenden Berichterstattung im Fernsehen generell gegen den da-

mit zwangsläufig verbundenen Einbruch in den Persönlichkeitsbe-
reich des Täters ab, so verdient für die aktuelle Berichterstattung über
Straftaten das Informationsinteresse im allgemeinen den Vorrang.
Wer den Rechtsfrieden bricht, durch diese Tat und ihre Folgen Mit-
menschen oder Rechtsgüter der Gemeinschaft angreift oder verletzt,
muß sich nicht nur den hierfür in der Rechtsordnung verhängten
strafrechtlichen Sanktionen beugen. Er muß grundsätzlich auch dul-
232 den, daß das von ihm selbst durch seine | Tat erregte Informationsin-
teresse der Öffentlichkeit in einer nach dem Prinzip freier Kommuni-
kation lebenden Gemeinschaft auf den dafür üblichen Wegen befrie-
digt wird. Im übrigen wirkt die hiermit gewährleistete Kontrolle der
Strafverfolgung und des strafgerichtlichen Verfahrens auch zugun-
sten des Täters.

Freilich gilt dieser Vorrang des Informationsinteresses nicht schrankenlos. Die zentrale verfassungsrechtliche Bedeutung des Persönlichkeitsrechts verlangt neben der Rücksicht auf den unantastbaren innersten Lebensbereich (vgl. BVerfGE 32, 373 [379] mit weiteren Nachweisen) die strikte Beachtung des Grundsatzes der Verhältnismäßigkeit: Der Einbruch in die persönliche Sphäre darf nicht weiter gehen, als eine angemessene Befriedigung des Informationsinteresses dies erfordert, und die für den Täter entstehenden Nachteile müssen im rechten Verhältnis zur Schwere der Tat oder ihrer sonstigen Bedeutung für die Öffentlichkeit stehen. Danach ist eine Namensnennung, Abbildung oder sonstige Identifikation der Täter keineswegs immer zulässig. Dies wird in Fällen sog. kleiner Kriminalität oder bei Jugendlichen von den Kommunikationsorganen in der Praxis überwiegend beachtet (vgl. auch die Empfehlung des Deutschen Presserates vom 16. Februar 1967 zur Abbildung und Namensnennung Jugendlicher, Tätigkeitsbericht 1971, S. 89).

Auch die bis zur rechtskräftigen Verurteilung zugunsten des Angeschuldigten geltende Vermutung seiner Unschuld (vgl. Art. 6 Abs. 2 der Europäischen Konvention zum Schutze der Menschenrechte und Grundfreiheiten vom 4. November 1950 – BGBl. 1952 II S. 686) gebietet eine entsprechende Zurückhaltung, mindestens eine angemessene Berücksichtigung der zu seiner Verteidigung vorgetragenen Tatsachen und Argumente. Es versteht sich auch von selbst, daß das Zurücktreten des Persönlichkeitsrechts nur für eine sachbezogene Berichterstattung und seriöse Tatinterpretation gilt, nicht aber für eine auf Sensationen ausgehende, bewußt einseitige oder verfälschende Darstellung; insoweit kann auf die in Schrifttum und Rechtsprechung zu § 23 KUG für die Art und Weise der Darstellung entwickelten

Grundsätze verwie | sen werden (vgl. v. Gamm, a.a.O., Einf. 115, 120 mit weiteren Nachweisen). 233

Auf der anderen Seite rechtfertigt die aktuelle Berichterstattung über eine schwere Straftat nicht allein die Namensnennung und Abbildung des Täters, sie schließt grundsätzlich auch sein persönliches Leben ein, soweit es in unmittelbarer Beziehung zur Tat steht, Aufschlüsse über die Motive oder andere Tatvoraussetzungen gibt und für die Bewertung der Schuld des Täters aus der Sicht des modernen Strafrechts als wesentlich erscheint. Wo danach konkret die Grenze für das grundsätzlich vorgehende Informationsinteresse an der aktuellen Berichterstattung zu ziehen ist, läßt sich nur unter Berücksichtigung der jeweiligen Umstände des Einzelfalles entscheiden. Hier erwächst den für die Veranstaltung von Fernsehsendungen zuständigen Gremien und Personen im Hinblick auf die eingangs geschilderte mögliche »Prangerwirkung« disqualifizierender Darstellungen eine besondere Verantwortung, der sie unter Berücksichtigung der sozialen Machtposition, die den Fernsehanstalten kraft ihrer Monopolstellung und ihres technischen und finanziellen Potentials im Verhältnis zum betroffenen Einzelnen zukommt, entsprechen müssen.

4. Die Ausstrahlungswirkung des verfassungsrechtlichen Schutzes der Persönlichkeit läßt es jedoch nicht zu, daß die Kommunikationsmedien sich über die aktuelle Berichterstattung hinaus zeitlich unbeschränkt mit der Person eines Straftäters und seiner Privatsphäre befassen. Vielmehr gewinnt nach Befriedigung des aktuellen Informationsinteresses grundsätzlich sein Recht darauf, »allein gelassen zu werden«, zunehmende Bedeutung und setzt dem Wunsch der Massenmedien und einem Bedürfnis des Publikums, seinen individuellen Lebensbereich zum Gegenstand der Erörterung oder gar der Unterhaltung zu machen, Grenzen. Auch der Täter, der durch eine schwere Straftat in das Blickfeld der Öffentlichkeit getreten ist und die allgemeine Mißachtung erweckt hat, bleibt dennoch ein Glied dieser Gemeinschaft mit dem verfassungsrechtlichen Anspruch auf Schutz seiner Individualität. Hat die das öffentliche Interesse veranlassende Tat
mit der Straf | verfolgung und strafgerichtlichen Verurteilung die im 234
Interesse des öffentlichen Wohls gebotene gerechte Reaktion der Gemeinschaft erfahren und ist die Öffentlichkeit hierüber hinreichend informiert worden, so lassen sich darüber hinausgehende fortgesetzte oder wiederholte Eingriffe in den Persönlichkeitsbereich des Täters in der Regel nicht rechtfertigen; sie würden namentlich bei Fernsehsendungen mit entsprechender Reichweite über den Täter eine erneute soziale Sanktion verhängen.

5. a) Die zeitliche Grenze zwischen der grundsätzlich zulässigen aktuellen Berichterstattung und einer unzulässigen späteren Darstellung oder Erörterung läßt sich nicht allgemein, jedenfalls nicht mit einer nach Monaten und Jahren für alle Fälle fest umrissenen Frist fixieren. Das entscheidende Kriterium liegt darin, ob die betreffende Berichterstattung gegenüber der aktuellen Information eine erhebliche neue oder zusätzliche Beeinträchtigung des Täters zu bewirken geeignet ist. Demgemäß bildet der Erlaß des letztinstanzlichen Strafurteils oder der Zeitpunkt seiner Rechtskraft keine feste Grenze, zumal da das aktuelle Informationsinteresse auch die zusammenhängende Darstellung der Tat, ihrer Entstehungsursachen und Hintergründe einschließt, die unter Umständen den vollständigen Abschluß des Strafverfahrens und weitere Nachforschungen voraussetzt. ...

235 b) Als maßgebender Orientierungspunkt für die nähere Bestimmung der zeitlichen Grenze kommt das Interesse an der Wiedereingliederung des Straftäters in die Gesellschaft, an seiner Resozialisierung, in Betracht. Die Erkenntnis von der Bedeutung dieser Zielsetzung hat sich in den letzten Jahrzehnten im Strafrecht zunehmend durchgesetzt; nach allgemeiner Auffassung wird die Resozialisierung oder Sozialisation als das herausragende Ziel namentlich des Vollzuges von Freiheitsstrafen angesehen (vgl. auch BVerfGE 33, 1 [7 f.][1]). Dem Gefangenen sollen Fähigkeit und Willen zu verantwortlicher Lebensführung vermittelt werden, er soll es lernen, sich unter den Bedingungen einer freien Gesellschaft ohne Rechtsbruch zu behaupten, ihre Chancen wahrzunehmen und ihre Risiken zu bestehen. ...

Ein so verstandener Strafvollzug kann jedoch nur die Grundlage für die Resozialisierung schaffen; das entscheidende Stadium beginnt mit der Entlassung. Nicht nur der Straffällige muß auf die Rückkehr in die freie menschliche Gesellschaft vorbereitet werden; diese muß ihrerseits bereit sein, ihn wieder aufzunehmen.

Verfassungsrechtlich entspricht diese Forderung dem Selbstverständnis einer Gemeinschaft, die die Menschenwürde in den Mittelpunkt ihrer Wertordnung stellt und dem Sozialstaatsprinzip verpflichtet ist. Als Träger der aus der Menschenwürde folgenden und ihren Schutz gewährleistenden Grundrechte muß der verurteilte Straftäter
236 die Chance erhalten, sich nach Verbüßung | seiner Strafe wieder in die Gemeinschaft einzuordnen. Vom Täter aus gesehen erwächst dieses Interesse an der Resozialisierung aus seinem Grundrecht aus Art. 2 Abs. 1 in Verbindung mit Art. 1 GG. Von der Gemeinschaft aus betrach-

---

[1] BVerfGA Nr. 29.

tet verlangt das Sozialstaatsprinzip staatliche Vor- und Fürsorge für Gruppen der Gesellschaft, die auf Grund persönlicher Schwäche oder Schuld, Unfähigkeit oder gesellschaftlicher Benachteiligung in ihrer persönlichen und sozialen Entfaltung behindert sind; dazu gehören auch die Gefangenen und Entlassenen. Nicht zuletzt dient die Resozialisierung dem Schutz der Gemeinschaft selbst; diese hat ein unmittelbares eigenes Interesse daran, daß der Täter nicht wieder rückfällig wird und erneut seine Mitbürger oder die Gemeinschaft schädigt. ...

e) Insgesamt ist somit eine wiederholte, nicht mehr durch das ak- 237
tuelle Informationsinteresse gedeckte Fernsehberichterstattung über eine schwere Straftat jedenfalls dann unzulässig, wenn sie die Resozialisierung des Täters gefährdet. Die für die soziale Existenz des Täters lebenswichtige Chance, sich in die freie Gesellschaft wieder einzugliedern, und das Interesse der Gemeinschaft an seiner Resozialisierung gehen grundsätzlich dem Interesse an einer weiteren Erörterung der Tat vor. Ob und wie | weit hier Ausnahmen denkbar sind, 238
etwa bei einem überragenden historischen Interesse, bei wissenschaftlichen oder anderen Sendungen, die sich nur an einen begrenzten Zuschauerkreis wenden, bedarf keiner Prüfung, weil diese Voraussetzungen hier fehlen. Allgemein gilt: Je mehr eine Sendung das Typische einer Straftat zum Gegenstand hat, um so weniger wird sie einer Identifizierung der Täter bedürfen.

Eine Gefährdung der Resozialisierung ist regelmäßig anzunehmen, wenn eine den Täter identifizierende Sendung nach seiner Entlassung oder in zeitlicher Nähe zu der bevorstehenden Entlassung ausgestrahlt werden soll. Hierfür ist zu berücksichtigen, daß eine zeitige Freiheitsstrafe schon nach Verbüßung der Hälfte der Strafzeit unter den in § 26 Abs. 2 StGB[1] geregelten Voraussetzungen zur Bewährung ausgesetzt werden kann und nach Verbüßung von zwei Dritteln der Strafzeit unter den in § 26 Abs. 1 StGB[1] geregelten Voraussetzungen auszusetzen ist. ...

35 Art. 6 Abs. 1, Art. 19 Abs. 4, Art. 20 Abs. 3, Art. 93 Abs. 1 Nr. 4a GG; § 90 BVerfGG

Verfassungsbeschwerde gegen gerichtliche Eilentscheidungen – Verhältnismäßigkeit der ausländerrechtlichen Ausweisung – effektiver gerichtlicher Rechtsschutz – Grundsatz der aufschiebenden Wirkung ver-

---

[1] Vgl. heute § 57 StGB i.d.F. der Bekanntmachung vom 2. 1. 1975 (BGBl. I S. 1).

waltungsprozessualer Rechtsbehelfe – besonderes öffentliches Interesse am Sofortvollzug – Beschleunigung des Gerichtsverfahrens und Effektivitätsgebot

BVerfGE 35, 382–409 – Ausländerausweisung

382 **1. § 10 Abs. 1 Nr. 11 des Ausländergesetzes[1] verletzt nicht das Rechtsstaatsprinzip.**

2. Der in Art. 19 Abs. 4 GG verbürgte Rechtsschutz gilt in vollem Umfang auch für Ausländer.

3. Die Anforderungen an das für die sofortige Vollziehung von Ausweisungsverfügungen erforderliche öffentliche Interesse dürfen im Hinblick auf die Rechtsschutzgarantie des Grundgesetzes nicht weniger streng sein als die Anforderungen an die Gründe für die Ausweisung selbst; vielmehr muß ein besonderes öffentliches Interesse gerade an der sofortigen Vollziehung bestehen.

4. Bei der gebotenen Abwägung zwischen dem öffentlichen Interesse an der sofortigen Vollziehung und dem privaten Interesse des Ausländers an weiterem Aufenthalt im Inland ist auch zu berücksichtigen, daß die sofortige Vollziehung einer Ausweisungsverfügung den Ausländer in seiner Rechtsverfolgung im Hauptsacheverfahren behindern kann.

5. Werden durch die sofortige Vollziehung von Ausweisungen vor ihrer gerichtlichen Überprüfung vollendete Tatsachen geschaffen, so besteht für die Widerspruchsbehörden und die Verwaltungsgerichte die Pflicht, die Hauptsacheverfahren mit möglichster Beschleunigung zu betreiben. Anderenfalls kann auch eine zunächst gerechtfertigte Anordnung der sofortigen Vollziehung verfassungswidrig werden.

6. Art. 6 Abs. 1 in Verbindung mit Art. 3 Abs. 2 GG gebietet, dem öffentlichen Interesse an der sofortigen Vollziehung einer Ausweisung auch die eigenen Interessen des deutschen Ehepartners gegenüberzustellen.

Beschluß des Ersten Senats vom 18. Juli 1973
– 1 BvR 23, 155/73 –

---

[1] Die Entscheidung betrifft Bestimmungen des Ausländergesetzes vom 28. April 1965 (BGBl. I S. 353); mittlerweile ist das Ausländergesetz (AuslG) vom 9. Juli 1990 (BGBl. I S. 1354) in Kraft getreten.

Sachverhalt: *Die Verfassungsbeschwerde betraf zwei im Verfahren des einstweiligen Rechtsschutzes nach § 80 Abs. 5 VwGO ergangene Beschlüsse des Bayerischen Verwaltungsgerichtshofs, in denen die Anträge auf Wiederherstellung der aufschiebenden Wirkung des Widerspruchs der beiden Beschwerdeführer zurückgewiesen wurden. Beide Beschwerdeführer hielten sich als arabische Studenten im Bundesgebiet auf. Beide hatten verantwortliche Funktionen in der »Generalunion Palästinensischer Studenten« (GUPS) inne. Nach dem Attentat palästinensischer Terroristen auf die israelische Olympiamannschaft im September 1972 wurde diese Organisation vom Bundesminister des Innern aufgelöst. Die beiden Beschwerdeführer wurden, gestützt auf § 10 Abs. 1 Nr. 1 und 11, im Falle des Beschwerdeführers zu 2) zusätzlich auch der Nr. 6, des Ausländergesetzes vom 28. April 1965 (BGBl. I S. 353) unter gleichzeitiger Anordnung des Sofortvollzugs dieser Verfügung (§ 80 Abs. 2 Nr. 4 VwGO) mit der Begründung ausgewiesen, als verantwortliche Mitglieder der GUPS bestehe bei ihnen der Verdacht, sie könnten terroristische Palästinensergruppen unterstützen. Die maßgebliche Bestimmung des § 10 AuslG 1965 lautete:*

§ 10

(1) Ein Ausländer kann ausgewiesen werden, wenn

1. er die freiheitliche demokratische Grundordnung oder die Sicherheit der Bundesrepublik Deutschland gefährdet,

...

6. er gegen eine Vorschrift des Aufenthaltsrechts verstößt,

...

11. seine Anwesenheit erhebliche Belange der Bundesrepublik Deutschland aus anderen Gründen beeinträchtigt.

(2) ...

Im einstweiligen Rechtsschutzverfahren des Beschwerdeführers zu 1) hielt der Bayerische Verwaltungsgerichtshof den Rechtsbehelf des Beschwerdeführers weder für offensichtlich begründet noch für offensichtlich unbegründet. Die Aufklärung der gegenüber dem Beschwerdeführer erhobenen Vorwürfe, die sich auf begründete Verdachtsmomente stützten, müsse daher dem Hauptsacheverfahren vorbehalten bleiben. Es sei dem Beschwerdeführer zuzumuten, das Hauptsacheverfahren vom Ausland aus zu betreiben. Mit denselben Erwägungen wies der Bayerische Verwaltungsgerichtshof auch den Rechtsbehelf des Beschwerdeführers zu 2) zurück, ungeachtet dessen, daß dieser mit einer Deutschen verheiratet war.

Die Verfassungsbeschwerden hatten Erfolg.

Aus den Gründen:

B. 397

Die Verfassungsbeschwerden sind zulässig.

I.

Gegen die Zulässigkeit spricht nicht, daß den Beschwerdeführern das verwaltungsgerichtliche Hauptsacheverfahren offensteht und sie diesen Rechtsweg noch nicht erschöpft haben.[1] Das vorläufige Rechtsschutzverfahren gemäß § 80 Abs. 5 VwGO bildet ein selbständiges Verfahren gegenüber dem Verfahren in der Hauptsache (vgl. BVerfGE 19, 393; 34, 211 [215]; 35, 177 [178]; 35, 263 [272]). Zwar würden die Anordnungen der sofortigen Vollziehung der Ausweisungsverfügungen, die allein Gegenstand der Verfassungsbeschwerden sind, gegenstandslos, wenn die Beschwerdeführer mit dem Wider-
398 spruch oder der Anfechtungsklage | Erfolg hätten. Jedoch sehen sie die Verletzung ihrer Grundrechte gerade darin, daß die Vollziehung der Ausweisungsverfügungen angeordnet wurde, *bevor* deren Rechtmäßigkeit abschließend geprüft worden ist. Sie machen zudem geltend, der sofortige Vollzug erschwere ihre Rechtsverteidigung im Hauptsacheverfahren; ein solcher Nachteil könnte durch die verwaltungsgerichtliche Prüfung der Ausweisungsverfügungen gerade nicht ausgeglichen werden. …

399 C.

Die Verfassungsbeschwerden sind begründet.

Die angefochtenen Entscheidungen verletzen die Grundrechte der Beschwerdeführer aus Art. 2 Abs. 1 in Verbindung mit dem Rechtsstaatsprinzip und Art. 19 Abs. 4 GG, im Falle des Beschwerdeführers zu 2) auch sein Grundrecht aus Art. 6 Abs. 1 GG.

I.

Das Grundrecht aus Art. 2 Abs. 1 GG auf die freie Entfaltung der Persönlichkeit steht als allgemeines Menschenrecht auch Ausländern in der Bundesrepublik zu. Die Beschränkung des Grundrechts der Freizügigkeit auf Deutsche und auf das Bundesgebiet (Art. 11 GG) schließt nicht aus, auf den Aufenthalt von Menschen in der Bundesre-

---

[1] Eingehend zur Zulassung der Verfassungsbeschwerde gegen fachgerichtliche Entscheidungen, die im einstweiligen Rechtsschutzverfahren ergangen sind: BVerfGE 53, 30 [52 ff.] – Mülheim-Kärlich (BVerfGA Nr. 46) und BVerfGE 69, 315 [339 ff.] – Brokdorf (BVerfGA Nr. 62).

publik auch Art. 2 Abs. 1 GG anzuwenden (vgl. BVerfGE 6, 32
[36]).[1] Der daraus folgende Schutz ist jedoch nur in dem durch Art. 2
Abs. 1 GG gezogenen Rahmen, besonders nur in den Schranken der
verfassungsmäßigen Ordnung gewährleistet; zur verfassungsmäßigen
Ordnung gehört jede Rechtsnorm, die formell und materiell mit der
Verfassung in Einklang steht (BVerfGE 6, 32 [37 f.];[1] siehe auch
BVerfGE 10, 89 [99];[2] | 21, 54 [59]). Der Gesetzgeber ist danach 400
grundsätzlich zu Regelungen über den Aufenthalt und die Ausweisung von Ausländern befugt.

II.

1. Bei solchen Regelungen hat der Gesetzgeber selbstverständlich das Rechtsstaatsprinzip zu beachten (vgl. BVerfGE 17, 306 [313 f.]; 19, 342 [348 f.]). Dieses Prinzip verlangt zunächst, daß den Einzelnen belastende hoheitliche Eingriffe eine hinreichend klare gesetzliche Grundlage haben müssen und daß hierbei der Grundsatz der Verhältnismäßigkeit angemessen berücksichtigt wird. Ob alle Vorschriften des Ausländergesetzes diesen Anforderungen genügen, braucht hier nicht entschieden zu werden. Die Bestimmungen, auf welche die beanstandeten Ausweisungsverfügungen und die Anforderungen ihrer sofortigen Vollziehung sich maßgebend stützen, sind unter diesem Gesichtspunkt nicht zu beanstanden. Dies gilt entgegen der Auffassung der Beschwerdeführer auch für § 10 Abs. 1 Nr. 11 AuslG. Wie die Bundesregierung zutreffend ausgeführt hat, lassen sich Inhalt und Zweck dieser Bestimmung, besonders die Auslegung des unbestimmten Rechtsbegriffs »erhebliche Belange der Bundesrepublik« aus dem Zusammenhang mit der Aufzählung näher umschriebener Ausweisungsgründe in § 10 Abs. 1 Nr. 1 bis 10 AuslG ausreichend ermitteln. Im übrigen gelten hier weitgehend die gleichen Erwägungen, wie sie das Bundesverfassungsgericht in BVerfGE 6, 32 [42 f.][1] unter II 3 b) zur Verfassungsmäßigkeit der ähnlichen Vorschrift des § 7 Abs. 1 Buchst. a des Gesetzes über das Paßwesen vom 4. März 1952 (BGBl. I S. 290) angestellt hat.

2. Da bei Vorliegen der Tatbestandsvoraussetzungen der einzelnen Nummern des § 10 Abs. 1 AuslG die Ausweisung nicht zwin-

---

1 BVerfGA Nr. 3.
2 BVerfGA Nr. 10.

gend vorgeschrieben ist, sondern in das Ermessen der Ausländerbehörde gestellt wird, lassen die hier von den Behörden angewandten Gesetzesvorschriften, wie die Bundesregierung mit Recht hervorhebt, genügend Raum dafür, bei der Anwendung im Einzelfall dem
401 Grundsatz der Verhältnismäßigkeit Rechnung zu | tragen, in dem sich das Rechtsstaatsprinzip besonders ausprägt (BVerfGE 17, 306 [314]). Nach diesem mit Verfassungsrang ausgestatteten Grundsatz (ständige Rechtsprechung, vgl. BVerfGE 19, 342 [348 f.]; 23, 127 [133] mit weiteren Nachweisen) sind Eingriffe in die Freiheitssphäre nur dann und insoweit zulässig, als sie zum Schutz öffentlicher Interessen unerläßlich sind; die gewählten Mittel müssen in einem vernünftigen Verhältnis zum angestrebten Erfolg stehen. Demgemäß ist bei der Anwendung der Tatbestände des § 10 Abs. 1 AuslG das durch die betreffende Einzelvorschrift jeweils geschützte öffentliche Interesse abzuwägen gegen die privaten Belange des betroffenen Ausländers, d.h. etwa gegen die Folgen der Ausweisung für seine wirtschaftliche, berufliche, persönliche Existenz, insbesondere für die Ehe mit einer Frau, die ihm nicht ins Ausland folgen will oder kann sowie für andere soziale Bindungen. Ob die Ausweisungsverfügungen als solche diesem Verfassungsgrundsatz entsprechen und im einzelnen die verfassungsgemäß auszulegenden Tatbestandsmerkmale erfüllen, ist im verwaltungsgerichtlichen Hauptsacheverfahren zu prüfen und daher nicht Gegenstand des vorliegenden Verfahrens. Dies gilt namentlich auch für die Frage, ob und inwieweit die Mitgliedschaft oder Betätigung in einer später verbotenen Vereinigung *vor* deren Verbot zuungunsten des betroffenen Ausländers herangezogen werden kann.

III.

Die sich bereits aus dem Rechtsstaatsprinzip ergebende allgemeine Forderung nach einem angemessenen Rechtsschutz gegen Rechtsverletzungen durch die öffentliche Gewalt wird durch die positive Verfassungsnorm des Art. 19 Abs. 4 GG erfüllt. Sie gilt in vollem Umfang auch für Ausländer.

1. Der hierin verbürgte umfassende und effektive gerichtliche Schutz (vgl. BVerfGE 10, 264 [267]; 25, 352 [365]; 35, 263 [274] wird illusorisch, wenn die Verwaltungsbehörden irreparable Maßnah-
402 men durchführen, bevor die Gerichte deren Recht|mäßigkeit geprüft haben. Die nach § 80 Abs. 1 VwGO für den Regelfall vorgeschriebe-

ne aufschiebende Wirkung von Widerspruch und verwaltungsgerichtlicher Klage ist eine adäquate Ausprägung der verfassungsrechtlichen Rechtsschutzgarantie und »ein fundamentaler Grundsatz des öffentlich-rechtlichen Prozesses« (BVerfGE 35, 263 [272]). Andererseits gewährleistet Art. 19 Abs. 4 GG die aufschiebende Wirkung der Rechtsbehelfe im Verwaltungsprozeß nicht schlechthin (vgl. BVerfGE 11, 232 [233]; 35, 263 [274]). Überwiegende öffentliche Belange können es rechtfertigen, den Rechtsschutzanspruch des Grundrechtsträgers einstweilen zurückzustellen, um unaufschiebbare Maßnahmen im Interesse des allgemeinen Wohls rechtzeitig in die Wege zu leiten. Dies muß jedoch die Ausnahme bleiben. Eine Verwaltungspraxis, die dieses Regel-Ausnahme-Verhältnis umkehrte, indem z.B. Verwaltungsakte der vorliegenden Art generell für sofort vollziehbar erklärt werden, und eine Rechtsprechung, die eine solche Praxis billigt, wären mit der Verfassung nicht vereinbar.

Für die sofortige Vollziehung eines Verwaltungsaktes ist daher ein besonderes öffentliches Interesse erforderlich, das über jenes Interesse hinausgeht, das den Verwaltungsakt selbst rechtfertigt. Zwar läßt sich nicht allgemein, sondern nur im Einzelfall bestimmen, wann der Rechtsschutzanspruch des Einzelnen ausnahmsweise hinter die öffentlichen Belange zurücktreten muß und wann es der Exekutive durch Art. 19 Abs. 4 GG verwehrt ist, der gerichtlichen Prüfung ihrer Maßnahmen vorzugreifen. Aus dem Zweck der Rechtsschutzgarantie und dem Verfassungsgrundsatz der Verhältnismäßigkeit ergibt sich aber wenigstens soviel: Der Rechtsschutzanspruch des Bürgers ist um so stärker und darf um so weniger zurückstehen, je schwerwiegender die ihm auferlegte Belastung ist und je mehr die Maßnahmen der Verwaltung Unabänderliches bewirken.

2. Die Begründung der angefochtenen Entscheidungen läßt nicht erkennen, daß die Verwaltungsgerichte ihrer Prüfungspflicht in dem dargelegten Umfang genügt haben.

Die angefochtenen Entscheidungen begründen die Notwendig- |
keit des sofortigen Vollzuges mit dem Bestreben der Behörden, wei- 403
teren Terrorakten in der Bundesrepublik vorzubeugen. Es kann kein Zweifel bestehen, daß der Schutz der Allgemeinheit vor Terroranschlägen zu den wichtigsten öffentlichen Aufgaben gehört und notfalls auch sehr weitreichende Eingriffe in die Rechte Einzelner zuläßt. Nach den im verfassungsgerichtlichen Verfahren zugrunde zu legenden Feststellungen des Verwaltungsgerichtshofs, die mit den Angaben des Bundesministers des Innern in der Verbotsverfügung gegen die GUPS übereinstimmen, muß davon ausgegangen werden,

daß die GUPS-Terrorakte propagandistisch und auf andere Weise unterstützt hat und daß möglicherweise personelle Verflechtungen zwischen ihr und palästinensischen Terrororganisationen bestanden haben.

Den Beschwerdeführern wird jedoch nicht vorgeworfen, daß sie sich selbst an der Unterstützung solcher Gewaltakte beteiligt hätten. Vielmehr sieht der Verwaltungsgerichtshof ebenso wie der Bundesminister des Innern die von ihnen ausgehende Gefahr für die Sicherheit der Bundesrepublik lediglich darin, daß sie künftig im Hinblick auf ihre bisherige Mitarbeit in der GUPS von Terroristen zur Unterstützung von Gewaltakten herangezogen werden könnten und sich dazu – sei es freiwillig oder unter Druck – bereit finden würden.

Diese Annahme reicht aber nach der eigenen Beurteilung des Verwaltungsgerichtshofs allein nicht aus, um die Ausweisungsverfügungen zu rechtfertigen. Vielmehr muß nach seiner Auffassung erst noch im Hauptsacheverfahren festgestellt werden, ob und wieweit sich die Beschwerdeführer persönlich auf die Zusammenarbeit zwischen der GUPS und den palästinensischen Terrororganisationen eingelassen haben. Demgegenüber soll es für die sofortige Vollziehung der Ausweisungen genügen, daß sich aus der Mitarbeit der Beschwerdeführer in der GUPS der allgemeine Verdacht für eine solche Unterstützung ergibt.

Damit verkennt der Verwaltungsgerichtshof die umschriebenen verfassungsrechtlichen Voraussetzungen für den sofortigen Vollzug
404 von Ausweisungsverfügungen; denn die Anforderungen an | das für
die sofortige Vollziehung erforderliche öffentliche Interesse dürfen im Hinblick auf die Rechtsschutzgarantie des Grundgesetzes nicht weniger streng sein als die Anforderungen an die Gründe für die Ausweisung selbst; vielmehr ist ein besonderes öffentliches Interesse gerade an der sofortigen Vollziehung notwendig. Es muß die begründete Besorgnis bestehen, die von dem Ausländer ausgehende, mit der Ausweisung bekämpfte Gefahr werde sich schon in dem Zeitraum bis zu einer richterlichen Entscheidung über die Rechtmäßigkeit der Ausweisungsverfügung realisieren; der allgemeinen Verdacht einer Beeinträchtigung erheblicher Belange der Bundesrepublik genügt für die Abschiebung nicht.

3. Den angefochtenen Entscheidungen läßt sich auch nicht hinreichend entnehmen, daß die schwerwiegenden und irreparablen Nachteile, die sich aus dem sofortigen Vollzug der Ausweisungsverfügungen für die Beschwerdeführer ergeben, in ihrer ganzen Tragweite gewürdigt worden sind.

a) Der Verwaltungsgerichtshof hat – freilich ohne dies im einzelnen darzulegen – nicht verkannt, daß das private Interesse der Beschwerdeführer, wegen ihrer beruflichen Ausbildung in der Bundesrepublik zu bleiben, schwer wiegt. Diesem Interesse kommt um so größere Bedeutung zu, als – wie bereits dargelegt – nach den eigenen Ausführungen des Gerichts erst im Hauptsacheverfahren festzustellen ist, ob von den Beschwerdeführern tatsächlich eine ernst zu nehmende Gefahr ausgeht.

Jedoch verkennt der Verwaltungsgerichtshof, daß die Entfernung eines seit längerem in der Bundesrepublik ansässigen Ausländers an sich schon mit schwer zu behebenden Folgen für ihn verbunden ist, weil sie auch bei späterem Obsiegen in der Hauptsache für die Zeit seiner Abwesenheit nicht wieder rückgängig gemacht werden kann. Er weist nämlich auf den vorläufigen Charakter der sofortigen Vollziehung hin und will damit offenbar zum Ausdruck bringen, daß sie weit weniger schwer wiege als die endgültige Ausweisung, über die noch entschieden werden müsse. Damit werden die Schwierigkeiten
einerseits der Wiederaufnahme | eines einmal unterbrochenen, be- 405
reits weit fortgeschrittenen Studiums, andererseits der sozialen Wiedereingliederung nach einer Rückkehr in die Bundesrepublik unterschätzt.

b) Die nachteiligen Auswirkungen des sofortigen Vollzuges werden wesentlich verstärkt durch die schleppende Behandlung der Hauptsacheverfahren, die für die Beschwerdeführer den Zeitraum der Ungewißheit verlängert. Die Widerspruchsbehörden haben bis zur Beschlußfassung des Bundesverfassungsgerichts – also innerhalb von fast zehn und reichlich acht Monaten – nicht über die Rechtsbehelfe der Beschwerdeführer entschieden, ohne daß dafür aus der Sache ein einleuchtender Grund ersichtlich wäre. Wenn die Verwaltungsbehörden für sich in Anspruch nehmen, ihre Verwaltungsakte vor der gerichtlichen Überprüfung zu vollziehen, und damit vollendete Tatsachen schaffen, deren Wirkung sich im Laufe der Zeit weiter verfestigt (vgl. dazu auch BVerfGE 20, 45 [49 f.]; 21, 223 [226]), dann gehört es zu der rechtsstaatlich gebotenen Effektivität des Rechtsschutzes, daß er alsbald verwirklicht wird. Der beim sofortigen Vollzug ohnehin in seiner Bedeutung geminderte Rechtsschutz darf durch die Verzögerung einer Sachentscheidung nicht noch mehr entwertet werden. In diesen Fällen besteht für die Widerspruchsbehörden und die Verwaltungsgerichte die Pflicht, die Hauptsacheverfahren mit möglichster Beschleunigung zu betreiben und abzuschließen. Kommen sie dieser Pflicht nicht nach, dann kann auch eine zunächst gerechtfertigte Anordnung der sofortigen Vollziehung verfassungswidrig werden, so daß die aufschiebende Wirkung des Rechtsbehelfs nachträglich wiederhergestellt werden muß. Umgekehrt müssen die Verwaltungsbehörden und Verwaltungsgerichte bei der Entscheidung über die sofortige Vollziehung nach § 80 Abs. 2 Nr. 4 und Abs. 5 VwGO davon ausgehen, daß die Hauptsacheverfahren mit der gebotenen Eile gefördert werden, und dementsprechend prüfen, ob die sofortige Vollziehung in der sich daraus ergebenden Zeitspanne notwendig ist.

Im Falle der Beschwerdeführer kann es daher entgegen der An-
406 sicht des Verwaltungsgerichtshofs nicht in erster Linie darauf | ankommen, ob ihr weiterer Aufenthalt in der Bundesrepublik bis zum Abschluß ihres Studiums hinzunehmen war. Vielmehr hätte das Gericht feststellen müssen, ob ihre Anwesenheit bis zu einer zeitgerechten richterlichen Entscheidung über die Rechtmäßigkeit der Ausweisungsverfügung geduldet werden konnte.

c) Im Hinblick auf den Grundrechtsschutz zu Art. 19 Abs. 4 GG fällt schließlich ins Gewicht, daß der sofortige Vollzug einer Ausweisungsverfügung den Ausländer in Fällen der vorliegenden Art in seiner Rechtsverteidigung beeinträchtigt, besonders ihn daran hindert, im Hauptsacheverfahren seine prozessualen Rechte in der mündlichen Verhandlung vor dem Verwaltungsgericht persönlich wahrzunehmen.

Allerdings schreibt Art. 19 Abs. 4 GG eine mündliche Verhandlung oder die persönliche Anwesenheit der Partei im gerichtlichen Verfahren nicht zwingend vor (vgl. BVerfGE 11, 232 [234]). Der Grundrechtsschutz kann jedoch eine bestimmte Gestaltung des Gerichtsverfahrens verlangen, wenn er anders nicht gewährleistet wäre (vgl. BVerfGE 17, 108 [117 f.]). Für Ausländer wird es in der Regel nicht leicht sein, sich vom Ausland her rechtliches Gehör zu verschaffen, weil die schriftliche Korrespondenz mit dem Gericht oder einem deutschen Anwalt häufig schon aus sprachlichen Gründen Schwierigkeiten bereitet und zumal bei zeitraubenden Beförderungswegen nur ein unzulänglicher Ersatz für die mündliche Unterrichtung ist. Mit dem deutschen Recht vertraute Anwälte werden im Ausland selten zu finden sein. Wenigstens ebenso schwer wiegt aber, daß abgeschobene Ausländer ihr Fragerecht gegenüber Zeugen nicht ausüben können (vgl. § 97 VwGO) und vor allem dem Gericht für eine Vernehmung nicht zur Verfügung stehen (vgl. § 96 Abs. 1 VwGO). Gerade in Verfahren der vorliegenden Art, in denen es nach Ansicht des Verwaltungsgerichtshofs wesentlich darauf ankommt, ob und

wieweit sich die Beschwerdeführer persönlich auf eine konspirative Arbeitsweise der GUPS eingelassen haben, werden ihre Aussagen, ihre Glaubwürdigkeit und möglicherweise ihre Gegenüberstellung mit Zeugen von besonderer Bedeutung sein. | Daher kann der Ver- 407
zicht auf diese Beweismittel die Wahrheitsfindung gerade auch zuungunsten der Beschwerdeführer erschweren.

Dem kann nicht entgegengehalten werden, daß die sofortige Vollziehung von Ausweisungsverfügungen regelmäßig mit solchen Nachteilen verbunden wäre und deshalb durch die hier entwickelten Grundsätze allzu sehr erschwert würde. Zunächst könnte eine solche Eigenart der Ausweisungsverfügungen nicht zu einer Verminderung des Grundrechtsschutzes führen; vielmehr muß der Bedeutung der Grundrechte als Grundlage jeder menschlichen Gemeinschaft (vgl. Art. 1 Abs. 2 GG) auch in der Ausweisungspraxis voll Rechnung getragen werden. Es wäre gegebenenfalls Sache des Gesetzgebers, soweit erforderlich durch eine Reform des Verfahrens, z.B. durch eine Konzentration und Beschleunigung des Rechtszuges, die Durchsetzung berechtigter öffentlicher Interessen mit der gebotenen Rücksicht auf die Grundrechte in Einklang zu bringen. Überdies ist das Ausmaß der möglichen Nachteile in den einzelnen Fällen durchaus verschieden: Die Rechtsverfolgung eines Ausländers wird im Zweifel weniger beeinträchtigt, wenn er statt in Syrien oder Jordanien in einem europäischen Land beheimatet ist und dorthin abgeschoben wird oder wenn er über hinreichende Sprachkenntnisse, Gewandtheit im Umgang mit Behörden und finanzielle Mittel zur Bestellung eines geeigneten Anwalts verfügt.

IV.

Schließlich haben die angefochtenen Entscheidungen im Falle des Beschwerdeführers zu 2), der mit einer deutschen Staatsangehörigen verheiratet ist, den Umfang des Schutzbereiches des Grundrechts, das beiden Ehegatten aus Art. 6 Abs. 1 GG zusteht, nicht hinreichend gewürdigt. Zwar hat der Verwaltungsgerichtshof erkannt, daß die Ehe des Beschwerdeführers durch die sofortige Vollziehung schweren Belastungen ausgesetzt würde; er geht aber ohne weitere Begründung offenbar davon aus, der Ehefrau | könne ohne Rücksicht auf ihre 408
sonstigen Bindungen zugemutet werden, dem Beschwerdeführer ins Ausland zu folgen, und zwar schon vor einer endgültigen Entscheidung über seinen weiteren Aufenthalt in der Bundesrepublik. Dies

entspricht nicht der heutigen Auffassung von der Bedeutung der Verfassungsgarantie des Art. 6 Abs. 1 GG, die in Verbindung mit Art. 3 Abs. 2 GG den Schutz der Ehe als einer Lebensgemeinschaft gleichberechtigter Partner gewährleistet und gerade schon im Verfahren nach § 80 Abs. 5 VwGO zu berücksichtigen ist (vgl. BVerfGE 19, 394 [397], siehe auch die nach den angefochtenen Entscheidungen ergangenen Urteile des Bundesverwaltungsgerichts vom 3. Mai 1973 – I C 20.70, I C 52.70, I C 33.72). Die Abschiebung des ausländischen Ehepartners zwingt den deutschen Partner, entweder sein Heimatland aufzugeben, um an der Ehe festhalten zu können, oder die Trennung der ehelichen Gemeinschaft hinzunehmen, um in der Heimat zu bleiben. Dieser Zwang kann die betroffene Ehe gefährden. Daraus folgt nicht, daß die Ehe mit einem deutschen Partner den ausländischen Staatsangehörigen schlechthin vor einer Abschiebung schützt. Jedoch müssen bei der gebotenen Abwägung auch die eigenen Interessen des deutschen Ehepartners von Amts wegen dem öffentlichen Interesse an der sofortigen Vollziehung der Ausweisung gegenübergestellt werden.[1] …

36 Art. 1 Abs. 1, Art. 2 Abs. 2 Satz 1 GG

Grundrecht auf Leben auch für den Nasziturus – Zustimmungsbedürftigkeit der Änderung zustimmungsbedürftiger Gesetze – Beginn des Lebens – staatliche Schutzpflicht für das menschliche Leben – grundrechtliche Grenzen des Selbstbestimmungsrechts der schwangeren Frau – Grundrecht auf Leben und Pflicht des Staates zu strafrechtlichen Schutzmaßnahmen – Gestaltungsspielraum des Gesetzgebers

BVerfGE 39, 1–68 – Schwangerschaftsabbruch I[2,3]

1 **1. Das sich im Mutterleib entwickelnde Leben steht als selbständiges Rechtsgut unter dem Schutz der Verfassung (Art. 2 Abs. 2 Satz 1, Art. 1 Abs. 1 GG).**

---

[1] Eingehend zum Schutz von Ehe und Familie im Falle einer Ausweisung: BVerfGE 51, 386; vgl. ferner 76, 1 – Familiennachzug; 80, 81 – Adoption eines erwachsenen Ausländers (BVerfGA Nr. 73).

[2] Dem Urteil haben die Richterin Rupp-v. Brünneck und der Richter Simon eine abweichende Meinung angeschlossen (S. 68–81 [der amtlichen Sammlung]) – sie ist unten auszugsweise wiedergegeben.

[3] Fortführung und teilweise Änderung der hier begründeten Rechtsprechung in BVerfGE 88, 203 – Schwangerschaftsabbruch II (BVerfGA Nr. 97).

Die Schutzpflicht des Staates verbietet nicht nur unmittelbare staatliche Eingriffe in das sich entwickelnde Leben, sondern gebietet dem Staat auch, sich schützend und fördernd vor dieses Leben zu stellen.

2. Die Verpflichtung des Staates, das sich entwickelnde Leben in Schutz zu nehmen, besteht auch gegenüber der Mutter.

3. Der Lebensschutz der Leibesfrucht genießt grundsätzlich für die gesamte Dauer der Schwangerschaft Vorrang vor dem Selbstbestimmungsrecht der Schwangeren und darf nicht für eine bestimmte Frist in Frage gestellt werden.

4. Der Gesetzgeber kann die grundsätzlich gebotene rechtliche Mißbilligung des Schwangerschaftsabbruchs auch auf andere Weise zum Ausdruck bringen als mit dem Mittel der Strafdrohung. Entscheidend ist, ob die Gesamtheit der dem Schutz des ungeborenen Lebens dienenden Maßnahmen einen der Bedeutung des zu sichernden Rechtsgutes entsprechenden tatsächlichen Schutz gewährleistet. Im äußersten Falle, wenn der von der Verfassung gebotene Schutz auf keine andere Weise erreicht werden kann, ist der Gesetzgeber verpflichtet, zur Sicherung des sich entwickelnden Lebens das Mittel des Strafrechts einzusetzen.

5. Eine Fortsetzung der Schwangerschaft ist unzumutbar, wenn der Abbruch erforderlich ist, um von der Schwangeren eine Gefahr für ihr Leben oder die Gefahr einer schwerwiegenden Beeinträchtigung ihres Gesundheitszustandes abzuwenden. Darüber hinaus steht es dem Gesetzgeber frei, andere außergewöhnliche Belastungen für die Schwangere, die ähnlich schwer wiegen, als unzumutbar zu werten und in diesen Fällen den Schwangerschaftsabbruch straffrei zu lassen.

6. Das Fünfte Gesetz zur Reform des Strafrechts vom 18. Juni 1974 (BGBl. I S. 1297) ist der verfassungsrechtlichen Verpflichtung, das werdende Leben zu schützen, nicht in dem gebotenen Umfang gerecht geworden.

Urteil des Ersten Senats vom 25. Februar 1975 auf die mündliche Verhandlung vom 18./19. November 1974 – 1 BvF 1,2,3,4,5, 6/74

Sachverhalt: *Durch das Fünfte Gesetz zur Reform des Strafrechts (5. StrRG) vom 18. Juni 1974 (BGBl. I S. 1297) wurde die Strafbarkeit des Schwangerschaftsabbruchs neu geregelt. Bis dahin war die Abtötung der Leibesfrucht einer Schwangeren generell eine strafbare Handlung. Ausnahmen wurden nur nach den Grundsätzen des übergesetzlichen Notstands als Rechtfertigungsgrund anerkannt. Die Neufassung der §§ 218 bis 220 StGB durch das*

Fünfte Strafrechtsreformgesetz brachte hauptsächlich folgende Änderungen: Bestraft wurde danach grundsätzlich, wer eine Schwangerschaft später als am dreizehnten Tag nach der Empfängnis abbrach (§ 218 Abs. 1). Jedoch war der mit Einwilligung der Schwangeren von einem Arzt vorgenommene Schwangerschaftsabbruch nicht nach § 218 strafbar, wenn seit der Empfängnis nicht mehr als zwölf Wochen verstrichen waren (§ 218a – Fristenregelung). Ferner war der mit Einwilligung der Schwangeren von einem Arzt nach Ablauf der Zwölfwochenfrist vorgenommene Schwangerschaftsabbruch nicht nach § 218 strafbar, wenn er nach den Erkenntnissen der medizinischen Wissenschaft indiziert war, entweder um von der Schwangeren eine Gefahr für ihr Leben oder die Gefahr einer schwerwiegenden Beeinträchtigung ihres Gesundheitszustandes abzuwenden, sofern diese nicht auf andere zumutbare Weise abgewendet werden konnte (§ 218b Nr. 1 – medizinische Indikation), oder weil dringende Gründe für die Annahme sprachen, daß das Kind wegen einer Erbanlage oder schädlicher Einflüsse vor der Geburt an einer nicht behebbaren Schädigung seines Gesundheitszustandes leiden würde, die so schwer wiegt, daß von der Schwangeren die Fortsetzung der Schwangerschaft nicht verlangt werden konnte, und wenn seit der Empfängnis nicht mehr als 22 Wochen verstrichen waren (§ 218b Nr. 2 – eugenische Indikation). Wer eine Schwangerschaft abbrach, ohne daß die Schwangere zuvor von einer Beratungsstelle oder einem Arzt sozial und ärztlich beraten worden war, wurde bestraft (§ 218c). Ebenso machte sich strafbar, wer nach Ablauf von zwölf Wochen seit der Empfängnis eine Schwangerschaft abbrach, ohne daß eine zuständige Stelle vorher bestätigt hatte, daß die Voraussetzungen der medizinischen oder eugenischen Indikation vorlagen. Die Schwangere selbst wurde nicht bestraft.

Die von 193 Mitgliedern des Deutschen Bundestages und mehreren Landesregierungen gegen die Fristenlösung (§ 218a StGB) eingeleitete abstrakte Normenkontrolle (Art. 93 Abs. 1 Nr. 2 GG) führte dazu, daß das Bundesverfassungsgericht § 218a StGB im wesentlichen für nichtig erklärte und bis zum Inkrafttreten einer gesetzlichen Neuregelung bestimmte Formen einer Indikationsregelung anordnete (§ 35 BVerfGG).

Aus den Gründen:

33 B.

Das Fünfte Strafrechtsreformgesetz bedurfte nicht der Zustimmung des Bundesrates.

1. Das Gesetz ändert zwar in den Artikeln 6 und 7 die Strafprozeßordnung und das Einführungsgesetz zum Strafgesetzbuch, die ihrerseits mit Zustimmung des Bundesrates ergangen sind. Deswegen allein ist es aber noch nicht zustimmungsbedürftig (BVerfGE 37, 363). Das Gesetz ändert ferner keine gesetzlichen Bestimmungen, die ihrerseits zustimmungsbedürftig waren.

2. Das Fünfte Strafrechtsreformgesetz enthält selbst keine gemäß Art. 84 Abs. 1 oder einer anderen Bestimmung des Grund | gesetzes 34
zustimmungsbedürftigen Vorschriften. Weder § 218c noch § 219 StGB n.F. regeln die Einrichtung von Behörden oder das Verwaltungsverfahren. Sie setzen vielmehr lediglich die materiell–rechtlichen Voraussetzungen eines nicht strafbaren Schwangerschaftsabbruchs fest. Das gilt auch, soweit § 218c Abs. 1 Nr. 1 StGB verlangt, daß die Schwangere sich vor dem Abbruch an eine ermächtigte Beratungsstelle gewandt hat, und den Gegenstand der Beratung umschreibt. Die Errichtung und Einrichtung von Beratungsstellen sowie der Erlaß von Verwaltungsvorschriften für das von diesen Stellen zu praktizierende Verfahren bleiben in vollem Umfang den Ländern überlassen. Aus den gleichen Gründen löst § 219 StGB nicht das Zustimmungserfordernis des Bundesrates aus, wenn diese Vorschrift vor der Durchführung eines nach § 218b indizierten Schwangerschaftsabbruchs die Bestätigung der sachlichen Voraussetzungen durch »eine zuständige Stelle« fordert.

3. Den antragstellenden Landesregierungen kann auch nicht gefolgt werden, soweit sie bei der Beurteilung der Zustimmungsbedürftigkeit an den in der Entscheidung vom 25. Juni 1974 aufgestellten Rechtsgrundsatz anknüpfen, wonach ein Änderungsgesetz dann der Zustimmung des Bundesrates bedarf, »wenn durch die Änderung materiell–rechtlicher Normen die nicht ausdrücklich geänderten Vorschriften über das Verwaltungsverfahren bei sinnorientierter Auslegung ihrerseits eine wesentlich andere Bedeutung und Tragweite erfahren« (BVerfGE 37, 363, 4. Leitsatz und [383]). Die tatsächlichen Voraussetzungen für eine unmittelbare Anwendung dieses Leitsatzes liegen hier unbestrittenermaßen nicht vor. Ob eine Fortentwicklung dieses Rechtsgrundsatzes in dem von der Landesregierung von Rheinland–Pfalz vorgetragenen Sinn überhaupt in Betracht kommen könnte, mag dahinstehen. Auch nach dieser Rechtsansicht ergäbe sich keine Zustimmungsbedürftigkeit des Fünften Strafrechtsreformgesetzes, da den Ländern nach den materiell–rechtlichen Vorschriften für die ihnen obliegenden Verwaltungsregelungen noch ein weiter Gestaltungsspielraum verbleibt. |

4. Schließlich kann auch aus dem engen Zusammenhang des 35
Fünften Strafrechtsreformgesetzes mit dem Strafrechtsreform-Ergänzungsgesetz, das mit dem vom Bundestag beschlossenen Inhalt für zustimmungsbedürftig angesehen wird, kein Zustimmungserfordernis abgeleitet werden. Abgesehen davon, daß das Strafrechtsreform-Ergänzungsgesetz noch nicht zustande gekommen ist, ist der

Gesetzgeber in Ausübung seiner gesetzgeberischen Freiheit grundsätzlich nicht gehindert, ein Gesetzesvorhaben in mehrere Einzelgesetze aufzuteilen. Das Bundesverfassungsgericht ist bisher von der Zulässigkeit solcher Aufspaltungen ausgegangen (vgl. BVerfGE 34, 9 [28]; 37, 363 [382]). In der Entscheidung BVerfGE 24, 184 [199 f.] – Apostille – hat es das Gericht offengelassen, ob der Aufspaltungsbefugnis verfassungsrechtliche Grenzen gezogen sind und wo diese Grenzen verlaufen. Hier sind solche Grenzen jedenfalls nicht überschritten.

Das Fünfte Strafrechtsreformgesetz und das geplante Strafrechtsreform–Ergänzungsgesetz sind zwar aufeinander abgestimmt, sie müssen aber nicht notwendig zu einer gesetzestechnischen Einheit miteinander verbunden werden. Das erstgenannte Gesetz enthält im wesentlichen nur Straf- und Strafverfahrensrecht. Demgegenüber hat das Strafrechtsreform–Ergänzungsgesetz sozial- und arbeitsrechtliche Maßnahmen zum Inhalt. Die inhaltliche Unabhängigkeit des Strafrechtsreform–Ergänzungsgesetzes vom Fünften Strafrechtsreformgesetz ergibt sich augenfällig jedoch daraus, daß das Strafrechtsreform-Ergänzungsgesetz seinem Wortlaut nach auf alle für die Neuregelung des Schwangerschaftsabbruchs vorgeschlagenen Lösungen, nämlich die »Fristenlösung« und die drei »Indikationslösungen«, anwendbar wäre.

C.

Die Frage der rechtlichen Behandlung des Schwangerschaftsabbruchs wird in der Öffentlichkeit seit Jahrzehnten unter mannigfachen Gesichtspunkten diskutiert. In der Tat wirft dieses Phänomen des Soziallebens vielfältige Probleme biologischer, insbesondere hu-
36 mangenetischer, anthropologischer, ferner medizinischer, | psychologischer, sozialer, gesellschaftspolitischer und nicht zuletzt ethischer und moraltheologischer Art auf, die Grundfragen menschlicher Existenz berühren. Aufgabe des Gesetzgebers ist es, die aus diesen verschiedenen Sichtweisen entwickelten, unter sich vielseitig verschränkten Argumente zu würdigen, sie durch spezifisch rechtspolitische Überlegungen sowie durch die praktischen Erfahrungen des Rechtslebens zu ergänzen und auf dieser Grundlage die Entscheidungen zu gewinnen, in welcher Weise die Rechtsordnung auf diesen sozialen Vorgang reagieren soll. Die nach außergewöhnlich umfangreichen Vorarbeiten im Fünften Strafrechtsreformgesetz getroffene gesetzliche Regelung kann vom Bundesverfassungsgericht allein unter

dem Gesichtspunkt geprüft werden, ob sie mit dem Grundgesetz als dem höchsten in der Bundesrepublik geltenden Recht vereinbar ist. Gewicht und Ernst der verfassungsrechtlichen Fragestellung werden deutlich, wenn bedacht wird, daß es hier um den Schutz menschlichen Lebens geht, eines zentralen Wertes jeder rechtlichen Ordnung. Die Entscheidung über Maßstäbe und Grenzen der gesetzgeberischen Entscheidungsfreiheit erfordert eine Gesamtschau des verfassungsrechtlichen Normenbestandes und der in ihm beschlossenen Wertordnung.

I.

1. Art. 2 Abs. 2 Satz 1 GG schützt auch das sich im Mutterleib entwickelnde Leben als selbständiges Rechtsgut.

a) Die ausdrückliche Aufnahme des an sich selbstverständlichen Rechts auf Leben in das Grundgesetz – anders als etwa in der Weimarer Verfassung – erklärt sich hauptsächlich als Reaktion auf die »Vernichtung lebensunwerten Lebens«, auf »Endlösung« und »Liquidierung«, die vom nationalsozialistischen Regime als staatliche Maßnahmen durchgeführt wurden. Art. 2 Abs. 2 Satz 1 GG enthält ebenso wie die Abschaffung der Todesstrafe durch Art. 102 GG »ein Bekenntnis zum grundsätzlichen Wert des Menschenlebens und zu einer Staatsauffassung, die sich in betontem Gegensatz zu den Anschauungen eines politischen Regimes stellt, dem das einzelnen Leben wenig bedeutete und das deshalb | mit dem angemaßten Recht über Leben 37
und Tod des Bürgers schrankenlosen Mißbrauch trieb« (BVerfGE 18, 112 [117]).

b) Bei der Auslegung des Art. 2 Abs. 2 Satz 1 GG ist auszugehen von seinem Wortlaut: »Jeder hat das Recht auf Leben ...«. Leben im Sinne der geschichtlichen Existenz eines menschlichen Individuums besteht nach gesicherter biologisch-physiologischer Erkenntnis jedenfalls vom 14. Tage nach der Empfängnis (Nidation, Individuation) an (vgl. hierzu die Ausführungen von Hinrichsen vor dem Sonderausschuß für die Strafrechtsreform, 6. Wp., 74. Sitzung, StenBer. S. 2142 ff.). Der damit begonnene Entwicklungsprozeß ist ein kontinuierlicher Vorgang, der keine scharfen Einschnitte aufweist und eine genaue Abgrenzung der verschiedenen Entwicklungsstufen des menschlichen Lebens nicht zuläßt. Er ist auch nicht mit der Geburt beendet; die für die menschliche Persönlichkeit spezifischen Bewußtseinsphänomene z.B. treten erst längere Zeit nach der Geburt auf. Deshalb kann der Schutz des Art. 2 Abs. 2 Satz 1 GG weder auf den

»fertigen« Menschen nach der Geburt noch auf den selbständig lebensfähigen nasciturus beschränkt werden. Das Recht auf Leben wird jedem gewährleistet, der »lebt«; zwischen einzelnen Abschnitten des sich entwickelnden Lebens vor der Geburt oder zwischen ungeborenem und geborenem Leben kann hier kein Unterschied gemacht werden. »Jeder« im Sinne des Art. 2 Abs. 2 Satz 1 GG ist »jeder Lebende«, anders ausgedrückt: jedes Leben besitzende menschliche Individuum; »jeder« ist daher auch das noch ungeborene menschliche Wesen.

c) Gegenüber dem Einwand, »jeder« bezeichne sowohl in der Umgangs- als auch in der Rechtssprache gemeinhin eine »fertige« menschliche Person, eine reine Wortinterpretation spreche daher gegen die Einbeziehung des ungeborenen Lebens in den Wirkungsbereich des Art. 2 Abs. 2 Satz 1 GG, ist zu betonen, daß jedenfalls Sinn und Zweck dieser Grundgesetzbestimmung es erfordern, den Lebensschutz auch auf das sich entwickelnde Leben auszudehnen. Die Sicherung der menschlichen Existenz gegenüber staatlichen Übergriffen wäre unvollständig, wenn sie nicht auch die Vorstufe des »fertigen Lebens«, das ungeborene Leben, umfaßte. |

38 Die extensive Auslegung entspricht dem in der Rechtsprechung des Bundesverfassungsgerichts aufgestellten Grundsatz, »wonach in Zweifelsfällen diejenige Auslegung zu wählen ist, welche die juristische Wirkungskraft der Grundrechtsnorm am stärksten entfaltet« (BVerfGE 32, 54 [71]; 6, 55 [72]).[1]

d) Zur Begründung dieses Ergebnisses läßt sich auch die Entstehungsgeschichte des Art. 2 Abs. 2 Satz 1 GG heranziehen.

Nachdem die Fraktion der Deutschen Partei (DP) wiederholt den Antrag gestellt hatte, im Zusammenhang mit dem Recht auf Leben und körperliche Unversehrtheit auch das »keimende Leben« ausdrücklich zu erwähnen (Drucks. des Parlamentarischen Rates 11.48 – 298 und 12.48 – 398), beriet der Parlamentarische Rat erstmalig in der 32. Sitzung seines Ausschusses für Grundsatzfragen am 11. Januar 1949 diesen Problemkreis. Bei der Erörterung der Frage, ob in das Grundgesetz eine Vorschrift aufgenommen werden solle, die ärztliche Eingriffe verbietet, die nicht der Heilung dienen, erklärte der Abgeordnete Dr. Heuss (FDP), ohne damit auf Widerspruch zu stoßen, gedacht sei hier an die Zwangssterilisation und beim Recht auf Leben an die Abtreibung. Der Hauptausschuß des Parlamentarischen Rates

[1] BVerfGA Nr. 27, 4.

befaßte sich in seiner 42. Sitzung am 18. Januar 1949 bei der zweiten Lesung über die Grundrechte (Verhandlungen des Hauptausschusses des Parlamentarischen Rates, StenBer. S. 529 ff.) eingehender mit der Frage nach der Einbeziehung des werdenden Lebens in den Schutz der Verfassung. Der Abgeordnete Dr. Seebohm (DP) beantragte, dem damaligen Art. 2 Abs. 1 GG die beiden Sätze anzufügen: »Das keimende Leben wird geschützt« und »Die Todesstrafe wird abgeschafft«. Dazu führte Dr. Seebohm (a.a.O., S. 533 f.) aus, das Recht auf Leben und körperliche Unversehrtheit umfasse möglicherweise nicht unbedingt auch das keimende Leben. Deshalb müsse es hier besonders erwähnt werden. Mindestens müsse man aber, wenn eine andere Auffassung vorliegen sollte, hierzu ausdrücklich zu Protokoll geben, daß bei dem Recht auf Leben und körperliche Unversehrtheit das keimende Leben ausdrücklich eingeschlossen sei. |

Die Abgeordnete Frau Dr. Weber erklärte namens der CDU/CSU, 39
daß ihre Fraktion, wenn sie für das Recht auf Leben eintrete, das Leben schlechthin meine und für sie auch das keimende Leben und vor allem der Schutz des keimenden Lebens darin enthalten sei (a.a.O., 534). Dr. Heuss (FDP) stimmte an sich mit Frau Dr. Weber überein, daß der Begriff des Lebens auch das keimende Leben mit umfasse; in die Verfassung sollten aber nicht Dinge hineingenommen werden, die im Strafgesetz geregelt seien. Infolgedessen halte er die Erwähnung sowohl des keimenden Lebens als auch der Todesstrafe als Sonderfrage für überflüssig (a.a.O., S. 535).

»Nach den unwidersprochenen Erklärungen, wonach das keimende Leben in das Recht auf Leben und körperliche Unversehrtheit einbezogen ist«, wollte Dr. Seebohm seinen Antrag zurückziehen (a.a.O., S. 535). Indessen erklärte der Abgeordnete Dr. Greve (SPD): »Ich muß hier ausdrücklich zu Protokoll geben, daß zum mindesten, was mich angeht, ich unter dem Recht auf Leben nicht auch das Recht auf das keimende Leben verstehe. Ich darf auch für meine Freunde, zum mindesten in ihrer sehr großen Mehrzahl, eine Erklärung gleichen Inhaltes abgeben, um protokollarisch festzuhalten, daß der Hauptausschuß des Parlamentarischen Rates in seiner Gesamtheit nicht auf dem vom Herrn Kollegen Dr. Seebohm soeben zum Ausdruck gebrachten Standpunkt steht.« Der darauf von Dr. Seebohm wieder aufgenommene Antrag wurde zwar mit 11 gegen 7 Stimmen abgelehnt (a.a.O., S. 535). In dem Schriftlichen Bericht des Hauptausschusses (S. 7) führte der Abgeordnete Dr. von Mangoldt (CDU) jedoch zu Art. 2 GG aus: »Dabei hat mit der Gewährleistung des Rechts auf Leben auch das keimende Leben geschützt werden sollen.

Von der Deutschen Partei im Hauptausschuß eingebrachte Anträge, einen besondere Satz über den Schutz des keimenden Lebens einzufügen, haben nur deshalb keine Mehrheit gefunden, weil nach der im Ausschuß vorherrschenden Auffassung das zu schützende Gut bereits durch die gegenwärtige Fassung gesichert war.«

Das Plenum des Parlamentarischen Rates stimmte dem Art. 2 |
40 Abs. 2 GG am 6. Mai 1949 in zweiter Lesung bei 2 Gegenstimmen zu. Bei der dritten Lesung am 8. Mai 1949 brachten sowohl der Abgeordnete Dr. Seebohm als auch die Abgeordnete Dr. Weber zum Ausdruck, daß nach ihrer Auffassung Art. 2 Abs. 2 GG auch das keimende Leben in den Schutz dieses Grundrechts einbeziehe (Verhandlungen des Parlamentarischen Rates, StenBer. S. 218, 223). Beide Redner blieben mit ihren Ausführungen ohne Widerspruch.

Die Entstehungsgeschichte des Art. 2 Abs. 2 Satz 1 GG legt es somit nahe, daß die Formulierung »jeder hat das Recht auf Leben« auch das »keimende« Leben einschließen sollte. Jedenfalls kann aus den Materialien noch weniger für die gegenteilige Ansicht abgeleitet werden. Andererseits ergibt sich aus ihr kein Anhaltspunkt für die Beantwortung der Frage, ob das ungeborene Leben strafrechtlich geschützt werden muß.

e) Bei den Beratungen des Fünften Strafrechtsreformgesetzes bestand im übrigen Einigkeit über die Schutzwürdigkeit des ungeborenen Lebens, wobei allerdings die verfassungsrechtliche Problematik nicht abschließend behandelt wurde [*Wird ausgeführt.*]

41 2. Die Pflicht des Staates, jedes menschliche Leben zu schützen, läßt sich deshalb bereits unmittelbar aus Art. 2 Abs. 2 Satz 1 GG ableiten. Sie ergibt sich darüber hinaus auch aus der ausdrücklichen Vorschrift des Art. 1 Abs. 1 Satz 2 GG; denn das sich entwickelnde Leben nimmt auch an dem Schutz teil, den Art. 1 Abs. 1 GG der Menschenwürde gewährt. Wo menschliches Leben existiert, kommt ihm Menschenwürde zu; es ist nicht entscheidend, ob der Träger sich dieser Würde bewußt ist und sie selbst zu wahren weiß. Die von Anfang an im menschlichen Sein angelegten potentiellen Fähigkeiten genügen, um die Menschenwürde zu begründen.

3. Hingegen braucht die im vorliegenden Verfahren wie auch in der Rechtsprechung und im wissenschaftlichen Schrifttum umstrittene Frage nicht entschieden zu werden, ob der nasciturus selbst Grundrechtsträger ist oder aber wegen mangelnder Rechts- und Grundrechtsfähigkeit »nur« von den objektiven Normen der Verfassung in seinem Recht auf Leben geschützt wird. Nach der ständigen Rechtsprechung des Bundesverfassungsgerichts enthalten die Grund-

rechtsnormen nicht nur subjektive Abwehrrechte des Einzelnen gegen den Staat, sondern sie verkörperen zugleich eine objektive Wertordnung, die als verfassungsrechtliche Grundentscheidung für alle Bereiche des Rechts gilt und Richtlinien und Impulse für Gesetzgebung, Verwaltung und Rechtsprechung gibt (BVerfGE 7, 198 [205] – Lüth –;[1] 35, 79 [114] – Hochschulurteil[2] – mit weiteren Nachweisen). Ob und gegebenenfalls in welchem Umfang der Staat zu rechtlichem Schutz des werdenden | Lebens von Verfassungs wegen verpflichtet 42
ist, kann deshalb schon aus dem objektiv-rechtlichen Gehalt der grundrechtlichen Normen erschlossen werden.

II.

1. Die Schutzpflicht des Staates ist umfassend. Sie verbietet nicht nur – selbstverständlich – unmittelbar staatliche Eingriffe in das sich entwickelnde Leben, sondern gebietet dem Staat auch, sich schützend und fördern vor dieses Leben zu stellen, das heißt vor allem, es auch vor rechtswidrigen Eingriffen von seiten anderer zu bewahren. An diesem Gebot haben sich die einzelnen Bereiche der Rechtsordnung, je nach ihrer besonderen Aufgabenstellung, auszurichten. Die Schutzverpflichtung des Staates muß um so ernster genommen werden, je höher der Rang des in Frage stehenden Rechtsgutes innerhalb der Wertordnung des Grundgesetzes anzusetzen ist. Das menschliche Leben stellt, wie nicht näher begründet werden muß, innerhalb der grundgesetzlichen Ordnung einen Höchstwert dar; es ist die vitale Basis der Menschenwürde und die Voraussetzung aller anderen Grundrechte.

2. Die Verpflichtung des Staates, das sich entwickelnde Leben in Schutz zu nehmen, besteht grundsätzlich auch gegenüber der Mutter. Unzweifelhaft begründet die natürliche Verbindung des ungeborenen Lebens mit dem der Mutter eine besonders geartete Beziehung, für die es in anderen Lebenssachverhalten keine Parallele gibt. Die Schwangerschaft gehört zur Intimsphäre der Frau, deren Schutz durch Art. 2 Abs. 1 in Verbindung mit Art. 1 Abs. 1 GG verfassungsrechtlich verbürgt ist. Wäre der Embryo nur als Teil des mütterlichen Organismus anzusehen, so würde auch der Schwangerschaftsabbruch in dem Bereich privater Lebensgestaltung verbleiben, in den einzu-

---

[1] BVerfGA Nr. 5.

[2] BVerfGA Nr. 33.

dringen dem Gesetzgeber verwehrt ist (BVerfGE 6, 32 [41][1]; 6, 389 [433]; 27, 344 [350]; 32, 373 [379]). Da indessen der nasciturus ein selbständiges menschliches Wesen ist, das unter dem Schutz der Verfassung steht, kommt dem Schwangerschaftsabbruch eine soziale Dimension zu, die ihn der Regelung durch den Staat zugänglich und bedürftig macht.

43 Das Recht der Frau auf freie Entfaltung ihrer Persönlichkeit, welches die Handlungsfreiheit im umfassenden Sinn zum Inhalt hat und damit auch die Selbstverantwortung der Frau umfaßt, sich gegen eine Elternschaft und die daraus folgenden Pflichten zu entscheiden, kann zwar ebenfalls Anerkennung und Schutz beanspruchen. Dieses Recht ist aber nicht uneingeschränkt gewährt – die Rechte anderer, die verfassungsmäßige Ordnung, das Sittengesetz begrenzen es. Von vornherein kann es niemals die Befugnis umfassen, in die geschützte Rechtssphäre eines anderen ohne rechtfertigenden Grund einzugreifen oder sie gar mit dem Leben selbst zu zerstören, am wenigsten dann, wenn nach der Natur der Sache eine besondere Verantwortung gerade für dieses Leben besteht.

Ein Ausgleich, der sowohl den Lebensschutz des nasciturus gewährleistet als auch der Schwangeren die Freiheit des Schwangerschaftsabbruchs beläßt, ist nicht möglich, da Schwangerschaftsabbruch immer Vernichtung des ungeborenen Lebens bedeutet. Bei der deshalb erforderlichen Abwägung »sind beide Verfassungswerte in ihrer Beziehung zur Menschenwürde als dem Mittelpunkt des Wertsystems der Verfassung zu sehen« (BVerfGE 35, 202 [225]).[2] Bei einer Orientierung an Art. 1 Abs. 1 GG muß die Entscheidung zugunsten des Vorrangs des Lebensschutzes für die Leibesfrucht vor dem Selbstbestimmungsrecht der Schwangeren fallen. Diese kann durch Schwangerschaft, Geburt und Kindeserziehung in manchen persönlichen Entfaltungsmöglichkeiten beeinträchtigt sein. Das ungeborene Leben hingegen wird durch den Schwangerschaftsabbruch vernichtet. Nach dem Prinzip des schonendsten Ausgleichs konkurrierender grundgesetzlich geschützter Positionen unter Berücksichtigung des Grundgedankens des Art. 19 Abs. 2 GG muß deshalb dem Lebensschutz des nasciturus der Vorzug gegeben werden. Dieser Vorrang gilt grundsätzlich für die gesamte Dauer der Schwangerschaft und darf auch nicht für eine bestimmte Frist in Frage gestellt werden. Die bei der dritten Beratung des Strafrechtsreformgesetzes im Bundestag geäußerte Meinung, es gehe darum, den Vorrang »des aus der

---

[1] BVerfGA Nr. 3.
[2] BVerfGA Nr. 34.

Menschenwürde fließenden Selbstbestimmungsrechtes der Frau | ge- 44
genüber allem anderen, auch dem Lebensrecht des Kindes, für eine bestimmte Frist herauszustellen« (Deutscher Bundestag, 7. Wp., 96. Sitzung, StenBer. S. 6492), ist mit der grundgesetzlichen Wertordnung nicht vereinbar.

3. Von hier aus erschließt sich die von der Verfassung geforderte Grundhaltung der Rechtsordnung zum Schwangerschaftsabbruch: Die Rechtsordnung darf nicht das Selbstbestimmungsrecht der Frau zur alleinigen Richtschnur ihrer Regelungen machen. Der Staat muß grundsätzlich von einer Pflicht zur Austragung der Schwangerschaft ausgehen, ihren Abbruch also grundsätzlich als Unrecht ansehen. In der Rechtsordnung muß die Mißbilligung des Schwangerschaftsabbruchs klar zum Ausdruck kommen. Es muß der falsche Eindruck vermieden werden, als handle es sich beim Schwangerschaftsabbruch um den gleichen sozialen Vorgang wie etwa den Gang zum Arzt zwecks Heilung einer Krankheit oder gar um eine rechtlich irrelevante Alternative zur Empfängnisverhütung. Der Staat darf sich seiner Verantwortung auch nicht durch Anerkennung eines »rechtsfreien Raumes« entziehen, indem er sich der Wertung enthält und diese der eigenverantwortlichen Entscheidung des Einzelnen überläßt.

III.

Wie der Staat seine Verpflichtung zu einem effektiven Schutz des sich entwickelnden Lebens erfüllt, ist in erster Linie vom Gesetzgeber zu entscheiden. Er befindet darüber, welche Schutzmaßnahmen er für zweckdienlich und geboten hält, um einen wirksamen Lebensschutz zu gewährleisten.

1. Dabei gilt auch und erst recht für den Schutz des ungeborenen Lebens der Leitgedanke des Vorranges der Prävention vor der Repression (vgl. BVerfGE 30, 336 [350]). Es ist daher Aufgabe des Staates, in erster Linie sozialpolitische und fürsorgerische Mittel zur Sicherung des werdenden Lebens einzusetzen. Was hier geschehen kann und wie die Hilfsmaßnahmen im einzelnen auszugestalten sind, bleibt weithin dem Gesetzgeber überlassen und entzieht sich im allgemeinen verfassungsgerichtlicher Beurteilung. | Dabei wird es 45
hauptsächlich darauf ankommen, die Bereitschaft der werdenden Mutter zu stärken, die Schwangerschaft eigenverantwortlich anzunehmen und die Leibesfrucht zum vollen Leben zu bringen. Bei aller Schutzverpflichtung des Staates darf nicht aus den Augen verloren werden, daß das sich entwickelnde Leben von Natur aus in erster Li-

nie dem Schutz der Mutter anvertraut ist. Den mütterlichen Schutzwillen dort, wo er verlorengegangen ist, wieder zu erwecken und erforderlichenfalls zu stärken, sollte das vornehmste Ziel der staatlichen Bemühungen um Lebensschutz sein. Freilich sind die Einwirkungsmöglichkeiten des Gesetzgebers hier begrenzt. Von ihm eingeleitete Maßnahmen werden häufig nur mittelbar und mit zeitlicher Verzögerung durch eine umfassende Erziehungsarbeit und die dadurch erreichte Veränderung gesellschaftlicher Einstellungen und Anschauungen wirksam.

2. Die Frage, inwieweit der Staat von Verfassungs wegen verpflichtet ist, zum Schutz des ungeborenen Lebens auch das Mittel des Strafrechts als der schärfsten ihm zur Verfügung stehenden Waffe einzusetzen, kann nicht von der vereinfachten Fragestellung aus beantwortet werden, ob der Staat bestimmte Handlungen bestrafen muß. Notwendig ist eine Gesamtbetrachtung, die einerseits den Wert des verletzten Rechtsgutes und das Maß der Sozialschädlichkeit der Verletzungshandlung – auch im Vergleich mit anderen unter Strafe gestellten und sozialethisch etwa gleich bewerteten Handlungen – in den Blick nimmt, andererseits die traditionellen rechtlichen Regelungen dieses Lebensbereichs ebenso wie die Entwicklung der Vorstellungen über die Rolle des Strafrechts in der modernen Gesellschaft berücksichtigt und schließlich die praktische Wirksamkeit von Strafdrohungen und die Möglichkeit ihres Ersatzes durch andere rechtliche Sanktionen nicht außer acht läßt.

Der Gesetzgeber ist grundsätzlich nicht verpflichtet, die gleichen Maßnahmen strafrechtlicher Art zum Schutze des ungeborenen Lebens zu ergreifen, wie er sie zur Sicherung des geborenen Lebens für zweckdienlich und geboten hält. Wie ein Blick in die Rechtsge-
46 schichte zeigt, war dies bei der Anwendung strafrecht|licher Sanktionen nie der Fall und traf auch für die bis zum Fünften Strafrechtsreformgesetz gegebene Rechtslage nicht zu.

a) Aufgabe des Strafrechts war es seit jeher, die elementaren Werte des Gemeinschaftslebens zu schützen. Daß das Leben jedes einzelnen Menschen zu den wichtigsten Rechtsgütern gehört, ist oben dargelegt worden. Der Abbruch einer Schwangerschaft zerstört unwiderruflich entstandenes menschliches Leben. Der Schwangerschaftsabbruch ist eine Tötungshandlung; das wird aufs deutlichste dadurch bezeugt, daß die ihn betreffende Strafdrohung – auch noch im Fünften Strafrechtsreformgesetz – im Abschnitt »Verbrechen und Vergehen wider das Leben« enthalten ist und im bisherigen Strafrecht als »Abtötung der Leibesfrucht« bezeichnet war – die jetzt übliche Bezeichnung als

»Schwangerschaftsabbruch« kann diesen Sachverhalt nicht verschleiern. Keine rechtliche Regelung kann daran vorbeikommen, daß mit dieser Handlung gegen die in Art. 2 Abs. 2 Satz 1 GG verbürgte grundsätzliche Unantastbarkeit und Unverfügbarkeit des menschlichen Lebens verstoßen wird. Von hier aus gesehen ist der Einsatz des Strafrechts zur Ahndung von »Abtreibungshandlungen« ohne Zweifel legitim; er ist in den meisten Kulturstaaten – unter verschieden gestalteten Voraussetzungen – geltendes Recht und entspricht insbesondere auch der deutschen Rechtstradition. Ebenso ergibt sich hieraus, daß auf eine klare rechtliche Kennzeichnung dieses Vorgangs als »Unrecht« nicht verzichtet werden kann.

b) Indes kann Strafe niemals Selbstzweck sein. Ihr Einsatz unterliegt grundsätzlich der Entscheidung des Gesetzgebers. Er ist nicht gehindert, unter Beachtung der oben angegebenen Gesichtspunkte die grundgesetzlich gebotene rechtliche Mißbilligung des Schwangerschaftsabbruchs auch auf andere Weise zum Ausdruck zu bringen als mit dem Mittel der Strafdrohung. Entscheidend ist, ob die Gesamtheit der dem Schutz des ungeborenen Lebens dienenden Maßnahmen, seien sie bürgerlich-rechtlicher, öffentlich-rechtlicher, insbesondere sozialrechtlicher oder strafrechtlicher Natur, einen der Bedeutung des zu sichernden Rechtsgutes entsprechenden tatsächlichen
Schutz gewährleistet. Im äußersten | Falle, wenn nämlich der von der 47
Verfassung gebotene Schutz auf keine andere Weise zu erreichen ist, kann der Gesetzgeber verpflichtet sein, zum Schutze des sich entwikkelnden Lebens das Mittel des Strafrechts einzusetzen. Die Strafnorm stellt gewissermaßen die »ultima ratio« im Instrumentarium des Gesetzgebers dar. Nach dem das ganze öffentliche Recht einschließlich des Verfassungsrechts beherrschenden rechtsstaatlichen Prinzip der Verhältnismäßigkeit darf er von diesem Mittel nur behutsam und zurückhaltend Gebrauch machen. Jedoch muß auch dieses letzte Mittel eingesetzt werden, wenn anders ein effektiver Lebensschutz nicht zu erreichen ist. Dies fordern der Wert und die Bedeutung des zu schützenden Rechtsgutes. Es handelt sich dann nicht um eine »absolute« Pflicht zu strafen, sondern um die aus der Einsicht in die Unzulänglichkeit aller anderen Mittel erwachsende »relative« Verpflichtung zur Benutzung der Strafdrohung.

Demgegenüber greift der Einwand nicht durch, aus einer Freiheit gewährenden Grundrechtsnorm könne niemals eine staatliche Verpflichtung zum Strafen abgeleitet werden. Wenn der Staat durch eine wertentscheidende Grundsatznorm verpflichtet ist, ein besonders wichtiges Rechtsgut auch gegen Angriffe Dritter wirksam zu schüt-

zen, so werden oft Maßnahmen unvermeidlich sein, durch welche die Freiheitsbereiche anderer Grundrechtsträger tangiert werden. Insofern ist die Rechtslage beim Einsatz sozialrechtlicher oder zivilrechtlicher Mittel grundsätzlich nicht anders als bei dem Erlaß einer Strafnorm. Unterschiede bestehen allenfalls hinsichtlich der Stärke des erforderlichen Eingriffes. Allerdings muß der Gesetzgeber den hierbei entstehenden Konflikt durch eine Abwägung der beiden einander gegenüberstehenden Grundwerte oder Freiheitsbereiche nach Maßgabe der grundgesetzlichen Wertordnung und unter Beachtung des rechtsstaatlichen Verhältnismäßigkeitsgrundsatzes lösen. Würde man die Pflicht generell verneinen, auch das Mittel des Strafrechts einzusetzen, so würde der zu gewährende Lebensschutz wesentlich eingeschränkt. Dem Wert des von Vernichtung bedrohten Rechtsgutes ent-
48 spricht der Ernst der für die Vernich|tung angedrohten Sanktion, dem elementaren Wert des Menschenlebens die strafrechtliche Ahndung seiner Vernichtung.

3. Die Verpflichtung des Staates zum Schutz des werdenden Lebens besteht – wie dargelegt – auch gegenüber der Mutter. Hier läßt jedoch der Einsatz des Strafrechts besondere Probleme entstehen, die sich aus der singulären Lage der schwangeren Frau ergeben. Die einschneidenden Wirkungen einer Schwangerschaft auf den körperlichen und seelischen Zustand der Frau sind unmittelbar einsichtig und bedürfen keiner näheren Darlegung. Sie bedeuten häufig eine erhebliche Änderung der gesamten Lebensführung und eine Einschränkung der persönlichen Entfaltungsmöglichkeiten. Nicht immer und nicht voll wird diese Belastung dadurch ausgeglichen, daß die Frau in ihrer Aufgabe als Mutter neue Erfüllung findet und daß die Schwangere Anspruch auf den Beistand der Gemeinschaft hat (Art. 6 Abs. 4 GG). Hier können sich im Einzelfall schwere, ja lebensbedrohende Konfliktsituationen ergeben. Das Lebensrecht des Ungeborenen kann zu einer Belastung der Frau führen, die wesentlich über das normalerweise mit einer Schwangerschaft verbundene Maß hinausgeht. Es ergibt sich hier die Frage der Zumutbarkeit, mit anderen Worten die Frage, ob der Staat auch in solchen Fällen mit dem Mittel des Strafrechts die Austragung der Schwangerschaft erzwingen darf. Achtung vor dem ungeborenen Leben und Recht der Frau, nicht über das zumutbare Maß hinaus zur Aufopferung eigener Lebenswerte im Interesse der Respektierung dieses Rechtsgutes gezwungen zu werden, treffen aufeinander. In einer solchen Konfliktslage, die im allgemeinen auch keine eindeutige moralische Beurteilung zuläßt und in der die Entscheidung zum Abbruch einer

Schwangerschaft den Rang einer achtenswerten Gewissensentscheidung haben kann, ist der Gesetzgeber zur besonderen Zurückhaltung verpflichtet. Wenn er in diesen Fällen das Verhalten der Schwangeren nicht als strafwürdig ansieht und auf das Mittel der Kriminalstrafe verzichtet, so ist das jedenfalls als Ergebnis einer dem Gesetzgeber obliegenden Abwägung auch verfassungsrechtlich hinzunehmen. |

Für die inhaltliche Ausfüllung des Unzumutbarkeitskriteriums 49
müssen jedoch Umstände ausscheiden, die den Pflichtigen nicht schwerwiegend belasten, da sie die Normalsituation darstellen, mit der jeder fertig werden muß. Vielmehr müssen Umstände erheblichen Gewichts gegeben sein, die dem Betroffenen die Erfüllung seiner Pflicht außergewöhnlich erschweren, so daß sie von ihm billigerweise nicht erwartet werden kann. Sie liegen insbesondere dann vor, wenn der Betroffene durch die Pflichterfüllung in schwere innere Konflikte gestürzt wird. Die Lösung solcher Konflikte durch eine Strafdrohung erscheint im allgemeinen nicht als angemessen (vgl. BVerfGE 32, 98 [109] – Gesundbeter)[1], da sie äußeren Zwang einsetzt, wo die Achtung vor der Persönlichkeitssphäre des Menschen volle innere Entscheidungsfreiheit fordert.

Unzumutbar erscheint die Fortsetzung der Schwangerschaft insbesondere, wenn sich erweist, daß der Abbruch erforderlich ist, um von der Schwangeren »eine Gefahr für ihr Leben oder die Gefahr einer schwerwiegenden Beeinträchtigung ihres Gesundheitszustandes abzuwenden« (§ 218b Nr. 1 StGB in der Fassung des Fünften Strafrechtsreformgesetzes). In diesem Fall steht ihr eigenes »Recht auf Leben und körperliche Unversehrtheit« (Art. 2 Satz 1 GG) auf dem Spiel, dessen Aufopferung für das ungeborene Leben von ihr nicht erwartet werden kann. Darüber hinaus steht es dem Gesetzgeber frei, auch bei anderen außergewöhnlichen Belastungen für die Schwangere, die unter dem Gesichtspunkt der Unzumutbarkeit ähnlich schwer wie die in § 218b Nr. 1 angeführten wiegen, den Schwangerschaftsabbruch straffrei zu lassen. Hierzu können insbesondere die in dem in der 6. Wahlperiode des Bundestages vorgelegten Entwurf der Bundesregierung enthaltenen und sowohl in der öffentlichen Diskussion wie auch im Verlauf des Gesetzgebungsverfahrens erörterten Fälle der eugenischen (vgl. § 218b Nr. 2 StGB), der ethischen (kriminologischen) und der sozialen oder Notlagenindikation zum Schwangerschaftsabbruch gezählt werden. Bei den Beratungen des Sonderaus-

---

1 BVerfGA Nr. 28.

50 schusses für die Strafrechtsreform (7. Wp., 25. Sitzung, StenBer. | S. 1470 ff.) hat der Vertreter der Bundesregierung ausführlich und mit überzeugenden Gründen dargelegt, warum in diesen vier Indikationsfällen die Austragung der Schwangerschaft nicht als zumutbar erscheint. Der entscheidende Gesichtspunkt ist, daß in allen diesen Fällen ein anderes, vom Standpunkt der Verfassung aus ebenfalls schutzwürdiges Interesse sich mit solcher Dringlichkeit geltend macht, daß die staatliche Rechtsordnung nicht verlangen kann, die Schwangere müsse hier dem Recht des Ungeborenen unter allen Umständen den Vorrang einräumen.

Auch die Indikation der allgemeinen Notlage (soziale Indikation) kann hierher eingeordnet werden. Denn die allgemeine soziale Lage der Schwangeren und ihrer Familie kann Konflikte von solcher Schwere erzeugen, daß von der Schwangeren über ein bestimmtes Maß hinaus Opfer zugunsten des ungeborenen Lebens mit den Mitteln des Strafrechts nicht erzwungen werden können. Bei der Regelung dieses Indikationsfalles muß der Gesetzgeber den straffreien Tatbestand so umschreiben, daß die Schwere des hier vorauszusetzenden sozialen Konflikts deutlich erkennbar wird und – unter dem Gesichtspunkt der Unzumutbarkeit betrachtet – die Kongruenz dieser Indikation mit den anderen Indikationsfällen gewahrt bleibt. Wenn der Gesetzgeber echte Konfliktsfälle dieser Art aus dem Strafrechtsschutz herausnimmt, verletzt er nicht seine Verpflichtung zum Lebensschutz. Auch in diesen Fällen darf der Staat sich nicht damit begnügen, bloß zu prüfen und gegebenenfalls zu bescheinigen, daß die gesetzlichen Voraussetzungen für einen straffreien Schwangerschaftsabbruch vorliegen. Vielmehr wird auch hier von ihm erwartet, daß er Beratung und Hilfe anbietet mit dem Ziel, die Schwangere an die grundsätzliche Pflicht zur Achtung des Lebensrechts des Ungeborenen zu mahnen, sie zur Fortsetzung der Schwangerschaft zu ermutigen und sie – vor allem in Fällen sozialer Not – durch praktische Hilfsmaßnahmen zu unterstützen.

In allen anderen Fällen bleibt der Schwangerschaftsabbruch strafwürdiges Unrecht; denn hier steht die Vernichtung eines Rechtsgutes
51 von höchstem Rang im freien – nicht durch eine Not | lage motivierten – Belieben eines anderen. Wollte der Gesetzgeber auch hier auf die strafrechtliche Ahndung verzichten, so wäre das nur unter der Voraussetzung mit dem Schutzgebot des Art. 2 Abs. 2 Satz 1 GG vereinbar, daß ihm eine andere gleich wirksame rechtliche Sanktion zu Gebote stände, die den Unrechtscharakter der Handlung (die Mißbilligung durch die Rechtsordnung) deutlich erkennen läßt und Schwan-

gerschaftsabbrüche ebenso wirksam verhindert wie eine Strafvorschrift.

D.

Prüft man nach diesen Maßstäben die angegriffene Fristenregelung des Fünften Strafrechtsreformgesetzes, so ergibt sich, daß das Gesetz der Verpflichtung aus Art. 2 Abs. 2 Satz 1 in Verbindung mit Art. 1 Abs. 1 GG, das werdende Leben wirksam zu schützen, nicht in dem gebotenen Umfang gerecht geworden ist.

I.

Das Verfassungsgebot, das sich entwickelnde Leben zu schützen, richtet sich zwar in erster Linie an den Gesetzgeber. Dem Bundesverfassungsgericht obliegt jedoch die Aufgabe, in Ausübung der ihm vom Grundgesetz zugewiesenen Funktion festzustellen, ob der Gesetzgeber dieses Gebot erfüllt hat. Zwar muß das Gericht den Spielraum des Gesetzgebers sorgfältig beachten, der diesem bei der Beurteilung der seiner Normierung zugrundeliegenden tatsächlichen Verhältnisse, der etwa erforderlichen Prognose und der Wahl der Mittel zukommt. Das Gericht darf sich nicht an die Stelle des Gesetzgebers setzen; es ist jedoch seine Aufgabe, zu überprüfen, ob der Gesetzgeber im Rahmen der ihm zur Verfügung stehenden Möglichkeiten das Erforderliche getan hat, um Gefahren von dem zu schützenden Rechtsgut abzuwenden. Das gilt grundsätzlich auch für die Frage, ob der Gesetzgeber zum Einsatz seines schärfsten Mittels, des Strafrechts, verpflichtet ist, wobei sich die Prüfung allerdings nicht etwa auf die einzelnen Modalitäten des Strafens erstrecken kann [*Wird ausgeführt.*]

IV. 66

Die im Fünften Strafrechtsreformgesetz getroffene Regelung wird bisweilen mit dem Hinweis verteidigt, daß in anderen demokratischen Ländern der westlichen Welt in jüngster Zeit die strafrechtlichen Vorschriften über den Schwangerschaftsabbruch in ähnlicher oder noch weitergehender Weise »liberalisiert« oder »modernisiert« worden seien; dies sei ein Anzeichen dafür, daß die Neuregelung jedenfalls der allgemeinen Entwicklung der Anschauungen auf diesem Gebiet entspreche und mit fundamentalen sozialethischen und rechtlichen Prinzipien nicht unvereinbar sei.

Diese Erwägungen können die hier zu treffende Entscheidung nicht beeinflussen. Abgesehen davon, daß alle diese inländischen Regelungen in ihren eigenen Ländern stark umstritten sind, unterscheiden sich die rechtlichen Maßstäbe, die dort für das Handeln des Gesetzgebers gelten, wesentlich von denen der Bundesrepublik Deutschland. |

67 Dem Grundgesetz liegen Prinzipien der Staatsgestaltung zugrunde, die sich nur aus der geschichtlichen Erfahrung und der geistig-sittlichen Auseinandersetzung mit dem vorangegangenen System des Nationalsozialismus erklären lassen. Gegenüber der Allmacht des totalitären Staates, der schrankenlose Herrschaft über alle Bereiche des sozialen Lebens für sich beanspruchte und dem bei der Verfolgung seiner Staatsziele die Rücksicht auch auf das Leben des Einzelnen grundsätzlich nichts bedeutete, hat das Grundgesetz eine wertgebundene Ordnung aufgerichtet, die den einzelnen Menschen und seine Würde in den Mittelpunkt aller seiner Regelungen stellt. Dem liegt, wie das Bundesverfassungsgericht bereits früh ausgesprochen hat (BVerfGE 2, 1 [12][1], die Vorstellung zugrunde, daß der Mensch in der Schöpfungsordnung einen eigenen selbständigen Wert besitzt, der die unbedingte Achtung vor dem Leben jedes einzelnen Menschen, auch dem scheinbar sozial »wertlosen«, unabdingbar fordert und der es deshalb ausschließt, solches Leben ohne rechtfertigenden Grund zu vernichten. Diese Grundentscheidung der Verfassung bestimmt Gestaltung und Auslegung der gesamten Rechtsordnung. Auch der Gesetzgeber ist ihr gegenüber nicht frei; gesellschaftspolitische Zweckmäßigkeitserwägungen, ja staatspolitische Notwendigkeiten können diese verfassungsrechtliche Schranke nicht überwinden (BVerfGE 1, 14 [36]). Auch ein allgemeiner Wandel der hierüber in der Bevölkerung herrschenden Anschauungen – falls er überhaupt festzustellen wäre – würde daran nichts ändern können. Das Bundesverfassungsgericht, dem von der Verfassung aufgetragen ist, die Beachtung ihrer grundlegenden Prinzipien durch alle Staatsorgane zu überwachen und gegebenenfalls durchzusetzen, kann seine Entscheidungen nur an diesen Prinzipien orientieren, zu deren Entfaltung es selbst in seiner Rechtsprechung entscheidend beigetragen hat. Damit wird kein absprechendes Urteil über andere Rechtsordnungen gefällt,

[1] BVerfGA Nr. 2.

»die diese Erfahrungen mit einem Unrechtssystem nicht gemacht haben und die aufgrund einer anders verlaufenden geschichtlichen Entwicklung, anderer staatspolitischer Gegebenheiten und staatsphilosophischer Grund|auffassungen eine solche Entscheidung für sich 68
nicht getroffen haben« (BVerfGE 18, 112 [117]). …

Abweichende Meinung der Richterin Rupp-v. Brünneck und des Richters Dr. Simon zum Urteil des Ersten Senats des Bundesverfassungsgerichts vom 25. Februar 1975 – 1 BvF 1,2,3,4,5,6/74 –

Das Leben jedes einzelnen Menschen ist selbstverständlich ein zentraler Wert der Rechtsordnung. Unbestritten umfaßt die verfassungsrechtliche Pflicht zum Schutz dieses Lebens auch seine Vorstufe vor der Geburt. Die Auseinandersetzungen im Parlament | und vor dem 69
Bundesverfassungsgericht betrafen nicht das *Ob*, sondern allein das *Wie* dieses Schutzes. Die Entscheidung hierüber gehört in die Verantwortung des Gesetzgebers. Aus der Verfassung kann unter keinen Umständen eine Pflicht des Staates hergeleitet werden, den Schwangerschaftsabbruch in jedem Stadium der Schwangerschaft unter Strafe zu stellen. Der Gesetzgeber durfte sich sowohl für die Beratungs- und Fristenregelung wie für die Indikationslösung entscheiden.

Eine entgegengesetzte Verfassungsauslegung ist mit dem freiheitlichen Charakter der Grundrechtsnormen nicht vereinbar und verlagert in folgenschwerem Ausmaß Entscheidungskompetenzen auf das Bundesverfassungsgericht (A). Bei der Beurteilung des Fünften Strafrechtsreformgesetzes vernachlässigt die Mehrheit die Singularität des Schwangerschaftsabbruchs im Verhältnis zu anderen Gefährdungen des Lebens (B I 1 = S. 78 ff.). Sie würdigt nicht hinreichend die vom Gesetzgeber vorgefundene soziale Problematik sowie die Ziele der dringlichen Reform (B I 2 = S. 81 ff.). Schon weil jede Lösung Stückwerk bleibt, ist es verfassungsrechtlich nicht zu beanstanden, daß der deutsche Gesetzgeber – im Einklang mit den Reformen in anderen westlichen Kulturstaaten (B III = S. 94 ff.) – sozialpolitischen Maßnahmen den Vorrang vor weitgehend wirkungslosen Strafdrohungen gegeben hat (B I 3–5 = S. 84 ff.). Eine gesetzliche »Mißbilligung« sittlich nicht achtenswerten Verhaltens ohne Rücksicht auf ihre tatsächliche Schutzwirkung schreibt die Verfassung nirgends vor (B II = S. 92 ff.).

A.–I.

Die Befugnis des Bundesverfassungsgerichts, Entscheidungen des parlamentarischen Gesetzgebers zu annullieren, erfordert einen sparsamen Gebrauch, wenn eine Verschiebung der Gewichte zwischen den Verfassungsorganen vermieden werden soll. Das Gebot richterlicher Selbstbeschränkung (judicial self–restraint), das als das »Lebenselexier« der Rechtsprechung des Bundesverfassungsgerichts be-
70 zeichnet worden ist[1], gilt vor allem, wenn es sich | nicht um die Abwehr von Übergriffen der staatlichen Gewalt handelt, sondern wenn dem vom Volk unmittelbar legitimierten Gesetzgeber im Wege der verfassungsgerichtlichen Kontrolle Vorschriften für die positive Gestaltung der Sozialordnung gemacht werden sollen. Hier darf das Bundesverfassungsgericht nicht der Versuchung erliegen, selbst die Funktion des zu kontrollierenden Organs zu übernehmen, soll nicht auf lange Sicht die Stellung der Verfassungsgerichtsbarkeit gefährdet werden.

1. Die in diesem Verfahren begehrte Prüfung verläßt den Boden der klassischen verfassungsgerichtlichen Kontrolle. Die im Zentrum unserer Verfassung stehenden Grundrechtsnormen gewährleisten als *Abwehrrechte* dem Bürger im Verhältnis zum Staat einen Bereich freier, eigenverantwortlicher Lebensgestaltung. Die klassische Funktion des Bundesverfassungsgerichts liegt insoweit darin, Verletzungen dieses Freiheitsraums durch übermäßige Eingriffe der staatlichen Gewalt abzuwehren. In der Skala der staatlichen Eingriffsmöglichkeiten stehen Strafvorschriften an der Spitze: Sie befehlen dem Bürger ein bestimmtes Verhalten und unterwerfen ihn bei Zuwiderhandlungen empfindlichen Freiheitsbeschränkungen oder finanziellen Belastungen. Verfassungsgerichtliche Kontrolle solcher Vorschriften bedeutet daher die Prüfung, ob der mit dem Erlaß oder der Anwendung der Strafvorschrift verbundene Eingriff in die grundrechtlich geschützte Freiheitssphäre zulässig ist, ob also der Staat überhaupt oder in dem vorgesehenen Umfang strafen *darf*.

Im vorliegenden Verfassungsstreit wird gerade umgekehrt erstmalig zur Prüfung gestellt, ob der Staat strafen *muß*, nämlich ob die Aufhebung der Strafvorschrift gegen den Schwangerschaftsabbruch in den ersten drei Monaten der Schwangerschaft mit den Grundrechten vereinbar ist. Es liegt aber auf der Hand, daß das Absehen von Strafe

---

[1] Leibholz, VVDStRL 20 (1963), S. 119.

das Gegenteil eines staatlichen Eingriffs ist. Da die teilweise Rück-
nahme der Strafvorschrift nicht zur Begünstigung von Schwanger-
schaftsabbrüchen geschah, sondern weil sich die bisherige Strafdro-
hung nach der durch Erfahrung erhärteten, unwiderlegten Annahme
des Gesetzgebers weitgehend als wir|kungslos erwiesen hat, läßt 71
sich nicht einmal mittelbar ein staatlicher »Eingriff« in das ungebo-
rene Leben konstruieren. Weil es daran fehlt, hat der Österreichische
Verfassungsgerichtshof eine Verletzung des nach innerösterreichi-
schem Recht geltenden Grundrechtskatalogs durch die dortige Fri-
stenregelung verneint.[1]

2. Da die Grundrechte als Abwehrrechte von vornherein ungeeig-
net sind, den Gesetzgeber an der Beseitigung von Strafvorschriften
zu hindern, will die Senatsmehrheit die Grundlage dafür in der wei-
tergehenden Bedeutung der Grundrechte als *objektive Wertentschei-
dungen* finden.[2] Danach normieren die Grundrechte nicht nur Ab-
wehrrechte des Einzelnen gegen den Staat, sondern enthalten zu-
gleich objektive Wertentscheidungen, deren Verwirklichung durch
aktives Handeln ständige Aufgabe der staatlichen Gewalt ist. Diese
Auffassung ist vom Bundesverfassungsgericht in dem begrüßenswer-
ten Bemühen entwickelt worden, den Grundrechten in ihrem frei-
heitssichernden und auf soziale Gerechtigkeit angelegten Gehalt grö-
ßere Wirksamkeit zu verleihen. Die Senatsmehrheit berücksichtigt je-
doch die für die verfassungsgerichtliche Kontrolle wesentlichen Un-
terschiede der beiden Grundrechtsaspekte nicht hinreichend.

Als Abwehrrechte haben die Grundrechte einen verhältnismäßig
deutlich erkennbaren Inhalt; in ihrer Auslegung und Anwendung hat
die Rechtsprechung praktikable, allgemein anerkannte Kriterien zur
Kontrolle staatlicher Eingriffe – etwa den Grundsatz der Verhältnis-
mäßigkeit – entwickelt. Demgegenüber ist es regelmäßig eine höchst
komplexe Frage, *wie* eine Wertentscheidung durch aktive Maßnah-
men des Gesetzgebers zu verwirklichen ist. Die notwendig allgemein
gehaltenen Wertentscheidungen könnten insoweit etwa als Verfas-
sungsaufträge charakterisiert werden, die zwar für alles staatliche
Handeln richtungweisend, aber notwendig auf eine Umsetzung in
verbindliche Regelungen angewiesen sind. Je nach der Beurteilung
der tatsäch|lichen Verhältnisse, der konkreten Zielsetzungen und ih- 72
rer Priorität, der Eignung der denkbaren Mittel und Wege sind sehr

[1] Vgl. das Erkenntnis vom 11. Oktober 1974 – G 8/74 – II 2 b der Entscheidungs-
gründe, EuGRZ 1975, S. 74 [76] – Europäische Grundrechte-Zeitschrift.

[2] C I 3 und C III 2 b des Urteils (= S. 41 f., 47 f. [der amtlichen Sammlung]).

verschiedene Lösungen möglich. Die Entscheidung, die häufig Kompromisse voraussetzt und sich im Verfahren des trial and error vollzieht, gehört nach dem Grundsatz der Gewaltenteilung und dem demokratischen Prinzip in die Verantwortung des vom Volk unmittelbar legitimierten Gesetzgebers.[1]

Freilich kann schon wegen der wachsenden Bedeutung fördernder Sozialmaßnahmen für die Effektuierung der Grundrechte auch in diesem Bereich nicht auf jede verfassungsgerichtliche Kontrolle verzichtet werden; die Erarbeitung eines geeigneten, die Gestaltungsfreiheit des Gesetzgebers respektierenden Instrumentariums wird möglicherweise zu den Hauptaufgaben der Rechtsprechung in den nächsten Jahrzehnten gehören. Solange es aber daran noch fehlt, droht die Gefahr, daß die verfassungsgerichtliche Kontrolle sich nicht auf die Nachprüfung der vom Gesetzgeber getroffenen Entscheidung beschränkt, sondern diese durch eine andere, vom Gericht für besser gehaltene ersetzt. Diese Gefahr besteht in erhöhtem Maße, wenn – wie hier – in stark kontroversen Fragen eine nach langen Auseinandersetzungen getroffene Entscheidung der Parlamentsmehrheit von der unterlegenen Minderheit vor dem Bundesverfassungsgericht angegriffen wird. Unbeschadet der legitimen Befugnis der Antragsberechtigten, verfassungrechtliche Zweifel auf diesem Wege klären zu lassen, gerät hier das Bundesverfassungsgericht unversehens in die Lage, als politische Schiedsinstanz für die Auswahl zwischen konkurrierenden Gesetzgebungsprojekten in Anspruch genommen zu werden.

Der Gedanke der objektiven Wertentscheidung darf aber nicht zum Vehikel werden, um spezifisch gesetzgeberische Funktionen in der Gestaltung der Sozialordnung auf das Bundesverfassungsgericht zu verlagern. Sonst würde das Gericht in eine Rolle gedrängt, für die
73 es weder kompetent noch ausgerüstet ist. Daher | sollte das Bundesverfassungsgericht weiter die Zurückhaltung wahren, die es bis zum Hochschul-Urteil geübt hat (vgl. BVerfGE 4, 7 [18]; 27, 253 [283]; 33, 303 [333 f.];[2] 35, 148 – abw. M. – [152 ff.]; 36, 321 [330 ff.]). Es darf dem Gesetzgeber nur dann entgegentreten, wenn er eine Wertentscheidung ganz außer acht gelassen hat oder die Art und Weise ihrer Realisierung offensichtlich fehlsam ist. Demgegenüber legt die Mehrheit dem Gesetzgeber trotz vermeintlicher Anerkennung seiner

---

[1] Vgl. dazu näher unsere abweichende Meinung zum Hochschul-Urteil, BVerfGE 35, 148 [150, 153, 155 f.] (BVerfGA Nr. 33).

[2] BVerfGA Nr. 31.

Gestaltungsfreiheit faktisch zur Last, er habe eine an sich anerkannte Wertentscheidung nach ihrer Auffassung nicht bestmöglich verwirklicht. Sollte das zum allgemeinen Prüfungsmaßstab werden, so wäre damit das Gebot richterlicher Selbstbeschränkung preisgegeben.

II.

1. Unser stärkstes Bedenken richtet sich dagegen, daß erstmals in der verfassungsgerichtlichen Rechtsprechung eine objektive Wertentscheidung dazu dienen soll, eine *Pflicht* des Gesetzgebers *zum Erlaß von Strafnormen*, also zum stärksten denkbaren Eingriff in den Freiheitsbereich des Bürgers zu postulieren. Dies verkehrt die Funktion der Grundrechte in ihr Gegenteil. Wenn die in einer Grundrechtsnorm enthaltene objektive Wertentscheidung zum Schutz eines bestimmten Rechtsgutes genügen soll, um daraus die Pflicht zum Strafen herzuleiten, so könnten die Grundrechte unter der Hand aus einem Hort der Freiheitssicherung zur Grundlage einer Fülle von freiheitsbeschränkenden Reglementierungen werden. Was für den Schutz des Lebens gilt, kann auch für andere Rechtsgüter von hohem Rang – etwa körperliche Unversehrtheit, Freiheit, Ehe und Familie – in Anspruch genommen werden.

Selbstverständlich setzt die Verfassung voraus, daß der Staat zum Schutz eines geordneten Zusammenlebens auch seine Strafgewalt gebrauchen kann; der Sinn der Grundrechte geht jedoch nicht dahin, solchen Einsatz zu fordern, sondern ihm Grenzen zu ziehen. So hat der Supreme Court der Vereinigten Staaten die Bestrafung von Schwangerschaftsabbrüchen, die mit Einwilligung | der Schwangeren 74
im ersten Drittel der Schwangerschaft durch einen Arzt vorgenommen werden, sogar als Grundrechtsverletzung angesehen.[1] Dies ginge nach deutschem Verfassungsrecht zwar zu weit. Jedoch braucht auch nach dem freiheitlichen Charakter unserer Verfassung der Gesetzgeber eine verfassungsrechtliche Rechtfertigung dafür, daß er straft, nicht aber dafür, daß er von Strafe absieht, weil nach seiner Auffassung eine Strafdrohung keinen Erfolg verspricht oder aus anderen Gründen als unangemessene Reaktion erscheint (vgl. BVerfGE 22, 49 [78]; 27, 18 [28]; 32, 40 [48]).

Die entgegengesetzte Grundrechtsinterpretation führt zwangsläufig zu einer nicht minder bedenklichen Ausweitung der verfassungs-

---

[1] Roe v. Wade, 410 U.S. 113 (1973) = 93 S. Ct. 705 = 41 U. S. Law Week, 4213.

gerichtlichen Kontrolle: Es ist nicht mehr allein zu prüfen, ob eine Strafvorschrift zu weit in den Rechtsbereich des Bürgers eingreift, sondern auch umgekehrt, ob der Staat *zu wenig* straft. Dabei wird das Bundesverfassungsgericht entgegen der Mehrheitsmeinung[1] nicht bei der Frage stehenbleiben können, ob der Erlaß irgendeiner Strafnorm gleich welchen Inhalts geboten ist, sondern klären müssen, welche Strafsanktion zum Schutz des jeweiligen Rechtsguts hinreicht. In letzter Konsequenz könnte das Gericht sogar zu der Prüfung genötigt sein, ob die Anwendung einer Strafnorm im Einzelfall dem Schutzgedanken genügt.

Ein verfassungsrechtliches Festschreiben von Strafnormen – wie die Mehrheit es fordert – ist schließlich auch deswegen abzulehnen, weil gerade die Leitgedanken des Strafrechts nach den Erfahrungen der letzten Jahrzehnte und der zu erwartenden Entwicklung im Bereich der Sozialwissenschaften einem schnellen und starken Wandel unterliegen. Dies zeigt nicht allein ein Blick auf die grundlegenden Veränderungen etwa in der Beurteilung der Sittlichkeitsdelikte – z.B. Homosexualität, Ehegattenkuppelei, Exhibitionismus –, sondern läßt sich speziell für die Strafvorschriften gegen Abtreibung belegen. Die
75 Straflosigkeit der ethisch | (kriminologisch) indizierten Abtreibung, die heute der ganz überwiegenden Rechtsauffassung entspricht, war noch in den sechziger Jahren äußerst umstritten.[2] Die von der Bundesregierung 1960 und 1962 vorgelegten Entwürfe eines Strafgesetzbuches lehnten diese Indikation ausdrücklich ab[3]; zur sozialen und eugenischen Indikation begnügten sie sich mit dem Hinweis, daß sich die Ablehnung »von selbst verstehe«.[4]

2. Auch die *Entstehungsgeschichte* des Grundgesetzes spricht dagegen, aus Grundrechtsnormen eine Pflicht zum Strafen abzuleiten. Wo der Parlamentarische Rat Strafsanktionen von Verfassungs wegen für geboten erachtete, hat er dies ausdrücklich in das Grundgesetz aufgenommen: Art. 26 Abs. 1 für die Vorbereitung eines Angriffskrieges und Art. 143 in der ursprünglichen Fassung für Hochverrat.

---

[1] D I (S. 51 [der amtlichen Sammlung]).

[2] Vgl. die Auseinandersetzungen im Bundesrat und Bundestag (Niederschrift über die 254. Sitzung des Bundesratsrechtsausschusses vom 26. Juni 1962, S. 30 ff.; Verhandlungen des Bundesrats 1962, S. 140 f., 153, 154 f.; Verhandlungen des Deutschen Bundestages, 4. Wp., StenBer. der 70. Sitzung vom 28. März 1963, S. 3188, 3208, 3210, 3217, 3221); s. ferner die Nachweise bei Lang-Hinrichsen, JZ 1963, S. 725 ff.

[3] Vgl. §§ 140 f., 157 und die Begründung BTDrucks. III/2150, S. 262, 274 f.; BTDrucks. IV/650, S. 278, 292 f.

[4] BTDrucks. III/2150, S. 262, IV/650, S. 278.

Demgegenüber finden sich in den Materialien zu Art. 2 Abs. 2 GG, wie auch die Mehrheit einräumt[1], keine Anhaltspunkte für eine Verpflichtung, das ungeborene Leben strafrechtlich zu schützen. Eine nähere Analyse der Entstehungsgeschichte des Artikels spricht darüber hinaus dafür, daß die strafrechtliche Bewertung von Schwangerschaftsabbrüchen bewußt der eigenverantwortlichen Entscheidung des einfachen Gesetzgebers überlassen bleiben sollte. Die insoweit erheblichen Äußerungen der Abgeordneten Heuss und Greve und die Ablehnung des Antrages des Abgeordneten Seebohm[2] müssen vor ihrem zeitgeschichtlichen Hintergrund verstanden werden. In der Weimarer Zeit war die Bestrafung der Abtreibung außerordentlich umstritten; es handelte sich | damals um ein ungleich schwerer wiegen- 76
des Problem, weil es die heute allgemein verbreiteten und leicht anwendbaren Mittel zur Empfängnisverhütung noch nicht gab. Dieser Zustand dauerte zur Zeit des Parlamentarischen Rates unverändert fort. Wenn unter diesen Umständen die beantragte Aufnahme einer ausdrücklichen Bestimmung über den Schutz keimenden Lebens abgelehnt worden ist, so ist das in Verbindung mit den erwähnten Äußerungen nur dahin zu verstehen, daß die Reform des umstrittenen § 218 StGB durch die Verfassung nicht präjudiziert werden sollte.

Ein gegenteiliger Standpunkt läßt sich nicht damit begründen, daß die Aufnahme des Art. 2 Abs. 2 GG unstreitig der Reaktion auf die unmenschliche Ideologie und Praxis des nationalsozialistischen Regimes entsprang.[3] Diese Reaktion bezieht sich auf die Massenvernichtung menschlichen Lebens von Staats wegen in Konzentrationslagern und bei Geisteskranken, auf behördlich angeordnete Sterilisierungen und Zwangsabtreibungen, auf medizinische Versuche mit Menschen gegen deren Willen und auf die in zahllosen anderen staatlichen Maßnahmen zum Ausdruck kommende Mißachtung des individuellen Lebens und der Menschenwürde.

Hieraus Schlußfolgerungen für die verfassungsrechtliche Bewertung einer nicht vom Staat, sondern von der Schwangeren selbst oder mit ihrem Willen von Dritten vorgenommenen Abtötung der Leibesfrucht zu ziehen, ist um so weniger am Platze, als das nationalsozialistische Regime entsprechend seiner biologisch-bevölkerungspolitischen Ideologie gerade dazu einen rigorosen Standpunkt eingenommen hatte. Neben neuen Vorschriften gegen die Werbung für Abtrei-

---

[1] C I 1 d (S. 40 [der amtlichen Sammlung]).

[2] C I 1 d (S. 38 f. [der amtlichen Sammlung]) mit den dortigen Nachweisen.

[3] Vgl. aber C I 1 a und D IV des Urteils (S. 36 f., 67 f. [der amtlichen Sammlung]).

bungen oder Abtreibungsmittel wurde durch entsprechende staatliche Maßnahmen darauf hingewirkt, im Gegensatz zur Praxis in der Weimarer Zeit eine striktere Anwendung der Strafbestimmungen durch-
77 zusetzen.[1] Diese | an sich schon hohen Strafdrohungen wurden 1943 wesentlich verschärft. Während bisher sowohl für die Schwangere wie für den nicht gewerbsmäßig handelnden Helfer nur Gefängnisstrafe vorgesehen war, wurde nunmehr die Selbstabtreibung in besonders schweren Fällen mit Zuchthaus belegt. Die Fremdabtreibung war, abgesehen von minder schweren Fällen, stets mit Zuchthaus zu bestrafen; hatte der Täter »dadurch die Lebenskraft des deutschen Volkes fortgesetzt beeinträchtigt«, sogar mit Todesstrafe. Angesichts dieser, bei der Entstehung des Grundgesetzes noch unveränderten, lediglich durch das alliierte Verbot grausamer oder übermäßig hoher Strafen in ihrer Anwendung gemilderten Bestimmungen können die Gründe, die zur Aufnahme des Art. 2 Abs. 2 GG führten, schlechterdings nicht zugunsten einer verfassungsrechtlichen Pflicht zur Bestrafung von Abtreibungen herangezogen werden. Vielmehr gebietet die mit dem Grundgesetz vollzogene, entschiedene Abkehr vom totalitären nationalsozialistischen Staat eher umgekehrt Zurückhaltung im Umgang mit der Kriminalstrafe, deren verfehlter Gebrauch in der Geschichte der Menschheit schon unendlich viel Leid angerichtet hat.

B.

Selbst wenn man entgegen unserer Auffassung mit der Mehrheit eine verfassungsrechtliche Pflicht zum Strafen für denkbar hält, kann dem Gesetzgeber hier kein Verfassungsverstoß zur Last gelegt werden. Die Mehrheitsbegründung begegnet – ohne daß es eines Eingehens auf jedes Detail bedarf – den folgenden Einwänden:

I.

Auch nach Meinung der Mehrheit soll eine verfassungsrechtliche Pflicht zum *Strafen* nur *als ultima ratio* in Betracht kommen.[2] Macht

---

[1] Vgl. über den Anstieg der Verurteilungen im Dritten Reich: Dotzauer, Abtreibung, in Handwörterbuch der Kriminologie (hrsg. von Sieverts), 2. Aufl., Bd. I (1966), S. 10 f.

[2] C III 2 b (S. 46 f. [der amtlichen Sammlung]).

man damit wirklich Ernst, so setzt eine solche Pflicht zunächst vor-
aus, daß geeignete Mittel milderer Art fehlen oder | ihr Einsatz sich 78
als wirkungslos erwiesen hat; darüber hinaus muß die Strafsanktion geeignet und erforderlich sein, um das erstrebte Ziel überhaupt oder besser zu erreichen. Beides muß – folgt man der bisherigen Rechtsprechung (vgl. etwa BVerfGE 17, 306 [313 f.]) – zweifelsfrei nachgewiesen werden. Denn wenn schon die Zulässigkeit einer bestehenden Strafvorschrift davon abhängt, ob sie zum Schutz des jeweiligen Rechtsgutes geeignet und erforderlich ist, dann bedarf es eines solchen Nachweises erst recht, wenn der Gesetzgeber sogar gegen seinen Willen zum Strafen gezwungen werden soll. Soweit es dafür auf die Beurteilung der Sachlage und der Effektivität beabsichtigter Maßnahmen ankommt, hat das Gericht die Auffassung des Gesetzgebers zugrunde zu legen, solange sie nicht als offensichtlich irrig widerlegt wird (vgl. BVerfGE 7, 377 [412]; 24, 367 [406]; 35, 148 – abw. M. – [165]).[1]

Diesen Anforderungen genügt die Urteilsbegründung nicht. Sie verstrickt sich wiederholt in Widersprüche und kehrt am Ende die Beweislast geradezu um: Ein Verzicht auf Strafsanktionen soll dem Gesetzgeber nur noch erlaubt sein, wenn zweifelsfrei feststeht, daß die von ihm bevorzugten milderen Maßnahmen zur Erfüllung der Schutzpflicht »zumindest« ebenso wirksam oder gar wirksamer sind.[2]

1. Die zunächst eindrucksvollen Ausführungen über den unbestrittenen hohen Rang des Lebensschutzes vernachlässigen die *Singularität des Schwangerschaftsabbruchs* im Verhältnis zu anderen Gefährdungen menschlichen Lebens. Es handelt sich hier nicht um die akademische Frage, ob der Einsatz der staatlichen Strafgewalt zum Schutz vor Mördern und Totschlägern, auf die in keiner anderen Weise präventiv eingewirkt werden kann, unumgänglich ist. In der europäischen, kirchlich beeinflußten Rechtsgeschichte ist stets zwischen geborenem und ungeborenem Leben unterschieden worden. Auch die Wertentscheidung der Verfassung läßt bei der Auswahl der erforderlichen Schutzmaßnahmen Raum für eine solche Differenzierung, zu-
mal da das Grundrecht | des Art. 2 Abs. 2 GG nicht – wie die Mehr- 79
heit formuliert[3] – »umfassend« gewährleistet ist, sondern unter Ge-

---

[1] BVerfGA Nr. 6, 20, 33.

[2] D III, C III 3 (S. 65, 50 f. [der amtlichen Sammlung]); vgl. auch D II 2 c (S. 59 f. [der amtlichen Sammlung]).

[3] C II 1 (S. 42 [der amtlichen Sammlung]).

setzesvorbehalt steht. Anderenfalls ließe sich weder die ethische noch die eugenische oder gar die soziale Indikation begründen.

Auch die Mehrheit bezweifelt nicht die Berechtigung dieser Unterscheidung[1], trennt aber wiederum nicht zwischen den verschiedenen Aspekten der Grundrechtsnorm. Soweit es sich um die Abwehr staatlicher Eingriffe handelt, kann selbstverständlich nicht zwischen dem vor- und nachgeburtlichen Entwicklungsstadium unterschieden werden; der Embryo ist insoweit als potentieller Grundrechtsträger durchgängig in gleicher Weise zu schützen wie jedes geborene Menschenleben. Diese rechtliche Gleichbehandlung läßt sich schon auf die Verletzung ungeborenen Lebens durch Dritte gegen den Willen der Schwangeren nur begrenzt übertragen, keinesfalls aber auf die Weigerung der Frau, die Menschwerdung ihrer Leibesfrucht im eigenen Körper zuzulassen.

Die Besonderheit, daß in der Person der Schwangeren eine singuläre Einheit von »Täter« und »Opfer« vorliegt[2], fällt rechtlich bereits deswegen ins Gewicht, weil der Schwangeren – anders als dem Adressaten von Strafvorschriften gegen Tötungsdelikte – weit mehr abverlangt wird als nur ein Unterlassen: Sie soll nicht nur die mit dem Austragen der Leibesfrucht verbundenen tiefgreifenden Veränderungen ihrer Gesundheit und ihres Wohlbefindens dulden, sondern auch die Eingriffe in ihre Lebensgestaltung hinnehmen, die sich aus Schwangerschaft und Geburt ergeben, besonders die mütterliche Verantwortung für die weitere Entwicklung des Kindes nach der Geburt tragen. Anders als bei den genannten Tötungsdelikten kann und muß der Gesetzgeber ferner davon ausgehen, daß das Schutzobjekt – die Leibesfrucht – am wirksamsten durch die Mutter selbst geschützt wird und daß deren Bereitschaft zum Austragen der Leibesfrucht durch Maßnahmen verschiedenster Art gestärkt werden kann. Da es von Natur aus keiner Strafvorschrift bedarf, um die mütterliche |
80 Schutzbeziehung herzustellen und zu sichern, läßt sich schon deswegen fragen, ob einer Störung dieser Beziehung, wie sie bei Schwangerschaftsabbrüchen zutage tritt, gerade durch eine Strafsanktion in geeigneter Weise begegnet werden kann. Jedenfalls darf der Gesetzgeber darauf wegen der genannten Besonderheiten anders reagieren als auf die Tötung menschlichen Lebens durch Dritte.

Nach *Auffassung der unterzeichnenden Richterin* ist die Weigerung der Schwangeren, die Menschwerdung ihrer Leibesfrucht in ih-

---

[1] C III 2 a (S. 46 [der amtlichen Sammlung]).

[2] So auch die Mehrheit unter C II 2, C III 3 (S. 42, 48) [der amtlichen Sammlung].

rem Körper zuzulassen, nicht allein nach dem natürlichen Empfinden der Frau, sondern auch rechtlich etwas wesentlich anderes als die Vernichtung selbständig existenten Lebens. Schon deswegen verbietet es sich von vornherein, die Abtreibung im ersten Stadium der Schwangerschaft mit Mord oder vorsätzlicher Tötung prinzipiell gleichzustellen. Erst recht ist es verfehlt, wenn nicht unsachlich, die Fristenlösung in die Nähe der Euthanasie oder gar der »Tötung unwerten Lebens« zu rücken, um sie von daher zu diskriminieren – wie dies in der öffentlichen Diskussion geschehen ist. Der Umstand, daß erst in einem längeren Entwicklungsprozeß ein vom mütterlichen Organismus trennbares selbständig existentes Lebewesen entsteht, legt es vielmehr nahe oder läßt es wenigstens zu, bei der rechtlichen Beurteilung zeitliche, dieser Entwicklung entsprechende Zäsuren zu berücksichtigen.[1] Die biologische Kontinuität der Gesamtentwicklung bis zur Geburt[2] – deren Beginn bei konsequenter Anwendung der Mehrheitsauffassung nicht erst bei der Einnistung, sondern bei der Empfängnis anzusetzen wäre – ändert nichts daran, daß den verschiedenen Entwicklungsstufen des Embryos eine Veränderung in der Einstellung der Schwangeren im Sinne einer wachsenden mütterlichen Bindung entspricht. Demgemäß ist es für das Rechtsbewußtsein der Schwan|geren, aber auch für das allgemeine Rechtsbewußtsein nicht 81
das gleiche, ob ein Schwangerschaftsabbruch im ersten Stadium der Schwangerschaft oder in einer späteren Phase stattfindet. Dies hat zu allen Zeiten in in- und ausländischen Rechtsordnungen seinen Niederschlag in einer an solche zeitlichen Einschnitte anknüpfenden verschiedenen strafrechtlichen Bewertung der Abtreibung gefunden, wie etwa der Supreme Court eindrucksvoll dargestellt hat.[3] Für den deutschen Rechtsraum verdient Hervorhebung, daß das Kirchenrecht, gestützt auf die Beseelungslehre, bis zum Ende des 19. Jahrhunderts die Abtreibung in der Zeitspanne bis zum 80. Tag nach der Empfängnis als straflos angesehen hat; auch das weltliche Strafrecht sah bis zum Erlaß des Strafgesetzbuches von 1871 zeitliche Abstufungen für die Höhe der Strafdrohung vor.[4]

---

[1] Vgl. das Erkenntnis des Österreichischen Verfassungsgerichtshofs unter II 5 b der Entscheidungsgründe, EuGRZ 1975, S. 74 (80); Lay, JZ 1970, S. 465 ff.; noch weiter gehend bezeichnet es Roman Herzog (JR 1969, S. 441) als Sache des Gesetzgebers, „von welcher Entwicklungsphase an [der] staatliche Schutz für das werdende Leben wirksam werden soll".

[2] Siehe C I 1 b (S. 37 [der amtlichen Sammlung]).

[3] 410 U.S. 113 (132 ff., 160 f.

[4] Vgl. Dähn in: Das Abtreibungsverbot des § 218 StGB (hrsg. von Baumann),

Der *unterzeichnende Richter* neigt dazu, diesen weiteren Überlegungen zum Verhältnis zwischen der Schwangeren und ihrer Leibesfrucht rechtlich eine geringere Bedeutung beizumessen. Wenn jedoch die Rücknahme der Strafdrohung in den ersten drei Monaten der Schwangerschaft aus anderen – bereits genannten oder noch zu erörternden – Gründen verfassungsrechtlich nicht zu beanstanden ist, dann handelt der Gesetzgeber jedenfalls nicht sachfremd, wenn er den genannten Umständen bei seiner Regelung Rechnung trägt. …

87 4. Auch die Mehrheit erkennt die gesetzgeberische Absicht, durch Beratung Leben zu erhalten, als »achtenswertes Ziel« an[1], hält aber – in Übereinstimmung mit den Antragstellern – die Anordnung *flankierender Strafsanktionen* für unabdingbar, weil der durchgängige Verzicht auf Bestrafung in den Fällen, in denen der Schwangerschaftsabbruch auf keinerlei achtenswerten Gründen beruhe, eine »Schutzlükke« hinterlasse.[2]

a) Die Eignung von Strafsanktionen für den beabsichtigten Lebensschutz erscheint jedoch von vornherein als zweifelhaft. Auch die Mehrheit räumt ein, daß die bisherige generelle Strafbarkeit des Schwangerschaftsabbruchs das werdende Leben gerade nicht ausreichend geschützt und möglicherweise sogar dazu beigetragen hat, andere wirksame Schutzmaßnahmen zu vernachlässigen.[3] Sie glaubt – wenn sie sich dessen auch nicht ganz sicher ist[4] –, diesem Versagen des Strafschutzes werde durch eine differenzierende Strafdrohung abgeholfen, nach der der Schwangerschaftsabbruch in den im Gesetzgebungsverfahren erörterten Indikationsfällen straflos bleiben soll. Hinsichtlich der schon bisher anerkannten oder praktizierten medizinischen, ethischen und eugenischen Indikation bringt diese Indikationslösung freilich keine wesentliche Veränderung des bisherigen unbefriedigenden Rechtszustandes. Eine wirkliche Differenzierung liegt nur in der Anerkennung der sozialen Indikation, sofern der Gesetzgeber bei der ihm obliegen-

---

2. Aufl., 1972, S. 331 f.; Supreme Court, a.a.O., 134; Simson-Geerds, Straftaten gegen die Person und Sittlichkeitsdelikte in rechtsvergleichender Sicht, 1969, S. 87; Sonderausschuß für die Strafrechtsreform, 7. Wp., Anlage zur 15. Sitzung, StenBer. S. 690 ff., 697 f.

[1] D II 2 b, D II 1 (S. 58 f., 53 f. [der amtlichen Sammlung]).

[2] A II 2 c, C III 2 b, D II 2 (S. 22, 46 f., 55 f. [der amtlichen Sammlung]).

[3] D II (S. 52 [der amtlichen Sammlung]).

[4] Vgl. D III (S. 65 f. [der amtlichen Sammlung]).

den Abgrenzung nicht übermäßig streng verfährt und wenigstens
hier die erwähnte Wechselbeziehung zwischen geschuldeter sozia-
ler Hilfe und vertretbarem Strafen beachtet: Je weniger der Staat
seinerseits zur Hilfe imstande ist, desto fragwürdiger und zugleich
wirkungsloser sind Strafdrohun|gen gegenüber Frauen, die sich 88
ihrerseits der Pflicht zum Austragen der Leibesfrucht nicht gewach-
sen fühlen.

Die von der Mehrheit insgesamt zugunsten der Indikationenlösung angestellten Erwägungen verdienen rechtspolitisch gewiß Berücksichtigung. Verfassungsrechtlich ist aber entscheidend, daß sich bei realistischer Betrachtung auf keinem Wege, auch nicht mit differenzierenden Strafdrohungen ein lückenloser Lebensschutz erreichen läßt und daß daher keine Lösung verfassungsrechtlich »festgeschrieben« werden kann. Die Mehrheit bleibt schon den ihr obliegenden Nachweis schuldig, daß im Zeitalter des »Abtreibungstourismus« von innerstaatlichen Strafvorschriften ein günstiger Einfluß gerade auf solche Frauen zu erwarten ist, die ohne einsichtigen Grund zur Abtreibung entschlossen sind. Wenn überhaupt, so läßt sich ein solcher Erfolg nur in einer gewissen Zahl von Fällen – besonders bei Angehörigen sozial schwächerer Gruppen – erreichen. Bei an sich beeinflußbaren Frauen zeigt sich die ambivalente Wirkung von Strafdrohungen unter anderem darin, daß diese einerseits einen gewissen Rückhalt gegen das Abtreibungsverlangen des Erzeugers oder der Familie bieten mögen, andererseits zur Erhöhung der Aborte beitragen können, indem sie die Schwangere in die Isolierung treiben, dadurch erst recht solchen Pressionen aussetzen und zu Kurzschlußhandlungen veranlassen.

b) Wie immer aber die Schutzwirkung von Strafdrohungen zu beurteilen sein mag, jedenfalls beruht ihre teilweise Rücknahme auf Erwägungen, die gerade unter dem Gesichtspunkt des Lebensschutzes Gewicht haben und sich – mindestens bei einer verbesserten Beratungsregelung – keinesfalls als offensichtlich fehlsam widerlegen lassen.

Der Gesetzgeber hatte bei seiner Konzeption das ganze Spektrum
der Abtreibungsproblematik vor Augen, besonders die Vielzahl jener
Schwangeren, die einer Beeinflussung zugänglich sind. Er durfte da-
von ausgehen, daß sich Frauen normalerweise nicht leichten Herzens
und ohne Grund einem solchen Eingriff unterziehen. In aller Regel
liegt ein ernst zu nehmender, jedenfalls | verständlicher Konflikt vor; 89
die Entscheidung zum Schwangerschaftsabbruch wird »in Tiefen der
Persönlichkeit getroffen, in die der Appell des Strafgesetzes nicht

eindringt«.[1] Gerade in diesen Fällen setzt nach Auffassung des Gesetzgebers die erfolgreiche Verwirklichung der Beratungsregelung zwingend voraus, daß eine gleichzeitige Strafdrohung entfällt; denn zur Abtreibung geneigte Frauen werden die Beratungsstellen nicht aufsuchen, solange sie befürchten müssen, dadurch ihre Entscheidungsfreiheit zu verlieren und sich durch das Bekanntwerden ihrer Schwangerschaft im Falle eines späteren illegalen Eingriffs strafrechtlicher Verfolgung auszusetzen. Diese auf das Urteil vieler Sachverständiger gestützte und zudem der Lebenserfahrung entsprechende Auffassung ist weder von den Antragstellern in der mündlichen Verhandlung noch von der Senatsmehrheit widerlegt worden.

Der Gesetzgeber befand sich daher in dem Dilemma, daß sich nach seiner Beurteilung präventive Beratung und repressive Strafdrohung in ihrer lebensschützenden Wirkung teilweise ausschließen. Seine Erwägung, auf eine mögliche abortverhindernde Wirkung von Strafsanktionen in einer wahrscheinlich geringen Zahl von Fällen anderes Leben zu retten, läßt sich nicht damit abtun, dies sei eine »pauschale Abwägung von Leben gegen Leben«, die mit der verfassungsrechtlichen Pflicht zum individuellen Schutz jedes einzelnen ungeborenen Lebens unvereinbar sei.[2] Mit dieser Argumentation verschließt sich die Mehrheit in schwer verständlicher Weise der Einsicht, daß sie selbst tut, was sie dem Gesetzgeber vorwirft. Denn sie nötigt ihrerseits den Gesetzgeber sogar von Verfassungs wegen zu einer Verrechnung, indem sie ihn durch die Forderung nach Beibehaltung der Strafvorschrift zwingt, solches ungeborene Leben schutzlos zu lassen, das bei einer Rücknahme der Strafdrohung durch geeignete Beratung bewahrt bleiben könnte. |

90 Der Rigorismus der Mehrheit verträgt sich zudem schwer mit der ausdrücklichen Zulassung einer Abwägung nicht nur von Leben gegen Leben, sondern sogar von Leben gegen minderrangige Rechtsgüter bei indizierten Schwangerschaftsabbrüchen. Soweit bei der Indikationenregelung über diese Abwägung staatlich ermächtigte Gutachterstellen befinden müssen, durfte der Gesetzgeber es als einen spezifischen Nachteil dieser Lösung werten, daß danach das Abtöten einer Leibesfrucht ausdrücklich amtlich legitimiert wird. Die Mehrheit läßt freilich für den Fall der sozialen Indikation offen, ob die Prüfung der Voraussetzungen vorweg durch Gutachterstellen vorzu-

---

[1] Rolinski, Sonderausschuß für die Strafrechtsreform, 6. Wp., 74., 75. und 76. Sitzung, StenBer. S. 2219.

[2] So D II 2 b–c (S. 58 ff. [der amtlichen Sammlung]).

nehmen oder einem späteren Strafverfahren zu überlassen ist.[1] Der zweite Weg würde aber ein wesentliches Anliegen der Reform verfehlen, weil er eine rechtsstaatlich höchst bedenkliche Unsicherheit für die betroffenen Frauen und die beteiligten Ärzte zur Folge hätte. …

IV. 95

Insgesamt war es daher nach unserer Ansicht dem Gesetzgeber durch die Verfassung nicht verwehrt, auf eine nach seiner unwiderlegten Auffassung weitgehend wirkungslose, inadäquate und sogar schädliche Strafdrohung zu verzichten. Sein Versuch, dem in den gegenwärtigen Zuständen offenbar werdenden Unvermögen von Staat und Gesellschaft im Dienste des Lebensschutzes durch sozial adäquatere Mittel abzuhelfen, mag unvollkommen sein; er entspricht aber dem Geist des Grundgesetzes mehr als die Forderung nach Strafe und Mißbilligung.

37 Art. 12 Abs. 1, Art. 21 Abs. 2, Art. 33 Abs. 2, 5 GG

Treuepflicht des Beamten als hergebrachter Grundsatz des Berufsbeamtentums – Inhalt und Bedeutung der politischen Treuepflicht – Verfassungstreue und »wehrhafte Demokratie« des Grundgesetzes – Eintreten für die freiheitlich demokratische Grundordnung als Eignungsvoraussetzung – kein Einstellungsanspruch aus Art. 33 Abs. 2 GG – gleiche politische Treuepflicht für alle Beamtenverhältnisse – Unverhältnismäßigkeit einer Verfassungsschutzanfrage für die Einstellung in den Vorbereitungsdienst im Regelfall – Bedeutung des Parteienprivilegs und beamtenrechtliche Verfassungstreuepflicht – Grundrechtsschutz des Beamten – Meinungsfreiheit des Beamten in den Grenzen des Beamten- und Disziplinarrechts – öffentlicher Dienst und freie Berufswahl

BVerfGE 39, 334–375 – Extremisten im öffentlichen Dienst[2]

1. Es ist ein hergebrachter und zu beachtender Grundsatz des Berufsbeamtentums (Art. 33 Abs. 5 GG), daß den Beamten eine beson- 334

[1] C III 3 (S. 50 [der amtlichen Sammlung]).

[2] Dem Beschluß sind Abweichende Meinungen der Richter Seuffert (S. 375–378 [der amtlichen Sammlung]), Rupp (S. 378–385 [der amtlichen Sammlung]) und Wand (S. 386–391 [der amtlichen Sammlung]) angefügt – vgl. dazu die Hinweise am Ende dieser Entscheidung.

dere politische Treuepflicht gegenüber dem Staat und seiner Verfassung obliegt.

2. Die Treuepflicht gebietet, den Staat und seine geltende Verfassungsordnung, auch soweit sie im Wege einer Verfassungsänderung veränderbar ist, zu bejahen und dies nicht bloß verbal, sondern insbesondere in der beruflichen Tätigkeit dadurch, daß der Beamte die bestehenden verfassungsrechtlichen und gesetzlichen Vorschriften beachtet und erfüllt und sein Amt aus dem Geist dieser Vorschriften heraus führt. Die politische Treuepflicht fordert mehr als nur eine formal korrekte, im übrigen uninteressierte, kühle, innerlich distanzierte Haltung gegenüber Staat und Verfassung; sie fordert vom Beamten insbesondere, daß er sich eindeutig von Gruppen und Bestrebungen distanziert, die diesen Staat, seine verfassungsmäßigen Organe und die geltende Verfassungsordnung angreifen, bekämpfen und diffamieren. Vom Beamten wird erwartet, daß er diesen Staat und seine Verfassung als einen hohen positiven Wert erkennt und anerkennt, für den einzutreten sich lohnt. Politische Treuepflicht bewährt sich in Krisenzeiten und in ernsthaften Konfliktsituationen, in denen der Staat darauf angewiesen ist, daß der Beamte Partei für ihn ergreift.

3. Bei Beamten auf Probe und bei Beamten auf Widerruf rechtfertigt die Verletzung der Treuepflicht regelmäßig die Entlassung aus dem Amt. Bei Beamten auf Lebenszeit kann wegen dieser Dienstpflichtverletzung im förmlichen Disziplinarverfahren auf Entfernung aus dem Dienst erkannt werden.

4. Es ist eine von der Verfassung (Art. 33 Abs. 5 GG) geforderte und durch das einfache Gesetz konkretisierte rechtliche Voraussetzung für den Eintritt in das Beamtenverhältnis, daß der Bewerber die Gewähr bietet, jederzeit für die freiheitliche demokratische Grundordnung einzutreten.

5. Der Überzeugung, daß der Bewerber die geforderte Gewähr nicht bietet, liegt ein Urteil über die Persönlichkeit des Bewerbers zugrunde, das zugleich eine Prognose enthält und sich jeweils auf eine von Fall zu Fall wechselnde Vielzahl von Elementen und deren Bewertung gründet. |

335 6. Die sich aus Art. 33 Abs. 5 GG ergebende Rechtslage gilt für jedes Beamtenverhältnis, für das Beamtenverhältnis auf Zeit, für das Beamtenverhältnis auf Probe und für das Beamtenverhältnis auf Widerruf ebenso wie für das Beamtenverhältnis auf Lebenszeit.

7. Wenn auch an die Angestellten im öffentlichen Dienst weniger hohe Anforderungen als an die Beamten zu stellen sind, schulden sie

gleichwohl dem Dienstherrn Loyalität und die gewissenhafte Erfüllung ihrer dienstlichen Obliegenheiten; auch sie dürfen nicht den Staat, in dessen Dienst sie stehen, und seine Verfassungsordnung angreifen; auch sie können wegen grober Verletzung dieser Dienstpflichten fristlos entlassen werden; und auch ihre Einstellung kann abgelehnt werden, wenn damit zu rechnen ist, daß sie ihre mit der Einstellung verbundenen Pflichten nicht werden erfüllen können oder wollen.

8. Ein Teil des Verhaltens, das für die Beurteilung der Persönlichkeit eines Beamtenanwärters erheblich sein kann, kann auch der Beitritt oder die Zugehörigkeit zu einer politischen Partei sein, die verfassungsfeindliche Ziele verfolgt – unabhängig davon, ob ihre Verfassungswidrigkeit durch Urteil des Bundesverfassungsgerichts festgestellt ist oder nicht.

9. Die durch Art. 33 Abs. 5 GG gedeckten Regelungen des Beamten- und Disziplinarrechts sind allgemeine Gesetze im Sinne von Art. 5 Abs. 2 GG.

10. Es steht nicht in Widerspruch zu Art. 12 GG, wenn der hergebrachte Grundsatz des Berufsbeamtentums im Beamtenrecht verwirklicht wird, vom Bewerber für ein Amt zu verlangen, daß er die Gewähr bietet, jederzeit für die freiheitliche demokratische Grundordnung einzutreten.

11. Dem Staat steht frei, einen Vorbereitungsdienst, dessen erfolgreiche Absolvierung Voraussetzung sowohl für den Staatsdienst im Beamtenverhältnis als auch für einen freien Beruf ist, allgemein so zu organisieren, daß er in einem zivilrechtlichen Anstellungsverhältnis oder in einem besonderen öffentlichrechtlichen Verhältnis außerhalb des Beamtenverhältnisses abzuleisten ist. Entscheidet er sich für einen Vorbereitungsdienst, der im Beamtenverhältnis zurückzulegen ist, so muß er für diejenigen, für die ein Beruf außerhalb des Staatsdienstes in Betracht kommt, entweder einen gleichwertigen, nicht diskriminierenden Vorbereitungsdienst anbieten, der ohne Berufung ins Beamtenverhältnis geleistet werden kann, oder innerhalb seiner beamtenrecht | lichen Regelung eine Ausnahmevorschrift vor- 336
sehen, die es gestattet, den Vorbereitungsdienst auf Wunsch außerhalb eines Beamtenverhältnisses abzuleisten. Im Hinblick darauf, daß in zunehmendem Maße neben die zweistufige juristische Ausbildung eine einstufige Ausbildung tritt, mag es zur rechtlichen Vereinheitlichung des juristischen Vorbereitungsdienstes naheliegen, künftig für alle Juristen die praktische Ausbildung vor der zweiten juristischen Staatsprüfung innerhalb eines öffentlich-rechtlichen

Rechtspraktikanten-Verhältnisses vorzusehen, das kein Beamtenverhältnis ist.

Beschluß des Zweiten Senats vom 22. Mai 1975 – 2 BvL 13/73 –

Sachverhalt: *Gegenstand der konkreten Normenkontrolle war § 9 Abs. 1 Nr. 2 des Schleswig-Holsteinischen Landesbeamtengesetzes in der Fassung vom 10. Mai 1971 (GVBl. S. 254), der in Übereinstimmung mit § 4 Abs. 1 Nr. 2 BRRG bestimmte, daß in das Beamtenverhältnis nur berufen werden darf, wer u.a. »die Gewähr dafür bietet, daß er jederzeit für die freiheitlich demokratische Grundordnung im Sinne des Grundgesetzes eintritt«.*

Nach der schleswig-holsteinischen Verordnung über die Ausbildung der Juristen (JAO) in der damals gültigen Fassung vom 25. Mai 1972 (GVBl. S. 91) war der juristische Vorbereitungsdienst ausschließlich im Beamtenverhältnis auf Widerruf abzuleisten. Im Ausgangsverfahren ging es um die Klage eines Referendarbewerbers, dessen Antrag auf Aufnahme in den juristischen Vorbereitungsdienst des Landes Schleswig-Holstein u.a. deshalb abgelehnt worden war, weil er sich während seiner Studienzeit mehrfach an Veranstaltungen der »Roten Zelle Jura« beteiligt hatte, einer Vereinigung, die nach Auffassung der Landesjustizverwaltung verfassungsfeindliche Ziele verfolgte. Auf die Verpflichtungsklage des Bewerbers hat das Verwaltungsgericht Hannover das Verfahren ausgesetzt und dem Bundesverfassungsgericht die landesgesetzliche Bestimmung über die Verfassungstreuepflicht der Beamten vorgelegt, da sie nach seiner Auffassung gegen Art. 12 GG verstieß.

Das Bundesverfassungsgericht erklärte die genannte Bestimmung des Landesbeamtengesetzes für vereinbar mit dem Grundgesetz.

Aus den Gründen:

346 § 9 Abs. 1 Nr. 2 LBG ist mit dem Grundgesetz und dem übrigen Bundesrecht vereinbar.

I.

Zu den in Art. 33 Abs. 5 GG genannten hergebrachten und zu beachtenden Grundsätzen des Berufsbeamtentums und des Richterrechts gehört der Grundsatz, daß vom Beamten und Richter zu fordern ist, daß er für die Verfassungsordnung, auf die er vereidigt ist, eintritt.

1. Die Geschichte des deutschen Beamtentums seit dem Ende des 18. Jahrhunderts (vgl. z.B. Pr. Allg. Landrecht Teil II, Titel 10, §§ 1 ff.) kennt – unbeschadet von Veränderungen im Verständnis dieses Spezifikums je nach den wechselnden Verfassungsordnungen –

eine besondere Bindung des Beamten, die auf einer mit dem Eintritt
in das Beamtenverhältnis verbundenen und übernommenen *Treue-
pflicht* beruht. In der absoluten Monarchie galt sie der Person des
Monarchen als dem Repräsentanten des Staates, in der konstitutionel-
len Monarchie dem verfassungsrechtlich gebundenen Monarchen,
der jenseits des politischen Streits stand und seine »Staatsdiener« auf
das Gemeinwohl verpflichtete. In der Republik bestand sie fort; der
»Staatsdienst« verlangte Treue zu Staat und Verfassung. Sichtbaren
Ausdruck fand sie im Treueeid. Im Laufe der Zeit entwickelten sich
aus dieser *einen* (umfassenden) Pflicht verschiedene konkretere Be-
amtenpflichten, wie sie in den modernen Beamtengesetzen fixiert
werden und heute beispielsweise in §§ 52–56, 61, 64, 72, 74 BBG;
§§ 35–39, 44 BRRG; §§ 65–68, 77, 80, 88, 90 LBG enthalten sind.
An jener traditionellen Treuepflicht des Beamten hält auch das
Grundgesetz als einem hergebrachten und zu beachtenden Grundsatz
des Berufsbeamtentums (Art. 33 Abs. 5 GG) fest; auf | ihn wird aus- 347
drücklich in Art. 33 Abs. 4 GG (»Dienst- und *Treue*verhältnis«) und
Art 5 Abs. 3 Satz 2 GG (Treue zur Verfassung) Bezug genommen.
Der Grund für das Festhalten an diesem hergebrachten Grundsatz
liegt auf der Hand: Der moderne »Verwaltungsstaat« mit seinen
ebenso vielfältigen wie komplizierten Aufgaben, von deren sachge-
rechter, effizienter, pünktlicher Erfüllung das Funktionieren des ge-
sellschaftlich-politischen Systems und die Möglichkeit eines men-
schenwürdigen Lebens der Gruppen, Minderheiten und jedes Einzel-
nen Tag für Tag abhängt, ist auf einen intakten, loyalen, pflichttreuen,
dem Staat und seiner verfassungsmäßigen Ordnung innerlich verbun-
denen Beamtenkörper angewiesen. Ist auf die Beamtenschaft kein
Verlaß mehr, so sind die Gesellschaft und ihr Staat in kritischen Si-
tuationen »verloren« (vgl. z.B. *Laband,* Staatsrecht des Deutschen
Reiches, 1876 S. 395, 422; *Brehm,* Die rechtliche Natur des Staats-
dienstes nach deutschem Staatsrecht, in Annalen des Deutschen Rei-
ches, 1885, S. 288 ff.; *Köttgen,* Das deutsche Berufsbeamtentum und
die parlamentarische Demokratie, 1928, S. 79, 108 ff. u.ö.; *Gerber,*
Archiv für Öffentliches Recht N.F. 18. Bd. 1930, S. 1 ff.; *W. Jellinek,*
Rechtsformen des Staatsdienstes, Anschütz-Thoma, Handbuch des
Deutschen Staatsrechts, 2. Bd., S. 24; *Daniels,* Die Pflichten und
Rechte des Beamten, in Anschütz-Thoma, Handbuch des Deutschen
Staatsrechts, 2. Bd. S. 42; *Zwirner,* Politische Treuepflicht des Beam-
ten, 1956; *Böttcher,* Die politische Treuepflicht der Beamten und Sol-
daten und die Grundrechte der Kommunikation, 1967).

2. Es ist hier nicht abschließend zu entscheiden, was sich alles an

Pflichten für den Beamten im einzelnen aus jener umfassenden Treuepflicht ergibt. Es genügt festzuhalten, daß jedenfalls zur Treuepflicht des Beamten als Kern die politische Treuepflicht gehört. Gemeint ist damit nicht eine Verpflichtung, sich mit den Zielen oder einer bestimmten Politik der jeweiligen Regierung zu identifizieren. Gemeint ist vielmehr die Pflicht zur Bereitschaft, sich mit der Idee des Staates, dem der Beamte dienen soll, mit der freiheitlichen demo-
348 kratischen, rechts- und sozialstaatli | chen Ordnung dieses Staates zu
identifizieren. Dies schließt nicht aus, an Erscheinungen dieses Staates Kritik üben zu dürfen, für Änderungen der bestehenden Verhältnisse – innerhalb des Rahmens der Verfassung und mit den verfassungsrechtlich vorgesehenen Mitteln – eintreten zu können, solange in diesem Gewand nicht eben dieser Staat und seine verfassungsmäßige Grundlage in Frage gestellt werden. An einer »unkritischen« Beamtenschaft können Staat und Gesellschaft kein Interesse haben. Unverzichtbar ist aber, daß der Beamte den Staat – ungeachtet seiner Mängel – und die geltende verfassungsrechtliche Ordnung, so wie sie in Kraft steht, bejaht, sie als schützenswert anerkennt, in diesem Sinne sich zu ihnen bekennt und aktiv für sie eintritt. Der Beamte, der dies tut, genügt seiner Treuepflicht und kann *von diesem Boden aus* auch Kritik äußern und Bestrebungen nach Änderungen der bestehenden Verhältnisse – im Rahmen der verfassungsmäßigen Ordnung und auf verfassungsmäßigen Wegen! – unterstützen. Das Entscheidende ist, daß die Treuepflicht gebietet, den Staat und seine geltende Verfassungsordnung, auch soweit sie im Wege einer Verfassungsänderung veränderbar ist, zu bejahen und dies nicht bloß verbal, sondern insbesondere in der beruflichen Tätigkeit dadurch, daß der Beamte die bestehenden verfassungsrechtlichen und gesetzlichen Vorschriften beachtet und erfüllt und sein Amt aus dem Geist dieser Vorschriften heraus führt. Die politische Treuepflicht – Staats- und Verfassungstreue – fordert mehr als nur eine formal korrekte, im übrigen uninteressierte, kühle, innerlich distanzierte Haltung gegenüber Staat und Verfassung; sie fordert vom Beamten insbesondere, daß er sich eindeutig von Gruppen und Bestrebungen distanziert, die diesen Staat, seine verfassungsmäßigen Organe und die geltende Verfassungsordnung angreifen, bekämpfen und diffamieren. Vom Beamten wird erwartet, daß er diesen Staat und seine Verfassung als einen hohen positiven Wert erkennt und anerkennt, für den einzutreten sich lohnt. Politische Treuepflicht bewährt sich in Krisenzeiten und in ernsthaften Konfliktsituationen, in denen der Staat darauf angewie-
349 sen ist, daß der Beamte | Partei für ihn ergreift. Der Staat – und das

heißt hier konkreter, *jede verfassungsmäßige Regierung und die Bürger* – muß sich darauf verlassen können, daß der Beamte in seiner Amtsführung Verantwortung für diesen Staat, für »seinen« Staat zu tragen bereit ist, daß er sich in dem Staat, dem er dienen soll, zu Hause fühlt – jetzt und jederzeit und nicht erst, wenn die von ihm erstrebten Veränderungen durch entsprechende Verfassungsänderungen verwirklicht worden sind.

3. Die hergebrachte Treuepflicht des Beamten erhält unter der Geltung des Grundgesetzes ein besonderes Gewicht dadurch, daß diese Verfassung nicht wertneutral ist, sondern sich für zentrale Grundwerte entscheidet, sie in ihren Schutz nimmt und dem Staat aufgibt, sie zu sichern und sie zu gewährleisten (Art. 1 GG). Sie trifft Vorkehrungen gegen ihre Bedrohung, sie institutionalisiert besondere Verfahren zur Abwehr von Angriffen auf die verfassungsmäßige Ordnung, sie konstituiert eine wehrhafte Demokratie (Art. 2 Abs. 1, Art. 9 Abs. 2, Art. 18, Art. 20 Abs. 4, Art. 21 Abs. 2, Art. 79 Abs. 3, Art. 91, Art. 98 Abs. 2 GG). Diese Grundentscheidung der Verfassung schließt es aus, daß der Staat, dessen verfassungsmäßiges Funktionieren von der freien inneren Bindung seiner Beamten an die geltende Verfassung abhängt, zum Staatsdienst Bewerber zuläßt und im Staatsdienst Bürger beläßt, die die freiheitliche demokratische, rechts- und sozialstaatliche Ordnung ablehnen und bekämpfen. Der Beamte kann nicht zugleich in der organisierten Staatlichkeit wirken und die damit verbundenen persönlichen Sicherungen und Vorteile in Anspruch nehmen und aus dieser Stellung heraus die Grundlagen seines Handelns zerstören wollen. Der freiheitliche demokratische Rechtsstaat kann und darf sich nicht in die Hand seiner Zerstörer geben.

4. Aus der dargelegten verfassungsrechtlichen Lage folgt zwingend: Ein Beamter, der gegen die von ihm in Art. 33 Abs. 5 GG geforderte Treuepflicht verstößt, verletzt seine Dienstpflicht. Die Beamtengesetze konkretisieren dies; § 52 Abs. 2 BBG bestimmt für den Bundesbeamten: »Der Beamte muß sich durch sein gesamtes Verhal-
ten zu der freiheitlich-demokratischen | Grundordnung im Sinne des 350
Grundgesetzes bekennen und für deren Erhaltung eintreten.« Und nach § 77 Abs. 2 BBG gilt als Dienstvergehen, wenn der Ruhestandsbeamte oder der Beamte mit Versorgungsbezügen »sich gegen die freiheitlich-demokratische Grundordnung im Sinne des Grundgesetzes betätigt« oder »an Bestrebungen teilnimmt, die darauf abzielen, den Bestand oder die Sicherheit der Bundesrepublik Deutschland zu beeinträchtigen«. Entsprechendes bestimmen die §§ 35 Abs. 1 Satz 3, 45 Abs. 2 BRRG sowie die §§ 65 Abs. 2, 93 Abs. 2 Nr. 1 und 2 LBG.

Bei Beamten auf Probe und bei Beamten auf Widerruf rechtfertigt ein solches Dienstvergehen regelmäßig die Entlassung aus dem Amt. Bei Beamten auf Lebenszeit (oder Zeit) kann wegen dieser Dienstpflichtverletzung im förmlichen (gerichtlichen) Disziplinarverfahren auf Entfernung aus dem Dienst erkannt werden.

In jedem Fall ist die Entfernung aus dem Dienst jedoch nur aufgrund eines *begangenen konkreten* Dienstvergehens möglich. Das Dienstvergehen besteht nicht einfachhin in der »mangelnden Gewähr« des Beamten dafür, daß er jederzeit für die freiheitliche demokratische Grundordnung eintreten werde, sondern in der nachgewiesenen Verletzung jener Amtspflicht, »sich durch sein gesamtes Verhalten zu der freiheitlich-demokratischen Grundordnung im Sinne des Grundgesetzes zu bekennen und für deren Erhaltung einzutreten.« Dabei ist zu beachten, daß sich der umschriebene Inhalt der Treuepflicht des Beamten nicht völlig mit dem Inhalt der disziplinär zu ahndenden Treuepflichtverletzung des Beamten deckt, weil zum letztgenannten Tatbestand ein Minimum an Gewicht und an Evidenz der Pflichtverletzung gehört. Andererseits kann die Pflichtverletzung nicht nur in Aktivitäten, sondern auch in einem Unterlassen bestehen, beispielsweise wenn der Vorgesetzte oder Dienstvorgesetzte verfassungsfeindliche Umtriebe innerhalb seines Verantwortungsbereichs geflissentlich übersieht und geschehen läßt. Das bloße Haben einer Überzeugung und die bloße Mitteilung, daß man diese habe, ist niemals eine Verletzung der Treuepflicht, die dem Beamten auferlegt
351 ist; | dieser Tatbestand ist überschritten, wenn der Beamte aus seiner politischen Überzeugung Folgerungen für seine Einstellung gegenüber der verfassungsmäßigen Ordnung der Bundesrepublik Deutschland, für die Art der Erfüllung seiner Dienstpflichten, für den Umgang mit seinen Mitarbeitern oder für politische Aktivitäten im Sinne seiner politischen Überzeugung zieht.

Für Ruhestandsbeamte und frühere Beamte mit Versorgungsbezügen wird als Dienstvergehen fingiert (»gilt« als Dienstvergehen), wenn sie sich gegen die freiheitliche demokratische Grundordnung im Sinne des Grundgesetzes betätigt haben oder wenn sie an Bestrebungen teilgenommen haben, die darauf abzielen, den Bestand oder die Sicherheit der Bundesrepublik Deutschland zu beeinträchtigen. Hier werden also Aktivitäten feindseliger Art gefordert. Meinungsäußerungen können, müssen aber nicht in jedem Fall den Charakter von solchen Aktivitäten feindseliger Art haben. Solange sie sich darin erschöpfen, im Vertrauen auf die Überzeugungskraft des Arguments Kritik an bestehenden Zuständen zu üben oder bestehende rechtliche Regelungen in Gesetzen oder in der Verfassung in dem dafür vorgesehenen verfassungsrechtlichen Verfahren zu ändern, erfüllen sie nicht die genannten Tatbestände eines Dienstvergehens. Sie können allenfalls verstoßen gegen die Pflicht des Beamten, »bei politischer Betätigung diejenige Mäßigung und Zurückhaltung zu wahren, die sich aus seiner Stellung gegenüber der Gesamtheit und aus der Rücksicht auf die Pflichten seines Amtes ergeben« (§ 53 BBG). Dagegen stellen Agitationen, die die freiheitliche demokratische Grundordnung herabsetzen, verfassungsrechtliche Wertentscheidungen und Institutionen diffamieren und zum Bruch geltender Gesetze auffordern, Betätigungen gegen die freiheitliche demokratische Grundordnung dar.

5. Aus der dargelegten verfassungsrechtlich geforderten Treuepflicht des Beamten ergibt sich eine weitere Folgerung. Wenn der Beamte habituell, seiner Persönlichkeit nach nur dann für ein öffentliches Amt geeignet ist – Eignung im Sinne des Art. 33 Abs. 2 GG als Voraussetzung für die Berufung ins Beamtenver|hältnis! –, wenn er 352
jederzeit bereit ist, für die freiheitliche demokratische Grundordnung einzutreten, dann muß unter diesem verfassungsrechtlichen Aspekt verlangt werden, nur solche Anwärter ins Beamtenverhältnis zu berufen, die auch die Gewähr dafür bieten, daß sie jederzeit für die freiheitlich demokratische Grundordnung einzutreten bereit sind. Es ist also eine von der Verfassung (Art. 33 Abs. 5 GG) geforderte und durch das einfache Gesetz konkretisierte rechtliche Voraussetzung für den Eintritt in das Beamtenverhältnis, daß der Bewerber die Gewähr bietet, jederzeit für die freiheitliche demokratische Grundordnung einzutreten, wie es das Deutsche Richtergesetz (§ 9 Nr. 2), das Bundesbeamtengesetz (§ 7 Abs. 1 Nr. 2), das Beamtenrechtsrahmengesetz (§ 4 Abs. 1 Nr. 2) und die entsprechenden Vorschriften des Landesrechts vorschreiben. Die genannten beamtenrechtlichen Vorschriften haben genau den Inhalt, der oben unter 2) näher umschrieben ist; und es ist die Rechtspflicht aller Einstellungsbehörden, sie mit diesem Inhalt ernst zu nehmen und sie mit diesem Inhalt anzuwenden.

Gerade weil die Entfernung eines Beamten auf Lebenszeit oder auf Zeit aus dem Dienst wegen Verletzung seiner Treuepflicht nach den hergebrachten Grundsätzen des Berufsbeamtentums nur im Wege eines förmlichen Disziplinarverfahrens möglich ist, muß der Dienstherr darauf sehen, daß niemand Beamter wird, der nicht die Gewähr dafür bietet, jederzeit für die freiheitliche demokratische Grundordnung einzutreten. Der Dienstherr hat – auch dem Bewerber gegenüber – die Pflicht, die verfassungsrechtlich möglichen Vorkehrungen zu treffen, damit er nicht genötigt wird, Beamte wegen Verletzung ihrer politischen Treuepflicht in ein Disziplinarverfahren zu ziehen. Das verfassungsrechtlich legitime Mittel dazu ist die Prüfung und Entscheidung, ob die Persönlichkeit des Bewerbers die Gewähr bietet, daß er jederzeit für die freiheitliche demokratische Grundordnung eintreten wird.

Die Einstellungsbehörde entscheidet über den Antrag auf Übernahme in das Beamtenverhältnis, ohne verpflichtet zu sein, vorher
353 den Bewerber zu ihren Zweifeln anzuhören. Bei dieser | Entscheidung gibt es keine »Beweislast«, weder für den Bewerber, daß er die geforderte Gewähr bietet, noch für die Einstellungsbehörde, daß der Bewerber diese Gewähr nicht bietet. »Zweifel an der Verfassungstreue« hat hier nur den Sinn, daß der für die Einstellung Verantwortliche im Augenblick seiner Entscheidung nicht überzeugt ist, daß der Bewerber die Gewähr bietet, jederzeit für die freiheitliche demokratische Grundordnung einzutreten. Dieser Überzeugung liegt ein *Urteil* zugrunde, das zugleich eine Prognose enthält; es hat nur den Einzelfall im Auge und gründet sich jeweils auf eine von Fall zu Fall wechselnde *Vielzahl von Elementen* und deren Bewertung. Die Dinge liegen insofern im Grunde nicht anders als in den Fällen, in denen der Dienstvorgesetzte über die sonstige Eignung oder Befähigung oder Leistung eines Bewerbers für den öffentlichen Dienst zu entscheiden hat. Es handelt sich um ein prognostisches Urteil über die *Persönlichkeit* des Bewerbers, nicht lediglich um die Feststellung einzelner Beurteilungselemente (Äußerungen, Teilnahme an Demonstrationen, politische Aktivitäten, Zugehörigkeit zu irgendwelchen Gruppen, Vereinigungen oder politischen Parteien). Ein Bewerber kann beispielsweise der Eignung für den öffentlichen Dienst ermangeln, auch wenn ihm das amtsärztliche Zeugnis Gesundheit attestiert, sofern er beispielsweise nach dem Urteil der Einstellungsbehörde uneinsichtig rechthaberisch ist. Ihm kann die Befähigung fehlen, wenn ihm trotz des Studiums der Pädagogik ein Minimum an Geschick im Umgang mit den Schülern abgeht. Schließlich kann auch über die Leistung eines Bewerbers Zweifel bestehen, wenn er – ungeachtet seiner Qualifizierung in den Prüfungen – dem Erfordernis der Praxis, Entscheidungen zeitgerecht zu treffen (sie nicht unschlüssig vor sich herzuschieben), nicht genügt. Der Beispiele gibt es viele. – Das geforderte Urteil über die Persönlichkeit des Bewerbers kann nicht selten vom *persönlichen Eindruck* abhängen. Deshalb haben Personalreferenten und Behördenleiter seit je Wert darauf gelegt, daß sich die Bewerber vorstellten oder zu einem Vorstellungsbesuch eingeladen wurden,

und zwar nicht nur, wenn Be|denken dagegen bestanden, ob der Be- 354
werber die Gewähr bietet, jederzeit für die freiheitliche demokratische Grundordnung einzutreten. Mehr als dies kann auch nicht für den letztgenannten Fall gefordert werden.

Soll der Ablehnungsbescheid durch Anfechtungsklage angegriffen werden, so hat der Bewerber Anspruch auf Mitteilung der Umstände, auf die die Einstellungsbehörde ihre Ablehnung stützt. Für diese Anfechtungsklage gilt derselbe Grundsatz, den die Verwaltungsgerichte für die Fälle entwickelt haben, in denen eine Beurteilung (Prüfungsergebnis, dienstliche Beurteilung usw.) Gegenstand der gerichtlichen Kontrolle ist. Soweit der der einstellenden Behörde danach zustehende Beurteilungsspielraum reicht, ist die gerichtliche Nachprüfung darauf beschränkt, ob diese Stelle von einem unrichtigen Sachverhalt ausgegangen ist und ob sie den beamtenrechtlichen und verfassungsrechtlichen Rahmen (Art. 33 Abs. 2 und 5 GG), in dem sie sich frei bewegen kann, verkannt hat. Im übrigen ist die Nachprüfung von Ablehnungsbescheiden, da es im Beamtenrecht keinen Anspruch auf Übernahme in das Beamtenverhältnis gibt – Art 33 Abs. 2 GG spricht nur davon, daß jeder Deutsche »nach seiner Eignung, Befähigung und fachlichen Leistung gleichen Zugang zu jedem öffentlichen Amt« hat –, auf die Willkürkontrolle beschränkt; dabei kann das Gericht die angegriffene Beurteilung nicht durch die eigene Beurteilung ersetzen. Aus demselben Grund kann das Gericht in aller Regel dem Anfechtungskläger den Zugang zum öffentlichen Dienst nicht eröffnen (nicht zur Übernahme in den öffentlichen Dienst verurteilen), sondern allenfalls den Ablehnungsbescheid aufheben und dadurch die Verwaltung nötigen, erneut über den Antrag auf Übernahme in den öffentlichen Dienst zu entscheiden.

6. Wenn also nur für jeden Einzelfall entschieden werden kann, ob der Bewerber nach seiner Persönlichkeit die Gewähr bietet oder nicht bietet, jederzeit für die freiheitliche demokratische Grundordnung einzutreten, ist es offenbar verfassungsrechtlich bedenklich, wenn ein Gesetz allgemein zwingend vorschreibt, daß einzelne konkrete Ver-
haltensweisen die Gewähr des | Bewerbers, er werde jederzeit für 355
die freiheitliche demokratische Grundordnung eintreten, ausschließen. Entscheidend ist die Bewertung eines solchen Verhaltens im Zusammenhang mit anderen Gesichtspunkten, an deren Ende die Überzeugung steht, daß dieser Bewerber seiner Persönlichkeit nach die Gewähr bietet oder nicht bietet, daß er jederzeit für die freiheitliche demokratische Grundordnung eintreten werde.

7. a) Die dargestellte, aus Art. 33 Abs. 5 GG sich ergebende

Rechtslage – Treuepflicht des Beamten und Prüfung des Bewerbers, ob er die Gewähr bietet, jederzeit für die freiheitliche demokratische Grundordnung einzutreten – gilt für *jedes* Beamtenverhältnis, für das Beamtenverhältnis auf Zeit, für das Beamtenverhältnis auf Probe und für das Beamtenverhältnis auf Widerruf ebenso wie für das Beamtenverhältnis auf Lebenszeit. Sie ist auch einer Differenzierung je nach der Art der dienstlichen Obliegenheiten des Beamten nicht zugänglich. Denn in diesem Zusammenhang ist von erheblicher Bedeutung, daß jeder Beamte, der sich gegen die freiheitliche demokratische Grundordnung im Sinne des Grundgesetzes betätigt oder an Bestrebungen teilnimmt, die darauf abzielen, den Bestand oder die Sicherheit der Bundesrepublik Deutschland zu beeinträchtigen, nicht nur als eine Gefahr im Hinblick auf die Art der Erledigung der ihm obliegenden Dienstaufgaben anzusehen ist, sondern auch als eine Gefahr im Hinblick auf die naheliegende Möglichkeit der Beeinflussung seiner Umgebung, seiner Mitarbeiter, seiner Dienststelle, seiner Behörde im Sinne seiner verfassungsfeindlichen persönlichen Überzeugung.

b) Wie der Vollständigkeit halber zu bemerken ist, schulden auch die Angestellten im öffentlichen Dienst dem Dienstherrn Loyalität und die gewissenhafte Erfüllung ihrer dienstlichen Obliegenheiten. Auch sie dürfen nicht den Staat, in dessen Dienst sie stehen, und seine Verfassungsordnung angreifen. Auch sie können wegen grober Verletzung dieser Dienstpflichten fristlos entlassen werden. Und auch ihre Einstellung kann abgelehnt werden, wenn damit zu rechnen
356 ist, daß sie ihre mit der Einstellung | verbundenen Pflichten nicht werden erfüllen können oder wollen.

c) Für den Vorbereitungsdienst, gleichgültig, ob er im Beamtenverhältnis oder in einem Angestelltenverhältnis abgeleistet wird, ist allerdings im Hinblick auf gewisse Entwicklungen in der Verwaltungspraxis noch folgende Bemerkung nötig: Wer als Berufsziel den Staatsdienst im Auge hat, nähert sich diesem Dienst in drei »Stufen«: er studiert, er erwirbt die jeweils erforderliche Vorbildung – für den höheren Dienst durch Absolvierung des Vorbereitungsdienstes –, er wird als Beamter auf Probe übernommen. In der zweiten und dritten Stufe hat der Dienstvorgesetzte Gelegenheit, den Bewerber intensiv kennenzulernen, ihn zu beobachten und sich schließlich ein Urteil über seine Persönlichkeit zu bilden. *Hier,* wo die Verwaltung *unmittelbar* sich ein zuverlässiges Bild über den Anwärter machen kann, muß der Schwerpunkt liegen für die Gewinnung des Urteils, ob der Bewerber die geforderte Gewähr bietet oder nicht. Das bedeutet aber,

daß für die Übernahme in den Vorbereitungsdienst eine gewissermaßen »vorläufige« Beurteilung ausreicht, der alle Umstände zugrunde gelegt werden können, die der Einstellungsbehörde ohne weitere zusätzliche Ermittlungen bekannt sind, beispielsweise aus Personal- und Strafakten oder allgemein zugänglichen Berichterstattungen, die sie sich aber nicht erst von anderen (Staatsschutz-)Behörden systematisch nach entsprechenden Erhebungen zutragen läßt. »Ermittlungen« der letztgenannten Art können nur Verhaltensweisen zutage fördern, die in die Ausbildungs- und Studienzeit eines jungen Menschen fallen, häufig Emotionen in Verbindung mit engagiertem Protest entspringen und Teil von Milieu- und Gruppenreaktionen sind, also sich wenig eignen als ein Element (von vielen), aus dem man einen Schluß auf die Persönlichkeit des zu Beurteilenden ziehen könnte; sie vergiften andererseits die politische Atmosphäre, irritieren nicht nur die Betroffenen in ihrem Vertrauen in die Demokratie, diskreditieren den freiheitlichen Staat, stehen außer Verhältnis zum »Ertrag« und bilden insofern eine Gefahr, als ihre Speiche|rung allzu leicht miß- 357
braucht werden kann. Deshalb sind solche Ermittlungen und die Speicherung ihrer Ergebnisse *für Zwecke der Einstellungsbehörden* schwerlich vereinbar mit dem im Rechtsstaatsprinzip verankerten Gebot der Verhältnismäßigkeit.

II.

Die Entscheidungsfreiheit des Dienstherrn bei der Anwendung der beamtenrechtlichen Vorschriften, die die politische Treuepflicht des Beamten näher regeln, wird durch Art. 21 GG nicht eingeschränkt.

1. Art. 21 Abs. 2 GG behält die Entscheidung über die Verfassungsmäßigkeit oder Verfassungswidrigkeit einer politischen Partei dem Bundesverfassungsgericht vor. Eine Partei mag faktisch die freiheitliche demokratische Grundordnung bekämpfen oder auf die Gefährdung der Sicherheit des Staates ausgehen; sie kann mit dieser Argumentation zwar politisch bekämpft werden, kann aber an ihrer politischen Aktivität nicht rechtlich gehindert werden, solange sie nicht vom Bundesverfassungsgericht in dem dafür vorgesehenen besonderen Verfahren verboten worden ist. Das Urteil hat also konstitutive Bedeutung für ein Einschreiten gegen die Partei durch Polizei, Verwaltung und Gerichte (BVerfGE 5, 85 [140]; 12, 296 [304 f.]).

2. Daraus hat das Bundesverfassungsgericht folgenden Schluß gezogen:

Eine politische Partei kann nicht leben ohne Apparat und Funktionäre, die für sie arbeiten. Darf sie bis zum Verbot durch das Bundesverfassungsgericht »existieren«, so bedeutet das, daß ihr Apparat und ihre Funktionäre ungestört und ungehindert agieren dürfen. Was hier von Verfassungs wegen »gestattet« wird, kann man nicht zu einem Tatbestand machen, an den man nachträglich Rechtsnachteile (Sanktionen) knüpft. Deshalb war § 90a StGB – ein Organisationsdelikt –, soweit es sich auf politische Parteien bezogen hat, mit Art. 21 GG unvereinbar und nichtig (BVerfGE 12, 296 [305 ff.]). Aus dem gleichen Grund darf § 6 Abs. 1 Nr. 2 BEG nicht auf Personen angewandt
358 wer|den, die nur als Funktionäre einer politischen Partei vor ihrem Verbot durch das Bundesverfassungsgericht deren Ziele mit allgemein erlaubten Mitteln vertreten haben (BVerfGE 13, 46 [52 f.]; vgl. außerdem BVerfGE 13, 123 [126]; 17, 155 ff.). Dagegen setzt die Anklage und Verurteilung eines Funktionärs einer politischen Partei wegen Hochverrats gemäß §§ 80, 81 StGB die Feststellung der Verfassungswidrigkeit dieser Partei auch dann nicht voraus, wenn er sich im Rahmen dessen gehalten hat, was die Partei erstrebt und propagiert (BVerfGE 9, 162 ff.).

Diese Rechtsprechung hat, wie sich aus dem Zusammenhang der Gründe ergibt, den normalen Status des politischen Aktivbürgers in der Gesellschaft vor Augen, nicht dagegen den Bürger in seiner besonderen rechtlichen Stellung als Beamten. Was er, der Beamte, darf, was er nicht darf und welche Folgerungen der Dienstherr aus der ansonsten als parteioffizielle Tätigkeit eines Funktionärs und Anhängers einer Partei zu qualifizierenden Tätigkeit ziehen darf, ist überhaupt nicht Gegenstand der Erwägungen in den zitierten Entscheidungen.

3. Während demnach die Argumentation, die auf die Freiheit der Betätigung für eine politische Partei abzielt, ihre Grundlage in Art. 21 GG hat – also den Bürger bei seiner parteioffiziellen Tätigkeit von Sanktionen freistellt um des ungestörten und unbehinderten Funktionierens der Partei willen –, liegt die ratio des verfassungsrechtlichen Grundsatzes, daß dem Beamten gegenüber dem freiheitlichen demokratischen Staat, zu dem er in ein besonders enges Verhältnis getreten ist, eine politische Treuepflicht obliegt, in einem anderen rechtlichen Zusammenhang. Der Staat in seiner freiheitlichen demokratischen Verfaßtheit bedarf, wenn er sich nicht selbst in Frage stellen will, eines Beamtenkörpers, der für ihn und die geltende verfassungsmäßige Ordnung eintritt, in Krisen und Loyalitätskonflikten ihn verteidigt, indem er die ihm übertragenen Aufgaben getreu in Einklang mit dem

Geist der Verfassung, mit den verfassungsrechtlichen Wertentscheidungen und Geboten und den geltenden Gesetzen erfüllt.

Die Verwirklichung dieser Verfassungsentscheidung in Art. 33 |
Abs. 5 GG steht in Widerspruch mit Art. 21 Abs. 2 GG; Art. 33 Abs. 5 359
GG fordert vom *Beamten* das Eintreten für die verfassungsmäßige Ordnung, Art. 21 Abs. 2 GG läßt dagegen dem *Bürger* die Freiheit, diese verfassungsmäßige Ordnung abzulehnen und sie politisch zu bekämpfen, solange er es innerhalb einer Partei, die nicht verboten ist, mit allgemein erlaubten Mitteln tut. Die besonderen Pflichten des Beamten sind nicht aufgestellt in Ansehung der Interessen der politischen Partei, insbesondere nicht zur Behinderung ihrer politischen Aktivitäten, sondern in Ansehung der Sicherung des Verfassungsstaates vor Gefahren aus dem Kreis seiner Beamten. Ihr besonderer Status, ihre Kompetenzen wären ohne das Erfordernis der politischen Treuepflicht des Beamten die ideale Plattform für Bestrebungen, die geltende Verfassungsordnung außerhalb des von der Verfassung gewiesenen Weges zu verändern und umzustürzen. Es geht nicht darum, daß der Beamte wegen seiner Zugehörigkeit zu einer politischen Partei benachteiligt wird. Die Frage ist vielmehr, ob der Beamte in seinem Amt die politische Treuepflicht verletzt oder nicht verletzt, und ob der Bewerber um ein Amt seiner Persönlichkeit nach die Gewähr bietet, jederzeit für die freiheitliche demokratische Grundordnung einzutreten. Das sind Fragen, die sie *selbst* durch ihr Verhalten beantworten. Ein Stück des Verhaltens, das für die hier geforderte Beurteilung der Persönlichkeit des Bewerbers erheblich sein kann, kann auch der Beitritt oder die Zugehörigkeit zu einer politischen Partei sein, die verfassungsfeindliche Ziele verfolgt, – unabhängig davon, ob ihre Verfassungswidrigkeit durch Urteil des Bundesverfassungsgerichts festgestellt ist oder nicht. Es wäre geradezu willkürlich, dieses Element der Beurteilung einer Persönlichkeit auszuscheiden, also den Dienstherrn zu zwingen, die *Verfassungstreue* eines Beamten zu bejahen, weil eine Entscheidung des Bundesverfassungsgerichts über die *Verfassungswidrigkeit* einer Partei aussteht – eine Entscheidung übrigens, die von einem Antrag abhängt, der weithin im Ermessen der Antragsteller steht und schwerlich nur deshalb gestellt werden
wird, um Amtsbewerber ablehnen | oder gegen Beamte wegen Ver- 360
letzung ihrer politischen Treuepflicht dienststrafrechtlich einschreiten zu können.

Der Umstand, daß die dem Bundesverfassungsgericht vorbehaltene Entscheidung über die Verfassungswidrigkeit einer politischen Partei bisher nicht ergangen ist, hindert nicht, daß die Überzeugung gewonnen und vertreten werden darf, diese Partei verfolge verfassungsfeindliche Ziele und sei deshalb politisch zu bekämpfen. Eine Partei, die beispielsweise programmatisch die Diktatur des Proletariats propagiert oder das Mittel der Gewalt zum Umsturz der verfassungsmäßigen Ordnung bejaht, wenn es die Verhältnisse zulassen sollten, verfolgt verfassungsfeindliche Ziele, auch wenn die nach § 43 BVerfGG Antragsberechtigten es vorziehen, das Parteiverbotsverfahren nicht einzuleiten, weil die politische Auseinandersetzung mit ihr ausreicht oder wirkungsvoller die freiheitliche demokratische Ordnung im Sinne des Grundgesetzes zu schützen vermag als ein förmliches Parteiverbot. Deshalb ist es verfassungsrechtlich unbedenklich und von der politischen Verantwortung der Regierung gefordert, daß sie ihren jährlichen Bericht über die Entwicklung verfassungsfeindlicher Kräfte, Gruppen und Parteien dem Parlament und der Öffentlichkeit vorlegt. Soweit daraus für eine Partei *faktische* Nachteile (bei der Gewinnung von Mitgliedern oder Anhängern) entstehen, ist sie dagegen nicht durch Art. 21 GG geschützt. Dasselbe gilt für faktische nachteilige Auswirkungen, die sich mittelbar aus den dargelegten Schranken, die Art. 33 Abs. 5 GG für den Zugang zum Staatsdienst und für die Belassung im Staatsdienst aufrichtet, ergeben.

III.

Die bisher dargelegte Rechtslage steht auch nicht in Widerspruch mit den Grundrechtsgarantien des Grundgesetzes:

1. Im Vordergrund steht hier das Grundrecht der Meinungsfreiheit (Art. 5 Abs. 1 und 2 GG).

a) Das Verhältnis von Meinungsfreiheit und Treuepflicht der Be-
361 amten hat seine Geschichte. In der Weimarer Zeit wurde es | zweimal aktuell – in den ersten Jahren der Weimarer Republik, als es kommunistische Aktivitäten und Gewalttaten rechtsradikaler Gruppen abzuwehren galt, und in den letzten Jahren, als die NSDAP aufkam und immer gefährlicher wurde. [*Wird ausgeführt.*]

364 Danach schränkten die besonderen Pflichten aus dem Beamtenverhältnis die Meinungsfreiheit ein. Die bloße politische Gesinnung und ihr Bekenntnis allein – auch wenn es sich auf eine verfassungsfeindliche politische Partei und ihr Programm bezog – stellte keine disziplinär zu ahndende Pflichverletzung dar. Eine in der »Äußerung« zum Ausdruck kommende *Unterstützung* der verfassungsfeindlichen Partei war aber sehr wohl eine Pflichtverletzung (Anschütz, Weimarer

Reichsverfassung 1933, Anm. 1 bis 3 zu Art. 130; Häntzschel in Anschütz-Thoma, Handbuch des Deutschen Staatsrechts, 2. Bd. »Das Recht der freien Meinungsäußerung« S. 670 f.; vgl. auch Häntzschel und Berner in Reichsverwaltungsblatt und Preußisches Verwaltungsblatt 1930, S. 509 ff., 667 ff.). |

Unter der Geltung des Grundgesetzes wurde dieselbe Frage zum 365
ersten Mal 1950 aktuell: Damals galt § 3 Abs. 2 des Deutschen Beamtengesetzes in der Bundesfassung vom 17. Mai 1950: »Die im Dienste des Bundes stehenden Personen müssen sich durch ihr gesamtes Verhalten zur demokratischen Staatsauffassung bekennen«. Die Bundesregierung faßte dazu folgenden Beschluß vom 19. September 1950:

> Die Gegner der Bundesrepublik verstärken ihre Bemühungen, die freiheitliche demokratische Grundordnung zu untergraben. Jede Teilnahme an solchen Bestrebungen ist unvereinbar mit den Pflichten des öffentlichen Dienstes. Alle in unmittelbarem oder mittelbarem Bundesdienst stehenden Personen haben sich gemäß § 3 des vorläufigen Bundespersonalgesetzes durch ihr gesamtes Verhalten zur demokratischen Staatsordnung zu bekennen. Wer als Beamter, Angestellter oder Arbeiter im Bundesdienst an Organisationen oder Bestrebungen gegen die freiheitlich demokratische Staatsordnung teilnimmt, sich für sie betätigt oder sie sonst unterstützt, wer insbesondere im Auftrage oder im Sinne der auf Gewalthandlungen abzielenden Beschlüsse des 3. Parteitages der kommunistischen SED und des sogenannten »Nationalkongresses« wirkt, macht sich einer schweren Pflichtverletzung schuldig.
>
> Zu den Organisationen, deren Unterstützung mit den Dienstpflichten unvereinbar sind, gehören insbesondere:
>
> 1.–13. …
>
> Die Bundesregierung ersucht die Dienstvorgesetzten, gegen Beamte, Angestellte und Arbeiter, die ihre Treuepflicht gegenüber der Bundesrepublik durch Teilnahme an solchen Organisationen oder Bestrebungen verletzen, die erforderlichen Maßnahmen zu ergreifen. Gegen Schuldige ist unnachsichtig die sofortige Entfernung aus dem Bundesdienst, und zwar bei Beamten auf Lebenszeit durch Einleitung eines förmlichen Dienststrafverfahrens unter gleichzeitiger vorläufiger Dienstenthebung und Gehaltseinbehaltung, bei Beamten auf Widerruf durch Widerruf, bei Angestellten und Arbeitern durch fristlose Kündigung herbeizuführen.
>
> Die Bundesregierung empfiehlt den Landesregierungen, sofort entsprechende Maßnahmen zu treffen.

(Vgl. dazu H. Jellinek u.a., Grewe, Scheuner in Deutscher Bund für Bürgerrecht, Frankfurt/M., Politische Treuepflicht im öffentlichen Dienst, 1951, S. 9 ff., 35 ff., 65 ff.). |

366 Am 28. Januar 1972 einigten sich Bund und Länder auf folgenden Beschluß des Bundeskanzlers und der Regierungschefs der Länder:

> Nach den Beamtengesetzen vom Bund und Ländern und den für Angestellte und Arbeiter entsprechend geltenden Bestimmungen sind die Angehörigen des Öffentlichen Dienstes verpflichtet, sich zur freiheitlich-demokratischen Grundordnung im Sinne des Grundgesetzes positiv zu bekennen und für deren Erhaltung einzutreten. Verfassungsfeindliche Bestrebungen stellen eine Verletzung dieser Verpflichtung dar. Die Mitgliedschaft von *Angehörigen* des Öffentlichen Dienstes in Parteien oder Organisationen, die die verfassungsmäßige Ordnung bekämpfen – wie auch die sonstige Förderung solcher Parteien und Organisationen –, wird daher in aller Regel zu einem Loyalitätskonflikt führen. Führt das zu einem Pflichtverstoß, so ist im Einzelfall zu entscheiden, welche Maßnahmen der Dienstherr ergreift.
>
> Die *Einstellung* in den Öffentlichen Dienst setzt nach der genannten Bestimmungen voraus, daß der Bewerber die Gewähr dafür bietet, daß er jederzeit für die freiheitlich-demokratische Grundordnung im Sinne des Grundgesetzes eintritt. Bestehen hieran begründete Zweifel, so rechtfertigt diese in der Regel eine Ablehnung.

(Vgl. Bulletin Nr. 15 vom 3. Februar 1972, S. 142).

Die Anwendung des Beschlusses blieb bisher umstritten; die Absicht, ihn durch eine gesetzliche Regelung zu ersetzen, ist noch nicht verwirklicht.

b) Nach dem Verfassungsrecht der Bundesrepublik Deutschland gilt: Der Beamte genießt Grundrechtsschutz. Er steht zwar »im Staat« und ist deshalb mit besonderen Pflichten belastet, die ihm dem Staat gegenüber obliegen, er ist aber zugleich Bürger, der seine Grundrechte gegen den Staat geltend machen kann. In ihm stoßen sich also zwei Grundentscheidungen des Grundgesetzes: Die Garantie eines für den Staat unentbehrlichen, ihn tragenden, verläßlichen, die freiheitliche demokratische Grundordnung bejahenden Beamtenkörpers – Teil der »fixierten Verfassungssubstanz« im Sinne von Lerche (vgl. Bettermann-Nipperdey-Scheuner, Die Grundrechte, Bd. 4, 1. Halbband, S. 474) – und die Garantie der individuellen Freiheitsrechte, hier
367 insbeson | dere des Grundrechts der freien Meinungsäußerung. Der notwendige Ausgleich ist so zu suchen, daß die für die Erhaltung eines intakten Beamtentums unerläßlich zu fordernden Pflichten des Beamten die Wahrnehmung von Grundrechten durch den Beamten einschränken. Die Konkretisierung dieser Regel auf alle vorstellbaren Fälle der Ausübung eines Grundrechts braucht hier nicht dargelegt zu werden. Es genügt die Konkretisierung jener Regel auf den

Fall von *politischen* »Äußerungen«, die unverträglich sind mit der Pflicht des Beamten, wie sie oben dargelegt ist. *Jedes* Verhalten, das als politische Meinungsäußerung gewertet werden kann, ist danach nur dann verfassungsrechtlich durch Art. 5 GG gedeckt, wenn es nicht unvereinbar ist mit der in Art. 33 Abs. 5 GG geforderten politischen Treuepflicht des Beamten. Im *konkreten* Fall ist dann die Vereinbarkeit oder Unvereinbarkeit der Äußerung mit der politischen Treuepflicht des Beamten nach dem Grundsatz, daß rechtlich begründete Grenzen des Art. 5 GG im Lichte des durch sie begrenzten Grundrechts auszulegen sind, zu entscheiden (BVerfGE 7, 198 [208 ff.];[1] 20, 162 [177];[2] 21, 271 [281]). In diesem Sinn sind die durch Art. 33 Abs. 5 GG gedeckten Regelungen des Beamten- und Disziplinarrechts allgemeine Gesetze nach Art. 5 Abs. 2 GG.

2. Entsprechendes gilt nicht nur für das Grundrecht des Art. 2 Abs. 1 GG, sondern auch für das Grundrecht des Art. 8 Abs. 1 und des Art. 9 Abs. 1 GG, bei denen zwar ein ausdrücklicher Gesetzesvorbehalt fehlt, denen aber eine »immanente Schranke« (BVerfGE 3, 248 [253]; 20, 351 [355 f.]; 21, 92 [93]; 24, 367 [396])[3] inne wohnt: »Der Einzelne muß sich diejenigen Schranken seiner Handlungsfreiheit gefallen lassen, die der Gesetzgeber zur Pflege und Förderung des sozialen Zusammenlebens in den Grenzen des bei dem gegebenen Sachverhalt allgemein Zumutbaren zieht, vorausgesetzt, daß dabei die Eigenständigkeit der Person gewahrt bleibt« (BVerfGE 4, 7 [16]; 33, 303 [334][4]).

3. Nach Art. 3 Abs. 3 GG darf niemand u.a. »wegen seiner politischen Anschauungen benachteiligt oder bevorzugt werden«. Dadurch
ist der allgemeine Gleichheitssatz des Art. 3 Abs. 1 GG | formalisiert 368
und die politische Anschauung als Anknüpfungspunkt für eine Diskriminierung oder Privilegierung verboten. Dies relativiert jedoch nicht die im Beamtenverhältnis wurzelnde Treuepflicht des Beamten und die aus ihr zu ziehenden Folgen:

Zunächst geht es nicht an, das Verbot in Art. 3 Abs. 3 GG nicht nur auf das bloße »Haben« einer politischen Überzeugung, sondern auch auf das Äußern und Betätigen dieser politischen Anschauung zu beziehen; denn Äußern und Betätigen einer politischen Überzeugung fällt eindeutig unter besondere Grundrechte, nämlich die einzelnen

---

[1] BVerfGA Nr. 5.
[2] BVerfGA Nr. 15.
[3] BVerfGA Nr. 20.
[4] BVerfGA Nr. 31.

Freiheitsrechte, die ein Handeln umhegen (also Art. 2 Abs. 1, 4, 5, 8, 9 GG). Diese haben *eigene* Umschreibungen ihrer Schranken, die nicht aufrecht erhalten und vom Gesetzgeber realisiert werden könnten, wenn Art. 3 Abs. 3 GG im Wege stünde.

Davon abgesehen gilt jedes formalisierte Verbot des Art. 3 Abs. 3 GG nicht absolut. Es sollte auf der Hand liegen, daß es nicht unzulässig sein kann, bei der Verwendung eines Lehrers an einer konfessionellen Schule auf dessen Bekenntnis abzustellen oder bei der Berufung des Leiters einer Mädchenschule einer weiblichen Direktorin den Vorzug zu geben oder einen Deutschen deshalb nicht anzustellen, weil er im Ausland aufwuchs und nicht der deutschen Sprache mächtig ist. Man kann diese Grenzen damit begründen, daß Art. 3 Abs. 3 GG (»wegen«) nur die »bezweckte« Benachteiligung oder Bevorzugung verbietet, nicht aber einen Nachteil oder einen Vorteil, der die *Folge* einer ganz anders intendierten Regelung ist (z.B. Regelung zum Schutz der werdenden Mutter oder zum Schutz der verfassungsmäßigen Ordnung usw.), oder kurz mit dem Rückgriff auf »die Natur der Sache« (vgl. BVerfGE 7, 155 [170]).

Schließlich darf eine Verfassungsvorschrift nicht isoliert ausgelegt werden; sie muß vielmehr aus dem Kontext der Verfassung heraus ausgelegt werden (BVerfGE 19, 206 [220]; 30, 1 [19];[1] 33, 23 [29]). In diesen Zusammenhang gestellt ist es schlechterdings ausgeschlossen, daß dieselbe Verfassung, die die Bundesrepublik Deutschland
369 aus der bitteren Erfahrung mit dem Schick|sal der Weimarer Demokratie als eine streitbare, wehrhafte Demokratie konstituiert hat, diesen Staat mit Hilfe des Art. 3 Abs. 3 GG seinen Feinden auszuliefern geboten hat (vgl. BVerfGE 30, 1 [20];[1] 28, 36 [49]; 13, 46 [49]).

4. Nach der feststehenden Rechtsprechung des Gerichts ist der Begriff »Beruf« in Art. 12 GG weit auszulegen; er umfaßt auch den Beruf im öffentlichen Dienst (BVerfGE 7, 377 [397 f.];[2] 11, 30 [39]; 16, 6 [21 f.]; 17, 371 [377]). Daran ist festzuhalten.

a) Allerdings erfährt Art. 12 GG sowohl hinsichtlich der darin garantierten Berufswahl als auch hinsichtlich der Berufsausübung Einschränkungen aus Art. 33 Abs. 5 GG. »Auch Berufe, die Tätigkeiten zum Inhalt haben, welche nach der heutigen Vorstellung der organisierten Gesellschaft, in erster Linie dem Staat vorbehalten bleiben müssen, sind in Art. 12 Abs. 1 GG in dem Sinne gemeint, daß auch sie von Einzelnen als Beruf frei gewählt werden können und daß kei-

---

[1] BVerfGA Nr. 24.
[2] BVerfGA Nr. 6.

nem ihre Wahl aufgezwungen oder verboten werden darf. Es liegt kein Grund vor anzunehmen, daß das Grundrecht ›seinem Wesen nach‹ für solche Berufe nicht gelte … Doch gibt und ermöglicht für alle Berufe, die ›öffentlicher Dienst‹ sind, Art. 33 GG weithin Sonderregelungen. Sie ergeben sich aus der Natur der Sache: Die Zahl der Arbeitsplätze (und damit im Grenzfall die tatsächliche Unmöglichkeit der Wahl des Berufs für den Einzelnen) wird hier allein von der organisierten Gewalt (im weitesten Sinn) der jeweils zuständigen öffentlich-rechtlichen Körperschaft bestimmt. Das hiernach mögliche Maß an Freiheit der Berufswahl für den Einzelnen wird durch den gleichen Zugang aller zu allen öffentlichen Ämtern bei gleicher Eignung (Art. 33 Abs. 2 GG) gewährleistet« (BVerfGE 7, 377 [397 f.]).[1] Die Garantie der freien Wahl des Berufs, der im öffentlich-rechtlichen Staatsdienst geleistet werden will, gibt also keinen subjektiven Anspruch.

Auf der anderen Seite kann das Grundrecht der Berufsfreiheit vom Dienstherrn nicht beliebig beschränkt werden; die Schranken müssen sich »aus der Natur der Sache« ergeben. Nicht nur die Art und Weise der Tätigkeit im Beruf (»Berufsausübung«), son | dern auch deren 370
Beginn (Zulassung zum Beruf, die gleichzeitig die freie Berufswahl betrifft), können entsprechend der vom Bundesverfassungsgericht entwickelten Stufentheorie beschränkt werden, insbesondere durch subjektive Zulassungsvoraussetzungen, deren Erfüllung von dem Leistungsvermögen der Person des Bewerbers abhängt, und durch objektive Zulassungsvoraussetzungen, die unabhängig vom Leistungsvermögen des Bewerbers aus zwingenden Gründen des Gemeinwohls erforderlich erscheinen (BVerfGE 7, 377 [405 ff.]).[1]

b) Das Erfordernis für die Zulassung zum öffentlichen Dienst als Beamter (Gewähr, daß er jederzeit für die freiheitliche demokratische Grundordnung eintritt) gehört zu den subjektiven Zulassungsvoraussetzungen; es steht bei der Person des Bewerbers (hängt in diesem Sinne nur von ihm ab), ob er diese Voraussetzung erfüllen will und erfüllt oder nicht. Für das Zulassungserfordernis »Gewähr für Verfassungstreue« sprechen, wie oben ausführlich dargelegt, zwingende Gründe des Gemeinwohls. Der Staat, der sich nicht selbst aufgeben will, mindestens nicht seine Funktionsfähigkeit, soweit sie vom Beamtenkörper abhängt, in Gefahr bringen will, muß sicherstellen, daß in den Beamtenapparat nicht Verfassungsfeinde eindringen. Diese für

---

[1] BVerfGA Nr. 6.

ihn wichtige Sicherung kann nicht voll durch das mildere Mittel erreicht werden, auf die Zulassungsvoraussetzung zu verzichten und sich mit der Möglichkeit der Entfernung aus dem Dienst im Falle der Verletzung der politischen Treuepflicht aufgrund eines Urteils des Disziplinargerichts zu begnügen. Deshalb steht es nicht in Widerspruch zu Art. 12 GG, wenn der hergebrachte Grundsatz des Berufsbeamtentums im Beamtenrecht verwirklicht wird, vom Bewerber für ein Amt zu verlangen, daß er die Gewähr bietet, jederzeit für die freiheitliche demokratische Grundordnung einzutreten, und dem Beamten gegenüber die Verletzung der politischen Treuepflicht dienststrafrechtlich mit der Entfernung aus dem Dienst zu ahnden. Das politische Schlag- und Reizwort vom »Berufsverbot« für Radikale ist völlig fehl am Platz und soll offensichtlich nur politische Emotionen
371 wecken. Die Verfassung | und die sie konkretisierende Regelung des Beamtenrechts statuiert kein Berufsverbot. Sie stellen nur eine legitime Zulassungsvoraussetzung auf, die zum Schutz der freiheitlichen demokratischen Grundordnung nötig ist und von jedem, der den Staatsdienst anstrebt, erfüllt werden kann, wenn er will. Wer dem Staate dienen will, darf nicht gegen den Staat und seine Verfassungsordnung aufbegehren und anrennen wollen.

IV.

Demnach ist es mit dem Grundgesetz vereinbar, wenn § 9 Abs. 1 Nr. 2 LBG in Verbindung mit § 25 Abs. 3 JAO auch vom geprüften Rechtskandidaten, der in den im Beamtenverhältnis abzuleistenden Vorbereitungsdienst übernommen werden will, verlangt, daß er die Gewähr dafür bietet, er werde jederzeit für die freiheitliche demokratische Grundordnung im Sinne des Grundgesetzes eintreten.

Damit steht aber noch keineswegs fest, daß die gegenwärtig in Schleswig-Holstein geltende Rechtslage, die nur den Vorbereitungsdienst kennt, der im Beamtenverhältnis abzuleisten ist, voll dem Grundgesetz genügt.

1. Der Staat ist prinzipiell frei, ob und wie er den Vorbereitungsdienst für Anwärter auf bestimmte Berufe organisieren und gestalten will. Für die Mehrzahl der Berufe hat er bisher auf eine gesetzliche Regelung der Ausbildung verzichtet und sich darauf beschränkt, Schulen der verschiedensten Art zur Verfügung zu stellen und darauf zu vertrauen, daß der erfolgreiche Abschluß der Schulausbildung und eine weitere freie Ausbildung innerhalb der Berufe und Berufsorgani-

sationen dem Bedürfnis nach geeignetem Nachwuchs genügt. Für die Zulassung zu einigen Berufen fordert das Gesetz bestimmte Examina, ohne eine geregelte Ausbildung während eines Vorbereitungsdienstes vorzuschreiben; diese bleibt den Berufsverbänden, Unternehmen usw. überlassen. Es gibt schließlich Berufe, für die neben bestimmten Examina auch die Ableistung einer besonderen praktischen Ausbildung gesetzlich vorgeschrieben ist. Für die Berufe im Staatsdienst, die im | Beamtenverhältnis ausgeübt werden, ist in der Regel 372
neben der Ablegung der vorgeschriebenen Prüfung die Ableistung eines Vorbereitungsdienstes obligatorisch, der vor allem der weiteren Ausbildung, aber auch der Auslese, insbesondere dem Nachweis der Eignung des Bewerbers dient. Das gilt insbesondere für den Zugang zum höheren Dienst. Dieser Vorbereitungsdienst liegt zur Zeit noch regelmäßig zwischen der ersten und zweiten Staatsprüfung (»Referendarzeit«).

Dieser Vorbereitungsdienst muß nicht so organisiert sein, daß der Referendar im Beamtenverhältnis steht. Er kann auch so geregelt werden, daß er innerhalb eines privat-rechtlichen Angestellenverhältnisses oder in einem besonderen öffentlich-rechtlichen Verhältnis, das nicht ein Beamtenverhältnis ist, abgeleistet wird. Es ist Sache des Gesetzes oder der staatlichen Organisationsgewalt, welche Form gewählt wird oder welche Formen nebeneinander zugelassen werden. Entscheidet sich der Staat für einen Vorbereitungsdienst innerhalb eines Beamtenverhältnisses – und dies hat das Land Schlesiwg-Holstein getan und zwar nicht nur für Anwärter auf den Staatsdienst, sondern auch für Anwärter auf einen juristischen Beruf außerhalb des Staatsdienstes (die Auffassung der Landesregierung, für letztere Berufe sei der Vorbereitungsdienst ungeregelt geblieben, ist unrichtig und widerspricht der eindeutigen Praxis) –, dann gilt für den Referendar als Beamten folgerichtig alles, was oben an Schranken für die Zulassung und an Pflichten für den Zugelassenen aus dem Beamtenverhältnis heraus dargelegt worden ist. Die Eigentümlichkeit des Ausbildungsverhältnisses kann höchstens dazu führen, daß man davon absieht, die Auszubildenden ins Beamtenverhältnis zu übernehmen.

2. Der juristische Vorbereitungsdienst ist nicht nur für Anwärter auf den Staatsdienst im Beamtenverhältnis eingerichtet; seine Ableistung wird auch gesetzlich gefordert für bestimmte Berufe außerhalb des Staatsdienstes (z.B. Rechtsanwalt oder Notar, die die »Befähigung zum Richteramt« besitzen müssen), oder gehört wenigstens in den Augen der Gesellschaft und der freien Wirt | schaft für gewisse 373

Berufe zu einer »abgeschlossenen Berufsausbildung« (Leiter der Rechtsabteilung eines Privatunternehmens, juristischer Mitarbeiter in einem privatwirtschaftlichen Verband oder einer sonstigen nichtstaatlichen Organisation).

In einem solchen Fall kann man weder von Verfassungs wegen verlangen, daß der Staat um der Bewerber für einen freien Beruf willen allgemein von der Berufung der im Vorbereitungsdienst Stehenden in das Beamtenverhältnis absehen muß; noch läßt sich vertreten, daß der Staat, weil er generalisieren darf und der Vorbereitungsdienst überwiegend dem Nachwuchs für den Staatsdienst im Beamtenverhältnis dient, für *alle,* auch für die, für die ein juristischer Beruf außerhalb des Staatsdienstes in Betracht kommt, die Übernahme in das Beamtenverhältnis für die Dauer des Vorbereitungsdienstes vorschreiben darf. Das Letztere steht in Widerspruch zu Art. 12 GG. Für eine berufliche Tätigkeit in der freien Wirtschaft gibt es, was die politischen Aktivitäten anlangt, nur die Schranken der allgemeinen Strafgesetze und die Androhung der Verwirklichung von Grundrechten gemäß Art. 18 GG; im übrigen gilt das Grundrecht der Berufsfreiheit. Sie wird eingeschränkt – und zwar im entscheidenen Augenblick des Zugangs zum Beruf –, wenn der Bewerber vom gesetzlich oder faktisch notwendigen Vorbereitungsdienst ausgeschlossen wird, weil dieser nur in einem Beamtenverhältnis abgeleistet werden kann und ihm (dem Bewerber) die dafür erforderliche Eignung (Gewähr der Verfassungstreue) fehlt. Für diese Einschränkung lassen sich im Lichte der Freiheitsgarantie des Art. 12 GG durchgreifende plausible Gründe des Gemeinwohls nicht geltend machen (vgl. BVerfGE 33, 303 [338]).[1]

Aus all dem folgt: Dem Staat steht es frei, einen Vorbereitungsdienst, dessen erfolgreiche Absolvierung Voraussetzung sowohl für den Staatsdienst im Beamtenverhältnis als auch für einen freien Beruf ist, allgemein so zu organisieren, daß er in einem zivilrechtlichen Anstellungsverhältnis oder in einem besonderen öffentlich-rechtlichen Verhältnis außerhalb des Beamtenverhältnisses (»Praktikanten-
374 verhältnis«, wie es bereits teil|weise für die einstufige Juristenausbildung vorgesehen ist) abzuleisten ist. Entscheidet er sich – wie das Land Schleswig-Holstein – im Interesse derer, die den Beruf eines Beamten anstreben, für einen Vorbereitungsdienst, der im Beamtenverhältnis zurückzulegen ist, so muß er für diejenigen, für die ein Beruf außerhalb des Staatsdienstes in Betracht kommt, entweder einen

[1] BVerfGA Nr. 31.

gleichwertigen, nicht diskriminierenden Vorbereitungsdienst anbieten, der ohne Berufung ins Beamtenverhältnis absolviert werden kann oder innerhalb seiner beamtenrechtlichen Regelung eine Ausnahmevorschrift vorsehen, die es gestattet, den Vorbereitungsdienst auf Wunsch außerhalb eines Beamtenverhältnisses abzuleisten, wie das bisher schon gelegentlich für Ausländer, die nicht in das Beamtenverhältnis übernommen werden können, vorgesehen ist. Damit erledigt sich auch das Bedenken, die angegriffene Zulassungsbeschränkung für den Vorbereitungsdienst sei unvereinbar mit der bundesrechtlichen Regelung in § 7 Nr. 6 BRAO. Im Hinblick darauf, daß in zunehmendem Maße neben die zweistufige juristische Ausbildung eine einstufige Ausbildung tritt, mag es zur rechtlichen Vereinheitlichung des juristischen Vorbereitungsdienstes naheliegen, künftig für *alle* Juristen die praktische Ausbildung vor der zweiten juristischen Staatsprüfung innerhalb eines öffentlich-rechtlichen Ausbildungsverhältnisses (Rechtspraktikanten-Verhältnis) vorzusehen, das kein Beamtenverhältnis ist.

Wie immer der Vorbereitungsdienst für Anwärter auf einen Beruf außerhalb des Staatsdienstes ausgestaltet wird, in jedem Falle bleibt unberührt, daß der in den Vorbereitungsdienst übernommene Referendar fristlos aus diesem Vorbereitungsdienst entfernt werden kann, wenn er sich verfassungsfeindlich betätigt.

Es ist also nicht zu beanstanden, daß vom juristischen Vorbereitungsdienst, der im Beamtenverhältnis abzuleisten ist, ein Bewerber ausgeschlossen werden kann, wenn er nicht die Gewähr bietet, jederzeit für die freiheitliche demokratische Grundordnung einzutreten. Verfassungsrechtlich zu beanstanden ist dagegen, daß das Land einen Vorbereitungsdienst, der auch die Vor | aussetzung für den Zugang zu 375
einem Beruf außerhalb des Staatsdienstes ist, nicht auch in der Form anbietet, daß der Anwärter ihn ohne Berufung in das Beamtenverhältnis ableisten und damit die Hürde des Beamtenrechts überwinden kann. Die Verfassungswidrigkeit besteht also in einer Unterlassung, nämlich in der Unterlassung einer Ergänzung der Regelung, die bisher nur den Vorbereitungsdienst kennt, der im Beamtenverhältnis abgeleistet werden muß. Daraus die notwendigen Folgerungen zu ziehen, ist Sache des Landesgesetzgebers.

Diese Entscheidung ist im Ergebnis einstimmig ergangen.

[Der Entscheidung sind angefügt:

Abweichende Meinung des Richters Seuffert (S. 375–378 [der amtlichen Sammlung]), der die Verfassungstreuepflicht des Beamten auch aus Art. 3 Abs. 3 GG ableitet, die bloße Mitgliedschaft in einer verfassungswidrigen politischen Partei nicht als Treuepflichtverstoß sieht und allgemein geringere Treueanforderungen im Vorbereitungsdienst für möglich hält.

Abweichende Meinung des Richters Rupp (S. 378–385 [der amtlichen Sammlung]), der entgegen der Senatsmehrheit die bloße Mitgliedschaft in einer nicht verbotenen Partei nicht für einen Eignungsmangel hält und nach dessen Auffassung das Parteienprivileg (Art. 21 Abs. 2 Satz 2 GG) auch bei der Eignungsbeurteilung eines Beamten nicht von Art. 33 Abs. 5 GG verdrängt werden kann.

Abweichende Meinung des Richters Wand (S. 386–391 [der amtlichen Sammlung]), der sich gegen die von der Mehrheit angenommene Pflicht wendet, Art. 12 Abs. 1 GG fordere einen juristischen Vorbereitungsdienst außerhalb des Beamtenverhältnisses; denn im Vorbereitungsdienst sei ein geringeres Maß an politischer Treue gefordert. Wer aktiv für eine verfassungswidrige Partei eintrete, habe allerdings keinen Platz im Vorbereitungsdienst. Um dies festzustellen, könne der Dienstherr auch auf die Erkenntnisse des Verfassungsschutzes zurückgreifen.]

38 Art. 33 Abs. 5, Art. 38 Abs. 1, Art. 48 Abs. 3, Art. 137 Abs. 1 GG

Ausdehnung der Verfassungsbeschwerde auf nicht ausdrücklich angegriffene Normen – Abgeordneter als Hauptberuf – von der Abgeordnetenentschädigung zur Vollalimentation des Abgeordneten aus der Staatskasse – Abgeordnetenentschädigung nur zur Unterhaltssicherung – Unabhängigkeit der Abgeordnetenentschädigung von der Beamtenalimentation – formale Gleichbehandlung aller Abgeordneten – Verbot der Gehaltsfortzahlung an Abgeordnete ohne Gegenleistung – Grenzen einer Inkompatibilitätsregelung – Zusammentreffen von Abgeordnetendiäten und Beamtenalimentation – Entscheidung des Parlaments in eigener Sache – Steuerfreiheit der Diäten

BVerfGE 40, 296–330 – Abgeordnetendiäten[1,2]

296 **1. Aus der in Art. 48 Abs. 3 GG geforderten Entschädigung, die einmal eine Entschädigung für besonderen, mit dem Mandat verbundenen**

[1] Der Entscheidung ist eine Abweichende Meinung des Richters Seuffert (S. 330–352 [der amtlichen Sammlung]) beigefügt (hier nicht abgedruckt).

[2] Zur Fortführung und teilweisen Änderung der Rechtsprechung aus dem hier wiedergegebenen Urteil in BVerfGE 76, 256 siehe Fußnote 1) auf S. 447.

Aufwand war, ist eine Alimentation des Abgeordneten und seiner Familie aus der Staatskasse geworden als Entgelt für die Inanspruchnahme des Abgeordneten durch sein zur Hauptbeschäftigung gewordenes Mandat.

Der Abgeordnete, der dadurch nicht »Beamter« geworden, sondern – vom Vertrauen der Wähler berufen – Inhaber eines öffentlichen Amtes, Träger des »freien Mandats« und »Vertreter des ganzen Volkes« geblieben ist, erhält nicht mehr bloß eine echte Aufwandsentschädigung, er bezieht aus der Staatskasse sein Einkommen.

2. a) Aus dem formalisierten Gleichheitssatz folgt, daß jedem Abgeordneten eine gleich hoch bemessene Entschädigung zusteht, unabhängig davon, ob die Inanspruchnahme durch die parlamentarische Tätigkeit größer oder geringer ist, ob der individuelle finanzielle Aufwand oder das Berufseinkommen verschieden hoch ist.

b) Die Alimentation ist so zu bemessen, daß sie auch für den, der, aus welchen Gründen immer, kein Einkommen aus einem Beruf hat, aber auch für den, der infolge des Mandats Berufseinkommen ganz oder teilweise verliert, eine Lebensführung gestattet, die der Bedeutung des Amtes angemessen ist.

3. Die Alimentation der Abgeordneten mit dem Charakter von Einkommen muß nach Grundsätzen, die für alle gleich sind, der Besteuerung unterworfen werden. Nur die Entschädigung für wirklich entstandenen, sachlich angemessenen, mit dem Mandat verbundenen besonderen Aufwand ist daneben noch echte Aufwandsentschädigung, die auch künftig steuerfrei bleiben kann. |

4. a) Die die Beamten unter den Abgeordneten betreffenden Rege- 297
lungen gehören materiell zum Recht des Status des Abgeordneten, gleichgültig, ob sie in Rechtsstellungs-, Diäten- oder Beamtengesetzen enthalten sind.

b) Daß der ins Parlament gewählte Beamte sein Gehalt behält oder in den Ruhestand tritt und Ruhegehalt bezieht, war von Anfang an und ist bis zu den noch in Geltung stehenden Regelungen ein mit dem Mandat verbundenes Privileg geblieben.

c) Dieses Privileg hat seine Berechtigung innerhalb des Abgeordnetenrechts in dem Augenblick verloren, in dem der Abgeordnete angemessen alimentiert wird. Außerdem widerspricht das Privileg dem formalisierten Gleichheitssatz.

5. Art. 48 Abs. 3 in Verbindung mit Art. 38 Abs. 1 GG verlangt gesetzliche Vorkehrungen dagegen, daß Abgeordnete Bezüge aus einem Angestelltenverhältnis, aus einem sog. Beratervertrag oder ähn-

lichem, ohne die danach geschuldeten Dienste zu leisten, nur deshalb erhalten, weil von ihnen im Hinblick auf ihr Mandat erwartet wird, sie würden im Parlament die Interessen des zahlenden Arbeitgebers, Unternehmers oder der zahlenden Großorganisation vertreten und nach Möglichkeit durchzusetzen versuchen. Einkünfte dieser Art sind mit dem unabhängigen Status der Abgeordneten und ihrem Anspruch auf gleichmäßige finanzielle Ausstattung in ihrem Mandat unvereinbar.

6. Das demokratische und rechtsstaatliche Prinzip (Art. 20 GG) verlangt, daß der Willensbildungsprozeß im Parlament, der zur Festsetzung der Höhe der Entschädigung und zur näheren Ausgestaltung der mit dem Abgeordnetenstatus verbundenen finanziellen Regelungen führt, für den Bürger durchschaubar ist und das Ergebnis vor den Augen der Öffentlichkeit beschlossen wird.

Schlußurteil des Zweiten Senats vom 5. November 1975 auf die mündliche Verhandlung vom 18. Juni 1975 – 2 BvR 193/74 –

Sachverhalt: *Der Beschwerdeführer, ein vormaliger Abgeordneter im Saarländischen Landtag, wandte sich mit der Verfassungsbeschwerde gegen Inkompatibilitäts- und Diätenregelungen des Saarländischen Gesetzes Nr. 970 über den Landtag des Saarlandes vom 20. Juni 1973 – LandtagsG – (Amtsblatt des Saarlandes S. 517). Die angegriffene Unvereinbarkeitsbestimmung lautete:*

§ 3 LandtagsG
Unvereinbarkeit

(1) Ein Abgeordneter darf nicht tätig sein als
a) Richter des Landes,
b) Beamter oder Angestellter des Landes, einer Gemeinde, eines Gemeindeverbandes und einer sonstigen der Aufsicht des Landes unterstehenden Körperschaft, Anstalt oder Stiftung des öffentlichen Rechts,
c) leitender Angestellter eines privatrechtlichen Unternehmens, an dem das Land oder eine seiner Aufsicht unterstehende Körperschaft, Anstalt oder Stiftung des öffentlichen Rechts mit mehr als 50 v.H. beteiligt ist.
(2), (3) …

Die Diäten der saarländischen Abgeordneten waren durch folgende Verdienstausfallbestimmung geregelt:

§ 3 LandtagsG
Verdienstausfall

(1) Der den Abgeordneten durch die Ausübung des Mandats entstehende wirtschaftliche Ausfall wird auf Antrag nach folgenden Bestimmungen ersetzt:

1. *Abgeordneten, die als Arbeiter beschäftigt sind, wird der nachgewiesene Verdienstausfall erstattet.*
2. *Abgeordnete, die als Angestellte beschäftigt sind, erhalten den Lohn- und Gehaltsausfall bis zur Hälfte der Brutto-Bezüge erstattet.*
3. *Abgeordnete, die weder im öffentlichen Dienst noch in einem anderen Dienst- oder Arbeitsverhältnis stehen, erhalten eine Pauschale.*
4. *Abgeordnete, die ihre Stellung als leitender Angestellter im Sinne des § 3 zum Zwecke der Annahme des Mandats aufgegeben haben, erhalten 60 v.H. des bisher bezogenen steuerpflichtigen Entgelts, höchstens jedoch 60 v.H. der Bes.-Gr. 3 der Besoldungsordnung B des Bundesbesoldungsgesetzes einschließlich Ortszuschlag.*

(2) Das Präsidium setzt den Höchstbetrag für Abs. 1 Nr. 2 und die Pauschale nach Abs. 1 Nr. 3 durch Beschluß fest. Es entscheidet auch über die Anträge nach Abs. 1.
(3) …

In weiteren Vorschriften des Landtagsgesetzes wurden u.a. Abgeordneten, die Beamte oder Richter waren, neben ihrer Abgeordnetenentschädigung ein Ruhegehalt von insgesamt 60 % ihrer aktiven Bezüge gewährleistet (§ 6 LandtagsG) und ein Rückkehrrecht nach Beendigung des Mandats eingeräumt (§ 7 LandtagsG).

In einem Teilurteil wies das Bundesverfassungsgericht zunächst die Verfassungsbeschwerde des Beschwerdeführers, eines leitenden Angestellten eines privatrechtlichen Unternehmens im Sinne des § 3 Abs. 1 Buchst. b) LandtagsG, zurück, soweit sie sich gegen die Inkompatibilitätsbestimmung richtete (BVerfGE 38, 326). Im vorliegenden Schlußurteil erklärte das Bundesverfassungsgericht dann die Bestimmungen des Landtagsgesetzes über die Abgeordnetenentschädigung und weitere damit zusammenhängende Vorschriften des Landtagsgesetzes für verfassungswidrig.

Aus den Gründen:

308 B.

Gegen die Zulässigkeit der Verfassungsbeschwerde bestehen nach der Teilentscheidung vom 21. Januar 1975 keine Bedenken. Das gilt auch gegenüber den Einwendungen des Landtages des Saarlandes für den weiteren Verfahrensabschnitt. …

309 2. An dieser rechtlichen Beurteilung ändert sich auch dadurch nichts, daß das Gericht in diesem Verfahren weitere Vorschriften des Landtagsgesetzes, die vom Beschwerdeführer nicht angegriffen worden sind, auf ihre Vereinbarkeit mit dem Grundgesetz zu untersuchen genötigt ist. Eine solche Ausdehnung der Prüfung der Verfassungsmäßigkeit von Normen, die u.U. zu einer teilweisen Neubestimmung eines verfassungsrechtlichen Status führen kann, ist keineswegs eine Eigentümlichkeit gerade des Verfassungsstreits, näherhin des Organstreits. Das Problem kann immer auftreten, wenn die Verfassungsmäßigkeit einer Norm zu prüfen ist, – also sowohl im Organstreit als auch im Verfahren der abstrakten und konkreten Normenkontrolle sowie im Verfassungsbeschwerdeverfahren, in dem unmittelbar oder mittelbar eine gesetzliche Vorschrift auf ihre Verfassungsmäßigkeit zu überprüfen ist. Das Ausgreifen bei der Überprüfung der Verfassungsmäßigkeit auf Normen über den Antrag des Beschwerdeführers (oder Antragsteller) hinaus ist stets dann unvermeidlich, wenn die an-
310 gegriffene Norm durch Verweisung auf eine andere | oder durch den klaren inneren Zusammenhang mit anderen Vorschriften derart von den letzteren abhängt, daß sich aus der Verfassungswidrigkeit dieser Normen die Verfassungswidrigkeit der angegriffenen Norm ergibt. So liegt der Fall hier, wie bereits in der Entscheidung vom 21. Januar 1975 dargelegt ist.

3. Der Beschwerdeführer war jahrelang Mitglied des Saarländischen Landtages. Er erhob die Verfassungsbeschwerde, um sich Klarheit zu verschaffen, ob und unter welchen rechtlichen Bedingungen er für die damals anstehende Neuwahl zum Landtag kandidieren könne. Er war schließlich nicht bereit, bei dieser Wahl zu kandidieren, weil ihm unter den ihn betreffenden, im bisherigen Verfahren noch nicht abschließend auf ihre Verfassungsmäßigkeit überprüften rechtlichen Vorschriften des Landtagsgesetzes die Übernahme eines Mandats unzumutbar erschien. Er hat in der mündlichen Verhandlung ausdrücklich erklärt, daß er für den Saarländischen Landtag bei der nächsten Wahl zu kandidieren entschlossen sei, wenn er mit dem

noch anhängigen Teil seiner Verfassungsbeschwerde Erfolg habe. Unter diesen Umständen läßt sich nicht bezweifeln, daß der Beschwerdeführer nach wie vor selbst, unmittelbar und gegenwärtig durch die von ihm angegriffenen Normen betroffen ist. Aus denselben Gründen ist das Rechtsschutzbedürfnis für den Beschwerdeführer auch im Zeitpunkt der Entscheidung über seinen noch anhängigen Antrag zu bejahen.

C.

Die angegriffene Vorschrift des § 13 Abs. 1 Nr. 4 LTG ist mit dem Grundgesetz unvereinbar; sie verstößt sowohl gegen Art. 48 Abs. 3 Satz 1 GG als auch gegen den formalisierten Gleichheitssatz. Auch die §§ 5, 6, 9, 13 Abs. 1 und 2, 14 und 16 Abs. 1 Satz 2 LTG, die mit der angegriffenen Vorschrift in Zusammenhang stehen und deshalb zu prüfen sind, sind mit dem Grundgesetz unvereinbar.

I.

Die Regelungen im Landtagsgesetz gehen ebenso wie die entsprechenden Regelungen für die Abgeordneten des Deutschen | Bundes- 311
tages und der übrigen Landesparlamente noch von der überkommenen Vorstellung über die Rechtsstellung des Abgeordneten und der ihm danach zukommenden finanziellen Ausstattung aus. Dieser Status der Abgeordneten hat sich zwar nicht im Kern, aber in mehrfacher Hinsicht erheblich geändert. Darauf hat das Bundesverfassungsgericht früher schon hingewiesen: [*Es folgen Zitate aus BVerfGE 4, 144/151 und 32, 157/164 f.*]

Die Entwicklung läßt sich zur Zeit wie folgt zusammenfassen: 312

1. Heute hat jedermann die rechtliche Möglichkeit, mit Erreichung der Volljährigkeit, das ist ab Vollendung des 18. Lebensjahres, Abgeordneter zu werden. Im allgemeinen kann nicht mehr davon ausgegangen werden, daß ein Abgeordneter für die Zeit seiner Mitgliedschaft im Parlament den wirtschaftlichen Rückhalt für sich und seine Familie aus eigenem Vermögen oder eigenem Einkommen aus beruflicher Tätigkeit erzielen kann. Der Typ des unabhängigen, als Einzelpersönlichkeit gewählten Honoratioren-Abgeordneten, dessen wirtschaftliche Existenz durch das Mandat nicht beeinträchtigt wird und mit ihm nicht verbunden ist, ist immer seltener geworden. Der Um-

fang der Inanspruchnahme durch das Mandat ist so stark gewachsen, daß der Abgeordnete in keinem Fall mit der im Arbeitsleben sonst üblichen und allgemein als Fortschritt empfundenen wöchentlichen Regelarbeitszeit von 40 Stunden seine Verpflichtungen bewältigen kann. Er wird im Parlament durch Plenar- und Ausschußsitzungen, in der Fraktion und Partei durch Sitzungen und Arbeiten sowie im Wahlkreis durch Veranstaltungen der verschiedensten Art, nicht zuletzt durch Wahlvorbereitungen und Wahlversammlungen in Anspruch genommen. So sehr er theoretisch die Freiheit hat, seine Aktivitäten in diesen drei Bereichen nach eigenem Ermessen bis über die Grenze der Vernachlässigung seiner Aufgabe hinaus einzuschränken, in der Praxis kann er sich dies aus den verschiedensten Gründen nicht leisten. Deshalb sind nach den Bekundungen der Experten in der mündlichen Verhandlung für Bundestagsabgeordnete, die neben ihrer Abgeordnetentätigkeit noch versuchen, ihrem Beruf wenigstens teilweise nachzugehen, Wochenarbeitszeiten zwischen 80 und 120 Stunden und für Landtagsabgeordnete, die ihrem Beruf nachgehen, Wochenarbeitszeiten zwischen 60 und 100 Stunden typisch und unvermeidbar. Außerdem: Niemand bewirbt sich heute um einen Abgeordnetensitz, um ihn nach vier Jahren wieder aufzugeben. Regelmäßig faßt er den Entschluß, für den Bundestag oder einen Landtag zu kan-
313 didieren in der Absicht, alles zu tun, um das | Mandat so lange zu behalten, wie ihm die Wiederwahl aufgrund des Vertrauens von Partei und Wählern gelingt. Das liegt in der Regel auch im Interesse der politischen Partei und des Parlaments. Dementsprechend ist die Zahl der Abgeordneten, die während mehrerer Legislaturperioden dem Parlament angehören, relativ groß. Die parlamentarische Demokratie einer höchst komplizierten Wirtschafts- und Industriegesellschaft, in der Rechtsstaat, Freiheit und Pluralismus entscheidend mit Hilfe der politischen Partei aufrechterhalten werden sollen, verlangt vom Abgeordneten mehr als nur eine ehrenamtliche Nebentätigkeit, verlangt den ganzen Menschen, der allenfalls unter günstigen Umständen neben seiner Abgeordnetentätigkeit noch versuchen kann, seinem Beruf nachzugehen. Dem entspricht auch das Erscheinungsbild des heutigen Parlamentariers; für Abgeordnete mit besonderen Funktionen im Parlament oder in den Fraktionen tritt die berufliche Tätigkeit völlig in den Hintergrund. Schließlich: Die Gefahr einer Beeinträchtigung der Unabhängigkeit des Abgeordneten droht heute nicht mehr vom Staat, sondern eher von der politischen Partei, der er angehört, und vor allem von einflußreichen Gruppen der Gesellschaft.

Diese Veränderungen der Verhältnisse hatten ihre Auswirkungen

auf die Gestaltung der Abgeordnetenentschädigung: Während zunächst die Abgeordnetendiäten nichts anderes und nicht mehr als ein Ausgleich des mit dem Abgeordnetenmandat verbundenen besonderen Aufwands waren – ursprünglich gehörte nicht einmal der Verdienstausfall dazu –, mehrten sich nach und nach, seit 1950 immer rascher, die Formen der verschiedenen Entschädigungen; ein Teil, die Grundentschädigung, wurde vielfach dynamisiert, indem man sie mittelbar mit der Beamtenbesoldung koppelte; in den meisten Ländern zogen die Ruhegehälter der Abgeordneten aus dem öffentlichen Dienst (das sog. Beamtenprivileg), die Verdienstausfallentschädigung für Abgeordnete nach sich, die einen privaten Beruf ausübten; in Bund und Ländern wuchsen nicht zuletzt infolge des Übergangs zum Pauschalierungsprinzip die Beträge der Entschädigungen beträchtlich | (z.B. Reisekosten-, Bürokosten-, Tagegeld-Pauschale); 314
zu den »normalen« Abgeordnetendiäten traten besondere Entschädigungen für die Parlamentspräsidenten, die Vizepräsidenten, die Ausschußvorsitzenden, in einer Reihe von Landtagen für die Fraktionsvorsitzenden, für die Schriftführer und in einigen Ländern für die Oppositionsführer hinzu; dem Übergangsgeld für ausscheidende Abgeordnete, das zugleich die Übergangszeit zwischen den Wahlperioden überbrückt, folgte schließlich die Alters-, Invaliditäts- und Hinterbliebenenversorgung. Das Ergebnis ist, daß aus der Entschädigung für einen besonderen, mit dem Mandat verbundenen Aufwand eine Alimentation des Abgeordneten und seiner Familie aus der Staatskasse geworden ist als Entgelt für die Inanspruchnahme des Abgeordneten durch sein zur Hauptbeschäftigung (»full-time-job«) gewordenes Mandat. Aus der Entschädigung des Inhabers eines Ehrenamtes ist die Bezahlung für die im Parlament geleistete Tätigkeit geworden. Der Abgeordnete, der dadurch natürlich nicht »Beamter« geworden, sondern – vom Vertrauen der Wähler berufen – Inhaber eines öffentlichen Amtes, Träger des »freien Mandats« und »Vertreter des ganzen Volkes« geblieben ist, erhält nicht mehr bloß eine echte Aufwandsentschädigung, er bezieht aus der Staatskasse ein Einkommen. Das gilt jedenfalls für den Bundestagsabgeordneten. Ob es auch für alle Landesparlamente gilt, kann hier offenbleiben. Im folgenden genügt der Nachweis, daß das genannte Ergebnis nach dem Landtagsgesetz auch für den Abgeordneten des Saarländischen Landtags zutrifft.

2. Den Schwerpunkt der Entschädigung für den Abgeordneten des Saarländischen Landtags bilden die Entschädigung nach § 11 LTG, die im Januar 1975 nach Auskunft des Direktors des Landtages 2039,80 DM betrug und steuerfrei ist, *und* – für Beamte, die gemäß

§ 5 in den Ruhestand treten – mindestens 60 v.H. der ruhegehaltfähi-
gen Dienstbezüge (§ 6 Abs. 2 LTG), – für Angestellte des öffentli-
chen Dienstes – ebenfalls mindestens 60 v.H. der Vergütung, die ih-
nen bei Verbleiben im Dienst in ihrer Vergütungsgruppe zugestanden
315 hätte (§ 9 Abs. 1 LTG), – für | Berufstätige außerhalb des öffentli-
chen Dienstes – eine steuerfreie Verdienstausfallentschädigung ge-
mäß § 13 LTG, für Angestellte und Selbständige höchstens 1000 DM.
Der Abgeordnete ohne besondere parlamentarische Funktion erhält
danach in der Regel monatlich über 3000 DM. Dazu kommen die
freie Benutzung des Telefons in den Räumen des Parlaments, freie
Fahrkarte, 350 DM monatliche Bürokostenpauschale, für den Abge-
ordneten monatlich 50 DM, für die Schriftführer monatlich 250 DM,
für die Vizepräsidenten und Fraktionsvorsitzenden monatlich 450
DM Kilometerpauschale sowie für jeden Abgeordneten 10 Fahrten
vom Wohnsitz zum Landtag und zurück à 0,40 DM je Kilometer,
schließlich ein Sitzungsgeld von mindestens 40 DM pro Tag. Da bei
der Größe und den Verkehrsverhältnissen des Saarlandes in der Regel
ein doppelter Wohnsitz nicht erforderlich ist und die genannten zu-
sätzlichen pauschalierten sonstigen Entschädigungen (§ 14 LTG)
reichlich bemessen sind, steht das Einkommen von monatlich über
3000 DM netto für den Unterhalt des Abgeordneten und seiner Fami-
lie zur Verfügung. Das ist – ohne daß hier schon auf die Angemessen-
heit abgehoben wird – eine Vollalimentierung aus der Staatskasse für
die Tätigkeit als saarländischer Landtagsabgeordneter.

II.

1. Im Lichte der dargelegten, nicht zufälligen, sondern notwendigen
und innerlich folgerichtigen, schwerlich reversiblen Entwicklung ge-
winnt Art. 48 Abs. 3 GG eine neue Bedeutung. Die dort für die Abge-
ordneten geforderte »angemessene, ihre Unabhängigkeit sichernde
Entschädigung« muß für sie und ihre Familien während der Dauer ih-
rer Zugehörigkeit zum Parlament eine ausreichende Existenzgrundla-
ge abgeben können. Sie muß außerdem der Bedeutung des Amtes un-
ter Berücksichtigung der damit verbundenen Verantwortung und Be-
lastung und des diesem Amt im Verfassungsgefüge zukommenden
Ranges gerecht werden. Die Bemessung des parlamentarischen Ein-
kommens darf die Entscheidungsfreiheit des Abgeordneten und die
316 praktische | Möglichkeit, sich seiner eigentlichen parlamentarischen
Tätigkeit auch um den Preis, Berufseinkommen ganz oder teilweise

zu verlieren, widmen zu können, nicht gefährden. Die Alimentation ist also so zu bemessen, daß sie auch für den, der, aus welchen Gründen immer, kein Einkommen aus einem Beruf hat, aber auch für den, der infolge des Mandats Berufseinkommen ganz oder teilweise verliert, eine Lebensführung gestattet, die der Bedeutung des Amtes angemessen ist. Anderen Zwecken als dem der Unterhaltssicherung, beispielsweise einer Mitfinanzierung der Fraktion oder politischen Partei oder der Beteiligung an Wahlkosten, hat die Entschädigung nicht zu dienen. Die angemessene, die Unabhängigkeit sichernde Entschädigung im Sinne des Art. 48 Abs. 3 Satz 1 GG ist demnach heute eine Vollalimentation aus der Staatskasse.[1]

---

[1] Das Bundesverfassungsgericht hat die hier vertretene Auffassung zum Rechtscharakter der Abgeordnetenentschädigung in seinem Beschluß vom 3. September 1987 (BVerfGE 76, 256) wie folgt fortgeführt und teilweise geändert (a.a.O. S. 341 f.):

Eine Verletzung des Art. 3 Abs. 1 GG liegt ferner nicht im Blick darauf vor, daß das Gesetz über die Rechtsverhältnisse der Mitglieder des Deutschen Bundestages (Abgeordnetengesetz – AbgG –) in der Fassung des Gesetzes zur Neuregelung der Rechtsverhältnisse der Mitglieder des Deutschen Bundestages vom 18. Februar 1977 (BGBl. I S. 297), zuletzt geändert durch Gesetz vom 23. Juli 1987 (BGBl. I S. 1674), für das Zusammentreffen mehrerer der Altersversorgung dienender Einkünfte in § 29 Abs. 4 AbgG eine im Vergleich zu § 55 BeamtVG günstigere Anrechnungsregelung enthält und überdies eine Anrechnung von Renten aus der gesetzlichen Rentenversicherung auf die Entschädigung und die Versorgungsansprüche der Abgeordneten nicht vorsieht. Eine, gemessen am Willkürverbot, nicht mehr hinnehmbare Ungleichbehandlung liegt darin angesichts der wesentlichen Verschiedenheiten der zu regelnden Sachverhalte nicht. Soweit mit dieser Feststellung von dem Urteil vom 5. November 1975 (BVerfGE 40, 296) abgewichen wird, hält der Senat an dieser Entscheidung nicht fest:

Zwischen Abgeordneten und Beamten bestehen grundlegende statusrechtliche Unterschiede. Der Abgeordnete ist – vom Vertrauen der Wähler berufen – Inhaber eines öffentlichen Amtes, Träger des »freien Mandats« und »Vertreter des ganzen Volkes«. Er hat einen repräsentativen Status und übt sein Mandat in Unabhängigkeit aus (Art. 38 Abs. 1 Satz 2 GG). An diesem nicht nur die Rechts-, sondern auch die Pflichtenstellung des Abgeordneten bestimmenden normativen Sachverhalt hat die Mitwirkung der Parteien an der politischen Willensbildung des Volkes (Art. 21 GG) nichts geändert. Während das Beamtenverhältnis für den Beamten die Pflicht begründet, seine volle Arbeitskraft, grundsätzlich auf Lebenszeit, dem Dienstherrn zur Verfügung zu stellen, »schuldet« der Abgeordnete rechtlich keine Dienste. Der Beamte kann – aufgrund verfassungsrechtlicher Gewährleistung – regelmäßig vom Zeitpunkt seines Eintritts in das Beamtenverhältnis an mit einer dauernden Vollalimentation – auch für den Versorgungsfall – rechnen. Für den Abgeordneten kennt das Verfassungsrecht keine Garantie dieser Art. Das »Berufsbild« des Abgeordneten unterscheidet sich von dem des Beamten in grundlegender Weise. Der Abgeordnete wird für die Dauer einer Wahlperiode gewählt. Mandatszeit und Mandatsausübung stellen für ihn in der Regel einen atypischen Abschnitt außerhalb seiner bisherigen und künftigen beruflichen Laufbahn dar. Meistens bildet die Mandatszeit eine vor-

2. Die Entschädigung wird damit keineswegs zu einem »arbeitsrechtlichen Anspruch, mit dem ein Anspruch auf Erfüllung dienstlicher Obliegenheiten korrespondieren würde – der Abgeordnete »schuldet« rechtlich keine Dienste, sondern nimmt in Unabhängigkeit sein Mandat wahr –; ebensowenig wird sie damit zu einem Gehalt im beamtenrechtlichen Sinn – der Abgeordnete ist, wie dargelegt, kein Beamter –, steht also nicht unter den verfassungsrechtlich gesicherten hergebrachten Grundsätzen des Berufsbeamtentums (Art. 33 Abs. 5 GG); sie wird von diesen Grundsätzen überhaupt nicht berührt. Diese Entschädigung hat auch nichts mit den Regelungen des Gehalts in den Besoldungsgesetzen zu tun. Sie verträgt deshalb auch keine Annäherung an den herkömmlichen Aufbau eines Beamtengehalts und keine Abhängigkeit von der Gehaltsregelung, etwa in der Weise, daß sie unmittelbar oder mittelbar in Von-Hundert-Sätzen eines Beamtengehalts ausgedrückt wird. Denn dies letztere ist kein bloß »formal-technisches Mittel« zur Bemessung der Höhe der Entschädigung, sondern der Intention nach dazu bestimmt, das Parlament der Notwendigkeit zu entheben, jede Veränderung in der Höhe der Entschädigung im Plenum zu diskutieren und vor den Augen der
317 Öffentlichkeit darüber als einer selbständigen politischen Frage | zu

übergehende, mindestens teilweise Unterbrechung seines Berufslebens. Die mittlere Zugehörigkeit der Abgeordneten zum Deutschen Bundestag betrug am Ende der 8. Wahlperiode knapp zehn Jahre (vgl. Schindler, Datenhandbuch zur Geschichte des Deutschen Bundestages, Fortschreibungs- und Ergänzungsband 1980 bis 1984, 1986, S. 199). Nicht selten geht der Abgeordnete seinem Beruf auch neben dem Mandat – wenngleich unvermeidlich in nurmehr eingeschränktem Umfang – nach, soweit dem nicht Inkompatibilitäten im Wege stehen. Die Tatsache, daß im Zuge der Entwicklung, die die moderne parlamentarische Demokratie genommen hat, der Umfang der zeitlichen Inanspruchnahme vieler Abgeordneter durch die Pflichten des Mandats das in früheren Jahrzehnten übliche Maß weit überschritten hat und heute meist die Regelarbeitszeit im öffentlichen Dienst erheblich übersteigt, unterstreicht nur die Verschiedenheiten des rechtlichen Status von Abgeordneten und Beamten. Der letztgenannte Umstand mag für den Gesetzgeber Anlaß sein, die zur Sicherung ihrer Unabhängigkeit bestimmte Entschädigung der Abgeordneten (vgl. Art. 48 Abs. 3 Satz 1 GG) – einschließlich einer etwaigen Altersversorgung – nach anderen als den in Deutschland vor 1933 üblichen Grundsätzen zu bemessen. Für die verfassungsrechtliche Betrachtung ist ausschlaggebend, daß die Entschädigung ihre Grundlage in einem anderen Sach- und Regelungszusammenhang – nämlich im Abschnitt III des Grundgesetzes – hat als das für die Festsetzung der Beamtenbezüge nach Art. 33 Abs. 5 GG maßgebliche – im Abschnitt II angesiedelte – Alimentationsprinzip. Vergleichbarkeiten sind damit grundsätzlich ausgeschlossen. Im einen wie im anderen Bereich ist der Gestaltungsspielraum des Gesetzgebers weit bemessen, in beiden stößt er an Grenzen, die aus ihren jeweiligen Besonderheiten zu entwickeln und untereinander wesentlich verschieden sind.

entscheiden. Wertet man also die »technische« Kopplung der Entschädigung an eine besoldungsrechtliche Regelung materialiter, so führt sie zur Abhängigkeit jeder Erhöhung der Entschädigung von einer entsprechenden Erhöhung der Besoldung. Genau dies aber widerstreitet der verfassungsrechtlich gebotenen *selbständigen* (und nicht in die ganz andere Entscheidung über die angemessene Besoldung der Beamten eingeschlossene) Entscheidung des Parlaments über die Bestimmung dessen, was nach seiner Überzeugung »eine angemessene, die Unabhängigkeit sichernde Entschädigung« ist. Nicht einmal § 60 BBesG a.F. (jetzt § 14 in der Fassung des 2. BesVNG vom 23. Mai 1975 [BGBl. I S. 1173]) läßt sich auf die Abgeordnetenbezüge entsprechend anwenden.

3. a) Die Demokratie des Grundgesetzes ist eine grundsätzlich privilegienfeindliche Demokratie. Zwar fordert der Gleichheitssatz nicht, daß der Gesetzgeber die Einzelnen und ihre relevanten gesellschaftlichen Gruppen unbedingt gleichmäßig behandelt; er läßt Differenzierungen zu, die durch sachliche Erwägungen gerechtfertigt sind. Ob und in welchem Ausmaß der Gleichheitssatz bei der Ordnung bestimmter Materien dem Gesetzgeber Differenzierungen erlaubt, richtet sich nach der Natur des jeweiligen Sachbereichs (BVerfGE 6, 84 [91]; 32, 157 [167]; ständige Rechtsprechung). Für den Sachbereich der Wahlen ist nach der historischen Entwicklung zum Demokratisch-Egalitären hin, die im Grundgesetz für das Bundestagswahlrecht in Art. 38 Abs. 1 Satz 1 und für das Wahlrecht in den Ländern, Kreisen und Gemeinden in Art. 28 Abs. 1 Satz 2 ihren verfassungsrechtlich verbindlichen Ausdruck gefunden hat, davon auszugehen, daß jedermann seine staatsbürgerlichen Rechte in formal möglichst gleicher Weise soll ausüben können (BVerfGE 11, 266 [272]; 34, 81 [98] mit weiteren Hinweisen; ständige Rechtsprechung). Das gilt nicht nur für die Ausübung des aktiven und passiven Wahlrechts im engeren Sinn, es gilt auch für die Ausübung des Mandats. Das Grundgesetz kennt im Wahlrecht und im Parlamentsrecht keine für den Status des Abgeordneten erheblichen beson|deren, in 318
seiner Person liegenden Umstände, die eine Differenzierung innerhalb des Status rechtfertigen können. Alle Mitglieder des Parlaments sind einander formal gleichgestellt. Das Prinzip dieser formalisierten Gleichbehandlung ist verfassungsrechtlich im egalitären Gleichheitssatz ausgeprägt. Aus ihm folgt: Jedermann muß ohne Rücksicht auf soziale Unterschiede, insbesondere auf seine Abstammung, seine Herkunft, seine Ausbildung oder sein Vermögen die gleiche Chance haben, Mitglied des Parlaments zu werden. Aus ihm folgt weiter, daß

jedem Abgeordneten eine gleich hoch bemessene Entschädigung zusteht, unabhängig davon, ob die Inanspruchnahme durch die parlamentarische Tätigkeit größer oder geringer ist, ob der individuelle finanzielle Aufwand oder das berufliche Einkommmen verschieden hoch ist (vgl. Maunz in Maunz-Dürig-Herzog, GG, 1973, Art. 48, Randnote 17). Eine Ausnahme vom formalisierten Gleichheitssatz im Sinne eines zwingenden Grundes ist nur für den Parlamentspräsidenten und seine Stellvertreter anzuerkennen; ihre angemessene Entschädigung wird dadurch mitbestimmt, daß sie an der Spitze eines obersten Verfassungsorgans stehen.

Die so verstandene einheitliche Entschädigung mit Alimentationscharakter schließt aus den dargelegten Gründen alle weiteren, der Höhe nach differenzierten, individuellen oder pauschalierten finanziellen Leistungen an einzelne Abgeordnete aus öffentlichen Mitteln aus, die nicht einen Ausgleich für sachlich begründeten, besonderen, mit dem Mandat verbundenen finanziellen Aufwand darstellen. Danach werden also künftig z.B. eine Reihe von Pauschalen, Tage- und Sitzungsgeldern, Verdienstausfallentschädigungen und ähnlichen Zuwendungen aus der Parlamentskasse sowie gestaffelte Diäten für Abgeordnete mit besonderen parlamentarischen Funktionen entfallen.

b) Art. 48 Abs. 3 Satz 1 GG in Verbindung mit Art. 38 Abs. 1 Satz 2 GG und der formalisierte Gleichheitssatz, der bei der Ausgestaltung und Bemessung der Abgeordnetenentschädigung zu beachten ist, berühren die Frage der Begründung und Fortführung eines Berufes ne-
319 ben der Parlamentstätigkeit und das daraus | erzielte Einkommen grundsätzlich nicht. Allerdings verlangen sie – unbeschadet des Art. 48 Abs. 1 und 2 GG – gesetzliche Vorkehrungen dagegen, daß Abgeordnete Bezüge aus einem Angestelltenverhältnis, aus einem sog. Beratervertrag oder ähnlichem, ohne die danach geschuldeten Dienste zu leisten, nur deshalb erhalten, weil von ihnen im Hinblick auf ihr Mandat erwartet wird, sie würden im Parlament die Interessen des zahlenden Arbeitgebers, Unternehmers oder der zahlenden Großorganisation vertreten und nach Möglichkeit durchzusetzen versuchen. Einkünfte dieser Art sind mit dem unabhängigen Status der Abgeordneten und ihrem Anspruch auf gleichmäßige finanzielle Ausstattung in ihrem Mandat unvereinbar.

Die nähere Regelung entsprechend diesen aus Art. 48 Abs. 3 Satz 1 GG entwickelten Grundsätzen ist Sache des Gesetzgebers.

III.

Die Verfassung des Saarlandes enthält keine Regelung über die Entschädigung für Abgeordnete. Für das Saarland gelten die aus Art. 48 Abs. 3 GG entwickelten Grundsätze über Art. 28 Abs. 1 Satz 1 GG. Denn Art. 48 Abs. 3 GG, der seinem Grundsatzcharakter entsprechend innerhalb der aus ihm entwickelten Grundsätze durch den Gesetzgeber näher konkretisiert werden kann, gehört zu den Essentialen des demokratischen Prinzips, das in Art. 28 Abs. 1 GG als ein für die verfassungsmäßige Ordnung in den Ländern wesentlicher Bestandteil gefordert wird; demgemäß muß eine landesrechtliche Regelung des Parlamentsrechts an jener Vorschrift des Grundgesetzes gemessen werden. Die Frage, wie sich dies auf die Interpretation von Landesverfassungsbestimmungen auswirkt, die eine Regelung über die Entschädigung von Landtagsabgeordneten enthalten, kann hier offenbleiben.

IV.

Auf der Grundlage des bisher Dargelegten ergibt sich für die Vorschriften des Landtagsgesetzes, deren Prüfung dieses Verfahren erforderlich macht, im einzelnen folgendes: |

1. Gegen § 3 Abs. 1 Buchst. a und b, von deren Verfassungsmäßig- 320
keit die Bedeutung und die Reichweite der §§ 5 bis 9 LTG abhängen, bestehen keine verfassungsrechtlichen Bedenken. Die Vorschrift enthält eine gesetzliche Beschränkung der Wählbarkeit von Richtern, Beamten und Angestellten des öffentlichen Dienstes, die nach Art. 137 Abs. 1 GG statthaft ist (vgl. BVerfGE 12, 73 [77]; 18, 172 [183]). Sie schließt die genannten Personengruppen nicht von der Wählbarkeit aus, sondern untersagt nur, daß sie, solange sie Abgeordnete sind, in ihrem Amt als Richter oder Beamter oder in ihrem Dienst als Angestellter tätig sein dürfen. Diese Inkompatibilitätsregel erfaßt allerdings *alle* Richter, Beamte und Angestellte des Landes, einer Gemeinde, eines Gemeindeverbandes oder einer sonstigen, der Aufsicht des Landes unterstehenden Körperschaft, Anstalt oder Stiftung des öffentlichen Rechts ohne Rücksicht auf den Rang oder die Bedeutung des Amtes oder die Art der Beschäftigung, obwohl sich innerhalb der genannten öffentlich-rechtlichen Körperschaften und Einrichtungen Aufgaben denken lassen, bei denen schwerlich die Gefahr einer Vermischung, Verfilzung oder eines Interessenkonflikts zwischen Legis-

lative und Exekutive angenommen werden kann. Abgesehen davon könnte der Wortlaut des Art. 137 Abs. 1 GG (»Die Wählbarkeit *von* Beamten ... im Bund, in den Ländern und den Gemeinden«) die Auslegung nahelegen, daß der Gesetzgeber von der Ermächtigung nur in der Weise Gebrauch machen kann, daß er einen *Teil* der bezeichneten Angehörigen des öffentlichen Dienstes – nämlich den Kreis der Personen, bei denen die gleichzeitige Wahrnehmung amtlicher und parlamentarischer Aufgaben zu einer ernsthaften Gefährdung des Prinzips der Gewaltenteilung und zu Interessenkonflikten führen kann – der Wählbarkeitsbeschränkung unterwirft. In Anbetracht der Schwierigkeit, die Grenze innerhalb der im Gesetz genannten Gruppen zwischen denen zu ziehen, deren Tätigkeit sie in die bezeichnete Gefahr bringen kann, und denen, deren Tätigkeit sie nicht in diese Gefahr bringen kann, muß es dem Gesetzgeber überlassen bleiben, in seiner
321 Regelung bis an die äußer | ste Grenze der Ermächtigung des Art. 137 Abs. 1 GG zu gehen. Sie ist hier jedenfalls nicht evidenterweise überschritten. Es läßt sich sogar fragen, ob das in Bund und Ländern zu beobachtende unverhältnismäßig starke Anwachsen der Zahl der aktiven und inaktiven Angehörigen des öffentlichen Dienstes unter den Abgeordneten (»Verbeamtung der Parlamente«), sollte es sich fortsetzen, noch mit den Anforderungen eines materiell verstandenen Gewaltenteilungsprinzips vereinbar ist.

2. Die von § 3 Abs. 1a und b LTG betroffenen Richter und Beamten treten gemäß § 5 LTG mit der Annahme der Wahl in den Ruhestand. Sie erhalten nach § 6 Abs. 1 LTG für den Monat, in dem sie in den Ruhestand treten, ihre bisherigen Dienstbezüge in unveränderter Höhe und vom anschließenden Monat ab auf die Dauer der Mitgliedschaft im Landtag Ruhegehalt. Solange dieses Ruhegehalt weniger als 60 v.H. der ruhegehaltfähigen Dienstbezüge beträgt, wird den Richtern und Beamten eine Ausgleichszulage in Höhe des Unterschiedsbetrages zwischen dem Ruhegehalt und 60 v.H. der ruhegehaltfähigen Dienstbezüge gewährt. Diese Regelung ist in die Prüfung einzubeziehen, weil von ihr nach der Systematik des Gesetzes die Regelung für Angestellte in § 9 LTG und die Regelung über die Verdienstausfallentschädigung in § 13 Abs. 1 LTG abhängen.

a) Die die Beamten unter den Abgeordneten betreffenden Regelungen gehören materiell zum Recht des Status des Abgeordneten, gleichgültig, ob sie in Rechtsstellungs-, Diäten- oder Beamtengesetzen enthalten sind. Daß der ins Parlament gewählte Beamte sein Gehalt behält oder in den Ruhestand tritt und Ruhegehalt bezieht, war von Anfang an und ist bis zu den noch in Geltung stehenden Regelungen ein mit dem Mandat verbundenes Privileg geblieben.

Dieses Privileg gehört nicht zu den hergebrachten Grundsätzen des Berufsbeamtentums (Art. 33 Abs. 5 GG); es steht vielmehr mit dem überkommenen Beamtenrecht in Widerspruch. Das Beamtenverhältnis begründet für den Beamten die Pflicht, seine volle Arbeitskraft – grundsätzlich auf Lebenszeit – dem Dienst|herrn zur Verfü- 322
gung zu stellen. Als Korrelat gewährt der Dienstherr dem Beamten lebenslang die angemessene Alimentation für ihn und seine Familie (vgl. BVerfGE 21, 329 [345]). Eine Alimentation des Beamten für die Zeit, in der er trotz Dienstfähigkeit seiner Dienstpflicht nicht nachkommt und die geschuldete Dienstleistung nicht erbringt, gibt es außerhalb der das Beamtenverhältnis mitgestaltenden Elemente des Erholungsurlaubs, der Fortbildung und der kurzfristigen Dienstbefreiung nicht. Deshalb ist im Gesetz bei jedem unentschuldigten Fernbleiben vom Dienst eine entsprechende Gehaltskürzung vorgesehen. Deshalb gibt es die Beurlaubung in Sonderfällen nur in Form des unbezahlten Urlaubs. Und schließlich bindet das Beamtenrecht eine Nebenbeschäftigung an die Erlaubnis des Dienstherrn, um zu verhindern, daß der Beamte infolge dieser Nebenbeschäftigung nicht mehr die sich aus dem Beamtenverhältnis ergebende Pflicht, seine ganze Kraft dem öffentlichen Dienst zu widmen, erfüllt. Der Ruhestand mit Ruhegehalt ist im Beamtenrecht an die Erreichung der Dienstaltersgrenze oder an die Dienstunfähigkeit geknüpft. Es gibt für den dienstfähigen Beamten bis zur Dienstaltersgrenze also keinerlei Bezüge, weder volles Gehalt noch Ruhegehalt, solange er seine geschuldete Leistung, aus welchen Gründen auch immer, nicht erbringt. Die dem hergebrachten Grundsatz des Berufsbeamtentums gemäße Regelung ist also, daß der Beamte, der Mitglied des Parlaments wird und nicht mehr im öffentlichen Dienst tätig ist, für die Dauer dieser Mitgliedschaft ohne Bezüge beurlaubt wird oder daß für diese Zeit das Ruhen seiner Rechte und Pflichten aus dem Beamtenverhältnis angeordnet wird. Die nicht dem Beamtenrecht zugehörige »Ausnahme«, in Wirklichkeit das Privileg zugunsten der Abgeordneten, die Beamte sind, hat ihre Berechtigung innerhalb des Abgeordnetenrechts in dem Augenblick verloren, in dem der Abgeordnete angemessen alimentiert wird. Außerdem widerspricht das Privileg dem formalisierten Gleichheitssatz, der sich auch im Abgeordnetenrecht durchgesetzt hat. Das gilt auch für die aktiven Beamten, die nicht von der Inkompatibilitätsvorschrift be|troffen werden und während ihrer Mitglied- 323
schaft im Landtag, ohne Dienst zu tun, bisher ihr volles Gehalt wei-

terbezogen haben; im Saarland kann dies für Bundesbeamte und Soldaten in Betracht kommen, die von § 3 Abs. 1 b LTG nicht erfaßt sind.

b) § 6 Abs. 2 und 3 LTG macht besonders deutlich, daß die Vorschriften der §§ 5 und 6 Abs. 1 LTG der Sache nach nicht eine beamtenrechtliche Regelung enthalten, sondern auf die Alimentierung des Abgeordneten zielen. Denn § 6 Abs. 2 und 3 LTG beläßt es nicht bei dem dem Beamten zukommenden Ruhegehalt, sondern garantiert ihm durch einen Unterschiedsbetrag, daß ihm mindestens 60 v.H. seiner ruhegehaltfähigen Bezüge ausgezahlt werden, und bestimmt u.a., daß das Land dem Dienstherrn die Versorgungsbezüge erstattet, soweit nicht die Ruhegehaltskasse des Saarlandes Leistungen gewährt. Indem aber das Gesetz das Ruhegehalt zum Teil der Abgeordnetenalimentation macht, verstößt es wiederum gegen den formalisierten Gleichheitssatz. Denn dieser Teil der Alimentation ist nicht für alle gleich; er schwankt insbesondere der Höhe nach zwischen 60 v.H. und 75 v.H. der ruhegehaltfähigen Dienstbezüge, die ihrerseits verschieden hoch sind, ganz abgesehen davon, daß für Bundesbeamte und Soldaten, die ihr volles Gehalt beziehen, die Abgeordnetenalimentierung noch vorteilhafter ist.

Demnach sind die §§ 5, 6 LTG mit dem Grundgesetz nicht vereinbar. …

327 c) Im übrigen ist verfassungsrechtlich zu beanstanden, daß § 13 Abs. 2 LTG die Festsetzung des Höchstbetrages für die Entschädigung nach Absatz 1 Nr. 2 und der Pauschale nach Absatz 1 Nr. 3 sowie daß § 14 LTG die Festsetzung der Höhe der »sonstigen Entschädigungen«, die Abgeordneten gewährt werden, dem Präsidium des Landtages zuweisen. Damit werden für den Abgeordneten wesentliche Teile seiner finanziellen Ausstattung in einem Verfahren festgesetzt, das sich der Kontrolle der Öffentlichkeit entzieht. In einer parlamentarischen Demokratie läßt es sich nicht vermeiden, daß das Parlament in eigener Sache entscheidet, wenn es um die Festsetzung der Höhe und um die nähere Ausgestaltung der mit dem Abgeordnetenstatus verbundenen finanziellen Regelungen geht. Gerade in einem solchen Fall verlangt aber das demokratische und rechtsstaatliche Prinzip (Art. 20 GG), daß der gesamte Willensbildungsprozeß für den Bürger durchschaubar ist und das Ergebnis vor den Augen der Öffentlichkeit beschlossen wird. Denn dies ist die einzige wirksame Kontrolle. Die parlamentarische Demokratie basiert auf dem Vertrauen des Volkes; Vertrauen ohne Transparenz, die erlaubt zu verfolgen, was politisch geschieht, ist nicht möglich.

5. Nach § 16 Abs. 1 Satz 1 LTG sind die in den §§ 11 bis 14 vorgesehenen Entschädigungen der Abgeordneten steuerfrei. Das widerspricht dem verfassungsrechtlichen Grundsatz der Gleichbehandlung aller vor dem Gesetz (Art. 3 Abs. 1 GG). …

b) Die bisherige Steuerfreiheit der Diäten beruht auf der her- 328
kömmlichen Auffassung der Abgeordnetenentschädigung als Entschädigung für Mehraufwand und Verdienstausfall infolge der Mandatsausübung. Nachdem die Bezüge der Abgeordneten im wesentlichen den Charakter der Alimentation[1] gewonnen haben, die den Abgeordneten aus der Staatskasse zur Sicherung ihrer Unabhängigkeit und zur wirtschaftlichen Existenzgrundlage für sie und ihre Familie auf die Dauer ihrer Mitgliedschaft im Parlament gewährt wird, handelt es sich um Einkommen. Dieses Einkommen muß nach Grundsätzen, die für alle gleich sind, der Besteuerung unterworfen werden. Ein willkürliches Steuerprivileg hinsichtlich bestimmter Einkommen ist mit Art. 3 Abs. 1 GG unvereinbar. Es kann auch nicht mehr aus dem Zweck des Art. 48 Abs. 3 Satz 1 GG in Verbindung mit Art. 38 Abs. 1 Satz 2 GG hergeleitet werden. Nur die Entschädigung für wirklich entstandenen, sachlich angemessenen, mit dem Mandat verbundenen besonderen Aufwand ist daneben noch echte Aufwandsentschädigung, die auch künftig steuerfrei bleiben kann. Damit ist nicht ausgeschlossen, daß diese Aufwandsentschädigung in Orientierung am tatsächlichen Aufwand pauschaliert wird. Die Entschädigungsregelungen für Abgeordnete und das Einkommensteuergesetz können sich über die verfassungsrechtliche Schranke nicht hinwegsetzen. Es kommt also nicht darauf an, ob eine Einnahme nach dem Steuergesetz formal als steuerfreie Aufwandsentschädigung anzusehen ist; die einkommensteuerrechtliche Regelung wäre ihrerseits verfassungswidrig, wenn sie Abgeordneten in größerem Umfang als dargelegt steuerfreie Entschädigungen einräumte …

39 Art. 13 Abs. 1 Art. 93 Abs. 1 Nr. 4a GG; § 90 Abs. 2 BVerfGG

Ausschluß der Verfassungsbeschwerde gegen unselbständige Zwischenentscheidungen – Subsidiarität der Verfassungsbeschwerde – Grundrechtsfähigkeit einer Kommanditgesellschaft auch im Hinblick auf Art. 13 GG – rechtsstaatliche Mindestanforderungen an die Bestimmtheit eines Durchsuchungsbefehls

---

[1] Siehe Fußnote 1) auf S. 447.

BVerfGE 42, 212–223 – Durchsuchungsbefehl

212 **Ein auf § 102 StPO gestützter schriftlicher Durchsuchungsbefehl, der keinerlei tatsächliche Angaben über den Inhalt des Tatvorwurfs enthält und der zudem weder die Art noch den denkbaren Inhalt der Beweismittel, denen die Durchsuchung gilt, erkennen läßt, wird rechtsstaatlichen Anforderungen jedenfalls dann nicht gerecht, wenn solche Kennzeichnungen nach dem Ergebnis der Ermittlungen ohne weiteres möglich und den Zwecken der Strafverfolgung nicht abträglich sind.**

Beschluß des Zweiten Senats vom 26. Mai 1976 – 2 BvR 294/76 –

Sachverhalt: *Nachdem die Staatsanwaltschaft Bonn durch die Steuerfahndung von konkreten Verdachtsmomenten gegen den H. B. Verlag München unterrichtet worden war, welche die Veröffentlichung vertraulicher Dokumente aus dem Regierungsbereich und die Möglichkeit von Schmiergeldzahlungen an Behördenangehörige durch eine von dem Verlag herausgegebene Zeitschrift betrafen, erwirkte die Staatsanwaltschaft Bonn am 8. August 1972 folgenden Durchsuchungsbefehl beim Amtsgericht Bonn:*

Beschluß

In dem Ermittlungsverfahren gegen die Verantwortlichen des H. B. Verlages, München 2, Augustenstraße 10 und Andere
wegen Verwahrungsbruchs usw. wird gemäß §§ 102, 105 StPO die Durchsuchung der Geschäftsräume einschließlich eventueller Nebengebäude und -räume des H. B. Verlages, München, A.straße 10, angeordnet, da nach den bisherigen Ermittlungen zu vermuten ist, daß die Durchsuchung zur Auffindung von Beweismitteln führen wird.

Bei der daraufhin in den Münchner Geschäftsräumen des Verlages durchgeführten Durchsuchung stellte die Polizei eine größere Zahl von Unterlagen sicher.

Die vom Verlag gegen den Durchsuchungsbefehl eingelegte Beschwerde wurde vom Landgericht wegen prozessualer Überholung als unzulässig verworfen.

Auf die Verfassungsbeschwerde der Verlags-KG stellte das Bundesverfassungsgericht die Verletzung der Grundrechte der Beschwerdeführerin durch den Durchsuchungsbefehl des Amtsgerichts München fest.

Aus den Gründen:

I. 217

Die Verfassungsbeschwerde ist mit der aus Ziffer 3 dieses Abschnitts ersichtlichen Einschränkung zulässig.

1. Durchsuchungsbeschlüsse sind der verfassungsgerichtlichen | Nachprüfung im Verfahren nach den §§ 90 ff. BVerfGG nicht 218 schlechthin entzogen. Sie erweisen sich zwar in der Praxis oftmals als vorbereitende Maßnahmen für spätere Beschlagnahmeanordnungen und -bestätigungen. Das verleiht ihnen indessen nicht den Charakter unselbständiger, nach der gefestigten Rechtsprechung des Bundesverfassungsgerichts mit der Verfassungsbeschwerde grundsätzlich nicht angreifbarer Zwischenentscheidungen (vgl. dazu BVerfGE 24, 56 [60 f.] mit weiteren Nachweisen). Auch der Erste Senat des Bundesverfassungsgerichts ist im »Spiegel«-Urteil davon ausgegangen, daß Durchsuchungsbeschlüsse mit der Verfassungsbeschwerde angegriffen werden können (BVerfGE 20, 162 [173]).[1]

2. Der Zulässigkeit der Verfassungsbeschwerde steht auch nicht die Tatsache entgegen, daß die Durchsuchung inzwischen abgeschlossen ist (BVerfGE 20, 162 [173];[1] vgl. auch BVerfGE 9, 89 [93 f.]).

3. Hingegen ist die Verfassungsbeschwerde unzulässig, soweit die Beschwerdeführerin den Erlaß eines Verwertungsverbotes erstrebt; denn es ist dem Senat schon im Hinblick auf die Subsidiarität der Verfassungsbeschwerde verwehrt, im vorliegenden Verfahren die Frage zu entscheiden, ob die Fehlerhaftigkeit des Durchsuchungsbeschlusses der Verwertbarkeit der bei der Durchsuchung gewonnenen Erkenntnisse entgegensteht. Das hat zunächst das mit dem Beschlagnahmeverfahren befaßte Fachgericht zu prüfen. Das Bundesverfassungsgericht kann hierüber nicht befinden, bevor dieses gegenwärtig beim Landgericht München I in der Beschwerdeinstanz anhängige Verfahren abgeschlossen ist.

II.

Soweit sich die Verfassungsbeschwerde gegen den amtsgerichtlichen Durchsuchungsbefehl richtet, ist sie auch begründet. Der Beschluß genügt nicht den Mindestanforderungen, die aus Gründen der Rechts-

[1] BVerfGA Nr. 15.

staatlichkeit an den Inhalt solcher Anordnungen zu stellen sind; er verletzt damit das Grundrecht der Beschwerdeführerin aus Art. 13 Abs. 1 GG. |

219 1. Die Beschwerdeführerin als Kommanditgesellschaft kann Trägerin des Grundrechts aus Art. 13 Abs. 1 GG sein. Nach Art. 19 Abs. 3 GG gelten die Grundrechte auch für inländische juristische Personen, soweit sie ihrem Wesen nach auf diese anwendbar sind. Juristische Personen im Sinne dieser Bestimmung kann, wie das Bundesverfassungsgericht wiederholt entschieden hat, auch eine Kommanditgesellschaft sein (BVerfGE 4, 7 [12]; 10, 89 [99];[1] 20, 162 [171]).[2]

Zwar ist die Unverletzlichkeit der Wohnung ihrem Ursprung nach ein echtes Individualrecht, das dem Einzelnen im Hinblick auf seine Menschenwürde und im Interesse seiner freien Entfaltung einen »elementaren Lebensraum« (Dagtoglou in: Bonner Kommentar, Art. 13 Rdnr. 33) gewährleisten soll. Indessen ist für die Beantwortung der Frage, ob ein Grundrecht »seinem Wesen nach« auf juristische Personen anwendbar ist, weniger auf den historischen Ursprung des Grundrechts als vielmehr darauf abzustellen, ob es nur individuell oder auch korporativ betätigt werden kann (Dürig in: Maunz-Dürig, GG, Art. 19 Abs. 3 Rdnr. 51). Danach genießen grundsätzlich auch Kommanditgesellschaften den Schutz des Grundrechts aus Art. 13 Abs. 1 GG; denn diese können – ebenso wie Einzelpersonen – berechtigterweise Inhaberinnen von Wohnungen sein (so auch Maunz in: Maunz-Dürig, GG, Art. 13 Rdnr. 6). Hinzu kommt, wie im Beschluß des Bundesverfassungsgerichts vom 13. Oktober 1971 (BVerfGE 32, 54 [69 ff.])[3] geklärt worden ist, daß der Begriff »Wohnung« in Art. 13 Abs. 1 GG auch Arbeits-, Betriebs- und Geschäftsräume umfaßt. Die Geschäftsräume einer Einzelfirma können aber ihre Wohnungseigenschaft im Sinne des Art. 13 Abs. 1 GG nicht dadurch einbüßen, daß ihre Inhaberin in eine Gesellschaft umgewandelt wird (ebenso Dagtoglou, a.a.O.).

2. Eine Durchsuchung stellt schon ihrer Natur nach regelmäßig einen schwerwiegenden Eingriff in die grundrechtlich geschützte Lebenssphäre des Betroffenen, namentlich in die Grundrechte aus Art. 2
220 und 13 GG dar. Sie steht daher ebenso | wie ihre Anordnung von vornherein unter dem allgemeinen Rechtsgrundsatz der Verhältnismäßigkeit (BVerfGE 20, 162 [186 f.]).[2] Damit allein ist indessen ein

---

[1] BVerfGA Nr. 10.
[2] BVerfGA Nr. 15.
[3] BVerfGA Nr. 27.

ausreichender Schutz des Betroffenen gegen Übergriffe der Behörden bei Durchsuchungsmaßnahmen nicht gewährleistet. Selbst wenn die Anordnung der Durchsuchung in angemessenem Verhältnis zur Schwere der Straftat und zur Stärke des Tatverdachts steht, zur Ermittlung und Verfolgung der Straftat erforderlich ist und den Erfolg verspricht, geeignete Beweismittel zu erbringen, so ist damit nicht sichergestellt, daß auch die *Durchführung* der an sich zulässigen Zwangsmaßnahme mit der Verfassung und den Vorschriften der Strafprozeßordnung in Einklang steht. Der Schutz der Privatsphäre des Betroffenen darf nicht allein den Beamten, denen die Durchsuchung obliegt, überlassen bleiben. Es ist vielmehr Aufgabe des Richters, von vornherein für eine angemessene Begrenzung der Zwangsmaßnahme Sorge zu tragen. Da die Ermächtigung der Exekutive, im Wege der Durchsuchung in den grundrechtlich geschützten Bereich des Betroffenen einzugreifen, regelmäßig dem Richter vorbehalten ist, trifft ihn als Kontrollorgan der Strafverfolgungsbehörden zugleich die Pflicht, durch eine geeignete Formulierung des Durchsuchungsbeschlusses im Rahmen des Möglichen und Zumutbaren sicherzustellen, daß der Eingriff in die Grundrechte meßbar und kontrollierbar bleibt, kurz, daß die Ermächtigung rechtsstaatlichen Mindestanforderungen genügt.

3. Ein auf § 102 StPO gestützter Durchsuchungsbefehl, der keinerlei tatsächliche Angaben über den Inhalt des Tatvorwurfs enthält und der zudem weder die Art noch den denkbaren Inhalt der Beweismittel, denen die Durchsuchung gilt, erkennen läßt, wird diesen Anforderungen jedenfalls dann nicht gerecht, wenn solche Kennzeichnungen nach dem Ergebnis der Ermittlungen ohne weiteres möglich und den Zwecken der Strafverfolgung nicht abträglich sind. Die nur schlagwortartige Bezeichnung der mutmaßlichen Straftat und die Anführung des Wortlauts des § 102 StPO bieten in einem solchen Fall
keinen ausreichenden | Ersatz für eine rechtsstaatlichen Erfordernis- 221
sen genügende Begründung.

Die Beschreibung des Tatvorwurfs steckt den äußeren Rahmen, innerhalb dessen die Zwangsmaßnahme durchzuführen ist, ab. Sie hat bei richtiger Handhabung eine begrenzende, die Privatsphäre des Betroffenen schützende Funktion. Zugleich versetzt sie ihn in den Stand, die Durchsuchung seinerseits zu kontrollieren und etwaigen Ausuferungen im Rahmen seiner rechtlichen Möglichkeiten von vornherein entgegenzutreten.

Die Beschreibung der aufzuklärenden Straftaten wird durch die Angaben über die Beweismittel, denen die Durchsuchung gilt, ergänzt. Sie sollen verhindern, daß sich die Zwangsmaßnahme auf Gegenstände erstreckt, die vom Durchsuchungsbeschluß nicht erfaßt werden, und entfalten damit ihrerseits eine weitere Schutzwirkung zugunsten der Grundrechte des Betroffenen. Allerdings wird eine genaue Bezeichnung des Beweismaterials, auf das die Durchsuchung gerichtet ist, häufig nicht möglich sein. Das schließt indessen nicht aus, die erwarteten Beweismittel wenigstens annäherungsweise – gegebenenfalls in Form beispielhafter Angaben – zu beschreiben.

4. Diesen rechtsstaatlichen Mindesterfordernissen genügt der angegriffene Durchsuchungsbeschluß nicht. [*Wird ausgeführt.*]

222 7. Da die Durchsuchung abgeschlossen ist, bleibt für die Aufhebung ihrer Anordnung kein Raum. Die Entscheidung beschränkt sich deshalb auf die Feststellung einer Verletzung des Grundgesetzes (vgl. dazu BVerfGE 6, 386 [388 f.]) …

40 Art. 20 Abs. 1, 2 Satz 2, Art. 21 Abs. 1 i.V.m. Art. 38 Abs. 1 GG

Offener Prozeß der Meinungs- und Willensbildung des Volkes – Mehrheitsprinzip in der Demokratie – Chance des Machtgewinns für die Minderheit – Verpflichtung der Staatsorgane auf das Staatsganze – Wettbewerbsneutralität der Staatsorgane – formale Chancengleichheit der Parteien bei den Wahlen – Verbot der Identifikation von Staatsorganen mit Parteien – Verbot der Wahlwerbung durch Staatsorgane – Zulässigkeit und Grenzen von Öffentlichkeitsarbeit durch die Bundesregierung – Indizien für unzulässige Wahlwerbung – besondere Zurückhaltungspflicht in der Vorwahlzeit

BVerfGE 44, 125–167 – Öffentlichkeitsarbeit[1]

125 **1. Den Staatsorganen ist es von Verfassungs wegen versagt, sich in amtlicher Funktion im Hinblick auf Wahlen mit politischen Parteien oder Wahlbewerbern zu identifizieren und sie unter Einsatz staatlicher Mittel zu unterstützen oder zu bekämpfen, insbesondere durch Werbung die Entscheidung des Wählers zu beeinflussen.**

2. Es ist mit dem Verfassungsprinzip, daß Bundestag und Bundesregierung nur einen zeitlich begrenzten Auftrag haben, unvereinbar, daß die im Amt befindliche Bundesregierung als Verfassungsorgan im

---

[1] Dem Urteil haben die Richter Geiger und Hirsch (S. 167 ff. [der amtlichen Sammlung]) und Rottmann (S. 181 [der amtlichen Sammlung]) Abweichende Meinungen beigefügt (hier nicht abgedruckt).

Wahlkampf sich gleichsam zur Wiederwahl stellt und dafür wirbt, daß sie als »Regierung wiedergewählt« wird.

3. Das Recht der politischen Parteien auf Chancengleichheit wird verletzt, wenn Staatsorgane als solche parteiergreifend zugunsten oder zu Lasten einer politischen Partei oder von Wahlbewerbern in den Wahlkampf einwirken.

4. Ein parteiergreifendes Einwirken von Staatsorganen in die Wahlen zur Volksvertretung ist auch nicht zulässig in der Form von Öffentlichkeitsarbeit. Die Öffentlichkeitsarbeit der Regierung findet dort ihre Grenze, wo die Wahlwerbung beginnt. |

5. Weder dürfen die Verfassungsorgane des Bundes anläßlich von 126
Wahlen in den Ländern, noch dürfen die Verfassungsorgane der Länder anläßlich von Wahlen zum Bundestag parteiergreifend in den Wahlkampf hineinwirken.

6. Tritt der informative Gehalt einer Druckschrift oder Anzeige eindeutig hinter die reklamehafte Aufmachung zurück, so kann das ein Anzeichen dafür sein, daß die Grenze zur unzulässigen Wahlwerbung überschritten ist.

7. Als Anzeichen für eine Grenzüberschreitung zur unzulässigen Wahlwerbung kommt weiterhin ein Anwachsen der Öffentlichkeitsarbeit in Wahlkampfnähe in Betracht, das sowohl in der größeren Zahl von Einzelmaßnahmen ohne akuten Anlaß, wie in deren Ausmaß und dem gesteigerten Einsatz öffentlicher Mittel für derartige Maßnahmen zum Ausdruck kommen kann.

8. Aus der Verpflichtung der Bundesregierung, sich jeder parteiergreifenden Einwirkung auf die Wahl zu enthalten, folgt schließlich für die Vorwahlzeit das Gebot äußerster Zurückhaltung und das Verbot jeglicher mit Haushaltsmitteln betriebener Öffentlichkeitsarbeit in Form von sogenannten Arbeits-, Leistungs- und Erfolgsberichten.

9. Die Bundesregierung muß Vorkehrungen dagegen treffen, daß die von ihr für Zwecke der Öffentlichkeitsarbeit hergestellten Druckwerke nicht von den Parteien selbst oder von anderen sie bei der Wahl unterstützenden Organisationen oder Gruppen zur Wahlwerbung eingesetzt werden.

Urteil des Zweiten Senats vom 2. März 1977 auf die mündliche Verhandlung vom 9. September 1976 – 2 BvE 1/76 –

Sachverhalt: *Die Bundesregierung ließ in der Zeit von Mai 1976 bis zu den Bundestagswahlen am 3. Oktober 1976 in Tageszeitungen und Zeitschriften* *aus Haushaltsmitteln finanzierte Anzeigenserien veröffentlichen. Beispielsweise erschienen in zehn großen Tageszeitungen der Bundesrepublik in der Zeit vom Mai 1976 bis 30. Juni 1976 zahlreiche großformatige Anzeigen, in denen Leistungen der Bundesregierung in wichtigen Politikbereichen herausgestellt wurden. Die Anzeigen endeten jeweils mit der Feststellung: »Die Zwischenbilanz zeigt: Wir sind auf dem richtigen Weg. Leistung verdient Vertrauen. Wir sichern die Zukunft«. In dem Nachrichtenmagazin »Der Spiegel« veröffentlichte die Bundesregierung in der Zeit vom 24. Mai 1976 bis 26. Juli 1976 wöchentlich eine Anzeige von jeweils drei bis fünf Druckseiten. Unter einer großgedruckten Überschrift (z.B.: »Diese Regierung hat Ihnen, alles in allem, mehr Freiheit gebracht«) wurden Leistungen der Bundesregierung unter Anführung schlagwortartig umrissener Fakten und unter Hinweis auf unbegründete pessimistische Stimmen der Opposition hervorgehoben. Daneben stellte die Bundesregierung in anderen Zeitschriften zwischen Mai und September 1976 in zum Teil großformatigen Anzeigen ihre Politik dar. Weiterhin gab die Bundesregierung im Jahre 1976, ebenfalls im Rahmen der Öffentlichkeitsarbeit, über das Presse- und Informationsamt und die einzelnen Ministerien Bücher, Broschüren, Faltblätter und ähnliche Publikationen mit unterschiedlichem Inhalt und unterschiedlicher Zielrichtung heraus (z.B. Bilanzdarstellungen der Regierungsarbeit; Servicepublikationen wie eine Wohngeldfibel; Reden des Bundeskanzlers und der Bundesminister; Gesetzes- und Vertragstexte), teilweise in einer Auflage von mehr als 1 Mio. Exemplaren. Die Publikationen wurden zum großen Teil den Regierungsparteien, der SPD und der F.D.P. sowie deren Untergliederungen zur Verbreitung überlassen.*

Die gegen die beschriebenen Maßnahmen der Bundesregierung erhobene Organklage der CDU hatte Erfolg.

Aus den Gründen:

138 Der Antrag ist begründet. Die unter V.[1] bezeichneten Maßnahmen der Bundesregierung waren mit Art. 20 Abs. 1 und Abs. 2 Satz 2 GG unvereinbar und haben die Antragstellerin in ihrem verfassungsmäßigen Recht auf Chancengleichheit bei den Bundestagswahlen 1976 (Art. 21 Abs. 1, 38 Abs. 1 GG) verletzt.

I.

Aus Art. 20 Abs. 1 und Abs. 2 Satz 2 GG ergibt sich:

1. In der freiheitlichen Demokratie, die das Grundgesetz für die Bundesrepublik Deutschland verfaßt hat, geht alle Staatsgewalt vom

---

[1] Unten (S. 155 bis 157 und S. 164 bis 166 [der amtlichen Sammlung]) sind beispielhaft einige der Maßnahmen aus dem Abschnitt V der Gründe dieses Urteils wiedergegeben; vgl. im übrigen die Angaben im Sachverhalt.

Volke aus und wird vom Volke in Wahlen und Abstimmungen und
durch besondere Organe der Gesetzgebung, der vollziehenden Gewalt
und der Rechtsprechung ausgeübt (Art. 20 Abs. 1 und Abs. 2 GG).
Diese Grundentscheidung der Verfassung für die demokratische
Staatsform wird unter anderem in Art. 38 Abs. 1 GG näher dahin aus-
gestaltet, daß die Abgeordneten des Deutschen Bundestages in allge-
meiner, unmittelbarer, freier, gleicher und geheimer Wahl gewählt
werden, Vertreter des ganzen Volkes, an Weisungen und Aufträge
nicht gebunden und nur ihrem Gewissen unterworfen sind, und in
Art. 21 Abs. 1 Satz 1 GG dahin, daß die politischen Parteien bei der
politischen Willensbildung des Volkes mitwirken. Die verfassungsmä-
ßige Ordnung in den Ländern muß diesen Grundsätzen des demo- |
kratischen Staates entsprechen (Art. 28 Abs. 1 GG). Die personellen 139
Träger der obersten politischen Staatsorgane bedürfen, damit ihr
Verhalten dem Volk verantwortlich bleibt, in regelmäßig wiederkeh-
renden zeitlichen Abständen der demokratischen Legitimation durch
Wahlen. Deshalb werden die Abgeordneten des Bundestages auf Zeit
gewählt (Art. 39 Abs. 1 GG), wird im parlamentarischen Regie-
rungssystem des Bundes der Bundeskanzler vom Bundestag gewählt
(Art. 63 GG) und endet das Amt des Bundeskanzlers mit dem Zusam-
mentritt eines neuen Bundestages (Art. 69 Abs. 2 GG).

2. Wahlen vermögen demokratische Legitimation im Sinne des Art. 20 Abs. 2 GG nur zu verleihen, wenn sie frei sind. Dies erfordert nicht nur, daß der Akt der Stimmabgabe frei von Zwang und unzulässigem Druck bleibt, wie es Art. 38 Abs. 1 GG gebietet, sondern ebensosehr, daß die Wähler ihr Urteil in einem freien, offenen Prozeß der Meinungsbildung gewinnen und fällen können (vgl. BVerfGE 20, 56 [97]). Die freiheitliche demokratische Grundordnung des Grundgesetzes gewährleistet die verfassungsrechtlichen Voraussetzungen dieses freien und offenen Prozesses der Meinungs- und Willensbildung des Volkes, insbesondere durch die zahlreichen grundrechtlichen Verbürgungen der Freiheit und Gleichheit und durch institutionelle und verfahrensrechtliche Vorkehrungen, wie z.B. die grundsätzliche Öffentlichkeit der Verhandlungen von Bundestag und Bundesrat (Art. 42 Abs. 1, 52 Abs. 3 Satz 3 GG) oder die Publizität der Rechtsetzung (Art. 76, 77, 82 Abs. 1 GG). Der hervorragenden Bedeutung, die in diesem Prozeß den politischen Parteien zukommt, hat das Grundgesetz dadurch Ausdruck verliehen, daß es ihnen einen verfassungsrechtlichen Status zuerkannt hat (Art. 21 GG). Er gewährleistet nicht nur ihre freie Gründung und Mitwirkung an der politischen Willensbildung des Volkes, sondern sichert

diese Mitwirkung auch durch Regeln, die ihnen gleiche Rechte und
gleiche Chancen gewähren.

3. Willensbildung des Volkes und Willensbildung in den Staatsor-
140 ganen vollziehen sich in vielfältiger und tagtäglicher | Wechselwir-
kung. Politisches Programm und Verhalten der Staatsorgane wirken
unablässig auf die Willensbildung des Volkes ein und sind selbst Ge-
genstand der Meinungsbildung des Volkes; Meinungen aus dem Volk,
sehr häufig vorgeformt und gestaltet vor allem in den politischen Par-
teien, aber auch z.B. über Verbände und über Massenmedien, wirken
auf die Willensbildung in den Staatsorganen ein. Die Regierung und
die sie tragenden politischen Kräfte im Parlament ebenso wie die Op-
position werden bei ihrem Verhalten stets auch den Wähler im Blick
haben. Dies alles ist Teil des politischen Prozesses einer freiheitli-
chen Demokratie, wie das Grundgesetz ihn versteht.

Grundgesetz und übrige Rechtsordnung ziehen diesen wechselseitigen Einwirkungsmöglichkeiten indes auch Grenzen, und zwar in beiden Richtungen. Es ist hier nicht geboten, die vielfältigen rechtlichen Zuordnungen, Unterscheidungen und Begrenzungen des staatlichen vom nichtstaatlichen Wirkungsfeld nach Sachbereichen, Subjekten, Formen und Verfahren allgemein zu bestimmen. Die grundrechtlichen Verbürgungen verwehren dem Staat ein Ausgreifen in den Freiheitsbereich des Einzelnen. Andererseits trifft die Rechtsordnung institutionelle, personelle und verfahrensmäßige Vorkehrungen zum Schutze der Integrität des Zustandekommens und der Willens- und Entscheidungsbildung der staatlichen Organe. Hierher gehören das freie Mandat der Abgeordneten, das Wahlgeheimnis, die Inkompatibilitätsregelungen, die persönliche und sachliche Unabhängigkeit der Richter, die Strafvorschriften, die die Lauterkeit des Wahlverfahrens und der Amtsführung schützen sollen, die Prüfungsbefugnisse des Rechnungshofes, das Disziplinarrecht und viele andere.

4. In höchstem Maße der Integrität bedürftig ist der Grundakt de-
mokratischer Legitimation, die Wahl der Abgeordneten der Volksver-
tretung. Im Wahlakt muß sich – dieser Sinn ist in Art. 20 Abs. 2 GG
angelegt – die Willensbildung vom Volk zu den Staatsorganen hin
vollziehen, nicht umgekehrt von den Staatsorganen zum Volk hin. So
141 sehr von dem Verhalten der | Staatsorgane Wirkungen auf die Mei-
nungs- und Willensbildung des Wählers ausgehen und dieses Verhal-
ten selbst mit Gegenstand des Urteils des Wählers ist, so sehr ist es
den Staatsorganen in amtlicher Funktion verwehrt, durch besondere
Maßnahmen darüber hinaus auf die Willensbildung des Volkes bei
Wahlen einzuwirken, um dadurch Herrschaftsmacht in Staatsorganen

zu erhalten oder zu verändern. Es ist ihnen von Verfassungs wegen versagt, sich als Staatsorgane im Hinblick auf Wahlen mit politischen Parteien oder Wahlbewerbern zu identifizieren und sie unter Einsatz staatlicher Mittel zu unterstützen oder zu bekämpfen, insbesondere durch Werbung die Entscheidung des Wählers zu beeinflussen.

Unabhängig davon ist es mit dem Verfassungsprinzip, daß Bundestag und Bundesregierung nur einen zeitlich begrenzten Auftrag haben, unvereinbar, daß die im Amt befindliche Bundesregierung als Verfassungsorgan im Wahlkampf sich gleichsam zur Wiederwahl stellt und dafür wirbt, daß sie »als Regierung wiedergewählt« wird. Das schließt nicht aus, daß die Mitglieder der Bundesregierung außerhalb ihrer amtlichen Funktionen für eine Partei in den Wahlkampf eingreifen.

5. Das Grundgesetz als demokratische Ordnung sieht vor, daß grundlegende staatliche Entscheidungen nach Maßgabe der Mehrheitsregel getroffen werden (Art. 42 Abs. 2, Art. 63 Abs. 2 bis 4, Art. 67 Abs. 1, Art. 52 Abs. 3, Art. 54 Abs. 6). Indes zieht es zugleich der Mehrheitsherrschaft rechtsstaatliche und bundesstaatliche Grenzen, zumal über die Grundrechte, die Erschwerung und Begrenzung der Verfassungsänderung (Art. 79 GG), die Garantie des Rechtsweges gegen die öffentliche Gewalt (Art. 19 Abs. 4 GG), die Gewährleistung der Unabhängigkeit der Rechtsprechung (Art. 20 Abs. 3, Art. 97 GG) und sichert diese Grenzen über eine weitreichende Verfassungsgerichtsbarkeit (Art. 93 GG).

Aber auch dort, wo das Grundgesetz in staatlichen Organen der Mehrheitsherrschaft Raum gibt, entläßt es sie nicht aus der verfassungsrechtlichen Grundverpflichtung, daß alle Staats | gewalt um des 142
Schutzes der Würde und Freiheit aller und der sozialen Gerechtigkeit gegenüber allen anvertraut ist, mithin stets am Wohle aller Bürger ausgerichtet zu sein hat. Und nur wenn die Mehrheit aus einem freien, offenen, regelmäßig zu erneuernden Meinungs- und Willensbildungsprozeß, an dem grundsätzlich alle wahlmündigen Bürger zu gleichen Rechten teilhaben können, hervorgegangen ist, wenn sie bei ihren Entscheidungen das – je und je zu bestimmende – Gemeinwohl im Auge hat, insbesondere auch die Rechte der Minderheit beachtet und ihre Interessen mitberücksichtigt, ihr zumal nicht die rechtliche Chance nimmt oder verkürzt, zur Mehrheit von morgen zu werden, kann die Entscheidung der Mehrheit bei Ausübung von Staatsgewalt als Wille der Gesamtheit gelten und nach der Idee der freien Selbstbestimmung aller Bürger Verpflichtungskraft für alle entfalten. Der Staat des Grundgesetzes ist der Entscheidungs- und Verantwortungs-

zusammenhang – zunehmend eingebettet in internationale Wirkungsbereiche –, vermittels dessen sich das Volk nach der Idee der Selbstbestimmung aller in Freiheit und unter der Anforderung der Gerechtigkeit seine Ordnung, insbesondere seine positive Rechtsordnung als verbindliche Sollensordnung setzt. Weil er der *freien Selbstbestimmung aller* unter Gewährung von Frieden und Ordnung einen institutionellen Rahmen verbürgt, kommt dem Staat Hoheitsgewalt, d.h. die Macht zu, Akte zu setzen, die für alle verbindlich sind, insbesondere Recht zu schaffen und Herrschaftsorgane einzusetzen. Dieser Sinn der Begründung und Autorität staatlicher Hoheitsmacht wird verfehlt, wenn unter dem Mantel staatlicher Hoheit parteiergreifend auf den Grundakt demokratischer Legitimation, die Wahlen zur Volksvertretung, eingewirkt wird. Bereitschaft und Verpflichtung aller Bürger zum Rechtsgehorsam und damit eine unerläßliche Bedingung für Freiheit und Frieden in einem Gemeinwesen würden verlorengehen, wenn staatliche Gewalt als Werkzeug zur Perpetuierung der Herrschaft einer bestimmten Mehrheit dienen könnte.

Der Staat, den das Grundgesetz verfaßt hat, wird vom ganzen |
143 Volk getragen, nicht allein von den jeweils regierenden Mehrheiten und den hinter ihnen stehenden politischen Kräften. Das bekundet sich in dem gleichen staatsbürgerlichen Status aller Deutschen, soweit ihnen nicht seine Wahrnehmung durch die Spaltung Deutschlands versagt ist, insbesondere in den gleichen politischen Grundrechten, in der Allgemeinheit und Gleichheit des Wahlrechts, im gleichen Zugang zu den öffentlichen Ämtern wie auch in den gleichen Pflichten, z.B. der gesetzlichen Steuerpflicht, Schulpflicht oder Wehrpflicht. Sie dürfen im Rahmen der freiheitlichen demokratischen Grundordnung bei allen Abstufungen, z.B. nach wirtschaftlicher Leistungsfähigkeit, sozialer Lage oder Geschlecht (wie bei der Wehrpflicht), jedenfalls aber nicht an Differenzierungen aus Gründen politischer Anschauungen oder Zugehörigkeiten geknüpft werden (vgl. Art. 3 Abs. 3 GG, Art. 33 Abs. 2 GG).

Insbesondere die finanziellen Mittel und Lasten, mit denen dieser Staat erhalten wird, werden grundsätzlich von allen Staatsbürgern ohne Ansehen ihrer politischen Anschauungen oder Zugehörigkeiten erbracht. Auch diese Mittel sind dem Staat zur Verwendung für das gemeine Wohl anvertraut. Er dient diesem Zweck als sozialer Rechtsstaat in vielfältiger Weise gerade auch durch die Förderung von Teilen und Gruppen der Bevölkerung einer pluralistischen Gesellschaft und ihrer verschiedenartigsten Interessen. Wo sich insoweit Grenzen, etwa aus dem Privilegierungsverbot des Art. 3 Abs. 3 GG ergeben,

bedarf an dieser Stelle nicht allgemein der Entscheidung. Nicht mehr
von dieser Bindung gedeckt ist es jedoch, wenn bei einem so ent-
scheidend auf das Staatsganze bezogenen Vorgang, wie der Wahl der
Volksvertretung, die von der Allgemeinheit erbrachten und getrage-
nen finanziellen Mittel und Möglichkeiten des Staates zugunsten
oder zu Lasten von politischen Parteien oder Bewerbern in parteier-
greifender Weise eingesetzt werden. Das Grundgesetz nimmt im Pro-
zeß der politischen Meinungs- und Willensbildung des Volkes, der im
Wahlakt gipfelt, außerrechtliche Ungleichheiten seiner Wahlbürger
und ihrer politischen Gruppierungen | hin. Es verwehrt dem Staat 144
aber, durch Parteinahme im Wahlkampf auf die Wettbewerbsverhält-
nisse zwischen den politischen Kräften Einfluß zu nehmen. Die
Staatsorgane haben als solche allen zu dienen und sich im Wahl-
kampf neutral zu verhalten.

6. Das Bundesverfassungsgericht hat die steuerliche Abzugsfähigkeit von Beiträgen und Spenden an politische Parteien, die Erstattung von Wahlkampfkosten aus öffentlichen Mitteln an die politischen Parteien und an unabhängige Wahlbewerber sowie die Einräumung von Sendezeiten in den öffentlichrechtlichen Rundfunk- und Fernsehanstalten an politische Parteien als verfassungsmäßig anerkannt. In allen diesen Fällen war indes gewährleistet, daß die öffentlichen Mittel nicht der Identifizierung des Staates mit bestimmten politischen Parteien, Bewerbern, Wahlberechtigten, Programmen oder politischen Verhaltensweisen im Wahlkampf dienten; die verfassungsrechtliche Zulässigkeit ihrer Verwendung ergibt sich insbesondere aus dem verfassungsrechtlichen Status und der Bedeutung, die das Grundgesetz den politischen Parteien für das Staatsganze zuerkannt hat (Art. 21 Abs. 1 GG).

Unvereinbar mit Art. 20 Abs. 2 GG ist jedoch eine auf Wahlbeeinflussung gerichtete, parteiergreifende Einwirkung von Staatsorganen als solchen zugunsten oder zu Lasten einzelner oder aller am Wahlkampf beteiligten politischen Parteien oder Bewerber. Sie verstößt gegen das Gebot der Neutralität des Staates im Wahlkampf und verletzt die Integrität der Willensbildung des Volkes durch Wahlen und Abstimmungen.

II.

Wenn der Staat, wie es in solchen Fällen nahezu immer der Fall sein wird, dabei zugunsten oder zu Lasten bestimmter politischer Parteien oder von Wahlbewerbern Partei ergreift, ist darüber hinaus auch das verfassungsmäßige Recht der davon nachteilig Betroffenen auf Chancengleichheit bei Wahlen verletzt (Art. 21 Abs. 1, Art. 38 Abs. 1 GG). |

145 1. Zu den Prinzipien, die das Grundgesetz unter dem Begriff der freiheitlichen demokratischen Grundordnung zusammenfaßt, gehören neben der Volkssouveränität, der Gewaltenteilung und der Verantwortlichkeit der Regierung auch das Mehrparteienprinzip und die Chancengleichheit für alle politischen Parteien (vgl. BVerfGE 2, 1 [13];[1] 5, 85 [140]). In einem freiheitlichen Staat, in dem der Mehrheitswille in den Grenzen der Rechtsstaatlichkeit entscheidet, müssen Minderheitsgruppen die Möglichkeit haben, zur Mehrheit zu werden. Demokratische Gleichheit fordert, daß der jeweils herrschenden Mehrheit und der oppositionellen Minderheit bei jeder Wahl aufs neue die grundsätzlich gleichen Chancen im Wettbewerb um die Wählerstimmen offengehalten werden. Die Gewährleistung gleicher Chancen im Wettbewerb ist ein unabdingbares Element des vom Grundgesetz gewollten freien und offenen Prozesses der Meinungs- und Willensbildung des Volkes.

2. Dieser Prozeß setzt in der modernen parlamentarischen Demokratie die Existenz politischer Parteien voraus. Sie sind vornehmlich berufen, die Aktivbürger freiwillig zu politischen Handlungseinheiten mit dem Ziel der Beteiligung an der Willensbildung in den Staatsorganen organisatorisch zusammenzufassen. Aus diesem Grunde hat das Grundgesetz in Art. 21 Abs. 1 Satz 1 ausdrücklich anerkannt, daß die Parteien an der politischen Willensbildung des Volkes mitwirken, und sie damit auch in den Rang einer verfassungsrechtlichen Institution erhoben (BVerfGE 1, 208 [225][2] und ständige Rechtsprechung). Sie sind Zwischenglieder zwischen dem Bürger und den Staatsorganen, Mittler, durch die der Wille der Bürger auch zwischen den Wahlgängen verwirklicht werden kann. Sie stellen, sofern sie die Parlamentsmehrheit bilden und die Regierung stützen, die wichtigste Verbindung zwischen dem Volk und den politischen Führungsorganen des Staates her und erhalten sie aufrecht. Als Parteien der Minderheit bilden sie die politische Opposition und machen sie wirksam. Die politischen Parteien sammeln und leiten die auf die politische Macht
146 und ihre Ausübung in Wahlen | und Staatsorganen gerichteten Meinungen, Interessen und Bestrebungen, gleichen sie in sich aus und formen sie zu Alternativen, unter denen die Bürger auswählen kön-

[1] BVerfGA Nr. 2.
[2] BVerfGA Nr. 1.

nen. Parlamentswahlen wirken auch als politisches Werturteil über ihr Programm und bestimmen wesentlich den Einfluß, den die Parteien auf die Willensbildung und die Entscheidungen in den Staatsorganen haben.

3. Damit die Wahlentscheidung in voller Freiheit gefällt werden kann, ist es unerläßlich, daß die Parteien, soweit irgend möglich, mit gleichen Chancen in den Wahlkampf eintreten. Deshalb ist mit der in Art. 21 Abs. 1 Satz 2 GG gesicherten Freiheit der Gründung im Grundsatz auch freie Auswirkung bei der Wahl, d.h. die volle Gleichberechtigung aller Parteien notwendigerweise verbunden. Von dieser Einsicht her empfängt der Verfassungsgrundsatz der gleichen Wettbewerbschancen der politischen Parteien das ihm eigene Gepräge. Die Formalisierung des Gleichheitssatzes im Bereich der politischen Willensbildung des Volkes hat zur Folge, daß auch der Verfassungsschutz von der Chancengleichheit der politischen Parteien in dem gleichen Sinne formal verstanden werden muß (BVerfGE 24, 300 [340 f.]). Der öffentlichen Gewalt ist jede unterschiedliche Behandlung der Parteien, durch die deren Chancengleichheit bei Wahlen verändert werden kann, verfassungskräftig versagt, sofern sie sich nicht durch einen besonderen zwingenden Grund rechtfertigen läßt (BVerfGE 34, 160 [163]; ständige Rechtsprechung).

Das Recht der politischen Parteien auf Chancengleichheit ist zunächst für den Wahlvorgang selbst entwickelt worden. Seine Geltung ist ausgedehnt worden auf die Wahlvorbereitung. Es gilt auch für die zur Wahlvorbereitung in der Massendemokratie erfolgende Wahlwerbung, soweit sie durch Maßnahmen der öffentlichen Gewalt beeinflußt wird (vgl. BVerfGE 14, 121 [132 f.]). Dieses Recht wird verletzt, wenn Staatsorgane als solche parteiergreifend zugunsten oder zu Lasten einer politischen Partei oder von Wahlbewerbern in den Wahlkampf einwirken. |

III. 147

Ein parteiergreifendes Einwirken von Staatsorganen in die Wahlen zur Volksvertretung ist auch nicht zulässig in der Form von Öffentlichkeitsarbeit.

Öffentlichkeitsarbeit von Regierung und gesetzgebenden Körperschaften ist in Grenzen nicht nur verfassungsrechtlich zulässig, sondern auch notwendig. Die Demokratie des Grundgesetzes bedarf – unbeschadet sachlicher Differenzen in Einzelfragen – eines weitgehenden Einverständnisses der Bürger mit der vom Grundgesetz geschaffenen Staatsordnung. Dieser Grundkonsens wird von dem Bewußtsein der Bürger getragen, daß der vom Grundgesetz verfaßte Staat dem Einzelnen im Gegensatz zu totalitär verfaßten Staaten einen weiten Freiheitsraum zur Entfaltung im privaten wie im öffentlichen Bereich offenhält und gewährleistet. Diesen Grundkonsens lebendig zu erhalten, ist Aufgabe staatlicher Öffentlichkeitsarbeit.

In den Rahmen zulässiger Öffentlichkeitsarbeit fällt, daß Regierung und gesetzgebende Körperschaften – bezogen auf ihre Organtätigkeit – der Öffentlichkeit ihre Politik, ihre Maßnahmen und Vorhaben sowie die künftig zu lösenden Fragen darlegen und erläutern (BVerfGE 20, 56 [100]). Eine verantwortliche Teilhabe der Bürger an der politischen Willensbildung des Volkes setzt voraus, daß der Einzelne von den zu entscheidenden Sachfragen, von den durch die verfaßten Staatsorgane getroffenen Entscheidungen, Maßnahmen und Lösungsvorschlägen genügend weiß, um sie beurteilen, billigen oder verwerfen zu können. Auch dazu vermag staatliche Öffentlichkeitsarbeit einen wesentlichen Beitrag zu leisten. Je mehr der Einzelne auf diese Weise zur eigenen Beurteilung aufgerufen und in ihm das Bewußtsein wachgehalten wird, als selbstverantwortliches Glied der Rechtsgemeinschaft die Gestaltung, Ausformung und Konkretisierung der für alle verbindlichen Rechtsordnung zu beeinflussen und an den grundlegenden politischen Entscheidungen beteiligt zu sein, um
148 so leichter wird es ihm, den vom | Grundgesetz verfaßten Staat, der ihm diese Möglichkeiten eröffnet, als seinen Staat anzunehmen.

Jede verantwortliche Politik kann zu unpopulären Maßnahmen gezwungen sein. Insbesondere können im Bereich der staatlichen Wirtschafts- und Sozialpolitik Maßnahmen zu Lasten der Bürger oder einzelner Gruppen von ihnen im Gesamtinteresse geboten sein, ohne daß deren Notwendigkeit der Aktivbürgerschaft unmittelbar einsichtig ist. Auch hier ist es Aufgabe staatlicher Öffentlichkeitsarbeit, die Zusammenhänge offenzulegen, Verständnis für erforderliche Maßnahmen zu wecken oder um ein konjunkturgerechtes Verhalten zu werben.

Schließlich kann die sachgerechte, objektiv gehaltene Information über das Recht, das den Bürger unmittelbar angeht, ein berechtigtes Anliegen im sozialen Rechtsstaat sein. Viele Gesetze sind heute infolge ihrer hohen Technizität ohne sachkundige Anleitung kaum noch hinreichend verständlich. Der Bürger wird durch Informationen, die ihm in allgemein verständlicher Weise den Inhalt von Gesetzen und deren Änderungen nahebringen, über seine Rechte und Pflichten aufgeklärt und instand gesetzt, von den ihm durch die Rechtsordnung eröffneten Möglichkeiten im persönlichen Bereich in angemessener Weise Gebrauch zu machen. Dadurch wird zugleich die Möglichkeit für alle, ihre Rechte zu wahren, verstärkt. Darin findet die Öffentlichkeitsarbeit der Staatsorgane, die diesen Themenkreis zum Gegenstand hat, ihre Rechtfertigung.

IV.

Behält man die zulässigen Zwecke der Öffentlichkeitsarbeit von Regierung und gesetzgebenden Körperschaften im Blick und nimmt hinzu, daß ihr von den das Grundgesetz beherrschenden Prinzipien der Volkssouveränität, der Gewaltenteilung, der Verantwortlichkeit der Regierung und der für einen freien und offenen Prozeß der Meinungs- und Willensbildung des Volkes unabdingbaren Chancengleichheit der politischen Parteien die aufgezeigten verfassungsrechtlichen Grenzen gezogen werden, so | ergibt sich für die Abgrenzung 149
zulässiger Öffentlichkeitsarbeit der Bundesregierung von einem parteiergreifenden Einwirken auf den Wahlkampf folgendes:

1. Öffentlichkeitsarbeit ist nur zulässig, soweit sie sich im Rahmen des vom Grundgesetz der Bundesregierung zugewiesenen Aufgaben- und Zuständigkeitsbereiches hält.

a) Daraus folgt, daß auch in diesem Zusammenhang die föderale Kompetenzaufteilung zwischen Bund und Ländern zu wahren ist. Ebenso wie die Verfassungsorgane der Länder ihre Öffentlichkeitsarbeit auf den Aufgaben- und Kompetenzbereich des jeweiligen Landes zu beschränken haben, muß sich die Bundesregierung – soweit sie nicht zuständig ist – jedes Eingriffs in den Länderbereich enthalten. Diese wechselseitige Schranke ist stets zu beachten. Ihr kommt in zeitlicher Nähe zu Parlamentswahlen besondere Bedeutung zu. Weder dürfen die Verfassungsorgane des Bundes anläßlich von Wahlen in den Ländern noch dürfen die Verfassungsorgane der Länder anläßlich von Wahlen zum Bundestag parteiergreifend in den Wahlkampf hineinwirken.

b) Da die Öffentlichkeitsarbeit der Bundesregierung schon ihrer Funktion nach auf den Bereich ihrer Sachverantwortung gegenüber dem ganzen Volk und Parlament (vgl. BVerfGE 9, 268 [281]) beschränkt ist, muß sie sich stets der offenen oder versteckten Werbung für einzelne der miteinander konkurrierenden politischen Parteien oder sonstigen an der politischen Meinungsbildung beteiligten Grup-

pen enthalten. Dies schließt nicht aus, daß sich die Aussagen der Öffentlichkeitsarbeit der Regierung mehr oder minder mit denen von Programmen und Stellungnahmen der die Regierung tragenden Parteien decken können und häufig decken werden. In einer Verfassungsordnung, die die politischen Parteien als Zwischenglieder zwischen dem Einzelnen und den verfaßten Staatsorganen, als Mittler, die die Verbindung zwischen dem Volk und der politischen Führung herstellen und aufrechterhalten, ausdrücklich anerkennt, liegt das
150 nahe. Dennoch muß die auf das Staatsganze bezogene Öffent|lichkeitsarbeit auch schon den Eindruck einer werbenden Einflußnahme zugunsten einzelner Parteien ebenso wie willkürliche, ungerechtfertigt herabsetzende und polemische Äußerungen über andere Parteien vermeiden. Die Öffentlichkeitsarbeit darf nicht durch Einsatz öffentlicher Mittel den Mehrheitsparteien zu Hilfe kommen oder die Oppositionsparteien bekämpfen. Dies wäre mit den Grundsätzen eines freien und offenen Prozesses der Meinungs- und Willensbildung des Volkes und der Gleichberechtigung der politischen Parteien nicht vereinbar.

2. All das gilt in besonderem Maße für Maßnahmen, die – gewollt oder ungewollt – geeignet sind, der Wahlwerbung zu dienen oder den Wahlkampf zu beeinflussen. Grundsätzlich läßt sich sagen, daß die Öffentlichkeitsarbeit der Regierung dort ihre Grenze findet, wo die Wahlwerbung beginnt. Anzeichen dafür, daß die Grenze von der zulässigen Öffentlichkeitsarbeit zur verfassungswidrigen, parteiergreifenden Einwirkung in den Wahlkampf überschritten ist, können unter anderem der Inhalt sowie die äußere Form und Aufmachung von Anzeigen und Druckschriften sein.

a) Inhaltlich kann der parteiergreifende Charakter einer solchen Veröffentlichung daran erkennbar werden, daß die Bundesregierung sich als eine von bestimmten Parteien getragene Regierung darstellt – offen oder versteckt –, für sie wirbt oder sich mit negativem Akzent oder gar herabsetzend über die Oppositionsparteien und deren Wahlbewerber äußert.

Indiz für ein parteiergreifendes Hineinwirken in den Wahlkampf kann es ferner sein, wenn die Bundesregierung deutlich ihre Absicht zum Ausdruck bringt, „im Amt bleiben zu wollen". Dafür kann sprechen, daß sie im Vorfeld der Wahl eine Bilanz der von ihr in ihrer Amtszeit erbrachten positiven Leistungen verbreitet, verbunden mit der Versicherung, sie allein biete die Gewähr für eine gesicherte Zukunft.

b) Hinweise dafür, daß ein Hineinwirken in den Wahlkampf be-

zweckt ist, können sich ferner aus der äußeren Form und der Aufma-
chung von Anzeigen, Broschüren, Faltblättern und ande | ren Druck- 151
schriften ergeben. Tritt der informative Gehalt einer Druckschrift
oder Anzeige eindeutig hinter die reklamehafte Aufmachung zurück,
so kann das ein Anzeichen dafür sein, daß die Grenze zur unzulässi-
gen Wahlwerbung überschritten ist. Entsprechendes gilt, wenn sich
im Vorfeld der Wahl Druckschriften oder Anzeigen häufen, die bei
unbefangener Betrachtung mehr der Steigerung des Bekanntheitsgra-
des und der Sympathiewerbung für Mitglieder der Bundesregierung
als der Befriedigung eines von der Sache her gerechtfertigten Infor-
mationsbedürfnisses der Bürger dienen. Das wird insbesondere dann
anzunehmen sein, wenn die regierungsamtlichen Veröffentlichungen
in der Vorwahlzeit mit Abbildungen der Mitglieder der Bundesregie-
rung versehen und deren persönliche Qualitäten besonders herausge-
stellt werden.

3. Als Anzeichen für eine Grenzüberschreitung zur unzulässigen
Wahlwerbung kommt weiterhin ein Anwachsen der Öffentlichkeits-
arbeit in Wahlkampfnähe in Betracht, das sowohl in der größeren
Zahl von Einzelmaßnahmen ohne akuten Anlaß, wie in deren Aus-
maß und dem gesteigerten Einsatz öffentlicher Mittel für derartige
Maßnahmen zum Ausdruck kommen kann.

a) Die Grenze, die das Grundgesetz zwischen zulässiger Öffent-
lichkeitsarbeit und unzulässiger Wahlwerbung zieht, kann in der Vor-
wahlzeit auch dort überschritten sein, wo regierungsamtliche Veröf-
fentlichungen sich auf eine sachliche Information des Bürgers be-
schränken, sich also weder durch ihren Inhalt noch durch ihre Aufma-
chung als Werbemaßnahmen zugunsten eigener Machterhaltung oder
für eine politische Partei zu erkennen geben. Derartige Informationen
stehen nicht frei im politischen Raum; sie können nur im Rahmen des
Zusammenhangs sachgerecht gewürdigt werden. Unterrichtet die Re-
gierung im Rahmen ihrer Öffentlichkeitsarbeit den Bürger über ihre
Leistungen und Erfolge, so entfaltet dies regelmäßig Wirkungen auch
zugunsten der die Regierung tragenden Parteien. Das ist verfassungs-
rechtlich zwar unbedenklich, solange die betreffende Veröffentli-
chung nicht in unmittelbarer zeitlicher Beziehung zu | einer bevorste- 152
henden Wahl steht, sich also voraussichtlich nur in begrenztem Um-
fang werbend auf das Wahlergebnis auswirken wird. Hingegen kann
die Regierung ihre Pflicht, die Wahlentscheidung des Bürgers nicht
zugunsten einer Partei oder im Interesse ihrer eigenen Machterhal-
tung zu beeinflussen, verletzen, wenn sie im nahen Vorfeld der Wahl
ihrem Inhalt und ihrer Aufmachung nach nicht zu beanstandende Ver-

öffentlichungen, insbesondere in Form von sogenannten Arbeits-, Leistungs- oder Erfolgsberichten mit beträchtlichem Aufwand und in erheblicher Menge veröffentlicht oder gegen ihre Verbreitung keine ausreichenden Vorkehrungen trifft, die ihre Verwendung zu wahlwerbenden Zwecken verwehren.

Wann diese Grenze überschritten ist, der voraussichtliche Einfluß solcher Veröffentlichungen auf die politische Meinungsbildung des Wählers also verfassungsrechtlich nicht mehr gerechtfertigt ist, läßt sich nicht allgemeingültig festlegen; dies hängt vor allem von Zahl und Umfang solcher Maßnahmen, der Nähe des Wahlzeitpunktes und der Intensität des Wahlkampfes ab. Je näher die Veröffentlichungen an den Beginn der »heißen Phase« des Wahlkampfes heranrücken, desto weniger können ihre Auswirkungen auf das Wahlergebnis ausgeschlossen werden. Deshalb tritt hier die Aufgabe und Kompetenz der Regierung, den Bürger auch über zurückliegende politische Tatbestände, Vorgänge und Leistungen sachlich zu informieren, zunehmend hinter das Gebot zurück, die Willensbildung des Volkes vor den Wahlen nach Möglichkeit von staatlicher Einflußnahme freizuhalten. Aus der Verpflichtung der Bundesregierung, sich jeder parteiergreifenden Einwirkung auf die Wahl zu enthalten, folgt schließlich das Gebot äußerster Zurückhaltung und das Verbot jeglicher mit Haushaltsmitteln betriebenen Öffentlichkeitsarbeit in Form von sogenannten Arbeits-, Leistungs- oder Empfehlungsberichten. Denn in der »heißen Phase des Wahlkampfes« gewinnen solche Veröffentlichungen in aller Regel den Charakter parteiischer Werbemittel in der Wahlauseinandersetzung, in die einzugreifen der Regierung verfas-
153 sungskräftig versagt ist. | Von diesen Beschränkungen der Öffentlichkeitsarbeit unberührt bleiben dagegen auch im Vorfeld der Wahl informierende, wettbewerbsneutrale Veröffentlichungen, die aus akutem Anlaß geboten sind.

Ein genauer Stichtag, von dem an das Gebot äußerster Zurückhaltung strikt zu beachten und für Arbeits-, Leistungs- und Erfolgsberichte kein Raum mehr ist, läßt sich nicht eindeutig bestimmen. Als Orientierungspunkt kann unbeschadet dessen etwa der Zeitpunkt gelten, an dem der Bundespräsident den Wahltag bestimmt (§ 16 Bundeswahlgesetz).

b) Während der so eingegrenzten Vorwahlzeit darf die Bundesregierung – ebenso wie die übrigen verfaßten Staatsorgane des Bundes und der Länder – sich künftig nicht mehr, wie das bisher von Wahl zu Wahl in wachsendem Maße der Fall war, unmittelbar durch Anzeigen oder durch die Versendung von Druckschriften und Faltblättern, Post-

wurfsendungen oder ähnliche Maßnahmen in den Wahlkampf ein-
schalten. Dies darf auch nicht mittelbar in der Form geschehen, daß
dafür geeignete Druckwerke zur Verwendung im Wahlkampf zur Ver-
fügung gestellt werden.

Im Mehrparteienstaat des Grundgesetzes versteht es sich, daß die
politischen Zielvorstellungen der Bundesregierung und der sie tra-
genden Partei oder Parteien sich zwar nicht in allen Einzelheiten,
aber doch ganz überwiegend decken. Daraus ergibt sich häufig eine
weitgehende Übereinstimmung zwischen der Öffentlichkeitsarbeit
der Bundesregierung und der von der sie unterstützenden Partei oder
Parteienkoalition vorgeschlagenen und verfolgten Politik. Die von
der Bundesregierung im Rahmen ihrer Öffentlichkeitsarbeit heraus-
gegebenen Druckschriften, Faltblätter und ähnliches eignen sich des-
halb, soweit sie werbenden Charakter haben, zwar in aller Regel als
zusätzliches Wahlkampfmaterial für die die Regierung tragenden,
nicht dagegen für die Oppositionsparteien. Mehrheitsparteien können
solche Druckwerke, wenn sie ihnen in großer Zahl überlassen wer-
den, bei ihrer Wahlwerbung – etwa durch Verteilung an | ihren Infor- 154
mationsständen oder durch Versendung als Wahlwerbeschrift – ein-
setzen und machen von dieser Möglichkeit auch in weitem Umfange
Gebrauch. Während ihnen also neben dem selbst hergestellten Wer-
bematerial weitere aus öffentlichen Mitteln finanzierte Druckwerke
für Wahlzwecke zur Verfügung stehen, bleibt den Oppositionspartei-
en diese Möglichkeit, da sich diese Druckwerke meist zum Einsatz
bei ihrer Wahlwerbung nicht eignen, faktisch verschlossen. Dadurch
wird die im Rahmen der staatlichen Wahlkampfkostenerstattung ge-
botene und gewahrte Chancengleichheit durch den zusätzlichen Ein-
satz öffentlicher Mittel zugunsten der Mehrheits- und zu Lasten der
Oppositionsparteien unterlaufen und empfindlich gestört.

Die Bundesregierung muß deshalb Vorkehrungen dagegen treffen, daß die von ihr für Zwecke der Öffentlichkeitsarbeit hergestellten Druckwerke nicht von den Parteien selbst oder von anderen sie bei der Wahl unterstützenden Organisationen oder Gruppen zur Wahlwerbung eingesetzt werden. Aber auch von den politischen Parteien, deren Wahlbewerbern und denen, die ihnen Wahlhilfe leisten, kann erwartet werden, daß sie auf diese Verpflichtung der Bundesregierung Rücksicht nehmen und um der Wahrung des Grundsatzes der Chancengleichheit willen solches Material nicht im Wahlkampf verteilen oder in anderer Weise für Zwecke der Wahlwerbung verwenden.

c) Werden diese verfassungsrechtlichen Gebote nicht beachtet und läßt sich infolgedessen bei gravierenden Verstößen nicht mehr ausschließen, daß dadurch die Mandatsverteilung beeinflußt worden ist, so kann das im Wahlprüfungsverfahren nicht ohne Konsequenzen bleiben und die Gültigkeit der Wahl gefährden.

Die für die Vorwahlzeit aufgezeigten Beschränkungen regierungsamtlicher Öffentlichkeitsarbeit gelten für alle unter Einsatz von Haushaltsmitteln finanzierten Anzeigen, Broschüren, Faltblätter und sonstige Druckwerke. Sie schließen jedoch weder aus, daß die Mitglieder der Bundesregierung sich in amtlicher Funktion über Rund-
155 funk und Fernsehen an die Öffentlichkeit wenden oder Presseerklärungen abgeben, noch daß sie außerhalb ihrer amtlichen Funktionen für eine Partei in den Wahlkampf eingreifen.

4. Öffentlichkeitsarbeit der Regierung war schon immer mehr oder weniger gerechtfertigten Angriffen der jeweiligen Opposition ausgesetzt. Die Kritik galt insbesondere den in der Vorwahlzeit ergriffenen Maßnahmen und warf der Bundesregierung in aller Regel vor, daß sie durch erhöhte Aktivität, geeignete Themenwahl und den gesteigerten Einsatz von Haushaltsmitteln zugunsten der Regierungsparteien in den Wahlkampf eingreife. Ob und inwieweit solche Angriffe berechtigt sind und welches Gewicht ihnen zukommt, läßt sich nur beurteilen, wenn Art, Umfang und Zielrichtung der Öffentlichkeitsarbeit und die Höhe der damit verbundenen Kosten überschaubar sind. Die Bundesregierung könnte unberechtigten Angriffen z.B. von vornherein dadurch begegnen, daß sie regelmäßig – etwa monatlich – entsprechende Übersichten ihrer regierungsamtlichen Öffentlichkeitsarbeit im Bundesgebiet vorlegt und der Allgemeinheit zugänglich macht.

5. Damit sind – in groben Umrissen – die Schranken aufgezeigt, die der Öffentlichkeitsarbeit der Regierung durch das Verbot, in parteiergreifender Weise in den Wahlkampf hineinzuwirken, von Verfassungs wegen gezogen sind. Dabei geht das Gericht davon aus, daß die weitere Konkretisierung der hier aufgezeigten Grenzen, soweit sie sich im einzelnen noch als erforderlich erweisen sollte, der Verantwortlichkeit der an der Öffentlichkeitsarbeit und an Wahlkämpfen Beteiligten überlassen werden kann.

V.

Die Bundesregierung hat durch einen Teil der beanstandeten Maßnahmen gegen Art. 20 Abs. 2 GG verstoßen und die Antragstellerin in ihrem verfassungsmäßigen Recht auf Chancengleichheit bei der Bundestagswahl 1976 verletzt.

Die Abgrenzung zwischen zulässiger Öffentlichkeitsarbeit und verfassungswidriger, parteiergreifender Einwirkung auf die | Bun- 156
destagswahl kann im Einzelfall schwierig sein. Deshalb setzt die Feststellung eines Verfassungsverstoßes eine ins Gewicht fallende Häufung und Massivität offenkundiger Grenzüberschreitungen voraus. Das ist hier der Fall.

1. Die Bundesregierung hat dadurch, daß sie im Vorfeld der Wahl unter Einsatz öffentlicher Mittel in einer Größenordnung von 10 Mio. Deutsche Mark eine Reihe großformatiger Anzeigenserien in Tageszeitungen und Zeitschriften veröffentlichen ließ, das Neutralitätsgebot verletzt und parteiergreifend auf die Bundestagswahl eingewirkt.

a) In zehn großen Tageszeitungen erschienen in der Zeit vom 18. Mai bis Ende Juni 1976 zahlreiche Anzeigen im Großformat, in denen unter anderem auf die von der Bundesregierung erreichten Erfolge in den Bereichen der Wirtschaft, der Verkehrs- und Agrarpolitik wie des Bildungswesens hingewiesen wurde. Sie fanden im Juli 1976 ihre Ergänzung in Anzeigen in Funk- und Fernsehzeitschriften, die die positiven Leistungen der Bundesregierung auf dem Gebiete der Rentenversicherung hervorhoben. Für all diese Anzeigen bestand, sieht man von der damals bevorstehenden Bundestagswahl ab, kein von der Sache her gebotener, akuter Anlaß.

Die Aufzählung der »Erfolge« in diesen Anzeigen reichte jeweils mehrere Jahre zurück, zum Teil bis in das Jahr 1969, in dem erstmals eine Koalition von SPD und F.D.P. die Regierung stellte. So heißt es etwa in der Frankfurter Allgemeinen Zeitung vom 15. Juni 1976:

> »Sehen Sie selbst, was zwischen 1969 und heute erreicht werden konnte«

und im Bonner Generalanzeiger vom 22. Juni 1976:

> »Von 1969–1976 wurden 2200 km Autobahn neu gebaut.«

Daran wurde regelmäßig der Hinweis geknüpft, daß das Erreichte gesichert und weiter ausgebaut werden müsse, wie beispielsweise:

> »Diese Politik muß konsequent fortgesetzt werden« (Die Welt vom 11. Juni 1976). |
>
> »Deshalb muß unsere Politik der Partnerschaft und des Ausgleichs 157
> zielstrebig fortgesetzt werden. Dafür braucht unser Land auch morgen eine sichere und international erfahrene Führung« (Frankfurter Rundschau vom 28. Mai 1976).
>
> »Unser vorbildliches soziales Netz muß für die Zukunft gesichert und weiter ausgebaut werden« (Frankfurter Neue Presse v. 25. Juni 1976).

Der gemeinsame Zweck und die Zielrichtung der Anzeigen werden darin deutlich, daß sie jeweils gleichlautend schlossen:

»Die Zwischenbilanz zeigt: Wir sind auf dem richtigen Weg.
Leistung verdient Vertrauen.
Wir sichern Deutschlands Zukunft.«

Damit empfahl sich die Bundesregierung als vertrauenswürdiger Garant weiterer Erfolge in der Zukunft. Sie warb also – dies läßt auch das Wort *»Zwischenbilanz«* erkennen –, indirekt darum, der Wähler möge ihr ein »Weiterregieren« durch die Stimmabgabe für die die Regierung tragenden Parteien ermöglichen. ...

164 cc) Beispiele für wettbewerbsneutrale Druckschriften, deren Herausgabe und Verbreitung auch im Vorfeld der Wahl keinen verfassungsrechtlichen Bedenken begegnet, sind etwa die Broschüren »Bundesausbildungsförderungsgesetz« und »Strafvollzugsgesetz«. Sie erschöpfen sich im wesentlichen in der Wiedergabe der Gesetzestexte. Für ihre Herausgabe bestand ein akuter Anlaß. Das Bundesausbildungsförderungsgesetz war am 9. April 1976 neu gefaßt worden. Das vom Bundestag bereits verabschiedete Strafvollzugsgesetz sollte in Kürze in Kraft treten.

Weiter in diesem Zusammenhang zu nennen sind etwa einige im Auftrag des Bundesministeriums für Jugend, Familie und Gesundheit von der Bundeszentrale für gesundheitliche Aufklärung herausgegebene Schriften, wie der »Beratungsführer«, ein Verzeichnis der Beratungsstellen in der Bundesrepublik , oder die Broschüre »Vorbeugen ist besser als Drogen«, die »Erziehungstips für Eltern zum Thema Drogenmißbrauch« anbietet, oder das Faltblatt »Aktionen gegen den Mißbrauch von Drogen«. Sie alle beschränken sich darauf, die Bürger über Gefahren aufzuklären, Auswege aufzuzeigen und Hilfen zu vermitteln. Irgendeine ernsthaft ins Gewicht fallende Werbewirkung geht von ihnen nicht aus.

b) Daß die Bundesregierung durch Druckwerke, die nach Inhalt und Aufmachung dazu angetan waren, eine mehr oder minder große
165 Werbewirkung zu entfalten, parteiergreifend in | die Wahlauseinandersetzung hineingewirkt hat, belegt deren Verwendung im Wahlkampf. Solche Druckschriften sind nicht nur, wie das Faltblatt des Auswärtigen Amtes, unter weiterem Einsatz öffentlicher Mittel verbreitet, sondern auch in großem Umfange den Regierungsparteien überlassen und von diesen als Werbematerial im Wahlkampf eingesetzt worden. So wurden z.B. von 22 verschiedenen, vom Presse- und Informationsamt in der Zeit vom 1. Januar bis 26. Juli 1976 ausgelie-

ferten 6 186 082 Druckschriften 3 685 072 Exemplare (= 59,5 %) an die Koalitionsparteien oder deren Untergliederungen versandt. An die CDU/CSU gingen dagegen lediglich 16 300 Exemplare (= 0,26 %). Dabei ist im einzelnen der Anteil der den Regierungsparteien von der Gesamtauflage überlassenen Stücke um so größer, je mehr sie zum Einsatz im Wahlkampf geeignet scheinen. So wurden etwa in der Zeit vom 9. Juni bis zum 31. Juli 1976 von der Gesamtauflage des Faltblatts »Leistung verdient Vertrauen« in Höhe von 484 900 etwa 73 %, von der Gesamtauflage des »Arbeitsberichts '76« in Höhe von 485 760 von Anfang Januar bis Ende Juli 1976 nahezu 74 % den Regierungsparteien überlassen.

Diese Druckerzeugnisse sind auch – wie die Verhandlung ergeben hat – von den Regierungsparteien als Werbemittel eingesetzt worden. Sie wurden – oftmals mit Aufdrucken oder Aufklebern der Partei oder ihrer Bundestagskandidaten versehen – auf Parteiveranstaltungen verteilt, lagen an Parteiständen zur kostenlosen Mitnahme aus und wurden – teils zusammen mit parteieigenen Werbeschriften – versandt oder in Briefkästen eingeworfen. In dieser Weise verwandt wurden auch wettbewerbsneutrale Informationsschriften, wie Ratgeberbroschüren oder Wiedergabe von Gesetzestexten. Maßgebend dafür war offenbar die Erwägung, daß der Wähler durch die Aushändigung solcher Druckerzeugnisse »einen praktischen Service« erhalte und ihm dadurch der Eindruck vermittelt werde, »daß die SPD Politik zum Nutzen der Bürger macht« (so das Handbuch der SPD »Parteiarbeit – Wahlkampf machen«). |

Der Einsatz der Druckschriften im Wahlkampf durch die SPD er- 166
folgte planmäßig. Die parteiinternen Informationsdienste wiesen wiederholt darauf hin, wo die Regierungspublikationen bezogen werden konnten, welche Druckschriften für Zwecke der Wahlwerbung besonders geeignet schienen und wie sie im Wahlkampf eingesetzt werden könnten.

Diese Art der Verwendung durch die Parteien war auch für die Bundesregierung aus dem Zeitpunkt und der Höhe der Anforderungen, teilweise auch aus deren ausdrücklich mitgeteiltem Zweck und der großen Zahl der erbetenen Exemplare, erkennbar.

c) Auch wenn der Anteil der von Inhalt und Aufmachung her verfassungsrechtlich zu beanstandenden Druckwerke relativ klein ist, so kann andererseits nicht außer Betracht bleiben, daß gerade sie in großer Zahl im nahen Vorfeld der Wahl verbreitet und von den Regierungsparteien zur Wahlwerbung eingesetzt worden sind. Die Bundesregierung konnte voraussehen und erkennen, daß besonders werbewirksame Druckschriften in großem Umfange von den Regierungsparteien bezogen und verbreitet wurden. Sie hat keinen Versuch unternommen, das zu unterbinden. Dazu wäre sie aber von Verfassungs wegen verpflichtet gewesen.

41 Art. 1 Abs. 1, Art 2 Abs. 2 Satz 2, Art. 20 Abs. 3 (Rechtsstaatsprinzip, Verhältnismäßigkeitsgrundsatz) GG

Verfassungsgebotenes Schuldprinzip im Strafrecht – Menschenwürde und Chance des Verurteilten, die Freiheit wiederzuerlangen – Interesse der Gemeinschaft an der Resozialisierung des Täters und allgemeine Menschenwürde – fortdauernder Vollzug aus Gründen der Spezialprävention – Gebot gesetzlicher Regelung zur Aussetzung lebenslanger Freiheitsstrafe – Gebot sinn- und maßvollen Strafens – Prinzip schuldangemessener Verurteilung

BVerfGE 45, 187–272 – Lebenslange Freiheitsstrafe[1]

187 **1. Die lebenslange Freiheitsstrafe für Mord (§ 211 Abs. 1 StGB) ist nach Maßgabe der folgenden Leitsätze mit dem Grundgesetz vereinbar.**

2. Nach dem gegenwärtigen Stand der Erkenntnisse kann nicht festgestellt werden, daß der Vollzug der lebenslangen Freiheitsstrafe gemäß den Vorschriften des Strafvollzugsgesetzes und unter Berücksichtigung der gegenwärtigen Gnadenpraxis zwangsläufig zu irreparablen Schäden psychischer oder physischer Art führt, welche die Würde des Menschen (Art. 1 Abs. 1 GG) verletzen.

3. Zu den Voraussetzungen eines menschenwürdigen Strafvollzugs gehört, daß dem zu lebenslanger Freiheitsstrafe Verurteilten grundsätzlich eine Chance verbleibt, je wieder der Freiheit teilhaftig zu werden. Die Möglichkeit der Begnadigung allein ist nicht ausreichend; vielmehr gebietet das Rechtsstaatsprinzip, die Voraussetzungen, unter denen die Vollstreckung einer lebenslangen Freiheitsstrafe ausgesetzt werden kann, und das dabei anzuwendende Verfahren gesetzlich zu regeln.

---

[1] Das Bundesverfassungsgericht hat die in dieser Entscheidung entwickelten Grundsätze zur Verfassungsmäßigkeit der Vollstreckung einer lebenslangen Freiheitsstrafe bestätigt und hinsichtlich des auch für die Vollstreckung wesentlichen Merkmals der „besonderen Schwere der Schuld" (§ 57a StGB) präzisiert in BVerfGE 64, 261; 72, 105 und jüngst in BVerfGE 86, 288.

4. Die Qualifikation der heimtückischen und der zur Verdeckung einer anderen Straftat begangenen Tötung eines Menschen als Mord gemäß § 211 Abs. 2 StGB verletzt bei einer an dem verfassungsrechtlichen Verhältnismäßigkeitsgrundsatz orientierten restriktiven Auslegung nicht das Grundgesetz.

Urteil des Ersten Senats vom 21. Juni 1977 auf die mündliche Verhandlung vom 22./23. März 1977 – 1 BvL 14/76 –

Sachverhalt: *Gegenstand der konkreten Normenkontrolle war der Mordtatbestand des § 211 StGB. Das vorlegende Landgericht hielt § 211 StGB deshalb für verfassungswidrig, weil er bei Mord zwingend lebenslange Haftstrafe vorschreibt, ohne dem Gericht die Möglichkeit einer schuldangemessenen Strafe im Einzelfall zu eröffnen. Die lebenslange Freiheitsstrafe verstoße gegen den Wesensgehalt der Freiheitsgarantie und verletze die Menschenwürde des Verurteilten; sie lasse sich zudem mit den anerkannten Strafzwecken nicht in Einklang bringen.*

Das Bundesverfassungsgericht hielt § 211 StGB und damit auch die Vollstreckung der lebenslangen Freiheitsstrafe grundsätzlich für verfassungsgemäß, sofern dem Verurteilten die konkrete – für die Zukunft gesetzlich zu regelnde[1] – Chance verbleibe, durch Aussetzung des Strafrests wieder in Freiheit zu gelangen.

Aus den Gründen:

I. 223

1. Die lebenslange Freiheitsstrafe stellt einen außerordentlich schweren Eingriff in die Grundrechte des Betroffenen dar. Die Freiheit der Person, die Art. 2 Abs. 2 Satz 2 GG als unverletzlich garantiert, wird durch diese Strafe, die an der Spitze des Strafenkatalogs des geltenden Strafrechts steht, auf die Dauer entzogen. Das Verdikt »lebenslänglich« im strengen Wortsinn bedeutet die endgültige Ausschließung des Straftäters aus der Gesellschaft der freien Bürger. Durch den Vollzug der lebenslangen Freiheitsstrafe wird nicht nur das Grundrecht aus Art. 2 Abs. 2 Satz 2 GG eingeschränkt, sondern es werden – je nach Lage des einzelnen Falles – auch zahlreiche andere in der Verfassung garantierte Grundrechte betroffen. Dies macht Gewicht und Bedeutung der verfassungsrechtlichen Fragestellung deutlich.

---

[1] § 57a StGB, der die Aussetzung des Strafrests bei lebenslanger Freiheitsstrafe regelt, wurde erst in Folge der hier wiedergegebenen Entscheidung des Bundesverfassungsgerichts in das Strafgesetzbuch eingefügt.

Freilich kann in das Recht der persönlichen Freiheit gemäß Art. 2 Abs. 2 Satz 3 GG aufgrund eines Gesetzes eingegriffen werden. Die gesetzgeberische Gestaltungsfreiheit wird jedoch durch die Verfassung in mehrfacher Hinsicht eingeschränkt. Der Gesetzgeber muß bei der Ausübung der ihm erteilten Ermächtigung sowohl die Unantastbarkeit der Würde des Menschen (Art. 1 Abs. 1 GG), das oberste Prinzip der verfassungsmäßigen Ordnung, als auch weitere Verfassungsnormen, insbesondere den Gleichheitssatz (Art. 3 Abs. 1 GG) und das Gebot der Rechts- und Sozialstaatlichkeit (Art. 20 Abs. 1 GG) beachten. Ist schon die Freiheit der Person ein so hohes Rechtsgut, daß sie nur aus besonders gewichtigem Grund eingeschränkt werden darf (BVerfGE 22, 180 [219]),[1] so bedarf der lebenslange Entzug dieser Freiheit einer besonders strengen Prüfung am Maßstabe des Verhältnismäßigkeitsgrundsatzes.

Innerhalb dieser Grenzen bleibt Raum für die Gestaltung durch den Gesetzgeber. Die lebenslange Freiheitsstrafe wirft unter dem Gesichtspunkt der Rolle des Strafrechts in der modernen Gesellschaft eine Reihe rechts- und kriminalpolitischer Fragen auf. Deren Ent-
224 scheidung obliegt dem Gesetzgeber. Er hat | sich bisher für die Beibehaltung der lebenslangen Freiheitsstrafe bei schwersten Delikten entschieden. Das Bundesverfassungsgericht hat im Rahmen der Vorlage nur zu prüfen, ob diese Entscheidung mit der Verfassung vereinbar ist. …

227

II.

1. Achtung und Schutz der Menschenwürde gehören zu den Konstitutionsprinzipien des Grundgesetzes. Die freie menschliche Persönlichkeit und ihre Würde stellen den höchsten Rechtswert innerhalb der verfassungsmäßigen Ordnung dar (vgl. BVerfGE 6, 32 [41];[2] 27, 1 [6]; 30, 173 [193];[3] 32, 98 [108]).[4] Der Staatsgewalt ist in allen ihren Erscheinungsformen die Verpflichtung auferlegt, die Würde des Menschen zu achten und sie zu schützen.

Dem liegt die Vorstellung vom Menschen als einem geistig-sittlichen Wesen zugrunde, das darauf angelegt ist, in Freiheit sich selbst

[1] BVerfGA Nr. 17.
[2] BVerfGA Nr. 3.
[3] BVerfGA Nr. 25.
[4] BVerfGA Nr. 28.

zu bestimmen und sich zu entfalten. Diese Freiheit versteht das
Grundgesetz nicht als diejenige eines isolierten und selbstherrlichen,
sondern als die eines gemeinschaftsbezogenen und gemeinschaftsge-
bundenen Individuums (vgl. BVerfGE 33, 303 [334] m.w.N.).[1] Sie
kann im Hinblick auf diese Gemeinschaftsgebundenheit nicht »prin-
zipiell unbegrenzt« sein. Der | Einzelne muß sich diejenigen Schran- 228
ken seiner Handlungsfreiheit gefallen lassen, die der Gesetzgeber zur
Pflege und Förderung des sozialen Zusammenlebens in den Grenzen
des bei dem gegebenen Sachverhalt allgemein Zumutbaren zieht;
doch muß die Eigenständigkeit der Person gewahrt bleiben (BVerfGE
30, 1 [20] – Abhörurteil).[2] Dies bedeutet, daß auch in der Gemein-
schaft grundsätzlich jeder Einzelne als gleichberechtigtes Glied mit
Eigenwert anerkannt werden muß. Es widerspricht daher der mensch-
lichen Würde, den Menschen zum bloßen Objekt im Staate zu ma-
chen (vgl. BVerfGE 27, 1 [6] m.w.N.). Der Satz »der Mensch muß
immer Zweck an sich selbst bleiben« gilt uneingeschränkt für alle
Rechtsgebiete; denn die unverlierbare Würde des Menschen als Per-
son besteht gerade darin, daß er als selbstverantwortliche Persönlich-
keit anerkannt bleibt.

Auf dem Gebiet der Strafrechtspflege, auf dem höchste Anforderungen an die Gerechtigkeit gestellt werden, bestimmt Art. 1 Abs. 1 GG die Auffassung vom Wesen der Strafe und das Verhältnis von Schuld und Sühne. Der Grundsatz »nulla poena sine culpa« hat den Rang eines Verfassungssatzes (BVerfGE 20, 323 [331]). Jede Strafe muß in einem gerechten Verhältnis zur Schwere der Straftat und zum Verschulden des Täters stehen (BVerfGE 6, 389 [439]; 9, 167 [169]; 20, 323 [331]; 25, 269 [285 f.]). Das Gebot zur Achtung der Menschenwürde bedeutet insbesondere, daß grausame, unmenschliche und erniedrigende Strafen verboten sind (BVerfGE 1, 332 [348]; 6, 389 [439]). Der Täter darf nicht zum bloßen Objekt der Verbrechensbekämpfung unter Verletzung seines verfassungsrechtlich geschützten sozialen Wert- und Achtungsanspruchs gemacht werden (BVerfGE 28, 389 [391]). Die grundlegenden Voraussetzungen individueller und sozialer Existenz des Menschen müssen erhalten bleiben. Aus Art. 1 Abs. 1 GG in Verbindung mit dem Sozialstaatsprinzip ist daher – und das gilt insbesondere für den Strafvollzug – die Verpflichtung des Staates herzuleiten, jenes Existenzminimum zu gewähren, das ein menschenwürdiges Dasein überhaupt erst ausmacht. Mit einer so |

---

1 BVerfGA Nr. 31.
2 BVerfGA Nr. 24.

229 verstandenen Menschenwürde wäre es unvereinbar, wenn der Staat für sich in Anspruch nehmen würde, den Menschen zwangsweise seiner Freiheit zu entkleiden, ohne daß zumindest die Chance für ihn besteht, je wieder der Freiheit teilhaftig werden zu können.

Bei alledem darf nicht aus den Augen verloren werden: Die Würde des Menschen ist etwas Unverfügbares. Die Erkenntnis dessen, was das Gebot, sie zu achten, erfordert, ist jedoch nicht von der historischen Entwicklung zu trennen. Die Geschichte der Strafrechtspflege zeigt deutlich, daß an die Stelle grausamster Strafen immer mildere Strafen getreten sind. Der Fortschritt in der Richtung von roheren zu humaneren, von einfacheren zu differenzierteren Formen des Strafens ist weitergegangen, wobei der Weg erkennbar wird, der noch zurückzulegen ist. Das Urteil darüber, was der Würde des Menschen entspricht, kann daher nur auf dem jetzigen Stande der Erkenntnis beruhen und keinen Anspruch auf zeitlose Gültigkeit erheben.

2. Prüft man nach diesen Maßstäben Inhalt und Auswirkungen der lebenslangen Freiheitsstrafe, so ergibt sich, daß ein Verstoß gegen Art. 1 Abs. 1 GG nicht vorliegt.

a) Das Landgericht begründet die Verletzung der Menschenwürde hauptsächlich mit dem Hinweis auf wissenschaftliche Untersuchungen über Persönlichkeitswandlungen im Strafvollzug und auf die Strafvollzugserfahrung, daß bei langjährigem Freiheitsentzug persönlichkeitsschädigende Folgen auftreten, die »nach einer unterschiedlich beurteilten Haftdauer von 10, 15, 20 oder jedenfalls 25 Jahren bei praktisch jedem Strafgefangenen ein Stadium erreichen, das durch Abflauen guter Affekte, Resignation, Stumpfheit und Gleichgültigkeit eine Persönlichkeitsveränderung bewirkt, die in Lebensuntauglichkeit, Unschuldssophisterei, präsenilem Begnadigungswahn und häufig in Verblödung endet.«

Eigene Erhebungen zu dieser Frage hat das Landgericht nicht angestellt. Prüft man das von ihm bezeichnete und das übrige einschlägige
230 Schrifttum nach, so ergeben sich erhebliche Zweifel, | ob die angeführten Belege für die behaupteten Schadenswirkungen der lebenslangen Freiheitsstrafe methodisch und sachlich derart fundiert sind, daß sich daraus verfassungsrechtliche Folgerungen für die Beurteilung der gesetzgeberischen Entscheidung herleiten ließen. [*Wird ausgeführt.*]

235 b) Auch die in diesem Verfahren durchgeführte Beweisaufnahme hat zu keinem eindeutigen Ergebnis geführt. Die in der mündlichen Verhandlung zur Frage der durch den Vollzug lebenslanger Freiheitsstrafe verursachten Schäden angehörten Sachverständigen sind zu

ähnlich verschiedenen Schlußfolgerungen gekommen, wie sie schon dem Schrifttum zu entnehmen waren. [*Wird ausgeführt.*]

Immerhin läßt sich in Würdigung aller Umstände nicht gänzlich 237
ausschließen, daß nach einer mit den bisher vorliegenden Erkenntnissen noch nicht abschließend zu konkretisierenden Haftzeit in manchen Fällen deformierende Persönlichkeitsveränderungen in der Haft befürchtet werden müssen.

c) Bei einer derartigen Sachlage ist für die verfassungsgerichtliche Nachprüfung Zurückhaltung geboten (BVerfGE 37, 104 [118]; 43, 291 [347] m.w.N.). Zwar ist dem Bundesver|fassungsgericht der 238
Schutz der Grundrechte gegenüber dem Gesetzgeber übertragen. Das Gericht ist daher bei seiner Prüfung nicht an die Rechtsauffassung des Gesetzgebers gebunden. Soweit dabei doch Wertungen und tatsächliche Beurteilungen des Gesetzgebers von Bedeutung sind, kann sich das Gericht über sie grundsätzlich nur hinwegsetzen, wenn sie widerlegbar sind. Allerdings erscheint es bedenklich, daß auch dann, wenn schwere Grundrechtseingriffe in Frage stehen, Unklarheiten in der Bewertung von Tatsachen zu Lasten des Grundrechtsträgers gehen sollen. Wenn das Bundesverfassungsgericht dennoch hinsichtlich etwaiger Haftschäden einen Verstoß gegen die in Art. 1 Abs. 1 GG garantierte Unantastbarkeit der Menschenwürde verneint hat, so waren hierfür hauptsächlich folgende Gründe maßgeblich:

aa) Die Androhung der lebenslangen Freiheitsstrafe findet ihre verfassungsrechtlich notwendige Ergänzung in einem sinnvollen Behandlungsvollzug. Die Vollzugsanstalten sind auch bei den zu lebenslanger Freiheitsstrafe verurteilten Gefangenen verpflichtet, auf deren Resozialisierung hinzuwirken, sie lebenstüchtig zu erhalten und schädlichen Auswirkungen des Freiheitsentzugs und damit auch und vor allem deformierenden Persönlichkeitsveränderungen entgegenzuwirken. Dabei handelt es sich um verfassungsrechtlich fundierte Vollzugsaufgaben, die sich aus der in Art. 1 Abs. 1 GG garantierten Unantastbarkeit der Menschenwürde herleiten. Werden diese Aufgaben von den Vollzugsanstalten im gebotenen Maße erfüllt, leisten sie einen wesentlichen Beitrag dazu, etwa drohenden Persönlichkeitsveränderungen bei den Gefangenen entgegenzuwirken.

Schon bisher war der Strafvollzug in der Bundesrepublik nicht mehr reiner »Verwahrvollzug«, sondern es wurde ein auf die Resozialisierung der Gefangenen hin ausgerichteter »Behandlungsvollzug« angestrebt. Dies entspricht auch der bisherigen Rechtsprechung des Bundesverfassungsgerichts zu Fragen des Strafvollzugs. Das Gericht hat mehrfach betont, daß die Forderung nach Resozialisierung

239 verfassungsrechtlich dem | Selbstverständnis einer Gemeinschaft entspreche, die die Menschenwürde in den Mittelpunkt stelle und dem Sozialstaatsprinzip verpflichtet sei. Dieses Resozialisierungsinteresse ergebe sich für den Straftäter aus Art. 2 Abs. 1 in Verbindung mit Art. 1 GG. Der verurteilte Straftäter müsse die Chance erhalten, sich nach Verbüßung seiner Strafe wieder in die Gemeinschaft einzuordnen (BVerfGE 35, 202 [235 f.] – Lebach;[1] 36, 174 [188]). Es sei Aufgabe des Staates, im Rahmen des Zumutbaren alle gesetzlichen Maßnahmen zu treffen, die geeignet und nötig seien, beim Gefangenen dieses Vollzugsziel zu erreichen.

Geht man davon aus, daß auch dem zu lebenslanger Freiheitsstrafe Verurteilten grundsätzlich eine Chance verbleiben muß, je seine Freiheit wiedererlangen zu können, so muß ihm folgerichtig auch ein Anspruch auf Resozialisierung zustehen, mag für ihn auch erst nach langer Strafverbüßung die Aussicht bestehen, sich auf das Leben in Freiheit einrichten zu müssen (vgl. hierzu die Entscheidung BVerfGE 40, 276 [284], die einen zu lebenslanger Freiheitsstrafe verurteilten Mörder betraf). Denn auch in solchen Fällen kann der Vollzug der Strafe die Voraussetzungen für eine spätere Entlassung schaffen und dem Verurteilten die Wiedereingliederung in die Gesellschaft erleichtern. …

241 bb) Nach den getroffenen Feststellungen ist die volle Verbüßung der lebenslangen Freiheitsstrafe eine seltene Ausnahme. Die zu lebenslanger Freiheitsstrafe Verurteilten werden – außer wenigen Fällen, in denen die Sozialprognose ungünstig und aus Gründen der öffentlichen Sicherheit der weitere Vollzug der Strafe geboten ist – vorzeitig im Gnadenwege entlassen. Daraus ergibt sich eine weitere wesentliche Begrenzung der Gefahr schwerwiegender Persönlichkeitsveränderungen. Die festgestellte Begnadigungspraxis der Bundesländer in einem Zeitraum von 30 Jahren zeigt, daß von den 702 freigelassenen Gefangenen nur wenige vor 10 Jahren (48) und auch nur wenige nach einer extremen Haftdauer von bis zu 30 Jahren (27) begnadigt wurden. Die Masse der Begnadigungen vollzieht sich zwischen dem 15. und 25. Haftjahr. Im Durchschnitt errechnet sich eine Haftdauer von ungefähr 20 Jahren (vgl. hierzu auch die Antwort der Bundesregierung vom 26. Oktober 1973 auf eine Anfrage von Abgeordneten der CDU – BTDrucks. 7/1171 – und Albrecht, Die soziale Reintegration »Lebenslänglicher« im Spannungsverhältnis von Recht und Gnade, Monatsschrift für Kriminologie und Strafrechtsreform [MschrKrim] 1973, S. 198 ff.).

---

[1] BVerfGA Nr. 34.

Schließlich weist der Bundesminister der Justiz in seiner Stellungnahme darauf hin, daß in den letzten Jahren nahezu alle Bundesländer dazu übergegangen seien, die Gnadenfrage nach einer gewissen Haftzeit von Amts wegen zu prüfen. Er führt dies auf die zunehmende Kritik an der Gnadenpraxis bei der lebenslangen Strafe sowie die Handhabung im westeuropäischen Ausland zurück. ...

d) Die Menschenwürde wird auch dann nicht verletzt, wenn der 242
Vollzug der Strafe wegen fortdauernder Gefährlichkeit des Gefangenen notwendig ist und sich aus diesem Grunde eine Begnadigung verbietet. Es ist der staatlichen Gemeinschaft nicht verwehrt, sich gegen einen gemeingefährlichen Straftäter durch Freiheitsentzug zu sichern. Dabei ist es im vorliegenden Zusammenhang verfassungsrechtlich unerheblich, ob der Freiheitsentzug als Sicherungsmaßnahmen oder als Strafe verhängt und vollzogen wird. Daß bei der Bestimmung der Gefährlichkeit eines Straftäters der Grundsatz der Verhältnismäßigkeit beachtet werden muß und auch in solchen Ausnahmefällen die Vorschrift des Strafvollzugsgesetzes einzuhalten sind, bedarf keiner näheren Begründung.

III.

Der Vorlagebeschluß weist darauf hin, daß die Träger des Gnadenrechts ihre Entscheidungen nach freiem Ermessen treffen, daß es keine gesetzliche Regelung der Begnadigungsvoraussetzungen und keinen Anspruch auf Begnadigung gibt, und daß | nach der Rechtspre- 243
chung des Bundesverfassungsgerichts die Entscheidung über den Gnadenerweis von Verfassungs wegen nicht gerichtlich nachprüfbar ist (BVerfGE 25, 352 – keine Justitiabilität von Gnadenentscheidungen; anders für den Widerruf eines Gnadenerweises: BVerfGE 30, 111; weitergehend jedoch: BayVerfGH n.F. 18, 140; HessStGH, NJW 1974, S. 791).

Dem vorlegenden Gericht ist darin zuzustimmen, daß der gegenwärtige Rechtszustand, wonach die lebenslange Freiheitsstrafe nur im Wege der Begnadigung ausgesetzt oder erlassen werden kann, zu rechtsstaatlichen Bedenken Anlaß gibt. Das Rechtsstaatsprinzip gebietet eine Verrechtlichung der Entlassungspraxis.

1. Das Gnadenrecht steht dem Bundespräsidenten, in den Ländern den Ministerpräsidenten, im Saarland dem Ministerrat und in den Stadtstaaten den Senaten zu. Dadurch ergibt sich eine verschiedene Handhabung des Gnadenrechts. Insbesondere führt dies dazu, daß die

Verurteilten in den einzelnen Bundesländern verschieden lange Verbüßungszeiten hinter sich bringen müssen, bevor sie mit einer gnadenweisen Entlassung aus der lebenslangen Freiheitsstrafe rechnen können. So liegt die durchschnittliche Vollzugsdauer in der Zeit vom 8. Mai 1945 bis zum 31. Dezember 1975 nach den Mitteilungen der Länder in Hamburg bei ungefähr 16 Jahren, in Berlin bei 17 Jahren, in Baden-Württemberg bei etwa 18 Jahren, in Bayern, Bremen, Hessen, Niedersachsen, Saarland und Schleswig-Holstein zwischen 20 und 21 Jahren, in Nordrhein-Westfalen zwischen 21 und 22 Jahren und in Rheinland-Pfalz bei etwas über 22 Jahren. Die Ungleichheit wird besonders deutlich, wenn in einer Haftanstalt Gefangene aus verschiedenen Ländern untergebracht sind. …

245 4. a) Bei der Prüfung der Verfassungsmäßigkeit der lebenslangen Freiheitsstrafe hat sich insbesondere unter dem Gesichtspunkt des Art. 1 Abs. 1 GG und des Rechtsstaatsprinzips gezeigt, daß ein menschenwürdiger Vollzug der lebenslangen Freiheitsstrafe nur dann sichergestellt ist, wenn der Verurteilte eine konkrete und grundsätzlich auch realisierbare Chance hat, zu einem späteren Zeitpunkt die Freiheit wiedergewinnen zu können; denn der Kern der Menschenwürde wird getroffen, wenn der Verurteilte ungeachtet der Entwicklung seiner Persönlichkeit jegliche Hoffnung, seine Freiheit wiederzuerlangen, aufgeben muß. Um diese Ansicht, die den Vollzug der lebenslangen Strafe nach dem Verständnis der Würde der Person überhaupt erst erträglich macht, in einer Weise abzusichern, die verfassungsrechtlichen Anforderungen entspricht, genügt das Institut der Begnadigung allein nicht.

Dem Sachverständigen Müller-Dietz ist zuzustimmen, wenn er darauf hinweist, daß sich die Gnadenentscheidung in weitem Umfang zu einer Prognoseentscheidung hinsichtlich der Gefährlichkeit des Täters entwickelt habe. Sie erfüllt damit eine Aufgabe, die schlechterdings nicht Sache des Gnadenträgers sein kann. Die Begnadigung
246 ergeht in einem internen Verfahren, das | keine justizförmigen Garantien kennt. Die Gnadenpraxis der Länder läßt zwar die große Sorgfalt erkennen, mit der die Gnadenentscheidungen vorbereitet werden. Dennoch bestehen im Verfahren und in der Bestimmung des Entlassungszeitpunktes erhebliche Unterschiede, ohne daß die Gründe dafür einer Nachprüfung zugänglich sind.

Das Rechtsstaatsprinzip gehört zu den Leitideen, die den Gesetzgeber unmittelbar binden; das ergibt sich aus einer Zusammenschau der Bestimmungen des Art. 20 Abs. 3 über die Bindung der Einzelgewalten und der Art. 1 Abs. 3, 19 Abs. 4, 28 Abs. 1 Satz 1 GG sowie aus der Gesamtkonzeption des Grundgesetzes. Zwar enthält dieses Prinzip nach der Rechtsprechung des Bundesverfassungsgerichts (vgl. BVerfGE 7, 89 [92 f.]; 25, 269 [290]; 28, 264 [272]; 35, 41 [47]; NJW 1977, S. 892 [893]) keine für jeden Sachverhalt in allen Einzelheiten eindeutig bestimmten Gebote oder Verbote von Verfassungsrang; dieser Verfassungsgrundsatz bedarf vielmehr der Konkretisierung je nach den sachlichen Gegebenheiten, wobei fundamentale Elemente des Rechtsstaates und die Rechtsstaatlichkeit im ganzen gewahrt bleiben müssen. Bei dem hier vorliegenden Sachverhalt, bei dem es um eine Entscheidung über eine für den Betroffenen schwerwiegende Frage von existentieller Bedeutung geht, gebieten sowohl das Prinzip der Rechtssicherheit als auch die Forderung nach materieller Gerechtigkeit, daß die Voraussetzungen, unter denen die lebenslange Freiheitsstrafe ausgesetzt werden kann, und das dabei anzuwendende Verfahren gesetzlich geregelt werden. Die Ausgestaltung im einzelnen muß allerdings in dem durch die Verfassung gezogenen Rahmen der Gestaltungsfreiheit des Gesetzgebers überlassen bleiben. …

Nach alledem kann nicht von einem Bruch mit dem Schuldgrundsatz gesprochen werden, weil dieser bereits bisher die Möglichkeit 251
einer vorzeitigen bedingten Entlassung miteinschloß. Vielmehr ist der in der Strafvollzugskommission vertretenen Ansicht beizupflichten (vgl. Tagungsberichte der Strafvollzugskommission, Bd. 1, 1967, S. 21), daß auch eine dogmatisch vielleicht inkonsequent erscheinende Regelung kriminalpolitisch richtig sein könne. Im übrigen hat Professor Müller-Dietz bei seiner Anhörung darauf hingewiesen, daß die sogenannte Aussetzungslösung Strafrecht und Strafvollzugsrecht wieder in Einklang bringe. Denn dann komme bereits im Strafgesetzbuch zum Ausdruck, daß lebenslange Freiheitsstrafen *von Rechts wegen* keineswegs restlos vollstreckt werden müßten. Die oben erwähnten Vorschriften des Strafvollzugsgesetzes, die auf die Resozialisierung des Straffälligen abzielten, erhielten nunmehr auch im Hinblick auf den zu lebenslanger Freiheitsstrafe Verurteilten ihren Sinn.

Eine andere Frage ist es, ob die vorzeitige Entlassung ausschließlich an einer günstigen Sozialprognose und einer gewissen Mindestverbüßung orientiert werden sollte. Diese Zweifel am bisher vorliegenden Referentenentwurf[1] sprechen aber nicht entscheidend gegen eine gesetzliche Regelung, weil auch bei der Entlassung Lebensläng-

---

[1] Referentenentwurf des Bundesministeriums der Justiz für ein Fünfzehntes Strafrechtsänderungsgesetz, 1974.

licher neben der Sozialprognose andere Kriterien für die Entlassung gesetzlich geregelt werden könnten. Es wäre beispielsweise daran zu denken, bei der Festlegung des Entlassungszeitpunkts auch den Unrechts- und Schuldgehalt der zugrundeliegenden Mordtat zu berücksichtigen. Eine derartige Differenzierungsmöglichkeit könnte dem besonderen Charakter des jeweiligen Einzelfalls gerecht werden. Es ist Aufgabe des Strafgesetzgebers, hier eine sinnvolle Regelung zu finden. |

252 Ein wesentliches Bedenken könnte allerdings die etwaige Verminderung der Abschreckungswirkung sein. Insoweit haben aber Dreher (a.a.O., S. 339) und in der mündlichen Verhandlung Müller-Dietz darauf hingewiesen, daß die derzeitige Begnadigungspraxis in der Bevölkerung bereits zu der weitverbreiteten Auffassung geführt habe, die lebenslange Freiheitsstrafe sei eben doch nur dem Namen nach, nicht aber in der Wirklichkeit lebenslänglich. Bezeichnend ist in diesem Zusammenhang die im Strafvollzug gebräuchliche Redensart: »Lebenslänglich ist auch vergänglich«. Angesichts dieser bereits weitverbreiteten Einstellung würde eine gesetzliche Regelung sich nicht als schwerwiegende zusätzliche Beeinträchtigung des Rechts- und Sicherheitsgefühls der Bevölkerung auswirken. Es hätte die gesetzliche Regelung daher weniger eine »Erosion der Strafe« zur Folge als eine offene Fixierung des bereits weitgehend bestehenden tatsächlichen Zustandes.

Schließlich können auch Schwierigkeiten bei der Ausgestaltung der bedingten Entlassung nicht entscheidend ins Gewicht fallen; diese Schwierigkeiten ergeben sich in gleicher Weise bei der bedingten Aussetzung durch Gnadenerweis.

5. Aus den dargelegten Erwägungen folgt die verfassungsrechtliche Pflicht des Gesetzgebers, eine entsprechende gesetzliche Regelung einzuführen. Nach der Rechtsprechung des Bundesverfassungsgerichts gebührt dem Gesetzgeber bei in der Entwicklung begriffenen Komplexen, zu denen die Problematik der lebenslangen Freiheitsstrafe und ihres Vollzugs gehört, eine angemessene Frist zur Sammlung von Erfahrungen. Mängel einer Regelung geben erst dann Anlaß zum verfassungsgerichtlichen Eingreifen, wenn der Gesetzgeber eine spätere Überprüfung und Verbesserung trotz ausreichender Erfahrungen für eine sachgerechtere Lösung unterläßt (vgl. BVerfGE 43, 291 [321]). Dieser Spielraum muß dem Gesetzgeber auch hier eingeräumt werden. |

IV. 253

Wenn der Gesetzgeber die lebenslange Freiheitsstrafe als eine notwendige und angemessene Sanktion für schwerste Tötungsdelikte ansieht, so verstößt dies nicht gegen das verfassungsrechtliche Gebot des sinn- und maßvollen Strafens (vgl. BVerfGE 28, 386 [391]).

1. Das Bundesverfassungsgericht hat sich wiederholt mit Sinn und Zweck des staatlichen Strafens befaßt, ohne zu den in der Wissenschaft vertretenen Straftheorien grundsätzlich Stellung zu nehmen. Auch im vorliegenden Fall besteht kein Grund, sich mit den verschiedenen Straftheorien auseinanderzusetzen; denn es kann nicht Aufgabe des Bundesverfassungsgerichts sein, den Theorienstreit in der Strafrechtswissenschaft von Verfassungs wegen zu entscheiden. Der Gesetzgeber hat in den Strafrechtsreformgesetzen seit 1969 zu den Strafzwecken ebenfalls nicht abschließend Stellung nehmen wollen und sich mit einer begrenzt offenen Regelung begnügt, die keiner der wissenschaftlich anerkannten Theorien die weitere Entwicklung versperren wollte (vgl. BTDrucks. V/4094, S. 4 f.; Dreher, StGB, 36. Aufl. 1976, Anm. 3 und 4 zu § 46 StGB; Lackner, § 13 StGB – eine Fehlleistung des Gesetzgebers?, in: Festschrift für Wilhelm Gallas, Berlin-New York 1973, S. 117, 121, 136). Das geltende Strafrecht und die Rechtsprechung der deutschen Gerichte folgen weitgehend der sogenannten Vereinigungstheorie, die – allerdings mit verschieden gesetzten Schwerpunkten – versucht, sämtliche Strafzwecke in ein ausgewogenes Verhältnis zueinander zu bringen. Dies hält sich im Rahmen der dem Gesetzgeber von Verfassungs wegen zukommenden Gestaltungsfreiheit, einzelne Strafzwecke anzuerkennen, sie gegeneinander abzuwägen und miteinander abzustimmen. Demgemäß hat das Bundesverfassungsgericht in seiner Rechtsprechung nicht nur den Schuldgrundsatz betont, sondern auch die anderen Strafzwecke anerkannt. Es hat als allgemeine Aufgabe des Strafrechts bezeichnet, die elementaren Werte des Gemeinschaftslebens zu schützen. Schuldausgleich, Prävention, Resozialisierung des | Täters, Sühne und Vergeltung für begangenes Unrecht werden als Aspekte einer angemessenen Strafsanktion bezeichnet (vgl. BVerfGE 32, 98 [109];[1] 28, 264 [278]). 254

2. Das vorlegende Gericht führt aus, die lebenslange Freiheitsstrafe sei nach den vom Bundesverfassungsgericht anerkannten Strafzwecken nicht gerechtfertigt. Sie habe nicht die vom Gesetzgeber an-

[1] BVerfGA Nr. 28.

genommene Abschreckungswirkung, sei als Sicherung gegen mögliche Rückfalltäter in den meisten Fällen überflüssig und widerspreche dem verfassungsrechtlich fundierten Anspruch auf Resozialisierung. Auch zur Sühne und Vergeltung sei die lebenslange Freiheitsstrafe nicht geeignet.

Dieser Auffassung kann nicht beigetreten werden. Eine Prüfung am Maßstab der vom Bundesverfassungsgericht anerkannten und im wesentlichen der herrschenden Vereinigungstheorie entsprechenden Strafzwecke ergibt vielmehr, daß die lebenslange Freiheitsstrafe als Sanktion für schwerste Tötungsdelikte zum Schutz des menschlichen Lebens als eines überragenden Rechtsguts eine wichtige Funktion erfüllt, den heute im Volke lebenden Wertvorstellungen entspricht und gleichzeitig ein bewußtseinsbildendes Unwerturteil verdeutlicht. Diese Sanktion steht mit einer späteren Resozialisierung nicht rückfallgefährdeter Mörder keineswegs entgegen und entspricht der Schuldausgleichs- und Sühnefunktion der Strafe. Insgesamt gesehen ist daher die lebenslange Freiheitsstrafe bei Mord keine sinnlose Strafe. [*Wird ausgeführt.*]

259 V.

1. Nach dem Schuldgrundsatz, der aus Art. 1 Abs. 1 und Art. 2 Abs. 1 GG (Würde und Eigenverantwortlichkeit des Menschen) sowie aus dem Rechtsstaatsprinzip folgt, müssen Tatbestand und Rechtsfolge –
260 gemessen an der Idee der Gerechtig|keit – sachgerecht aufeinander abgestimmt sein (vgl. BVerfGE 20, 323 [331]; 25, 269 [286]; 27, 18 [29]). Die angedrohte Strafe hat daher in einem gerechten Verhältnis zur Schwere der Tat und zum Maß der Schuld des Täters zu stehen; die verhängte Strafe darf die Schuld des Täters nicht übersteigen. Wo die Tat verschiedene Grade des Verschuldens und der Schwere aufweisen kann, muß dem Richter grundsätzlich die Möglichkeit gelassen werden, die Strafe dem anzupassen (vgl. BayVerfGH n.F. 3, 109 [114]; ebenso Nipperdey, Die Würde des Menschen, in: Neumann-Nipperdey-Scheuner, Die Grundrechte, Bd. 2, Berlin 1954, S. 32, Stree, Deliktsfolgen und Grundgesetz, Tübingen 1960, S. 13). Ein gegen das verfassungsrechtliche Prinzip der Verhältnismäßigkeit verstoßendes Strafgesetz könnte nicht Bestandteil der verfassungsmäßigen Ordnung sein (BVerfGE 6, 389 [439]).

2. In diesem Zusammenhang stellt sich insbesondere die Frage, ob es mit dem Verhältnismäßigkeitsgrundsatz vereinbar ist, für jeden

Fall der heimtückischen Tötung und der Tötung zur Verdeckung einer anderen Straftat ausschließlich die lebenslange Freiheitsstrafe anzudrohen. Diese Frage ist vor allem auch deshalb aufzuwerfen, weil der Gesetzgeber mit Ausnahme des Mordes (§ 211 StGB) und des Völkermordes (§ 220a Abs. 1 Nr. 1 StGB) regelmäßig einen Strafrahmen eröffnet, innerhalb dessen das erkennende Gericht am Maßstab der in § 46 StGB genannten Strafzumessungsgründe die im konkreten Einzelfall angemessene Strafe zu ermitteln hat. Das vorlegende Gericht fordert auch bei der Strafandrohung für Mord einen Strafrahmen, der es dem Richter ermögliche, im Einzelfall die Strafe dem Unwertgehalt der Tat und der Schuld des Täters anzupassen, damit er nicht gezwungen sei, eine ihm unangemessen hoch erscheinende Strafe zu verhängen (vgl. hierzu auch Sarstedt, Verh. des 41. DJT [1955], Bd. II, D 43).

Hierbei muß allerdings berücksichtigt werden, daß die absolute Strafdrohung einen Beitrag zur Rechtssicherheit und gleichmäßigen Bestrafung der Straftäter darstellt. Erfahrungs | gemäß weichen die 261
Strafmaße auch bei ähnlichen Voraussetzungen von Gericht zu Gericht nicht unerheblich voneinander ab. Der Richter ist im allgemeinen milder als der Gesetzgeber und neigt bisweilen dazu, der schwersten Strafe auch in den Fällen möglichst auszuweichen, in denen sie der Gesetzgeber angewandt wissen wollte. Diese Neigung ist um so größer, je höher die gesetzliche Mindeststrafe ist (vgl. Röhl, a.a.O., S. 187). Gerade bei einem so schwerwiegenden Verbrechen wie dem Mord ist es ein durch das Gebot der materiellen Gerechtigkeit gerechtfertigtes Anliegen, auf eine möglichst gleichmäßige Strafpraxis hinzuwirken. Freilich ist einzuräumen, daß die Anwendung einer starren Strafandrohung schon wegen des darin liegenden Schematismus im Einzelfall zu unbefriedigenden Ergebnissen führen kann. Die absolute Androhung einer so schweren Strafe ist nur dann verfassungsrechtlich unbedenklich, wenn dem Richter von Gesetzes wegen die Möglichkeit offenbleibt, bei der Subsumtion konkreter Fälle unter die abstrakte Norm zu einer Strafe zu kommen, die mit dem verfassungsrechtlichen Grundsatz der Verhältnismäßigkeit vereinbar ist. Das ist jedoch – wie die mündliche Verhandlung ergeben hat – unter Berücksichtigung der Vorschriften des Allgemeinen Teils des Strafgesetzbuches und im Wege einer verfassungskonformen restriktiven Auslegung des § 211 StGB, insbesondere der Mordmerkmale »heimtückisch« und »um eine andere Straftat zu verdecken« möglich. [*Wird ausgeführt.*]

c) Die Anwendung der so interpretierten Norm des § 211 | StGB 266 mag zwar in einzelnen Grenzfällen immer noch zu unverhältnismäßigen Härten führen. Der Senat ist allerdings der Meinung, daß dies für die im Vorlagebeschluß festgestellte Tötungshandlung nicht zutrifft. Es mögen aber immerhin noch Fälle erfaßt werden, denen nicht das Merkmal der *besonderen Verwerflichkeit* der Tat anhaftet, das einen lebenslangen Freiheitsentzug als verhältnismäßig erscheinen läßt.

Im Gegensatz zur überwiegenden Auffassung im Schrifttum und zu einer früheren Rechtsprechung (vgl. Eser, a.a.O., § 211 Rdn. 6; Lange, a.a.O., § 211 Rdn. 3 und das dort weiter angeführte Schrifttum; Welzel, Das Deutsche Strafrecht, 11. Aufl., Berlin 1969, S. 284; Eb. Schmidt, DRZ 1949, S. 241 [245]; Jescheck, JZ 1957, S. 386 ff.) hat der Bundesgerichtshof (BGHSt 9, 385 [389]; 11, 139 [143] – jeweils Großer Senat für Strafsachen) eine zusätzliche Prüfung, ob die Gesamtwürdigung der Tat, insbesondere die Gesinnung des Täters, eine »besondere Verwerflichkeit« ergebe, nicht zugelassen. Der Bundesgerichtshof hält ein solches ungeschriebenes Tatbestandsmerkmal für untauglich, weil es die klare Abgrenzung des Mordtatbestandes und damit den besonderen Rechtsschutz gefährde, den die staatliche Gemeinschaft dem Leben ihrer Glieder als ihrem höchsten Rechtsgut schulde.

Damit bleibe, so wird dem entgegengehalten, ein zu weit geratener Mordtatbestand übrig (vgl. Riess, NJW 1968, S. 628). Als Beispiele hierfür werden u.a. angeführt, daß Mord angenommen werde, auch wenn eine entschuldbare heftige Gemütsbewegung, die in schweren, dem Täter vom Opfer zugefügten Kränkungen ihre Ursache gehabt habe, den Täter zur Tat getrieben habe (BGHSt 11, 139) oder wenn der Täter sich während oder sofort nach Vollendung der strafbaren Handlung zur Tötung hinreißen lasse, obwohl in einem solchen Fall der Tötungsgedanke den Täter oft urplötzlich überkomme. Bedenklich mag es auch erscheinen, daß der Bundesgerichtshof (BGHSt 8, 216) für die Frage, ob Heimtücke anzunehmen ist, darauf abgestellt
267 hat, ob eine Mutter, die ihr Kind mit einem Schlafmittel tötet, | dieses Mittel dem Opfer unvermischt eingibt oder der Nahrung beimengt.

Indessen ist eine solche Auslegung des § 211 StGB und seiner einzelnen Tatbestandsmerkmale nicht zwingend. Wortlaut und Sinngehalt dieser Bestimmung lassen eine noch engere Auslegung zu, die sicherstellt, daß auch in solchen Grenzfällen keine unverhältnismäßig hohe Strafe verhängt werden muß. Dies haben in der mündlichen Verhandlung die Sachverständigen Dr. Jescheck, Bertram und Staiger ausführlich dargelegt. Es wird auch durch das oben angeführte

Schrifttum bestätigt. Welcher Weg dabei im einzelnen zu beschreiten ist, ist eine Frage der einfachen Gesetzesauslegung und obliegt daher den zuständigen Strafgerichten. Ob die Mordmerkmale »heimtükkisch« und »um eine andere Straftat zu verdecken« weiter einengend dahin auszulegen sind, daß bei dem ersteren ein verwerflicher Vertrauensbruch verlangt und bei dem letzteren Verdeckungsabsicht nur dann angenommen wird, wenn die Mordtat im voraus geplant ist, oder ob das generell umschriebene Merkmal »besondere Verwerflichkeit der Tat« wieder eingeführt oder gar eine andere dem Grundsatz der Verhältnismäßigkeit zwischen Strafbestand und absoluter Strafandrohung entsprechende Interpretation gefunden wird, darüber zu entscheiden, ist Aufgabe des für die Auslegung der Strafrechtsnormen letztlich zuständigen Bundesgerichtshofs. Bei einer derartigen Auslegung, die mit dem Wortlaut des § 211 Abs. 2 StGB vereinbar ist und der Vorschrift einen vernünftigen, dem erkennbaren Gesetzeszweck nicht zuwiderlaufenden Sinn beläßt, ist die Verfassungsmäßigkeit der Bestimmung zu bejahen. …

42 Art. 2 Abs. 1, Art. 6 Abs. 2 Satz 1, Art. 7 Abs. 1, Art. 20 Abs. 3 GG

Sexualkunde – Sexualerziehung – Erziehungsrecht der Eltern – Bildungs- und Erziehungsauftrag des Staates: »Schulhoheit« – Persönlichkeitsrecht des Kindes – Vorbehalt des Gesetzes im Schulverhältnis: Wesentlichkeitslehre – demokratisch-rechtsstaatliche Funktion des Gesetzesvorbehalts – Unabhängigkeit des Gesetzesvorbehalts von Eingriff in Freiheit und Eigentum – Grundrechtsrelevanz der Regelungen

BVerfGE 47, 46–85 – Sexualerziehung

1. Die individuelle Sexualerziehung gehört in erster Linie zu dem natürlichen Erziehungsrecht der Eltern im Sinne des Art. 6 Abs. 2 GG; der Staat ist jedoch aufgrund seines Erziehungs- und Bildungsauftrags (Art. 7 Abs. 1 GG) berechtigt, Sexualerziehung in der Schule durchzuführen. | 46

2. Die Sexualerziehung in der Schule muß für die verschiedenen Wertvorstellungen auf diesem Gebiet offen sein und allgemein Rücksicht nehmen auf das natürliche Erziehungsrecht der Eltern und auf deren religiöse oder weltanschauliche Überzeugungen, soweit diese für das Gebiet der Sexualität von Bedeutung sind. Die Schule muß insbe- 47

sondere jeden Versuch einer Indoktrinierung der Jugendlichen unterlassen.

3. Bei Wahrung dieser Grundsätze ist Sexualerziehung als fächerübergreifender Unterricht nicht von der Zustimmung der Eltern abhängig.

4. Die Eltern haben jedoch einen Anspruch auf rechtzeitige Information über den Inhalt und den methodisch-didaktischen Weg der Sexualerziehung in der Schule.

5. Der Vorbehalt des Gesetzes verpflichtet den Gesetzgeber, die Entscheidung über die Einführung einer Sexualerziehung in den Schulen selbst zu treffen.

Das gilt nicht, soweit lediglich Kenntnisse über biologische und andere Fakten vermittelt werden.

Beschluß des Ersten Senats vom 21. Dezember 1977
– 1 BvL 1/75, BvR 147/75 –

Sachverhalt: *Die Verfahren (eine Vorlage des Bundesverwaltungsgerichts und drei Verfassungsbeschwerden) betrafen Fragen der Einführung und Erteilung von Sexualkundeunterricht an öffentlichen Schulen.*

Gegenstand der Vorlage waren zwei Vorschriften des hamburgischen Schulgesetzes von 1966 und des hamburgischen Schulverfassungsgesetzes von 1973, die die Bestimmung der Erziehungsinhalte und -ziele der zuständigen Behörde überließen. Gemäß den Empfehlungen der Kultusministerkonferenz aus dem Jahre 1968 erließ die Schulbehörde in Hamburg 1970 Richtlinien für die Sexualerziehung in den Schulen. Darin wurde die Sexualerziehung in Ergänzung der Informationsvermittlung über die sexuellen Gegebenheiten der menschlichen Fortpflanzung als fachübergreifender Lehrauftrag bestimmt.

Die Verfassungsbeschwerden richteten sich gegen Gerichtsentscheidungen, in denen einem Kind an einer baden-württembergischen Schule die begehrte Freistellung vom Sexualkundeunterricht versagt wurde.

Auf die Normenkontrolle hin erklärte das Bundesverfassungsgericht die Bestimmungen der hamburgischen Schulgesetze für nichtig, soweit sie die Einführung der Sexualerziehung Richtlinien der Schulbehörde überließen; die Verfassungsbeschwerden wurden zurückgewiesen.

Aus den Gründen:

[*Das Bundesverfassungsgericht stellt seinem Beschluß die »rechtstatsächliche« Unterscheidung zwischen Sexualkunde als der allgemeinen Wissensvermittlung über Tatsachen der menschlichen Sexualität und Sexualerziehung voran, wobei letztere wertbezogen zu sittlichen Entscheidungen und sittlich bestimmten Verhaltensweisen im*

Bereich der Geschlechtlichkeit befähigen solle – S. 65–69 der Gründe; es fährt dann fort:]

2. Prüfungsmaßstab für die Beantwortung der in diesem Zusam- 69
menhang aufgeworfenen verfassungsrechtlichen Fragen sind hauptsächlich Art. 6 Abs. 2 Satz 1 GG (Erziehungsrecht der Eltern), Art. 7 Abs. 1 GG (Bildungs- und Erziehungsauftrag des Staates) und Art. 2 Abs. 1 GG (Persönlichkeitsrecht des Kindes).

a) Art. 6 Abs. 2 GG bezeichnet Pflege und Erziehung der Kinder
als »das natürliche Recht der Eltern und die zuvörderst ihnen oblie-
gende Pflicht«, über deren Verwirklichung die staatliche Gemein-
schaft zu wachen hat. Die Eltern haben »das | Recht und die Pflicht, 70
die Pflege und Erziehung ihrer Kinder nach ihren eigenen Vorstellungen frei und, vorbehaltlich des Art. 7 GG, mit Vorrang vor anderen Erziehungsträgern zu gestalten. Die freie Entscheidung der Eltern darüber, wie sie dieser Elternverantwortung gerecht werden wollen, ist durch ein Grundrecht gegen staatliche Eingriffe geschützt, soweit solche Eingriffe nicht durch das Wächteramt der staatlichen Gemeinschaft im Sinne des Art. 6 Abs. 2 Satz 2 GG gedeckt sind« (BVerfGE 31, 194 [204 f.] im Anschluß an die Entscheidungen BVerfGE 4, 52 [57]; 7, 320 [323]; 24, 119 [138, 143 f.]).

Die KMK-Empfehlungen besagen zur Frage des elterlichen Erziehungsrechts im Sexualbereich lapidar: »Sexualerziehung ist in erster Linie Aufgabe der Eltern«. Es sprechen in der Tat gewichtige Gründe dafür, daß die individuelle Sexualerziehung vorwiegend dem elterlichen – häuslichen – Bereich und dem natürlichen Erziehungsrecht der Eltern im Sinne des Art. 6 Abs. 2 GG zuzuordnen ist. …

b) Geht man hiervon aus, so ist zunächst zu fragen, ob der Staat 71
überhaupt und gegebenenfalls in welchem Rahmen Sexualerziehung in der Schule betreiben darf. Die KMK-Empfehlungen bemerken hierzu: »Die Schule ist aufgrund ihres Bildungs- und Erziehungsauftrages verpflichtet, bei der Sexualerziehung mitzuwirken.« Der Bildungs- und Erziehungsauftrag des Staates hat bundesverfassungsrechtlich seine Grundlage in Art. 7 Abs. 1 GG (vgl. BVerfGE 34, 165 [181 f.] – hess. Förderstufe). Wie das Bundesverfassungsgericht (a.a.O. [182]) ausgeführt hat, umfaßt die in Art. 7 Abs. 1 GG statuierte Schulaufsicht des Staates jedenfalls die Befugnis zur Planung und Organisation des Schulwesens mit dem Ziel, ein Schulsystem zu gewährleisten, das allen jungen Bürgern gemäß ihren Fähigkeiten die dem heutigen gesellschaftlichen Leben entsprechenden Bildungsmöglichkeiten eröffnet. Zu diesem staatlichen Gestaltungsbereich gehört nicht nur die organisatorische Gliederung der Schule, sondern

72 auch die inhaltliche Festlegung der Aus|bildungsgänge und der Unterrichtsziele. Der Staat kann daher in der Schule grundsätzlich unabhängig von den Eltern eigene Erziehungsziele verfolgen. Der allgemeine Auftrag der Schule zur Bildung und Erziehung der Kinder ist dem Elternrecht nicht nach-, sondern gleichgeordnet. Weder dem Elternrecht noch dem Erziehungsauftrag des Staates kommt ein absoluter Vorrang zu. Entgegen einer mitunter im Schrifttum vertretenen Auffassung ist der Lehr- und Erziehungsauftrag der Schule auch nicht darauf beschränkt, nur Wissensstoff zu vermitteln. Dieser Auftrag des Staates, den Art. 7 Abs. 1 GG voraussetzt, hat vielmehr auch zum Inhalt, das einzelne Kind zu einem selbstverantwortlichen Mitglied der Gesellschaft heranzubilden. Die Aufgaben der Schule liegen daher auch auf erzieherischem Gebiet. Zwar spricht – wie oben dargelegt wurde – vieles dafür, daß der geeignete Platz für die individuelle Sexualerziehung das Elternhaus ist. Auf der anderen Seite muß aber auch berücksichtigt werden, daß die Sexualität vielfache gesellschaftliche Bezüge aufweist. Sexualverhalten ist ein Teil des Allgemeinverhaltens. Daher kann dem Staat nicht verwehrt sein, Sexualerziehung als wichtigen Bestandteil der Gesamterziehung des jungen Menschen zu betrachten. Dazu gehört es auch, die Kinder vor sexuellen Gefahren zu warnen und zu bewahren.

Aus all diesen Gründen sind keine grundsätzlichen verfassungsrechtlichen Bedenken dagegen zu erheben, wenn der Staat Themen der Sexualität des Menschen zum Unterrichtsgegenstand in der Schule macht. Das gilt zunächst, soweit es sich lediglich um die Vermittlung von Tatsachen und Vorgängen handelt, die wertneutral – d.h. losgelöst von jedem sexualethischen Bezug – dargeboten werden. Aber auch die eigentliche Sexualerziehung, wie sie die KMK-Empfehlungen für die höheren Klassen vorsehen, fällt grundsätzlich mit unter die Schulhoheit des Staates; denn auch ihm kann ein pädagogisch legitimer Auftrag zur geschlechtlichen Erziehung der Kinder nicht bestritten werden. Dieser ergibt sich – wie dargelegt – aus seinem allgemeinen Bildungs- und Erziehungsauftrag. Die Sexual|erziehung ist insofern ein Teil der Gesamterziehung, die in den schulischen Bereich fällt. Der Staat ist auch – von Implikationen, die sich aus dem Elternrecht ergeben können, zunächst einmal abgesehen – grundsätzlich befugt, über die pädagogischen Fragen der Lehrmethode und der Unterrichtsgestaltung (z.B. fächerübergreifender oder fachspezifischer Unterricht) zu entscheiden. 73

Dabei darf nicht außer acht bleiben, daß die schulische Sexualerziehung aus der Natur der Sache heraus anders geartet ist als die elterliche.

Darauf weisen die KMK-Empfehlungen ausdrücklich hin. Die Schule hat Möglichkeiten der Unterrichtung, die das Elternhaus in der Regel nicht besitzt. Die Erziehung im Elternhaus wiederum ist persönlicher, individueller und unmittelbarer. Das Vorbild der Eltern und die Form des Familienlebens sind hier von großer Bedeutung. In der Schule kann dem jungen Menschen im allgemeinen eine sachkundigere, wissenschaftlich fundiertere Information und das vielseitigere Gespräch geboten werden. Die Mitwirkung der Schule kann daher wertvolle zusätzliche Hilfe gewähren und so die Sexualerziehung im Elternhaus ergänzen.

c) Auch die Rechte des Kindes aus Art. 2 Abs. 1 GG werden durch die Sexualerziehung in der Schule berührt.

Das Grundgesetz hat den Intim- und Sexualbereich des Menschen als Teil seiner Privatsphäre unter den verfassungsrechtlichen Schutz des Art. 2 Abs. 1 in Verbindung mit Art. 1 Abs. 1 GG gestellt. Diese Vorschriften des Grundgesetzes sichern dem Menschen das Recht zu, seine Einstellung zum Geschlechtlichen selbst zu bestimmen. Er kann sein Verhältnis zur Sexualität einrichten und grundsätzlich selbst darüber befinden, ob, in welchen Grenzen und mit welchen Zielen er Einwirkungen Dritter auf diese Einstellung hinnehmen will. Wenn aber das Verhältnis des Menschen zum Geschlechtlichen unter verfassungsrechtlichem Schutz steht, dann muß dieses aus Art. 2 Abs. 1 in Verbindung mit Art. 1 Abs. 1 GG hergeleitete Recht auch dem einzelnen Jugendlichen zustehen. Seine Intimsphäre kann durch | die Art und Weise, in der die 74
Sexualerziehung in der Schule durchgeführt wird, wesentlich berührt werden. Der Jugendliche ist nicht nur Objekt der elterlichen und staatlichen Erziehung. Er ist vielmehr von vornherein und mit zunehmendem Alter in immer stärkerem Maße eine eigene durch Art. 2 Abs. 1 in Verbindung mit Art. 1 Abs. 1 GG geschützte Persönlichkeit. Die Erfahrung lehrt, daß gerade Jugendliche durch pädagogisch falsch angelegte Erziehungsmaßnahmen auf dem Gebiet der Sexualität seelisch verletzt und in ihrer Entwicklung schwer beeinträchtigt werden können.

3. Aus alledem ergibt sich, daß die Sexualerziehung in der Schule in einem ganz besonderen Maße im Spannungsfeld zwischen dem Recht der Eltern aus Art. 6 Abs. 2 GG, dem Persönlichkeitsrecht des Kindes nach Art. 2 Abs. 1 GG und dem in Art. 7 Abs. 1 GG vorausgesetzten Bildungs- und Erziehungsauftrag des Staates steht. …

b) Bei der eigentlichen Sexualerziehung in der Schule muß ein 75
Ausgleich zwischen dieser und dem Elternhaus stattfinden, wobei jeder Erziehungsträger nach Maßgabe des ihm zugeordneten Rechts Forderungen erheben und Kritik äußern kann, aber auch dem anderen entgegenzukommen hat. Der Sexualkundeunterricht muß daher in

größtmöglicher Abstimmung zwischen Eltern und Schule geplant
76 und durchgeführt werden. | Die KMK-Empfehlungen sehen vor, daß den Eltern Gelegenheit gegeben werden soll, ihre Erfahrungen und Fragen in Elternversammlungen zu diskutieren. Die Eltern haben aufgrund des Art. 6 Abs. 2 GG einen Anspruch darauf, rechtzeitig und umfassend über den Inhalt und den methodisch-didaktischen Weg der Sexualerziehung informiert zu werden, damit es ihnen ermöglicht wird, im Sinne ihrer eigenen Auffassungen und Überzeugungen über die Themen, die in der Schule behandelt werden sollen, auf ihre Kinder einzuwirken und so das ihnen nach dem Grundgesetz vorrangig zustehende individuelle Erziehungsrecht zur Geltung zu bringen.

Ein Mitbestimmungsrecht der Eltern bei der Ausgestaltung der schulischen Sexualerziehung aufgrund des Art. 6 Abs. 2 GG ist jedoch zu verneinen. Dies ergibt sich aus folgender Überlegung: Das Grundrecht aus Art. 6 Abs. 2 GG ist ein Individualrecht, das jedem Elternteil einzeln zusteht. Es kann nicht durch Mehrheitsbildung ausgeübt werden. In einer pluralistischen Gesellschaft ist es faktisch unmöglich, daß die Schule allen Elternwünschen Rechnung trägt und sie bei der Aufstellung der Erziehungsziele und des Lehrplans sowie bei der Gestaltung des Unterrichts berücksichtigt. Weder kann die Schule Unterrichtslösungen für jedes einzelne Kind oder beliebig kleine Gruppen von Kindern anbieten, noch brauchen die Eltern auf ihr individuelles Erziehungsrecht zugunsten einer von Elternmehrheiten vertretenen Auffassung zu verzichten. Ein mit allen Eltern einer Klasse auf die Persönlichkeit eines jeden Kindes in der Klasse abgestimmtes Zusammenwirken in der Sexualerziehung ist praktisch kaum vorstellbar, sobald der Bereich der schlichten Wissensvermittlung überschritten wird. Die Eltern können sich daher in diesem Bereich nicht uneingeschränkt auf ihr Recht aus Art. 6 Abs. 2 GG berufen. Sie werden in der Ausübung ihres Grundrechts insoweit durch die kollidierenden Grundrechte andersdenkender Personen begrenzt (vgl. BVerfGE 28, 243 [260 f.]; 41, 29 [50]). …

78

II.

Das Bundesverfassungsgericht hat sich bislang in drei Entscheidungen speziell mit dem Vorbehalt des Gesetzes im Schulverhältnis befaßt: BVerfGE 34, 165 [192 f.] – hess. Förderstufe; BVerfGE 41, 251 [259 f.] – Speyer-Kolleg; BVerfGE 45, 400 [417 f.] – Neuordnung der gymnasialen Oberstufe in Hessen. Im Oberstufenbeschluß (a.a.O.) wird zusammenfassend unter Berufung auf die beiden vorgenannten Entscheidungen festgestellt:

> Das Rechtsstaatsprinzip und das Demokratieprinzip des Grundgesetzes verpflichten den Gesetzgeber, die wesentlichen Entscheidungen im Schulwesen selbst zu treffen und nicht der Schulverwaltung zu überlassen (...). Das gilt insbesondere für die der staatlichen Gestaltung offenliegende Rechtssphäre im Bereich der Grundrechtsausübung...[1]

Diese Rechtsprechung hat sich heute im Schulrecht – trotz einiger Kritik – jedenfalls dem Grundsatz nach durchgesetzt (vgl. u.a. die in der Entscheidung BVerfGE 41, 251 [259] angeführten Gerichtsentscheidungen und neuerdings Oppermann, Verhandlungen des 51. Deutschen Juristentages Bd. I, Gutachten, G 48 ff.; Starck, NJW 1976, S. 1375; Kisker, NJW 1977, S. 1313; Pieske, DVBl. 1977, S. 673).

Als entscheidender Fortschritt dieser Rechtsauffassung ist es anzusehen, daß der Vorbehalt des Gesetzes von seiner Bindung | an überholte 79
Formeln (Eingriff in Freiheit und Eigentum) gelöst und von seiner demokratisch-rechtsstaatlichen Funktion her auf ein neues Fundament gestellt wird, auf dem aufbauend Umfang und Reichweite dieses Rechtsinstituts neu bestimmt werden können. Die Kritik richtet sich vor allem dagegen, daß die Abgrenzung der dem Gesetzgeber vorbehaltenen Entscheidungen mit dem Begriff »wesentlich« umschrieben wird (vgl. Kisker, Verhandlungen des 51. Deutschen Juristentages Bd. II, Sitzungsberichte M 82; Pieske, a.a.O., S. 677). Auf dem 51. Deutschen Juristentag wurde in der Diskussion (vgl. a.a.O., M 108 ff. und M 115) darauf hingewiesen, daß »wesentlich« als zunächst heuristischer Begriff und nicht als Beitrag zur Dogmatisierung zu verstehen sei, als ein Begriff, der Grunde nur eine Binsenweisheit ausspreche, daß nämlich die wirklich wichtigen Dinge in einem parlamentarisch-demokratischen Staatswesen vor das Parlament gehörten. Bei der Abgrenzung im einzelnen wird man mit großer Behutsamkeit vorgehen und sich die Gefahren einer zu weitgehenden Vergesetzlichung, die gerade für das Schulverhältnis mißliche Folgen haben könnte, vor Augen halten müssen. Ob eine Maßnahme wesentlich ist und damit dem Parlament selbst vorbehalten bleiben muß oder zumindest nur aufgrund einer inhaltlich bestimmten parlamentarischen Ermächtigung ergehen darf, richtet sich zunächst allgemein nach dem Grundgesetz. Hier vermittelt der Schutz der Grundrechte einen wichtigen Gesichtspunkt. Die meisten Grundrechtsartikel sehen ohnehin vor, daß Eingriffe nur durch Gesetz oder aufgrund eines Gesetzes zulässig sind. Außerdem entspricht ihre Sicherung durch Einschaltung des Parlaments dem Ansatz nach der überkommenen Vorbehaltslehre, ohne daß allerdings zwischen Eingriffen und Leistungen zu unterscheiden ist. Im

---

[1] Auslassungen im Original.

grundrechtsrelevanten Bereich bedeutet somit »wesentlich« in der Regel »wesentlich für die Verwirklichung der Grundrechte« (vgl. BVerfGE 34, 165 [192] – hess. Förderstufe; 40, 237 [248 f.] – Rechtsschutzverfahren im Strafvollzug; 41, 251 [260 f.] – Speyer-Kolleg). |

80 Auch im Schulverhältnis spielt die Grundrechtsrelevanz eine erhebliche Rolle. Die Grenzen zwischen dem staatlichen Erziehungsauftrag (Art. 7 Abs. 1 GG) und dem Elternrecht (Art. 6 Abs. 2 GG) sowie den Persönlichkeitsrechten des Kindes (Art. 2 Abs .1 GG) sind oft flüssig und nur schwer auszumachen. Ihre Markierung ist für die Ausübung dieser Grundrechte vielfach von maßgebender Bedeutung. Sie ist daher Aufgabe des Gesetzgebers.

III.

Prüft man nach diesen Grundsätzen (C I und II)[1] die zur Kontrolle vorgelegten Bestimmungen des hamburgischen Landesrechts, so ergibt sich, daß § 28 SchulG und § 2 Abs. 2 Satz 1 und 2 SchVG wegen Verstoßes gegen das Demokratie- und das Rechtsstaatsprinzip des Grundgesetzes nichtig waren, soweit diese Vorschriften die Entscheidung über die Einführung einer Sexualerziehung nach den Richtlinien für die Sexualerziehung in den Schulen der Freien und Hansestadt Hamburg vom Jahre 1970 der Schulbehörde überließen. [*Wird ausgeführt.*]

82 5. Dies bedeutet allerdings nicht, daß es von Verfassungs wegen geboten wäre, alle Modalitäten der Sexualerziehung, wie sie etwa in den hamburgischen Richtlinien niedergelegt sind, in einem förmlichen Gesetz zu reglen (vgl. BVerfGE 41, 251 | [265] – Speyer-Kolleg). Es geht vielmehr in erster Linie darum, den Erziehungsauftrag der Schule durch eine parlamentarische Leitentscheidung mit hinreichender Bestimmtheit zu umschreiben. Bei der gesetzlichen Fixierung verbindlicher Zielbestimmungen und darauf ausgerichteter Anleitungen zur Durchführung des Unterrichts ist Zurückhaltung am Platze. Festlegungen müssen immer daraufhin überprüft werden, ob sie der pädagogischen Freiheit genügend Raum lassen, ob dem Lehrer im Unterricht noch der Spielraum verbleibt, den er braucht, um seiner pädagogischen Verantwortung gerecht werden zu können. Einzelheiten der Lehr- und Lernmethoden können daher grundsätzlich nicht der gesetzlichen Regelung vorbehalten sein, zumal da solche Einzelheiten kaum normierbar sein werden und die Unterrichtsgestal-

(83 in margin beside line "chen Gesetz zu reglen")

[1] S. 65 ff., 78 ff. [der amtlichen Sammlung].

tung für situationsbedingte Anpassungen offen bleiben muß. Mit Recht führte Niehues in seinem Referat auf dem 51. Deutschen Juristentag (a.a.O., Bd. II, Sitzungsberichte M 58 f.) aus, es sei nicht Aufgabe des Parlaments, »Feinlernziele zu bestimmen und die zur Erreichung der Ziele zweckmäßigsten Unterrichtsmethoden festzulegen«. Dies ist vielmehr Sache der Schulbehörden und in den letzten Einzelheiten dem Lehrer beim Unterricht in der Schulklasse anheimgegeben. Maßstab hat hierbei die Grundrechtsrelevanz zu sein. Nur was für die Ausübung der Grundrechte in dem dargelegten unvermeidlichen Spannungsverhältnis wesentlich ist, unterliegt dem Vorbehalt des Gesetzes. Dazu werden jedenfalls gehören: die Festlegung der Erziehungsziele in den Grundzügen (»Groblernziele«), die Frage, ob Sexualerziehung als fächerübergreifendes Unterrichtsprinzip oder als besonderes Unterrichtsfach mit etwaigen Wahl- oder Befreiungsmöglichkeiten durchgeführt werden soll, das Gebot der Zurückhaltung und Toleranz sowie der Offenheit für die vielfachen im sexuellen Bereich möglichen Wertungen und das Verbot der Indoktrinierung der Schüler, ferner die Pflicht, die Eltern zu informieren (vgl. oben C I 3 b).[1] |

IV. 84

Die Verfassungsbeschwerde des Beschwerdeführers zu 1) ist unbegründet.

Geht man von der oben im Abschnitt C I 1[2] getroffenen rechtstatsächlichen Unterscheidung hinsichtlich des Unterrichtsstoffes aus, so ist der vom Beschwerdeführer beanstandete Unterricht kein Bestandteil der eigentlichen Sexualerziehung. Vielmehr handelt es sich lediglich um die Vermittlung objektiver sexualkundlicher Grundtatsachen im Rahmen der üblichen Unterrichtung im Fach Biologie, die aufgrund des mit Zustimmung des Landeselternbeirats vom Kultusministerium Baden-Württemberg erlassenen vorläufigen Lehrplans vom 18. Juni 1971 (Kultus und Unterricht 1971, S. 1081 [1129 ff.]) durchgeführt wurde. Das hierbei verwendete Biologielehrbuch enthält in den vom Beschwerdeführer beanstandeten Bild- und Textteilen nichts, was über das Maß neutraler Wissensvermittlung hinausginge. Der Unterrichtsstoff ist somit vom staatlichen Bildungs- und Erzie-

---

1 S. 75 ff. [der amtlichen Sammlung].
2 S. 66 ff. [der amtlichen Sammlung].

hungsauftrag, den Art. 7 Abs. 1 GG voraussetzt, in vollem Umfang gedeckt. Der Staat hält sich im Rahmen des ihm erteilten Erziehungsauftrages, wenn die Mitteilung derartiger biologischer Fakten aus dem Sexualbereich des Menschen sich auf den erforderlichen stofflichen Rahmen beschränkt, ideologisch tolerant bleibt und den Eltern Raum zum Ausfüllen des ihnen zustehenden individuellen Erziehungsrechts beläßt. Ein Eingriff in das elterliche Grundrecht aus Art. 6 Abs. 2 GG könnte bei der Durchführung dieses Unterrichts nur dann in Betracht kommen, wenn damit eine Indoktrinierung der Kinder verbunden wäre. Dafür liegen hier aber keineswegs Anhaltspunkte vor. Es geht vielmehr offensichtlich nur um Wissensvermittlung von biologischen Fakten auf dem Gebiet der menschlichen Sexualität in sachlicher, altersgemäßer Art und Weise, ohne daß dabei bestimmte Normen aufgestellt oder Empfehlungen für das sexuelle Verhalten der Kinder gegeben würden. Die Schule handelt im Rahmen ihres
85 einheitlichen Unterrichts- und Bildungs|auftrages, wenn sie aus gegebenem Anlaß sexualkundliche Sachinformation ohne weltanschaulichen Hintergrund den Schülern zukommen läßt. Sie greift dadurch nicht in das durch Art. 6 Abs. 2 GG geschützte Elternrecht ein. Ebensowenig kann darin ein Verstoß gegen Art. 4 GG liegen. Der Beschwerdeführer hat auch keinen Anspruch auf Befreiung seiner Tochter von diesem Unterricht.

Soweit er die pädagogische Eignung des Unterrichts bezweifelt, braucht darauf nicht weiter eingegangen zu werden, da diese Frage nicht der Prüfungszuständigkeit des Bundesverfassungsgerichts unterfällt. Äußerste Grenzen, die verfassungsrechtlich relevant sein könnten (vgl. BVerfGE 34, 165 [185] – hess. Förderstufe), sind durch die Gestaltung des Biologieunterrichts in der von dem Beschwerdeführer beanstandeten Form ersichtlich nicht überschritten worden.

Die Bedenken des Beschwerdeführers greifen auch nicht durch, soweit er geltend macht, in Baden-Württemberg fehle es an einer gesetzlichen Regelung für die Sexualerziehung. Wenn – wie im vorliegenden Fall – ausschließlich biologische Sachinformationen über die Fortpflanzung des Menschen usw. im Rahmen des Biologieunterrichts dargeboten werden, handelt es sich – wie bereits dargelegt – nicht um Sexualerziehung, die als neuartiges Unterrichtsprinzip oder Unterrichtsfach einer besonderen gesetzlichen Grundlage bedürfte.

43 Art. 5 Abs. 1 Satz 1, 3, Art. 21 Abs. 1 i.V.m. Art. 3 Abs. 1, 3 (Chancengleichheit), Art. 21 Abs. 2, Art. 93 Abs. 1 Nr. 4a GG; § 90 Abs. 1, 2 Satz 1 BVerfGG

Begriff der politischen Partei – Berechtigung einer Partei zur Erhebung der Verfassungsbeschwerde – Rechtsschutzbedürfnis wegen Wiederholungsgefahr – Verfassungsbeschwerde gegen fachgerichtliche Entscheidungen im einstweiligen Rechtsschutzverfahren – Recht der Parteien auf Chancengleichheit – Begriff der Wahlwerbung – verfassungsfeindliche Wahlwerbung und Parteienprivileg – Schranken der Wahlwerbung – allgemeine Strafgesetze – Grenzen der Prüfungskompetenz der Rundfunkanstalten – Zensurverbot

BVerfGE 47, 198–239 – Wahlwerbesendungen[1,2]

1. Rundfunk- und Fernsehanstalten sind befugt, die Ausstrahlung von 198
Wahlwerbespots politischer Parteien an die Voraussetzung zu knüpfen, daß die Sendezeit nur zum Zwecke der Wahlwerbung und | in 199
rechtlich zulässiger Form, insbesondere ohne evidenten und ins Gewicht fallenden Verstoß gegen allgemeine Normen des Strafrechts genutzt wird, und die Erfüllung dieser Voraussetzungen zu überprüfen.

2. Eine solche allgemeine Strafnorm ist § 90a Abs. 1 StGB, deren Verletzung jedermann, also auch Funktionären, Mitgliedern und Anhängern politischer Parteien untersagt ist.

3. Die Pflicht des Intendanten zu großzügiger Handhabung des ihm zustehenden Prüfungsrechts läßt eine spätere rechtliche Würdigung der Sachverhalte durch die Strafgerichte unberührt.

4. Rundfunk- und Fernsehanstalten sind nicht befugt, die Ausstrahlung einer Wahlsendung lediglich deshalb zu verweigern, weil der vorgelegte Wahlspot verfassungsfeindliche Äußerungen enthält.

Beschluß des Zweiten Senats vom 14. Februar 1978 – 2 BvR 523/75 und 958, 977/76 –

---

[1] Bestätigung dieser Entscheidung in BVerfGE 69, 257 zu den Grenzen der Befugnis öffentlich-rechtlicher Rundfunkanstalten, Wahlwerbesendungen wegen Verstoßes gegen § 90a und § 185 StGB zurückzuweisen.

[2] Zu dem Grundsatz abgestufter Chancengleichheit bei der Vergabe von Sendezeiten für die Wahlwerbung vgl. etwa BVerfGE 7, 99 und 48, 271.

Sachverhalt: *Anfang 1975 lehnte der WDR die Ausstrahlung eines Wahlwerbespots der KPD/ML zur Landtagswahl in Nordrhein-Westfalen ab. In dem abgelehnten Beitrag wurde u.a. das »bürgerliche Parlament« als »korrupte Schwatzbude« bezeichnet, das nichts anderes verdiene, als »von den revolutionären Volksmassen auseinandergejagt zu werden«; weiter hieß es dort, der Sozialismus lasse sich »nur durch die sozialistische Revolution erreichen«. Der WDR sah in diesen Äußerungen eine Verunglimpfung des Staates und seiner Symbole und von Verfassungsorganen (§§ 90a, 90b StGB). Der Antrag der KPD/ML, den WDR im Wege einer einstweiligen Anordnung (§123 VwGO) zu verpflichten, den Werbespot auszustrahlen, wurde in zweiter Instanz vom Oberverwaltungsgericht Nordrhein-Westfalen abgelehnt. Hiergegen erhob die Partei Verfassungsbeschwerde.*

Den beiden anderen Verfassungsbeschwerden liegen vergleichbare Sachverhalten zugrunde, wonach der SWF und ZDF sich weigerten, Wahlwerbesendungen des KBW und der KPD zur Bundestagswahl 1976 auszustrahlen.

Auf die Verfassungbeschwerde der drei beschwerdeführenden Parteien hob das Bundesverfassungsgericht die angegriffenen Gerichtsentscheidungen auf und verwies die Sachen an die Fachgerichte zurück.

Aus den Gründen:

222 Die Verfassungsbeschwerden sind zulässig.

1. Die angegriffenen Entscheidungen gehen in verfassungsrechtlich unbedenklicher Weise davon aus, daß es sich bei den Beschwerdeführern um politische Parteien – oder Untergliederungen von ihnen – im Sinne des Art. 21 Abs. 1 GG und des § 2 Parteiengesetz handelt.

Nach § 2 Abs. 1 Satz 1 Parteiengesetz sind Parteien Vereinigungen von Bürgern, die dauernd oder für längere Zeit für den Bereich des Bundes oder eines Landes auf die politische Willensbildung Einfluß nehmen und an der Vertretung des Volkes im Deutschen Bundestag oder einem Landtag mitwirken wollen, wenn sie nach dem Gesamtbild der tatsächlichen Verhältnisse, insbesondere nach Umfang und Festigkeit ihrer Organisation, nach der Zahl ihrer Mitglieder und nach ihrem Hervortreten in der Öffentlichkeit eine ausreichende Gewähr für die Ernsthaftigkeit dieser Zielsetzung bieten. Diese Begriffsbestimmung steht im Einklang mit Art. 21 Abs. 1 GG und ist verfassungsgemäß (vgl. BVerfGE 24, 260 [263 f., 266]; 24, 300 [361]; 3, 383 [403]).

Die Beschwerdeführer wollen auf die politische Willensbildung in der Bundesrepublik Deutschland Einfluß nehmen. Sie erfüllen nach dem Umfang und der Festigkeit ihrer Organisation, nach der Zahl ihrer Mitglieder und nach ihrerm Hervortreten in der Öffentlichkeit auch die äußeren Voraussetzungen, die an eine Partei zu stellen sind. Sie sind – wie die Ausgangsverfahren zeigen – bei Bundes- oder

Landtagwahlen von den Wahlausschüssen als politische Parteien zur Teilnahme an der Wahl zugelassen worden und haben sich im Wahlkampf um Mandate bemüht. |

Daß die Beschwerdeführer möglicherweise verfassungsfeindliche 223
Ziele verfolgen, insbesondere die Abschaffung des parlamentarischen Systems anstreben, schließt ihre Parteieigenschaft nicht aus. Art. 21 Abs. 2 Satz 1 GG bestimmt, daß Parteien, die nach ihren Zielen oder nach dem Verhalten ihrer Anhänger darauf ausgehen, die freiheitliche demokratische Grundordnung zu beeinträchtigen oder zu beseitigen oder den Bestand der Bundesrepublik Deutschland zu gefährden, verfassungswidrig sind. Schon aus diesem Wortlaut ergibt sich, daß die Parteieigenschaft politischer Organisationen unabhängig davon zu beurteilen ist, ob sie verfassungswidrig sind oder nicht. Wäre die Verfassungsmäßigkeit wesentliches Merkmal einer Partei, so bedürfte es keines konstitutiven Verbotsverfahrens nach Art. 21 Abs. 2 Satz 2 GG.

Als politischen Parteien steht ihnen der Weg der Verfassungsbeschwerde offen, wenn sie – wie hier – behaupten, durch eine Verwaltungsmaßnahme in ihrem Recht auf gleichberechtigte Benutzung einer Anstalt des öffentlichen Rechts verletzt zu sein (BVerfGE 7, 99 [103]; 14, 121 [129]; 27, 152 [158]).

Die Rundfunk- und Fernsehanstalten sind Anstalten des öffentlichen Rechts, deren Aufgaben nach Rundfunkrecht zum Bereich der öffentlichen Verwaltung gehören und die jedenfalls dann hoheitlich tätig werden, wenn sie in Ausübung des Rundfunkmonopols im Wahlkampf Sendezeiten zur Wahlpropaganda zuteilen oder verweigern (BVerfGE 7, 99 [104]; 12, 205 [246][1]; 14, 121 [130]).

2. Das Rechtsschutzbedürfnis der Beschwerdeführer ist nicht dadurch entfallen, daß die Wahlen abgeschlossen sind, für die begehrte Ausstrahlung der Werbespots also kein Raum mehr ist. Da die Rechtmäßigkeit der Bescheide der Rundfunk- und Fernsehanstalten durch die Oberverwaltungsgerichte nicht in Zweifel gezogen worden ist, müssen die Beschwerdeführer bei künftigen Wahlen mit einer Wiederholung der beanstandeten Maßnahmen und Entscheidungen rechnen. Schon das rechtfer | tigt in Anbetracht der grundsätzlichen Be- 224
deutung der von den Verfassungsbeschwerden aufgeworfenen Fragen eine Entscheidung zur Sache (vgl. BVerfGE 10, 302 [308]).

3. Gegen die Zulässigkeit spricht auch nicht, daß den Beschwerdeführern das verwaltungsgerichtliche Hauptsacheverfahren offenstand

---

[1] BVerfGA Nr. 12.

und sie diesen Rechtsweg nicht erschöpft haben. Dabei kann offenbleiben, ob letztinstanzliche Entscheidungen über Anträge auf Erlaß einer einstweiligen Anordnung stets selbständig mit der Verfassungsbeschwerde angegriffen werden können, weil das vorläufige Rechtsschutzverfahren (§ 123 VwGO) ein selbständiges Verfahren gegenüber dem Verfahren in der Hauptsache bildet (vgl. BVerfGE 35, 382 [397[1]]; 39, 276 [291]). Denn die Entscheidungen der Verwaltungsgerichte im Verfahren der einstweiligen Anordnung stehen in den vorliegenden Fällen in ihrer Wirkung der Vorwegnahme der Hauptsache gleich oder kommen ihr jedenfalls sehr nahe. Die Anträge der Beschwerdeführer auf Erlaß einstweiliger Anordnungen zielten entgegen § 123 Abs. 1 Satz 2 VwGO nicht auf die Regelung eines vorläufigen Zustandes in bezug auf ein streitiges Rechtsverhältnis zur Abwehr wesentlicher Nachteile, sondern strebten eine – an sich nur im Hauptverfahren zu erreichende – endgültige Reglung an. Die Verwaltungsgerichte haben diese Anträge gleichwohl für zulässig erachtet, weil wegen der unmittelbar bevorstehenden Wahl in anderer Weise effektiver Rechtsschutz nicht mehr hätte gewährt werden können. Bei dieser Sachlage kann von den Beschwerdeführern auch unter dem Gesichtspunkt der Subsidiarität der Verfassungsbeschwerde nicht verlangt werden, zunächst das verwaltungsgerichtliche Hauptverfahren durchzuführen.

C.

Die angegriffenen verwaltungsgerichtlichen Entscheidungen verletzen die Beschwerdeführer in ihren Grundrechten aus Art. 3 Abs. 1 und 3 in Verbindung mit Art. 21 GG. |

225 ### I.

1. Das Recht der Parteien auf Chancengleichheit ist zwar im Grundgesetz nicht ausdrücklich statuiert, ergibt sich aber aus der Bedeutung, die der Freiheit der Parteigründung und dem Mehrparteienprinzip für die freiheitliche Demokratie zukommt (BVerfGE 6, 273 [280]). Mit der Freiheit der Gründung ist im Grundsatz auch die freie Auswirkung bei der Wahl, d.h. die volle Gleichberechtigung aller Parteien, notwendig verbunden und, wie sich aus Art. 3 Abs. 1 und 3 in Verbindung mit Art. 21 GG ergibt, grundrechtlich gesichert wor-

---

[1] BVerfGA Nr. 35.

den (vgl. BVerfGE 7, 99 [107]). Dieses Grundrecht gilt nicht nur für den Wahlvorgang selbst, sondern auch für die zur Wahlvorbereitung in der Massendemokratie unerläßliche Wahlpropaganda, soweit sie durch Maßnahmen der öffentlichen Gewalt beeinflußt wird (vgl. BVerfGE 7, 99 [107]; 14, 121 [133]).

Die Tätigkeit der Rundfunkanstalten vollzieht sich im öffentlichrechtlichen Bereich. Die Rundfunkanstalten stehen in öffentlicher Verantwortung und erfüllen, indem sie Aufgaben öffentlicher Verwaltung wahrnehmen, zugleich integrierende Funktionen für das Staatsganze (BVerfGE 31, 314 [329]). Sie haben mithin, wenn sie den Parteien ihre Sendeeinrichtungen für Wahlwerbesendungen zur Verfügung stellen, das Recht der Parteien auf Chancengleichheit zu beachten und zu wahren.

So hindert der Grundsatz der Chancengleichheit die Rundfunkanstalten etwa, Parteien, die zur Teilnahme an der Wahl zugelassen sind, von der Benutzung des Rundfunks und Fernsehens auszuschließen, weil sie die Parteien für zu unbedeutend oder gar für schädlich halten (vgl. BVerfGE 7, 99 [107]). Andererseits ist es auch unter dem Blickpunkt der gleichen Wettbewerbschancen zulässig, die den einzelnen Parteien zuzuteilenden Sendezeiten nach der Bedeutung der Parteien verschieden zu bemessen, sofern nur kleinen oder neuen Parteien eine angemessene Sendezeit zur Verfügung steht (BVerfGE 7, 99 [108]; 13, 204 [205]; 14, 121 [135 ff.]; 34, 160 [163 f.]).

Die Verfassungsbeschwerden werfen die Frage auf, ob es ge | gen 226
den Grundsatz der Chancengleichheit verstößt, wenn Rundfunkanstalten die von Parteien eingereichten Wahlspots vorprüfen und sich weigern, Texte – sei es, weil es sich nicht um Wahlwerbung handelt, sei es wegen ihres verfassungsfeindlichen Inhalts oder wegen eines Verstoßes gegen die Strafgesetze – auszustrahlen.

2. Der Grundsatz der Chancengleichheit gebietet, jeder Partei und jedem Wahlbewerber grundsätzlich die gleichen Möglichkeiten im Wahlkampf und im Wahlverfahren und damit die gleiche Chance im Wettbewerb um die Wählerstimmen offenzuhalten (BVerfGE 21, 196 [199 f.]). Hierauf können sich die politischen Parteien im vorliegenden Zusammenhang jedoch nur dann berufen, wenn es sich bei den von ihnen vorgelegten und zur Ausstrahlung vorgesehenen Beiträgen überhaupt um Wahlwerbung handelt. Die kostenlose Zuteilung von Sendezeiten an die politischen Parteien durch die Rundfunkanstalten erfolgt lediglich zu diesem Zweck. Diese Zweckbestimmung schließt die Ausnutzung der Sendezeit für wahlfremde Zwecke aus. Der Begrenzung des Zwecks, für den die Sendezeit zur Verfügung gestellt

wird, entspricht die Befugnis der Rundfunkanstalten, von den Parteien vorgelegte Beträge unter diesem Blickpunkt zu überprüfen und, falls sie sich nicht mehr als Wahlwerbung qualifizieren lassen, deren Sendung abzulehnen.

Dabei darf der Bereich der Wahlwerbung nicht zu eng umgrenzt werden. Allgemein läßt sich sagen, daß er alle Maßnahmen umfaßt, die darauf abzielen, den Bürger zur Stimmabgabe für eine bestimmte Partei oder für bestimmte Wahlwerber zu bewegen. Die Werbung muß einen inhaltlichen Bezug zu der bevorstehenden Wahl aufweisen und auf die Erzielung eines Wahlerfolges gerichtet sein. Dazu ist eine ausdrückliche Aufforderung, eine bestimmte Partei oder bestimmte Personen zu wählen, nicht unbedingt erforderlich. Die Absicht, dafür zu werben, kann sich auch aus einem Wahlspot ergeben, der sich darauf beschränkt, die Partei und ihre Ziele darzustellen. Andererseits
227 sind Sendungen, die keinen Zusammenhang mit der | bevorstehenden Wahl mehr erkennen lassen, keine Wahlpropaganda. Ob das eine oder das andere der Fall ist, kann nur einer Würdigung des Sendebeitrags in seiner Gesamtheit entnommen werden.

Weitere, vor allem materielle Kriterien können zur Abrenzung der Wahlwerbung von der Verfolgung wahlfremder Zwecke nicht herangezogen werden. Insbesondere darf die Qualifizierung eines Sendebeitrages als Wahlwerbung nicht davon abhängig gemacht werden, ob die dargelegten Ziele inhaltlich mit der verfassungsmäßigen Ordnung des Grundgesetzes in Einklang stehen oder ob die um Wählerstimmen werbende Partei und deren Kandidaten beabsichtigen, im Parlament für die Bewahrung der verfassungsmäßigen Ordnung einzutreten. Beides verbietet sich – wie sich aus dem folgenden ergibt – schon im Hinblick auf Art. 21 GG.

3. Die Rundfunkanstalten sind nicht befugt, die Ausstrahlung einer Wahlsendung lediglich deshalb zu verweigern, weil der vorgelegte Wahlspot verfassungsfeindliche Äußerungen enthält. Dem steht das – auch im Rahmen des Grundsatzes der Chancengleichheit zu beachtende – in Art. 21 Abs. 2 GG statuierte Parteienprivileg entgegen.

a) Der Grundsatz der gleichen Wettbewerbschancen untersagt der öffentlichen Gewalt jede unterschiedliche Behandlung der Parteien, durch die deren Chancengleichheit bei Wahlen verändert werden kann, sofern sie sich nicht durch einen besonderen – zwingenden – Grund rechtfertigen läßt (vgl. BVerfGE 14, 121 [133] m.w.N.; 34, 160 [163]; 44, 125 [146]).

Als solchen Grund, der eine Durchbrechung des Grundsatzes der formalen Chancengleichheit rechtfertigt, hat das Bundesverfassungs-

gericht die mit dem Aufkommen von Splitterparteien verbundene staatspolitische Gefahr der Entstehung eines funktionsunfähigen Parlaments angesehen; es hat deshalb z.B. Sperrklauseln für zulässig erachtet (BVerfGE 1, 208 [248 f.][1]; ständige Rechtsprechung). Auch wenn nicht zu verkennen ist, daß politische Parteien, deren Ziel es ist, den demo|kratischen Rechtsstaat zu zerschlagen und die verfas- 228
sungsmäßige Ordnung der Bundesrepublik Deutschland zumindest in Teilbereichen zu beseitigen, eine staatspolitische Gefahr bilden, wenn es ihnen gelingt, in die Parlamente zu gelangen und eine erhebliche Anzahl von Mandaten zu erringen, so dürfen die Rundfunkanstalten dennoch dieser Gefahr nicht dadurch begegnen, daß sie die Ausstrahlung von Werbespots lediglich deshalb verweigern, weil in ihnen im Rahmen der Wahlwerbung mit dem Grundgesetz nicht zu vereinbarende Zielvorstellungen oder Programme vorgetragen werden. Eine so weitreichende Inhaltskontrolle der Wahlwerbespots durch Rundfunkanstalten läßt das in Art. 21 GG umschriebene Parteienprivileg nicht zu.

Nach Art. 21 Abs. 2 Satz 2 GG entscheidet über die Verfassungswidrigkeit einer Partei das Bundesverfassungsgericht. Hierbei handelt es sich nicht um eine bloße Zuständigkeitsregelung, sondern – in Verbindung mit Art. 21 Abs. 1 GG – um eine Privilegierung der politischen Parteien gegenüber den übrigen Vereinigungen und Verbänden (BVerfGE 2, 1 [13] ständige Rechtsprechung). Hiernach kommt den politischen Parteien wegen ihrer Sonderstellung im Verfassungsleben eine erhöhte Schutz- und Bestandsgarantie zu.

Das Entscheidungsmonopol des Bundesverfassungsgerichts schließt ein administratives Einschreiten gegen den Bestand einer politischen Partei schlechthin aus, mag sie sich gegenüber der freiheitlichen demokratischen Grundordnung noch so feindlich verhalten (BVerfGE 40, 287 [291]). Die Partei kann zwar politisch bekämpft werden, sie soll aber in ihrer politischen Aktivität von jeder Behinderung frei sein (vgl. BVerfGE 39, 334 [357][2]; 12, 296 [305 ff.]). Das Grundgesetz nimmt die Gefahr, die in der Tätigkeit der Partei bis zur Feststellung ihrer Verfassungswidrigkeit besteht, um der politischen Freiheit willen in Kauf. Die Partei handelt, wenn sie ihre verfassungsfeindlichen Ziele propagiert, im Rahmen einer verfassungsmäßig verbürgten Toleranz (vgl. BVerfGE 12, 296 [306]). Dies haben auch die Rundfunkanstalten zu respektieren. |

---

[1] BVerfGA Nr. 1.
[2] BVerfGA Nr. 37.

229 b) Etwas anderes läßt sich auch nicht aus den Vorschriften einzelner Rundfunkgesetze herleiten, die bestimmen, daß die Sendungen sich im Rahmen der verfassungsmäßigen Ordnung halten oder der freiheitlichen demokratischen Grundordnung entsprechen müssen. Auch diese Bestimmungen sind im Lichte des Art. 21 GG auszulegen. Sie vermögen das Parteienprivileg nicht zu durchbrechen, sondern werden von ihm überlagert und können deshalb als Begründung für die Zurückweisung eines Wahlspots wegen seines verfassungsfeindlichen Inhalts nicht herangezogen werden.

c) Die Zurückweisung eines Wahlspots wegen seines verfassungsfeindlichen Inhalts läßt sich auch nicht mit dem Hinweis rechtfertigen, daß diese Maßnahme nicht darauf abziele, die Handlungsfreiheit und die Erfolgsaussichten der betroffenen Partei einzuschränken, sondern lediglich dazu diene, der Förderung verfassungswidriger Bestrebungen durch die Gewährung öffentlicher Leistungen entgegenzuwirken. Eine solche Unterscheidung zwischen beschränkenden und begünstigenden Maßnahmen ist sachlich nicht gerechtfertigt. Die Chancen einer Partei – ihre Wahlaussichten – sind nicht unabhängig von denen ihrer Konkurrenten, sondern stehen zu diesen in einem wechselseitigen Verhältnis. Die Chancen einer Partei steigen, wenn die Wahlwerbung ihrer Mitbewerber Beschränkungen unterworfen wird; sie sinken, wenn andere Parteien ihr gegenüber begünstigt werden. Einseitig unterlassene Begünstigungen haben deshalb für die betroffene Partei dieselbe Wirkung wie nur ihr auferlegte Beschränkungen. Wahlpropaganda in Hörfunk und Fernsehen zählt wegen ihrer Breitenwirkung zu den wichtigsten Werbemitteln der politischen Parteien im Wahlkampf. Würde man einzelne politische Parteien wegen des von ihnen vertretenen politischen Programms oder wegen einzelner, zwar verfassungsfeindlicher, aber von dem Parteienprivileg gedeckter Äußerungen von der Ausstrahlung ihrer Wahlspots ausschließen, so wäre das mit dem Grundsatz der gleichen Wettbewerbschancen nicht vereinbar. |

230 4. a) Damit ist indes nicht gesagt, daß die Wahlwerbung im Rundfunk keinerlei rechtlichen Schranken unterworfen ist. Wenn Parteien über ihren innerverbandlichen Bereich hinaus im Rahmen ihrer laufenden Parteitätigkeit aktiv werden, wie dies insbesondere im Wahlkampf durch Werbung in Rundfunk und Fernsehen geschieht, unterliegen sie den allgemein geltenden Gesetzen. Ihre Funktionäre, Mitglieder und Anhänger dürfen nichts tun, was die Verfassung oder die mit der Verfassung in Einklang stehenden Gesetze verbieten, sie dürfen nur mit in diesem Sinne »allgemein erlaubten Mitteln« arbeiten,

insbesondere nicht gegen allgemeine Strafgesetze verstoßen (vgl. BVerfGE 12, 296 [306 f.]; 13, 46 [52]; 13, 123 [126]; 17, 155 [166]; 40, 287 [291]).

b) Unter allgemeinen Strafgesetzen sind in diesem Zusammenhang solche zu verstehen, die sich nicht gerade gegen das in Art. 21 GG geschützte Rechtsgut als solches, d.h. nicht gezielt gegen die Freiheit der Parteigründung, den ungeschmälerten Bestand und die freie Entfaltung der Parteien richten, Vorschriften also, die kein Sonderrecht gegen die Parteien enthalten. Hierzu sind alle Straftatbestände zu rechnen, die nicht notwendig oder doch wesensgemäß bei der Förderung auch verfassungsfeindlicher Parteiziele verwirklicht werden und die insbesondere nicht nur die bloße Verfassungsfeindlichkeit unter Strafe stellen, sondern bei denen andere Unrechtsmerkmale den eigentlichen strafrechtlichen Gehalt ausmachen (BVerfG, EuGRZ 1978, S. 67 [86] unter Bezugnahme auf BGHSt 19, 311 [316]).

Durch diese, am Wesen der Tätigkeit politischer Parteien im demokratischen Rechtsstaat des Grundgesetzes orientierte Beschränkung werden die Parteien nicht gehindert, auf die politische Willensbildung des Bürgers einzuwirken und diesem über die Medien Rundfunk und Fernsehen die eigenen Grund- und Zielvorstellungen zu unterbreiten und nahezubringen. Ihnen wird lediglich untersagt, dies
unter Überschreitung der von den | verfassungsmäßigen Gesetzen ge- 231
zogenen Grenzen durch Verletzung anderweitig geschützter wichtiger Rechtsgüter zu tun (BVerfG, EuGRZ 1978, S. 67 [68]).

c) Bei Anlegung dieses Maßstabes bestehen gegen die Anwendung des § 90a Abs. 1 StGB auf Funktionäre, Mitglieder und Anhänger einer politischen Partei keine Bedenken.

aa) Diese Strafvorschrift ist »allgemeines« Gesetz i.S. der Rechtsprechung des Bundesverfassungsgerichts zu Art. 21 Abs. 2 GG, deren Verletzung jedermann untersagt ist. Sie stellt die Verunglimpfung der Bundesrepublik Deutschland und ihrer Symbole unter Strafe. Das Verbot richtet sich an jedermann und nicht nur an Funktionäre, Mitglieder und Anhänger von politischen Parteien. Der Tatbestand des § 90a Abs. 1 SGtGB setzt keine Verfassungsfeindlichkeit voraus. Schutzgegenstand der Vorschrift ist das Ansehen des Staates, das nicht nur gegen Verfassungsfeinde, sondern gegen jedermann geschützt werden soll. Eine Tätigkeit, die darauf abzielt, Vorstellungen einer Partei jenseits dieser Grenzen durchzusetzen, unterliegt deshalb nicht dem Schutz des Art. 21 Abs. 2 GG. Wie die nach § 185 StGB mit Strafe bedrohte Beleidigung (vgl. BVerfG, EuGRZ 1978, S. 67 [69]) ist auch das Beschimpfen oder das böswillige Verächtlichmachen der Bundesrepublik Deutschland und ihrer verfassungsmäßigen Ordnung im demokratischen Rechtsstaat kein zulässiges Mittel zur Verwirklichung parteipolitischer Ziele.

Art. 21 Abs. 2 GG und § 90a Abs. 1 StGB regeln verschiedene Tatbestände und schützen unterschiedliche Bereiche. Die Beachtung der vom Strafrecht gezogenen Grenze behindert politische Parteien nicht in einer Weise, die mit Art. 21 GG unvereinbar wäre. Die von den Rundfunkanstalten eingeräumten Sendezeiten sollen es den politischen Parteien ermöglichen, im Wahlkampf ihre Ziele und Programme dem Bürger darzustellen und ihn als Wähler zu werben. Hieran hindert § 90a Abs. 1 StGB sie nicht. Er verbietet den Funktionären, Mitgliedern und Anhängern politischer Parteien nicht, ablehnende
232 und | scharfe Kritik am Staat zu üben und die Ziele und Programme ihrer Partei zu propagieren, mögen sie noch so verfassungsfeindlich sein. Erst wenn die Kritik beschimpft, böswillig verächtlich macht oder verumglimpft, überschreitet sie die für jedermann geltenden strafrechtlichen Grenzen.

Wahlwerbung, die gegen Normen des Strafrechts verstößt, kann auch nicht mit der Behauptung in den Schutzbereich des Art. 21 Abs. 2 GG einbezogen werden, die Aussagen entsprächen der politischen Auffassung einer Partei und ergäben sich notwendig aus deren Programm. Beschimpfen, böswilliges Verächtlichmachen und Verunglimpfen, die Tathandlungen des § 90a StGB, sind keine unverzichtbare Voraussetzung zur Darlegung eines Programms.

bb) Auch Art. 5 Abs. 1 Satz 1 GG steht der Anwendung des § 90a Abs. 1 StGB auf Funktionäre, Mitglieder und Anhänger politischer Parteien grundsätzlich nicht entgegen. Dieses Grundrecht findet seine Schranken u.a. in Vorschriften der allgemeinen Gesetze (Art. 5 Abs. 2 GG). Die Bestimmung des § 90a Abs. 1 StGB, die den angegriffenen Entscheidungen zugrunde liegt, ist ein allgemeines Gesetz i.S. des Art. 5 Abs. 2 GG. Sie richtet sich nicht gegen eine bestimmte Meinung, sondern stellt *jeden* unter Strafe, der – unabhängig von einer politischen Überzeugung – öffentlich die Bundesrepublik Deutschland oder ihre verfassungsmäßige Ordnung herabwürdigt. Dabei ist jedoch § 90a StGB im Lichte der besonderen Bedeutung des Grundrechts der freien Meinungsäußerung für den freiheitlichen demokratischen Rechtsstaat auszulegen. Zwischen »allgemeinem Gesetz« und Grundrecht findet eine Wechselwirkung in dem Sinne statt, daß die »allgemeinen Gesetze« zwar dem Wortlaut nach dem Grundrecht Schranken setzen, ihrerseits aber aus der Erkenntnis der wertsetzenden Bedeutung dieses Grundrechts im freiheitlichen demokratischen Staat ausgelegt und so in ihrer das Grundrecht begrenzenden Wirkung selbst wieder eingeschränkt werden müssen (vgl. BVerfGE 7, 198 [208 f.] – Lüth –)[1]. |

Art. 5 Abs. 1 GG bildet um so weniger dann eine Schranke gegen 233
die Anwendung des § 90a Abs. 1 StGB, wenn die zur Beurteilung stehende Äußerung nur wegen ihrer Form mit der Strafvorschrift kollidiert. Zwar umfaßt Art. 5 Abs. 1 GG grundsätzlich auch die Freiheit, selbst darüber zu entscheiden, wie ein Gedanke formuliert werden soll. Doch liegt die besondere Bedeutung dieses Grundrechts für den freiheitlichen demokratischen Staat vor allem in dem Schutz, den es der Substanz von Gedankenäußerungen gewährt. Strafvorschriften, die zum Schutz des Ansehens Dritter oder des Staates auch der *Form* von Äußerungen Grenzen setzen, führen deshalb solange nicht zu einer unzulässigen Beschränkung der freien Rede, als der gedankliche Gehalt durch den Gebrauch einer anderen, nicht kränkenden Ausdrucksform verbreitet werden kann, dem Äußernden also ein Verzicht auf gedankliche Teile seiner Äußerung nicht zugemutet wird (vgl. BVerfGE 42, 143 [149 f.]) Auch eine Partei, die nach ihren politischen Grundvorstellungen die freiheitliche demokratische Grundordnung des Grundgesetzes ablehnt und geringschätzt, wird durch § 90a Abs. 1 StGB nicht gehindert, den sachlichen Gehalt ihrer Auffassungen mit genügender Deutlichkeit zum Ausdruck zu bringen.

5. a) Weder Art. 21 Abs. 2 noch Art. 5 Abs. 1 Satz 1 GG hindern mithin die Intendanten der Rundfunkanstalten, im Rahmen ihrer Gesamtverantwortung für die Rundfunkanstalten Wahlspots der politischen Parteien daraufhin zu überprüfen, ob sie gegen allgemeine Strafgesetze verstoßen. Zur Zurückweisung solcher Wahlspots sind die Intendanten indessen nur dann befugt, wenn der Verstoß gegen die allgemeinen Strafgesetze evident ist und nicht leicht wiegt.

Vorrangiger Zweck der Sendung von Wahlpropaganda im Hörfunk und Fernsehen ist es, den Bürger mit den von einzelnen Parteien vertretenen Grund- und Zielvorstellungen vertraut zu machen. Denn Voraussetzung dafür, daß der Bürger sich zwischen den Programmen der politischen Parteien entscheiden kann, ist die möglichst umfassende Kenntnis ihrer In | halte. Werden einzelne programmatische 234
Äußerungen aus Wahlsendungen herausgenommen oder abgeändert, so besteht die Gefahr, daß der Wähler über die wahren Ziele und Absichten einer Partei irregeführt wird und ihr aufgrund der verfälschten Wahlaussage die Stimme gibt, obwohl er deren Grund- und Zielvor-

[1] BVerfGA Nr. 5.

stellungen in Wirklichkeit nicht teilt (vgl. OVG Hamburg NJW 1974, S. 1523 [1524 f.]).

Schon im Hinblick darauf müssen Verstöße gegen die allgemeinen Strafgesetze evident sein, wenn sie zur Zurückweisung eines Wahlspots führen sollen. Es darf nicht zweifelhaft sein, daß im konkreten Fall eine ins Gewicht fallende Verletzung des vom Strafrecht geschützten Rechtsguts vorliegt, was jedenfalls immer dann der Fall sein wird, wenn politische Parteien zu Straftaten – auch indirekt – auffordern. Diese Einschränkung der Prüfungsbefugnis des Intendanten ergibt sich noch aus folgenden Überlegungen:

Die administrativ-präventive Prüfungsbefugnis des Intendanten im Vorfeld von Wahlen ist eine andere als die Prüfungsbefugnis der Strafgerichte. Präventive Kontrolle im administrativen Bereich muß der Gefahr angepaßt sein, der sie begegnen soll. Art und Umfang der administrativen Kontrolle müssen der tatsächlichen Situation angepaßt sein. Je nachhaltiger im Ergebnis in die Grundrechtssphäre eingegriffen wird, desto strengere Anforderungen sind an die Voraussetzungen und die Begründung des Eingriffs zu stellen.

Das Bundesverfassungsgericht hat die Teilnahme der politischen Parteien an den Wahlen immer wieder als Kernstück ihrer Tätigkeit bezeichnet (vgl. BVerfGE 24, 260 [264]). Wahlpropaganda im Hörfunk und Fernsehen gehört heute zu den wichtigsten Mitteln im Wahlkampf. Wenn die öffentliche Gewalt durch administrative Maßnahmen in diesen Kernbereich der Parteitätigkeit in einer Weise eingreift, daß dadurch die Chancengleichheit der politischen Parteien verändert werden kann, so sind ihrem Ermessen besonders enge Grenzen gezogen (vgl. BVerfGE 34, 160 [163]). Würde politischen
235 Parteien im | Wahlkampf Sendezeit zu Unrecht verweigert, so wäre dieser Eingriff schwerwiegend. Er stellte eine Beschränkung des für die Wahlen notwendigen freien Willensprozesses der Bürger dar; dem Bürger würde die ihm anvertraute Entscheidung über den Wert der Programme der politischen Parteien erschwert oder gar unmöglich gemacht.

Hinzu kommmt, daß die dem Intendanten abverlangte Entscheidung regelmäßig sehr schnell, oftmals innerhalb weniger Stunden getroffen werden muß. Die geforderte rasche Entscheidung birgt bei Anlegung eines strengen Maßstabes die Gefahr in sich, daß Wahlspots zu Unrecht wegen angeblichen Verstoßes gegen die Strafgesetze zurückgewiesen werden, zumal in diesem Stadium der Überprüfung der Wahlspots auf der Verwaltungsebene die rechststaatlichen Verfahrensgarantien nicht in gleicher Weise gewährleistet sind wie im gerichtlichen Verfahren. Auch die Verwaltungsgerichte, die im Einzelfall um Erlaß einer einstweiligen Anordnung angerufen werden, müssen sich in der Regel auf eine summarische Prüfung der Sach- und Rechtslage im Eilverfahren beschränken.

Schließlich kann nicht außer Betracht bleiben, daß die schwerwiegenden Rechtsnachteile nicht ausgeglichen werden können, die eintreten, wenn eine Wahlsendung nach summarischer Prüfung abgelehnt worden ist, sich dies später aber bei umfassender tatsächlicher und rechtlicher Prüfung im Hauptverfahren oder in einem Strafverfahren als falsch erweist. Wegen der zeitlichen Nähe der Sendetermine zum Wahltermin wird dieser dann regelmäßig verstrichen sein.

All diese Gesichtspunkte hat der Intendant bei seiner Entscheidung zu berücksichtigen und in Zweifelsfällen zugunsten der politischen Parteien die vorgelegten Wahlspots zur Ausstrahlung freizugeben.

b) Die Pflicht des Intendanten zu großzügiger Handhabung des ihm zustehenden Prüfungsrechts läßt jedoch eine spätere rechtliche Würdigung der Sachverhalte durch die Strafgerichte unberührt; denn
die Einschränkung ergibt sich – wie darge | legt – allein daraus, daß 236
die präventive Prüfungsbefugnis im administrativen Bereich nicht so weit reicht wie die der Strafgerichte und die vom Intendanten geforderte rasche Entscheidung bei Anlegung eines strengen Maßstabes die Gefahr in sich birgt, daß Wahlspots zu Unrecht abgelehnt werden. Dies ändert nichts daran, daß alle am Wahlkampf beteiligten politischen Parteien – wie auch sonst jedermann – die von den »allgemeinen Gesetzen« gezogenen Grenzen zu beachten haben. Der Strafrichter hat bei der Prüfung der Frage, ob die Form der Darstellung des Selbstverständnisses der Parteien und ihrer politischen Ziel- und Grundvorstellungen in den strafrechtlichen Bereich hineinragt, nicht die Zurückhaltung zu üben, wie sie hier für den Intendanten von Verfassungs wegen geboten ist.

Für § 90a Abs. 1 StGB bedeutet dies im Bereich der Strafverfolgung: Wenn Funktionäre, Mitglieder und Anhänger der Parteien sich bei ihrer Wahlwerbung oder sonstigen Tätigkeit im Grenzbereich zwischen noch zulässiger scharfer Kritik einerseits und Verunglimpfung, Beschimpfung und Verächtlichmachung andererseits bewegen, so geschieht dies auf ihr Risiko.

c) Die Befugnis der Intendanten, Manuskripte politischer Parteien für Wahlwerbesendungen inhaltlich daraufhin zu überprüfen, ob es sich dabei um Wahlwerbung handelt und ob deren Ausstrahlung – unter Beachtung der entwickelten Maßstäbe – allgemeine Strafrechtsnormen verletzen würde, verstößt nicht gegen das Zensurverbot des Art. 5 Abs. 1 Satz 3 GG.

Unter »Zensur« im Sinne des Art. 5 Abs. 1 Satz 3 GG ist nur die Vorzensur zu verstehen (BVerfGE 33, 52 [71] mit weiteren Hinweisen), also einschränkende Maßnahmen vor der Herstellung oder Verbreitung eines Geisteswerkes, insbesondere das Abhängigmachen von behördlicher Vorprüfung und Genehmigung seines Inhalts (Verbot mit Erlaubnisvorbehalt).

Bezogen auf Wahlpropaganda politischer Parteien bedeutet danach Zensur das generelle Verbot, ungeprüfte Schriften, Texte und Filme der Öffentlichkeit zugänglich zu machen, verbunden mit dem Gebot, diese
237 zuvor einer zuständigen staat | lichen Behörde vorzulegen, die sie anhand von Zensurgrundsätzen überprüft und je nach dem Ergebnis ihrer Prüfung die Veröffentlichung erlaubt oder verbietet.

Die hier zu beurteilenden Maßnahmen der Rundfunkanstalten sind keine Zensur in diesem Sinne. Sie sind nicht darauf gerichtet, anhand von Zensurgrundsätzen die öffentliche Äußerung bestimmter Meinungen zu unterbinden. Sie dienen vielmehr der Kontrolle, ob die Texte die Voraussetzungen für eine Ausstrahlung als Wahlwerbung erfüllen. Sie sollen lediglich sichern, daß öffentliche Einrichtungen nur zu dem Zweck genutzt werden, zu dem sie Dritten zur Verfügung gestellt werden, und weiter verhindern, daß durch öffentliche Anstalten rechtswidrige, insbesondere evident gegen Strafgesetze verstoßende Tätigkeit unterstützt wird.

Die Befugnis hierzu könnte man den Rundfunkanstalten nur absprechen, wenn es ein unbeschränktes Zugangsrecht der politischen Parteien zu den Rundfunkanstalten gäbe. Ein solche Recht besteht indes nicht; es ist auch nicht von Verfassungs wegen geboten.

Die Rundfunkanstalten gewähren – teils aufgrund der Vorschriften in Rundfunkgesetzen, teils freiwillig – politischen Parteien, die sich an Bundestags- oder Landtagswahlen beteiligen, Sendezeiten in Fernsehen und Rundfunk zu dem Zweck, sich und ihr Programm dem Wähler bekanntzumachen und um seine Stimme zu werben. Die Rundfunkanstalten sind mithin befugt, die Ausstrahlung eines Werbespots an die Voraussetzung zu knüpfen, daß die Sendezeit nur zum Zwecke der Wahlwerbung und in rechtlich zulässiger Form, insbesondere ohne evidenten und ins Gewicht fallenden Verstoß gegen allgemeine Normen des Strafrechts genutzt wird, und die Erfüllung dieser Voraussetzung zu überprüfen.

Die Befugnis der Rundfunkanstalten, die Gewährung von Sende-

zeiten an bestimmte sachliche Voraussetzungen zu binden, ergibt sich schon aus ihrer Stellung als verselbständigte Träger öffentlicher Gewalt. Sie ergibt sich weiter – in bezug auf poli | tische Parteien – aus 238
§ 5 Abs. 3 Parteiengesetz, wo es ausdrücklich heißt:

Öffentliche Leistungen nach Absatz 1 können an bestimmte sachliche, von allen Parteien zu erfüllende Voraussetzung gebunden werden.

Die genannten sachlichen Beschränkungen, die für alle Parteien in gleicher Weise wirken, verletzen keine Grundrechte, insbesondere nicht den Grundsatz der Chancengleichheit in Verbindung mit dem Parteienprivileg aus Art. 21 Abs. 2 GG und das Recht auf freie Meinungsäußerung (Art. 5 Abs. 1 Satz 1 GG).

II.

Den aufgezeigten verfassungsrechtlichen Anforderungen genügen die angegriffenen Entscheidungen nicht. [*Wird ausgeführt.*]

44 Art. 1 Abs. 1, Art. 2 Abs. 2 Satz 1, Art. 20 Abs. 2, 3 (Gesetzesvorbehalt) GG

(Kein allumfassender) Vorrang des Parlaments – demokratische Legitimation der Exekutive – Grundsatz des Vorbehalts des Gesetzes – normative Grundsatzentscheidung über die friedliche Nutzung der Kernenergie – politische Verantwortung des Gesetzgebers für seine Entscheidungen – Kontroll- und Nachbesserungspflichten des Gesetzgebers – Grenzen rechtlicher Festlegung und richterlicher Erkenntnis bei Prognoseentscheidungen – Zulässigkeit unbestimmter Rechtsbegriffe – dynamischer Grundrechtsschutz durch offene Gesetzesformulierungen – grundrechtliche Schutzpflichten des Gesetzgebers – präventives Verbot mit Erlaubnisvorbehalt – Verwaltungsermessen

BVerfGE 49, 89–148 – Kalkar I

1. Aus dem Grundsatz der parlamentarischen Demokratie darf nicht ein Vorrang des Parlaments und seiner Entscheidungen gegenüber den anderen Gewalten als ein alle konkreten Kompetenzzuordnungen überspielender Auslegungsgrundsatz hergeleitet werden. 89

**2. Die normative Grundsatzentscheidung für oder gegen die recht-
liche Zulässigkeit der friedlichen Nutzung der Kernenergie im
90 Ho | heitsbereich der Bundesrepublik Deutschland ist wegen ihrer
weitreichenden Auswirkungen auf die Bürger, insbesondere auf ihren
Freiheits- und Gleichheitsbereich, auf die allgemeinen Lebensverhält-
nisse und wegen der notwendigerweise damit verbundenen Art und In-
tensität der Regelung eine grundlegende und wesentliche Entschei-
dung im Sinne des Vorbehalts des Gesetzes. Sie zu treffen ist allein der
Gesetzgeber berufen.**

3. Hat der Gesetzgeber eine Entscheidung getroffen, deren Grundlage durch neue, zum Zeitpunkt des Gesetzeserlasses noch nicht abzusehende Entwicklungen entscheidend in Frage gestellt wird, kann er von Verfassungs wegen gehalten sein zu überprüfen, ob die ursprüngliche Entscheidung auch unter den veränderten Umständen aufrechtzuerhalten ist.

4. In einer notwendigerweise mit Ungewißheit belasteten Situation liegt es zuvorderst in der politischen Verantwortung des Gesetzgebers und der Regierung, im Rahmen ihrer jeweiligen Kompetenzen die von ihnen für zweckmäßig erachteten Entscheidungen zu treffen. Bei dieser Sachlage ist es nicht Aufgabe der Gerichte, mit ihrer Einschätzung an die Stelle der dazu berufenen politischen Organe zu treten. Denn insoweit ermangelt es rechtlicher Maßstäbe.

5. Die in die Zukunft hin offene Fassung des § 7 Abs. 2 Nr. 3 AtomG dient einem dynamischen Grundrechtsschutz. Sie hilft, den Schutzzweck des § 1 Nr. 2 AtomG jeweils bestmöglich zu verwirklichen.

6. Vom Gesetzgeber im Hinblick auf seine Schutzpflicht eine Regelung zu fordern, die mit absoluter Sicherheit Grundrechtsgefährdungen ausschließt, die aus der Zulassung technischer Anlagen und ihrem Betrieb möglicherweise entstehen können, hieße die Grenzen menschlichen Erkenntnisvermögens verkennen und würde weithin jede staatliche Zulassung der Nutzung von Technik verbannen. Für die Gestaltung der Sozialordnung muß es insoweit bei Abschätzungen anhand praktischer Vernunft bewenden. Ungewißheiten jenseits dieser Schwelle praktischer Vernunft sind unentrinnbar und insofern als sozialadäquate Lasten von allen Bürgern zu tragen.

Beschluß des Zweiten Senats vom 8. August 1978 – 2 BvL 8/77 –

Sachverhalt: *Im Jahre 1972 erteilte der zuständige Minister die erste Teilerrichtungsgenehmigung für den sogenannten »Schnellen Brüter« in Kalkar. Auf die Klage eines Nachbarn gegen die Genehmigung für diesen neuen Kernkraftwerkstyp setzte das Oberverwaltungsgericht Nordrhein-Westfalen das Verfahren aus und legte dem Bundesverfassungsgericht § 7 Abs. 1, 2 AtG zur Prüfung seiner Verfassungsmäßigkeit vor. Nach Auffassung des Oberverwaltungsgerichts verstieß die Vorschrift gegen das Demokratieprinzip, den Grundsatz der Gewaltenteilung und das Rechtsstaatsprinzip, soweit sie auch die Genehmigung dieses Reaktortyps ohne ausdrückliche Entscheidung des Gesetzgebers und ohne nähere gesetzliche Vorgaben zuließ.*

Das Bundesverfassungsgericht entschied, daß die vorgelegte Norm mit dem Grundgesetz vereinbar ist.

Aus den Gründen:

§ 7 Abs. 1 und 2 AtomG ist mit dem Grundgesetz vereinbar. 124

1. a) Das Grundgesetz spricht dem Parlament nicht einen allumfassenden Vorrang bei grundlegenden Entscheidungen zu. Es setzt durch die gewaltenteilende Kompetenzzuordnung seinen Befugnissen Grenzen. Weitreichende – gerade auch poli|tische – Entschei- 125
dungen gibt es der Kompetenz anderer oberster Staatsorgane anheim, wie zum Beispiel die Bestimmung der Richtlinien der Politik durch den Bundeskanzler (Art. 56 Satz 1 GG), die Auflösung des Bundestages (Art. 68 GG), die Erklärung des Gesetzgebungsnotstands (Art. 81 GG) oder wichtige außenpolitische Entscheidungen, wie etwa über die Aufnahme oder den Abbruch diplomatischer Beziehungen. Dem Bundestag, der solche Entscheidungen mißbilligt, verbleiben sein Kontrollbefugnisse; er kann gegebenenfalls einen neuen Bundeskanzler wählen und damit den Sturz der bisherigen Bundesregierung bewirken; er kann von seinen Haushaltskompetenzen Gebrauch machen – nicht aber erkennt ihm das Grundgesetz eine Entscheidungskompetenz in diesen Fragen zu. Die konkrete Ordnung der Verteilung und des Ausgleichs staatlicher Macht, die das Grundgesetz gewahrt wissen will, darf nicht durch einen aus dem Demokratieprinzip fälschlich abgeleiteten Gewaltenmonismus in Form eines allumfassenden Parlamentsvorbehalts unterlaufen werden. Aus dem Umstand, daß allein die Mitglieder des Parlaments unmittelbar vom Volk gewählt werden, folgt nicht, daß andere Institutionen und Funktionen der Staatsgewalt der demokratischen Legitimation entbehrten. Die Organe der gesetzgebenden, der vollziehenden und der rechtsprechenden Gewalt beziehen ihre institutionelle und funktionelle demo-

kratische Legitimation aus der in Art. 20 Abs. 2 GG getroffenen Entscheidung des Verfassungsgebers. Auch die unmittelbare personelle demokratische Legitimation der Mitglieder des Parlaments führt nicht schlechthin zu einem Entscheidungsmonopol des Parlaments. Die verfassunggebende Gewalt hat in Art. 20 Abs. 2 und 3 GG auch die Exekutive als verfassungsunmittelbare Institution und Funktion geschaffen; die Verfahren zur Bestellung der Regierung verleihen ihr zugleich eine mittelbare personelle demokratische Legitimation im Sinne des Art. 20 Abs. 2 GG (vgl. Ossenbühl, Verwaltungsvorschriften und Grundgesetz, 1968, S. 187 ff., 199; Böckenförde und Gra-
126 wert, AöR Bd. 95 [1970], S. 1 ff., 25 f.). Das | aber schließt es aus, aus dem Grundsatz der parlamentarischen Demokratie einen Vorrang des Parlaments und seiner Entscheidungen gegenüber den anderen Gewalten als einen alle konkreten Kompetenzzuordnungen überspielenden Auslegungsgrundsatz herzuleiten. Auch die Tatsache, daß eine Frage politisch umstritten ist, vermag die von der Verfassung zugeordneten Entscheidungskompetenzen nicht zu verschieben.

b) Im vorliegenden Fall geht es um den Bereich der Rechtsetzung, also um einen Bereich, für den das Grundgesetz eine Kompetenzzuordnung enthält. Hier ergibt sich aus dem Grundsatz des allgemeinen Vorbehalts des Gesetzes, daß die Exekutive für Akte, die den Freiheits- und Gleichheitsbereich des Bürgers wesentlich betreffen, der gesetzlichen Grundlage bedarf.

2. § 7 Abs. 1 und 2 AtomG verstößt nicht gegen den Grundsatz des Vorbehalts des Gesetzes.

a) Der Grundsatz des Vorbehalts des Gesetzes wird zwar in der Verfassung nicht ausdrücklich erwähnt, seine Geltung ergibt sich jedoch aus Art. 20 Abs. 3 GG (BVerfGE 40, 237 [248]). Das Verständnis dieses Grundsatzes hat sich, insbesondere mit der Erkenntnis auch seiner demokratischen Komponente, in den letzten Jahren gewandelt (siehe dazu Jesch, Gesetz und Verwaltung, 1961, S. 205 f.; Rupp, Grundfragen der heutigen Verwaltungsrechtslehre, 1965, S. 104 ff.; ders., JZ 1977, S. 226 f.; Ossenbühl, Verwaltungsvorschriften und Grundgesetz, 1968, S. 208 ff.; ders., Gutachten B zum 50. Deutschen Juristentag, 1974, S. 155 ff., Stern, Das Staatsrecht der Bundesrepublik Deutschland, Bd. I, 1977, S. 637 ff.; Kisker, NJW 1977, S. 1313 ff.; Listl, DVBl. 1978, S. 12 ff.; Niehues, Schul- und Prüfungsrecht, 1976, S. 37 ff.). Heute ist es ständige Rechtsprechung, daß der Gesetzgeber verpflichtet ist, – losgelöst vom Merkmal des »Eingriffs« – in grundlegenden normativen Bereichen, zumal im Bereich der Grundrechtsausübung, soweit diese staatlicher Regelung zugänglich

ist, alle wesentlichen Entscheidungen selbst zu treffen (BVerfGE 34,
165 [192 f.]; 40, | 237 [249]; 41, 251 [260]; 45, 400 [417 f.]; 47, 46 127
[78 ff.][1]; 48, 210 [221]). Die Art. 80 Abs. 1 und 59 Abs. 2 Satz 1 zweiter Halbsatz GG sowie die besonderen Gesetzesvorbehalte sind Ausprägungen dieses allgemeinen Gesetzesvorbehalts.

In welchen Bereichen danach staatliches Handeln einer Rechtsgrundlage im förmlichen Gesetz bedarf, läßt sich nur im Blick auf den jeweiligen Sachbereich und die Intensität der geplanten oder getroffenen Regelung ermitteln. Die verfassungsrechtlichen Wertungskriterien sind dabei in erster Linie den tragenden Prinzipien des Grundgesetzes, insbesondere den vom Grundgesetz anerkannten und verbürgten Grundrechten zu entnehmen.

Nach den gleichen Maßstäben beurteilt sich, ob der Gesetzgeber, wie der verfassungsrechtliche Gesetzesvorbehalt weiter fordert (BVerfGE 34, 165 [192]), mit der zur Prüfung vorgelegten Norm die wesentlichen normativen Grundlagen des zu regelnden Rechtsbereichs selbst festgelegt und dies nicht dem Handeln etwa der Verwaltung überlassen hat.

b) Die normative Grundsatzentscheidung für oder gegen die rechtliche Zulässigkeit der friedlichen Nutzung der Kernenergie im Hoheitsbereich der Bundesrepublik Deutschland ist wegen ihrer weitreichenden Auswirkungen auf die Bürger, insbesondere auf ihren Freiheits- und Gleichheitsbereich, auf die allgemeinen Lebensverhältnisse und wegen der notwendigerweise damit verbundenen Art und Intensität der Regelung eine grundlegende und wesentliche Entscheidung im Sinne des Vorbehalts des Gesetzes. Sie zu treffen ist allein der Gesetzgeber berufen.

Das gleiche gilt für die Regelungen, die die behördliche Zulassung von Anlagen im Sinne des 7 Abs. 1 AtomG bestimmen. Bei der Genehmigung oder Nichtgenehmigung solcher Anlagen durch die Exekutive handelt es sich um Akte, die den Grundrechtsbereich von Bürgern einschneidend betreffen können. Für denjenigen, der eine derartige Anlage betreiben will, liegt es auf der Hand; solche Akte können aber auch andere betreffen. |

Der Gesetzgeber hat in seine Entscheidung für die Nutzung der 128
Atomenergie, die er im Atomgesetz, mithin in einem förmlichen Gesetz getroffen hat, auch die Schnellen Brutreaktoren einbezogen. …

Der Gesetzgeber war von Verfassungs wegen nicht, wie das vorlegende Gericht anscheinend meint, gehalten, in das Atomgesetz eine

---

1 BVerfGA Nr. 42.

Bestimmung des Inhalts einzufügen, daß er die im Vorlagebeschluß
129 angesprochenen »möglichen Folgewirkungen, | Gefahren und irreversiblen Zwänge, die sich an den Bau Schneller Brüter knüpfen könnten« und »im gegenwärtigen Zeitpunkt noch nicht näher zu verifizieren« seien, in Kauf zu nehmen bereit sei. Der Gesetzgeber trägt die politische Verantwortung für alle Folgen seiner Entscheidung. Er ist indes verfassungsrechtlich nicht verpflichtet, dies im Wortlaut des jeweiligen Gesetzes zu bekunden und auf diese Weise zu belegen, welche Folgen er bedacht hat. So könnte die Verfassungswidrigkeit des Straßenverkehrsgesetzes nicht damit begründet werden, daß sich in ihm keine Vorschrift findet, in der der Gesetzgeber zu erkennen gibt, daß er auch die Risiken und Folgen des Straßenverkehrs in Kauf zu nehmen gewillt sei.

Ist aber danach, wie dargelegt, dem Grundsatz des allgemeinen Gesetzesvorbehalts insoweit genügt, als die in Frage stehenden Bestimmungen in einem förmlichen Gesetz getroffen wurden, so bleibt zu prüfen, ob der Gesetzgeber auch die weitere Forderung des verfassungsrechtlichen Gesetzesvorbehalts erfüllt und mit der zur Prüfung vorgelegten Norm das Wesentliche selbst festgelegt und nicht dem Handeln der Verwaltung überlassen hat (vgl. BVerfGE 34, 165 [192 f.]). In unmittelbarem Zusammenhang hiermit steht die Frage, ob § 7 AtomG inhaltlich so gefaßt ist, daß er den verfassungsrechtlichen Anforderungen an die Bestimmtheit einer Ermächtigungsgrundlage zur Zulassung des Typs Schneller Brüter hinreichend Rechnung trägt. Das ist zu bejahen.

Der Gesetzgeber hat in § 1 AtomG die Grundentscheidung für die Nutzung der Atomenergie getroffen und durch Gesetz zugleich im Blick auf die Unabdingbarkeit größtmöglichen Schutzes vor den Gefahren der Kernenergie die Grenzen der Nutzung bestimmt. Innerhalb dieses Rahmens hat er in § 7 Abs. 1 und 2 AtomG alle wesentlichen und grundlegenden Fragen der Zulassung geregelt. Er hat die Voraussetzungen, unter denen Anlagen im Sinne des § 7 Abs. 1 AtomG, darunter auch die Schnellen Brutreaktoren, errichtet, betrieben, innegehabt oder wesentlich verändert werden dürfen, normativ festgelegt; |
130 er hat diese Festlegung auch, wie noch darzulegen ist, mit hinreichender Bestimmtheit getroffen.

Den in der gegenwärtigen Lage aus dem Vorbehalt des Gesetzes entspringenden verfassungsrechtlichen Anforderungen ist dadurch genügt.

c) Damit ist jedoch noch nichts darüber ausgesagt, ob und gegebenenfalls wann der Gesetzgeber über die rechtlichen Voraussetzungen der Errichtung und des Betriebes von Schnellen Brutreaktoren neuerlich befinden muß. Hat der Gesetzgeber eine Entscheidung getroffen, deren Grundlage durch neue, im Zeitpunkt des Gesetzeserlasses noch nicht abzusehende Entwicklungen entscheidend in Frage gestellt wird, dann kann er von Verfassungs wegen gehalten sein zu überprüfen, ob die ursprüngliche Entscheidung auch unter den veränderten Umständen aufrechtzuerhalten ist.

Es ist verfassungsrechtlich nicht zu beanstanden, wenn der Gesetzgeber bisher ein »Nachfassen« im Hinblick auf die Nutzung der Brütertechnik und ihre möglichen Folgewirkungen, etwa die Entsorgungsfrage, nicht für erforderlich gehalten hat. Bei dem in Kalkar geplanten Schnellen Brutreaktor handelt es sich lediglich um einen Prototyp dieser Baulinie. Wie die Bundesregierung stets betont hat, bedeutet sein Bau und Betrieb nicht schon die Entscheidung für die großtechnische Nutzung der Schnellen Brutreaktoren (vgl. BT-Drucks. 7/3871, S. 17). Der SNR 300 soll diese frühestens in den neunziger Jahren anstehende Entscheidung vielmehr erst vorbereiten helfen. Daß die vom Oberverwaltungsgericht angesprochenen Folgewirkungen von ihm noch nicht ausgehen, ist unbestritten. Selbst wenn er mehr Plutonium »erbrüten« sollte als er verbraucht, wäre diese Menge, verglichen mit dem, was in den bereits in Betrieb befindlichen Leichtwasserreaktoren an Plutonium anfällt, im Hinblick auf die befürchteten Folgewirkungen nicht wesentlich erhöht. Im übrigen enthält der SNR 300 in seinem Kern ca. 900 kg Plutonium, wobei jährlich etwa ein Drittel der Brennelemente zur Wiederaufarbeitung entladen und nach Refabrika|tion neu hinzugeladen werden. 131
Etwa die gleiche Plutoniummenge ist in Brennelementen enthalten, die jährlich aus zwei Leichtwasserreaktoren vom Typ Biblis (1200 MWE) entladen werden.

Ob das vorlegende Gericht die mögliche künftige Entwicklung wirklichkeitsnah einschätzt, ob also – falls die Schnellen Brutreaktoren tatsächlich einmal großtechnisch genutzt werden – jemals mit den von ihm für nicht ausschließbar betrachteten Folgewirkungen und Zwängen zu rechnen ist, läßt sich heute noch nicht absehen. Zweifel hieran sind durchaus möglich, etwa deshalb, weil es geeignete und rechtsstaatlich unbedenkliche Mittel geben kann, den befürchteten Gefährdungen der freiheitlichen Lebensordnung zu begegnen; das Oberverwaltungsgericht geht selbst davon aus, daß die Richtigkeit seiner Einschätzung derzeit nicht auszumachen ist. Eine Beweisaufnahme über diese Fragen würde nicht entscheidend weiterhelfen. Sie vermöchte vielleicht einige tatsächliche Anhaltspunkte zur Abschätzung einiger Faktoren für möglicherweise nicht auszuschließende Folgewirkungen der vom vorlegenden Gericht ins Auge gefaßten Art zu erbringen. Die Befürchtungen des Oberverwaltungsgerichts sind im wesentlichen aber auf das mögliche Eintreten künftiger politischer Entwicklungen allgemeinster Art bezogen; hierfür gebricht es an allgemein anerkannten Erkenntnisverfahren, die über eine Beweisaufnahme eine richterliche Überzeugung in der einen oder in der anderen Richtung zu begründen vermöchten.

Erst die Zukunft wird erweisen, ob die Entscheidung für die Anwendung der Brütertechnik mehr zum Nutzen oder zum Schaden gereichen wird. In dieser, notwendigerweise mit Ungewißheit belasteten Situation liegt es zuvorderst in der politischen Verantwortung des Gesetzgebers und der Regierung, im Rahmen ihrer jeweiligen Kompetenzen die von ihnen für zweckmäßig erachteten Entscheidungen zu treffen. Bei dieser Sachlage ist es nicht Aufgabe der Gerichte, mit ihrer Einschätzung an die Stelle der dazu berufenen politischen Organe zu treten. Denn insoweit ermangelt es rechtlicher Maßstäbe. |

132 In einer Situation, in der vernünftige Zweifel möglich sind, ob Gefahren der vom Oberverwaltungsgericht befürchteten Art eintreten oder nicht eintreten werden, sind die staatlichen Organe, mithin auch der Gesetzgeber, aus ihrer verfassungsrechtlichen Pflicht, dem gemeinen Wohl zu dienen, insbesondere wegen der aus Art. 1 Abs. 1 Satz 2 GG folgenden objektiv-rechtlichen Verpflichtung aller staatlichen Gewalt, die Würde des Menschen zu schützen, gehalten, alle Anstrengungen zu unternehmen, um mögliche Gefahren frühzeitig zu erkennen und ihnen mit den erforderlichen, verfassungsmäßigen Mitteln zu begegnen. Sollten sich in der Zukunft Anzeichen dafür einstellen, daß von Kernkraftwerken des Typs Schneller Brüter Gefahren dieser Art mit einiger Wahrscheinlichkeit ausgehen werden – dies abzuschätzen gehört, wie dargelegt, zunächst in den Verantwortungsbereich der politischen Staatsorgane –, wäre der Gesetzgeber zu einem neuerlichen Tätigwerden verpflichtet. …

133 3. § 7 Abs. 1 und 2 AtomG verstößt auch nicht gegen das verfassungsrechtliche Erfordernis hinreichender Bestimmtheit des Gesetzes.

§ 7 Abs. 1 und 2 AtomG verwendet in weitem Umfang unbestimmte Rechtsbegriffe. Nach ständiger Rechtsprechung ist die Verwendung unbestimmter Rechtsbegriffe grundsätzlich verfassungsrechtlich unbedenklich (vgl. BVerfGE 21, 73 [79]; 31, 255 [264]; 37, 132 [142]). Bei der Frage, welche Bestimmtheitsanforderungen im einzelnen erfüllt sein müssen, sind die Besonderheiten des jeweiligen Regelungsgegenstandes sowie die Regelungsintensität zu berücksichtigen (vgl. BVerfGE 48, 210 [221 f.]). Geringere Anforderungen sind vor allem bei vielgestaltigen Sachverhalten zu stellen (BVerfGE 11, 234 [237]; 21, 1 [4]; 28, 175 [183]) oder wenn zu erwarten ist, daß sich die tatsächlichen Verhältnisse rasch ändern werden (BVerfGE 8, 274 [326]; 14, 245 [251]). Anhand dieser Maßstäbe ergibt sich:

a) Gegen *§ 7 Abs. 1 AtomG* ist im Hinblick auf das Gebot der Bestimmtheit nichts einzuwenden. Dieses Gebot verpflichtete den Gesetzgeber insbesondere nicht, die der Genehmigungs | pflicht unter- 134
fallenden Reaktortypen einzeln aufzuzählen. Auch das vorlegende Gericht hat gegen § 7 Abs. 1 AtomG insoweit keine Bedenken. Seine Forderung nach genaueren gesetzlichen Vorgaben bezieht sich ausschließlich auf § 7 Abs. 2 AtomG.

b) Die in *§ 7 Abs. 2 AtomG* enthaltenen Vorschriften stehen mit dem Gebot der Bestimmtheit im Einklang.

Begriffe wie zum Beispiel »Zuverlässigkeit« und »notwendige Kenntnisse« (Nummern 1 und 2) werden seit jeher in wirtschaftsverwaltungsrechtlichen Gesetzen verwendet (vgl. z.B. die §§ 35 Abs. 1 GewO und 4 Abs. 1 Nr. 1 GaststättenG sowie § 8 Abs. 1 HandwO). Sie sind in einer langen Tradition von Gesetzgebung, Verwaltungshandhabung und Rechtsprechung so ausgefüllt worden, daß an ihrer rechtsstaatlich hinreichenden Bestimmtheit nicht zu zweifeln ist, mögen sie für jeden neuen Sachbereich auch neue Konkretisierungen erfordern. Entsprechendes gilt für die in § 7 Abs. 2 Nrn. 4 bis 6 AtomG enthaltenen Bestimmungen. …

§ 7 Abs. 2 Nr. 3 AtomG geht schließlich noch einen Schritt weiter, 136
indem er auf den *»Stand von Wissenschaft und Technik«* abstellt. Mit der Bezugnahme auch auf den Stand der Wissenschaft übt der Gesetzgeber einen noch stärkeren Zwang dahin aus, daß die rechtliche Regelung mit der wissenschaftlichen und technischen Entwicklung Schritt hält. Es muß diejenige Vorsorge gegen Schäden getroffen werden, die nach den neuesten wissenschaftlichen Erkenntnissen für erforderlich gehalten wird. Läßt sie sich technisch noch nicht verwirklichen, darf die Genehmigung nicht erteilt werden; die erforderliche Vorsorge wird mithin nicht durch das technisch gegenwärtig Machbare begrenzt (BVerwG, DVBl. 1972, S. 680; Lecheler, ZRP 1977, S. 243; vgl. insoweit auch VG Freiburg, NJW 1977, S. 1647).

Diese Formel wirft freilich für die Behörden noch mehr Erkenntnisprobleme auf als die Formel vom Stand der Technik. Sie kommen bei sich widersprechenden Sachverständigengutachten in aller Regel nicht umhin, zu wissenschaftlichen Streitfragen Stellung zu nehmen.

Dabei kann es hier offenbleiben, wo im Hinblick auf Art. 19 Abs. 4 GG bei der Bewertung technischer Normen und Standards für die Einschätzung künftiger Schadensmöglichkeiten die Grenzen richterlicher Nachprüfungspflicht liegen, und ob sich die Gerichte nicht etwa darauf beschränken dürfen zu prüfen, ob bei Kenntnislücken und Unsicherheiten im Bereich der naturwissenschaftlichen und technischen Feststellungen und Beurteilungen die Grenzen der sich daraus ergebenden »Bandbreite« eingehalten worden sind (vgl. BVerwG, DVBl. 1978, S. 591 [594]).

137 Der Gesetzgeber verfügt, wenn er vor der Frage steht, ob er | in einer Vorschrift unbestimmte Rechtsbegriffe verwendet oder sie ins einzelne gehend faßt, über einen Gestaltungsspielraum (BVerfGE 21, 73 [79]), wobei nicht zuletzt auch Erwägungen der praktischen Handhabung seine Entscheidung beeinflussen dürfen. Bei § 7 Abs. 2 Nr. 3 AtomG sprechen gute Gründe für die Verwendung der in ihm enthaltenen unbestimmten Rechtsbegriffe. Die in die Zukunft hin offene Fassung des § 7 Abs. 2 Nr. 3 AtomG dient einem dynamischen Grundrechtsschutz. Sie hilft, den Schutzzweck des § 1 Nr. 2 AtomG *jeweils* bestmöglich zu verwirklichen. Die gesetzliche Fixierung eines bestimmten Sicherheitsstandards durch die Aufstellung starrer Regeln würde demgegenüber, wenn sie sich überhaupt bewerkstelligen ließe, die technische Weiterentwicklung wie die ihr jeweils angemessene Sicherung der Grundrechte eher hemmen als fördern. Sie wäre ein Rückschritt auf Kosten der Sicherheit. Es hieße das Gebot der Bestimmtheit mißverstehen, wollte man den Gesetzgeber gerade dazu verpflichten. Zwar sollen die Bestimmtheitsanforderungen auch zur Gewährleistung von Rechtssicherheit beitragen; diese läßt sich jedoch nicht bei jedem Regelungsgegenstand in gleichem Maße verwirklichen. Eine gewisse Rechtsunsicherheit, die sich durch Rechtsverordnungen der Exekutive, durch die Verwaltungspraxis sowie durch die Rechtsprechung im Laufe der Zeit noch in bestimmtem Umfang verringert, muß jedenfalls dort in Kauf genommen werden, wo der Gesetzgeber ansonsten gezwungen wäre, entweder unpraktikable Regelungen zu treffen oder von einer Regelung gänzlich Abstand zu nehmen, was letztlich beides zu Lasten des Grundrechtsschutzes ginge.

Diese Überlegungen gelten auch im Hinblick auf das sogenannte Rest*risiko*, das im Rahmen des § 7 Abs. 2 Nr. 3 AtomG in Betracht zu ziehen ist. Während diese Vorschrift, wie noch darzulegen ist, einen Rest*schaden* aus der Errichtung oder dem Betrieb einer Anlage nicht in Kauf nimmt, läßt sie Genehmigungen dann zu, wenn die Wahrscheinlichkeit eines künftigen Schadens nicht mit letzter Sicherheit auszuschließen ist. Das | Gesetz trifft nicht selbst die Bestimmungen 138 darüber, welches Restrisiko für die Erteilung einer Genehmigung noch hingenommen werden darf; für bestimmte Risikobereiche enthält es insoweit Ermächtigungen zum Erlaß von Rechtsverordnungen (vgl. §§ 10 bis 12 AtomG). Das Gesetz überläßt es damit weithin der Exekutive, sei es im Wege der Rechtsverordnung nach Maßgabe der einschlägigen Ermächtigungen, sei es bei der Einzelentscheidung über eine Anlage, über Art und insbesondere über das Ausmaß von Risiken, die im Einzelfall hingenommen oder nicht hingenommen werden, zu befinden; auch über das Verfahren zur Ermittlung solcher Risiken trifft es selbst keine näheren Regelungen. Im Hinblick auf das Bestimmtheitserfordernis, dessen wesentliche verfassungsrechtliche Funktion in der Abgrenzung der Handlungsbereiche von Gesetzgeber und Exekutive besteht, begegnet § 7 AtomG angesichts der Besonderheit des Regelungsgegenstandes jedoch auch insoweit keinen durchgreifenden verfassungsrechtlichen Bedenken.

Ohne daß hier näherhin zur Auslegung der einzelnen Grundsätze und Begriffe Stellung genommen werden müßte, ergibt sich auch für eine verfassungsrechtliche Beurteilung aus dem Schutzzweck des § 1 Nrn. 2 und 3 sowie aus den damit verbundenen Grundsätzen der Gefahrenabwehr und der Schadensvorsorge in § 7 Abs. 2 AtomG – bestätigt auch durch den Sinn und Zweck der einschlägigen Ermächtigungen in §§ 10 bis 12 AtomG – hinreichend deutlich, daß der Gesetzgeber grundsätzlich jede Art von anlage- und betriebsspezifischen Schäden, Gefahren und Risiken in Bedacht genommen wissen will, und daß die Wahrscheinlichkeit des Eintritts eines Schadensereignisses, die bei einer Genehmigung hingenommen werden darf, so gering wie möglich sein muß, und zwar um so geringer, je schwerwiegender die Schadensart und die Schadensfolgen, die auf dem Spiel stehen, sein können (vgl. BVerwG, DÖV 1974, S. 207 ff.; BVerwG, DVBl. 1978, S. 591 ff. mit Anm. Breuer; VG Karlsruhe, DVBl. 1978, S. 856 ff.). Insbesondere mit der Anknüpfung an den jeweiligen | Stand von Wissenschaft und Technik legt das Gesetz da- 139 mit die Exekutive normativ auf den Grundsatz der bestmöglichen Gefahrenabwehr und Risikovorsorge fest. Hingegen war der Gesetzgeber verfassungsrechtlich nicht gehalten, die möglichen Risikoarten, Risikofaktoren, die Verfahren zu ihrer Ermittlung oder feste Toleranzwerte zu bestimmen. Dies wäre dem Schutzzweck und dem Vorsorgegrundsatz des Gesetzes und damit auch dem Schutz verfassungsrechtlicher Rechtsgüter eher abträglich. Die Ermittlung von Risiken einer Anlage ist, neben den in der Regel gewichtigen örtlichen

Verhältnissen, von sehr zahlreichen Faktoren und ihrem Wirkungszusammenhang abhängig, etwa den Berechnungsmethoden, der Stand- und Druckfestigkeit von Anlagen, der Schadensanfälligkeit von Werkstoffen und Vorrichtungen, der Störanfälligkeit von technischen Verfahren bis hin zur Ermittlung von Belastungspfaden und der Abschätzung menschlichen Verhaltens. Es ist gewiß denkbar, daß der Gesetzgeber für bestimmte Risikoarten oder Faktoren, die eine hinreichende Konstanz aufweisen, etwa für bestimmte Arten von Strahlenbelastungen, Obergrenzen zulässiger Toleranzen festlegt. Zahlreiche dieser Faktoren aber sind mit dem Fortgang der wissenschaftlichen, technologischen und technischen Entwickung einer laufenden Veränderung unterworfen. Die Beurteilung eines konkreten Risikos ist nur unter Berücksichtigung der Wirkungszusammenhänge aller Risikofaktoren und der zu ihrer Eindämmung möglichen Vorkehrungen vorzunehmen; mit der technischen Entwicklung, zum Beispiel mit den Möglichkeiten mehrfacher, voneinander unabhängiger Sicherheitsvorkehrungen und laufender Überwachung gegenüber einem vergleichsweise konstanten Risikofaktor, können sich die Gewichtungen der einzelnen Faktoren von Mal zu Mal verändern. Nur eine laufende Anpassung der für eine Risikobeurteilung maßgeblichen Umstände an den jeweils neuesten Erkenntnisstand vermag hier dem Grundsatz einer bestmöglichen Gefahrenabwehr und Risikovorsorge zu genügen. Diese Beurteilung in die Hand der Exekutive zu
140 geben, deren recht | liche Handlungsformen sie für die erforderliche Anpassung sehr viel besser ausrüsten als den Gesetzgeber, dient auch insoweit einer Dynamisierung des Rechtsgüterschutzes. Daß die Exekutive dabei alle wissenschaftlich und technisch vertretbaren Erkenntnisse heranzuziehen und willkürfrei zu verfahren hat, bedarf keiner besonderen Betonung. Das Maß an Unbestimmtheit, das bei solchen Risikobeurteilungen unentrinnbar verbleibt, ist in der Natur des menschlichen Erfahrungswissens begründet. Wenn das Gesetz bei dieser Sachlage der Exekutive einen eigenen Beurteilungsbereich beläßt, verstößt das nicht gegen das Bestimmtheitserfordernis der Verfassung.

4. § 7 Abs. 1 und 2 AtomG verstößt nicht gegen Grundrechte oder objektivrechtliche, aus der Grundrechtsordnung herzuleitende Schutzpflichten.

a) Die Voraussetzungen, an die § 7 Abs. 2 AtomG die Erteilung einer Genehmigung für Anlagen im Sinne des § 7 Abs. 1 AtomG knüpft, lassen – ebenso wie die entsprechenden Bestimmungen des § 17 AtomG über inhaltliche Beschränkungen, Nebenbestimmungen,

Rücknahme und Widerruf von Genehmigungen und Zulassungen – im Zusammenhang mit dem Schutzzweck des § 1 Nrn. 2 und 3 AtomG erkennen, daß nicht schon die Genehmigungsvorschrift als solche, sondern allenfalls die behördliche Entscheidung im Einzelfall Grundrechte Dritter verletzen kann. Diese Voraussetzungen sind inhaltlich so gefaßt, daß es durch die Genehmigungen und ihre Folgen nicht zu Grundrechts*verletzungen* kommen darf. Insbesondere die Regelung des § 7 Abs. 2 Nr. 3 AtomG, wonach die nach dem Stand von Wissenschaft und Technik erforderliche Vorsorge gegen Schäden durch die Errichtung und den Betrieb der Anlage getroffen sein muß, macht eines deutlich: Wie auch immer die Begriffe der Vorsorge, des Schadens und – damit im Zusammenhang – der Gefahr oder des Restrisikos bei Auslegung dieser Vorschrift zu bestimmen sind, aus verfassungsrechtlicher Sicht schließt das Gesetz die Genehmigung dann aus, wenn die Errichtung oder der Betrieb der Anlage zu Schäden führt, die | sich als Grund- 141
rechtsverletzungen darstellen. Das Gesetz nimmt insoweit jedenfalls keinen anlagespezifischen Rest- oder Mindestschaden irgendwelcher Art in Kauf, der im Lichte des Grundrechts des Art. 2 Abs. 2 Satz 1 oder anderer Grundrechte als Grundrechtsverletzung anzusehen wäre. Denn sonst hätte das Atomgesetz, da es sich im Hinblick auf die Art dieser Schäden um völlig neuartige Grundrechtseinschränkungen handelte, das entsprechende Grundrecht gemäß Art. 19 Satz 1 Satz 2 GG ausdrücklich einschränken müssen, wie das beispielsweise in § 12 Abs. 2 nach Maßgabe des Absatzes 1 Satz 1 Nr. 4 AtomG für das Grundrecht auf körperliche Unversehrtheit geschehen ist.

Ensprechendes gilt im Hinblick auf die vom vorlegenden Gericht für nicht ausschließbar gehaltenen Entwicklungen in Richtung auf totalitäre, mit dem gegenwärtigen Verständnis der freiheitlich-rechtsstaatlichen Verfassungsordnung des Grundgesetzes unvereinbare Überwachungs- und Sicherungsvorkehrungen. Die Vorschriften des Atomgesetzes ermächtigen nicht zu solchen Maßnahmen. Mithin kann eine Grundgesetzverletzung durch § 7 Abs. 1 oder 2 AtomG unter diesem Gesichtpunkt nicht festgestellt werden.

b) § 7 Abs. 1 und 2 AtomG läßt indes Genehmigungen auch dann zu, wenn es sich nicht völlig ausschließen läßt, daß künftig durch die Errichtung oder den Betrieb der Anlage ein Schaden auftreten wird. Die Vorschrift nimmt insoweit, wie bereits erwähnt, ein Restrisiko in Kauf. Bei Regelungen dieser Art kann ein Verfassungsverstoß nicht schon mit dem Hinweis abgetan werden, das Risiko eines künftigen Schadens stelle nicht schon gegenwärtig einen Schaden und mithin keine Grundrechtsverletzung dar. Auch Regelungen, die im Laufe ih-

rer Vollziehung zu einer nicht unerheblichen Grundrechts*gefährdung* führen, können selbst schon mit dem Grundgesetz in Widerspruch geraten. Nach ständiger Rechtsprechung des Bundesverfassungsgerichts enthalten die grundrechtlichen Verbürgungen nicht lediglich
142 subjektive Abwehrrechte des Einzelnen | gegen die öffentliche Gewalt, sondern stellen zugleich objektivrechtliche Wertentscheidungen der Verfassung dar, die für alle Bereiche der Rechtsordnung gelten und Richtlinien für Gesetzgebung, Verwaltung und Rechtsprechung geben (vgl. BVerfGE 7, 198 [205][1]; 35, 79 [114][2] m.w.Nachw.; 39, 1 [41 f.][3]; dies wird am deutlichsten in Art. 1 Abs. 1 Satz 2 GG ausgesprochen, wonach es Verpflichtung aller staatlichen Gewalt ist, die Würde des Menschen zu achten und zu schützen. Daraus können sich verfassungsrechtliche Schutzpflichten ergeben, die es gebieten, rechtliche Regelungen so auszugestalten, daß auch die Gefahr von Grundrechtsverletzungen eingedämmt bleibt. Ob, wann und mit welchem Inhalt sich eine solche Ausgestaltung von Verfassungs wegen gebietet, hängt von der Art, der Nähe und dem Ausmaß möglicher Gefahren, der Art und dem Rang des verfassungsrechtlich geschützten Rechtsguts sowie von den schon vorhandenen Regelungen ab.

Daß auch der Gesetzgeber sich möglicher schwerer Gefahren bei der friedlichen Nutzung der Kernenergie bewußt war, zeigt zumal die Verankerung des Schutzzwecks des Gesetzes in § 1 Nrn. 2 und 3 AtomG. Bei der Art und Schwere dieser Folgen muß bereits eine entfernte Wahrscheinlichkeit ihres Eintritts genügen, um die Schutzpflicht des Gesetzgebers konkret auszulösen. Aber selbst wenn man annimmt, daß eine solche entfernte Wahrscheinlichkeit im Hinblick auf die Brütertechnik derzeit sich nicht mit letzter Sicherheit ausschließen läßt, kann ein Verstoß des § 7 Abs. 1 und 2 AtomG gegen solche Schutzpflichten gegenwärtig nicht festgestellt werden.

Will der Gesetzgeber die Möglichkeit künftiger Schäden durch die Errichtung oder den Betrieb einer Anlage oder durch ein technisches Verfahren abschätzen, ist er weitgehend auf Schlüsse aus der Beobachtung vergangener tatsächlicher Geschehnisse auf die relative Häufigkeit des Eintritts und den gleichartigen Verlauf gleichartiger Geschehnisse in der Zukunft angewiesen; fehlt eine hinreichende Erfahrungsgrundlage hierfür, muß er sich auf Schlüsse aus simulierten Ver-
143 läufen be | schränken. Erfahrungswissen dieser Art, selbst wenn es

---

1 BVerfGA Nr. 5.
2 BVerfGA Nr. 33.
3 BVerfGA Nr. 36.

sich zur Form des naturwissenschaftlichen Gesetzes verdichtet hat, ist, solange menschliche Erfahrung nicht abgeschlossen ist, immer nur Annäherungswissen, das nicht volle Gewißheit vermittelt, sondern durch jede neue Erfahrung korrigierbar ist und sich insofern immer nur auf dem neuesten Stand unwiderlegten möglichen Irrtums befindet. Vom Gesetzgeber im Hinblick auf seine Schutzpflicht eine Regelung zu fordern, die mit absoluter Sicherheit Grundrechtsgefährdungen ausschließt, die aus der Zulassung technischer Anlagen und ihrem Betrieb möglicherweise entstehen können, hieße die Grenzen menschlichen Erkenntnisvermögens verkennen und würde weithin jede staatliche Zulassung der Nutzung von Technik verbannen. Für die Gestaltung der Sozialordnung muß es insoweit bei Abschätzungen anhand praktischer Vernunft bewenden.

Was die Schäden an Leben, Gesundheit und Sachgütern anbetrifft, so hat der Gesetzgeber durch die in § 1 Nr. 2 und in § 7 Abs. 2 AtomG niedergelegten Grundsätze der bestmöglichen Gefahrenabwehr und Risikovorsorge einen Maßstab aufgerichtet, der Genehmigungen nur dann zuläßt, wenn es nach dem Stand von Wissenschaft und Technik *praktisch* ausgeschlossen erscheint, daß solche Schadensereignisse eintreten werden (vgl. dazu Breuer, DVBl. 1978, S. 829 ff.; 835 f.). Ungewißheiten jenseits dieser Schwelle praktischer Vernunft haben ihre Ursache in den Grenzen des menschlichen Erkenntnisvermögens; sie sind unentrinnbar und insofern als sozial-adäquate Lasten von allen Bürgern zu tragen. Bei der gegenwärtigen Ausgestaltung des Atomrechts läßt sich insoweit eine Verletzung von Schutzpflichten durch den Gesetzgeber nicht feststellen. …

c) Die Art. 12 Abs. 1 und 14 Abs. 1 GG stehen der Einräumung ei- 144
nes Versagungsermessens in § 7 Abs. 2 AtomG nicht entgegen. …

§ 7 Abs. 2 AtomG stellt ein präventives Verbot mit Erlaubnisvor- 145
behalt dar (BT-Drucks. III/759, S. 19; Mahlmann a.a.O., S. 270; Lecheler, ZRP 1977, S. 244; Kimminich a.a.O., S. 78; Beeretz, Die Umweltverträglichkeitsprüfung im atomrechtlichen Genehmigungsverfahren, in: Fünftes Deutsches Atomrechts-Symposium, 1977, S. 112). Nach der bisherigen Rechtsprechung hat sich bei Verwendung dieses Rechtsinstituts aus der Rechtsvorschrift selbst zu ergeben, welche Voraussetzungen für die Erteilung der Genehmigung erfüllt sein müssen oder aus welchen Gründen die Genehmigung versagt werden darf. Der Gesetzgeber sei verpflichtet, die der staatlichen Eingriffsmöglichkeit offenliegende Rechtssphäre selbst abzugrenzen. Er dürfe dies nicht dem Ermessen der Verwaltungsbehörden überlassen. Der Bürger, dessen Grundrechte durch einen Genehmigungsvorbehalt be-

rührt würden, müsse einen Rechtsanspruch auf Genehmigungserteilung haben, wenn ein gesetzlicher Versagungsgrund nicht vorliege (BVerfGE 8, 71 [76]; 20, 150 [158][1]; 34, 165 [200]; 41, 378 [399]; 46, 120 [157]). Diese Rechtsprechung hat im Schrifttum, soweit sie nicht als Angriff auf das verwaltungsrechtliche Ermessen überhaupt mißverstanden wurde, überwiegend Zustimmung gefunden (vgl. Friauf, JuS 1962, S. 424/425; Ossenbühl, DÖV 1968, S. 624; Müller, DÖV 1969, S. 125; Bettermann, DVBl. 1973, S. 186; Dellian, DVBl. 1969, S. 304/305. Ablehnend dagegen: Wolff/Bachof, Verwaltungsrecht, Bd. I, 1974, § 48 II a)4).

Die Einräumung eines Ermessensspielraums in § 7 Abs. 2 AtomG
146 ist gleichwohl verfassungsrechtlich nicht zu beanstan|den. Das Atomrecht nimmt in vieler Hinsicht eine Sonderstellung ein. Dies zeigt sich zum Beispiel daran, daß nach Art. 86 Euratom-Vertrag die besonderen spaltbaren Stoffe im Eigentum der Gemeinschaft stehen, den Mitgliedstaaten, Personen oder Unternehmen dagegen nur ein Nutzungs- und Verbrauchsrecht gewährt wird (Art. 87 Euratom-Vertrag). Die Form des öffentlichen Eigentums, die Art. 86 Euratom-Vertrag auch mit Wirkung für die deutsche Rechtsordnung begründet, eröffnet in bezug auf diese Stoffe ein grundsätzlich weiterreichendes Eingriffs- und Beschränkungsfeld für die hoheitliche Gewalt, als dies gegenüber Privateigentum zulässig ist. Der Grund für diese Behandlung der spaltbaren Stoffe liegt in den bei Vertragsschluß weithin noch ungeklärten Risiken und Gefahren, die sich aus der Verwendung und dem Umgang mit diesen spaltbaren Stoffen ergeben können; sie sind nach Art und Ausmaß gegenüber allen bisherigen Gefahren aus der Nutzung von Privateigentum neuartig. Der Gesetzgeber durfte deshalb von Verfassungs wegen den wissenschaftlichen, technologischen und industriellen Erkenntnis- und Erfahrungsstand bezüglich dieser möglichen Gefahren und ihrer Beherrschbarkeit als (vorerst) unzureichend einschätzen und diese Stoffe einer besonderen Regelung unterwerfen. Diese Sonderstellung des Atomrechts und ihre Gründe lassen es gerechtfertigt erscheinen, unter bestimmten Voraussetzungen von Grundsätzen abzuweichen, die auf anderen Rechtsgebieten anerkannt sind. Ein solcher Ausnahmefall liegt hier vor. Zwar ist der Gesetzgeber, wenn er sich des Instruments des präventiven Verbots mit Erlaubnisvorbehalt bedient, auch auf dem Gebiet des Atomrechts aus dem Grundsatz des Gesetzesvorbehalts gehalten, die generellen Genehmigungsvoraussetzungen selbst festzulegen. Hat er

[1] BVerfGA Nr. 14.

dies aber, wie in § 7 Abs. 2 AtomG, getan, ist es angesichts der hohen potentiellen Gefahren der nach § 7 Abs.1 AtomG genehmigungspflichtigen Anlagen von Verfassung wegen nicht zu beanstanden, daß er besondere Vorsicht walten läßt, indem er der Exekutive zusätzlich ein Versagungsermessen einräumt, um ihr so | die Möglichkeit zu ge- 147
ben, eine an sich zu erteilende Genehmigung abzulehnen, falls besondere und unvorhergesehene Umstände es einmal notwendig machen. Dies gilt um so mehr, als der Gesetzgeber – abgesehen davon, daß es ein völlig freies Ermessen ohnehin nicht gibt (vgl. BVerfGE 18, 353 [363]) – den Rahmen des der Genehmigungsbehörde zustehenden Ermessens durch § 1 AtomG, insbesondere durch die normierten Schutzzwecke, hinreichend genau abgesteckt hat. Damit ist zugleich sichergestellt, daß die für den Antragsteller in atomrechtlichen Genehmigungsverfahren aus der Einräumung des Ermessens resultierende Rechtsunsicherheit sich in rechtsstaatlich hinnehmbaren Grenzen hält.

Für die verfassungsrechtliche Zulässigkeit eines solchermaßen begrenzten Ermessens spricht schließlich auch der Umstand, daß angesichts der möglichen grenzüberschreitenden Risiken beim Einsatz von Anlagen im Sinne des § 7 AtomG künftig besondere Formen der internationalen Zusammenarbeit angebracht sein können. Ihr Zustandekommen, ihre Ausgestaltung oder Durchführung könnte ohne ein solches Ermessen in einer Weise erschwert oder behindert werden, die im Hinblick auf die Art und das Ausmaß der Gefahren, denen es vorzubeugen gilt, und den einschlägigen Erfahrungsstand zu ihrer Beherrschung nicht vertretbar wäre. …

45 Art. 2 Abs. 1, Art. 9 Abs. 1, 3, Art. 12 Abs. 1, Art. 14 Abs. 1, 2 GG

Maßstäbe verfassungsgerichtlicher Kontrolle von gesetzgeberischen Prognoseentscheidungen – wirtschaftspolitische Neutralität des Grundgesetzes – Bedeutung der Grundrechte als Abwehrrechte und objektive Prinzipien – Freiheitsgewähr und Privatnützigkeit des Eigentums - gesetzgeberische Gestaltungsfreiheit bei sozialem Bezug und soziale Funktion des Eigentums – Inhalts- und Schrankenbestimmungen durch Organisationsnormen – Schutzbereich individuellen Anteilseigentums – Prinzip freier sozialer Gruppenbildung – Vereinigungsfreiheit als individuelles und kollektives Grundrecht – Prinzip freier Assoziation und Selbstbestimmung als Kernbereich – grundrechtlicher Schutz der wirtschaftlichen Betätigungsfreiheit des Einzelnen – Berufsfreiheit und Ge-

werbefreiheit – grundrechtlicher Schutz der Koalitionsfreiheit: Kernbereich – Garantie des gesetzlich geschützten Tarifvertragssystems und der staatsfreien Koalitionsbetätigung

BVerfGE 50, 290 – 381 – Mitbestimmungsgesetz

290 **Die erweiterte Mitbestimmung der Arbeitnehmer nach dem Mitbestimmungsgesetz vom 4. Mai 1976 ist mit den Grundrechten der von dem Gesetz erfaßten Gesellschaften, der Anteilseigner und der Koalitionen der Arbeitgeber vereinbar.**

Urteil des Ersten Senats vom 1. März 1979 auf die mündliche Verhandlung vom 28., 29., 30. November und 1. Dezember 1978 – 1 BvR 532, 533/77, 419/78 und 1 BvL 21/78 –

Sachverhalt: *Während die betriebliche Mitbestimmung der Arbeitnehmer durch das Betriebsverfassungsgesetz (BetrVG) von 1972 – früher BetrVG 1952 – geregelt ist, war die Unternehmensmitbestimmung seit 1951 in der Montanindustrie im Montan-Mitbestimmungsgesetz und für die übrigen Unternehmen im BetrVG 1952 enthalten, wonach der Aufsichtsrat der erfaßten Gesellschaften zu einem Drittel aus Vertretern der Arbeitnehmer bestand. Durch das Mitbestimmungsgesetz (MitbestG) vom 4. Mai 1976 (BGBl. I. S. 1153) wurde für Unternehmen vor allem in den Rechtsformen der AG, KG und GmbH, die in der Regel mehr als 2.000 Arbeitnehmer beschäftigten und nicht von der Montanmitbestimmung erfaßt wurden, eine erweiterte Mitbestimmung eingeführt. Nach § 7 MitbestG setzte sich der Aufsichtsrat der erfaßten Unternehmen je zur Hälfte aus Mitgliedern der Anteilseigner und der Arbeitnehmer zusammen. Dabei wurden als Anteilseigner je nach der Rechtsform des Unternehmens etwa die Aktionäre, Gesellschafter oder Genossen verstanden. Arbeitnehmer im Sinne des Mitbestimmungsgesetzes waren die Arbeiter und Angestellten einschließlich der leitenden Angestellten. Unter den Mitgliedern der Arbeitnehmer mußte sich ein bestimmter Anteil von Vertretern der Gewerkschaften befinden (§ 7 Abs. 2 MitbestG). Der Vorsitzende des Aufsichtsrats wurde nach § 27 MitbestG aus der Mitte des Aufsichtsrats mit einer Mehrheit von zwei Dritteln seiner Mitglieder gewählt; gleiches galt für den Stellvertreter des Vorsitzenden. Wurde die Mehrheit im ersten Wahlgang nicht erreicht, so wählten in einem zweiten Wahlgang die Aufsichtsratsmitglieder der Anteilseigner den Aufsichtsratsvorsitzenden und die Aufsichtsratsmitglieder der Arbeitnehmer den Stellvertreter jeweils mit der Mehrheit der abgegebenen Stimmen. Beschlüsse des Aufsichtsrats wurden regelmäßig mit einfacher Mehrheit gefaßt (§29 Abs. 1 MitbestG); bei Stimmengleichheit nach einem erneuten Abstimmungsversuch besaß der Aufsichtsratsvorsitzende das Recht zum Stichentscheid. § 31 MitbestG sah eine Sonderregelung für das Verfahren der Bestellung und Abberufung des zur Vertretung befugten Organs der erfaßten Unternehmen vor, nach der letztlich der Aufsichtsratsvorsitzende über ein Recht zur doppelten Stimmabgabe* *verfügte. § 33 MitbestG schrieb die Bestellung eines Arbeitsdirektors als gleichberechtigtes Mitglied der Vertretungsorgane der erfaßten Gesellschaften vor.*

Gegen die beschriebenen Vorschriften des Mitbestimmungsgesetzes erhoben mehrere Unternehmen (Beschwerdeführer zu I.) und Arbeitgebervereinigungen (Beschwerdeführer zu II.) Verfassungsbeschwerde. Sie blieben ohne Erfolg; auf die mitentschiedene Vorlage eines Gerichts erklärte das Bundesverfassungsgericht §§ 7, 31 MitbestG für verfassungsgemäß.

Aus den Gründen:

1. Prüfungsgegenstand sind allein die angegriffenen und zur Prüfung 322
gestellten Vorschriften des Mitbestimmungsgesetzes; ob andere Regelungen einer Mitbestimmung der Arbeitnehmer mit dem Grundgesetz vereinbar wären, ist nicht zu entscheiden.

Diese Vorschriften begründen weder rechtlich noch in einer dem Gesetz zuzurechnenden Weise der Sache nach eine paritätische oder gar überparitätische Mitbestimmung der Arbeitnehmer im Unternehmen: Wird »Parität« mit der im Schrifttum vorherrschenden Auffassung als ein Verhältnis zweier Partner aufgefaßt, in dem keine Seite imstande ist, eine von ihr gewünschte Entscheidung ohne die Zustim-
mung der anderen Seite | oder doch eines Teils von ihr zu erzwingen, 323
in dem daher auch jede Seite die andere hindern kann, ihre Ziele (allein) durchzusetzen, so bleibt die Mitbestimmung nach dem Mitbestimmungsgesetz unterhalb der Parität. Der Anteilseignerseite kommt ein leichtes Übergewicht zu. [*Wird ausgeführt.*]

2.a) Wie sich das Mitbestimmungsgesetz in seinem dargelegten 331
rechtlichen Inhalt in der Zukunft auswirken wird, ist ungewiß. Darin tritt der Grundtatbestand jeder Prognose zutage, deren Unsicherheit um so größer wird, je weiterreichend und komplexer die Zusammenhänge sind, auf die sie sich bezieht. Im Fall der Mitbestimmung gehören zu den Faktoren, die diese Unsicherheit begründen, vor allem die Bedingungen für eine Kooperation in den einzelnen Unternehmen. Diese kann das Gesetz nur institutionell ermöglichen und anregen, nicht aber herstellen, obwohl es auf sie entscheidend ankommt: Besteht auf beiden Seiten die Bereitschaft zu loyaler Zusammenarbeit, so wird die Mitbestimmung der Arbeitnehmer sich anders auswirken, als wenn die Atmosphäre im Unternehmen von gegenseitigem Mißtrauen oder gar Feindschaft beherrscht ist. Es kann auch von Bedeutung sein, ob außerhalb der Unternehmen die Bereitschaft besteht, die Mitbestimmung in ihrer derzeitigen Gestalt im Interesse der
Unternehmen und der ganzen Volks | wirtschaft zu bejahen. Die 332

Skala der Unsicherheitsfaktoren reicht bis hin zu den gesamtwirtschaftlichen Zukunftsbedingungen, unter denen das Gesetz seine normierende Kraft entfalten soll: Wie sich die im Gesetz vorgesehene erweiterte Mitbestimmung unter veränderten Voraussetzungen, etwa denjenigen einer Verknappung der Ressourcen, neuer Technologien, geringeren oder gar sinkenden Wachstums, inter- und supranationaler Verflechtungen und Abhängigkeiten, aber auch eines Wandels der gesellschaftlichen Anschauungen auswirken wird, ist heute nicht abzusehen. Zutreffend ist daher den zahlreichen Prognosen über die Auswirkungen einer erweiterten Mitbestimmung die Unmöglichkeit einer gesicherten Gesamtprognose entgegengehalten worden (Mertens, Über politische Argumente in der verfassungsrechtlichen Diskussion der paritätischen Mitbestimmung, RdA 1975, S. 89 [94 f.]).

Anders als die Beschwerdeführer ist der Gesetzgeber davon ausgegangen, daß die Wirkungen, die er mit dem Gesetz verfolgt, auch tatsächlich eintreten und daß sich mit ihnen nachteilige Folgen für die Funktionsfähigkeit der Unternehmen und für die Gesamtwirtschaft nicht verbinden werden. Das Bundesverfassungsgericht könnte von einer anderen Einschätzung nur dann ausgehen, wenn der Gesetzgeber den von Verfassungs wegen an seine Prognose zu stellenden Anforderungen nicht gerecht geworden wäre. Das ist jedoch nicht der Fall.

b) Ungewißheit über die Auswirkungen eines Gesetzes in einer ungewissen Zukunft kann nicht die Befugnis des Gesetzgebers ausschließen, ein Gesetz zu erlassen, auch wenn dieses von großer Tragweite ist. Umgekehrt kann Ungewißheit nicht schon als solche ausreichen, einen verfassungsgerichtlicher Kontrolle nicht zugänglichen Prognosespielraum des Gesetzgebers zu begründen. Prognosen enthalten stets ein Wahrscheinlichkeitsurteil, dessen Grundlagen ausgewiesen werden können und müssen; diese sind einer Beurteilung nicht entzogen. Im einzelnen hängt die Einschätzungsprärogative des Gesetzgebers von Faktoren verschiedener Art ab, im besonderen von
333 der | Eigenart des in Rede stehenden Sachbereichs, den Möglichkeiten, sich ein hinreichend sicheres Urteil zu bilden, und der Bedeutung der auf dem Spiele stehenden Rechtsgüter. Demgemäß hat die Rechtsprechung des Bundesverfassungsgerichts, wenn auch im Zusammenhang anderer Fragestellungen, bei der Beurteilung von Prognosen des Gesetzgebers differenzierte Maßstäbe zugrunde gelegt, die von einer Evidenzkontrolle (etwa BVerfGE 36,1 [17] – Grundvertrag; 37, 1 [20] – Stabilisierungsfonds; 40, 196 [223] – Güterkraftverkehrsgesetz) über eine Vertretbarkeitskontrolle (etwa BVerfGE 25, 1

[12 f., 17] – Mühlengesetz; 30, 250 [263] – Absicherungsgesetz; 39, 210 [225 f.] – Mühlenstrukturgesetz) bis hin zu einer intensivierten inhaltlichen Kontrolle reichen (etwa BVerfGE 7, 377 [415] – Apotheken[1]; 11, 30 [45] – Kassenärzte; 17, 269 [176 ff.] – Arzneimittelgesetz; 39, 1 [46, 51 ff.] – § 218 StGB[2]; 45, 187 [238] – Lebenslange Freiheitsstrafe[3]).

Für die vorliegende Fragestellung ergibt sich hieraus:

Das Mitbestimmungsgesetz bewirkt wesentliche Veränderungen auf dem Gebiet der Wirtschaftsordnung. Es unterscheidet sich von wirtschaftslenkenden Gesetzen anderer Art durch seinen weitreichenden Inhalt, teilt mit diesen aber die Bezogenheit auf Tatbestände, die rascheren Wandlungen unterliegen als andere, denen eine relative größere Konstanz eignet. Das Gesetz regelt einen Ausschnitt komplexer, schwer übersehbarer Zusammenhänge; diese hängen ihrerseits von Faktoren einer nicht auf die Bundesrepublik beschränkten Entwicklung ab, die sich zuverlässiger Einschätzung entziehen.

Bei dieser Sachlage kann jedenfalls nicht gefordert werden, daß die Auswirkungen des Gesetzes mit hinreichender Wahrscheinlichkeit oder gar Sicherheit übersehbar sein müßten, zumal Rechtsgüter wie das des Lebens oder Freiheit der Person nicht auf dem Spiele stehen. Ob das Bundesverfassungsgericht sich auf eine bloße Evidenzkontrolle zu beschränken hätte, bedarf keiner Entscheidung. Denn die Prognose des Gesetzgebers ist vertretbar. Dieser Maßstab verlangt, daß der Gesetz|geber sich an einer sachgerechten und vertretbaren 334
Beurteilung des erreichbaren Materials orientiert hat. Er muß die ihm zugänglichen Erkenntnisquellen ausgeschöpft haben, um die voraussichtlichen Auswirkungen seiner Regelung so zuverlässig wie möglich abschätzen zu können und einen Verstoß gegen Verfassungsrecht zu vermeiden. Es handelt sich also eher um Anforderungen des Verfahrens. Wird diesem Genüge getan, so erfüllen sie jedoch die Voraussetzung inhaltlicher Vertretbarkeit; sie konstituieren insoweit die Einschätzungsprärogative des Gesetzgebers, die das Bundesverfassungsgericht bei seiner Prüfung zu beachten hat.

…

Insgesamt hat der Gesetzgeber sich mithin an dem derzeitigen 335
Stand der Erfahrungen und Einsichten orientiert. Wenn er sich auf dieser Grundlage für die Lösung des Mitbestimmungsgesetzes ent-

---

1 BVerfGA Nr. 6.
2 BVerfGA Nr. 36.
3 BVerfGA Nr. 41.

schieden hat, so ist die damit verbundene Beurteilung der Auswirkungen des Gesetzes als vertretbar anzusehen, mag sie sich später auch teilweise oder gänzlich als Irrtum erweisen, so daß der Gesetzgeber zur Korrektur verpflichtet ist (BVerfGE 25, 1 [13]; Beschluß vom 8. August 1978 – 2 BvL 8/77 – unter B II 2 c[1] [EuGRZ 1978, S. 564]). Das Bundesverfassungsgericht kann nicht von einem anderen Verlauf der Entwicklung ausgehen und prüfen, ob die angegriffe-
336 nen Vorschriften | des Mitbestimmungsgesetzes bei Zugrundelegung eines solchen Verlaufs verfassungsrechtlich zu beanstanden wären. Im gegenwärtigen Zeitpunkt kann die Frage nur dahin gehen, ob diese Vorschriften bei Zugrundelegung der vertretbaren Prognose des Gesetzgebers mit dem Grundgesetz vereinbar sind. Das Mitbestimmungsgesetz technisch zu verbessern, offengebliebene Fragen zu regeln und etwaige Friktionen abzumildern, obliegt dem Gesetzgeber.

II.

Maßstäbe der verfassungsrechtlichen Prüfung sind diejenigen Einzelgrundrechte, welche die verfassungsrechtlichen Rahmenbedingungen und Grenzen der Gestaltungsfreiheit des Gesetzgebers bei der Einführung einer erweiterten Mitbestimmung markieren. Diese lassen sich nicht ohne Berücksichtigung der Überschneidungen, Ergänzungen und Zusammenhänge zwischem ihrem Schutzbereich und dem anderer Grundrechte und nicht ohne Rücksicht auf die das Grundgesetz tragenden Prinzipien auslegen. Wenn die Beschwerdeführer und das Kölner Gutachten ihrer verfassungsrechtlichen Würdigung darüber hinaus die weiteren Prüfungsmaßstäbe eines »institutionellen Zusammenhangs der Wirtschaftsverfassung« und eines »Schutz- und Ordnungszusammenhangs der Grundrechte« zugrunde legen, so findet das im Grundgesetz keine Stütze. Auf der anderen Seite wird eine Prüfung der angegriffenen Vorschriften des Mitbestimmungsgesetzes anhand der konkreten Einzelgrundrechte nicht deshalb entbehrlich, weil das Grundgesetz auf Grund der geschichtlichen Entwicklung die Verfassungsmäßigkeit einer erweiterten Mitbestimmung bereits vorausgesetzt habe, wie dies namentlich in der Stellungnahme des Deutschen Gewerkschaftsbundes und in dem Rechtsgutachten von Professor Zweigert angenommen wird.

---

[1] BVerfGE 49, 89, 130 (BVerfGA Nr. 44).

1. Das Grundgesetz, das sich in seinem ersten Abschnitt im wesentlichen auf die klassischen Grundrechte beschränkt hat, | enthält 337
keine unmittelbare Festlegung und Gewährleistung einer bestimmten Wirtschaftsordnung. Anders als die Weimarer Reichsverfassung (Art. 151 ff.) normiert es auch nicht konkrete verfassungsrechtliche Grundsätze der Gestaltung des Wirtschaftslebens. Es überläßt dessen Ordnung vielmehr dem Gesetzgeber, der hierüber innerhalb der ihm durch das Grundgesetz gezogenen Grenzen frei zu entscheiden hat, ohne dazu einer weiteren als seiner allgemeinen demokratischen Legitimation zu bedürfen. Da diese gesetzgeberische Gestaltungsaufgabe ebenso wie die Gewährleistung von Grundrechten zu den konstituierenden Elementen der demokratischen Verfassung gehört, kann sie nicht im Wege einer Grundrechtsinterpretation weiter eingeschränkt werden, als die Einzelgrundrechte es gebieten. Dabei kommt den Einzelgrundrechten die gleiche Bedeutung zu wie in anderen Zusammenhängen: Nach ihrer Geschichte und ihrem heutigen Inhalt sind sie in erster Linie individuelle Rechte, Menschen- und Bürgerrechte, die den Schutz konkreter, besonders gefährdeter Bereiche menschlicher Freiheit zum Gegenstand haben. Die Funktion der Grundrechte als objektiver Prinzipien besteht in der prinzipiellen Verstärkung ihrer Geltungskraft (BVerfGE 7, 198 [205] – Lüth)[1], hat jedoch ihre Wurzel in dieser primären Bedeutung (vgl. etwa für das Eigentum BVerfGE 24, 367 [389] – Hamburgisches Deichordnungsgesetz)[2]. Sie läßt sich deshalb nicht von dem eigentlichen Kern lösen und zu einem Gefüge objektiver Normen verselbständigen, in dem der ursprüngliche und bleibende Sinn der Grundrechte zurücktritt. Der unaufhebbare Zusammenhang, der sich daraus ergibt, ist für die Frage der Verfassungsmäßigkeit wirtschaftsordnender Gesetze von wesentlicher Bedeutung: Diese ist unter dem Gesichtspunkt der Grundrechte primär eine solche der Wahrung der Freiheit des einzelnen Bürgers, die der Gesetzgeber auch bei der Ordnung der Wirtschaft zu respektieren hat. Nicht ist sie Frage eines »institutionellen Zusammenhangs der Wirtschaftsverfassung«, der durch verselbständigte, den individualrechtlichen Gehalt der Grund | rechte überhöhende Objektivie- 338
rungen begründet wird, oder eines mehr als seine grundgesetzlichen Elemente gewährleistenden »Ordnungs- und Schutzzusammenhangs der Grundrechte«.

[1] BVerfGA Nr. 5.
[2] BVerfGA Nr. 20.

Dem entspricht es, wenn das Bundesverfassungsgericht ausgesprochen hat, daß das Grundgesetz wirtschaftspolitisch neutral sei; der Gesetzgeber darf jede ihm sachgemäß erscheinende Wirtschaftspolitik verfolgen, sofern er dabei das Grundgesetz, insbesondere die Grundrechte beachtet (BVerfGE 4, 7 [17 f.] – Investitionshilfegesetz). Ihm kommt also eine weitgehende Gestaltungsfreiheit zu (vgl. etwa BVerfGE 7, 377 [400] – Apotheken[1]; 25, 1 [19 f.] – Mühlengesetz; 30, 292 [317,319] – Erdölbevorratung). Das darin zutage tretende Element relativer Offenheit der Verfassungsordnung ist notwendig, um einerseits dem geschichtlichen Wandel Rechnung zu tragen, der im besonderen Maße das wirtschaftliche Leben kennzeichnet, andererseits die normierende Kraft der Verfassung nicht aufs Spiel zu setzen. Allerdings darf die Berücksichtigung der Gestaltungsfreiheit des Gesetzgebers nicht zu einer Verkürzung dessen führen, was die Verfassung in allem Wandel unverändert gewährleisten will, namentlich nicht zu einer Verkürzung der in den Einzelgrundrechten garantierten individuellen Freiheiten, ohne die nach der Konzeption des Grundgesetzes ein Leben in menschlicher Würde nicht möglich ist. Die Aufgabe besteht infolgedessen darin, die grundsätzliche Freiheit wirtschafts- und sozialpolitischer Gestaltung, die dem Gesetzgeber gewahrt bleiben muß, mit dem Freiheitsschutz zu vereinen, auf den der einzelne Bürger gerade auch dem Gesetzgeber gegenüber einen verfassungsrechtlichen Anspruch hat (BVerfGE 7, 377 [400]).[1]

2. Haben daher die von den Beschwerdeführern über den Maßstab der Einzelgrundrechte hinaus vertretenen Maßstäbe verfassungsrechtlicher Würdigung auszuscheiden, so gilt Gleiches für die Bedeutung der geschichtlichen Entwicklung der Mitbestimmung bis zum Inkrafttreten des Grundgesetzes: Dieser kommt im Rahmen historischer Interpretation der Einzelgrundrechte Gewicht zu; einen selb-
339 ständigen Gesichtspunkt, der | jede weitere Prüfung der Vereinbarkeit des Mitbestimmungsgesetzes mit den Grundrechten, enthält sie nicht.

III.

Das Mitbestimmungsgesetz verletzt durch seine angegriffenen Vorschriften nicht die Grundrechte der Anteilseigner oder der Unternehmen aus Art. 14 Abs. 1, Art. 9 Abs. 1, Art. 12 Abs. 1 und Art. 2 Abs. 1 GG.

---

[1] BVerfGA Nr. 6.

1. Das Gesetz verstößt nicht gegen die Garantie des Eigentums.

a) Geschichtlich und in ihrer heutigen Bedeutung ist diese ein elementares Grundrecht, das im engen inneren Zusammenhang mit der persönlichen Freiheit steht. Ihr kommt im Gesamtgefüge der Grundrechte die Aufgabe zu, dem Träger des Grundrechts einen Freiheitsraum im vermögensrechtlichen Bereich zu sichern und ihm dadurch eine eigenverantwortliche Gestaltung seines Lebens zu ermöglichen (BVerfGE 24, 367 [389] – Hamburgisches Deichordnungsgesetz[1]); 31, 229 [239] – Urheberrecht); die verfassungsrechtliche Gewährleistung des Privateigentums als Rechtseinrichtung dient der Erfüllung dieser Aufgabe (BVerfGE 24, 367 [389]).[1]

Das verfassungsrechtlich geschützte Eigentum ist in seinem rechtlichen Gehalt gekennzeichnet durch Privatnützigkeit, d.h. die Zuordnung zu einem Rechtsträger (BVerfGE 42, 263 [294] – Contergan), in dessen Hand es als Grundlage privater Initiative und im eigenverantwortlichen privaten Interesse »von Nutzen« sein soll, und durch die von dieser Nutzung nicht immer deutlich abgrenzbare grundsätzliche Verfügungsbefugnis über den Eigentumsgegenstand (BVerfGE 31, 229 [240][2]; 37, 132 [140] – Wohnraumkündigungsschutzgesetz; 42, 263 [294]). Der Gebrauch des Eigentums soll zugleich dem Wohle der Allgemeinheit dienen (Art. 14 Abs. 2 Satz 2 GG).

Die konkrete Reichweite des Schutzes durch die Eigentumsgarantie ergibt sich erst aus der Bestimmung von Inhalt und | Schranken 340
des Eigentums, die nach Art. 14 Abs. 1 Satz 2 GG Sache des Gesetzgebers ist. Dieser ist nicht gänzlich frei: Er muß sich am Wohl der Allgemeinheit orientieren, das nicht nur Grund, sondern auch Grenze für die Beschränkung des Eigentümers ist (BVerfGE 25, 112 [118] – Niedersächsisches Deichgesetz). Zugleich muß das zulässige Ausmaß einer Sozialbindung auch vom Eigentum selbst her bestimmt werden (BVerfGE 31, 229 [240]). Die Bestandsgarantie des Art. 14 Abs. 1 Satz 1 GG, der Regelungsauftrag des Art. 14 Abs. 1 Satz 2 GG und die Sozialpflicht des Eigentums nach Art. 14 Abs. 2 GG stehen in einem unlösbaren Zusammenhang. Keiner dieser Faktoren darf über Gebühr verkürzt werden; vielmehr müssen alle zu einem verhältnismäßigen Ausgleich gebracht werden. Im Blick auf den Grundgedanken und den Schutzzweck der Eigentumsgarantie führt das nach der Rechtsprechung des Bundesverfassungsgerichts zu folgender Differenzierung:

---

1 BVerfGA Nr. 20.

2 BVerfGA Nr. 26.

Soweit es um die Funktion des Eigentums als Element der Sicherung der persönlichen Freiheit des Einzelnen geht, genießt dieses einen besonders ausgeprägten Schutz (vgl. BVerfGE 14, 288 [293 f.]; 42, 64 [77]; 42, 263 [293, 294 f.]). Damit hängt es etwa zusammen, wenn an ein Verbot der Veräußerung des Eigentums, also an eine Einschränkung derjenigen Befugnis, die elementarer Bestandteil der Handlungsfreiheit im Bereich der Eigentumsordnung ist, besonders strenge Maßstäbe angelegt werden (vgl. BVerfGE 21, 87 [90 f.]; 21, 306 [310 f.]; 26, 215 [222]), und daß die eigene Leistung als besonderer Schutzgrund für die Eigentümerposition anerkannt worden ist (vgl. BVerfGE 1, 264 [277 f.]; 4, 219 [242 f.]; 14, 288 [293 f.]; 22, 241 [253; 24, 220 [226]; 31, 229 [240 f.][1]).

Dagegen ist die Befugnis des Gesetzgebers zur Inhalts- und Schrankenbestimmung um so weiter, je mehr das Eigentumsobjekt in einem sozialen Bezug und in einer sozialen Funktion steht (vgl. BVerfGE 21, 73 [83]; 31, 229 [242]; 36, 281 [292]; 37, 132 [140]; 42, 263 [294]). Maßgebend hierfür ist der in Art. 14 Abs. 2 GG Ausdruck
341 findende Gesichtspunkt, daß Nutzung | und Verfügung in diesem Fall nicht lediglich innerhalb der Sphäre des Eigentümers bleiben, sondern Belange anderer Rechtsgenossen berühren, die auf die Nutzung des Eigentumsobjekts angewiesen sind. Unter dieser Voraussetzung umfaßt das grundgesetzliche Gebot einer am Gemeinwohl orientierten Nutzung das Gebot der Rücksichtnahme auf den Nichteigentümer, der seinerseits der Nutzung des Eigentumsobjekts zu seiner Freiheitssicherung und verantwortlichen Lebensgestaltung bedarf (vgl. BVerfGE 37, 132 [140]). Auch wenn jedoch das Eigentum insoweit weitergehenden Beschränkungen unterworfen werden kann als in seiner personalen Funktion, fordert die Bestandsgarantie des Art. 14 Abs. 1 Satz 1 GG in jedem Fall die Erhaltung des Zuordnungsverhältnisses und der Substanz des Eigentums (BVerfGE 42, 263 [295]; vgl. auch BVerfGE 24, 367 [389][2]).

Diesen Grundsätzen entspricht es, wenn Eigentumsbindungen stets verhältnismäßig sein müssen (BVerfGE 8, 71 [80] m.w.N.; std. Rspr.). Die gesetzliche Eigentumsbindung muß von dem geregelten Sachbereich her geboten sein und darf nicht weitergehen als der Schutzzweck reicht, dem die Regelung dient (BVerfGE 21, 73 [86]). Insoweit sind dem Gesetzgeber um so engere Grenzen gezogen, je mehr Eigentumsnutzung und -verfügung innerhalb der Eigentümersphäre verbleiben,

---

[1] BVerfGA Nr. 26.
[2] BVerfGA Nr. 20.

da dann ein außerhalb dieser liegender Zweck, der eine »verhältnismäßige« Eigentumsbindung rechtfertigen könnte, schwerer aufzufinden sein wird. Insgesamt ist mithin der Gestaltungsbereich des Gesetzgebers bei sozialem Bezug und bei sozialer Funktion des Eigentums im Blick auf dessen Sozialbindung relativ weit (vgl. BVerfGE 8, 71 [80]); er verengt sich, wenn diese Voraussetzungen nicht oder nur in begrenztem Umfang vorliegen (BVerfGE 42, 263 [294]).

b) Der Schutz des Art. 14 GG umfaßt auch das Anteilseigentum und das Eigentum der Unternehmensträger. Die Beschränkungen, denen dieses durch die angegriffenen Vorschriften des Mitbestimmungsgesetzes unterworfen wird, erweisen sich | nach den dargeleg- 342
ten Maßstäben als Inhalts- und Schrankenbestimmung, zu der der Gesetzgeber nach Art. 14 Abs. 1 Satz 2 GG befugt war.

Für das Ausmaß zulässiger Sozialbindung des Anteilseigentums an größeren Unternehmen ist dessen Eigenart von Bedeutung. Das Anteilseigentum ist in seinem mitgliedschaftsrechtlichen und seinem vermögensrechtlichen Element gesellschaftsrechtlich vermitteltes Eigentum (vgl. BVerfGE 14, 263 [276] - Feldmühle; 25, 371 [407] – Rheinstahl): Neben dem Sozialordnungsrecht (BVerfGE 25, 371 [407]) bestimmt und begrenzt das Gesellschaftsrecht die Rechte des Anteilseigners; nach diesem wird das Vermögensrecht durch das Mitgliedschaftsrecht »vermittelt«; der Eigner kann sein Eigentum regelmäßig nicht unmittelbar nutzen und die mit ihm verbundenen Verfügungsbefugnisse wahrnehmen, sondern er ist hinsichtlich der Nutzung auf den Vermögenswert beschränkt, während ihm Verfügungsbefugnisse – abgesehen von der Veräußerung oder Belastung – nur mittelbar über die Organe der Gesellschaft zustehen. Anders als beim Sacheigentum, bei dem die Freiheit zum Eigentumsgebrauch, die Entscheidung über diesen und die Zurechnung der Wirkungen des Gebrauchs in der Person des Eigentümers zusammenfallen, ist diese Konnexität beim Anteilseigentum also weitgehend gelöst.

Die tatsächliche Tragweite der Befugnisse der Anteilseigner kann nach den einzelnen Gesellschaftsformen und wegen des das Gesellschaftsrecht beherrschenden Mehrheitsprinzips erheblich variieren; sie reicht von der alleinigen Entscheidung des Gesellschafter-Geschäftsführers einer Ein-Mann-GmbH über den bestimmenden Einfluß großer Anteilseigner, vor allem in konzernbeherrschenden Gesellschaften, bis hin zu der praktischen Bedeutungslosigkeit der Verfügungsbefugnis des Anteilseigners einer unselbständigen Konzerntochter, dessen Mitgliedschaftsrecht nur noch das Vermögensrecht vermittelt (vgl. BVerfGE 14, 263 [283]). Darüber hinaus ist der, im

Aktienrecht zwingende, Grundsatz der Fremdorganschaft von Bedeu-
343 tung: | Die eigenverantwortliche Nutzung des von den Anteilseignern zur Verfügung gestellten Kapitals ist dem Vertretungs- und Leitungsorgan übertragen (vgl. § 76 Abs. 1 AktG), dem dabei die Wahrung von Interessen aufgegeben ist, die nicht notwendig diejenigen der Anteilseigner sein müssen.

Ebenso kann die gesellschaftsrechtliche »Vermittlung« der mit dem Anteilseigentum verbundenen Befugnisse bei einigen der vom Mitbestimmungsgesetz erfaßten Gesellschaftsformen weniger stark ausgeprägt sein. So ist nicht zu verkennen, daß namentlich in einer aus einer geringen Zahl von Gesellschaftern bestehenden Gesellschaft mit beschränkter Haftung die mitgliedschaftsrechtlichen Befugnisse bislang tatsächlich wesentlich unmittelbarer ausgeübt werden konnten, als dies den Aktionären einer Aktiengesellschaft möglich ist: Im Gegensatz zu diesen hatten die Gesellschafter etwa das Recht, die Geschäftsführer selbst zu bestellen und abzuberufen, im Gesellschaftsvertrag einen oder mehrere Gesellschafter als Geschäftsführer zu bestimmen oder einzelnen Gesellschaftern ein Sonderrecht auf Bestellung eines Geschäftsführers einzuräumen. Das rechtfertigt indessen keine grundsätzlich abweichende Beurteilung der Eigenart des Anteilseigentums bei diesen Gesellschaftsformen. Denn auch in diesen Fällen bleibt es dabei, daß die mitgliedschaftsrechtlichen Befugnisse des Anteilseigentümers rechtlich durch die Anteilseignerversammlung als Organ der Gesellschaft vermittelt sind und daß der Gebrauch des Eigentums und die Verantwortung für diesen Gebrauch in der für die Kapitalgesellschaft typischen Weise auseinanderfallen.

Werden diese Besonderheiten des Anteilseigentums berücksichtigt, so hält sich dessen Begrenzung bei den durch das Mitbestimmungsgesetz erfaßten Unternehmen in den Grenzen einer verfassungsrechtlich zulässigen Sozialbindung. [*Wird ausgeführt.*]

353 2. Die angegriffenen Vorschriften des Mitbestimmungsgesetzes verletzen auch nicht das Grundrecht der Vereinigungsfreiheit (Art. 9 Abs. 1 GG).

Dies folgt allerdings nicht, wie die Bundesregierung und das Frankfurter Gutachten annehmen, bereits daraus, daß Art. 9 Abs. 1 GG nur die Rolle einer Gewährleistung kollektiver Rechtsausübung spielen könne und daß seine Schutzwirkung deshalb nicht weiter reiche als die des Art. 14 Abs. 1 GG. Wenn Art. 9 Abs. 1 GG einem gemeinsam verfolgten Zweck keinen weitergehenden Grundrechtsschutz vermitteln kann als einem individuell verfolgten, so ist damit die hier wesentliche Frage noch nicht beantwortet, welchen Schutz das Grundrecht dem Zusammenschluß als solchem vermittelt, der gemeinsame Zwecke verfolgt.

a) Mit dem Recht, Vereine und Gesellschaften zu bilden, gewährleistet Art. 9 Abs. 1 GG ein konstituierendes Prinzip der demokratischen und rechtsstaatlichen Ordnung des Grundgesetzes: das Prinzip freier sozialer Gruppenbildung (BVerfGE 38, 281 [302 f.]). Das soziale System des durch das Grundgesetz verfaßten Gemeinwesens soll weder in ständisch-korporativen Ordnungen, wie sie namentlich das Kennzeichen älterer Sozialordnungen waren, Gestalt gewinnen, noch in der planmäßigen Formung und Organisation durch den Staat nach den Maßstäben eines von der herrschenden Gruppe diktierten Wertsystems, wie sie den totalitären Staat der Gegenwart kennzeichnet. In diesem Prinzip sind der menschenrechtliche Gehalt der Vereinigungsfreiheit und ihre Bedeutung für die Gestaltung der Gesellschaft und des Staates eng aufeinander bezogen. Der menschenrechtliche Gehalt wird deutlich im Blick auf das Bild des Menschen, von dem das Grundgesetz in Art. 1 ausgeht; es ist nicht das des isolierten und selbstherrlichen Individuums, sondern das der gemeinschaftsbezogenen und gemeinschaftsgebundenen Person (BVerfGE 4, 7 [15 f.]) – Investitionshilfegesetz; std. Rspr., zuletzt BVerfGE 45, 187 [227] – lebenslange Freiheitsstrafe[1]), die, von unverfügbarem Eigenwert, zu | ihrer Entfaltung auf vielfältige zwischenmenschliche Bezü- 354
ge angewiesen ist. Diese stellen sich zu einem wesentlichen Teil durch Vereinigungen her. Auch Art. 9 Abs. 1 GG ist also durch einen personalen Grundzug gekennzeichnet.

Das Schutzgut bestimmt den Inhalt des Grundrechts. Für den Staatsbürger gewährleistet es die Freiheit, sich mit anderen zu jedem verfassungsmäßig erlaubten Zweck zusammenzuschließen; Bedingungen dieser Freiheit und damit von Art. 9 Abs 1 GG umfaßt sind die Gründungs- und Beitrittsfreiheit sowie die Freiheit, aus einer Vereinigung auszutreten oder ihr fernzubleiben (vgl. BVerfGE 10, 89 [102]).[2] Ebenso ist wegen des engen Zusammenhangs von individueller und kollektiver Vereinigungsfreiheit die Vereinigung selbst durch Art. 9 Abs. 1 GG geschützt (vgl. BVerfGE 13, 174 [175]; 30, 227 [241]). Der Schutz des Grundrechts umfaßt sowohl für die Mitglieder als auch für die Vereinigungen die Selbstbestimmung über die eigene Organisation, das Verfahren ihrer Willensbildung und die Führung ihrer Geschäfte. Denn ohne solche Selbstbestimmung könnte

---

1 BVerfGA Nr. 41.
2 BVerfGA Nr. 10.

von einem freien Vereinigungswesen keine Rede sein; Fremdbestimmung würde dem Schutzzweck des Art. 9 Abs. 1 GG zuwiderlaufen.

Allerdings kann das nicht bedeuten, daß jede staatliche Regelung der Organisation und Willensbildung von Vereinigungen durch Art. 9 Abs. 1 GG ausgeschlossen ist. Vereinigungsfreiheit ist in mehr oder minder großem Umfang auf Regelungen angewiesen, welche die freien Zusammenschlüsse und ihr Leben in die allgemeine Rechtsordnung einfügen, die Sicherheit des Rechtsverkehrs gewährleisten, Rechte der Mitglieder sichern und den schutzbedürftigen Belangen Dritter oder auch öffentlichen Interessen Rechnung tragen. Demgemäß ist mit der verfassungsrechtlichen Garantie der Vereinigungsfreiheit seit jeher die Notwendigkeit einer gesetzlichen Ausgestaltung dieser Freiheit verbunden, ohne die sie praktische Wirksamkeit nicht gewinnen könnte. Diese Notwendigkeit gehört von vornherein zum
355 Inhalt des Art. 9 Abs. 1 GG, der sich unter dem hier | wesentlichen Aspekt nur bestimmen läßt, indem die Bindungen geklärt werden, denen der ausgestaltende Gesetzgeber unterliegt.

Dieser ist durch Art. 9 Abs. 1 GG nicht an die überkommenen Rechtsformen und Normenkomplexe des Vereins- und Gesellschaftsrechts gebunden. Aus der Notwendigkeit einer Ausgestaltung kann nicht folgen, daß eine bestimmte bestehende Ausgestaltung Verfassungsrang erhielte. Auf der anderen Seite darf der Gesetzgeber die Ausgestaltung nicht nach seinem Belieben vornehmen. Diese hat sich vielmehr an dem Schutzgut des Art. 9 Abs. 1 GG zu orientieren; sie muß auf einen Ausgleich gerichtet sein, der geeignet ist, freie Assoziation und Selbstbestimmung der Vereinigungen unter Berücksichtigung der Notwendigkeit eines geordneten Vereinslebens und der schutzbedürftigen sonstigen Belange zu ermöglichen und zu erhalten. Der Gesetzgeber hat daher eine hinreichende Vielfalt von Rechtsformen zur Verfügung zu stellen, die den verschiedenen Typen von Vereinigungen angemessen und deren Wahl deshalb zumutbar ist. Er hat die Grundlagen für das Leben in diesen Rechtsformen so zu gestalten, daß seine Regelung die Funktionsfähigkeit der Vereinigungen, im besonderen ihrer Organe gewährleistet. Was darüber hinaus ausgestaltender gesetzlicher Regelung zugänglich und bedürftig ist, läßt sich nicht abschließend und generell festlegen. Insofern sind für den Umfang und die Dichte einer erforderlichen Regelung maßgebend der jeweilige Sachbereich sowie die Ordnungs- und Schutznotwendigkeiten, die sich aus ihm ergeben; in jedem Fall muß jedoch das Prinzip freier Assoziation und Selbstbestimmung grundsätzlich gewahrt bleiben.

b) Ob das Schutzgut und der Inhalt des Art. 9 Abs. 1 GG eine An-
wendung der Gewährleistung auch auf größere Kapitalgesellschaften
zulassen, kann zweifelhaft erscheinen. Im Unterschied zu dem Typus
der Vereinigungen, den das Grundrecht der Vereinigungsfreiheit sei-
ner Geschichte und seiner heutigen Geltung nach primär schützen
will, tritt bei diesen das personale Element bis zur Bedeutungslosig-
keit zurück. Das von den | Gesellschaften betriebene Unternehmen 356
umfaßt sowohl Gesellschaftsmitglieder als auch Nicht-Mitglieder;
erst das freiwillige Zusammenwirken beider gewährleistet das Errei-
chen des Gesellschaftszweckes. Bedenken gegen die Anwendbarkeit
des Art. 9 Abs. 1 GG ergeben sich insbesondere in Fällen juristischer
Personen als Anteilseigner und, im Zusammenhang damit, der Kon-
zernverflechtung; ebenso kann der Einfluß großer Anteilseigner in
zahlreichen Gesellschaften zu einer Lage führen, in der von freier Or-
ganbestellung und Willensbildung durch gleichberechtigte Gesell-
schafter oder deren Repräsentanten, d.h. aber von dem in der Vereini-
gungsfreiheit enthaltenen Gedanken sich in freier Assoziation selbst-
bestimmender Mitglieder, nichts oder nur wenig übrig bleibt. Dem
entspricht es, wenn das Bundesverfassungsgericht in seiner bisheri-
gen Rechtsprechung die Aktie primär als bloßes Vermögensrecht be-
trachtet und demgemäß weder die Zwangszuteilung von Aktien
(BVerfGE 4, 7 [26]) noch den Entzug der Mitgliedschaft in einer Ak-
tiengesellschaft im Fall der Mehrheitsumwandlung (BVerfGE 14,
263 [273 ff.]) als Verstoß gegen Art. 9 Abs. 1 GG gewertet hat.

Die Frage braucht im vorliegenden Zusammenhang nicht ent-
schieden zu werden: Auch wenn grundsätzlich von der Anwendbar-
keit des Art. 9 Abs. 1 GG ausgegangen wird, erweist sich, daß die an-
gegriffenen Vorschriften des Mitbestimmungsgesetzes mit diesem
Grundrecht vereinbar sind. Sie geraten mit dem Grundsatz freien Zu-
sammenschlusses nicht in Konflikt. Sie beeinträchtigen nicht grund-
rechtswidrig die Funktionsfähigkeit der Gesellschaften. Sie greifen
nicht in unzulässiger Weise in die Selbstbestimmung der Gesellschaf-
ten über ihre innere Organisation und Willensbildung ein.

aa) Das Gesetz berührt für die erfaßten Gesellschaften und ihre
Mitglieder nicht die Gründungs- und Beitrittsfreiheit, die Freiheit des
Austritts und des Fernbleibens. Entgegen der Auffassung des Kölner
Gutachtens enthält es auch keine Elemente eines Zwangszusammen-
schlusses. Da die Arbeitnehmer | vertreter im Aufsichtsrat nicht Mit- 357
glieder der Gesellschaft werden, werden dieser keine Mitglieder ok-
troyiert. Das Mitbestimmungsgesetz verändert insoweit nicht einmal
die herkömmliche gesellschaftsrechtliche Ausgestaltung des Auf-

sichtsrats, weil – mit Ausnahme der Genossenschaft – die Mitgliedschaft in diesem auch schon nach bisherigem Recht nicht die Mitgliedschaft in der Gesellschaft voraussetzte.

bb) Ebensowenig kann auch im vorliegenden Zusammenhang davon ausgegangen werden, daß das Mitbestimmungsgesetz die Funktionsfähigkeit der Gesellschaften gefährden werde und aus diesem Grund einen Verstoß gegen Art. 9 Abs. 1 GG enthalte. Soweit es zu gewissen faktischen Erschwerungen der Willensbildung im Aufsichtsrat führt, die sich ihrerseits auf die Leitung und die Geschäftspolitik der Unternehmen auswirken können, bleibt dies im Rahmen der einer Ausgleichsregelung durch den Gesetzgeber zugänglichen Gestaltung. Die Beurteilung kann unter dem Gesichtspunkt des Art. 9 Abs. 1 GG keine andere sein als unter dem des Art. 14 Abs. 1 GG (vgl. oben 1 c).[1]

cc) Wenn schließlich an der Willensbildung der Gesellschaften im Aufsichtsrat Personen mitwirken, die nicht von den Mitgliedern der Gesellschaft gewählt sind, und wenn diesem Organ die Wahl des vertretungsberechtigten Leitungsorgans obliegt, so liegt darin keine mit Art. 9 Abs. 1 GG unvereinbare »Fremdbestimmung«. Denn insoweit tritt bei größeren Kapitalgesellschaften das personale Element zurück, während das Wirken der Gesellschaften in höherem Maße als dasjenige anderer Vereinigungen der Zusammenordnung und des Ausgleichs mit anderen schutzbedürftigen Belangen bedarf. …

358 Aber auch wenn hiernach bei einzelnen Gesellschaften eine größere Nähe zum Kern der Vereinigungsfreiheit bestehen kann, entsprechen größere Kapitalgesellschaften insgesamt kaum dem Grundtyp der Vereinigung, um den es Art. 9 Abs. 1 GG geht: dem freien Zusammenschluß gleichberechtigter Mitglieder zu einem gemeinsam zu verfolgenden Zweck, der über seine Aktivitäten ohne fremde Einflüsse
359 entscheidet. Aus die|sem Grund können sie auch nur bedingt als Träger des Prozesses freier sozialer Gruppenbildung angesehen werden.

Auf der anderen Seite machen Existenz und Wirken von Kapitalgesellschaften in weit höherem Maße ausgestaltende gesetzliche Regelungen notwendig als dies für den politischen, kulturellen, geselligen Verein, den Sportverein, den Interessenverband oder die Gesellschaft des bürgerlichen Rechts der Fall ist. Das Wirken der Gesellschaften ist in das wirtschaftliche und soziale Gesamtleben eng ein-

---

1 S. 351 f. [der amtlichen Sammlung].

geflochten. Ihre Organisation und das Zustandekommen ihrer Entscheidungen berühren daher eine Vielzahl von Belangen der Mitglieder selbst, Dritter, etwa der Gläubiger, besonders aber auch der Arbeitnehmer, sowie öffentliche Interessen. Demgemäß tritt hier vielfach die Funktion der ausgestaltenden Gesetze als Ausgleichsregelungen zwischen den verschiedenen schutzwürdigen Belangen in besonderem Maße hervor. Auch davon abgesehen erfordert diese Sachlage vielfältige Regelungen zwingenden Rechts.

Wenn daher die Unternehmensmitbestimmung den Schutzbereich des Art. 9 Abs. 1 GG nicht im Kern, sondern nur an der Peripherie berührt und die Vereinigungsfreiheit von Kapitalgesellschaften von vornherein umfassender und detaillierter Ausgestaltung bedarf und zugänglich ist, die freilich freie Assoziation und Selbstbestimmung der Gesellschaft im Prinzip erhalten muß, so verpflichtet Art. 9 Abs. 1 GG den Gesetzgeber nicht, bei der Ausgestaltung des Rechts von Kapitalgesellschaften jegliche Fremdbestimmung bei der Organbestellung und Willensbildung der Gesellschaften auszuschließen. ...

3. Die angegriffenen Vorschriften des Mitbestimmungsgesetzes 361
verstoßen schließlich nicht gegen Art. 12 Abs. 1 und gegen Art. 2 Abs. 1 GG, soweit dieses Grundrecht die wirtschaftliche Betätigungsfreiheit schützt.

Auf beide Grundrechte können die Beschwerdeführer zu I) sich berufen. Art. 12 Abs. 1 GG wird durch Art. 14 Abs. 1 GG nicht verdrängt. Zwar sind beide Grundrechte funktionell auf | einander bezo- 362
gen; sie haben jedoch selbständige Bedeutung. Ebensowenig kann Art. 2 Abs. 1 GG von vornherein außer Betracht bleiben. Wie die Schutzbereiche dieser Grundrechte im einzelnen gegeneinander abzugrenzen sind, braucht nicht entschieden zu werden. Denn in jedem Fall bleiben die von den Beschwerdeführern zu I) angegriffenen Vorschriften des Mitbestimmungsgesetzes innerhalb eines grundrechtlich geschützten Raumes. Soweit sie nicht in den Bereich einer besonderen Grundrechtsnorm fallen, ist für die Prüfung Art. 2 Abs. 1 GG maßgebend (vgl. BVerfGE 19, 206 [225]; 44, 59 [69]).

a) Art. 12 Abs. 1 GG ist nicht verletzt.

aa) Ausgangspunkt der Konkretisierung dieses Grundrechts durch die Rechtsprechung des Bundesverfassungsgerichts ist der Umstand, daß es sich bei der Garantie um ein Grundrecht handelt, nicht – wie etwa in Art. 151 Abs. 3 WRV – um die Proklamierung der »Gewerbefreiheit« als eines objektiven Prinzips der Gesellschafts- und Wirtschaftsordnung. Art. 12 Abs. 1 GG schützt die Freiheit des Bürgers in einem für die moderne arbeitsteilige Gesellschaft besonders wichtigen Bereich: Er gewährleistet dem Einzelnen das Recht, jede Arbeit, für die er sich geeignet glaubt, als »Beruf« zu ergreifen, d.h. zur Grundlage seiner Lebensführung zu machen (BVerfGE 7, 377 [397]).[1] In dieser Deutung reicht Art. 12 Abs. 1 GG weiter als die – von ihm freilich umfaßte (vgl. BVerfGE 41, 205 [228] – Badische Gebäudeversicherung) – Gewerbefreiheit. Darüber hinaus unterscheidet er sich jedoch von ihr durch seinen personalen Grundzug: Der »Beruf« wird in seiner Beziehung zur Persönlichkeit des Menschen im ganzen verstanden, die sich erst darin voll ausformt und vollendet, daß der Einzelne sich einer Tätigkeit widmet, die für ihn Lebensaufgabe und Lebensgrundlage ist und durch die er zugleich seinen Beitrag zur gesellschaftlichen Gesamtleistung erbringt. Das Grundrecht gewinnt so Bedeutung für alle sozialen Schichten; die Arbeit als »Beruf« hat für alle gleichen Wert und gleiche Würde (BVerfGE 7, 377 [397]).[1] |

363 Dieser individualrechtlich-personale Ansatz könnte es zweifelhaft erscheinen lassen, ob der Schutz des Grundrechts »seinem Wesen nach« auch juristischen Personen zukommen kann (Art. 19 Abs. 3 GG). Das Bundesverfassungsgericht hat die Frage jedoch in ständiger Rechtsprechung bejaht: Schutzgut des Art. 12 Abs. 1 GG ist bei juristischen Personen die Freiheit, eine Erwerbszwecken dienende Tätigkeit, insbesondere ein Gewerbe, zu betreiben, soweit diese Tätigkeit ihrem Wesen und ihrer Art nach in gleicher Weise von einer juristischen wie von einer natürlichen Person ausgeübt werden kann (BVerfGE 30, 292 [312] – Erdölbevorratung – m.w.N.).

Sofern es sich um Tätigkeiten handelt, die den dargelegten Voraussetzungen eines »Berufs« entsprechen, ist grundsätzlich auch die »Unternehmerfreiheit« im Sinne freier Gründung und Führung von Unternehmen durch Art. 12 Abs. 1 GG geschützt. Allerdings darf dabei nicht übersehen werden, daß das Grundrecht insoweit sehr verschiedene wirtschaftliche Sachverhalte erfaßt. Wahrnehmung von Unternehmerfreiheit ist sowohl die Gründung und Führung eines Klein- oder Mittelbetriebs als auch die Tätigkeit eines Großunternehmens. Während sich bei den ersten der personale Grundzug des Grundrechts auch im wirtschaftlichen Bereich voll verwirklicht, geht dieser bei Großunternehmen nahezu gänzlich verloren; er mag sich noch bei einem maßgebenden Anteilseigner finden, vor allem wenn dieser, wie bei der Gesellschaft mit beschränkter Haftung möglich, zugleich in der Leitung des Unternehmens tätig ist. Davon abgesehen

[1] BVerfGA Nr. 6.

ist indessen Unternehmerfreiheit im Fall von Großunternehmen nicht Element der Ausformung der Persönlichkeit des Menschen, sondern grundrechtliche Gewährleistung eines Verhaltens, dessen Wirkungen weit über das wirtschaftliche Schicksal des eigenen Unternehmens hinausreichen (vgl. BVerfGE 14, 263 [282]); dies namentlich in einer Wirtschaft, in der, wie in der Bundesrepublik, die Konzentration weit fortgeschritten ist (vgl. dazu Monopolkommission, Hauptgutachten I
[1973/1975], 2. Aufl., 1977, S. 110 ff., 182 ff., 679 ff.; | Haupt- 364
gutachten II [1976/1977], 1978, S. 111 ff., 191 ff., 544 ff.). Diese Sachlage kann indessen nicht dazu führen, Unternehmerfreiheit auf kleine und mittlere Unternehmen zu beschränken: Großunternehmen und auch Konzerne sind wesentliche Elemente einer hochentwickelten und leistungsfähigen Volkswirtschaft (vgl. BVerfG, a.a.O.). Sie ist jedoch für den Umfang der Regelungsbefugnis des Gesetzgebers von Bedeutung.

bb) Die angegriffenen Vorschriften des Mitbestimmungsgesetzes führen zu einer Einschränkung der Berufsfreiheit der die Unternehmen tragenden Gesellschaften: Deren Vertretungsorgane werden durch die neue Zusammensetzung des Aufsichtsrats in der Freiheit ihrer Planung und Entscheidung eingeengt, weil sie im Umfang ihrer Abhängigkeit vom Aufsichtsrat an die Mitwirkung der nicht von den Anteilseignern der Gesellschaften gewählten Mitglieder dieses Organs gebunden werden. Bei dieser Beschränkung hat der Gesetzgeber sich im Rahmen seiner Regelungsbefugnis nach Art. 12 Abs. 1 GG gehalten.

Die Beschränkung betrifft nicht das Recht der Unternehmen auf freie Berufswahl. Eine Verletzung dieses Rechts ist nur anzunehmen, wenn die betroffenen juristischen Personen in aller Regel und nicht nur in Ausnahmefällen wirtschaftlich nicht mehr in der Lage sind, den gewählten »Beruf« ganz oder teilweise zur Grundlage ihrer unternehmerischen Erwerbstätigkeit zu machen (BVerfGE 30, 292 [314]). Das ist hier nicht der Fall.

Unter dem Gesichtspunkt des Art. 12 Abs. 1 GG stellen sich die angegriffenen Vorschriften des Mitbestimmungsgesetzes vielmehr als Regelungen der Berufsausübung dar (zu diesen BVerfGE 46, 246 [256 f.] m.w.N.). Insoweit entspricht die Rechtslage derjenigen der Inhalts- und Schrankenbestimmung nach Art. 14 Abs. 1 Satz 2 GG (vgl. oben 1 b, bb)[1]: Angesichts der Größe der dem Mitbestimmungsgesetz unterfallenden Unternehmen fehlt deren Berufsfreiheit weitge-

1 S. 347 ff. [der amtlichen Sammlung].

365 hend der personale | Grundzug, der den eigentlichen Kern der Gewährleistung dieses Grundrechts ausmacht. Die Grundrechtsträger können die verbürgte Freiheit nur mit Hilfe anderer, der Arbeitnehmer, wahrnehmen, die ebenfalls Träger des Grundrechts aus Art. 12 Abs. 1 GG sind. Schon insoweit steht ihre Freiheit in »einem sozialen Bezug und einer sozialen Funktion«; davon abgesehen können die über das Unternehmen hinausreichenden Auswirkungen der Wahrnehmung dieser Freiheit nicht außer Betracht bleiben. Wird weiterhin berücksichtigt, daß die Grundrechte der Art. 12 Abs. 1 und Art. 14 Abs. 1 GG funktionell aufeinander bezogen sind, so kann die verfassungsrechtliche Beurteilung, auch wenn sie sich nach den zu Art. 12 Abs. 1 GG entwickelten Regeln zu richten hat, im Prinzip keine andere sein als die zu Art. 14 Abs. 1 Satz 2 GG dargelegte:

Die Einschränkung der Berufsfreiheit der die erfaßten Unternehmen tragenden Gesellschaften erscheint durch sachgerechte und vernünftige Erwägungen des Gemeinwohls gerechtfertigt. Es unterliegt auch keinen Bedenken, daß sie geeignet und erforderlich sind, das verfolgte Ziel zu erreichen. Die Schwere des Eingriffs steht in einem angemessenen Verhältnis zu dem Gewicht und der Dringlichkeit der ihn rechtfertigenden Gründe (vgl. BVerfGE 30, 292 [316] m.w.N.). Denn die Regelungen des Gesetzes berühren den personalen Kern des Grundrechts der Berufsfreiheit nur am Rande. Der Einfluß der Mitwirkung der Arbeitnehmer im Aufsichtsrat auf die Unternehmensführung ist grundsätzlich kein ausschlaggebender; vielmehr kommt den von den Anteilseignern der Gesellschaft als Unternehmensträger gewählten Aufsichtsratsmitgliedern das Letztentscheidungsrecht zu. Soweit Entscheidungen des Vertretungsorgans von einer Entscheidung des Aufsichtsrats abhängig sind, bleiben diese infolgedessen grundsätzlich solche, die sich auf die Mitglieder der Gesellschaft zurückführen lassen. Demgemäß handelt es sich um eine Einschränkung von geringerer Intensität. Diese ist der Preis der angestrebten Ergänzung der ökonomischen durch eine soziale Legitimation der
366 Unternehmensleitung | in größeren Unternehmen, der Kooperation und Integration aller im Unternehmen tätigen Kräfte, deren Kapitaleinsatz und Arbeit Voraussetzung der Existenz und der Wirksamkeit des Unternehmens ist. Sie erscheint daher angemessen und den Betroffenen zumutbar.

b) Soweit hiernach noch Raum für Art. 2 Abs. 1 GG bleibt, ist auch dieses Grundrecht nicht verletzt.

Wie das Bundesverfassungsgericht mehrfach ausgesprochen hat, gewährleistet Art. 2 Abs. 1 GG die Handlungsfreiheit auf wirtschaftlichem Gebiet; ein angemessener Spielraum zur Entfaltung der Unternehmerinitiative ist unantastbar (BVerfGE 29, 260 [267] m.w.N.). Allerdings ist auch die Handlungsfreiheit auf wirtschaftlichem Gebiet nur in den Schranken des zweiten Halbsatzes des Art. 2 Abs. 1 GG gewährleistet, vor allem denen der »verfassungsmäßigen Ordnung« (BVerfGE 25, 371 [407 f.] m.w.N.). Erweist sich eine beschränkende Rechtsnorm als deren Bestandteil, so hat sie vor dem Grundrecht Bestand.

Die §§ 7, 27, 29 und 31 MitbestG sind Bestandteil staatlicher Wirtschaftsgestaltung, deren Ziele und Mittel zu bestimmen grundsätzlich Sache des Gesetzgebers ist. Sie verfolgen Zwecke des Gemeinwohls, stehen mit dem Grundgesetz in Einklang und gehören daher zur »verfassungsmäßigen Ordnung« im Sinne des Art. 2 Abs. 1 GG. Gründe dafür, daß sie der Entfaltung der Unternehmerinitiative keinen angemessenen Spielraum mehr ließen und deshalb den Kern der wirtschaftlichen Betätigungsfreiheit der Gesellschaften oder der Anteilseigner berührten, sind nicht zu erkennen. Sie schränken deshalb die wirtschaftliche Betätigungsfreiheit in verfassungsrechtlich zulässiger Weise ein.

IV.

§§ 7, 27, 29 und 31 MitbestG sind mit Art. 9 Abs. 3 GG vereinbar.

1. Art. 9 Abs. 3 GG gehört nicht zu den »klassischen« Grundrechten. Die Koalitionsfreiheit ist erst unter den Bedingungen | moderner 367
Industriearbeit entstanden, die sich im 19. Jahrhundert entwickelt haben. Bei der Auslegung dieses Grundrechts kann deshalb nur bedingt auf einen traditionell feststehenden Inhalt zurückgegriffen werden. Anhaltspunkte für eine Konkretisierung bietet namentlich die bisherige geschichtliche Entwicklung, die auf den nahezu wortgleichen Art. 159 WRV zurückführt. Demgemäß hat das Bundesverfassungsgericht in seiner Rechtsprechung zu Art. 9 Abs. 3 GG stets hervorgehoben, daß bei der Bestimmung der Tragweite dieses Grundrechts seine historische Entwicklung zu berücksichtigen sei (BVerfGE 4, 96 [101, 106, 107]; 18, 18 [27, 28 f.]; 19, 303 [314]; 38, 386 [394]; 44, 322 [347 f.]).

Wie der Wortlaut des Art. 9 Abs. 3 GG und die geschichtliche Entwicklung zeigen, ist die Koalitionsfreiheit in erster Linie ein Freiheitsrecht. Sie gewährleistet die Freiheit des Zusammenschlusses zu Vereinigungen zur Förderung der Arbeits- und Wirtschaftsbedingungen und die Freiheit der gemeinsamen Verfolgung dieses Zwecks (BVerfGE 4, 96 [106]; 38, 386 [393]); über beides sollen die Beteiligten selbst und eigenverantwortlich, grundsätzlich frei von staatlicher Einflußnahme, bestimmen. Elemente der Gewährleistung sind die Gründungs- und Beitrittsfreiheit, die Freiheit des Austritts und des Fernbleibens sowie der Schutz der Koalition als solcher (BVerfGE 4, 96]101 f.]; 19, 303 [312, 319]; 28, 295 [304]) und ihr Recht, durch spezifisch koalitionsmäßige Betätigung die in Art. 9 Abs. 3 GG genannten Zwecke zu verfolgen (BVerfGE 19, 303 [312] m.w.N.; 28, 295 [304]).

Hierzu gehört der Abschluß von Tarifverträgen, durch die die Koalitionen insbesondere Lohn- und sonstige materielle Arbeitsbedingungen in einem Bereich, in dem der Staat seine Regelungszuständigkeit weit zurückgenommen hat, in eigener Verantwortung und im wesentlichen ohne staatliche Einflußnahme regeln (BVerfGE 44, 322 [340] m.w.N.); insofern dient die Koalitionsfreiheit einer sinnvollen Ordnung des Arbeitslebens (BVerfGE 4, 96 [107]; vgl. auch BVerfGE
368 18, 18 [27]). Als |Partner von Tarifverträgen müssen die Koalitionen frei gebildet, gegnerfrei und auf überbetrieblicher Grundlage organisiert (BVerfGE 18, 18 [28]), ihrer Struktur nach unabhängig genug sein, um die Interessen ihrer Mitglieder auf arbeits- und sozialrechtlichem Gebiet nachhaltig zu vertreten (BVerfGE 4, 96 [107]; 18, 18 [28]), und das geltende Tarifrecht als für sich verbindlich anerkennen (BVerfG, a.a.O.). Art. 9 Abs. 3 GG überläßt den Koalitionen grundsätzlich die Wahl der Mittel, die sie zur Erreichung ihres Zweckes für geeignet halten (BVerfGE 18, 18 [29 ff., insbes. 32]).

Mehr noch als die in Art. 9 Abs. 1 GG gewährleistete allgemeine Vereinigungsfreiheit bedarf die Koalitionsfreiheit von vornherein der gesetzlichen Ausgestaltung. Diese besteht nicht nur in der Schaffung der Rechtsinstitute und Normenkomplexe, die erforderlich sind, um die grundrechtlich garantierten Freiheiten ausüben zu können. Die Bedeutung und Vielzahl der von der Tätigkeit der Koalitionen berührten Belange namentlich im Bereich der Wirtschafts- und Sozialordnung machen vielmehr vielfältige gesetzliche Regelungen notwendig, die der Koalitionsfreiheit auch Schranken ziehen können; dies um so mehr, als der Gegenstand der Gewährleistung auf sich wandelnde wirtschaftliche und soziale Bedingungen bezogen ist, die mehr als bei anderen Freiheitsrechten die Möglichkeit zu Modifikationen und Fortentwicklungen lassen müssen.

Demgemäß geht das Bundesverfassungsgericht in ständiger Rechtsprechung davon aus, daß Art. 9 Abs. 3 GG die Koalitionsfrei-

heit nur in ihrem Kernbereich schützt (BVerfGE 19, 303 [321 f.] m.w.N.; 28, 295 [304]; 38, 281 [305]; 38, 386 [393]): Das Grundrecht räumt den geschützten Personen und Vereinigungen nicht mit Verfassungsrang einen inhaltlich unbegrenzten und unbegrenzbaren Handlungsspielraum ein (BVerfGE 38, 386 [393]); es ist vielmehr Sache des Gesetzgebers, die Tragweite der Koalitionsfreiheit dadurch zu bestimmen, daß er die Befugnisse der Koalitionen im einzelnen gestaltet und näher regelt. Dabei kann er den besonderen Erfordernissen
des jeweils | zu regelnden Sachverhalts Rechnung tragen. Allerdings 369
dürfen dem Betätigungsrecht der Koalitionen nur solche Schranken gezogen werden, die zum Schutz anderer Rechtsgüter von der Sache her geboten sind. Regelungen, die nicht in dieser Weise gerechtfertigt sind, tasten den durch Art. 9 Abs. 3 GG geschützten Kerngehalt der Koalitionsbetätigung an (BVerfGE 19, 303 [321 f.]; 28, 295 [306]).

Das gilt auch für die Gewährleistung der Tarifautonomie. Diese ist ganz allgemein; sie umfaßt nicht die besondere Ausprägung, die das Tarifvertragssystem in dem zur Zeit des Inkrafttretens des Grundgesetzes geltenden Tarifvertragsgesetz erhalten hat. Sie läßt dem Gesetzgeber einen weiten Spielraum zur Ausgestaltung (BVerfGE 20, 312 [317]) und schafft damit die Möglichkeit, die Voraussetzungen der Tariffähigkeit der jeweiligen gesellschaftlichen Wirklichkeit so anzupassen, daß die Koalitionen ihre Aufgabe erfüllen können (BVerfG, a.a.O, S. 318). Allerdings verbietet es das Grundrecht der Koalitionsfreiheit, die Tariffähigkeit von Umständen abhängig zu machen, die nicht von der Sache selbst, also von der im allgemeinen Interesse liegenden Aufgabe der Ordnung und Befriedung des Arbeitslebens gefordert sind (BVerfGE 18, 18 [27]). Der Gesetzgeber ist hiernach an einer sachgemäßen Fortbildung des Tarifvertragssystems nicht gehindert; seine Regelungsbefugnis findet ihre Grenzen an dem verfassungsrechtlich gewährleisteten Kernbereich der Koalitionsfreiheit: der Garantie eines gesetzlich geregelten und geschützten Tarifvertragssystems, dessen Partner frei gebildete Koalitionen im Sinne des Art. 9 Abs. 3 GG sein müssen (BVerfGE 4, 96 [108]; vgl. auch BVerfGE 38, 281 [305 f.]).

2. §§ 7, 27, 29 und 31 MitbestG greifen nicht in den durch Art. 9 Abs. 3 GG geschützten Kernbereich der Koalitionsfreiheit ein. Sie lassen die Gründungs- und Beitrittsfreiheit sowie die Garantie staatsfreier Koalitionsbetätigung unberührt. Sie fügen dem Tarifvertragssystem nicht in verfassungswidriger Weise eine weitere Form der
Förderung der Arbeit- und Wirt | schaftsbedingungen hinzu. Sie 370
schränken den Grundsatz der Gegnerunabhängigkeit nicht unzulässig

ein. Es kann auch nicht davon ausgegangen werden, daß sie zur Funktionsunfähigkeit der Tarifautonomie führen werden. …

371 Das Grundrecht enhält, wie gezeigt, keine Garantie des Bestandes des Tarifvertrags- und Arbeitskampfsystems in seiner konkreten gegenwärtigen Gestalt. Art. 9 Abs. 3 GG läßt sich auch nicht dahin auslegen, daß er ein Tarifsystem als *ausschließliche* Form der Förderung der Arbeits- und Wirtschaftsbedingungen gewährleiste. Dies würde in Widerspruch zu dem Grundgedanken und der geschichtlichen Enwicklung der Koalitionsfreiheit treten, der für die Auslegung maßgebliche Bedeutung zukommt.

aa) Als Freiheitsrecht will Art. 9 Abs. 3 GG in dem von staatlicher Regelung freigelassenen Raum gewährleisten, daß die Beteiligten selbst eigenverantwortlich bestimmen können, wie sie die Arbeits- und Wirtschaftsbedingungen fördern wollen. Daß dies nur im Wege von Tarifverträgen möglich sein sollte, ist nicht zu erkennen, zumal eine solche Lösung auf eine Einschränkung der gewährleisteten Freiheit hinausliefe. Vielmehr kann die sinnvolle Ordnung und Befriedung des Arbeitslebens, um die es Art. 9 Ab. 3 GG geht, auf verschiedenen Wegen angestrebt werden: nicht nur durch Gestaltungen, die, wie das Tarifsystem, durch die Grundelemente der Gegensätzlichkeit der Interessen, des Konflikts und des Kampfes bestimmt sind, sondern auch durch solche, die Einigung und Zusammenwirken in den Vordergrund rücken, wenngleich sie Konflikte und deren Austragung nicht ausschließen. Auch der zweite Weg vermag namentlich der Aufgabe der Befriedung gerecht zu werden. …

372 cc) Davon, daß Art. 9 Abs.3 GG Ordnungen des Arbeitslebens nicht ausschließt, die primär auf dem Gedanken des Zusammenwirkens beruhen, geht auch die Rechtsprechung aus, wenn sie einen Kernbereich der Koalitionsbetätigung im Personalvertretungswesen als durch das Grundrecht geschützt ansieht (vgl. insbesondere BVerfGE, 19, 303 [312 ff.]). Gleiches muß für die Betätigung der Koalitionen im Bereich des Betriebsverfassungsrechts gelten. Insgesamt läßt sich mithin nicht annehmen, daß Art. 9 Abs. 3 andere Formen einer sinnvollen Ordnung und Befriedung des Arbeitslebens als die des Tarifsystems ausschließen will.

Der Gesetzgeber ist daher durch Art. 9 Abs. 3 GG nicht an dem Erlaß von Regelungen gehindert, die eine Mitbestimmung der Arbeitnehmer und ihrer Koalitionen im Unternehmen vorsehen. Das Nebeneinander von Tarifvertragssystem und Mitbestimmung, das sich damit ergibt, kann zu Gewichtsverlagerungen, aber auch zu Konkur-
373 renzen führen, die einen Ausgleich | erforderlich machen. Einen sol-

chen herzustellen ist der Gesetzgeber auf Grund seiner Regelungskompetenz befugt. Das schließt die Zulässigkeit von Beschränkungen der Tarifautonomie ein, wenn diese im Prinzip erhalten und funktionsfähig bleibt.

c) Insofern kommt es zunächst darauf an, ob bei einem Nebeneinander von erweiterter Mitbestimmung und Tarifvertragssystem die Unabhängigkeit der Tarifpartner in dem Sinne hinreichend gewahrt bleibt, daß sie nach ihrer Gesamtstruktur gerade dem Gegner gegenüber unabhängig genug sind, um die Interessen ihrer Mitglieder auf arbeits- und sozialrechtlichem Gebiet wirksam und nachhaltig zu vertreten (BVerfGE 4, 96 [1107]; 18, 18 [28]).

Diese Frage läßt sich entgegen den Auffassungen der Bundesregierung, des Frankfurter Gutachtens und des Deutschen Gewerkschaftsbundes nicht umgehen. Weder kann davon ausgegangen werden, daß die prinzipielle Unabhängigkeit nicht zu dem durch Art. 9 Abs. 3 GG geschützten Kernbereich der Koalitionsfreiheit gehöre (oben 1)[1], noch läßt sich die Frage deshalb ausklammern, weil sich an der Arbeitgebereigenschaft der Mitgliedsunternehmen nichts ändere, weil die Berücksichtigung des Einflusses der Arbeitnehmer in den Unternehmen einen unzulässigen Durchgriff auf die allein durch Art. 14 GG geschützten Anteilseigner bedeute und weil infolgedessen die Mitbestimmung den Grundsatz der Gegnerunabhängigkeit nicht berühre. Insoweit gilt das gleiche wie zu Art. 9 Abs. 1 GG: Die Koalitionsfreiheit, die in dem Element des »Sich-Vereinigens« die gleiche Bedeutung hat wie die allgemeine Vereinigungsfreiheit (vgl. oben III 2 a)[2], schützt nicht nur die Koalitionstätigkeit im Außenverhältnis; sie schützt auch die Selbstbestimmung der Koalitionen über ihre eigene Organisation, das Verfahren ihrer Willensbildung und die Führung ihrer Geschäfte. Hiermit kann eine Fremdbestimmung durch die
Gegenseite in Konflikt ge|raten. Zwar trifft es zu, daß »Arbeitgeber« 374
die Unternehmensträger sind, also die Gesellschaften und nicht die Anteilseigner. Wenn die Gesellschaften indessen durch externe Kräfte mitbestimmt werden, dann kann der Einfluß, der sich daraus auf die Organisation und die Willensbildung der Arbeitgeberkoalitionen ergeben kann, nicht als unbeachtlich angesehen werden.

Ob und in welchem Ausmaß das Mitbestimmungsgesetz die Koalitionen der Arbeitgeber einem Einfluß der Gewerkschaften oder der Arbeitnehmerseite insgesamt öffnet, läßt sich nicht mit Sicherheit be-

---

[1] S. 366ff. [der amtlichen Sammlung].
[2] S. 353ff. [der amtlichen Sammlung].

stimmen. Ein solcher Einfluß ist bei Beachtung der rechtlichen Normierungen keineswegs selbstverständlich; er läßt sich aber auch nicht gänzlich ausschließen. Die Einschränkung der Gegnerunabhängigkeit der Koalitionen der Arbeitgeber, die sich daraus ergeben kann, greift jedoch nicht in den Kernbereich des Art. 9 Abs. 3 GG ein …

46 Art. 2 Abs. 2, Art. 93 Abs. 1 Nr. 4a GG; § 90 Abs. 1, 2 BVerfGG

Verfassungsbeschwerde gegen verwaltungsgerichtliche Entscheidungen im vorläufigen Rechtsschutzverfahren: Grenzen der Subsidiarität gegenüber Hauptsacheverfahren – Beschwerdebefugnis Drittbetroffener – Rechtsschutzbedürfnis nach Erledigung der Hauptsache – Befugnis des Gesetzgebers zur Grundsatzentscheidung über die friedliche Nutzung der Kernenergie – Grundrecht auf Leben und staatliche Schutzpflichten – Vorverlagerung des Rechtsschutzes in das Verwaltungsverfahren – Grenzen der Kontrolle fachgerichtlicher Entscheidungen durch das Bundesverfassungsgericht – Grundrechtsschutz durch Verfahrensgestaltung – Verwaltungsverfahrensverstoß und mögliche Grundrechtsverletzung

BVerfGE 53, 30–69 – Mülheim-Kärlich[1]

30 **1. Werden letztinstanzliche Beschwerdeentscheidungen über die sofortige Vollziehung atomrechtlicher Errichtungsgenehmigungen wegen Verletzung des Grundrechts aus Art. 2 Abs. 2 GG mit der Verfassungsbeschwerde angegriffen, läßt sich die gegenwärtige und unmittelbare Betroffenheit des Grundrechtsträgers nicht deshalb verneinen, weil**
31 **Gefahren für Leben und Gesundheit erst vom Betrieb | eines Kernkraftwerks, aber noch nicht von vorherigen baulichen Maßnahmen ausgehen können.**

2. Auch unter dem Gesichtspunkt der Subsidiarität sind derartige Verfassungsbeschwerden jedenfalls dann zulässig, wenn die Entscheidung von keiner weiteren tatsächlichen Aufklärung abhängt und wenn diejenigen Voraussetzungen vorliegen, unter denen gemäß § 90 Abs. 2 BVerfGG vom Erfordernis der Rechtswegerschöpfung abgesehen werden kann.

---

[1] Der Entscheidung haben die Richter Simon und Heußner eine Abweichende Meinung beigefügt (S. 69–96 [der amtlichen Sammlung] – unten auszugsweise wiedergegeben).

3. Die friedliche Nutzung der Atomenergie ist mit dem Grundgesetz vereinbar. Zur Grundsatzentscheidung für oder gegen diese Nutzung ist der Gesetzgeber berufen.

4. Der aus Art. 2 Abs. 2 GG folgenden Pflicht, Maßnahmen zum Schutz gegen die Gefahren der friedlichen Nutzung der Atomenergie zu treffen, ist der Staat durch den Erlaß materiell- und verfahrensrechtlicher Vorschriften für die Genehmigung von Kernkraftwerken nachgekommen.

5. Zur verfassungsrechtlichen Beurteilung der materiell- und verfahrensrechtlichen Vorschriften für die Genehmigung von Kernkraftwerken und von wesentlichen Änderungen solcher Anlagen.

6. Eine Grundrechtsverletzung kommt auch dann in Betracht, wenn die Genehmigungsbehörde solche atomrechtliche Verfahrensvorschriften außer acht läßt, die der Staat in Erfüllung seiner aus Art. 2 Abs. 2 GG folgenden Schutzpflicht erlassen hat.

Beschluß des Ersten Senats vom 20. Dezember 1979
– 1 BvR 385/77 –

Sachverhalt: *Im Januar 1975 erging nach Durchführung des vorgeschriebenen Verwaltungsverfahrens einschließlich der erforderlichen Bürgerbeteiligung die »Erste Teilgenehmigung« für das Kernkraftwerk (KKW) Mülheim-Kärlich, die die Errichtung nach Maßgabe späterer Freigabegenehmigungen für einzelne Bauabschnitte erlaubte. Der Betrieb des KKW war einer abschließenden Betriebsgenehmigung vorbehalten. Den in der Folgezeit nach jeweiliger Begutachtung durch den TÜV ergangenen Freigabebescheiden lag eine gegenüber der Ersten Teilgenehmigung veränderte Gebäudeanordnung zugrunde, die die Sicherheit der Anlage erhöhen sollte. Der 7. Freigabebescheid vom Juni 1976, dessen sofortige Vollziehbarkeit angeordnet worden war, wurde von der Beschwerdeführerin, die in ca. 7 km Entfernung vom KKW-Standort wohnte, angegriffen. Ihr Antrag auf Wiederherstellung der aufschiebenden Wirkung ihrer Klage gegen den 7. Freigabebescheid wurde vom Oberverwaltungsgericht zurückgewiesen. Das Oberverwaltungsgericht sah die Erfolgsaussichten der Klage mit der Begründung als offen an, die Beschwerdeführerin könne ihre Klagebefugnis nicht daraus herleiten, daß die geänderte Gebäudeanordnung nur nach erneuter Bekanntmachung und Auslegung der Unterlagen in einem weiteren atomrechtlichen Genehmigungsbescheid hätte zugelassen werden dürfen. Denn als lediglich Drittbetroffene der atomrechtlichen Genehmigung könne sie nur die Verletzung materiell-rechtlicher Vorschriften beanstanden. Eine materielle Rechtsverletzung sei nicht sicher. Die danach gebotene Interessenabwägung müsse zu Lasten der Beschwerdeführerin ausfallen, da sie allenfalls erst durch den Betrieb, nicht aber schon durch die Errichtung des KKW in schützenswerten Rechten beeinträchtigt werden könne.*

Die gegen diese Entscheidung erhobene Verfassungsbeschwerde blieb ohne Erfolg.

Aus den Gründen:

48 B.

Die Verfassungsbeschwerde ist zulässig.

I.

Die Zulässigkeit von Verfassungsbeschwerden setzt die Behauptung des Beschwerdeführers voraus, durch einen Akt der öffentlichen Gewalt in *seinen* Grundrechten verletzt zu sein. Das schließt ein, daß der Akt geeignet sein muß, den Beschwerdeführer selbst, unmittelbar und gegenwärtig in seiner grundrechtlich geschützten Rechtsposition zu beeinträchtigen. Diese Voraussetzungen, die bei Verfassungsbeschwerden gegen gerichtliche Entscheidungen in der Regel keiner näheren Prüfung bedürfen, sind auch hier gegeben.

1. Die Ablehnung des Oberverwaltungsgerichts, die aufschiebende Wirkung der Anfechtungsklage gegen den strittigen Freigabebescheid wiederherzustellen, ist ein mit der Verfassungsbeschwerde anfechtbarer Akt der öffentlichen Gewalt im Sinne des Art. 93 Nr. 4a GG, § 90 BVerfGG. Dabei kann offenbleiben, wie die im Atomrecht nicht ausdrücklich vorgesehene Freigabe verwaltungsrechtlich zu charakterisieren ist. Denn jedenfalls handelt es sich um eine hoheitliche Maßnahme, die sich nicht auf bloße verwaltungsinterne Auswirkungen beschränkt, deren Vollziehung vielmehr geeignet ist, in die Rechtsposition der Beschwerdeführer noch stärker einzugreifen als die zugrunde liegende Erste Teilgenehmigung. Diese sollte zwar die gesamte Errichtung des Kernkraftwerks umfassen, berechtigte aber ihrerseits noch nicht zum Bau solcher Anlageteile, von denen Gefahren für Dritte ausgehen könnten. Vielmehr mußten zuvor besondere sicherheitstechnische Überprüfungen und sodann ausdrückliche Freigaben durch die Genehmigungsbehörde erfolgen. Unter dem Ge-
49 sichtspunkt der Zulässigkeit lassen sich | daher Freigabebescheide nicht anders als atomrechtliche Teilerrichtungsgenehmigungen beurteilen.

2. In atomrechtlichen Massenverfahren kann die Frage, wer zur Einlegung von Verfassungsbeschwerden befugt ist, besondere Probleme aufwerfen; denn der Kreis derjenigen, die im behördlichen Ge-

nehmigungsverfahren zur Erhebung von Einwendungen berechtigt sind, ist nicht näher umgrenzt. Demgegenüber folgt eine Eingrenzung der genannten Befugnis bereits daraus, daß schon zur Erhebung von verwaltungsgerichtlichen Anfechtungsklagen gegen Genehmigungsbescheide nicht jedermann, sondern nur derjenige befugt ist, der geltend machen kann, durch die Genehmigung in seinen Rechten verletzt zu sein (§ 42 Abs. 2 VwGO). Ob dies der Fall ist, wird in der verwaltungsgerichtlichen Rechtsprechung im allgemeinen von der Art der befürchteten Gefahren und von der Entfernung der Anlage vom Wohnsitz des Einwenders abhängig gemacht. Die Befugnis zur Einlegung einer Verfassungsbeschwerde wird darüber hinaus dadurch weiter eingeschränkt, daß die Billigung der behördlichen Entscheidung durch die Verwaltungsgerichte geeignet sein muß, nicht nur Vorschriften des einfachen Rechts, sondern grundrechtlich geschützte Rechtspositionen zu verletzen.

Das vorliegende Verfahren nötigt nicht zu einer näheren Erörterung dieser Problematik. Nicht nur haben die Verwaltungsgerichte übereinstimmend die Klage- und Antragsbefugnis der wenige Kilometer vom Standort des Kernkraftwerks wohnenden Beschwerdeführerin bejaht, ohne daß dagegen Bedenken ersichtlich wären. Die Beschwerdeführerin hat auch hinreichend dargelegt, daß der angegriffene Beschluß jedenfalls deshalb nachteilige Wirkungen für den Schutzbereich der von ihr als verletzt gerügten Grundrechte aus Art. 2 Abs. 2 und Art. 19 Abs. 4 GG erzeugen könnte, weil das Oberverwaltungsgericht etwaige Verfahrensverstöße bei der Freigabe sicherheitsrelevanter Anlageteile als unerheblich gewertet und bei seiner Interessenabwägung den Anspruch auf effektiven Rechtsschutz
ver|kürzt habe. Ob diese Rügen im Ergebnis zur Aufhebung der an- 50
gegriffenen Entscheidung nötigen, ist eine Frage der Begründetheit der Verfassungsbeschwerde.

3. Entgegen der Ansicht des Bundesministers des Innern, der Genehmigungsbehörde und der RWE AG ist die Beschwerdeführerin auch gegenwärtig und unmittelbar betroffen. Es kann insbesondere nicht der Auffassung zugestimmt werden, Verfassungsbeschwerden müßten während der Errichtungsphase eines Kernkraftwerks grundsätzlich als unzulässig behandelt werden, weil eine unmittelbare und gegenwärtige Gefahr für Leben und Gesundheit immer nur vom Betrieb eines solchen Kraftwerks, nicht aber von den vorherigen baulichen Maßnahmen ausgehen könne. …

Für die Zulässigkeit von Verfassungsbeschwerden, die Errich- 51
tungsgenehmigungen betreffen, kann im Ergebnis nichts anderes gel-

ten als für die verwaltungsgerichtliche Klage- und Antragsbefugnis. In das durch Art. 2 Abs. 2 GG geschützte Recht auf Leben und körperliche Unversehrtheit darf nur auf der Grundlage der zuvor genannten gesetzlichen Regelung eingegriffen werden. Davon abgesehen wird dieses Recht nicht erst durch eine faktische Verletzung der geschützten Rechtsgüter beeinträchtigt; es soll einer solchen faktischen Verletzung vielmehr vorbeugen und kann daher auch dann eingreifen, wenn bei der Errichtung von Kernkraftwerken vorbeugende Maßnahmen gegen spätere Betriebsgefahren außer acht bleiben. Das zeigt gerade der vorliegende Streitfall, in dem geltend gemacht wird, der Schutz gegen äußere Einwirkungen durch Flugzeugabstürze und Explosionsdruckwellen erfordere eine bestimmte Anordnung der Gebäude. Hier kann die für die Zulässigkeit der Verfassungsbeschwerde erforderliche gegenwärtige und unmittelbare Betroffenheit zudem deshalb nicht zweifelhaft sein, weil es um die Nachprüfung geht, ob etwaige aus dem Grundrecht des Art. 2 Abs. 2 GG folgende verfahrensrechtliche Anforderungen speziell für die Erteilung atomrechtlicher Errichtungsgenehmigungen sowie das Gebot effektiven Rechtsschutzes bei der Entscheidung über die sofortige Vollziehung dieser Genehmigung hinreichend beachtet worden sind. Es bedarf daher keiner weiteren Prüfung, ob es zur Zulässigkeit von Verfassungsbeschwerden im übrigen genügen würde, daß eine Gefährdung von Grundrechten durch eine später drohende Verletzung zu besorgen ist (vgl. dazu BVerfGE 24, 289 [294]; 49, 89 [141][1]; Beschluß vom 3. Oktober 1979 – 1 BvR 614/79 –[2], EuGRZ 1979, S. 554). |

52 II.

Auch unter dem Gesichtspunkt der Subsidiarität und des Rechtsschutzbedürfnisses bestehen keine Bedenken gegen die Zulässigkeit der Verfassungsbeschwerde.

1. Nach der bisherigen Rechtsprechung des Bundesverfassungsgerichts steht der Zulässigkeit von Verfassungsbeschwerden gegen letztinstanzliche Beschwerdeentscheidungen im summarischen Verfahren nach § 80 Abs. 5 VwGO nicht entgegen, daß der Beschwerdeführer das Verfahren in der Hauptsache betreiben kann und daß insoweit der Rechtsweg nicht erschöpft ist; denn gegenüber dem Haupt-

---

[1] BVerfGA Nr. 44.
[2] BverfGE 52 Nr. 8 S. 214, 220.

sacheverfahren ist das Verfahren des vorläufigen Rechtsschutzes rechtlich selbständig (BVerfGE 35, 382 [397][1] m.w.N.: 38, 52 [57]). Die gleiche Beurteilung wurde für andere vorläufige Verfahren herangezogen; so für Anträge auf Erlaß einstweiliger Anordnungen (BVerfGE 51, 130 m.w.N.), vorläufige Dienstenthebungen (BVerfGE 46, 17 [25]) und insbesondere in solchen Fällen, in denen Grundrechtsverletzungen speziell durch vorläufige Maßnahmen gerügt wurden (BVerfGE 40, 179; 44, 105; 45, 422; 46, 166; 48, 292; 48, 300; 51, 268).

Für das Verfahren der einstweiligen Anordnung hat das Bundesverfassungsgericht die Zulässigkeit von Verfassungsbeschwerden neuerdings unter dem Gesichtspunkt der Subsidiarität einschränkend beurteilt und ausgeführt, je nach Eigenart des Verfahrensgegenstandes könne der Beschwerdeführer gehalten sein, vor Inanspruchnahme des Bundesverfassungsgerichts das verwaltungsgerichtliche Hauptsacheverfahren durchzuführen (BVerfGE 51, 130). Eine solche eingeschränkte Beurteilung der Zulässigkeit kann auch für die Anfechtung letztinstanzlicher Entscheidungen im Verfahren nach § 80 VwGO gerechtfertigt sein, zumal § 80 Abs. 6 VwGO die Möglichkeit der jederzeitigen Änderung getroffener Entscheidungen eröffnet (vgl. dazu BVerfGE 49, 325 [327 f.]). Im Bereich der atomrechtlichen Massenverfahren könnte diese Einschränkung schon deshalb unerläßlich
werden, weil hier die Anordnung der sofortigen Voll | ziehbarkeit 53
praktisch zur Regel geworden ist und weil Genehmigungen häufig in mehrere anfechtbare Teilakte zerlegt werden, so daß in erheblicher Zahl verwaltungsgerichtliche Entscheidungen im Verfahren gemäß § 80 VwGO ergehen. Wäre die Zulässigkeit der dagegen gerichteten Verfassungsbeschwerden uneingeschränkt zu bejahen, könnte das Bundesverfassungsgericht – unter Ausschaltung des Bundesverwaltungsgerichts – in die Rolle einer Superinstanz geraten. Dies erschiene um so problematischer, als vielfach technisch-naturwissenschaftliche Sachverhalte strittig sind, die von den Verwaltungsgerichten im summarischen Verfahren in der Regel nur kursorisch erörtert werden, so daß das Bundesverfassungsgericht genötigt sein könnte, auf ungesicherten tatsächlichen Grundlagen weitreichende Entscheidungen treffen zu müssen.

Wo unter dem Gesichtspunkt der Subsidiarität die Grenzen für die Zulässigkeit von Verfassungsbeschwerden gegen letztinstanzliche Beschwerdeentscheidungen zu ziehen wären, bedarf indessen keiner

---

[1] BVerfGA Nr. 35.

abschließenden Erörterung. Schon für den Bereich einstweiliger Anordnungen hat das Bundesverfassungsgericht die Zulässigkeit von Verfassungsbeschwerden nicht uneingeschränkt verneint, obwohl hier eine Einschränkung der Zulässigkeit eher gerechtfertigt erschiene als bei der Anfechtung von Entscheidungen nach § 80 VwGO. Denn während die Möglichkeit einer einstweiligen Anordnung den Rechtsschutz um ein zusätzliches Eilverfahren verstärkt, bewirkt die sofortige Vollziehung und die damit möglicherweise verbundene Herbeiführung vollendeter Tatsachen eine Verkürzung des Rechtsschutzes; angesichts der vom Bundesverfassungsgericht herausgearbeiteten verfassungsrechtlichen Relevanz des Suspensiveffekts (BVerfGE 35, 263 [274 f.]) wäre es nicht vertretbar, diese Verkürzung gänzlich der verfassungsgerichtlichen Kontrolle zu entziehen. Vielmehr sind auch unter Berücksichtigung des Grundsatzes der Subsidiarität Verfassungsbeschwerden der vorliegenden Art ausnahmsweise dann als zulässig zu behandeln, wenn die Entscheidung von keiner weiteren tatsächli-
54 chen | Aufklärung abhängt und wenn diejenigen Voraussetzungen gegeben sind, unter denen gemäß § 90 Abs. 2 BVerfGG vom Erfordernis der Rechtswegerschöpfung abgesehen werden kann; ein schwerer und unabwendbarer Nachteil im Sinne dieser Vorschrift kommt insbesondere dann in Betracht, wenn die gerügte Grundrechtsverletzung speziell die Anordnung der sofortigen Vollziehung betrifft und durch die Durchführung des Hauptsacheverfahrens oder auf andere Weise nicht mehr zureichend ausgeräumt werden könnte.

Die Voraussetzungen für einen solchen Ausnahmefall liegen vor. Soweit das vorliegende Verfahren Anlaß zur Überprüfung verfahrensrechtlicher Auswirkungen des Grundrechtsschutzes gibt, kann ihm allgemeine Bedeutung nicht abgesprochen werden. Darüber hinaus greift die Beschwerdeführerin die Interessenabwägung des Oberverwaltungsgerichts an; dabei handelt es sich um eine spezifische Besonderheit des summarischen Verfahrens.

2. Der Verfassungsbeschwerde fehlt endlich auch nicht das erforderliche Rechtsschutzbedürfnis. Da es im Zeitpunkt der Einlegung vorhanden war, könnte es allenfalls durch nachträgliche Umstände weggefallen sein. Dies ist nicht der Fall. Im wesentlichen sind die nachträglich eingetretenen Umstände schon nicht geeignet, die von der Beschwerdeführerin geltend gemachte Beschwer auszuräumen. Wurde die Beschwerdeführerin in ihren Grundrechten deshalb verletzt, weil die ursprünglich beantragte Kompaktbauweise ohne Durchführung eines förmlichen Genehmigungsverfahrens aufgegeben wurde, konnte die spätere Zweite Teilgenehmigung diesen Man-

gel schon deshalb nicht ausräumen, weil auch sie ohne ein solches Verfahren erlassen wurde. Ob ferner etwaige sicherheitsrelevante Vorteile der ursprünglich beantragten Bauweise durch die vom TÜV Rheinland empfohlenen zusätzlichen Vorkehrungen in ausreichender Weise wiederhergestellt worden sind, haben die dafür zuständigen Verwaltungsgerichte bislang nicht überprüft; dies kann daher nicht Gegenstand einer Entscheidung des Bundes|verfassungsgerichts 55
sein. Der weitere Umstand, daß das Verwaltungsgericht inzwischen in der Hauptsache entschieden und den angegriffenen Freigabebescheid durch Urteil vom 7. Dezember 1979 aufgehoben hat, ändert mangels Rechtskraft dieser Entscheidung nichts daran, daß die Anordnung der sofortigen Vollziehung dieses Bescheids fortwirkt. Ob diese Prozeßlage Anlaß zu einer Änderung des angegriffenen Beschlusses gemäß § 80 Abs. 6 VwGO gibt, ist in der verwaltungsgerichtlichen Rechtsprechung strittig (vgl. etwa BVerwG NJW 1978, S. 2211; OVG Münster NJW 1977, S. 726; VGH Kassel NJW 1978, S. 182). Schon deshalb kann von der Beschwerdeführerin nicht verlangt werden, vor einer Entscheidung über ihre zulässigerweise eingelegte Verfassungsbeschwerde erneut einen Abänderungsantrag bei demselben Gericht zu stellen, das bereits ihren früheren Antrag abgewiesen hatte. Soweit durch die Fertigstellung der Gebäude inzwischen die Beschwer fortgefallen sein sollte, ist durch den Zeitablauf, auf den die Beschwerdeführerin keinen Einfluß hatte, ihr schutzwürdiges Interesse an der Feststellung einer etwaigen Grundrechtswidrigkeit nicht beseitigt worden (vgl. BVerfGE 33, 247 [257 f.]; 50, 244 [247 f.]).

C.

Die sonach zulässige Verfassungsbeschwerde ist jedoch nicht begründet. Soweit der angegriffene Beschluß verfassungsrechtlich bedenkliche Ausführungen enthält, sind diese nicht ursächlich für die Ablehnung des Oberverwaltungsgerichts, die aufschiebende Wirkung der Anfechtungsklage gegen den strittigen Freigabebescheid wiederherzustellen.

I.

1. In einzelnen Stellungnahmen wird die Prüfung angeregt, ob nicht die wirtschaftliche Nutzung der Atomspaltung wegen des Ausmaßes denkbarer Gefahren und einiger wesentlicher, bislang nicht hinrei-

chend gelöster Schwierigkeiten gegenwärtig generell verfassungs-
56 widrig sei. Dies wird letztlich mit dem | Zweifel begründet, ob eine Technik, die keine Fehler erlaubt, ohne daß außerordentliche Risiken auch für künftige Generationen entstehen, überhaupt verantwortet werden kann und gegen den Widerspruch potentiell Betroffener angewendet werden darf, solange nicht alle anderen Möglichkeiten der Energieversorgung ausgeschöpft sind.

Diese Frage zu beantworten, obliegt indessen nicht dem Bundesverfassungsgericht. Dieses hat davon auszugehen, daß die Verfassung selbst die »Nutzung der Kernenergie zu friedlichen Zwecken« durch die Kompetenzvorschrift des Art. 74 Nr. 11a GG im Grundsatz als zulässig gebilligt hat. Zwar wurde diese Vorschrift bereits im Jahre 1959 in die Verfassung aufgenommen, also zu einem Zeitpunkt, in dem die Problematik einer friedlichen Nutzung der Atomenergie noch wenig erörtert, diese vielmehr als grundsätzlich positiv der damals besonders umstrittenen militärischen Nutzung gegenübergestellt wurde. Das ändert aber nichts daran, daß auch aus Kompetenzvorschriften der Verfassung eine grundsätzliche Anerkennung und Billigung des darin behandelten Gegenstandes durch die Verfassung selbst folgt und daß dessen Verfassungsmäßigkeit nicht aufgrund anderer Verfassungsbestimmungen grundsätzlich in Frage gestellt werden könnte. Kraft dieser Kompetenzzuweisung ist vielmehr – wie bereits der Zweite Senat des Bundesverfassungsgerichts in der Kalkar-Entscheidung in anderem Zusammenhang dargelegt hat (BVerfGE 49, 89 [127 ff.])[1] – zur Grundsatzentscheidung für oder gegen die friedliche Nutzung der Kernenergie allein der Gesetzgeber berufen; auch in einer notwendigerweise mit Ungewißheit belasteten Situation liege es zuvörderst in der politischen Verantwortung des Gesetzgebers und der Regierung, im Rahmen ihrer jeweiligen Kompetenzen die von ihnen für geboten erachteten Entscheidungen zu treffen. Soweit ersichtlich wird auch in Rechtsprechung und Literatur die Verfassungsmäßigkeit der wirtschaftlichen Nutzung der Atomspaltung nicht grundsätzlich bezweifelt (vgl. etwa Roßnagel, Grundrechte und
57 Kernkraftwerke, Heidelberg 1979, | S. 37 ff.). Die verfassungsrechtliche Nachprüfung beschränkt sich daher von vornherein auf die Frage, ob die der angegriffenen Entscheidung zugrunde liegende normative Regelung verfassungsmäßig ist und ob insbesondere diese Regelung in der verfassungsrechtlich gebotenen Weise angewendet worden ist.

---

[1] BVerfGA Nr. 44.

2. Als verfassungrechtlicher Prüfungsmaßstab kommt das in Art. 2 Abs. 2 GG gewährleistete Grundrecht auf Leben und körperliche Unversehrtheit in Verbindung mit dem Anspruch auf effektiven Rechtsschutz in Betracht.

Nach anerkannter Rechtsprechung schützt dieses Grundrecht nicht nur als subjektives Abwehrrecht gegen staatliche Eingriffe. Vielmehr folgt darüber hinaus aus seinem objektiv-rechtlichen Gehalt die Pflicht der staatlichen Organe, sich schützend und fördernd vor die darin genannten Rechtsgüter zu stellen und sie insbesondere vor rechtswidrigen Eingriffen von seiten anderer zu bewahren. Diese zunächst im Urteil zur Fristenlösung (BVerfGE 39, 1 [41][1]; vgl. ferner BVerfGE 46, 160 [164] – Schleyer) entwickelte Rechtsprechung ist in dem erwähnten Kalkar-Beschluß auch zur verfassungsrechtlichen Beurteilung atomrechtlicher Normen herangezogen und dabei ausgeführt worden, daß angesichts der Art und Schwere möglicher Gefahren bei der friedlichen Nutzung der Kernenergie bereits eine entfernte Wahrscheinlichkeit ihres Eintritts genügen müsse, um die Schutzpflicht des Gesetzgebers konkret auszulösen (BVerfGE 49, 89 [141 f.]).[2]

Dieser Schutzpflicht ist der Staat in der Weise nachgekommen, daß er die wirtschaftliche Nutzung der Atomenergie von einer vorherigen staatlichen Genehmigung und die Erteilung solcher Genehmigungen von näher geregelten materiell-rechtlichen und verfahrensrechtlichen Voraussetzungen abhängig gemacht hat. Diese Genehmigungsregelung ist – wie auch von der Beschwerdeführerin und in den eingeholten Stellungnahmen nicht bezweifelt wird – durchaus ein geeignetes Mittel zum Schutz gefährdeter Dritter. Zugleich kann dadurch der Staat am ehesten seiner Aufgabe genügen, unter Berücksichtigung der | Allgemeinbelange einen Ausgleich zwischen den 58
Grundrechtspositionen gefährdeter Bürger einerseits und der Betreiber andererseits herbeizuführen. Wird aber ein Kernkraftwerk trotz des in ihm verkörperten außerordentlichen Gefährdungspotentials im Allgemeininteresse an der Energieversorgung genehmigt, so bedeutet dies, daß die körperliche Integrität Dritter Gefährdungen ausgesetzt werden kann, die diese nicht beeinflussen und denen sie kaum ausweichen können. Damit übernimmt der Staat seinerseits eine eigene Mitverantwortung für diese Gefährdungen. Demgemäß erscheint es geboten, bei der verfassungsrechtlichen Beurteilung der materiell-

---

1 BVerfGA Nr. 36.
2 BVerfGA Nr. 44.

und verfahrensrechtlichen Vorschriften für die Genehmigung von Kernkraftwerken nicht weniger strenge Maßstäbe anzulegen als bei der Prüfung staatlicher Eingriffsgesetze. Auch bei Anwendung solcher Maßstäbe bestehen aber gegen die Genehmigungsvorschriften, soweit sie für das Ausgangsverfahren erheblich sind, keine verfassungsrechtlichen Bedenken, sofern sie im Sinne der bisherigen höchstrichterlichen Rechtsprechung ausgelegt werden.

Das Atomgesetz bezweckt ausdrücklich – und zwar nach der Rechtsprechung des Bundesverwaltungsgerichts vorrangig vor einer Förderung der Atomenergienutzung (DVBl. 1972, S. 678 [680]) – Leben, Gesundheit und Sachgüter vor den Gefahren der Kernenergie zu schützen. …

59 Die normative Regelung begnügt sich nicht damit, die Genehmigungsbehörde an strenge materiell-rechtliche Genehmigungsvoraussetzungen zu binden. Vielmehr trägt sie der staatlichen Schutzpflicht und Mitverantwortung auch verfahrensrechtlich einmal dadurch Rechnung, daß die Erteilung einer Genehmigung von einem formalisierten Genehmigungsverfahren abhängig ist, in dem die Genehmigungsvoraussetzungen von Amts wegen zu prüfen und an dem u.a. alle Behörden des Bundes, der Länder und Gemeinden zu beteiligen sind, deren Zuständigkeitsbereich berührt wird. Zum anderen sieht das Verfahrensrecht eine eigene Beteiligung des gefährdeten Bürgers am Verfahren vor (vgl. zum folgenden § 7 Abs. 4 AtomG i.V.m. den
60 dort zitierten Bestimmungen des Bundes-Immissionsschutz | gesetzes sowie die darauf beruhende Atomrechtliche Verfahrensverordnung und die vorher geltende Atomanlagen-Verordnung). Dieser ist nicht nur befugt, Genehmigungsbescheide und entsprechende Verwaltungsakte im Wege der Anfechtungsklage (§ 42 VwGO) gerichtlich überprüfen zu lassen und um vorläufigen gerichtlichen Rechtsschutz (§ 80 VwGO) nachzusuchen. Vielmehr ermöglicht das Verfahrensrecht eine Vorverlagerung des Rechtsschutzes, indem bereits im behördlichen Verfahren Einwendungen gegen das Vorhaben erhoben werden können …

Eine Genehmigung unter vorheriger Durchführung eines förmlichen Verfahrens schreibt das Atomrecht sowohl für Errichtung und Betrieb der Anlage als auch für wesentliche Veränderungen vor (§ 7 Abs. 1 AtomG). Damit will der Gesetzgeber – wie bereits das Verwaltungsgericht zutreffend ausgeführt hat – sicherstellen, daß alle sicherheitsrelevanten Anlageteile und Einrichtungen dem vorgeschriebenen Prüfungsverfahren unterzogen werden; von diesem Zweck her gesehen kann es keinen rechtlichen Unterschied machen, ob die wesent-

liche | Änderung nach Fertigstellung einer genehmigten Anlage oder 61
während ihrer Errichtung durch Änderung der ursprünglichen Pläne erfolgt. Als wesentlich werden dabei nach der Rechtsprechung zu vergleichbaren Regelungen in anderen Gesetzen (hierzu etwa BVerwGE 6, 294) solche Änderungen anzusehen sein, die Anlaß zu einer erneuten Prüfung geben, weil sie mehr als nur offensichtlich unerhebliche Auswirkungen auf das Sicherheitsniveau der Anlage haben können.

3. Der Streitfall nötigt nicht zu der Prüfung, ob und inwieweit die verfassungsrechtliche Schutzpflicht und Mitverantwortung des Staates zum Erlaß von Regelungen der geschilderten Art zwingen (zur verfassungsrechtlichen Beurteilung umweltrechtlicher Nachbarklagen vgl. BVerwG DVBl. 1977, S. 897). Auch die Beschwerdeführerin bezweifelt nicht, daß die bestehende normative Regelung jedenfalls insoweit verfassungsrechtlich unbedenklich ist, als sie für die Entscheidung des Ausgangsverfahrens Bedeutung hat. In ihren Grundrechten könnte sie daher nicht schon durch diese Regelung als solche, sondern lediglich durch deren Auslegung und konkrete Anwendung in der angegriffenen Entscheidung verletzt sein.

Die Auslegung und Anwendung verfassungsrechtlich unbedenklicher Regelungen unter Würdigung eines konkreten Sachverhalts obliegt nach ständiger Rechtsprechung in erster Linie den dafür zuständigen Fachgerichten. Deren Beurteilung ist vom Bundesverfassungsgericht nur begrenzt darauf nachzuprüfen, ob die angegriffene Entscheidung Auslegungsfehler erkennen läßt, die auf einer grundsätzlich unrichtigen Auffassung von der Bedeutung eines Grundrechts, insbesondere vom Umfang seines Schutzbereichs beruhen und die in ihrer Bedeutung für den konkreten Rechtsfall von einigem Gewicht sind (BVerfGE 18, 85 [92 f.][1]; 32, 311 [316]; 42, 143 [148 f.]; 49, 304 [314]). Die Intensität der gerügten Grundrechtsbeeinträchtigung und die Schwere der Auswirkungen für den Betroffenen können zwar das Bundesverfassungsgericht veranlassen, die vom Fachgericht vorgenommene Wertung durch seine eigene zu | ersetzen. Eine 62
derart weitreichende Nachprüfungsmöglichkeit erscheint aber in der Regel nicht gerechtfertigt, wenn ein Beschwerdeführer lediglich beanstandet, das Fachgericht habe im Verfahren nach § 80 Abs. 5 VwGO die Erfolgsaussichten der Hauptsache bei seiner summarischen Prüfung unzutreffend beurteilt und eine unzureichende Abwägung der konkreten beiderseitigen Interessen vorgenommen. Gerade

[1] BVerfGA Nr. 13.

hier kann es grundsätzlich nicht Aufgabe des Bundesverfassungsgerichts sein, seine Vorstellung von der zu treffenden Entscheidung an die Stelle derjenigen der Fachgerichte zu setzen, zumal der im vorläufigen Verfahren unterlegene Rechtsuchende die Möglichkeit behält, seine Rechte im Verfahren der Hauptsache weiter zu verfolgen.

II.

Die angegriffene Entscheidung beruht im Ergebnis nicht auf einer grundsätzlich unrichtigen Auffassung von der Bedeutung der als verletzt gerügten Grundrechte. …

2. Eine grundsätzlich unrichtige Auffassung von der Bedeutung des Grundrechtsschutzes könnte in erster Linie in den Ausführungen des Oberverwaltungsgerichts über die Funktion der atomrechtlichen Verfahrensvorschriften zu erblicken sein.

63 a) Im Zusammenhang mit der Klage- und Antragsbefugnis | der Beschwerdeführerin geht das Oberverwaltungsgericht davon aus, daß bei der Anfechtung von Verwaltungsakten mit Drittwirkung der belastete Dritte nur die Verletzung solcher rechtlichen Vorschriften geltend machen könne, die nicht nur dem allgemeinen öffentlichen Interesse, sondern auch seinen besonderen Belangen zu dienen bestimmt seien. Schutzfunktion zugunsten Dritter hätten grundsätzlich aber nur die Bestimmungen des materiellen Rechts. Vorschriften für das behördliche Verfahren hätten diese Funktion nur dann, wenn der der Rechtsnorm zugrunde liegende Schutzzweck gerade in der Wahrung der Anhörungs- und Mitwirkungsrechte selbst liege. Das sei für den Regelfall nicht anzunehmen. [*Wird ausgeführt.*]

65 Bei der verfassungsrechtlichen Beurteilung dieser Frage ist von der gefestigten Rechtsprechung des Bundesverfassungsgerichts auszugehen, daß Grundrechtsschutz weitgehend auch durch die Gestaltung von Verfahren zu bewirken ist und daß die Grundrechte demgemäß nicht nur das gesamte materielle, sondern auch das Verfahrensrecht beeinflussen, soweit dieses für einen effektiven Grundrechtsschutz von Bedeutung ist. Diese Rechtsprechung ist zunächst für den Grundrechtsschutz aus Art. 14 Abs. 1 GG (vgl. etwa BVerfGE 37, 132 [141, 148]; 46, 325 [334]; 49, 220 [225]) und aus Art. 12 Abs. 1 GG (vgl. etwa BVerfGE 39, 276 [294]; 44, 105 [119 ff.]; 45, 422 [430 ff.]) entwickelt worden. Inzwischen haben beide Senate des Bundesverfassungsgerichts bereits ausdrücklich entschieden, daß Art. 2 Abs. 2 GG ebenfalls eine dieses Grundrecht berücksichtigende

Verfahrensgestaltung gebietet (BVerfGE 51, 324 – Verhandlungsfähigkeit –; Beschluß vom 3. Oktober 1979 – 1 BvR 614/79 –[1], EuGRZ 1979, S. 554 – Räumungsschutz).

Das Grundrecht des Art. 2 Abs. 2 GG beeinflußt auch die Anwendung der Vorschriften über das behördliche und gerichtliche Verfahren bei der Genehmigung von Kernkraftwerken, deren vorrangige Aufgabe gerade darin besteht, Leben und Gesundheit vor den Gefahren der Kernenergie zu schützen. Das bedeutet nicht, daß jeder Verfahrensfehler in einem atomrechtlichen Massenverfahren bereits als Grundrechtsverletzung zu beurteilen wäre. Eine solche Verletzung kommt aber dann in Betracht, wenn die Genehmigungsbehörde solche Verfahrensvorschriften außer acht läßt, die der Staat in Erfüllung seiner | Pflicht zum Schutz der in Art. 2 Abs. 2 GG genannten Rechts- 66
güter erlassen hat. Keinesfalls dürfen daher die Gerichte bei der Überprüfung von atomrechtlichen Genehmigungsbescheiden ohne weiteres davon ausgehen, daß ein klagebefugter Dritter zur Geltendmachung von Verfahrensverstößen in der Regel nicht befugt sei.

Es bedarf keiner abschließenden Prüfung, welchen atomrechtlichen Verfahrensvorschriften verfassungsrechtliche Relevanz im Sinne der vorstehenden Erwägungen zukommt. Vielmehr kann davon ausgegangen werden, daß dazu auch die Vorschriften über die Beteiligung klagebefugter Dritter am Genehmigungsverfahren gehören und daß daher die Beschwerdeführerin entgegen der Ansicht des Oberverwaltungsgerichts auch geltend machen durfte, die Änderung der Gebäudeanordnung habe ein erneutes atomrechtliches Genehmigungsverfahren erfordert.

b) Auch wenn dies zugunsten der Beschwerdeführerin unterstellt wird, führt dies jedoch nicht zu einer Aufhebung des im Verfahren nach § 80 Abs. 5 VwGO ergangenen angegriffenen Beschlusses:

Die dargelegten Erwägungen hat das Oberverwaltungsgericht im Zusammenhang mit der Prüfung der Klage- und Antragsbefugnis der Beschwerdeführerin angestellt, die es aus anderen Gründen gleichwohl bejaht hat. Seine Ablehnung, die aufschiebende Wirkung der Klage wiederherzustellen, beruht nicht auf diesen Erwägungen, sondern auf seiner Beurteilung der Erfolgsaussichten der Anfechtungsklage. Für diese Beurteilung wäre der gerügte Verfahrensmangel nur unter der weiteren Voraussetzung erheblich, daß die Gebäudeänderung eine wesentliche Änderung im Sinne des § 7 Abs. 1 AtomG darstellte. Denn nur unter dieser Voraussetzung wäre die Durchführung

---

[1] BVerfGE 52 Nr. 8 S. 214, 219.

eines weiteren förmlichen Genehmigungsverfahrens erforderlich gewesen und könnte die Beschwerdeführerin wegen Unterlassung einer erneuten Anhörung in ihren Rechten verletzt sein.

Die Frage einer wesentlichen Änderung hat das Oberverwaltungs-
67 gericht vornehmlich unter dem Gesichtspunkt untersucht, | ob die freigegebene geänderte Gebäudeanordnung vom Genehmigungsbescheid abweicht. Anders als das Verwaltungsgericht hält es eine solche Abweichung bei der im Verfahren nach § 80 Abs. 5 VwGO vorgesehenen summarischen Prüfung jedenfalls nicht für offensichtlich. Ob seine Erwägungen in jeder Hinsicht zu überzeugen vermögen, unterliegt nicht der Nachprüfung durch das Bundesverfassungsgericht. …

3. Bei seinen weiteren Ausführungen geht das Oberverwaltungsgericht in verfassungsrechtlich unbedenklicher Weise davon aus, daß dann, wenn eine Anfechtungsklage nicht offensichtlich begründet erscheint, die Entscheidung über ihre aufschiebende Wirkung von einer Abwägung der beiderseitigen Interessen abhängt. Entgegen der in mehreren Stellungnahmen vertretenen Ansicht läßt auch diese Interessenabwägung eine Grundrechtsverletzung nicht erkennen.

Eine Interessenabwägung im Verfahren nach § 80 Abs. 5 VwGO könnte namentlich dann als grundsätzlich unrichtige Auffassung von
68 der Bedeutung eines Grundrechts und des dar | aus folgenden Anspruchs auf effektiven Rechtsschutz zu beanstanden sein, wenn dadurch der als Regel vorgesehene Suspensiveffekt der Anfechtungsklage zur Ausnahme wird und außer acht bleibt, daß durch eine sofortige Vollziehung unabänderliche Fakten geschaffen werden können (vgl. BVerfGE 35, 263 [274]; 35, 382 [401][1]; 51, 268). Unter diesem Gesichtspunkt läßt sich die angegriffene Entscheidung aber nicht schon deshalb beanstanden, weil die Behörden atomrechtliche Genehmigungsbescheide praktisch stets für sofort vollziehbar erklären (vgl. Winters, DÖV 1978, S. 265 [268]; Breuer, NJW 1977, S. 1121 [1122]). Abgesehen davon, daß die Verwaltungsgerichte diese Praxis keineswegs durchgängig bestätigt haben, kann – wie bereits das Oberverwaltungsgericht Lüneburg (DVBl. 1978, S. 67) zutreffend ausgeführt hat – die erwähnte Verwaltungspraxis allein noch nicht die Rechtswidrigkeit einer sofortigen Vollziehung im Einzelfall begründen, solange sichergestellt bleibt, daß dem Betroffenen durch Anrufung der Gerichte effektiver Rechtsschutz gegen die Herbeiführung irreparabler Tatsachen gewährt wird.

---

[1] BVerfGA Nr. 35.

Ist ein solcher Rechtsschutz gesichert, kann das Bundesverfassungsgericht die dem Fachgericht obliegende konkrete Abwägung der widerstreitenden Interessen nur sehr begrenzt nachprüfen. …

Abweichende Meinung der Richter Dr. Simon und Prof. Dr. Heußner zum Beschluß des Ersten Senats vom 20. Dezember 1979 – 1 BvR 385/77 – 69

I.

Auch wir halten die materiell- und verfahrensrechtlichen Vorschriften für die Genehmigung von Atomkraftwerken als solche für verfassungsrechtlich unbedenklich, soweit sie der Entscheidung des Ausgangsverfahrens zugrunde liegen. Abweichend von der Mehrheit sind wir aber der Meinung, daß Genehmigungsbehörde und Beschwerdegericht diese Regelung nicht verfassungskonform angewendet haben.

Zum gleichen Ergebnis wäre wohl auch die Mehrheit gelangt, wenn es sich beim Ausgangsverfahren um das Verfahren der Hauptsache und nicht um eine bereits ausgeführte einstweilige Maßnahme gehandelt hätte. Auch sie hält es für möglich, daß das Oberverwaltungsgericht die verfassungsrechtliche Relevanz des Verfahrensrechts verkannt hat; sie meint dies letztlich deshalb offen lassen zu
können, weil sie es für unbedenklich ansieht, daß | das Oberverwal- 70
tungsgericht die Beschwerdeführerin zur abschließenden Klärung auf das Verfahren der Hauptsache verweist. Auch dieses Verfahren könnte aber mit verfassungsrechtlich angreifbaren Entscheidungen enden und auf diese Weise zu erheblichen Zeitverlusten führen, wenn die Relevanz der atomrechtlichen Verfahrensvorschriften nicht rechtzeitig geklärt wird. Zu dieser Klärung will das Sondervotum in erster Linie beitragen (dazu unten II). Wird ferner das Verfahrensrecht in seiner Bedeutung für einen bestmöglichen Grundrechtsschutz wirklich ernst genommen, muß sich eine verfassungswidrige Anwendung und Beurteilung von Verfahrensregeln auch für das vorläufige Rechtsschutzverfahren nach § 80 Abs. 5 VwGO auswirken.

Hätte das Oberverwaltungsgericht den gerügten Verfahrensverstoß berücksichtigt, hätte es nach unserer Auffassung ebenso wie das Verwaltungsgericht die aufschiebende Wirkung der Anfechtungsklage der Beschwerdeführerin wieder herstellen müssen. Das Ausgangsverfahren ist geradezu ein Lehrstück für eine Verfahrensgestaltung, die zwar eine reibungslose Durchführung des behördlichen Verfah-

rens erleichtert, die aber die Mitwirkungsrechte betroffener Bürger überspielt und deren ohnehin vorhandene Ohnmachterfahrungen gegenüber Staatsapparat und einflußreichen Interessenten bestätigt – mag das auch subjektiv so nicht gewollt gewesen sein und letztlich seine Ursache in der Schwierigkeit haben, den »Zielkonflikt zwischen Richtigkeit und Rechtzeitigkeit von Entscheidungen in Massenverfahren« angemessen lösen zu müssen (dazu unten III 1). Entgegen der Ansicht der Mehrheit läßt sich jedenfalls nicht ausschließen, daß das Oberverwaltungsgericht ohne seine verfassungsrechtlich unrichtige Beurteilung von Verfahrensverstößen sowohl die Erfolgsaussichten der Hauptsache anders beurteilt als auch die beider-
71 seitigen Interessen anders abgewogen hätte | (dazu unten III 2 a und b); seine Ausführungen dazu erscheinen sogar noch unter weiteren Gesichtspunkten bedenklich.

II.

Eine konsequente Fortführung der bisherigen Rechtsprechung zur verfassungsrechtlichen Relevanz des Verfahrensrechts zwingt zu dem Schluß, daß die Beurteilung der atomrechtlichen Verfahrensvorschriften durch das Oberverwaltungsgericht mit dem Grundrecht der Beschwerdeführerin aus Art. 2 Abs. 2 GG unvereinbar ist. Diese Rechtsprechung hat allerdings erst nach Erlaß der angegriffenen Entscheidung deutliche Konturen gewonnen.

1. In seinem Bericht für die IV. Konferenz der Europäischen Verfassungsgerichte hat Herr Kollege Hesse die in der Rechtsprechung zunehmend betonte Grundrechtsverwirklichung durch Organisation und Verfahren zutreffend als eine der wichtigsten Tendenzen der neueren Grundrechtsinterpretation gewürdigt (EuGRZ 1978, S. 427; vgl. auch Art. 24 des Entwurfs für eine neue schweizerische Verfassung). Damit Grundrechte ihre Funktion in der sozialen Wirklichkeit erfüllen könnten, bedürfe es nicht nur näherer inhaltlicher Normierungen, sondern auch geeigneter Organisationsformen und Verfahrensregelungen. Zugleich wirkten die Grundrechte ihrerseits auf das bestehende Organisations- und Verfahrensrecht ein, und zwar nicht nur die eigentlichen verfahrensrechtlichen, sondern auch die materiellen Grundrechte. Diese Zusammenhänge gewännen verstärkte Bedeutung in einer Zeit, in der es in zunehmendem Maße der Abgrenzung und Zuordnung der Bereiche menschlicher Freiheit und eines Ausgleichs kollidierender Grundrechtspositionen bedürfe; hier er-

wiesen sich Organisation und Verfahren oft als möglicherweise einziges Mittel, um ein grundrechtsgemäßes Ergebnis herbeizuführen.

Auf der gleichen Linie bewegen sich die Erwägungen von Herrn Kollegen Böhmer in seinem Sondervotum zur Zwangs | versteige- 72
rung (BVerfGE 49, 220 [235]). Danach haben die staatlichen Organe nicht nur die Pflicht, die materiellen Grundrechte zu beachten, sie müßten ihnen auch durch eine entsprechende Verfahrensgestaltung Wirksamkeit verschaffen. Wenn das Verfahrensrecht nicht auf die Effektuierung der Grundrechte ausgerichtet sei, könne deren substantieller Gehalt beeinträchtigt werden. Im Grunde sei ein ordnungsgemäßes Verfahren die einzige Möglichkeit, Grundrechte durchzusetzen oder wirksam zu gewährleisten. Dies zwinge die staatlichen Organe zu einer grundrechtskonformen Auslegung und Handhabung der Verfahrensvorschriften.

Diese Überlegungen stehen im Einklang mit der Rechtsprechung beider Senate des Bundesverfassungsgerichts. Die einschlägigen Entscheidungen befaßten sich anfangs vor allem mit der Sicherung eines effektiven Rechtsschutzes vor Gericht. Dabei knüpft der Zweite Senat bevorzugt bei den verfassungsrechtlichen Verfahrensgrundrechten, insbesondere bei Art. 19 Abs. 4 GG an, der nicht nur das Recht umfasse, die Gerichte anzurufen, sondern auch den substantiellen Anspruch auf wirksame gerichtliche Kontrolle, etwa in dem Sinne, daß das Beschreiten des Rechtswegs nicht in unzumutbarer Weise erschwert werden dürfe (BVerfGE 40, 272 [274 f.]; 41, 23 [26]) oder daß soweit als möglich zu verhindern sei, durch die sofortige Vollziehung hoheitlicher Maßnahmen vollendete Tatsachen zu schaffen (BVerfGE 37, 150 [153]; 46, 166 [177 f.]). Ferner rechnet der Zweite Senat das Recht auf ein faires Verfahren zu den wesentlichen Grundsätzen eines rechtsstaatlichen Verfahrens namentlich im Bereich des Strafprozesses und des Disziplinarrechts (BVerfGE 26, 66 [71]; 38, 105 [111]; 39, 238 [243]; 40, 95 [99]; 46, 202 [210]). Auch der Erste Senat betont selbstverständlich die in Art. 19 Abs. 4 GG enthaltene Garantie eines effektiven Rechtsschutzes (BVerfGE 35, 263 [274]; 35, 382 [401][1]; 51, 268). Darüber hinaus geht der Erste – in neueren Entscheidungen auch der Zweite – Senat davon aus, daß bereits die einzelnen Grundrechte ihrerseits nicht nur die Ausge | staltung des 73
materiellen Rechts beeinflussen, sondern auch Maßstäbe für eine den Grundrechtsschutz effektuierende Verfahrensgestaltung und für eine verfassungskonforme Anwendung der vorhandenen Verfahrensvor-

[1] BVerfGA Nr. 35.

schriften setzen. Demgemäß hat er unmittelbar aus der Eigentumsgarantie des Art. 14 GG die Pflicht hergeleitet, bei Eingriffen in dieses Grundrecht einen effektiven Rechtsschutz zu gewähren (BVerfGE 24, 367 [401] – Hamburger Deichgesetz[1]; BVerfGE 35, 348 [361] – Armenrecht; BVerfGE 37, 132 [141, 148] – Wohnraumkündigung; BVerfGE 45, 297 [322, 333] – Hamburger U-Bahn; BVerfGE 46, 325 [334]; 49, 220 [225]; 51, 150 – sämtlich zur Zwangsversteigerung), der den Anspruch auf faire Verfahrensführung einschließe. Gleiche verfahrensrechtliche Konsequenzen wurden aus dem Grundrecht der Berufsfreiheit gezogen (BVerfGE 39, 276 [294] – Passivlegitimation für Zulassungsklagen; BVerfGE 41, 251 [265] – schulrechtliche Ordnungsmaßnahmen; BVerfGE 44, 105 [119 ff.]; 45, 422 [430 ff.]; 48, 292 [297 f.] – vorläufige Berufsverbote und Amtsenthebungen; BVerfGE 50, 16 [30] – Anfechtbarkeit von Mißbilligungen); um eine grundrechtskonforme Prüfung der Prozeßfähigkeit eines Anwalts zu gewährleisten, müßten notfalls sogar verfahrensrechtliche Lücken geschlossen werden (BVerfGE 37, 67 [81]). Inzwischen haben beide Senate ebenfalls aus Art. 2 Abs. 2 GG die Pflicht zu einer Verfahrensgestaltung hergeleitet, die eine Verletzung der durch dieses Grundrecht geschützen Rechtsgüter tunlichst ausschließt (BVerfGE 51, 324 – Verhandlungsunfähigkeit; Beschluß vom 3. Oktober 1979; EuGRZ 1979, S. 554 – Räumungsschutz.[2] Schließlich wurde auch in der Entscheidung zur Asylgewährung vom 14. November 1979 (EuGRZ 1979, S. 633)[3] ausdrücklich die verfassungsrechtliche Pflicht betont, in der Verfahrensgestaltung auf einen »bestmöglichen Schutz« des
74 Grundrechts aus Art. 16 Abs. 2 GG hinzu | wirken, und demgemäß die Durchführung weiterer Beweiserhebungen gefordert.

Die Auswirkungen der Grundrechte erschöpfen sich nach der Rechtsprechung nicht in der Garantie effektiven Rechtsschutzes in Gestalt einer wirksamen gerichtlichen Kontrolle unter fairer Verfahrensführung. Wenn diese Garantie bereits unmittelbar aus den Einzelgrundrechten folgt, dann kann dies auch auf die Gestaltung des vorherigen behördlichen Verfahrens nicht ohne Einfluß bleiben, soweit die behördliche Entscheidung diese Grundrechte berührt. Dies hat der Erste Senat inzwischen in einer Entscheidung zum Verfahren der juristischen Staatsprüfung ausdrücklich klargestellt (Beschluß

1 BVerfGA Nr. 20.
2 BVerfGE 52 Nr. 8 S. 214, 219.
3 BVerfGE 52 Nr. 18 S. 391, 408.

vom 13. November 1979 – 1 BvR 1022/78 –).[1] Auch in anderen Entscheidungen finden sich Erwägungen über weitergehende Konsequenzen für eine grundrechtskonforme Ausgestaltung und Anwendung des gesamten Verfahrensrechts. In ihren Entscheidungen zur Zwangsversteigerung heben beide Senate hervor, daß das Verfahrensrecht der »Herbeiführung gesetzmäßiger und unter diesem Blickpunkt richtiger, aber darüber hinaus auch im Rahmen dieser Richtigkeit gerechter Entscheidungen« diene (BVerfGE 42, 64 [73]; 46, 325 [333]; vgl. ferner Beschluß vom 25. Juli 1979[2], EuGRZ 1979, S. 506 [509] zum Beweisrecht im Arzthaftungsprozeß). Weitere Entscheidungen enthalten Erwägungen, die für den Bereich des Umweltschutzes besonders bedeutsam erscheinen. So warnt die Entscheidung zur Hamburger U-Bahn vor einer Verfahrensgestaltung, die ausschließlich nach den Bedürfnissen der Verwaltung so eingerichtet werde, daß das behördlich beabsichtigte Vorhaben möglichst reibungslos ausgeführt werden und der Bürger lediglich die von der Verwaltung geschaffenen Tatsachen zur Kenntnis nehmen könne; die Notwendigkeit des Gesprächs zwischen Verwaltung und Bürger entspreche dem grundgesetzlichen Verständnis der Stellung des | Bürgers im Staat 75
(BVerfGE 45, 297 [330 ff., insbesondere 335]). Andere Entscheidungen enthalten Hinweise zur Gestaltung des Verfahrensrechts für den Fall, daß sich materiell-rechtliche Voraussetzungen für eine staatliche Maßnahme nur durch ausfüllungsbedürftige Normbegriffe und Generalklauseln umschreiben lassen: Alsdann sei um so wichtiger, wer über die Ausfüllung und Anwendung dieser Normen entscheide und wie dieses Entscheidungsverfahren gestaltet sei; solche Normen und Generalklauseln erschienen eher tragbar, wenn durch ein formalisiertes, gerichtlich kontrollierbares Verfahren dafür vorgesorgt werde, daß die wesentlichen Entscheidungsfaktoren geprüft und die mit der Norm angestrebten Ziele wirklich erreicht würden (BVerfGE 33, 303 [341] – zur Kapazitätsermittlung[3]; BVerfGE 41, 251 [265] und 44, 105 [116] – für Ordnungs- und Disziplinarmaßnahmen).

2. Wenn schon in den zuvor zitierten Fällen dem Verfahrensrecht verfassungsrechtliche Relevanz beigemessen und eine Verfahrensgestaltung gefordert wird, die auf einen bestmöglichen Grundrechtsschutz hinwirkt, dann muß dies auch und erst recht für das atomrechtliche Genehmigungsverfahren gelten. Denn dieses Verfahren be-

---

[1] BVerfGE 52 Nr. 17 S. 380, 289 f.

[2] BVerfGE 52 Nr. 5 S. 131.

[3] BVerfGA Nr. 31.

zweckt bevorzugt gerade die Sicherung der durch Art. 2 Abs. 2 GG geschützten Rechtsgüter vor dem in Atomkraftwerken verkörperten außerordentlichen Gefährdungspotential und soll demgemäß diesem Grundrecht zur Durchsetzung verhelfen. Seine verfassungsrechtliche Relevanz beruht zudem darauf, daß die Genehmigung als Verwaltungsakt mit Drittwirkung einen Ausgleich zwischen verschiedenen grundrechtlich geschützten Rechtspositionen finden muß und dabei den Betreiber zu Handlungen ermächtigt, die weit über dessen eigene Rechtssphäre hinauswirken können. Die Notwendigkeit zum Grundrechtsschutz durch Verfahrensgestaltung folgt hier insbesondere aus zwei Besonderheiten, die bereits in der Kalkar-Entscheidung (BVerfGE 49, 89)[1] hervorgehoben worden sind:

76 In dieser Entscheidung weist der Zweite Senat darauf hin | (a.a.O., S. 133 ff.), daß der Gesetzgeber für das materielle Genehmigungsrecht in weitem Umfang unbestimmte Rechtsbegriffe verwende; dies beruhe auf den besonderen Schwierigkeiten des in ständiger Entwicklung befindlichen technischen Sicherungsrechts und diene zugleich einem zukunftsgerichteten dynamischen Grundrechtsschutz. Diese Verwendung unbestimmter Rechtsbegriffe sei zulässig; doch würden dadurch die Schwierigkeiten der verbindlichen Konkretisierung und der laufenden Anpassung sicherheitstechnischer Anforderungen an den neuesten Erkenntnisstand mehr oder weniger auf die administrative und judikative Ebene verlagert. Behörden und Gerichte müßten das Regelungsdefizit der normativen Ebene ausgleichen. Trifft diese Beurteilung zu – und sie entspricht zumindest der geltenden Regelung – dann kann es nach der zitierten bisherigen Rechtsprechung verfassungsrechtlich nicht gleichgültig sein, wie gerade auch das behördliche Genehmigungsverfahren strukturiert ist und wer als Beteiligter auf die Entscheidung Einfluß nehmen kann (vgl. dazu auch Hansmann in seinem Referat auf dem Wiesbadener Juristentag 1978, Bd. II, S. K 38 f.). Für einen effektiven Grundrechtsschutz der potentiell Gefährdeten ist angesichts des Ausmaßes denkbarer Gefahren entscheidend, daß bereits das behördliche Verfahren geeignet ist, im konkreten Fall zu »richtigen« sicherheitsrelevanten Entscheidungen zu führen. Wahrscheinlich läßt sich nur über das Verfahrensrecht verhindern, daß der Bereich zwischen Recht und Technik zum juristischen Niemandsland wird.

Ein geeignetes, den Schutz der Gefährdeten sicherstellendes Verfahren zur Entscheidungsbildung ist im Bereich der wirtschaftlichen Nutzung der Atomenergie auch aus einem weiteren, ebenfalls im Kal-

[1] BVerfGA Nr. 44.

kar-Beschluß angesprochenen Grund bedeutsam (a.a.O., S. 142 f.). Während im herkömmlichen Bereich die sicherheitstechnischen Anforderungen auf einem mehr oder minder umfassenden empirischen Material beruhen, mußte auf dem Gebiet der Kerntechnik eine »Sicherheitsphilosophie« vorausgedacht und versucht werden, aufgrund theoretischer Über | legungen und wissenschaftlicher Untersuchun- 77
gen mögliche Störfälle vorauszusehen und die erforderlichen Schutzmaßnahmen zu entwickeln (s. dazu insbesondere Dokumentation der Bundesregierung zur friedlichen Nutzung der Kernenergie, 2. Aufl. 1978, S. 276 ff.). Dabei kann es sich – wie es im Kalkar-Beschluß zutreffend heißt – nur um Annäherungswissen handeln, das durch jede neue Erfahrung korrigierbar ist und sich insofern »immer nur auf dem neuesten Stand unwiderlegten möglichen Irrtums befindet«. Da ferner diese Sicherheitsphilosophie mit nur denkbaren Risiken arbeitet, hängt deren Beurteilung einschließlich der Einplanung entsprechender Schutzmaßnahmen von Wertungen ab, die sich schwerlich freihalten lassen von den jeweiligen grundsätzlichen Standpunkten und subjektiven Interessen. Um so wesentlicher erscheint es, die Standpunkte, Interessen und Befürchtungen aller Beteiligten rechtzeitig in das Genehmigungsverfahren einzubeziehen und durch einen Prozeß der Kommunikation zwischen Kraftwerksbetreibern, gefährdeten Bürgern und zuständigen Behörden eine sachgemäße Berücksichtigung aller maßgeblichen Gesichtspunkte sicherzustellen. Daß dieser Kommunikationsprozeß nur bei einem *allseits* fairen und vernünftigen Verhalten funktionieren kann, liegt auf der Hand.

3. Nach alledem kann das atomrechtliche Verfahrensrecht ohne Zweifel ebensowenig grundrechtsneutral sein wie die materiell-rechtliche Regelung der Genehmigungsvoraussetzungen. Das bedeutet nicht, daß sich unmittelbar aus der in Art. 2 Abs. 2 GG verkörperten objektiven Grundentscheidung eine ins einzelne gehende Verfahrensgestaltung herleiten ließe. Auch stimmen wir der Mehrheit darin zu, daß in atomrechtlichen Massenverfahren nicht jeder Verfahrensfehler als Grundrechtsverletzung zu beurteilen ist und daß im übrigen selbstverständlich die Entscheidungsprärogative der zuständigen Behörde gewahrt bleiben muß. Andererseits ergeben sich aber aus dem verfassungsrechtlichen Ansatzpunkt und unter Berücksichtigung der mit der Erteilung von Genehmigungen verbundenen gestei | gerten 78
staatlichen Mitverantwortung in mehrfacher Richtung Konsequenzen sowohl für die normative Ausgestaltung des Verfahrensrechts als auch für dessen Anwendung. Das gilt insbesondere für das gerichtliche Rechtsschutzverfahren und das vorgelagerte behördliche Geneh-

migungsverfahren, aber auch – das ist bislang kaum erörtert worden – für die Zusammensetzung und Verfahrensweise solcher Kommissionen, die allgemeine Sicherheitsrichtlinien oder Immissionsgrenzwerte erarbeiten und damit weitreichende Entscheidungen präjudizieren. Ob in jeder dieser Richtungen die vorhandenen Regelungen ihrerseits den verfassungsrechtlichen Anforderungen genügen oder ob bereits ein normatives Regelungs- und nicht nur ein vielfach behauptetes Vollzugsdefizit besteht, kann – anders als im Blick auf das materielle Recht – zumindest zweifelhaft sein (vgl. die Vorschläge des Wiesbadener Juristentags zur Offenlegungspflicht für alle entscheidungserheblichen Unterlagen, zum Rechtsanspruch auf Akteneinsicht und zur Einbeziehung von behördlichen Stellungnahmen und Sachverständigengutachten in den Erörterungstermin, Beschlüsse des 52. Deutschen Juristentages 1978, Bd. II, S. K 215 f.). Darauf braucht indessen nicht weiter eingegangen zu werden, da ein etwaiges Regelungsdefizit für die Entscheidung des Ausgangsverfahrens nicht erheblich wäre.

Für diese Entscheidung genügt die Tatsache, daß der Normgeber in Erfüllung der ihm obliegenden verfassungsgerichtlichen Schutzpflicht und Mitverantwortung sowohl für Errichtung und Betrieb als auch für wesentliche Veränderungen eines Atomkraftwerks ein formalisiertes Genehmigungsverfahren vorgeschrieben hat. Daraus folgt – wie auch die Mehrheit betont – für die Gerichte die Pflicht, bei der Auslegung und Anwendung der vorhandenen Verfahrensvorschriften den Einfluß des Art. 2 Abs. 2 GG zu beachten. Dieser Einfluß geht insbesondere dahin, daß Mängel im Genehmigungsverfahren, jedenfalls soweit sie dessen Schutzaufgabe berühren, nicht als unerhebli-
79 che Verfahrensverstöße, sondern als grundrechtsrelevant be | handelt
und daß die von hier aus gebotenen Folgerungen für die Gewährung von Rechtsschutz und die Beurteilung der zu entscheidenden Fragen gezogen werden müssen. Dazu gehört, daß der Träger des Grundrechts die Verletzung »grundrechtsschützender« Verfahrensvorschriften im gerichtlichen Verfahren geltend machen kann. Ob die Gerichte diesen Einfluß des Art. 2 Abs. 2 GG auf das von ihnen anzuwendende Recht beachtet haben, unterliegt der verfassungsgerichtlichen Überprüfung. Das gilt auch für das Verfahren nach § 80 Abs. 5 VwGO. Dieses dient der Effektivität des nach Art. 19 Abs. 4 GG verfassungsrechtlich gebotenen Rechtsschutzes (BVerfGE 35, 263 [264]); es ist damit ein Element des Grundrechtsschutzes, das von der Gewährleistungsfunktion der materiellen Grundrechte umfaßt und ebenfalls verfassungsrechtlich beeinflußt wird. Dieser Einfluß schließt es aus,

Verfahrensverstöße der genannten Art im vorläufigen Rechtsschutzverfahren bei der Beurteilung der Erfolgsaussichten der Klage oder bei der Abwägung der Interessen als für die Entscheidung unerheblich beiseite zu lassen.

Zu den grundrechtsschützenden Verfahrensvorschriften gehören
sicherlich diejenigen Regelungen für die Genehmigung sicherheitsre-
levanter Anlageteile, die zum Schutz gefährdeter Dritter eine richtige
Entscheidung über die nach dem Stand von Wissenschaft und Tech-
nik erforderliche Schadensvorsorge und damit einen effektiven
Rechtsschutz dieser Dritten bezwecken. Dazu zählen auch und gera-
de die Vorschriften über die Verfahrensbeteiligung solcher klagebe-
fugter Dritter am Genehmigungsverfahren, deren Grundrecht aus Art.
2 Abs. 2 GG durch die Genehmigung eines Kernkraftwerks berührt
wird. Diese sind – anders als zahlreiche andere Verfahrensregeln, de-
ren Einhaltung in der bisherigen Rechtsprechung von Verfassungs
wegen gefordert wurde – sogar eine unmittelbare Ausprägung der
grundrechtsschützenden Funktion des Verfahrensrechts; würde aus-
gerechnet dieser Mitwirkungsbefugnis die verfassungsrechtliche Re-
levanz abgesprochen, bliebe an grundrechtsschützenden Vorschriften
für das atomrechtliche | Genehmigungsverfahren kaum etwas übrig. 80
Die Linie der bisherigen verfassungsgerichtlichen Rechtsprechung
wird nur folgerichtig weitergeführt, wenn Redeker, Blümel und Kim-
minich in den von der Mehrheit zitierten Veröffentlichungen (vgl.
C II 2 a)[1] den Standpunkt vertreten, daß die Öffentlichkeitsbeteili-
gung nicht allein zur umfassenden Information der zuständigen Be-
hörden diene, sondern zu einem vorbeugenden Grundrechtsschutz
mit dem Zweck, begründet erscheinenden Einwendungen und Beden-
ken schon im behördlichen Genehmigungsverfahren Rechnung zu
tragen und damit dem grundrechtlich gebotenen Schutz von Leben
und Gesundheit vor den Gefahren der Kernenergie möglichst frühzei-
tig gerecht zu werden. Es sei daran erinnert, daß Häberle schon 1971
in seinem bekannten Regensburger Vortrag »Grundrechte im Lei-
stungsstaat« die Komplementärfunktion des Verfahrensrechts für die
Grundrechtsverwirklichung herausgearbeitet und sogar einen Status
activus processualis entwickelt hatte, der nicht erst das gerichtliche
Verfahren beeinflusse, sondern vor allem den vorweggehenden
Rechtsschutz im behördlichen Verfahren präge in Richtung auf Betei-
ligungs- und Anhörungsrechte und einen Kommunikationsprozeß,
der einer Konfrontation von Grundrechtsinteressen und »entschiede-

[1] S. 64 [der amtlichen Sammlung].

nen Vorhaben« vorbeuge (VVDStRL 30 [1972], S. 43 [86 ff., 121 ff.]; ferner: Verfassung als öffentlicher Prozeß, 1978, S. 677 ff.). Nur eine solche Beurteilung der Verfahrensbeteiligung wird – wie bereits in der zitierten Entscheidung zur Hamburger U-Bahn für eine weniger gewichtige Problematik dargelegt worden ist – dem grundgesetzlichen Verständnis von der Stellung des Bürgers im Staat gerecht.

Grundrechtsschützende Bedeutung kommt der Verfahrensbeteiligung gefährdeter Bürger auch insoweit zu, als das Atomrecht für den Fall wesentlicher Änderungen eines Vorhabens die Durchführung eines förmlichen Genehmigungsverfahrens vorschreibt. Der verfassungsrechtlich gebotene Einfluß des Bürgers auf die Entscheidungs-
81 bildung würde leerlaufen, wenn er | keinerlei Gelegenheit erhielte, sich mit den Behörden und den Antragstellern über eine geänderte Konzeption auseinanderzusetzen. Dabei erscheint – wie in dem von der Beschwerdeführerin überreichten Gutachten des Wissenschaftlichen Dienstes des Bundestages unter Auswertung von Rechtsprechung und Schrifttum zu vergleichbaren Regelungen im einzelnen dargelegt und auch von der Mehrheit anerkannt wird – die Durchführung eines die Dritten beteiligenden Verfahrens nicht nur dann geboten, wenn die Änderung das Sicherheitsniveau nachgewiesenermaßen negativ beeinflußt, sondern bereits dann, wenn sich solche Auswirkungen darauf in nicht offensichtlich unerheblichem Ausmaß einstellen können; denn das behördliche Verfahren dient gerade der Prüfung, ob solche Auswirkungen zu befürchten sind. Das gilt auch dann, wenn – wie im vorliegenden Fall – geltend gemacht wird, eine Änderung führe zur erhöhten Sicherheit gegenüber bestimmten Gefahren und deshalb müßten gewisse Nachteile in anderer Richtung in Kauf genommen werden. Auch wenn es sich um die Beurteilung sicherheitstechnischer Alternativen handelt, muß für betroffene Dritte die Möglichkeit gewahrt bleiben, im Erörterungstermin Rechenschaft zu fordern und Stellung zu nehmen. Etwaige mit diesem Standpunkt verbundene Erschwerungen und Zeitverluste für das behördliche Verfahren dürften sich weitgehend dadurch vermeiden lassen, daß die Betreiber ihrerseits rechtzeitig alle erforderlichen Schutzmaßnahmen prüfen und im vorgeschriebenen Sicherheitsbericht zusammen mit den Antragsunterlagen darlegen. Im vorliegenden Fall erscheint es schwer verständlich, daß sie die Bodenuntersuchungen erst nach Antragstellung durchgeführt und die daraus hergeleiteten Konsequenzen für die Gebäudeanordnung sogar erst nach Erteilung der Ersten Teilgenehmigung vorgelegt haben.

Abschließend mag noch bemerkt werden, daß eine faire Anwendung des Verfahrensrechts im vorstehend dargelegten Sinne noch gewichtige zusätzliche Vorteile erbringt. Sie ist Voraussetzung für die unerläßliche Akzeptanz atomrechtlicher Entscheidungen durch die 82
Bevölkerung und ermöglicht es darüber hinaus der Verwaltungsgerichtsbarkeit, den Schwerpunkt ihrer Nachprüfung von der schwierigen Beurteilung technischer und naturwissenschaftlicher Streitfragen mehr auf eine Verhaltens- und Verfahrenskontrolle der eigentlichen Entscheidungsträger zu verlagern und damit auf eine Aufgabe, für die die Gerichte besser gerüstet sind und deren sorgfältige Erfüllung zugleich dem Bürger angemessenen Rechtsschutz gewährleistet.

III.

Die verfassungsrechtliche Relevanz der atomrechtlichen Vorschriften über die Bürgerbeteiligung hat das Oberverwaltungsgericht nicht nur verkannt. Es ist vielmehr ausdrücklich davon ausgegangen, daß die an sich klagebefugte Beschwerdeführerin überhaupt keine Verfahrensverstöße geltend machen dürfe (vgl. C II 2 a des Senatsbeschlusses).[1] Die darin liegende grundsätzlich unrichtige Auffassung von der Bedeutung des Grundrechtsschutzes nötigte entgegen der Ansicht der Mehrheit zur Aufhebung der angegriffenen Entscheidung.

1. Enthält die Begründung einer gerichtlichen Entscheidung eine derart schwerwiegende Grundrechtsverletzung, zwingt dies schon deshalb zu ihrer Aufhebung, weil sich in aller Regel nicht ausschließen läßt, daß das Fachgericht bei richtiger Betrachtung zu einem anderen Ergebnis gelangt wäre. Es genügt, wenn der Beschwerdeführer, der durch eine verfassungswidrige Rechtsanwendung in einer Gerichtsentscheidung betroffen ist, mit deren Aufhebung die Chance erhält, daß eine erneute verfassungsgemäße Sachprüfung zu einem für ihn günstigeren Ergebnis führt (vgl. BVerfGE 35, 324 [334] m.w.N.; 39, 258 [264 f., 274]). Mit einer entsprechend knappen Begründung in der auch sonst üblichen lapidaren Kürze begnügt sich denn auch die jüngst ergangene Senatsentscheidung zur Asylgewährung (EuGRZ 1979, S. 633 [638]).[2] Nach der bisherigen Rechtsprechung 83
kommt eine Abweisung der Verfassungsbeschwerde in solchen Fällen nur dann in Betracht, wenn die Möglichkeit einer für den Beschwerdeführer günstigeren Entscheidung mit *Sicherheit* zu verneinen ist,

---

[1] S. 62 ff. [der amtlichen Sammlung].

[2] BVerfGE 52 Nr. 8 S. 391, 410.

etwa wenn sich aus der angefochtenen Entscheidung selbst hinreichend ergibt, daß das Fachgericht ohne den Verfassungsverstoß aus anderen Gründen im Ergebnis ebenso entschieden hätte. Diese Voraussetzung liegt – wie noch auszuführen sein wird (unten 2) – entgegen der Meinung der Mehrheit nicht vor. Es ist im Gegenteil mit hoher Wahrscheinlichkeit anzunehmen, daß das Oberverwaltungsgericht bei richtiger Betrachtungsweise dem Antrag auf Wiederherstellung der aufschiebenden Wirkung der Anfechtungsklage ebenso wie das Verwaltungsgericht hätte stattgeben müssen. [*Wird ausgeführt.*]

89 2. Die angegriffene Entscheidung des Oberverwaltungsgerichts hätte aber auch dann aufgehoben werden müssen, wenn man den vorstehenden Grundsatz als zu weitgehend ansieht. Denn jedenfalls läßt sich entgegen der Auffassung der Mehrheit nicht ausschließen, daß die grundsätzlich unrichtige Beurteilung des Verfahrensrechts durch das Oberverwaltungsgericht sowohl die Prüfung der Erfolgsaussichten der Anfechtungsklage als auch die Interessenabwägung beeinflußt hat. …

91 b) Die grundsätzlich unrichtige Auffassung über die Bedeutung von Verfahrensverletzungen hat darüber hinaus auch die Interessenabwägung des Oberverwaltungsgerichts beeinflußt.

Infolge seines verengten Ausgangspunkts hat das Oberverwaltungsgericht die Interessen der Beschwerdeführerin unterbewertet. Denn es hat auf deren Seite völlig außer acht gelassen, daß sie durch die unterbliebene Durchführung eines Anhörungsverfahrens in ihren Grundrechten verletzt worden sein könnte und daß zumindest diese Grundrechtsverletzung irreparabel wurde, wenn der angegriffene Bescheid ohne *vorherige* Anhörung verwirklicht wurde. Daß bei der Interessenabwägung im Rahmen vorläufigen Rechtsschutzes auch die Möglichkeit von Grundrechtsverletzungen ins Gewicht fällt, ist für einstweilige Anordnungen im verfassungsgerichtlichen Verfahren wiederholt ausgesprochen worden (vgl. BVerfGE 34, 341 [344]; 36, 137 [139]; 49, 189 [191]). Für verwaltungsgerichtliche Entscheidungen über die Wiederherstellung der aufschiebenden Wirkung von Anfechtungsklagen kann schon deshalb nichts anderes gelten, weil dieser Suspensiveffekt als Regel vorgeschrieben ist.

Darüber hinaus bestehen gegen die Interessenabwägung des Oberverwaltungsgerichts noch aus weiteren Gründen verfassungsrechtliche Bedenken, auf die die Mehrheit nicht näher eingeht. Nach Meinung des Oberverwaltungsgerichts muß gegenüber den Interessen der Betreiber an einer sofortigen Vollziehung der Freigabe das entgegenstehende Interesse der Beschwerdeführerin vor allem des-

halb weichen, weil sie erst durch den | Betrieb, nicht dagegen durch 92
die Errichtung des Atomkraftwerks eine irreparable Rechtsbeeinträchtigung zu befürchten habe. Diese Ausklammerung der Betriebsgefahren aus der Interessenabwägung erscheint uns verfassungsrechtlich bedenklich. …

Nach unserer Auffassung gebührt bei verfassungskonformer Auslegung des § 80 Abs. 5 VwGO derjenigen Meinung der Vorzug, die auch bei der Entscheidung über die sofortige Vollziehung von Errichtungsgenehmigungen die jeweils in Betracht kommenden Betriebsgefahren mit berücksichtigt. Auszugehen ist von der Rechtsprechung des Bundesverfassungsgerichts, wonach der im Regelfall vorgeschriebene Suspensiveffekt von Anfechtungsklagen eine adäquate
Ausprägung der verfassungs | rechtlichen Rechtsschutzgarantie und 93
ein fundamentaler Grundsatz des öffentlich-rechtlichen Prozesses ist; eine Verwaltungspraxis, die das Regel-Ausnahme-Verhältnis umkehrt, indem etwa Verwaltungsakte der vorliegenden Art generell für sofort vollziehbar erklärt werden, und eine Rechtsprechung, die eine solche Praxis billigt, wäre mit der Verfassung nicht vereinbar (BVerfGE 35, 263 [274]; 35, 382 [402][1]; 51, 268). Zu einer solchen generellen Umkehr führt aber praktisch unvermeidlich eine Interessenabwägung, die bei der Entscheidung, ob die aufschiebende Wirkung einer Anfechtungsklage gegen Errichtungsgenehmigungen wiederherzustellen ist, die späteren Betriebsgefahren außer acht läßt. Denn da der Erfolg solcher Anfechtungsklagen nahezu stets offen ist, hängt die Entscheidung in aller Regel von der Interessenabwägung ab; werden aus dieser Abwägung von vornherein etwaige Betriebsgefahren ausgeklammert, läßt sich schwer vorstellen, daß das Interesse Dritter überwiegen könnte und daß der seinen Grundrechsschutz aus Art. 2 Abs. 2 GG verfolgende Anfechtungskläger bei Errichtungsgenehmigungen jemals eine Wiederherstellung der aufschiebenden Wirkung erreichen könnte. Daß eine derartige Umkehr des Regel-Ausnahme-Verhältnisses ausgerechnet bei der Errichtung solcher Anlagen, die ein außerordentliches Gefährdungspotential verkörpern, vertretbar sein sollte, leuchtet nicht ein. Überzeugender erscheint die Mahnung des im Bundesministerium des Innern zuständigen Ministerialdirektors Sahl auf dem Fünften Deutschen Atomrechts-Symposium (S. 334), das für Ausnahmen konzipierte Rechtsinstitut der sofortigen Vollziehung müsse im Unterschied zur bisherigen Praxis mit größerer

---

[1] BVerfGA Nr. 35.

Sorgfalt und vor allem mit größter Zurückhaltung gehandhabt werden.

Abgesehen von diesen allgemeinen Bedenken kann eine derart eingeschränkte Interessenabwägung auch aus folgenden Gründen dem verfassungsrechtlich gebotenen und durch die geltende gesetzliche Regelung ermöglichten Schutz gefährdeter Dritter nicht gerecht
94 werden. Sie steht schon in einem schwer | lösbaren Widerspruch zu den Gründen, aus denen seit dem Würgassen-Urteil des Bundesverwaltungsgerichts nach ganz herrschender Ansicht die Klage- und Antragsbefugnis nicht deshalb verneint werden kann, weil die angegriffene Genehmigung zunächst nur die Errichtung der Anlage betrifft, während Gefahren erst durch den Betrieb entstehen könnten (vgl. B I 3 des Senatsbeschlusses).[1] Dies beruht letztlich darauf, daß das durch Art. 2 Abs. 2 GG geschützte »*Recht* auf Leben und körperliche Unversehrheit« nicht erst durch eine *faktische* Verletzung dieser Rechtsgüter beeinträchtigt wird, und daß nach dem geltenden Atomrecht schon Errichtungsgenehmigungen zu versagen sind, wenn nicht die nach dem Stand von Wissenschaft und Technik erforderliche Vorsorge gegen Schäden durch den Betrieb getroffen wird. Diese gesetzliche Regelung, die in Einklang mit der aus Art. 2 Abs. 2 GG folgenden Schutzpflicht und der mit der Erteilung von Genehmigungen verbundenen staatlichen Mitverantwortung steht, läßt es nicht darauf ankommen, zunächst die Errichtung höchst aufwendiger Anlagen zu tolerieren und dadurch schwerwiegende Fakten zu schaffen und erst hernach zu prüfen, ob diese Fakten wegen unzureichender Sicherheitsvorkehrungen ungenutzt bleiben müssen oder zu ändern oder gar rückgängig zu machen sind. Zwar mag es – wie das Oberverwaltungsgericht ausführt – formal zutreffen, daß dadurch nichts »Unabänderliches« bewirkt wird und daß die zwischenzeitlichen hohen Investitionen eine spätere gerichtliche Entscheidung nicht notwendig beeinflussen müssen. Ist aber eine kostspielige Anlage erst einmal errichtet, besteht für das weitere behördliche, aber auch für das gerichtliche Verfahren zumindest die Gefahr, daß versäumte Schutzvorkehrungen bagatellisiert oder durch zweitklassige Maßnahmen ersetzt werden, indem das ohnehin nur denkbare und wertungsabhängige Risiko als ein zu vernachlässigendes eingestuft wird. Mit Recht folgt
95 daher die gesetzliche Regelung gerade nicht dem Prinzip | nachträglicher Überprüfungen und Korrekturen, das im übrigen auch für die Genehmigungsinhaber nicht zumutbar wäre. Sie behandelt vielmehr

---

[1] S. 50 [der amtlichen Sammlung].

den Baukörper *und* seine Funktion, Errichtung *und* Betrieb eines Atomkraftwerks materiell-rechtlich als den einheitlichen Tatbestand, der er wirtschaftlich ist. Sie läßt es lediglich als verfahrensrechtliche Erleichterung zu, Errichtungs- und Betriebsgenehmigungen zu trennen, setzt aber selbstverständlich voraus, daß durch diese verfahrensrechtliche Erleichterung der gebotene materiell-rechtliche Schutz nicht abgeschwächt wird. …

47 Art. 14 Abs. 1 GG

Eigentumsrechtlicher Schutz sozialversicherungsrechtlicher Positionen – Rentenansprüche, Rentenanwartschaften und eigentumsrechtliche Funktion – personaler Bezug der erworbenen Ansprüche aufgrund eigener Leistung des Versicherten – Solidargemeinschaft und Generationenvertrag – gesetzgeberische Befugnisse zur Leistungskürzung – weiter Gestaltungsspielraum des Gesetzgebers bei rentenversicherungsrechtlichen Positionen – Einschränkungen des Spielraums mit Rücksicht auf Verfassungsrechtsgüter außerhalb des Rentenversicherungssystems

BVerfGE 53, 257–313 – Versorgungsausgleich

1. Versichertenrenten und Rentenanwartschaften aus den gesetzlichen Rentenversicherungen unterliegen dem Schutz des Art. 14 GG. 257

2. Der Versorgungsausgleich zwischen geschiedenen Ehegatten (§ 1587 Abs. 1 Satz 1 i.V.m. § 1587a Abs. 1 BGB) ist als Bestimmung von Inhalt und Schranken des Eigentums im Sinne des Art. 14 Abs. 1 Satz 2 GG durch Art. 6 Abs. 1 GG und Art. 3 Abs. 2 GG gerechtfertigt.

…

Urteil des Ersten Senats vom 28. Februar 1980 auf die mündliche Verhandlung vom 27., 28. und 29 November 1979 – 1 BvL 17/77, 7, 9, 14, 15, 16, 37, 64, 74, 78, 100/78, 5, 16/90 und 1 BvR 807/78 –

Sachverhalt: *Gegenstand mehrerer Richtervorlagen und einer verfassungsbeschwerde waren die gesetzlichen Bestimmungen über den Versorgungsausgleich, die im Jahre 1977 zusammen mit dem neuen Scheidungsrecht in das Bürgerliche Gesetzbuch eingefügt worden waren. Durch den Versorgungsausgleich wurden im Fall der Scheidung die während der Ehe erworbenen Anwartschaften und Aussichten auf eine Versorgung zwischen den Ehegatten aufgeteilt (§ 1587 Abs. 1 Satz 1, § 1587a Abs. 1 BGB).*

In den Verfassungsstreitverfahren befand das Bundesverfassungsgericht die Grundkonzeption des Versorgungsausgleichs für verfassungsgemäß. [Nur insoweit sind die Entscheidungsgründe hier wiedergegeben; daneben hat das Bundesverfassungsgericht in dieser Entscheidung die konkreten Formen des Versorgungsausgleichs (Splitting und Quasi-Splitting) bei Härtefällen für ergänzungsbedürftig gehalten – hier nicht abgedruckt.]

Aus den Gründen:

289 I.

Die Regelung des § 1587 Abs. 1 Satz 1 in Verbindung mit § 1587a Abs. 1 BGB, welche die Grundkonzeption des Versorgungsausgleichs umschreibt, verletzt nicht das Grundrecht des ausgleichspflichtigen Ehegatten aus Art. 14 Abs. 1 Satz 1 GG.

1. Das Bundesverfassungsgericht hat bislang offengelassen, ob, unter welchen Voraussetzungen und in welchem Umfang sozialversicherungsrechtliche Positionen den Schutz der Eigentumsgarantie genießen. Es ist anfangs davon ausgegangen, daß dieser Schutz grundsätzlich keine öffentlich-rechtlich begründeten vermögenswerten Positionen umfasse. Nach der späteren Rechtsprechung kommt ein solcher Schutz aber jedenfalls dann in Betracht, wenn der ein subjektiv-öffentliches Recht begründende Sachverhalt dem einzelnen eine Rechtsposition verschafft, die derjenigen des Eigentümers entspricht (vgl. BVerfGE 40, 65 [82 f.] m.w.N.; s. auch Rupp-v. Brünneck, abw. Meinung BVerfGE 32, 129 [142]). Dies ist der Fall für Ansprüche auf Versichertenrenten aus den gesetzlichen Rentenversicherungen und für solche Rechtspositionen der Versicherten nach Begründung des Rentenversicherungsverhältnisses, die bei Erfüllung weiterer Voraus-
290 setzungen, etwa des Ablaufs der Warte | zeit und des Eintritts des Versicherungsfalles, zum Vollrecht erstarken können (Rentenanwartschaften); über Weiteres ist hier nicht zu entscheiden.

a) Rentenversicherungsrechtliche Positionen dieser Art erfüllen Funktionen, deren Schutz Aufgabe der Eigentumsgarantie ist (zu Zweck und Funktion der Gewährleistung vgl. BVerfGE 31, 229 [240][1]; 36, 281 [290]; 42, 263 [292 f.]). Sie weisen auch die konstituierenden Merkmale des durch Art. 14 GG geschützten Eigentums auf.

Die Garantie des Eigentums ist ein elementares Grundrecht, das in engem inneren Zusammenhang mit der persönlichen Freiheit steht.

---

1 BVerfGA Nr. 26.

Ihr kommt im Gesamtgefüge der Grundrechte die Aufgabe zu, dem Träger des Grundrechts einen Freiheitsraum im vermögensrechtlichen Bereich zu sichern und ihm dadurch eine eigenverantwortliche Gestaltung seines Lebens zu ermöglichen (BVerfGE 50, 290 [339] – Mitbestimmung[1] – m.w.N.). In der heutigen Gesellschaft erlangt die große Mehrzahl der Staatsbürger ihre wirtschaftliche Existenzsicherung weniger durch privates Sachvermögen als durch den Arbeitsertrag und die daran anknüpfende solidarisch getragenen Daseinsvorsorge, die historisch von jeher eng mit dem Eigentumsgedanken verknüpft war (BVerfGE 40, 65 [84]). Insoweit sind die Anrechte des einzelnen auf Leistungen der Rentenversicherung an die Stelle privater Vorsorge und Sicherung getreten.

Rentenansprüche und -anwartschaften der erörterten Art tragen als vermögenswerte Güter die wesentlichen Merkmale verfassungsrechtlich geschützten Eigentums (vgl. BVerfGE 50, 290 [339][1] m.w.N.). Dieses ist in seinem rechtlichen Gehalt gekennzeichnet durch Privatnützigkeit, d.h. die Zuordnung zu einem Rechtsträger, in dessen Hand es als Grundlage privater Initiative und im eigenverantwortlichen privaten Interesse »von Nutzen« sein soll, und durch die von dieser Nutzung nicht immer deutlich abgrenzbare grundsätzliche Verfügungsbefugnis über den Eigentumsgegenstand. Der Gebrauch des Eigentums soll zu | gleich dem Wohl der Allgemeinheit dienen. Rentenan- 291
sprüche und -anwartschaften sind einem privaten Rechtsträger zugeordnet; sie sind zu seinem Nutzen bestimmt. Allerdings stehen sie nicht uneingeschränkt zur Disposition des Berechtigten. Eine Verfügungsbefugnis ist zwar in Fällen der freiwilligen Versicherung, der Höherversicherung und der Nachentrichtung hinsichtlich der Begründung und Ausgestaltung von Rentenansprüchen in bestimmtem Umfang gegeben. Indessen fehlt es im Bereich der Pflichtversicherung – abgesehen von der Pflichtversicherung auf Antrag – an der Möglichkeit einer selbstverantwortlichen Begründung von Rentenversicherungsverhältnissen. Auch können solche Positionen nicht inhaltlich frei vom Versicherten ausgestaltet werden. Anwartschaften und Rentenstammrechte können nicht, Rentenansprüche nur beschränkt übertragen und verpfändet werden (vgl. § 53 des Ersten Buchs des Sozialgesetzbuchs). Gleichwohl entspricht die Position des Berechtigten auch unter dem Gesichtspunkt grundsätzlicher Verfügungsbefugnis derjenigen des Eigentümers. Private Vermögensrechte unterliegen vielfach Einschränkungen der dargelegten Art, ohne daß deswegen

---

[1] BVerfGA Nr. 45.

deren verfassungsrechtlicher Schutz in Zweifel gezogen würde. Vor allem trifft der Grundgedanke dieser Voraussetzung verfassungsrechtlichen Eigentumsschutzes auch auf die hier in Frage stehenden Positionen zu: In dem Element der grundsätzlichen Verfügungsbefugnis gelangt die Herrschaft über das Eigentumsobjekt und damit der besondere personale Bezug des Inhabers zu diesem zum Ausdruck. Dieser wird bei Rentenansprüchen und Rentenanwartschaften nicht nur durch die spätere Nutzung, sondern auch dadurch hergestellt, daß ihr Umfang durch die persönliche Arbeitsleistung des Versicherten mitbestimmt wird, wie dies vor allem in den einkommensbezogenen Beitragsleistungen Ausdruck findet. Die Berechtigung des Inhabers steht also im Zusammenhang mit einer eigenen Leistung, die als besonderer Schutzgrund für die Eigentümerposition anerkannt ist (vgl. BVerfGE 1, 264 [277 f.]; 14, 288 [293]; 22, 241 [253]; 24,
292 220 | [226]); sie beruht nicht ausschließlich auf einem Anspruch, den der Staat in Erfüllung seiner Fürsorgepflicht durch Gesetz einräumt und der nach ständiger Rechtsprechung des Bundesverfassungsgerichts nicht vom verfassungsrechtlichen Eigentumsschutz umfaßt wird (BVerfGE 16, 94 [113]; 18, 392 [397] m.w.N.). Dabei müssen Berechtigung und Eigenleistung einander nicht entsprechen. Je höher indessen der einem Anspruch zugrunde liegende Anteil eigener Leistung ist, desto stärker tritt der verfassungsrechtlich wesentliche personale Bezug und mit ihm ein tragender Grund des Eigentumsschutzes hervor.

b) Die konkrete Reichweite des Schutzes durch die Eigentumsgarantie ergibt sich erst aus der Bestimmung von Inhalt und Schranken des Eigentums, die nach Art. 14 Abs. 1 Satz 2 GG Sache des Gesetzgebers ist. Für dessen Gestaltungsfreiheit sind Eigenart und Funktion des Eigentumsobjekts von maßgeblicher Bedeutung, die zu einer gewissen Stufung des Schutzes führen: Dem Gesetzgeber sind enge Grenzen gezogen, soweit es um die Funktion des Eigentums als Element der Sicherung der persönlichen Freiheit des einzelnen geht. Dagegen ist die Befugnis des Gesetzgebers zur Inhalts- und Schrankenbestimmung um so weiter, je mehr das Eigentumsobjekt in einem sozialen Bezug und einer sozialen Funktion steht. Diesen Grundsätzen entspricht es, wenn Eigentumsbindungen stets verhältnismäßig sein müssen (BVerfGE 50, 290 [339 ff.][1] m.w.N.).

Rentenversicherungsansprüche und Rentenanwartschaften weisen, wie dargelegt, einen personalen Bezug auf. Zugleich stehen die-

---

2 BVerfGA Nr. 45.

se Positionen jedoch in einem ausgeprägten sozialen Bezug; sie sind Bestandteil eines Leistungssystems, dem eine besonders bedeutsame soziale Funktion zukommt. Die Berechtigung des einzelnen »Eigentümers« läßt sich von den Rechten und Pflichten anderer nicht lösen. Sie ist vielmehr eingefügt in einen Gesamtzusammenhang, der auf dem Gedanken der Solidargemeinschaft und des »Generationenvertrages« beruht: Es ist zu einem wesentlichen Teil die im Berufsleben stehende Generation, welche die Mittel für die Erfüllung der Ansprü-
che der | älteren Generation aufzubringen hat und die ihrerseits von 293
der folgenden Generation das gleiche erwartet. Der soziale Bezug wird auch darin deutlich, daß die Rentenversicherungen durch staatliche Zuschüsse, also aus Mitteln der Allgemeinheit, mitfinanziert werden.

Daraus folgt: Bei der Bestimmung des Inhalts und der Schranken rentenversicherungsrechtlicher Positionen kommt dem Gesetzgeber grundsätzlich eine weite Gestaltungsfreiheit zu. Dies gilt im besonderen für Regelungen, die dazu dienen, die Funktions- und Leistungsfähigkeit des Systems der gesetzlichen Rentenversicherungen im Interesse aller zu erhalten, zu verbessern oder veränderten wirtschaftlichen Bedingungen anzupassen. Insoweit umfaßt Art. 14 Abs. 1 Satz 2 GG auch die Befugnis, Rentenansprüche und -anwartschaften zu beschränken; sofern dies einem Zweck des Gemeinwohls dient und dem Grundsatz der Verhältnismäßigkeit entspricht, ist es dem Gesetzgeber grundsätzlich nicht verwehrt, Leistungen zu kürzen, den Umfang von Ansprüchen oder Anwartschaften zu vermindern oder diese umzugestalten. Allerdings verengt sich seine Gestaltungsfreiheit in dem Maße, in dem Rentenansprüche oder Rentenanwartschaften durch den personalen Bezug des Anteils eigener Leistung des Versicherten geprägt sind. Insoweit entspricht der Höhe dieses Anteils ein erhöhter verfassungsrechtlicher Schutz: An die Rechtfertigung eines Eingriffs sind strengere Anforderungen zu stellen als an die Änderung einer Rechtslage, die mit der eigenen Leistung des Versicherten nichts zu tun hat.

In dem damit sich ergebenden Umfang sind rentenversicherungsrechtliche Positionen der erörterten Art durch Art. 14 Abs. 1 GG geschützt. Gegenstand des Schutzes sind der Anspruch oder die Anwartschaft, wie sie sich aus der jeweiligen Gesetzeslage ergeben.

c) Eine diesen Grundsätzen folgende Anwendung des Art. 14 Abs. 1 GG auf rentenversicherungsrechtliche Positionen bedeutet
nicht, daß die Eigentumsgarantie Umgestaltungen des Ren | tenversi- 294
cherungssystems oder Anpassungen an veränderte Bedingungen ver-

hindert, die im Interesse der Verbesserung oder Erhaltung der Funktions- und Leistungsfähigkeit der Rentenversicherung unerläßlich erscheinen. Solche Veränderungen läßt Art. 14 Abs. 1 Satz 2 GG zu; er bindet sie freilich an Voraussetzungen, die es ausschließen, allein auf das Versicherungssystem als Ganzes zu blicken und darüber die individuellen Rechte der Versicherten außer Betracht zu lassen. Ebensowenig führt eine solche Anwendung zu einer Entwertung oder Aushöhlung der Eigentumsgarantie des Grundgesetzes. Es würde eher zu einem weitgehenden, mit dem Schutz des Eigentums im sozialen Rechtsstaat schwerlich zu vereinbarenden Funktionsverlust dieser grundlegenden Gewährleistung führen, wenn sie vermögensrechtliche Positionen nicht umfaßte, die für die große Mehrzahl der Bevölkerung die wichtigste und oft einzige Grundlage ihrer Daseinssicherung sind, und wenn der Schutz der Garantie auf die im Zuge der dargelegten Entwicklung geringer gewordenen Zahl überkommener Eigentumspositionen beschränkt bliebe.

Davon abgesehen ist, wie gezeigt, die Freiheit des Gesetzgebers, die diesem im Blick auf den sozialen Bezug und die soziale Funktion rentenversicherungsrechtlicher Positionen der beschriebenen Art bei der Inhalts- und Schrankenbestimmung nach Art. 14 Abs. 1 Satz 2 GG zukommt, nicht unbegrenzt. Sowohl für den Gesetzgeber als auch für die rechtsprechende Gewalt bietet Art. 14 Abs. 1 GG konkreter und deutlicher konturierte Maßstäbe einer verfassungsrechtlichen Beurteilung als der Rückgriff auf allgemeine Grundsätze der Verfassung, so daß seine Anwendung nicht nur ein höheres Maß an Schutz, sondern auch an Rechtsgewißheit gewährleistet (vgl. BVerfGE 36, 181 [293]).

2. a) Nach den Erwägungen des Gesetzgebers, der von dem Regelfall ausging, daß die geschiedene Frau ausgleichsberechtigt ist, beruht der Versorgungsausgleich sowohl auf dem güterrechtlichen Prin-
295 zip der Vermögensteilung in Weiterentwicklung | des Zugewinnausgleichs als auch auf unterhaltsrechtlichen Überlegungen zur Realisierung und rechtlichen Umgestaltung des Vorsorgeunterhalts. Die Unterhaltspflicht des Ehemannes erfasse nicht nur den unmittelbaren Lebensbedarf, sondern auch die Alterssicherung der Ehefrau. Wenn der Ehemann im Falle der Scheidung alle Anwartschaften für sich behalte, sei das eine teilweise Rücknahme geleisteten Unterhalts (BT-Drucks. 7/4361, S. 18 f.).

Der Gesetzgeber hat sich auch deshalb für den Versorgungsausgleich entschieden, weil er für den Berechtigten – im Regelfall die Ehefrau – bei Scheidung eine eigenständige Alters- und Invaliditätssicherung begründen wollte (BT-Drucks. 7/650, S. 155). Dabei ging er davon aus, daß die Ehefrau vielfach vor der Eheschließung einer versicherungspflichtigen Tätigkeit nachgegangen ist, diese während der Ehe unterbrochen hat und sie nach der Scheidung wieder aufnimmt.

b) Die Verwirklichung dieser gesetzgeberischen Anliegen durch den Versorgungsausgleich ist mit Art. 14 Abs. 1 GG vereinbar.

Soweit der Versorgungsausgleich zu Kürzungen von Renten und Anwartschaften des Ausgleichspflichtigen führt, handelt es sich grundsätzlich um eine zulässige Inhalts- und Schrankenbestimmung des Eigentums im Sinne des Art. 14 Abs. 1 Satz 2 GG. Dies folgt allerdings nicht schon aus dem allgemeinen sozialen Bezug und der sozialen Funktion der in Frage stehenden rentenversicherungsrechtlichen Positionen. Beides ist nur insoweit von Bedeutung, als es auf die Einfügung des Verpflichteten in die Versichertengemeinschaft ankommt. Hier geht es jedoch nicht um die Prägung der Positionen des Verpflichteten durch die Solidargemeinschaft der Versicherten und den »Generationenvertrag«. Die Einschränkung erfolgt nicht zur Erhaltung oder Verbesserung der Funktionsfähigkeit des Leistungssystems der Rentenversicherung; sie dient vielmehr der Abwicklung des durch die Ehe begründeten Privatrechtsverhältnisses.

Wenn hierbei ein Teil der Rentenansprüche oder -anwart | schaften 296
des Ausgleichspflichtigen auf den Ausgleichsberechtigten übertragen wird, so ist dies ein – unter Umständen schwerwiegender – Eingriff, der mit dem Grundgesetz nur vereinbar sein kann, soweit er eine besondere verfassungsrechtliche Rechtfertigung findet. Dies ist jedoch der Fall. Der Gesetzgeber war zur Einführung des Versorgungsausgleichs durch Art. 6 Abs. 1 und Art. 3 Abs. 2 GG legitimiert. Er konnte nach der Rechtsprechung des Bundesverfassungsgerichts davon ausgehen, daß zum Wesen der auf Lebenszeit angelegten Ehe im Sinne der Gewährleistung des Art. 6 Abs. 1 GG die gleiche Berechtigung beider Partner (BVerfGE 10, 59 [67]) gehört, die auch nach Trennung und Scheidung der Eheleute auf ihre Beziehungen hinsichtlich Unterhalt und Versorgung (BVerfGE 22, 93 [96 f.]) sowie die Aufteilung des früher ihnen gemeinsam zustehenden Vermögens (BVerfGE 42, 64 [77]) wirkt (BVerfGE 47, 85 [100]). Wie das Bundesverfassungsgericht wiederholt dargelegt hat, sind im Hinblick auf Art. 3 Abs. 2 GG auch die unmittelbaren Leistungen der Frau bei der Führung des Haushalts und der Pflege und Erziehung der Kinder als Unterhaltsleistung anzusehen, die gleichwertig neben der Unterhaltsleistung durch Bereitstellung der notwendigen Barmittel stehen (BVerfGE 37, 217

[251] m.w.N.). Deshalb dürfen die während der Ehe nach Maßgabe der von den Ehegatten vereinbarten Arbeitsteilung gemeinsam erwirtschafteten Versorgungsanrechte nach Scheidung der Ehe gleichmäßig auf beide Partner verteilt werden. Dabei ist es unerheblich, wie die Ehegatten ihr eheliches und familiäres Leben gestalten und in welcher Weise sie ihre Verantwortung füreinander und für die gemeinsamen Kinder unter sich aufgeteilt haben. Art. 6 Abs. 1 GG verpflichtet den Staat, die aus Eltern und Kindern bestehende Familiengemeinschaft sowohl im immateriell-persönlichen als auch im materiell-wirtschaftlichen Bereich als eigenständig und selbstverantwortlich zu respektieren (BVerfGE 33, 236 [238]). Die Ehegatten bestimmen in gleichberechtigter Partnerschaft (BVerfGE 42, 64 [77]) in ih-
297 rer auf Lebenszeit angelegten Gemeinschaft ihre per|sönliche und wirtschaftliche Lebensführung, nach der sich auch Art und Höhe der späteren Versorgung richten.

c) Nach der Entscheidung des Bundesverfassungsgerichts zum Scheidungsrecht des Ersten Eherechtsreformgesetzes (Urteil vom 28. Februar 1980 – 1 BvL 136/78 u.a. –) war der Gesetzgeber von Verfassungs wegen nicht gehindert, vom Verschuldens- zum Zerrüttungsprinzip überzugehen und der fortwirkenden personalen Verantwortung der Ehegatten füreinander durch eine Regelung der Scheidungsfolgen Rechnung zu tragen. Dem entspricht es, daß der Ausgleich von Versorgungsanwartschaften grundsätzlich ohne Rücksicht darauf durchzuführen ist, ob der Berechtigte das Scheitern der Ehe verschuldet hat und ob die Ehegatten vor Rechtshängigkeit des Scheidungsantrags bereits längere Zeit getrennt gelebt haben. Die auf Lebenszeit angelegte Ehe verbindet die Ehegatten in einer von Gleichberechtigung geprägten partnerschaftlichen Gemeinschaft, die gegenseitige Verpflichtungen in unterhaltsrechtlicher und vermögensrechtlicher Hinsicht schafft und in der für eheliche Kinder Rechte und Pflichten aus der gemeinsamen Elternverantwortung wahrzunehmen sind (vgl. BVerfGE 31, 194 [204]). Dieses Pflichtenverhältnis wird durch die Aufhebung der häuslichen Gemeinschaft verändert, aber nicht beendet. Die trotz der Trennung der Ehegatten weiterbestehende rechtliche Bindung rechtfertigt grundsätzlich die Aufteilung des während der gesamten Ehezeit erworbenen Versorgungsvermögens.

d) Bei bestimmten Lebenssachverhalten ist der Versorgungsausgleich allerdings nicht mehr mit der bisherigen und fortwirkenden Gemeinschaft der Ehegatten zu rechtfertigen. So gibt es Fälle, in denen das Opfer des Ausgleichsverpflichteten von vornherein sinnlos erscheint, weil sich die Übertragung oder Begründung von Versor-

gungsanwartschaften überhaupt nicht zugunsten des Berechtigten
auswirken kann. Der Versorgungsausgleich kann auch unter Berück-
sichtigung der Umstände des | einzelnen Falles bei sehr langer Tren- 298
nung der Ehegatten vor der Scheidung oder dann der Rechtfertigung
aus Art. 6 Abs. 1 GG und Art. 3 Abs. 2 GG entbehren und damit ge-
gen Art. 14 Abs. 1 GG verstoßen, wenn der ausgleichsberechtigte
Ehegatte seine sich aus der ehelichen Gemeinschaft ergebenden
Pflichten grob verletzt hat. Insoweit hat der Gesetzgeber mit den §§
1587b Abs. 4, 1587c BGB und Art. 12 Nr. 3 Abs. 3 Sätze 3 und 4 des
1. EheRG Regelungen getroffen, die geeignet sind, Grundrechtsver-
letzungen zu verhindern. Diese Vorschriften, insbesondere die Härte-
klauseln des § 1587c Nrn. 1 und 3 BGB (für den schuldrechtlichen
Versorgungsausgleich § 1587h BGB), die den Versorgungsausgleich
ausschließen, ermöglichen den Gerichten eine am Gerechtigkeitsge-
danken orientierte Entscheidung in solchen Fällen, in denen die
Durchführung des Versorgungsausgleichs zu einer »Prämiierung« des
pflichtwidrigen Verhaltens des ausgleichsberechtigten Ehegatten füh-
ren oder wegen langen Getrenntlebens unbillig sein könnte. Wie der
Bundesgerichtshof betont hat, wird es »Aufgabe der Gerichte – ins-
besondere der Tatsacheninstanzen – sein, im jeweiligen Einzelfall ein
dem Zweck des Versorgungsausgleichs und den Verfassungsnormen,
insbesondere den Art. 6 Abs. 1, 3 Abs. 2 GG entsprechendes Ergebnis
zu erzielen, das ungerechte Schematisierungen vermeidet« (BGHZ
74, 38 [57]). Das entspricht der ständigen Rechtsprechung des Bun-
desverfassungsgerichts, wonach die Gerichte bei der Auslegung und
Anwendung von einfachem Recht, insbesondere von Generalklau-
seln, den grundgesetzlichen Wertmaßstäben Rechnung zu tragen ha-
ben (BVerfGE 7, 198 [205][1]; 42, 143 [147] m.w.N.).

e) Gegen den Versorgungsausgleich bestehen auch dann keine
grundsätzlichen Bedenken, wenn er beim Verpflichteten zu einer
Rente führt, die wegen ihrer geringen Höhe durch Sozialleistungen
ergänzt werden muß. Auch in diesen Fällen durfte der Gesetzgeber
davon ausgehen, daß das während der Dauer der Ehe Erworbene
grundsätzlich beiden Ehegatten zu gleichen Teilen zuzurechnen sei,
daß mithin bei Scheidung so | wohl der Zugewinn als auch die für die 299
Altersversorgung erbrachten Leistungen beiden Ehegatten in gleicher
Weise zukommen. Insoweit erscheint die eigentumsrechtliche Positi-
on des Verpflichteten von vornherein durch die Ehe bestimmt und ge-

---

[1] BVerfGA Nr. 5.

bunden. Die in der Durchführung des Versorgungsausgleichs liegende Beschränkung erweist sich als rechtliche Realisierung der in dem grundrechtlich geschützten Lebensverhältnis der Ehe angelegten Bindung. Sie dient somit einem grundrechtlich legitimierten Zweck. …

48 Art. 3 Abs. 1, Art. 103 Abs. 1 GG

Gleichheitssatz – Gleichbehandlungsgebot (sogenannte: neue Formel)[1] *– Bindung des Gesetzgebers bei Differenzierung zwischen Personengruppen und Lebenssachverhalten – Willkürverbot – Präklusionsvorschriften und rechtliches Gehör – Recht auf ausreichenden Sachvortrag vor Gericht – Pflicht des Gerichts zur Kenntnisnahme des Parteienvortrags*

BVerfGE 55, 72–95 – Präklusion im Zivilprozeß

72 **Es ist mit dem Grundgesetz vereinbar, daß in zivilrechtlichen Streitigkeiten Angriffs- und Verteidigungsmittel, die im ersten Rechtszug zu Recht zurückgewiesen worden sind, im Berufungsverfahren ausgeschlossen bleiben (§ 528 Abs. 3 ZPO).**

Beschluß des Ersten Senats vom 7. Oktober 1980 – 1 BvL 50, 89/79, 1 BvR 240/79 –

Sachverhalt: *Gegenstand der verfassungsgerichtlichen Überprüfung war § 528 Abs. 3 ZPO. Diese Bestimmung wurde zusammen mit einer Reihe anderer Vorschriften zur Konzentration und Beschleunigung des Verfahrens durch die sogenannte Vereinfachungsnovelle vom 3. Dezember 1976 (BGBl. I S. 3281) in die Zivilprozeßordnung eingefügt. Sie lautet:*

§ 528

(1), (2), …

(3) Angriffs- und Verteidigungsmittel, die im ersten Rechtszug zu Recht zurückgewiesen worden sind, bleiben ausgeschlossen.

Danach hat das Berufungsgericht, sofern ein Fall des § 528 Abs. 3 ZPO vorliegt, nur die Berechtigung der Zurückweisung durch das erstinstanzliche Gericht zu prüfen. Auf eine Verzögerung des Rechtsstreits oder ein Verschulden der Partei kommt es im Berufungsverfahren nicht mehr an. Die Präklu–

sion von Parteivorbringen in der ersten Instanz setzt hingegen die schuldhafte Verletzung der Prozeßförderungspflicht und eine sonst zu erwartende Verzögerung des Rechtsstreits voraus (§§ 282, 296, 340 Abs. 3, § 697 Abs. 3 ZPO). Im Unterschied zur Behandlung bereits erstinstanzlich zurückgewiesener Angriffs- und Verteidigungsmittel im Berufungsverfahren durch den hier zur Prüfung stehenden § 528 Abs. 3 ZPO hängt die Zulässigkeit von Angriffs- und Verteidigungsmitteln, die in der Berufungsinstanz neu *vorgebracht werden, davon ab, ob die Zulassung die Erledigung des Rechtsstreits verzögern würde oder die Verspätung auf Verschulden beruht (§ 528 Abs. 1, 2 ZPO).*

Das Bundesverfassungsgericht stellte auf die Vorlagen zweier Gerichte hin die Vereinbarkeit des § 528 Abs. 3 ZPO mit dem Grundgesetz fest.

Aus den Gründen:

II. 88

§ 528 Abs. 3 ZPO ist in der erörterten Auslegung durch die Fachgerichte mit Art. 3 Abs. 1 GG vereinbar.

1. Diese Verfassungsnorm gebietet, alle Menschen vor dem Gesetz gleich zu behandeln. Demgemäß ist dieses Grundrecht vor allem dann verletzt, wenn eine Gruppe von Normadressaten im Vergleich zu anderen Normadressaten anders behandelt wird, obwohl zwischen beiden Gruppen keine Unterschiede von solcher Art und solchem Gewicht bestehen, daß sie die ungleiche Behandlung rechtfertigen können[1] (vgl. BVerfGE 22, 387 [415]; 52, 277 [280]. Diesen Regelungsgehalt des Art. 3 Abs. 1 GG hat das Bundesverfassungsgericht namentlich im Zusammenhang mit Versuchen hervorgehoben, aus einem Gesetzeswerk eine den Gesetzgeber bindende Sachgesetzlichkeit herzuleiten und eine Systemwidrigkeit als Verletzung des Gleichheitssatzes zu beanstanden (BVerfGE 34, 103 [105]).

Die Vorlagebeschlüsse und auch die Begründung der Verfas- | sungsbeschwerde lassen nicht erkennen, ob sie von einer solchen 89
Fallgestaltung ausgehen. Zwar ist von einer »Ungleichbehandlung nachlässiger Prozeßparteien« die Rede; an anderen Stellen wird hingegen die »ungleiche Behandlung im Kern gleicher, verspätetes Vorbringen betreffender Sachverhalte« als nicht sachgerecht und nicht systemkonsequent gerügt. Eine genaue Betrachtung der strittigen Regelung ergibt, daß durch § 528 Abs. 3 ZPO einerseits und § 528 Abs. 1 und 2 ZPO andererseits nicht etwa verschiedene Normadres-

---

[1] Vgl. die Modifikation dieser sogenannten »neuen Formel« jüngst in BVerfG, Beschluß v. 26.1.93 – 1 BvL 38/92 u.a. [BVerfGE 88, 87].

saten ungleich behandelt werden. Vielmehr wird das Verhalten ein und derselben Person in verschiedenen Regelungszusammenhängen verschieden behandelt: Die von der säumigen Partei verspätet geltend gemachten Angriffs- und Verteidigungsmittel erleiden je nach dem Zeitpunkt, in dem sie vorgebracht werden, in der Berufungsinstanz ein unterschiedliches Schicksal. Gerade weil es sich um verschiedenes Verhalten ein und derselben Person handelt, besteht für sie die von der Kritik besonders bemängelte Möglichkeit, die Ausschließungswirkung durch Zurückhaltung verspäteten Vorbringens zu unterlaufen.

2. a) Außerhalb des Verbots einer ungerechtfertigten Verschiedenbehandlung mehrerer Personengruppen läßt der Gleichheitssatz dem Gesetzgeber weitgehende Freiheit, Lebenssachverhalte und das Verhalten einer Person je nach dem Regelungszusammenhang verschieden zu behandeln. Es ist dann grundsätzlich Sache des Betroffenen, sich auf diese Regelung einzustellen und nachteiligen Auswirkungen durch eigenes Verhalten zu begegnen.

Nach der Rechtsprechung des Bundesverfassungsgerichts erschöpft sich allerdings der Gleichheitssatz nicht in dem Verbot einer ungerechtfertigten Ungleichbehandlung von Normadressaten. Vielmehr kommt in ihm ein Willkürverbot als fundamentales Rechtsprinzip zum Ausdruck, das nicht nur der Rechtsprechung, sondern auch der Gesetzgebung gewisse äußerste Grenzen setzt. Diese Grenze wird dann überschritten, wenn eine fehlerhafte Rechtsanwendung durch
90 die Gerichte bei verständiger | Würdigung der das Grundgesetz beherrschenden Gedanken nicht mehr verständlich ist und sich daher der Schluß aufdrängt, daß sie auf sachfremden Erwägungen beruht (BVerfGE 42, 64 [72 ff.]; Beschluß von 29. April 1980 – 2 BvR 1441/79 – [EuGRZ 1980, S. 377][1] zur Anwendung von Präklusionsvorschriften). Der Gesetzgeber seinerseits handelt nicht schon dann willkürlich, wenn er unter mehreren Lösungen nicht die zweckmäßigste, vernünftigste oder gerechteste gewählt hat, vielmehr nur dann, wenn sich ein sachgerechter Grund für eine gesetzliche Bestimmung nicht finden läßt; dabei genügt Willkür im objektiven Sinn, d.h. die tatsächliche und eindeutige Unangemessenheit der Regelung in bezug auf den zu ordnenden Gesetzgebungsgegenstand (BVerfGE 4, 144 [155]; 36, 174 [187]). Diese Kriterien gelten auch und gerade für die Beurteilung gesetzlicher Differenzierungen bei der Regelung von Sachverhalten; hier endet der Spielraum des Gesetzgebers erst dort,

---

[1] BVerfGE 54, 117.

wo die ungleiche Behandlung der geregelten Sachverhalte nicht mehr mit einer am Gerechtigkeitsgedanken orientierten Betrachtungsweise vereinbar ist, wo also ein einleuchtender Grund für die gesetzliche Differenzierung fehlt (BVerfGE 9, 334 [337]). Eine derartige Willkür kann einer gesetzlichen Regelung nach ständiger Rechtsprechung aber nur dann vorgeworfen werden, wenn ihre Unsachlichkeit evident ist (BVerfGE 12, 326 [333]; 23, 135 [143]).

b) Die beanstandete Regelung kann – wie bereits der Bundesgerichtshof in den zitierten Urteilen vom 31. Januar und 13. Februar 1980 zutreffend dargelegt hat – nicht als evident unsachlich und damit als willkürlich beurteilt werden.

Es erscheint bereits zweifelhaft, ob die in § 528 Abs. 1 und 2 ZPO einerseits und in Abs. 3 andererseits geregelten Lebenssachverhalte überhaupt im wesentlichen gleich sind oder ob nicht in Wahrheit unterschiedliche Sachverhalte ihrer Eigenart entsprechend – unter Anwendung übereinstimmender Prin|zipien – unterschiedlich geregelt 91
werden. Zwar ist beiden Fallgruppen gemeinsam, daß eine Prozeßpartei Angriffs- oder Verteidigungsmittel verspätet vorgebracht und zur Entscheidung des Gerichts gestellt hat. Entsprechend dieser Übereinstimmung wird dieses verspätete Vorbringen bei seiner erstmaligen Überprüfung durch die Gerichte nach im wesentlichen gleichen Kriterien beurteilt; es wird immer dann zugelassen, wenn seine Berücksichtigung die Erledigung des Rechtsstreits im Zeitpunkt des erstmaligen Vorbringens nicht verzögert oder wenn die Verspätung genügend entschuldigt wird (§ 296 Abs. 1 und 2, § 528 Abs. 1 und 2 ZPO). Zugleich besteht aber ein deutlicher Unterschied: Die Absätze 1 und 2 regeln die Behandlung erstmalig in der Berufungsinstanz eingeführten verspäteten Vorbringens, so daß seine Zulassung bislang noch nicht gerichtlich geprüft worden ist; demgegenüber hatte im Falle des Absatzes 3 die säumige Partei bereits in erster Instanz eine gerichtliche Entscheidung über die Nichtzulassung des verspäteten Vorbringens erhalten und kann deren Rechtmäßigkeit von einem zweitinstanzlichen Gericht nachprüfen lassen.

Schon wegen dieses Unterschiedes erscheint die gesetzgeberische Differenzierung nicht als willkürlich. Denn es ist nicht evident unsachlich, »altes«, bereits unter dem Gesichtspunkt der Zulassung geprüftes Vorbringen in der Berufungsinstanz anders zu behandeln als »neues« Vorbringen. Eine Verletzung des Willkürverbots wäre aber auch dann nicht erkennbar, wenn die beiden in § 528 ZPO geregelten Fallgruppen als prinzipiell gleichartig angesehen würden. Denn nach den zutreffenden Ausführungen des Bundesgerichtshofs läßt sich die

Differenzierung jedenfalls durch einleuchtende Gründe rechtfertigen, die sich aus dem Zweck der Neuregelung ergeben:

Der Gesetzgeber hat sich zu dieser Differenzierung entschlossen, weil er die frühere Gleichbehandlung »alten« und »neuen« Vorbringens in der Berufungsinstanz als nachteilig angesehen hatte. Gemäß § 529 Abs. 2 Satz 2 ZPO a.F. konnte Vorbringen, das in erster Instanz
92 zurückgewiesen worden war, im zweiten | Rechtszug in gleicher Weise wie neues Vorbringen geltend gemacht werden; verzögerte seine Berücksichtigung nicht die Erledigung des Rechtsstreits, war es vom Berufungsgericht trotz erstinstanzlicher Zurückweisung zuzulassen. Diese Regelung entwertete indessen die erstinstanzlichen Zurückweisungsmöglichkeiten und nötigte die Parteien nicht dazu, dem Gericht den Sach- und Streitstoff möglichst frühzeitig zu unterbreiten. Angesichts dieser Nachteile kann es nicht als sachfremd angesehen werden, wenn der Gesetzgeber im Interesse einer Beschleunigung und Straffung des Zivilprozesses die bisherige Gleichbehandlung aufgegeben hat.

Es ist allerdings nicht zu verkennen, daß – wie in der Literatur befürchtet wird – die Neuregelung dazu führen kann, verspätetes Vorbringen in erster Instanz zurückzuhalten, um es in zweiter Instanz unter Vermeidung einer Verfahrensverzögerung nachzuschieben. Die vorlegenden Gerichte halten es in diesem Zusammenhang für ungerecht, daß eine geringe Nachlässigkeit einer Partei strengere Sanktionen auslösen könne als eine noch gröbere Zuwiderhandlung gegen das Beschleunigungs- und Konzentrationsgebot. Demgegenüber hat aber schon der Bundesgerichtshof hervorgehoben, daß die insoweit bestehenden Mißbrauchsmöglichkeiten die angegriffene Vorschrift nicht schlechthin ungeeignet machen, die angestrebte Beschleunigung zu fördern. Denn wenn eine Partei ein ihr günstiges Vorbringen im ersten Rechtszug bewußt zurückhält und es erst mit ihrer Berufung vorbringt, geht sie nicht nur das Kostenrisiko des § 97 Abs. 2 ZPO ein, sondern auch das erhebliche Risiko der Nichtzulassung gemäß § 528 Abs. 1 oder 2 ZPO. Davon abgesehen beruhen – wie der Bundesminister der Justiz in seiner Stellungnahme hervorgehoben hat – diese Mißbrauchsmöglichkeiten nicht auf der beanstandeten Regelung des § 528 Abs. 3, sondern auf der Fassung der Absätze 1 und 2 und könnten daher allenfalls zu einer strengeren Behandlung neuen Vorbringens Anlaß geben. Das war auch ursprünglich vorgesehen. Denn nach dem in der VI. Legislaturperiode
93 eingebrachten Entwurf eines Ände|rungsgesetzes sollten neue Angriffs- und Verteidigungsmittel, die schon im ersten Rechtszug vor-

zubringen gewesen wären, nur zugelassen werden dürfen, wenn die Partei die Verspätung genügend entschuldigte; ob ihre Berücksichtigung die Erledigung des Rechtsstreits nicht verzögern würde, sollte unerheblich sein (vgl. BTDrucks. VI/790, § 527). Diese Lösung hätte zwar die jetzt kritisierte Ungleichbehandlung wesentlich abgeschwächt; sie wird daher auch in der Literatur empfohlen (Lampenscherf, a.a.O., S. 367; vgl. auch Hartmann, a.a.O., S. 1464). Es erscheint aber nicht willkürlich, wenn der Gesetzgeber davon bereits bei dem in der 7. Legislaturperiode eingebrachten Entwurf der Vereinfachungsnovelle (BTDrucks. 7/2729) wieder abgerückt ist. Es liegt eher im Interesse der Parteien und der materiell richtigen Entscheidung, daß der Gesetzgeber diese Lösung, welche den Säumigen erheblich benachteiligt hätte, ohne der erstrebten Beschleunigung zu dienen, durch die beanstandete Differenzierung ersetzt und dadurch sichergestellt hat, daß verspätete Angriffs- und Verteidigungsmittel im Zeitpunkt ihres erstmaligen Vorbringens in erster und zweiter Instanz nach annähernd gleichen Kriterien behandelt werden. Soweit sich bei dieser Regelung unbefriedigende Ergebnisse auch durch eine Auslegung nicht ganz vermeiden lassen, belastet dies die Rechtsuchenden jedenfalls weniger als die empfohlene Gleichbehandlung neuen Vorbringens.

III.

§ 528 Abs. 3 ZPO ist in der erörterten Auslegung auch mit Art. 103 Abs. 1 GG vereinbar. Das gilt auch dann, wenn diese Verfassungsnorm in Verbindung mit der Rechtsprechung zur rechtsstaatsgemäßen Ausgestaltung des Verfahrensrechts als Prüfungsmaßstab herangezogen wird.

Nach dieser Rechtsprechung dient das Verfahrensrecht der Herbeiführung gesetzmäßiger und unter diesem Blickpunkt richtiger, aber darüber hinaus auch im Rahmen dieser Richtigkeit gerechter Entscheidungen (BVerfGE 42, 64 [73]; 46, 325 | [333]). Das schließt als 94
Ausprägung der Rechtsstaatlichkeit und des allgemeinen Gleichheitssatzes Waffengleichheit der Parteien vor dem Richter ein, der – auch im Blick auf die grundrechtlich gesicherte Verfahrensgarantie des Art. 103 Abs. 1 GG – den Prozeßparteien im Rahmen der Verfahrensordnung gleichermaßen die Möglichkeit einzuräumen hat, alles für die gerichtliche Entscheidung Erhebliche vorzutragen und alle zur Abwehr des gegnerischen Angriffs erforderlichen prozessualen Ver-

teidigungsmittel geltend zu machen (BVerfGE 52, 131 [156] m.w.N.).

Die Möglichkeit zur Rechtsverfolgung und Rechtsverteidigung wird durch Präklusionsvorschriften beschränkt, die sich zwangsläufig nachteilig für das Bemühen um eine materiell richtige Entscheidung auswirken. Gleichwohl sind solche Präklusionsvorschriften, die auf eine Verfahrensbeschleunigung hinwirken sollen, in der bisherigen Rechtsprechung des Bundesverfassungsgerichts auch unter dem Blickpunkt des Art. 103 Abs. 1 GG als verfassungsmäßig beurteilt worden (vgl. BVerfGE 36, 92 [98]; 51, 188 [191] zu § 529 ZPO a.F. und Beschluß vom 29. April 1980 [a.a.O.][1] zu § 296 Abs. 1 ZPO n.F.). Erforderlich ist lediglich, daß die betroffene Partei hinreichend Gelegenheit hatte, sich in allen für sie wichtigen Fragen zur Sache zu äußern, diese Gelegenheit aber schuldhaft ungenutzt verstreichen ließ.

Die bisherige Rechtsprechung betraf allerdings Regelungen, nach denen die Zurückweisung verspäteten Vorbringens nicht nur vom Verschulden der betroffenen Partei, sondern auch davon abhing, daß die Berücksichtigung dieses Vorbringens die Erledigung des Rechtsstreits verzögern würde. Es besteht aber – wie bereits der Bundesgerichtshof ausgeführt hat – kein Anlaß, die beanstandete Vorschrift des § 528 Abs. 3 ZPO unter dem Gesichtspunkt des Art. 103 Abs. 1 GG anders als jene Regelungen zu beurteilen. Das Recht auf Gehör gibt den Verfahrensberechtigten ein Recht darauf, daß sie Gelegenheit
95 erhalten, | sich zu dem einer gerichtlichen Entscheidung zugrundeliegenden Sachverhalt zu äußern; dem entspricht die Pflicht des Gerichts, die Ausführungen der Beteiligten bei seiner Entscheidung zur Kenntnis zu nehmen und in Erwägung zu ziehen (BVerfGE 36, 92 [97] m.w.N.). Diesen Anforderungen genügt auch die beanstandete Ausschlußvorschrift. Denn ihre Anwendung setzt voraus, daß die Prozeßparteien zu Recht mit ihrem verspäteten Vorbringen ausgeschlossen worden sind, nachdem sie hinreichend Gelegenheit zur Äußerung hatten. Ob diese Voraussetzungen im Einzelfall vorliegen, hat nicht nur das erstinstanzliche, sondern auch das Berufungsgericht zu überprüfen. …

---

[1] BVerfGE 54, 117.

Gesetzesregister*

Grundgesetz

Grundrechte – allgemeine Lehren

Art. 1 Abs. 1

Art. 1 Abs. 3

Art. 2 Abs. 1 i.V.m. Art. 1 Abs. 1
(Allgem. Persönlichkeitsrecht)

Art. 2 Abs. 1

Art. 2 Abs. 2 Satz 1

---

* Die halbfett gedruckten Zahlen, auf die verwiesen wird, geben die laufenden Nummern der Entscheidungen in dieser Auswahlsammlung an.

Art. 2 Abs. 2 Satz 2

Art. 3 Abs. 1

Art. 3 Abs. 2

Art. 3 Abs. 3

Art. 4 Abs. 1

Art. 4 Abs. 2

Art. 4 Abs. 3

Art. 5

Art. 5 Abs. 1 Satz 1

Art. 5 Abs. 1 Satz 2

Art. 5 Abs. 1 Satz 2 2. Halbsatz

Art. 5 Abs. 1 Satz 3

Art. 5 Abs. 2

Art. 5 Abs. 3 Satz 1

Art. 5 Abs. 3 Satz 2

Art. 6 Abs. 1

Art. 6 Abs. 2 Satz 1

Art. 6 Abs. 4

Art. 7 Abs. 1

Art. 8

Art. 9

Art. 9 Abs. 2

Art. 9 Abs. 3

Art. 10

Art. 11 Abs. 1

Art. 12 Abs. 1

Art. 12a

Art. 13

Art. 14 Abs. 1 Satz 1

Art. 14 Abs. 1 Satz 2

Art. 14 Abs. 2

Art. 14 Abs. 3 Satz 2

Art. 14 Abs. 3 Satz 4

Art. 16 Abs. 2 Satz 2 a.F. (= Art. 16a Abs. 1 n.F.)

Art. 19 Abs. 1 Satz 2

Art. 19 Abs. 2

Art. 19 Abs. 3

Art. 19 Abs. 4

Art. 20 Abs. 1

– Gebot bundesfreundlichen Verhaltens

Art. 20 Abs. 2

Art. 20 Abs. 3

Art. 21 Abs. 1

Art. 21 Abs. 2

Art. 50

Art. 53a Abs. 1 Satz 2

Art. 59 Abs. 2

Art. 63 Abs. 4

Art. 68 Abs. 1 Satz 1

Art. 72 Abs. 2 Nr. 3

Art. 73 ff. (Sonderabgaben)

Art. 73 Nr. 1

Art. 73 Nr. 7

Art. 74 Nr. 7

Art. 74 Nr. 11

Art. 74 Nr. 12

Art. 74 Nr. 18

Art. 79 Abs. 1 Satz 1

Art. 79 Abs. 3

Art. 80 Abs. 1 Satz 1

Art. 80 Abs. 1 Satz 2

Art. 80 Abs. 2

Art. 84 Abs. 1

Art. 85 Abs. 3

Art. 87 Abs. 1

Art. 92

Art. 93 Abs. 1 Nr. 1

Art. 93 Abs. 1 Nr. 2

Art. 93 Abs. 1 Nr. 3

Art. 93 Abs. 1 Nr. 4a

Art. 97

Art. 100 Abs. 1 Satz 1

Art. 101 Abs. 1 Satz 2

Art. 103 Abs. 1

Art. 103 Abs. 2

Art. 104 Abs. 1

Art. 110 Abs. 1

Art. 135a Abs. 2

Art. 137 Abs. 1

Art. 140 (Art. 137 Abs. 2, 3, 5, WRV)

Art. 143 Abs. 3

Bundesverfassungsgerichtsgesetz

§ 15 Abs. 3 Satz 3

§ 24 Satz 1

§ 32

§§ 63 ff.

§ 64 Abs. 2, 3

§ 80 Abs. 2

§ 90

§ 90 Abs. 1

§ 90 Abs. 2 Satz 1

§ 90 Abs. 2 Satz 2

§ 93 Abs. 1

§ 95

Sachregister*

* Die römischen Zahlen geben an, auf welchen Band der Studienauswahl verwiesen wird.

Entscheidungen des Bundesverfassungsgerichts

Herausgegeben von den Mitgliedern des Bundesverfassungsgerichts

„Die Aufgabe der Rechtsprechung kann es insbesondere erfordern, Wertvorstellungen, die der verfassungsmäßigen Rechtsordnung immanent, aber in den Texten der geschriebenen Gesetze nicht oder nur unvollkommen zum Ausdruck gelangt sind, in einem Akt des bewertenden Erkennens, dem auch willenhafte Elemente nicht fehlen, ans Licht zu bringen und in Entscheidungen zu realisieren.“
in: *BVerfGE* 34, 269, 287

Bis 1993 sind 87 Bände erschienen.

J.C.B Mohr (Paul Siebeck)
Tübingen

Montesquieu

Vom Geist der Gesetze

Übersetzt und herausgegeben von Ernst Forsthoff

Der ‚De l'Esprit des Lois' gehört zu den Büchern, die die Welt verändert haben. Der im abendländischen Rechtsdenken selbstverständlich gewordene Grundsatz der Gewaltenteilung ist in erster Linie auf dieses Werk zurückzuführen. Montesquieu stellt in diesem Buch die drei Staatsformen Demokratie, Monarchie und Despotie in ihrer jeweiligen Abhängigkeit von den natürlichen und gesellschaftlichen Bedingungen dar.

2. Auflage 1992; photomechanischer Nachdruck der Erstauflage, Laupp, 1951.

Band 1: LVI, 460 Seiten (UTB 1710). Broschur.

Band 2: IV, 531 Seiten (UTB 1711). Broschur.